内蒙古土默川方言赏析

郝万慧 编著

远方出版社

图书在版编目（CIP）数据

内蒙古土默川方言赏析 / 郝万慧编著. -- 呼和浩特:远方出版社，2016.11
ISBN 978-7-5555-0572-3

Ⅰ. ①内… Ⅱ. ①郝… Ⅲ. ①西北方言—研究—内蒙古 Ⅳ. ①H172.2

中国版本图书馆 CIP 数据核字(2016)第 284161 号

内蒙古土默川方言赏析

编　　著　郝万慧
总 策 划　苏那嘎
责任编辑　胡丽娟　张利君
装帧设计　郝万慧
出版发行　远方出版社
社　　址　呼和浩特市乌兰察布东路 666 号　邮编：010010
电　　话　（0471）2236471 总编室　2236460 发行部
经　　销　新华书店
印　　刷　北京墨阁印刷有限公司
开　　本　710mm×1000mm　1/16
字　　数　560 千
印　　张　29
版　　次　2016 年 11 月　第 1 版
印　　次　2016 年 12 月　第 1 次印刷
印　　数　1—2000 册
标准书号　ISBN 978-7-5555-0572-3
定　　价　88.00 元

前　言

土默川，位于内蒙古自治区中南部，西起包头市郊区东乌不浪沟口，东至蛮汉山(位于乌兰察布盟凉城县西北部，属大青山南支)，北靠大青山，南濒黄河及和林格尔黄土丘陵，总面积约 1 万平方公里。土默川野沃土肥，河湖众多，它孕育了内蒙古最大的两座城市——呼和浩特与包头，又称前套或呼和浩特平原。土默川，也即古之“敕勒川”。秦汉以前称“云中川”，北魏时期称“敕勒川”，隋唐时期称“白道川”，辽金以后称“丰州滩”或“丰州川”。自16 世纪中期（明嘉靖年间），蒙古族土默特部领主阿拉坦汗驻牧丰州滩，在今土默特右旗美岱召建立了政治、经济、军事统治中心，发展畜牧业，兴办农业、手工业，建筑城镇，势力剧增，名震塞内外。故丰州滩因该部名改称“土默川”，并沿用至今。

明嘉靖中期，阿拉坦汗大量招募内地的汉族农民和手艺人开发土默川。到了清朝雍正和乾隆年间，来到土默川的汉族民众已经超过了 20 万人，其中大部分人携家带口在这里定居下来。早期土默川地区的汉族人大部分是明末清初从山西、陕西和河北一带迁徙过来的农民，其中以晋北地区人数最多。

内蒙古土默川方言是多地区多民族语言的融汇。蒙、满、回、汉各族人民相聚在土默川，不断融合，相互促进，共同发展，不但繁荣了这里的经济，更繁荣了这里的文化，使土默川成了内蒙古经济、文化、政治的中心。土默川方言不但融汇了来自上述各省的汉语词汇，而且大量借用了蒙、满、回族语言的语音、语义和词汇，经过长时期的交融、约定俗成，以及人民群众的口耳传承，逐步形成了规律性强、成熟稳定、独具特色的内蒙古土默川汉语方言。

土默川方言从侧面清晰而透彻地反映了土默川地区的开发历史、社会演变、人民迁徙、聚落方式、行政区划、地理阻隔、交通状况、生产活动、语言接触、民族融合、婚姻习俗、地区风物、习惯与观念等情况。

土默川方言，象征着土默川的悠久历史与文化底蕴，是土默川地域文化鲜明的标志，更将土默川的文明与民间文化通过非物质的形态全方位地表现并传承下来，而且经年不衰。

土默川方言词语，是各民族人民智慧的结晶。它简洁明快，形象生动；内涵丰富，区别细微；情感细腻，褒贬精准；腔调婉转，幽默传神；底蕴深厚，妙趣横生。

在土默川方言词语中，特别是在描述人的思想、外貌、心情、语言、动作、行为、脾气、性格、态度等的词语中，贬义词占了绝大多数，这种现象充分说明了人民群众对丑陋现象、不文明的语言动作、不雅观的行为习惯所持的态度是否定、反感的，充分表达了人民群众对文明礼貌、文雅端庄的行为习惯的肯定与赞赏，也是对人与人之间彬彬有礼、以诚相待、和谐相处的生活方式以及传统美德的推崇、向往、倡导与维护。

在土默川方言词语中，有比普通话丰富得多的生活、情感用语，在动作的细微区分、事物的性状描绘等方面都比普通话更具体、更形象、更生动。很多方言词语，如果用普通话去解释，往往需要几个词甚至一句话才有可能把它说清楚，但却难于用一个词去精准地替代它，即使勉强替代，也必索然无味，可见方言之独特魅力。这也是方言比普通话往往要生动、有趣，在文艺表达里更受欢迎的原因。

方言是语言系统中重要的一部分，是我国非物质文化遗产中一个重要的类别，理应得到精心保护和充分利用。在这以普通话为主流的交流日趋密切、方言日渐衰微的时代，方言的记录、整理、研究及传承，便历史性地落在了我们这一代人的身上。

本书收录土默川方言常用词语、熟语共计10500条。

本书试图从方言的语音与词汇两个角度，来探索土默川方言的特色及其规律。本书在语音方面，简要列举了几种语音变化现象，当然远远不能涵盖其全部。在词汇方面，分类列举了8000个常用词语，并做了相应的解释。有相当一部分方言词语，你只能意会，却难以言表；很多方言词又是有音而无字，只能暂且写作同音字或近音字。

此外本书还精选了2500条熟语与读者共赏。这里所说的熟语，包括惯用语、俗语、谚语、串话、歇后语等。千百年来繁衍生息在土默川这片肥沃土地上的各族人民，注重社会群体及个人良好品行的塑造培养，他们结合多年的生活经验和感悟体会，总结出了许多有关生产、生活、品德、修养方面的惯用语、俗语、谚语、歇后语，这些流传在民间的熟语，闪现出土默川人民思想智慧的火花，也凝结着人们同自然灾害拼搏、与腐朽邪恶争斗的成功经验。它用语巧妙、诙谐、简明、生动，是一种很有特色的群众口头创作。这些熟语，具有极强的表现力和震撼力，常作说事讲理的理论依据，对人们有深刻的启迪和教育作用。

由于本人学浅才疏，再加时间紧促，书中的谬误之处，只能留待专家们斧正，祈盼乡亲们指教。

郝万慧

2016年8月于北京

目　　录

第一章　方言语音规律……1

第一节　变音现象及其规律……1

第二节　混音现象及其规律……10

第三节　合音现象及其规律……13

第二章　部分方言词语的构词方式例举……14

第一节　带前缀或后缀的方言词语例举……14

第二节　以常见字做构词成分的方言词语例举……20

第三节　方言中词语的重叠现象例举……28

第四节　方言词的几种特殊现象……31

第三章　方言常用虚词分类赏析……35

第一节　副词类……35

第二节　介词类……54

第三节　连词类……56

第四节　助词类……58

第五节　指代与疑问类方言词……60

第四章　方言一词多义例举……63

第五章　方言与普通话的同音异义现象例举……78

第六章　方言常用实词分类赏析……81

第一节　时间时段……81

第二节　节日节气……86

第三节　地理环境……88

第四节　自然气候 …… 93
第五节　物体声响 …… 97
第六节　物体颜色 …… 99
第七节　事物数量 …… 101
第八节　物体形态 …… 107
第九节　事物情状 …… 113
第十节　事物性状 …… 119
第十一节　方位处所 …… 125
第十二节　住所家具 …… 129
第十三节　穿戴装饰 …… 131
第十四节　日常用品 …… 134
第十五节　其他事物 …… 137
第十六节　家务营生 …… 140
第十七节　花木植物 …… 144
第十八节　庄稼蔬菜 …… 146
第十九节　家畜动物 …… 148
第二十节　土地耕畜 …… 152
第二十一节　农活农具 …… 154
第二十二节　车辆绳继 …… 158
第二十三节　食品食材 …… 160
第二十四节　食品性状 …… 163
第二十五节　炊具餐具 …… 168
第二十六节　烹饪与燃料 …… 170
第二十七节　进食与吃相 …… 173
第二十八节　称谓与俗称 …… 177

第二十九节　人体部位……182
第三十节　相貌五官……185
第三十一节　身材体态……191
第三十二节　生老病死……195
第三十三节　身体状态……201
第三十四节　困顿瞌睡……208
第三十五节　眉眼传神……210
第三十六节　心情心态……216
第三十七节　思维判断……222
第三十八节　神情态度……226
第三十九节　话分种种……234
第四十节　语言性质……240
第四十一节　说话情态……248
第四十二节　语气声音……251
第四十三节　吵嚷责骂……255
第四十四节　手部动作……257
第四十五节　腿脚动作……264
第四十六节　身体行为……269
第四十七节　行为评价……276
第四十八节　人品评价……280
第四十九节　智力能力……286
第五十节　脾气性格……292
第五十一节　人情事理……299
第五十二节　待人接物……303
第五十三节　为人处事……308

第五十四节　人际交往 …………………………………… 321
第五十五节　乡亲邻里 …………………………………… 326
第五十六节　婚丧礼俗 …………………………………… 328
第五十七节　商务活动 …………………………………… 335
第五十八节　文体娱乐 …………………………………… 339
第五十九节　辛苦劳累 …………………………………… 344
第六十节　遭遇处境 …………………………………… 349
第六十一节　馋吃懒做 …………………………………… 352
第六十二节　穷困潦倒 …………………………………… 354
第六十三节　宽广富裕 …………………………………… 358
第六十四节　节俭铺张 …………………………………… 360
第六十五节　小气吝啬 …………………………………… 362
第六十六节　欺骗挑唆 …………………………………… 364
第六十七节　怨恨争斗 …………………………………… 367
第六十八节　招惹打闹 …………………………………… 371
第六十九节　其他描述 …………………………………… 374
第七章　方言熟语赏析 …………………………………… 376
附录：　土默川民间故事——**老鼠告狸猫** …………………… 447

第一章　方言语音规律

外地人听不懂方言，首先是听不懂方言的语音，其次才是听不懂方言中的词汇。内蒙古土默川方言的语音，有 “变音”、“混音”、“合音” 等特殊现象。

第一节 变音现象及其规律

所谓变音现象，即方言与普通话相比较，很多字的书写虽然相同，但方言的口语发音却发生了明显的改变。我们姑且把变音现象分为“个别字的变音现象”和“规律性变音现象”两种，以便分别赏析：

（一）个别字的变音现象

个别字的变音现象，有的是声母改变，有的是韵母改变，有的是声母韵母都改变。例如：

声母改变——

“咬”（yǎo）变音为“niǎo”。

“硬”（yìng）变音为“nìng”。

“跪”（guì）变音为“kuì”。

“荣、容、融、溶、蓉、熔、嵘、镕、瑢”（rong）变音为“yong”。

韵母改变——

“百”（bǎi）变音为“bia”。

“多”（duō）变音为“de”。

“佛”（fó）变音为“fe”。

“脚”（jiǎo）变音为“jia”。

“那”（nà）变音为“nai”或“nì”。

“热”（rè）变音为“ra”。

“特别”（tè bié）变音为“ta bia”。

“羊角角”（jiǎo）变音为“jia”。

“药”（yào）变音为“ya”。

“作业”（zuò yè）变音为“zua ya”。

“寻”（xūn）变音为“xing”。

“我和你”（hé）变音为“hài”。

“啃”（kěn）变音为“kun”。

声母韵母都改变——

“脖”（bó）变音为“pa”。

“吃”（chī）变音为“ce”。

“刚刚儿”（gāng）变音为“jiang”。

“隔夜”（gé）变音为“jia”。

“门槛”（kǎn）变音为“xian”。

“去”（qù）变音为“kèi”；“kē”。

“说”（shuō）变音为“sua”。

“俗”（sú）变音为“xue”。

“肃”（sù）变音为“xue”。

“我”（wǒ）变音为“e”。

“下”（xià）变音为“hà”。

“鞋”（xié）变音为“hai”。

“宿”（sù）变音为“xue”。

“眼睫毛”（jié）变音为“za”。

“早晨”（chén）变音为“sen”。

“这”（zhè）变音为“zai”。

（二）规律性变音现象

规律性变音现象，主要指韵母的变化，这种变音现象都是成批地、规律性地改变。变音后，一部分读音是普通话中没有的读音，其实大多也就是古时的入声字；一部分读音与普通话中的其他字相同，但又不会混淆。内蒙古土默川方言的成熟性、稳定性、规律性由此也可见一斑。现分别举例如下：

一、声母“b、p、m、f、w”与“o”相拼的字，在方言中就把韵母“o”变音为“e”或“a”的音

1. **薄、玻、波、播、菠、礴**

把“bo”的音变音为“be”的音（普通话中没有此音）。

2. **拨、博、搏、剥、驳、勃、膊、渤、钹**

把“bo”的音变音为“ba”的音（与“八、把”同音）。

3. **破、坡、婆、颇**

把“po”的音变音为“pe”的音（普通话中没有此音）。

4. **磨、魔、膜、摩、默、陌、馍、蘑**

把“mo”的音变音为“me”的音（与“么、嚒”同音）。

5. **摸、抹、莫、沫、末、麽、漠、寞**

把“mo”的音变音为“ma”的音（与“吗、蟆”同音）。

6. **窝、卧、涡、倭、蜗**

把“wo”的音变音为“we”的音（普通话中没有此音）。

7. **握、沃、龌**

把“wo”的音变音为“wa”的音（与“哇、袜”同音）。

二、声母“m、t、l、g、k、h、zh、z、ch、c、sh、s、r、y”与韵母“e”相拼的字，在方言中有的就把韵母“e”变音为“a”的音

1. **么**

把“me”的音变音为“ma”的音（与“吗”同音）。

2. **特、忑**

把“te”的音变音为“ta”的音（与“踏、他”同音）。

3. **乐**

把“le”的音变音为“lua”的音（普通话中没有此音）。

4. **各、咯、格、隔、阁、割、革、葛、鸽、搁、合**

把“ge”的音变音为“ga”的音（与“嘎、尬”同音）。

5. **渴、客、壳、咳、磕、瞌**

把“ke”的音变音为“ka”的音（与“咖、卡、咔”同音）。

6. **喝、合、盒、鹤**

把“he”的音变音为“ha”的音（与“哈”同音）。

7. **折、着、哲、浙、褶、蛰、喆**

把“zhe”的音变音为“za”的音（与“扎、咋”同音）。

8. **泽、责、择、啧、则、咋、仄**

把“ze”的音变音为“za”的音（与“扎”同音）。

9. **撤、彻、澈**

把“che”的音变音为“ca”的音（与“擦、嚓”同音）。

10. **测、策、厕、册、侧、恻**

把“ce”的音变音为“ca”的音（与“擦、嚓”同音）。

11. **舌、设、摄、涉、折**

把“she”的音变音为“sa”的音（与“萨、洒”同音）。

12. **色、涩、啬**

把“se”的音变音为“sa”的音（与“萨、洒”同音）。

13. **叶、页、业、掖、噎**

把“ye”的音变音为“ya”的音（与“呀”同音）。

三、声母“b、p、m、d、t、l、j、q、x、y”与韵母“i”相拼的字，在方言中，很多都变音为接近于“ie-e”的音，普通话中没有这样的韵母，只能牵强地按“b-ie-e-笔”（玻-耶-鹅==笔）拼。这样的字数量还不算少

1. **笔、逼、必、毕、壁、臂、鼻、弼**（bi-biee）

把“bi”的音变音为“biee”的音（普通话中没有此音）。

2. **劈、匹、僻、譬、霹**（pi-piee）

把“pi”的音变音为“piee”的音（普通话中没有此音）。

3. **密、秘、蜜、泌、秘**（mi-miee）

把“mi”的音变音为“miee”的音（普通话中没有此音）。

4. **提（溜）、笛、敌、迪、狄、涤、嫡**（di-diee）

把“di”的音变音为“diee”的音（普通话中没有此音）。

5. **踢、剔、惕**（ti-tiee）

把“ti”的音变音为“tiee”的音（普通话中没有此音）。

6. **历、力、粒、立、栗**（li-liee）

把“li”的音变音为“liee”的音（普通话中没有此音）。

7. **及、急、积、极、即、激、级、激、集、吉、籍、击、疾、迹、辑、绩、脊、缉、亟、寂、鲫**（ji-jiee）

把“ji”的音变音为“jiee”的音（普通话中没有此音）。

8. **七、漆、泣、戚、祈、沏**（qi-qiee）

把“qi”的音变音为“qiee”的音（普通话中没有此音）。

9. **吸、膝、习、息、锡、席、悉、袭、惜、夕、昔、析、隙、熄、媳、蜥、蟋**（bi-biee）

把“xi”的音变音为“xiee”的音（普通话中没有此音）。

10. **益、溢**（yi-yiee）

把“yi”的音变音为“yiee”的音（普通话中没有此音）。

四、声母d、l、m、n与韵母“u”相拼的字，在方言中也会发生变音

1. **读、厾、独、犊、毒、督**

把“du”的音变音为“du-e”的音，普通话中没有这样的读音。

2. **路、炉、颅、赂、卢、鲁、庐、虏、芦**

把“lu”的音变音为“lou”的音（与“陋、露、娄、漏”同音）。

3. **目、木、苜**

把“mu”的音变音为“me”的音（与“嚰”和后缀“么”同音）

4. **怒、奴、努、弩、驽**

把“nu”的音变音为“nou”的音。

五、声母“b、p、m、zh、ch”与“ai”相拼的字，在方言中也会发生变音，把韵母“ai”分别变为“ia”、“a”及“ei”的音

1. **百、柏、掰**（bai）

在方言中就把韵母“ai”变成了“ia”的音，变音为“bia”。

2. **拍**（pai）

在方言中也把韵母“ai”变成了“ia”的音，变音为“pia”。

3. **麦、脉**（mai）

在方言中也把韵母“ai”变成了“ia”的音，变音为“mia”。

4. **摘、窄**（zhai）

在方言中就把韵母“ai”变成了“a”的音，变音为“za”。

5. **拆**（chai）

在方言中也把韵母“ai”变成了“a”的音，变音为“ca”。

6. **埋、霾**（mai）

在方言中则把韵母“ai”变成了“ei”的音，变音为“mei”。

六、声母“b、m、n、l、g、h”与“ei”相拼的字，在方言中也会发生变音，把韵母“ei”分别变为“i”、“e”、“ai”、“ui”的音

1. **被、备、惫**(bei)

在方言中就把韵母“ei”变成了“i”的音，变音为“bi”。

2. **眉、嵋**（mei）

在方言中也把韵母“ei”变成了“i”的音，变音为“mi”。

3. **没**（mei）

在方言中就把韵母“ei”变成了“e”的音，变音为“me”。

4. **给**（gei）

在方言中也把韵母“ei”变成了“i”或“e”的音，变音为“gi”或“ge”。

5. **内、馁**（nei）

在方言中则把韵母“ei”变成了“ai”的音，变音为“nai”。

6. **类、累、雷、垒、泪、磊、蕾、晶、擂、镭**（lei）

在方言中则把韵母“ei”变成了“ui”的音，变音为“lui”。

7. **黑、嘿**（hei）

在方言中也把韵母“ei”变成了“e”的音，变音为“he”。

8. **贼**（zei）

在方言中则把韵母“ei”变成了“ai”的音，变音为“zai”。

七、声母“p、m、f、d、g、k”与“ou”相拼的字，在方言中也会发生变音，把韵母“ou”分别变为“ao”、“u”、“iu”的音

1. **剖**（pou）

在方言中就把韵母“ou”变成了“ao”的音，变音为“pao”。

2. **某、谋、缪、哞、眸**（mou）

在方言中就把韵母“ou”变成了“u”的音，变音为“mu”。

3. **否、缶**（fou）

在方言中也把韵母“ou”变成了“u”的音，变音为“fu”。

4. **都**（dou）

在方言中也把韵母“ou”变成了“u”的音，变音为“du”(副词)。

5. **狗、沟、勾、够、购、构、钩、苟、垢、枸、煹**(gou)

在方言中就把韵母“ou”变成了“iu”的音，变音为“giu”。

6. **口、抠、扣、寇、叩、蔻**(kou)

在方言中也把韵母“ou”变成了“iu”的音，变音为“kiu”。

八、声母d、t、l、g、k、h与韵母“uo”相拼的字，方言中有的把“uo”变音为“ua”的音

1. **夺、掇**

把“duo”的音变音为“dua”的音(普通话中没有此音)。

2. **脱、托、坨、拓、庹**

把“tuo”的音变音为“tua”的音(普通话中没有此音)。

3. **落、络、洛**

把“luo”的音变音为“lua”的音(普通话中没有此音)。

4. **国、蝈、帼**

把“guo”的音变音为“gua”的音(与“瓜、刮”同音)。

5. **扩、阔、括**

把“kuo”的音变音为“kua”的音(与“啰、跨”同音)。

6. **或、活、豁、获、惑**

把“huo”的音变音为“hua”的音(与“话、华”同音)。

九、声母b、m、d、t、n、l、j、q、x，与韵母“ie”相拼的字，方言中大多把“ie”变音为“ia”的音。而在普通话中，却没有以声母d、t、n、l与韵母“ia”拼成的音(dia、tia、nia、lia)，唯方言中独有。

1. **别、憋、鳖**

把“bie”变音为“bia”。

2. **灭**

把“mie”变音为“mia”。

3. **叠、跌、碟、谍**

把“die”变音为“dia”。

4. **铁、贴、帖**

把“tie”变音为“tia”。

5. **捏、聂、孽、涅**

把“nie”变音为“nia”。

6. **裂、列、咧、烈、猎、劣**

把“lie”变音为“lia”。

7. **接、节、截、结、洁、揭、竭**

把“jie”的音变音为“jia”的音。(与“夹”同音)

8. **切、怯、窃**

把“qie”的音变音为“qia”的音。(与“恰”同音)

9. **歇、协、胁、楔**

把“xie”的音变音为“xia”的音。(与“瞎”同音)

十、声母n、l与韵母üe相拼的字，方言中大多把其韵母üe变音为ia的音

1. **虐、疟**

把nüe变音为nia的音。而在普通话中却没有这样的音。

2. **略、掠**

把lüe变音为lia的音。而在普通话中，“lia”的音，只有一个“俩”字。

十一、声母 j、q、x、y 与韵母 üe 相拼的字，方言中大多把其韵母 üe 变音为 üa 的音。而在普通话中，却没有"üa"这样的韵母，更没有以声母 j、q、x、y 与"üa"拼成的音(jua、qua、xua、yua)，唯方言中独有

1. **觉、绝、决、诀、掘**
把"jue"的音变音为"jua"的音。
2. **却、缺、确、雀**
把"que"的音变音为"qua"的音。
3. **学、血、雪、薛、削**
把"xue"的音变音为"xua"的音。
4. **月、越、乐、悦、阅**
把"yue"的音变音为"yua"的音。

十二、声母 r 与韵母 ong 相拼的字，方言中大多把其声母 r 变音为 y 的音；声母 n 与韵母 ong 相拼的字，方言中大多把其韵母 ong 变音为 eng 的音

1. **容、荣、蓉、融、溶、熔、榕、嵘、镕**
把"rong"的音变音为"yong"的音。
2. **农、浓、脓、哝**
把"nong"的音变音为"neng"的音。

十三、在方言中，把翘舌音"zh、ch、sh、r"的韵母"i"变音为"e"，同时，翘舌音变为平舌音。但是，平舌音的韵母"i"，就没有变音为"e"的现象

1. **只、直、值、质、职、执、织、植、侄、汁、殖、秩、帜**，普通话读"zhi"的音，而方言中往往都变音为接近于"ze"的音。

2. **吃、尺、赤、叱、斥、敕**，普通话读"chi"的音，而方言中往往都变音为接近于"ce"的音。

3. **十、式、实、石、室、食、识、失、适、湿、释、拾、蚀、饰**，普通话读"shi"的音，而方言中往往都变音为接近于"se"的音。

4. **日**，普通话读"ri"的音，而方言中变音为接近于"re"的音。

然而，平舌音"字、紫(zi)"，"词、瓷(ci)"，"丝、撕(si)"，在方言中却没有变音现象。

十四、在方言中，还有把翘舌音 zh、ch、sh、r 的韵母"uo"变音为"ua"的现象(普通话中没有这样的读音)，同时，翘舌音变为平舌音。平舌音的韵母"uo"，只有个别字变音为"ua"的现象

1. 声母为翘舌音的"**桌、捉、灼、卓、拙、酌、琢**"等字，普通话读"zhuo"的音，而方言中都变音为"zua"的音。

2. 声母为翘舌音的"**戳、绰、龊**"等字，普通话读"chuo"的音，而方言中都变音为"cua"的音。

3. 声母为翘舌音的"**说、朔**"等字，普通话读"shuo"的音，而方言中都变音为"sua"的音。

4. 声母为翘舌音的"**弱、若**"等字，普通话读"ruo"的音，而方言中往往都变音为"rua"的音。

5. 声母为平舌音的"**昨、作、撮**"，普通话中读"zuo"的音，在方言中变音为"zua"。

6. 声母为平舌音的"**撮**"，普通话中

读“cuo”的音，在方言中变音为“cua”。

7. 声母为平舌音的“缩、索”，普通话中读“suo”的音，在方言中变音为“sua”。

十五、“了（le）”的变音特点及其规律

1. “了”用在疑问代词后，就变音为“lan”（兰）的音

咋了（lan）？甚了（lan）？谁了（lan）？哪了（lan）？多少了（lan）？几个了（lan）？

2. “了”用在动词之后，变音为“lan”（兰）的音，表示疑问语气或肯定语气

哭了（lan）/恼了（lan）/跑了（lan）

来了（lan）？来了（lan）。

吃了（lan）？吃了（lan）。

问了（lan）？问了（lan）。

给了（lan）？给了（lan）。

3. “了”用在动词之后，如在动词的补语之前，仍说“le”，用在补语之后，就变音为“lan”（兰）的音

来好了（lan）。

来了（le）三回了（lan）。

看清楚了（lan）。

看了（le）两遍了（lan）。

病好了（le）倒一个多月了（lan）。

4. “了”用在及物动词之后，如在动词的宾语之前，仍说“le”的音，用在宾语之后，就变音为“lan”（兰）的音

上了（le）火车了（lan）。

来了（le）呼市了（lan）。

吃了（le）饭了（lan）。

忘了（le）带钱了（lan）。

5. “了”用在形容词之后，变音为“lan”（兰）的音，表示变化，并且有疑问或肯定的语气

高了（lan）还是低了（lan）？（疑问）

高了（lan）。（肯定）

柿子红了（lan）？（疑问）

红了（lan）。（肯定）

明白了（lan）？（疑问）

明白了（lan）。（肯定）

多了（lan）少了（lan）？（疑问）

多了（lan）。（肯定）

孩子倒这么大了（lan）？（疑问）

这个表慢了（lan）。（肯定）

6. “了”用在数量词之后，变音为“lan”（兰）的音，表示已经达到了某种数量

拿走几个了（lan）？

三个了（lan）。

有多少了（lan）？

五把了（lan）。

现在几点了（lan）？

九点了（lan）。

7. “了”用在名词之后，变音为“lan”（兰）的音，表示历数各种事物

张三了（lan）、李四了（lan）、王五了（lan），反正来了（le）好几个人。

书了（lan）、本儿了（lan）、笔了（lan），可买了（le）个全。

北京了（lan）、上海了（lan）、广州了（lan），都跑遍了（lan）。

8. “了”用在句尾，变音为“lan”（兰）的音，表示感叹、疑问、劝阻语气

这事情挺麻烦，愁死人了（lan）！（感叹）

几件事怎么都赶到一天了（lan）？（疑问）

别再去打搅他了（lan）!（劝阻）

9.“的了（lan)”，用在动词后或句尾，强调动作行为必须马上进行，有催促的意思。普通话中难以找到对应的词语，即使用“哇”替代，也不算很精准，其紧迫、催促之意就会淡化

走的了(lan)，不然就误了火车了！

他眼看就追来了，你赶紧跑的了（lan)！

卖的了（lan)，再不卖又跌价呀！

快十二点了，睡的了（lan)！

10.“了”用在“不”后，变音为“lǎo”（老）的音，共同做动词的补语

太多了，实在吃不了(lao)了(lan)。

那是个技术活儿，我实在干不了（lao)。

我腿疼，跑不了(lao)，你们去追吧。

用不了（lao）这么多，留下一半儿就够了。

千万不要忘了（le）带钱！

放心哇，忘不了（lao）！

十六、把“着”(zhe、zhao）变音为“za”的音的规律

1.“着（zhe)”作助词时，方言中都变音为“za”的音

a. 表示动作或状态的持续。

他拿着一本书。(za)

家里的灯还亮着。(za)

b. 用在动词或表示程度的形容词后面，加强命令或嘱咐的语气。

大家听着。(za)

手轻着点儿。(za)

2.“着(zhe)”加在某些动词后面，使变成介词时，方言中都变音为“za”的音

沿着/顺着/朝着（za)

3.“着（zhao)”作动词时，方言中都变音为“za”的音

a. 当“接触；挨上”讲，

前不着村后不着店。(za)

b. 当“燃烧或灯发光”讲：

炉火着起来了。(za)

路灯都着了。(za)

4.“着（zhao)”用在动词后，表示已经达到目的或有了结果，方言中都变音为“za”的音

见着了 /割着了 /碰着了 /烧着了

“着（zhao)”只有在当“感受”；“受到”讲的时候，方言变音为“zao”的音：

着急 / 着忙 /着凉 / 着风 （zao)

十七、把韵母“ang”变音为“e”的局部方言

声母b、p、m、f、d、t、n、l、k、g、h、zh、ch、sh、z、c、s 与韵母ang相拼的字，把韵母ang说成“e”的音

帮、棒、傍、膀、绑、榜、邦、谤等字，都变音为“be”。

胖、滂、膀、旁、庞、彷等字，都变音为“pe”。

忙、莽、盲、芒、茫、氓、蟒等字，都变音为“me”。

放、房、方、芳、妨、访、防、仿、坊、纺等字，都变音为“fe”。

当、档、档、荡、党、裆、噹等字，都变音为“de”。

汤、糖、躺、趟、烫、淌、唐、堂、膛、棠等字，都变音为“te”。

馕、齉、攮、曩、囊等字，都变音为“ne”。

狼、榔、朗、郎、廊、浪等字，都变音为“le”。

刚、杠、缸、钢、港、岗、纲、肛、冈等字，都变音为“ge”。

炕、扛、康、糠、抗、亢、慷等字，都变音为“ke”。

巷、行、航、杭等字，都变音为“he”。

张、章、涨、账、掌、杖、丈、仗、胀、蟑、彰等字，都变音为“ze”。

长、常、场、唱、厂、肠、昌等字，都变音为“ce”。

上、晌、伤、裳、商、尚等字，都变音为“se”。

脏、藏、葬、赃等字，都变音为“ze”。

藏、仓、苍、舱等字，都变音为“ce”。

嗓、丧、桑等字，都变音为“se”。

往、忘、王、望、网、旺、汪、亡、枉等字，都变音为“we”。

即使复韵母“iang”中的“ang”，也会说成“e”。比如：

强、墙、枪、抢、腔、腔、炝等字，把“qiang”变音为“qie”。

梁、两、量、晾等字，把“liang”变音为“lie”。

一位领导这样读毛主席语录：

路线是个纲(ge)，纲(ge)举目张(ze)。

过去，人们口传一段方言笑语：

王(we)钢(ge)钢(ge)，看见个狼(le)，急忙(me)回家拿上(se)枪(qie)，跳上(se)墙(qie)，爬上(se)房(fe)，当(de)啷(le)一枪(qie)打死个狼(le)。

第二节　　混音现象及其规律

所谓混音现象，主要指三种现象，在方言中，一是前鼻音与后鼻音不分，大多说成后鼻音；二是平舌音与翘舌音不分，大多说成平舌音；三是部分复韵母之间读音相混时，其中一个带复韵母的字又往往会发生变音现象，所以并不会混淆不清

一、在方言中，对普通话中带有鼻韵母的字，一般不分前鼻音与后鼻音，如“in”与“ing”不分；“en”与“eng”不分；“un”与“ong”不分，大多都说成了后鼻音

1.“in”与“ing”不分

临、**林**(lin)与**灵**、**令**(ling)不分；

宾、**濒**(bin)与**兵**、**冰**、**病**(bing)不分。

2.en与eng不分

跟(gen)与**耕**(geng)不分；

本(ben)与**绷**(beng)不分；

肯(ken)与**坑**(keng)不分。

3.“un”与“ong”不分

准(zhun)、**尊**(zun)与**种**(zhong)、**总**(zong)不分；

捆、**昆**(kun)与**孔**、**恐**(kong)不分。

二、在方言中，基本没有平舌音与翘舌音之分，一律把翘舌音说成了平舌音

指(zhi)、**之**(zhi)、**纸**(zhi)、**至**(zhi)、**支**(zhi)、**治**(zhi)、**制**(zhi)、**知**(zhi)”等字，与“**子**(zi)、**字**(zi)、**姿**(zi)、**吱**(zi)、**自**(zi)、**紫**(zi)、**资**(zi)、**咨**(zi)、**籽**(zi)等字，没有区别，都说成了平舌音“zi”。

迟(chi)、**池**(chi)、**持**(chi)、**翅**(chi)等字与**词**(ci)、**此**(ci)、**磁**(ci)、**次**(ci)等字，也没有区别，都说成了平舌音“ci”。

闪(shan)、**山**(shan)、**善**(shan)、**扇**(shan)等字，与三(san)、**伞**(san)、**散**(san)等字，也没有区别，都说成了平舌音“san”。

所以，有人开玩笑说，我们改普通话好改，只要卷住舌头说话就都是普通话了。

三、部分复韵母的混音现象

(一)在方言中，韵母“ie”与“ian”，有的就发生混音，一般都把韵母“ian”也读成“ie”的音。而原来韵母读“ie”音的字，又大部分都发生变音，把韵母变成“ia”。所以，同样有规律可循，并不是混淆不清。

1.**别**、**憋**、**瘪**、**鳖**与**边**、**便**不分(bie与bian不分)

但是，读“bie”音的字，其中如**别**、**憋**、**鳖**，在方言中一般又都说成“bia”的音(普通话中没有此音)，是不可能与

读“bian”音的字如**变**、**遍**、**辩**、**编**、**鞭**、**贬**混淆的。

2.**撇**、**瞥**与**片**、**偏**不分（pie 与 pian 不分）

3.**蔑**与**面**、**免**、**棉**不分（mie 与 mian 不分）

但是，读“mie”音的字，其中如“**灭**”，在方言中一般又都变音为“mia”的音（普通话中没有此音），是不可能与读“mian”音的字混淆的。

4.**跌**、**爹**、**蝶**与**点**、**店**、**颠**不分（die 与 dian 不分）

但是，读“die”音的字，其中如**跌**、**碟**、**叠**、**迭**、**谍**，在方言中一般又都变音为“dia”的音（普通话中没有此音），是不可能与读“dian”音的字混淆的。

5.**贴**、**铁**、**帖**与**天**、**田**、**舔**不分（tie 与 tian 不分）

但是，读“tie”音的字，其中如**贴**、**铁**、**帖**，在方言中一般又都变音为“tia”的音（普通话中没有此音），是不可能与读“tian”音的字混淆的。

6.**捏**、**聂**与**年**、**念**、**碾**、**撵**不分（nie 与 nian 不分）

但是，读“nie”音的字，其中如**捏**、**聂**、**涅**、**孽**、**镍**、**镊**，在方言中一般又都变音为“nia”的音（普通话中没有此音），是不可能与读“nian”音的字混淆的。

7.**列**、**猎**与**脸**、**连**、**练**、**恋**不分（lie 与 lian 不分）

但是，读“lie”音的字，其中如**列**、**猎**、**裂**、**咧**、**烈**，在方言中一般又都变音为“lia”的音（普通话中没有此音），是不可能与读“lian”音的字混淆的。

（二）在方言中，ü行韵母“üe”与“üan”分别与声母 j、q、x、y 相拼的字，有的就发生混音，一般都把韵母“üan”也读成“üe”的音。而原来韵母读“üe”音的字，大部分都发生变音，把韵母变成“üa”。所以，在方言中，虽然有混音现象，但都是有规律可循的，并不是混淆不清。

1.**靴**（xue）与**选**(xuan)不分

但是，读“xue”音的字，其中如**学**、**雪**、**血**、**薛**、**削**等字，在方言中一般又都变音为“xua”的音（普通话中没有此音），是不可能与读“xuan”音的字如**悬**、**旋**、**轩**、**炫**、**宣**、**眩**、**喧**、**渲**混淆的。

2.**瘸**（que）与**全**(quan)不分

但是，读“que”音的字，其中如**却**、**缺**、**确**、**雀**等字，在方言中一般又都变音为“qua”的音（普通话中没有此音），是不可能与读“quan”音的字如**圈**、**蜷**、**权**、**泉**、**劝**、**拳**、**犬**混淆的。

3.**倔**（jue）与**卷**、**捐**(juan)不分

但是，读“jue”音的字，其中如**绝**、**决**、**觉**、**诀**、**噘**、**掘**，在方言中一般又都变音为“jua”的音（普通话中没有此音），是不可能与读“juan”音的字如**娟**、**倦**、**绢**、**眷**、**涓**、**鹃**、**券**混淆的。

4. **跃**（yue）与**院**(yuan)不分

但是，读“yue”音的字，其中如**月**、**越**、**乐**、**悦**、**阅**、**约**、**曰**，在方言中一般又都变音为“yua”的音（普通话中没有此音），是不可能与读“yuan”音的字如**原**、**远**、**圆**、**袁**、**辕**、**元**、**员**、**缘**、**怨**、**源**、**愿**、**苑**、**渊**、**援**、**冤**、**垣**混淆的。

（三）在方言中，把翘舌音说成平舌音的同时，还有把翘舌音的复韵母“uang”说成“uo”的音，形成混音现象

1. 翘舌音**状**、**装**、**撞**、**桩**、**庄**、**壮**、**妆**、**幢**等字，普通话读“zhuang”的音，而方言中往往都说成了“zuo”的音(与**左**、**坐**、**昨**等同音)。

2. 翘舌音**床**、**窗**、**闯**、**创**、**疮**等字，普通话读“chuang”的音，而方言中往往都说成了“cuo”的音(与**搓**、**错**、**挫**、**措**、**蹉**等同音)。

3. 翘舌音**双**、**爽**、**霜**、**孀**、**礵**等字，普通话读“shuang”的音，而方言中往往都说成了“suo”的音(与**所**、**锁**、**琐**、**梭**等同音)。

第三节　合音现象及其规律

一、这里所说的合音现象，是指方言词中的两个字读音续缓，合成普通话的一个单音节词，类似于古音韵学中的“反切”

先看一例：

卜榔=棒（bo+làng=b+àng=bàng）。

“卜榔”是由两个字组成的方言词语，“棒”是普通话中的一个单音节词。方言词语的第一个字的声母（b）与第二个字的韵母及声调（àng）拼合起来，就是普通话单音节词的读音及声调（bàng）。

而且，这个单音节词（棒）的词义，又正好与方言词（卜榔）词义相同或相近，这种特点是古音韵学“反切”绝对没有的。

当然，反过来讲，也可称之为分音现象，道理是一样的。即“棒”是“卜榔”的合音词，也可以说“卜榔”是“棒”的分音词。

类似的现象还有：

黑廊=巷（hei+làng=h+ang=hàng）

黑览=喊（骂）(hei+lǎn=h+an=hǎn)

扑捞=刨(pu+láo=p+ao=páo)

卜拉=拔(bo+lā=b+a=bā)

卜唻=摆(bo+lai=b+ai=bǎi)

卜烂=绊(bo+làn=b+an=bàn)

卜烂=拌(bo+làn=b+an=bàn)

骨埨=滚(gu+lǔn=g+un=gǔn)

圪塄=埂(ge+leng=g+eng=geng)

窟窿=孔（ku+long=k+ong=kong）

圪梁=岗（ge+liang=g+ang=gang）

圪榄=干(树干)(ge+lǎn=g+an=gǎn)

特唠=套（te+lào=t+ao=tào）

蓬楞=蓬(po+lēng=p+eng=pēng)（蓬：草木茂盛。蓬：量词，枝叶茂盛的花草等的一团，一丛）

黑赖=害（hei+lài=h+ai=hài）

机灵=精（ji+līng=j+ing=jīng）

糊弄=哄（hu+nong=h+ong=hong）

忽圞=环(hu+luan=h+uan=huan)(圞，圆形；环绕貌)

克搂=抠（ke+lou=k+ou=kou）

忽拉=划（画）(hu+la=h+ua=hua)

骨拉=刮（gu+la=g+u+a=gua）

提缭=条（ti+liao=t+iao=tiao）

反切，是由两个汉字来注另一个汉字的音。它形成于东汉末年，在1918年使用注音字母前一直是我国汉字注音的主要方法。由此可见，内蒙古土默川方言不仅源远流长，而且其规律性也必然决定其稳定性。

二、另一种少见的合音现象，是由普通话的两个字合成一个方言词的音和形

不要=嫑(bu+yào=b+iào=biào),“嫑”是方言词，就是“不要”的意思。

不应(bu+yìng=b+ing=Bing)，意义是“表示不需要”，与“甭 beng”同。“甭 beng”也是方言词，但不是内蒙古土默川地区的方言，在土默川方言中把“不应”两个字说成一个“bìng”的音，有音而无字。

第二章　部分方言词语的构词方式例举

第一节　带前缀或后缀的方言词语例举

一、以“圪”字做前缀的方言词语

“圪”，在内蒙古土默川方言中，使用频率最高，它自己没有什么意义，它做了名词、动词、形容词、语气词等的前缀，就表示一定的语法意义，有的修饰、限定了原词语意义的范围、程度及感情色彩等，有的则完全改变了原词语的意义。举例赏析如下：

（一）“圪”做名词前缀

1. 俺们那儿的深坑叫圪洞。

2. 俺们那儿的浅坑叫圪洞洞。

3. 俺们那儿的浅壕叫圪壕。

4. 再浅的小壕叫圪壕壕。

5. 俺们那儿的膝盖叫圪膝(xie)。

6. 俺们那儿的水泡泡叫圪泡儿。

7. 俺们那儿木桩或木桩类的东西叫圪桩。

你圪桩呀似的，站在那儿做甚了？

8. 锯树留下的茬叫圪墩。

9. 割地留下的茬叫圪茬。

10. 树木的枝杈处叫圪杈。

11. 用土垒起来的地界叫圪塄。

12. 山梁或天然的长形高土坡叫圪梁。

13. 低一点儿的又叫圪梁梁。

一个在那圪梁梁一个在沟，拉不上个话话招一招手！

14. 天然的长形洼地叫圪洼。

15. 俺们那儿天然的高坡叫圪坡。

16. 低而短的“圪坡”叫圪坡坡。

17. 俺们那儿的锅巴叫圪渣。

（二）“圪”做象声词前缀

18. 有一种象声词叫圪叭。

他一迈步，就听见圪叭一声，把他爷爷的烟袋杆子踩下两圪截。

19. 有一种物体的声响叫圪叭叭儿(bàbǎr)。

现圪叭叭儿的票子。

20. 形容变脸速度快叫圪噔。

他圪噔一下就恼了，可爱翻脸了。

21. 那种较大的咽水、饭的声音叫圪汩。

他把个整饺子圪汩一声咽下去了。

22. 有一种小孩儿的轻声哭叫圪哈(hǎ)。

这孩子好哄，圪哈了几声又睡着了。

23. 另一种小孩儿的哭声叫圪哇。

那个娃娃圪哇圪哇地哭个不停，他妈也哄不住,是不是饿了？

24. 门窗或其他物体因转动或颤动而发出的吱吱声响叫圪吱。

（三）“圪”做动词前缀，限定了动作的程度

25. 慢慢地摆动叫圪摆。

26. 短暂的等待叫圪伺。

27. 昆虫慢慢爬叫圪窜。

28. 人慢慢走也叫圪窜。

29. 闲溜达叫圪转。

30. 试探着、一步步往前走或走过来叫圪蹭（cèng）。

31. 轻轻、慢慢地扭动身体或走路叫圪扭。

32. 慢慢地吃力地走叫圪挪。

33. 小脚老人小心翼翼地走动叫圪闸。

34. 稍微地崴了一下脚叫圪崴(wai)。

35. 走路轻微跛脚叫圪拐。

36. 努力支撑叫圪支。

37. 慢火炖叫圪炖。

38. 慢慢等待时机叫圪对。

39. 短暂等候叫圪等。

40. 轻轻地冒泡叫圪嘟。

41. 翻传小话叫圪翻。

42. 说话啰嗦叫圪沓。

43. 众人小声嚷嚷或杂然而议叫圪吵。

44. 低声唱或出声叫圪哼。

你先照上谱子圪哼一遍。

你圪哼也不圪哼一声，别人以为是你不在家。

45. 故意撩逗叫圪逗。

46. 慢慢、随便切剁叫圪剁。

47. 小睡以待病情好转叫圪伏。

48. 短暂躲避叫圪躲。

49. 暂躲以待时机好转叫圪庇（pi）。

50. 稍微地碰了一下叫圪磕。

51. 稍微地卡了一下叫圪卡。

52. 轻微的惦念叫圪惦。

53. 轻微的颠簸叫圪颠。

54. 轻微的害怕叫圪怯(变音为 qia)。

55. 别扭、不好意思叫圪别。

56. 短暂、随意的躺叫圪躺。

57. 把帽子戴得很低叫圪庵。

58. 短时的晾晒叫圪晾。

59. 简单、随便地包裹东西叫圪裹。

60. 简单、随便地盘腿叫圪盘。

61. 简单、随便地绾住叫圪绾。

62. 轻轻、慢慢地摇叫圪摇。

63. 轻轻、慢慢地挤叫圪挤。

64. 轻轻、慢慢地抠叫圪抠。

65. 随便、慢慢地靠叫圪靠。

66. 轻轻、慢慢地捏叫圪捏。

67. 轻轻、简单地洗叫圪漂（piào）。

68. 轻轻、慢慢地飘动叫圪飘。

69. 轻轻、慢慢地吸叫圪吸。

70. 轻轻地揉动身体或搓洗衣服叫圪揉。

71. 随便、简单地将绳、线绕住或拴住叫圪绕。

72. 轻轻、慢慢地握住叫圪握。

73. 轻轻、慢慢地抓叫圪抓。

74. 轻轻、慢慢地挠手叫圪挠。

75. 轻轻、慢慢地钻或躲藏在隐蔽处叫圪钻。

他一冬天哪儿也没去，就圪钻在家里耍钱了。

76. 轻轻、慢慢地揪住叫圪揪。

77. 故意拖延；得过且过叫圪拖。

78. 在边角处垂腿而坐叫圪跷。

79. 轻轻、慢慢地勾或刁钻的眼神叫圪勾。

（四）“圪”与“了”（说成 lan 的音）组合，用在动词或动词结构后，表示去做某件事

1） 他回家吃饭圪了。

2） 他去街上买菜圪了。

3) 他哪圪了？（去哪儿了？）

4) 他刚刚出圪了，也不知道去哪圪了。

5) 他到单位开会圪了。

(五)“圪”用在动词后，大致相当于普通话中的“去”，表示人或事物随动作离开原来的地方，并有祈使意义

1) 出圪！

2) 进圪！

3) 下圪！

(六)“圪”做形容词前缀，形容词重叠且“儿”化

80. 满的堆起来叫圪尖尖儿。

她给儿子圪尖尖儿舀了一碗炖肉。

81. 油腻太大叫圪腻腻儿。

那菜烩得圪腻腻儿，油放得过多了。

82. 性格稳、慢叫圪慢慢儿。

那人圪慢慢儿，撑的气可匀了。

83. 眼睛虚闭状叫圪虚虚儿。

他眼睛有毛病，看人准是圪虚虚儿。

84. 勤快、殷勤叫圪勤勤儿。

那人在谁名下也是圪勤勤儿的。

85. 脸色阴沉沉地叫圪沉沉儿。

86. 走路很有精神叫圪铮铮儿。

那个老太太八十多岁了，走路还是圪铮铮儿的。

(七)“圪”做前缀，不同程度地改变了原词语的意义

87. 有一种厚纸片儿叫圪别日。

88. 有一种包裹叫圪包日。

89. 有一种台阶叫圪腾腾(tèng)。

90. 有一种土台叫圪榻榻。

91. 有一种拐角叫圪佬佬。

92. 有一种小楞叫圪卡卡。

93. 有一种植物叫圪针。

94. 有一种绳结叫疙瘩。

95. 有一种身材叫圪堆。

96. 有一种量词叫圪撮。

97. 有一种放纵叫圪沙。

98. 有一种献媚叫圪产。

99. 有一种娇惯叫圪此。

100. 有一种调情、撒娇也叫圪此。

101. 有一种难受叫圪闹。

102. 有一种闹心叫圪吊。

103. 有一种摆弄也叫圪吊。

104. 有一种低头叫圪低。

105. 有一种暗示叫圪丟。

106. 有一种动作叫圪抽。

107. 有一种难为情叫圪扎。

108. 有一种细嚼叫圪咋。

109. 有一种下蹲叫圪蹴。

110. 勉强立脚，叫圪猴。

111. 有一种暗递叫圪擩（ru）。

112. 有一种贿赂叫圪宓(mì)。

113. 那种虚闭眼睛叫圪眯。

114. 有一种笑眼叫圪眯眯儿。

115. 有一种眯眼叫圪虚。

116. 有一种闭眼叫圪基。

117. 有一种痒痒叫圪里。

118. 又一种痒痒叫圪燥（zào）。

119. 有一种遗憾叫圪念（niān）。

120. 有一种试探叫圪探。

121. 有一种轻踢叫圪弹(tān)。

122. 有一种坚持叫圪努。

123. 有一种蜷曲叫圪奴。

124. 有一种蜷身叫圪团。

125. 有一种面食叫圪团儿。

126. 有一种躲避叫圪庇（bi 方言说成 pī）。

127. 有一种身歪叫圪丘。

128. 有一种休息叫圪操。
129. 有一种枯萎叫圪朽。
130. 有一种不离叫圪巡（xùn）。
131. 有一种打扰叫圪扰。
132. 有一种包住叫圪兜。
133. 有一种不说叫圪忍。
134. 有一种强忍叫圪押。
135. 又一种强忍叫圪耐（nāi）。
136. 有一种制裁叫圪治。
137. 有一种恶心叫圪引。
138. 有一种闲懒叫圪晃。
139. 有一种闲慢叫圪游。
140. 有一种磨蹭叫圪嘞（lè）。
141. 有一种拖延叫圪磨。
142. 有一种随便叫圪舀。
143. 有一种缩短叫圪竣（jùn）。
144. 有一种回缩叫圪就(jìu)。
145. 有一种不展叫圪皱。
146. 又一种不展叫圪搐。
147. 有一种窝囊也叫圪搐。
148. 有一种慢煮叫圪浸。
149. 有一种煮开叫圪激。
150. 有一种弯曲叫圪柳。
151. 有一种不直叫圪料（liào）。
152. 心里憋屈不舒畅也叫圪料。
153. 有一种尴尬叫没圪拉。
154. 有一种别扭叫圪裂。
155. 有一种吝啬叫圪虽。
156. 有一种小气叫圪虽虽儿。
157. 有一种善良、不刚烈叫圪绵绵儿。
158. 有一种沉思状叫圪谋谋儿。
159. 有一种虔诚叫圪举举儿。
160. 有一种敬业或殷勤叫圪勤勤儿。
161. 堆得很高的样子叫圪堆堆儿。
162. 有一种穷相叫圪穷穷儿。
163. 有一种醉相叫圪雾雾儿。
164. 有一种萎靡不振的蔫儿相叫圪朽朽儿。
165. 有一种憨态可掬的卧相叫圪虎虎儿。
166. 有一种粘稠状叫稠圪顿顿儿。

二、以“日”字做前缀的方言词语

167. 日精——机灵。
168. 日能——有本事、有技巧。
169. 日怪——奇怪。
170. 日秧——可笑。
171. 日粗——说大话、吹牛。
172. 日显——显摆。
173. 日圪显显儿——爱在人前头表现自己。含厌恶意。

日圪显显儿的，就怕人不知道他了。

174. 日领——钻营，甚事不误。
175. 日脏——脏。

大路边盖不起好猪圈，日脏话咱就当没听见。

176. 日嘶——骂人。
177. 日你的——骂人。
178. 日眼——往眼里钻；惹厌。
179. 日捣——鼓捣。
180. 日玄（xuan）——厉害，很凶。
181. 日恶——很凶。
182. 日罕——稀罕（贬义）。

三、以“可”字做前缀的方言词语

“可”做形容词前缀，都带褒义或贬义色彩，“可”也表示“很”或“特别”的意思，一般词尾要加“了”。例如：

183. 可好(了)——很好。
184. 可热(了)——很热。
185. 可高(了)——很高。
186. 可黑(了)——很黑。
187. 可冷(了)——很冷。
188. 可坏(了)——很坏。
189. 可低(了)——很低。
190. 可松(了)——很松。
191. 可软(了)——很软。
192. 可灰(了)——很坏。
193. 可酸(了)——很酸。
194. 可瘦(了)——很瘦。
195. 可日怪（了）——特别奇怪。
196. 可红火（了）——特别热闹。

四、以“忽”字做前缀的方言词语

197. 忽绕——缠，绕；随意走动。
198. 忽列——频繁献媚。
199. 忽搅——搅动；搅和。
200. 忽出——黏稠状。
201. 忽塌——塌下来。
202. 忽细——少量给。
203. 忽舀——没准头。
204. 忽撩——少量舀。
205. 忽拉——收拾；全部收走。
206. 忽摇——摇摆。
207. 忽闪——闪耀；猛然晃动。
208. 忽煽——扇动，摇动；鼓动，煽惑。
209. 忽挑——随意挑动东西；挑拨离间。
210. 忽嗤——噗嗤。
211. 忽恙——久病不见好转。
212. 忽录（lù）——糊涂或瞌睡。
213. 忽歇歇儿——喘粗气，极度生气状。
214. 忽来忽去——经常路过；经常来。
215. 忽松摇塌——物体不牢固；言而无信，易变。
216. 忽丢摇塌——说话随便，没准头。
217. 忽里打嘟——糊涂，随便。
218. 忽知散录——糊涂。

五、以“头”做后缀的方言词语

“头”一般做名词、动词、形容词、方位词的后缀，构成“A头”式，表示复杂的词性意义。

(一) 做名词后缀

木头(木料)；石头(石料)；砖头(砖)；舌头(舌)；骨头(骨)；老头(老汉)；拳头(拳)；苗头（势头）……

（二）做动词后缀，变成“A头”式，一般前边要加“有”或“没”，表示肯定

或否定意义

219.（有）来头——有原因。

220.（有）吃头——好吃。

221.（没）想头——（没）希望。

222.（没）去头——（不）能去。

223.（没）勾头——(没)来由；不着边际；(没)趣味。

224.（没）活头——(没)法活。

225.（没）等头

226.（没）说头

227.（没）盼头

228.（没）看头

229.（没）念头

230.（没）听头

（三）做形容词后缀

231.青头——不认亲的人。

232.长（chang）头——盈利部分。

233.花头——不实在、投机取巧的人。

234.尖头——削尖了脑袋钻营的人。

235.准头——有准。

236.甜头——好处。

237.苦头——苦处。

（四）做方位词后缀，表示具体的方位

238.门后头——门后。

239.地里头——地里。

240.房后头——房后。

241.上头——上边。

242.下头——下面。

243.门前头——门前。

244.房前头——房前。

245.家里头——家里。

246.里头——里边。

247.外头——外面。

六、以“哇”、“啦”做后缀的方言词语

“哇”、“啦”常常用在动词后面，并不表示语气，而是做动词的后缀，往往表示动作行为程度的轻微或随便等等，在方言中使用频率也较高。

248.掴哇——乱抓，乱放。

249.碰哇——轻微磕碰。

250.扯啦——胡扯；说话离题。

251.哆（chī）啦——自以为是地表功或数落别人。

252.流啦——少量液体移动或流动。

253.淋啦——少量的水或别的液体落在物体上。

第二节　以常见字做构词成分的方言词语例举

一、用“大”字做构词成分的方言词语（大，用在时令或节日之前，表示强调）

254. 大清早起，大晌午，大白天，大半夜的。

255. 大热天，大冷天，大阴天，大雨天，大雪天，大下雨，大雪窟子。

256. 大年时节，大型正月，大初一，大破五，大十五，大清明，大端午。

257. 大夏天，大秋天，大秋忙，大冬天，大腊月。

二、用“小”、“猴”字做构词成分的方言词语

258. 小看——轻视。

259. 小量——低估对方；轻视，瞧不起。

260. 小家子家——小户人家出身，没有见过大世面。

261. 小家子气——举止、行动等不大气。

262. 小说——含蓄地说，绕着弯子说。

263. 小眼——对不值钱的东西也能看起来。

264. 眼小——比喻爱占小便宜。

265. 小头——比喻较少的部分（原指木料较细的一头，较粗的一头称“大头”）。

276. 猴圪几几儿——特小的颗粒状物。

266. 小小不言——细微而不值一提。

267. 小人儿书——装订成册的连环画。

268. 小拇个儿——小拇指。

269. 小月——小产，流产。

270. 小圪转转儿——指人小巧。

271. 猴半半儿——小。（猴，小的意思）

272. 尽猴猴——排行最小的。

273. 猴颗颗儿——小颗粒状物。

274. 猴儿狗蛋——形容球状物小，不适用。

你剩下的这些山药猴儿狗蛋的不好卖了，快做了粉条子哇。

275. 猴点点儿——小。

277. 猴圪蛋蛋儿——人或物小。

三、以“卜”字做构词成分的方言词语

278. 卜来——快速摆动。

279. 卜捩（lie）——快速乱动或摆。

280. 卜楞——乱动或使劲儿挣。

281. 卜楞弹挣——不停地乱动。

282. 卜腾——反复乱动；折腾。

283. 卜溜——不规则的圆柱形物体。

284. 卜溜溜——小卜溜。

285. 卜砸——咂嘴或以唇舌辨别滋味。

286. 卜拉（là）——阻碍，碍事。

287. 卜烂——拌。

288. 卜榔——棒。

289. 卜灿——散开的样子。

290. 僵卜拉叉——僵硬。

291. 直卜拉叉——耿直。

292. 干卜拉乂——干。

293. 湿卜拉儿——湿得滴水。

294. 松卜沿沿儿——不紧；嘴不牢。

295. 稀卜液液儿——稀如水。

296. 清卜液液儿——清澈且满档。

四、用“黑”做构词成分的方言词语

用“黑”做构词成分构成的方言词语，大多含贬义色彩。

297. 黑水洼脸——脸上尽污垢。

298. 黑水滔天——能洗出很多黑水，形容衣物脏得厉害。

299. 黑水挖淖儿——淖：泥。脸上、身上脏到可以挖下泥来。

300. 黑青——因为受伤而皮下淤血，呈青色；暗算别人钱财。

301. 黑伙——私吞。

302. 黑货——违禁货物。

303. 黑人——没有户口的人；不敢露面的人。

304. 黑钱——以非法手段得来的钱。

305. 黑户——没有户口。

306. 黑门——没有继承人，断后。

307. 黑八——非常黑暗。

308. 黑八瞎窟——屋里黑暗，伸手不见五指。

309. 黑不溜秋——长得黑。

310. 黑眉黑眼——嫌弃，不喜欢。

311. 黑啦——数落，冷言责备。

312. 黑拉儿——角落，缝隙。

313. 黑啦(là)啦——两物间较狭窄的空隙地带。

314. 黑廊子——巷子。

315. 黑天打洞——指夜间天色很黑。

316. 黑污打溜——不干净。

317. 黑云洞地——阴云密布，天色昏暗。

318. 黑灯瞎火——室内无灯，光线黑暗。

319. 黑眼风——暂时性晕厥。

320. 黑窟日——小黑洞。

321. 黑言黑语——因有意见或不喜欢而冷言冷语。

322. 黑谷语——黑话；听不懂的话。

323. 黑地儿——黑暗处；暗地。

324. 黑天半夜——深更半夜。

325. 黑心货——心肠阴险狠毒的人。

326. 黑计——行不通的计谋。

327. 黑账——暗里记的账。

328. 黑将来——傍晚。

329. 跌黑窟——上当，经济上被坑。

330. 拉黑牛——当托儿。

五、用“死”做构词成分的方言词语

由“死”构成的方言词语，一般表示否定意义，多为贬义词。

331. 死皮菜脸——厚着脸皮，一味纠缠。

332. 死规程——老规矩。

333. 死道道——不切实际的规定。

334. 死货——不灵活的人。

335. 遽(ju)死赶活——尽最大力量，用最快速度。

336. 死拉硬拽——生拉硬拽。

337. 死门死户——比喻不与人来往。

338. 死过二七——人死十四天后。比喻没有反应，骂人话。

339. 七死八活——拼死拼活；死去活来。

340. 死相——不出奇样儿。

341. 死水——不流动的水。

342. 死对头——不能和解的仇敌。

343. 死气白力——硬缠，没完没了。

344. 死气了——食物变质，馊了。

345. 死脑筋——不灵活，守旧固执。

346. 死心眼儿——死脑筋，不知变通。

347. 死抠——思路狭窄，不必要地探究。

348. 死凿——死抠，不知变通。

349. 死凿头——死抠，认死理的人。

350. 死眉羊眼——没有精神，反应慢。

351. 死鸡儿熬白菜——耗时间，不讲效率。

352. 说死——说定。

353. 堵死——堵好，堵牢。

354. 定死——定好，不变。

355. 咬叫死——商定好，搞定。

356. 想死了——死，表示达到极点，相当于太，特别；这里是程度副词做补语。下同。

357. 亲死了

358. 愁死了

359. 乐死了

360. 笑死了

361. 吵死了

362. 臭死了

363. 炝死了

364. 渴死了

365. 饿死了

366. 累死了

367. 着急死了

368. 麻烦死了

六、用“活”做构词成分的方言词语

369. 活气数——淘气，或经常让人生气的人。

370. 活宝——可笑、滑稽的人。

371. 活死人——反应迟钝，比死人多出一口气的人。

372. 活水——流动的水。

373. 活泛——心眼儿灵活或经济宽裕。

374. 活秧——幽默，滑稽，风趣，爱逗乐的人。

375. 活生生儿的——①发生在眼前的或实际生活中的；②有生命的东西受到伤害。

376. 活脱脱儿——相貌、举止十分相像。

七、用“没”做构词成分的方言词语

377. 没跑——确定无疑；必定如此。

378. 没做的——没事儿；没事干。

379. 没做头——不值得或没有必要做。

380. 没说头——没有说的必要；没法

说。

381. 没干头——不值得干。

382. 没看头——不好看。

383. 没去头——不想去，去了也没有意义。

384. 没准头——没准。

385. 没人味——没有人格。

386. 没人样儿——长相奇丑；举止不雅。

387. 没嘞价——没有。

388. 没脑性——没脑筋，做事鲁莽，不善思考。

389. 没门儿——不可能；表示不同意。

390. 没羞没臊——脸皮厚；不害臊。

391. 没边没沿——说话没有根据；言行夸张，没有边际。

392. 没头没渎——说话没头没尾，闪烁其词。

八、用“花”做构词成分的方言词语

393. 花样儿——花招。

394. 耍花样儿——耍花招。

395. 斗花样儿——耍花招。

396. 耍花头——油滑，不老实。

397. 花头花脑——人油滑、不老实。

398. 花架子——花哨而不实用的动作，或形式主义的做法。

399. 花哨——颜色鲜艳多彩；花样多；变化多。

400. 花里胡哨——颜色过分鲜艳繁杂；浮华，不实在。

401. 花卜啦啦儿——五彩缤纷。

402. 七花八样儿——花样太多。

403. 花红柳绿——颜色鲜艳多彩；花木繁茂艳丽。

404. 花天酒地——指吃喝嫖赌的腐化生活。

405. 花花世界——人世间；灯红酒绿、寻欢作乐的场所。

406. 花花公子——富贵人家不务正业、只知道吃喝玩乐的子弟。

407. 眼花——眼睛模糊迷乱。

九、用“切”做构词成分的方言词语

408. 拧切——慢慢地拧。

409. 剁切——慢慢地剁。

410. 刻切——慢慢地刻。

411. 挤切——慢慢地挤。

412. 刮切——慢慢地刮。

413. 铲切——慢慢地铲。

414. 锄切——慢慢地锄。

415. 剥切——慢慢地剥。

416. 撕切——慢慢地撕。

417. 割切——慢慢地割。

418. 抠掐——慢慢地抠。

419. 拧切拧切——拧一拧。

420. 剁切剁切——剁一剁。

421. 刻切刻切——刻一刻。

422. 刮切刮切——刮一刮。

423. 锄切锄切——锄一锄。

424. 剥切剥切——剥一剥。

425. 撕切撕切——撕一撕。

426. 割切割切——割一割。

427. 抠掐抠掐——抠一抠。

十、用“成”做构词成分的方言词语

428.成年——整年，长年。

成年在外奔忙。

429.成天——整天，每天；经常，常常。

你成天不着家，叫我去哪里找你？

你成天说要请我们喝酒，究竟什么时候兑现呀？

狼多肉少，成天饿吵。

430.成天价——同“成天”。

431.成一天——同“成天”。

432.成夜——整夜，通宵。

433.成算——有预谋地算计。

他被人成算了。

434.成总——总或整批地。

这笔钱我还是成总付了吧。

要是成总买，肯定会便宜点儿。

435.成稳——成熟，稳重。

436.成色——成熟的程度；泛指质量。

十一、用“吃”做构词成分的方言词语

437.吃不开——行不通或不受欢迎。

438.吃得开——行得通或受欢迎。

439.吃不准——拿不准，估算不准。

440.吃不住——承受不起；不能支持。

441.吃咸——吃饭盐味重。

442.吃甜——吃饭清淡。

443.吃香——受欢迎；受重视。

444.吃相——人或动物吃东西的样子。

十二、用“齐”做构词成分的方言词语

445.齐家老小——全家老小。

446.齐各六手——意见或态度一致。

447.齐棱棱儿——整齐划一。

448.齐齐页页——整齐。

449.齐齐备备——齐备。

450.齐茬茬儿——断裂处比较规整。

451.齐戳戳儿——物体矗立或人体站立得整齐划一。

452.齐圪正正儿——断裂处分明；人的关系决裂，当即泾渭分明。

453.齐圪茬茬儿——断裂处比较规整。

454.齐圪节节儿——人或物多而相像。

他们家齐圪节节儿四个小子，做甚也齐令喝号的，真好。

那萝卜长得水灵灵儿，齐圪节节儿，每个都有二斤多。

十三、用方位词构成的方言词语

455.东倒西跌——走路不稳，跌跌撞撞。

456.东倒西歪——行走、坐立时身体歪斜或摇晃不稳。

457. 东拼西凑——到处凑钱或凑物。

458. 东挪西借——到处借钱。

459. 东躲西藏——到处躲藏。

460. 东老西抄——四处看，贬义。

461. 东张西望——到处看。

462. 东跑西颠——到处奔波。

463. 东沟一犁，西沟一洼——说话不靠谱，瞎扯。

464. 东一句，西一句——瞎扯。

465. 丘东趔西——不团结，意见不一致。

466. 推不前攮不后——不敢领头，也不敢断后。

467. 上上不圪，下下不来。

十四、用数词做构词成分的方言词语

468. 一五一十——数数；如数。

469. 一一——从头到尾；一个一个。

470. 一梢——一帮，一伙。

471. 一年半载——不久。

472. 一星半点儿——不多。

473. 一不做二不休——已经开始，索性干到底。

474. 一八混——多而乱；植物丛生的样子。

475. 一卜滩——多而散，一大片。

476. 一圪堆——一堆。

477. 一糊片——乱糟糟一大片。

478. 一搭儿——一块儿；同一地方。

479. 一抹抹（me）儿——斜着。

480. 一个儿——独自；自己。

481. 一卜溜溜——一排；一群。

482. 一圪攒攒——数量多且聚集在一起。

483. 一圪抓抓——一小撮；一小束。

484. 一色色儿——一种颜色；一个样儿，没有区别。

485. 一水水儿——一个样儿，都是一样的。

486. 一色水水儿——一个样儿；统一，一致。

487. 一察水水儿——一致，要怎样都是怎样。

488. 一啦溜——一溜；一排。

489. 一根儿筋——固执。

490. 一股连叉——一起，不分青红皂白。

491. 一穿身——发育得快，连续长到一定高度。

492. 一时半会儿——因为拖沓等，短时间不行。

493. 一朝天子一朝臣——一个人上台，就另换一班人马。

494. 一锤子买卖——只做一次的买卖，不考虑以后怎样。

495. 一揽大干包——全部包揽起来。

496. 一而再再而三——再三；反复多次。

497. 一清二白——十分清白。

498. 一清二楚——非常清楚。

499. 一风吹——一笔勾销。

500. 一连气儿——连续；一口气。

501. 一了百了——主要的事情了结了，其余的事情也跟着了结。

502. 一马平川——能够纵马疾驰的平地。

503. 一扑二砍——不怕困难或挫折，主动积极地去干，去争取。

504. 二老牛——喻指壮年人

505. 二愣罐——二傻。

506. 二球胚——呆，傻。

507. 二梦堂——砍货，莽夫。

508. 二雾日——头脑简单，言行蠢莽。

509. 二忽二心——拿不定主意。

510. 二忽抽抽 ——犹豫不决。

511. 二打流——敷衍了事，没有责任心的人；不务正业，游手好闲的人。

512. 二眉二眼——不理睬或另眼相待。

513. 二两半——轻浮。

514. 二一添作五——本是珠算除法的口诀，常常借指双方平分。

515. 二道贩子——转手倒卖，从中牟利的人。

516. 二百五——讥称有些傻气、做事莽撞的人。

517. 二半吊子——即半吊子，二百五。过去，一吊钱是五百个，半吊则是二百五。

518. 二不丘丘——说精不精、说愣不愣的人。

519. 两两——两个两个的。

520. 两不相干——没有关联。

521. 两头白面鬼——两头充好人。

522. 接二连三——接连不断。

523. 三三——老三。

524. 三棱八瓣——棱角多；也指人态度蛮横，桀骜不驯。

525. 三长两短——指人意外死亡。

526. 三番五次——屡次。

527. 三下五除二——原是珠算口诀，常常形容做事及动作敏捷利索。

528. 三一三剩一——原是珠算口诀，常用来指按三份儿平均分配。

529. 三回九转——反复盘算，灵活思考；回心转意。

530. 三更半夜——半夜三更。

531. 三花脸儿——戏曲中的丑角，借指人变脸快，一阵儿一个样儿。

532. 三亲六故——亲戚、故旧多。

533. 三年二载——时间不长，两三年。

534. 连三赶四——事情一次紧连一次地发生，赶得紧。

535. 连三跨五——动作连续、麻利、快速。

536. 四四——老四。

537. 四不像——不伦不类，什么也不像。

538. 四脚朝天——仰面倒地状。

539. 四脚扬手——仰面朝天、四肢随意伸开的不雅睡姿。

540. 四大不轧——不同类，合不在一起。轧 ga——合，结交。

541. 五眉三道——奸猾，诡诈，装模作样。

542. 迟三过五——推迟三五天。

543. 五急六手——人机灵，动作麻利。

544. 五短身手——四肢和躯干短小的身材。

545. 五花大绑——用绳索套住脖子，又绕到背后反剪两臂的绑人方法。

546. 五黄六月——农历五六月间天气炎热的时候。

547. 五七六天——五至七天，概数。

548. 抓五挠六——摸不着头绪。

549. 六亲不认——没有情义或不讲情面。

550. 七七——七个七，四十九。

551. 七手八脚——干活儿的人多。

552. 七嘴八舌——人多嘴杂。

553. 七拼八凑——到处拼凑。

554. 七上八下——比喻心乱，难以拿定主意。

555. 七折八扣——折扣很大。

556. 七死八活——拼死拼活，死活不行。

557. 七倒八歪——不倒的也歪了，都不行了。

558. 七个劲儿——身体，精神或气力即将崩溃之状。

559. 七股八系——股份多。

560. 七紧八慢——不紧不慢。

561. 七沟八梁——地势不平。

562. 七零八落——稀疏零散；零落完了。

563. 七抽八扯——想不到一起，做不到一块儿。

564. 七狼八虎——人手多。

565. 鬼七捣八——说鬼话，做鬼事。

566. 八拜之交——拜把子的关系。

567. 八竿子打不着——关系疏远。

568. 八米二糠——原指八成米，两成糠，出米率高。比喻过分盘算精细，估精。

569. 八字没见一撇——没有眉目。

570. 九牛二虎之力——比喻很大的力量。

571. 九牛一毛——微不足道的一部分。

572. 九损无益——只有损害，没有益处。

573. 八九不离十——估计差不多。

574. 十冬腊月——农历十月到腊月，天气寒冷的季节。

575. 十有八九——居多数；多数情况下。

576. 十来八个——十个左右。

577. 十拿九稳——很有把握，十之八九。

578. 十拿把稳——有把握。

579. 十指连心——碰伤哪一个指头都痛得钻心。比喻具有极密切的关系。

580. 十年九不遇——多年难遇到的情况，形容某种现象极其少见。

581. 十亲九故——不是沾亲就是带故。

582. 百儿八十——一百或比一百略少。

583. 百里挑一——一百个里挑选出一个，形容十分出众。

584. 千儿八百——一千或比一千略少。

585. 千军万马——形容队伍雄壮和声势浩大。

586. 千难万难

587. 千错万错

588. 千真万确

589. 万不得已——实在没有办法；不得不这样。

590. 万般无奈——实在没有办法。

591. 万二八千——八千到一万二。

592. 万无一失——绝对不会出差错。

593. 万万——绝对；无论如何。用于否定式。

万万想不到。

594. 万一——可能性极小的意外变化。

第三节　方言中词语的重叠现象例举

一、单音节动词的宾语重叠（ABB）

595. 养娃娃——生孩子。
596. 烤火火——烤火。
597. 煨火火——煨火。
598. 拄棍棍——拄拐杖。
599. 跳拐拐——单腿跳。
600. 打能能——踮起脚跟。
601. 端盘盘——端盘子。
602. 画人人——画人。
603. 过家家——小孩游戏。
604. 抓瓷瓷——玩。
605. 抛土土——玩。
606. 耍水水——游泳。
607. 盖房房——玩。
608. 挖壕壕——玩。
609. 画道道——玩。
610. 挠痒痒——挠痒。
611. 摸皮皮——肤浅应付。
612. 擀皮皮——擀面皮。
613. 包饺饺——包饺子。
614. 吃饭饭
615. 睡觉觉
616. 推车车
617. 沿墙墙——在墙头上行走。
618. 藏人人——捉迷藏。

二、单音节形容词后缀重叠（ABB+儿）

619. 硬绷绷儿
620. 软溜溜儿
621. 软颤颤儿
622. 沉甸甸儿
623. 轻飘飘儿
624. 慢腾腾儿
625. 慢悠悠儿
626. 齐刷刷儿
627. 齐戳戳儿
628. 齐棱棱儿
629. 齐印印儿
630. 乱丝丝儿
631. 乱哄哄儿
632. 乱糟糟儿
633. 直溜溜儿
634. 直杆杆儿
635. 直淌淌儿
636. 平展展儿
637. 平沿沿儿
638. 紧绷绷儿
639. 紧雾雾儿
640. 紧巴巴儿
641. 光溜溜儿
642. 光秃秃儿
643. 光瓢瓢儿
644. 光蛋蛋儿
645. 光杆杆儿
646. 红瓢瓢儿
647. 黑丁丁儿
648. 急生生儿
649. 垐（ci）蛋蛋儿
650. 痴蛋蛋儿
651. 虚混混儿
652. 虚瓤瓤儿
653. 脆生生儿
654. 完筋筋儿

655. 完涟涟儿
656. 嫩液液儿
657. 嫩生生儿
658. 嫩水水儿
659. 细棍棍儿
660. 细腕腕儿
661. 细溜溜儿
662. 胖乎乎儿
663. 满沿沿儿
664. 满档档儿
665. 小丢丢儿——很小。
666. 猴半半儿——很小。
667. 猴几几儿
668. 大外外儿——不小了。
669. 淡水水儿——没颜色。
670. 活脱脱儿
671. 活生生儿
672. 愣性性儿——犯傻。
673. 厚墩墩儿
674. 薄凌凌儿
675. 热顿顿儿
676. 热巴巴儿
677. 热熬熬儿
678. 冷嗖嗖儿
679. 香喷喷儿
680. 臭烘烘儿
681. 酸溜溜儿
682. 甜茵茵儿
683. 贵巴巴儿
684. 真丢丢儿
685. 清凌凌儿
686. 稠顿顿儿

三、形容词重叠并且儿化

形容词重叠并且儿化，后面再加一个“的”字，强调程度的加深，如“短短儿的”，相当于说“短点儿” 或“再短点儿”；还有个别前面加“不”字的。

687. 热热儿（的）
688. 清清儿（的）
689. 浅浅儿（的）
690. 薄薄儿（的）
691. 好好儿（的）
692. 高高儿（的）
693. 远远儿（的）
694. 近近儿（的）
695. 嫩嫩儿（的）
696. 硬硬儿（的）
697. 香香儿（的）
698. 花花儿（的）
699. 棉棉儿（的）
700. 轻轻儿（的）
701. 厚厚儿（的）
702. 大大儿（的）
703. 多多儿（的）
704. 不大大儿——东西或人不大。
705. 不长长儿——不算长。
706. 不高高儿——不算高。
707. 不贵贵儿——不算贵。
708. 不远远儿——不算远。
709. 不厚厚儿——不算厚。
710. 不重重儿——不算重。
711. 不深深儿——不算深。
712. 不粗粗儿——不算粗。

四、“这么”与形容词的重叠形式相结合

713. 这么高高儿——不高。
714. 这么重重儿——不重。

715. 这么大大儿——不大。
716. 这么小小儿——太小。
717. 这么远远儿——不远。
718. 这么近近儿——太近。
719. 这么深深儿——不深。
720. 这么浅浅儿——太浅。
721. 这么猴猴儿——太小。猴：小。
722. 这么点点儿——太少。
723. 这么厚厚儿——不厚。
724. 这么薄薄儿——太薄。
725. 这么长长儿——不长。
726. 这么短短儿——太短。
727. 这么粗粗儿——不粗。
728. 这么细细儿——太细。
729. 这么贵贵儿——不贵。
730. 这么贱贱儿——太贱。

五、名词的重叠（ABB）

731. 麻绳绳
732. 线蛋蛋
733. 肉蛋蛋
734. 菜蛋蛋
735. 桌腿腿
736. 床棱棱
737. 灯碗碗
738. 筷头头
739. 刀刃刃
740. 刀把把
741. 笔杆杆
742. 村口口
743. 碗沿沿
744. 河岸岸
745. 树梢梢
746. 花叶叶
747. 树枝枝
748. 烟头头
749. 布帘帘
750. 口袋袋
751. 酒盅盅
752. 油瓶瓶
753. 水点点
754. 人人（rèn）——假人。
755. 板板——板子。
756. 墙拐拐——拐角。

六、量词的重叠

757. 一条条——一小条。
758. 一留留——地方窄。
759. 一把把——一小把。
760. 一捆捆——一小捆。
761. 一勺勺——一小勺。
762. 一片片——一小片。
763. 一股股——小股流水。
764. 一堆堆——一小堆。
765. 一牙牙——一小块儿。
766. 一阵阵儿——不大一会儿。
767. 一点点儿——不多。
768. 四瓣瓣——四小瓣。
769. 一碗碗儿——一小碗。
770. 一疙瘩瘩——一小块儿。
771. 一圪撮撮（zuo）——一小撮。
772. 一圪阵阵儿——不大一会儿。
773. 一卜滩滩——一小片儿。
774. 一忽圞圞儿——一块儿，一片儿。

第四节　方言词的几种特殊现象

一、蒙语词的借用

由于蒙汉人民长期杂居，世代交融，不断交流，相互学习，在土默川汉语方言中，有很多蒙古语的借用词，也有很多蒙汉语组成的“蒙汉合璧”词，仅举几例：

1. 塔哈拉拉儿——道路畅通或事情顺利。（“塔哈拉”为蒙语借词，谓事能畅通）

2. 哨——指挥牲畜往后退，喊“哨！哨！”。（“哨”，蒙古语借词，本义为“坐”，人或牲畜往后退，其动作与“坐”相类似，故借用为“退”）

3. 虎吧儿亥——乱糟糟，一片狼藉，不可收拾的情状。（蒙古语借词，也写作“呼巴海”，意为乱七八糟的一滩）

赶她回到家，两个娃娃已经把家折腾下个虎吧儿亥了。

4. 蓿荄（xū gài）——蒙古语音译词，即红柳。

二套牛车拉蓿荄，路上路下眊你来。

5. 圐圙（kūlüè）——蒙古语音译词，原指用围栏围起来的草场，也指用墙围起来的空地或村镇（如牛圐圙，李家圐圙）。萨拉齐在清朝和民国时期的别名、俗称，就叫“圐圙”。

赵钱孙李晻炒面，越打爷爷越不念，再打爷爷上圐圙。（指去告状）

6. 圐圙套系——形容圈套圈或院套院。（“蒙汉合璧”词）

7. 圐圙圙——用矮墙围起来的较小的地方，一般用来圈牲畜或种植蔬菜。（“蒙汉合璧”词）

8. 天灵盖——脑袋（蒙语音译词）。

二一回眊你你不在，叫你妈打了哥哥两锅盖，差点儿打塌天灵盖。

9. 忽拉盖——不论坑蒙拐骗，还是吃喝嫖赌抽，凡奸顽之辈，不务正业之徒，都称其为“忽拉盖”。（蒙古语音译词，原意为“盗贼”）

10. 贼忽拉——无恶不作者。（忽拉，即“忽拉盖”的省写。这是蒙汉语组成的新的“蒙汉合璧”词，由汉语语素“贼”和蒙语语素“忽拉”组成）

11. 贼眉忽拉眼——描述无恶不作者的形色。（忽拉，即忽拉盖。这是蒙汉语组成的新的“蒙汉合璧”词）

12. 鬼眉忽拉眼——描述无恶不作者的形色。（忽拉，即忽拉盖。这是蒙汉语组成的新的“蒙汉合璧”词）

13. 愣道尔吉——借指愚笨之人（骂人话）。（“愣”是汉语语素，“道尔吉”是蒙语语素，源于藏语佛语，义为“金刚”，借入汉语后，带有“愚笨”或“四肢发达，头脑简单”义）

二、方言中的逆序词

这类词的构词词素与普通话相同而排列顺序与普通话相反，一般是并列的双音节合成词，组成词的两个音节所表示的意义大多相同或相近。例如：

方言——普通话

775. 熬煎——煎熬
776. 拔选——选拔
777. 拌搅——搅拌
778. 保准——准保
779. 柄把——把柄
780. 菜蔬——蔬菜
781. 常时——时常
782. 承应——应承
783. 除铲——铲除
784. 村乡——乡村
785. 打武——武打
786. 发散——散发
787. 管保——保管
788. 管照——照管
789. 鬼捣——捣鬼
790. 和搅——搅和（huo）
791. 欢喜——喜欢
792. 惑疑——疑惑
793. 交结——结交
794. 紧要——要紧
795. 久长——长久
796. 慢怠——怠慢
797. 沫唾——唾沫
798. 念想——想念
799. 朋亲——亲朋
800. 脯胸——胸脯
801. 齐整——整齐
802. 气力——力气
803. 伤损——损伤
804. 湿潮——潮湿
805. 实确——确实
806. 适合——合适
807. 收秋——秋收
808. 嚏喷——喷嚏
809. 天每——每天
810. 日每——每日
811. 头前——前头
812. 味气——气味
813. 问询——询问
814. 细详——详细
815. 心尽——尽心
816. 腥荤——荤腥
817. 音声——声音
818. 引逗——逗引
819. 硬强——强硬
820. 扎挣——挣扎
821. 照关——关照
822. 籽种——种籽
823. 嘴多——多嘴
824. 质对——对质

三、由两个反义词构成的方言词语

这种由两个意义相反的词连缀而成的方言词语，已经失去了两个词原来的词性和词意，变成了另一种意义的副词，大致相当于普通话中的“无论如何”、“不管怎样”等意思。

贵贱
长圆
长短
横竖
好歹
反正
高低
好赖
死活

四、双音节后缀的现象

在后缀“来”的前面又加一“张”，变成双音节后缀。常常用在动词后或时间名词后。例如：

拿来——拿张来
拿不来——拿不张来
把他叫来——把他叫张来
我叫不来——我叫不张来
他自己跑来了——他自己跑张来了
把钱寄来——把钱寄张来
要不让人捎来也行——要不让人捎张来也行
我画不来——我画不张来
我模仿不来——我模仿不张来
你交来多少钱——你交张来多少钱
这样说来——这样说张来
晌午张来
黑张来
天亮张来

五、把“子”说成“日”的变音现象

“子”（zi），做名词的后缀时，都变音为“ri（日）”的音。

比如“房子”说成“房日”，“票子”说成“票日”，“嫂子”说成“嫂日”。类似的还有很多：

麦日、麻日、小瓜日、果日、酒壶日、筷日、盘日、杯日、勺日、包日、饺日、刀日、棍日、灯泡日、裤日、袜日、尺日、剪日、柱日、桌日、车日、耗日、鬼日、老日、儿日……

六、把“里”说成“子儿”、“号儿”的方言

盆里——盆子儿、盆日号儿
篮里——篮子儿、篮日号儿
村里——村子儿、村号儿
杯子里——杯子儿、杯号儿
家里——家号儿
学校里——学校号儿

书包里——书包号儿
嘴里——嘴号儿
水里——水号儿
心里——心号儿
眼里——眼号儿
肚里——肚号儿

七、把卖家的动作说成买家的行为

打酒；倒醋；割肉；赀（zì）棉花；

挂炭；扯布；抓药；量米。

第三章　方言常用虚词分类赏析

第一节　副词类

825.一气——表示动作行为的持续时间较长。

这一气还没说完，你有多少话了？

826.一颤——表示动作行为的持续时间较长。

你听他那一颤灰说，鬼才信呢！

827.一大气——表示动作行为持续时间较长。

这一大气还没回来，他是不是迷路了？

828.登时——当时；很快，马上。

有钱登时转，没钱干撩乱。

829.立马——表示事情或动作出现得快，紧接着发生，即使有间歇，也极其短暂。大致相当于“立刻”、“马上”。

老师一进门，大家立马鸦雀无声。

说别的没有用，钱一进账，我立马签字、发货。

830.马下——很快；马上。

饭马下就熟了。

831.蹉（cuo）马——立马，马上；立刻。

还不快跑？这大雨蹉马就来了！

832.欻（chua）马——马上；很快。

833.跟声儿——表示动作行为发生的时间距离现在很短，相当于“刚刚”、“刚才”。

那本书，他跟声儿拿走，你就回来了。

834.一忽闪儿——表示时间极短，有“一下”、“一下子”的意思。

拉了一车山药，一忽闪儿倒卖完了。

835.先头儿——表示情况就发生在刚过去不久的时间。与“刚刚儿”、“刚才”相似。

他先头儿还在这儿站的，一转眼不知道朝哪儿走了。

那本书，他先头儿来拿走了。

836.早以先——以前。

咱们只能按早以先说定的办，谁也不能反悔。

837.早没夜儿价——平时，以前。说话人往往强调某种行为或现象“平时”与“现在”形成鲜明对比。

这个孩子早没夜儿价挺乖呀，今天这是怎么了？

838.那（ne）会儿——过去。

这会儿和那会儿比较起来，人都在天堂上活的了。

839.在先——原先；刚才。

他在先当过警察。

他在先还在这儿坐的了，刚走不大一阵儿。

840.原当初——起初，指事情的开始阶段。

原当初怎么说定的，还怎么办，谁

也不能变卦！

841.原刻儿——原来；从前；当初。

原刻儿这儿是一片荒地。

842.将（jiǎng）——①表示动作、行为或情况就发生在非常短的时间以前。同“刚”、“刚才”。

②用在复句里，同“刚”，后面用“就”等相呼应，表示两件事情紧接着进行。

他将进教室，上课铃就响了。

843.将将儿（jiǎng jianger）——表示动作、行为或情况就发生在非常短的时间以前，强调事情就发生在刚才。同“刚”、“刚刚”。

那本书，他将将儿拿走。

844.将（jiǎng）才——刚才，指刚过去不久的时间。

845.将（jiǎng）来——刚来。

846.多会儿——

①用在疑问句中，问时间，相当于“什么时候”。

你们几个多会儿来的？怎么不提前打个电话？

②指某一时间或任何时间。

那个人多会儿也是任劳任怨的，从不叫苦连天。

马倒车轱辘转，多会儿跌倒多会儿算。

就凭他那两下，多会儿也办不成个事！

847.几时——同“多会儿”。

848.暂先——暂时。

849.暂眼眉——眼下；当下；暂且。

你那钱，我暂眼眉是还不了，再往后推一推哇。

850.趁早——抓紧时机或提前。及早；赶快。

你就趁早给他办了哇，省得日后找你的麻烦。

读书不趁早，后来徒懊恼。（《趁早歌》）

851.及早——趁早。

甚病也是及早好治疗。

852.一赶——赶，等到（某个时候）。

一赶我们去了那儿，人家已经收摊儿了，人也走完了。

853.终七终八——终究；到最后。

你就不要硬闹了，终七终八，你还得出这个钱，不然，将来受损失的还是你。

854.有一向子——有一段时间。

有一向子他不在家，去他姥姥家了。

可有一向子了不见你，你是不是回老家去了？

855.可多时——有很长一段时间。

可多时不见你，你可瘦多了。

856.顿价——用在动词后，表示动作的时间，相当于“……的时候”。

问顿价（问的时候）；说顿价（说的时候）；走顿价（走的时候）；上车顿价（上车的时候）；签合同顿价（签合同的时候）。

857.一炮日——表示时间暂短，表示在短时间内快速突击性地完成某种动作行为。

大家加把劲儿，咱们再突击一炮日就收工。

这种活儿，就得干一炮日歇一会儿，歇一会儿再干一炮日，要连续干，谁也受不了。

858.一掇（duo）气——表示动作行为连续不停，节奏快，多指一鼓作气式的动作行为，连珠炮式的语言等等。

满满儿一车土，人家一掇气倒卸完了。

859. 一掇（duō）灿——表示动作行为连续不停，节奏快，多指一鼓作气式的动作行为，连珠炮式的语言等等。

一掇灿把娃娃骂哭了，你也舒服了！

860. 不住气儿——表示同一动作不间断、不停歇或连续地进行。大致相当于“不断”、“不间断地”、“不停地”。

我不住气儿地解释，他就是听不进去。

他不住气儿地往炉子里加炭，把火筒也烧红了。

他蹲在那里，不住气儿地抽烟，一根接一根。

他在那儿不住气儿地说，人们却在下面开小会。

861. 屡屡次次——屡次，一次又一次地。

他屡屡次次地欺负人家，这次，人家气不过，用刀把他砍伤了。

862. 屡悉个儿——分批，逐个儿，零星地。

你把钱先放在这儿，什么时候花，屡悉个儿拿，这样安全。

坐席的人屡悉个儿都来了。

863. 经古——表示不顾其他，只单纯地坚持某种动作，或表明某种状态始终持续着，有“没完没了”，“一个劲地”等意思。使用“经古”的语句，往往含有贬义。

不要经古说那些没用的，痛快点儿，这钱你到底出不出？

这个病不能经古扛的，得赶紧到医院！

864. 扯常——与“经古”类似。表示某种动作、状态持续时间较长，有“没完没了”、“一个劲地”等意思。

你扯常看上个电视没完了？

你扯常不回来，他等不上你就走了。

865. 直常——一直；经常。

千人万马我不想，哥哥你直常挂在我心上。

866. 老常——经常，时常。

他老常去她的店里买东西，一来二去，就惯熟了。

867. 时常——经常；长时间。

他时常不在家住，你有事给他打电话哇。

可时常了不见你，你去哪了来？

868. 半天——指相当长的一段时间，好久。用在动词后，表示曾经长时间地施行过某种动作行为。

想你想得眼睛膀（pang），蒸莜面坐在水瓮上，蒸了半天冰拔凉。

869. 老半天——用在动词后，表示曾经长时间地施行过某种动作行为。

说了老半天，他一句也没听进去。

念了老半天书，都念在狗肚子里啦？

870. 一天价——表示动作或事情经常发生，并不稀罕。大致相当于“经常”。

他一天价叫老师批评的些儿。

你们一天价喊“为人民服务”，现在怎么就用这样的态度对待群众？

871. 待里——向来，一向，从来。

那人待里也不发脾气，今天这是咋了？

872. 待赫里——常常跟“也”、“也不”、“不”配合，大致相当于“从来”、“向来”、“一直”。

你待赫里也不来，快多住上几天哇。

我待赫里也没和人家擩过个嘴，没想到这次擩了一嘴还让碰了！

873.一自夜儿——表示从起初到现在，某种动作或状态一直这样，大致与“一向”、“向来”、“从来”相似。

他们俩的关系一自夜儿也不好，经常红打黑闹的。

虽然他父母亲都是农民，但他一自夜儿都是在城里念书长大的。

我们一自夜儿待你如何，难道你还不清楚吗？

874.各自——从来。

他大半辈子没有离开过家，各自也没来过个大地方，这次算是开了眼了。

875.概——表示从过去一直到现在这段时间，含有强调语气，常常跟“也”、“也不”、“不”配合，大致相当于“从来”、“向来”。

你概也不来我们这儿，这回多住几天哇！

876.概共——表示从过去一直到现在这段时间，含有强调语气，常常跟“也”、“也不”、“不”配合，大致相当于“从来”、“向来”。

他概共也没有迟到过，这可是头一回。

他概共没进过城，看见什么都稀罕。

877.概也——永也，一直也。

自从那年另家的时候闹了点儿别扭，弟兄俩概也不走动了。

878.老也——永也，一直也。

你老也不来，这次多住上几天哇。

他倒是多下过辛苦，就是老也追不上人家，不服不行啊！

879.老概——用在动词、形容词前，表示从过去到现在，某种动作或状态一直这样，与“一直”、“一向”、“老是”等意思相似。

说过你多少次了，你老概不听，这回出事儿了吧！

我老概是一喝酒就吃不进饭，硬是把胃喝坏了。

880.三不六价儿——表示事情经常发生，并有一定的阶段性或规律性，与“经常”相近。

881.隔三岔五——表示事情经常发生，并有一定的阶段性或规律性，与“经常”相近。

882.对时节——表示动作发生次数少或时间不定，也指情况并非经常出现。大致相当于“偶尔”、“有时候”。

他对时节也来我这儿，进来坐一会儿，就又匆匆忙忙地走了。

883.好样儿价——表示某种事情或机会的难得或巧遇，与“好不容易”相近。

好样儿价来了，多住上几天再走哇。

884.对搭住——偶尔；碰上机会，表示情况并非经常出现。

“你爱打麻将吗？”

“唉，对搭住有空了也耍两圈儿，不过，不咋爱。”

885.遇不夜儿价——偶尔；有时，表示情况并非经常出现。

他遇不夜儿价也来了，不过很少。

886.忽闪忽戏——表示某种动作行为、某种现象或事情没有规律、不定性、时有时无、时而这样、时而那样。

887.就连儿——①表示一个行为顺着前一个行为而发生，大致相当于“顺便”、“一起”、“一并”等等意思。

你去超市买面，就连儿再买上一桶

油哇。

你买票时就连儿给我也买一张。

②表示后面的动作行为与前面的动作行为衔接紧密，连续发生。相当于“紧接着”、“立马”。

她一听这个消息，就连儿昏过去了。

他们吃完饭就连儿把账结了。

888.一溜头儿——表示一个行为顺着前一个行为而发生，大致相当于“顺便”、“一起”、“一并”等等意思。

现在的超市好，你要买的吃喝穿用，进去一溜头儿就都买上了。

889.一便儿——乘做某事的方便一块儿做另一件事。有“一起”、“顺便儿”的意思。

这个事你用不着单跑一趟，明天他进城时一便儿就给你办了。

890.跟住——表示一个行为紧接着前一个行为而发生，大致相当于“紧接着”。

他老子刚死，跟住他妈也病倒了。

891.一戳枪枪儿——渐渐地，一天比一天地（好起来）。

他的病也一戳枪枪儿好了，你们的光景会一天天好起来的。

892.从头儿——表示某种动作或状态的出现，超出常情，或跟想象的相反。有“反倒……”、“反而……”的意思。

一过年，你倒二十了，怎么从头儿不懂事了？

到罢儿还是负担轻了，吃的也好了，六十多岁的人了，从头儿越显得年轻了。

893.管保——表示一种估计，不能肯定，但也差不多。

阳婆快落了，他管保不来了。

894.管许——也许；很有可能。

已经十二点了，他管许是不来了。

朝南上来一挂黄牛牛车，管许是我哥哥来搬我。

895.管不——表示一种估计，不能肯定，但也差不多。

到现在还没来，管不是误了火车了。

896.保准——一定；肯定。

按这个价，保准一天就都能出手。

897.稳保——肯定；一定。

898.准准儿——确定无疑；准确无误。

这个事准准儿是他们俩干的。

899.一准——一定；肯定。

明天早上八点前我一准来。

放心哇，这两万块钱包在我身上，三天内一准给你拿来，误不了事。

900.没敢定——说不定，也许。

他没敢定明儿还要去呼市，你给他打电话问一问。

901.不敢定——不一定。

想哥哥全怕得了病，好了好不了不敢定。

902.左不赖——反正，不管怎么样。

就这样哇，左不赖给你拿上二十块钱，再不够了就你先给垫上哇。

903.待吧儿——按惯例，平素，一般。

不要考虑那么多了，待吧儿人家咋办就咋办哇，无所谓。

904.到罢儿——①出现在疑问句或陈述句中的疑问部分，表示对事物真实情况的追究，大致相当于“究竟”、“到底”。

哎，那个钱，到罢儿是咋说下了？

你再说清楚点儿，到罢儿是几点的火车？到罢儿几个人去呀？

②出现在陈述句中，表示对事物的性状或结论的肯定，相当于普通话中的

"毕竟"或"到底"。

你别听他吹牛，要比力气，他到罢儿是身小力薄，叫人家几下就摔倒了 。

唉，到罢儿还是咱们钱不多，不的话，这笔买卖哪能轮上他们呢！

一个人的力量到罢儿是有限的。

到罢儿还是好人多啊！

③强调某些事物最终还是出现了，也跟"到底"相似，有"最终"的意思，也有"不出所料"的意思。

唉，他的身体太虚了，到罢儿也没抗住那场病，——走了！

只是打了半天空雷，到罢儿也没有下一点子雨。

白说了半天，到罢儿也没签成个合同。

905.到究——到底，究竟。

这也不是，那也不是，到究咋对？

906.落终落尾——事情最终的结局。

这事情落终落尾也得你亲自去才能了结。

907.终究到罢儿——事情经过一番曲折后的最终结果，事情的终了。

他们俩打了半年官司，终究到罢儿还是刘二输了。

908.临末身儿——最终；最后。

他那次请了好几个人，都说来呀，临末身儿一个也没来。

909.高低——无论如何；到底，终究。

我请了他好几次，他高低不来。

910.惬（qiè）惬儿——表示动作行为程度特别严重，或数量很多、时间很长等等。

他叫领导惬惬儿批评了一顿。

他端起酒杯，惬惬儿喝了一大口。

那一次，把他气得够呛，回去惬惬儿大病了一场。

连续几天没有休息好，昨天晚上才惬惬儿睡了一大觉。

xxx 和别人的自行车撞架了，他忙说："你是个强将，我是个凉棒，一下撞在个柁上，惬(qie)惬儿出了个洋相。"串话使一场风波一笑了之。

911.莫莫儿——整整地；足足地；满满地。

一年到头腊月天，莫莫儿想了一整年。

912.直独独儿——整整；一直；从始至终地。

他直独独儿一黑夜没睡觉。

晌(po，变音为 pe)大早瞭来前后晌瞭，直独独儿瞭到阳婆落（lao)。

913.扯气力圪——表示某种行为毫无节制或约束地竭尽全力地没完没了地进行。有"不停地"、"一个劲儿地"的意思。

这好东西也不能扯气力圪吃，小心吃坏肚子的哇！

他在外面扯气力圪吼，她在家早就听见了，就是不作声。

914.尽气力圪——表示某种行为毫无节制或没完没了地进行。有"一个劲儿地"的意思。

你不要尽气力圪埋怨别人，你自己就没有一点儿错？

915.尽得——表示某种事情的连续性或表示动作不间断地、没完没了地进行，与"经古"或"一个劲儿地"相似。

地不冻，尽得种。

你尽得吃呀？

你不要尽得向人家借钱了，咋还呀？

916.尽得个——同“尽得”，表明某种状态始终持续着。

你不要尽得个往炉子里加炭了，火筒都烧红了！

917.生圪至至儿——生硬地；活生生地。

大黄风刮起流游游沙（流沙），生圪至至儿扔下我你走呀！

他一生气，生圪至至儿把羊腿给打断了。

918.简直个儿——表示范围或程度的副词，大致相当于“全都”、“完全”等等意思，语气带有强调或夸张。

那场大雨过了，十来亩麦子简直个儿都给铺倒了！

那个老师真成问题，他带的那个班，简直个儿就给放了羊了！

919.海厉——表示不同于一般的程度，含有“格外”、“异乎寻常”的意思。与“实在是”相近。

那个地方的树海厉多了。

920.嗨共——表示不同于一般的程度，含有“格外”、“异乎寻常”的意思。与“实在是”相近。

那雨下得嗨共大了，简直就像往下倒了！

你们家是不是嗨共有钱了？这么贵重的东西，弄坏了，你能赔得起吗？

921.喀（ka）——满；全；整个。

叫我喀戏场儿找你，你半天在家里圪窝的了！

喀家五个人，四个通天瞎棒。

喀身就有五块钱。

922.喀（ka）天世界——满世界，到处。

你在哪了来？叫我喀天世界地找你。

923.喀（ka）天下——全世界。

满天星星顶不住月亮明，喀天下再难寻（xing）你这么好的人。

924.满共——一共。

925.喀共——表示数量总和的副词，后边总是或直接或间接地连着一定的数量词，但强调的是数量不多。相当于“总共”、“一共”，强调“总共仅仅”。

我身上喀共才三块钱，还让他给借走了。

三年，我喀共来过两回，都碰上你们在吵架。

926.共头儿——表示数量总和的副词，强调数量不多，合起来也没有多少。相当于“总共（才）”、“一共（才）”，强调“总共也就是”。

我身上共头儿三块钱，哪够呀！

你三天共头儿才给了我十来块钱，买菜就都花完了，哪还有钱给你买烟？

927.共同儿——同“共头儿”。

928.拢共——同“共头儿”。

929.一忽拢共——表示数量总和，强调数量不多，合起来也没有多少。

930.喀忽拢共——同“喀共”。

931.整个儿——①表示数量总和，强调数量不多，合起来也没有多少。相当于“总共”、“一共”。

这堆东西整个儿才花了十来块钱。

②全部；全体。

三十来亩地整个儿都叫大水淹了。

932.一连儿——①索性，干脆。

每天红打黑闹的，看来也过不成，趁这阵儿还没娃娃，一连儿离了也好。

②只是，唯一的问题是……

你把他打上一顿也不顶事，一连儿是当初没叫他写借条闹灰了，这阵儿你告也没法儿告他。

933.越厉——表示某种动作、性状程度的加深，而这种加深有时是由于一定的原因或影响所致，含有“更”、“更加”、“越”等意思。

你去了还没说通，他去了越厉不行！

他脾气不好，他那个小子的脾气越厉比他还灰了。

左右行情不好，又遇上这鬼天气，越厉该往地里烂了！

934.越发——特别。

我的头越发疼，你赶紧给我个止疼片哇。

935.绝厉——更；更加。

以前没管住，现在绝厉不好管了。

936.挺——表示程度，相当于“很”、“特别”。

937.一至至儿——①表示程度或数量的逐步增减。大致相当于“渐渐”。

一过清明，天气一至至儿暖和了，他的病也一至至儿好起来了。

②挨着次序；按顺序。

每人五斤肉，已经分好了，大家从这儿开始，一至至儿挨住拿，谁也不能挑拣，没挑头！

938.一圪至至儿——同“一至至儿”。

939.将（jiàng）——表示动作行为只及于某个范围，相当于“仅仅”、“只”。

这山洞将能容一个人进去。

940.将（jiàng）将儿——表示事物正好达到某种程度，有“不多不少”的意思，相当于“恰好”、“刚巧”。

他每月挣的钱，将将儿够打房租。

941.将养——①休息，调养。

医生说再将养上几天就好了。

②容让；对付；将就。

你就再将养上她一段时间，她肯定会慢慢回心转意的。

942.护能能儿——表示某种动作行为是极其勉强地进行。

他早就不想干了，护能能儿到了月底，拿上工资就连夜回家了。

943.将（jiàng）护能——表示事物勉强达到某种程度。

他每月挣的钱，将护能够他一个人花。

944.得了个——表示某种动作行为在近期易于发生或经常发生，有的是由于以前某种原因所致，有“自从……，经常……”的意思，其语句多含贬义。

自打下岗后，他得了个跟老婆吵架，脾气可大了。

945.猛不防——表示动作发生得突然，出乎意料，来不及防备。大致相当于“突然”。

我一边走，一边还琢磨着刚才的事，猛不防背后有人拍拍我，说：“老同学……”

946.定猛真儿——表示动作发生得突然，出乎意料。大致相当于“突然”。

他想不通，怎么定猛真儿就杀出个“程咬金”来？

947.扑猛真儿——同“定猛真儿”。

948.乍猛真儿——同“定猛真儿”。

他刚当上岳父，女婿子叫他个“爸”，他咋猛真儿还有点儿不适应。

949.冷猛真儿——表示动作发生得突然，出乎意料，来不及防备。大致相当于“突然”。

你冷猛真儿这一嗓子，把我吓得还心煽了。

950.冷不防——同“冷猛真儿”。

951.定半夜儿——表示情况发生得突然，出于意料。

本来说的好好的，怎么定半夜儿就变卦了呢？

952.忽吵一下——指某种事物在脑海中忽然闪现。

看见人家拿钥匙开自行车，我才忽吵一下想起来，刚才出来忘了锁门了。

953.忽儿一下——指某种事物在脑海中忽然闪现；也指风、火速度之迅疾。

人家提了个头儿，我才忽儿一下想起来了，可是已经晚了。

一股大风把他的帽子忽儿一下就刮跑了。

954.绕不绕儿——表示动作行为屡次发生，并强调动作的一贯性。与“经常”、“值得不值得（就）”等意思相似，其语句多含贬义。

你呀，自己心不顺，绕不绕儿就拿老婆娃娃出气，还叫个男人吗？

955.说个甚了——表示在没有充分原因的情况下就会频繁地发生某种情况。

那个娃娃算是惯坏了，要甚就得给甚，说个甚了就躺在地上打滚儿哭闹。

956.不值不懆（cao）——表示在没有充分原因或不值当的时候也会发生某种状况。

你动不动就长咳短叹，不值不懆眉头就缩个圪蛋。

957.稍微——表示程度轻微。

你稍微往那儿挪一挪，给他让个空。

958.些微——表示程度轻微。

菜的味道很好，就是些微有点儿咸。

你也得些微说他两句，再不管，就害苦他了。

959.些微末小——表示程度轻微或数量较少。

那娃娃些微末小碰着点儿，就哭上没完了。

他既然说出来了，你些微末小也得给点儿，把他碰回去不合适。

些微末小花几个，那行，再多了，我可不干！

960.略微——表示程度轻微、数量不多或时间短促。

略微早走一阵儿，千万不要误了火车。

一见面，他略微想了想，就叫出我的名字来了。

961.一咋些儿——表示很容易产生某种行为或情况（多指不希望发生的），常跟“就”连用。犹如“动不动”。

你一咋些儿就给人发脾气，谁招惹你了来？

一咋些儿就肚痛，这得检查一下了。

962.一咋点儿——表示某种动作行为发生的原因是不值当的、犯不上的，或理由、根据不足。

一咋点儿就哭，你的眼泪怎么那么多？

一咋点儿就怀疑到我头上来了，我哪得罪你们了？

963.一略微咋点儿——同“一咋点儿”。

964.略微咋点儿——同“一咋点儿”。

略微咋点儿就哭，泪就那么多？

965.想法起来——想起来就。强调动作行为的随意性、突发性。

966.沾门儿——表示某种事情接近实现而没有实现，往往是指说话的人不希望实现的事情或不如意的事情，因此，也有表示庆幸的意思。大致与“差点儿”、

"险些儿"相似。

啊呀，唯等及时刹住了闸，沾门儿碰在汽车上！

沾门儿误了火车。

沾门儿叫狗日的骗了。

967.担门儿——同"沾门儿"。

他只顾说话了，担门儿从房上跌下来。

968.险没儿——同"沾门儿"。大致与"差点儿"、"险些儿"相似。

河塄底下瞭哥哥你，险没儿把妹妹喂了鱼。

969.参门儿——同"沾门儿"。

970.单门——专门，单意。

我是单门为这个事情来的。

971.单意——专门。

他单意叫了个木匠来通头上下打量了一番，才决定要买下这两苗大榆树。

972.直意——专门。

973.单因为——单为此；专门。

974.十脱八——偶尔，万一。

975.末了（liǎo）——最终，最后。

976.临完——表示事情已经过去，而又发生与之情理不相顺应的事情。

婚也订了，临完又嫌人家个子不高，工作也不好，当初你是个做甚的？

本来说好十点前必须来签合同，临完他十二点了才来，人家早就跟别人签了。

977.临了——临到末了，到最后。了：完毕，结束。

临了临了，人累个半死，却没落下一丁点儿好。

978.一个 ——用在动词和补语之间，表示程度。大致相当于"特别"、"非常"之类。

油柴大炭管烧，把家里烧下一个热钵（ba）。

那二人台唱得一个热闹。

979.由不住——表示某种心情、情绪、思想或习惯、动作等等，难以自控，不由自主。大致相当于"不由得"、"禁不住"。

一说起自己生病的孩子，她就由不住掉眼泪。

他说了不算，算了不说，叫人由不住个戳火！

见哥哥过来由不住个笑，人家都说我是半吊吊。

980.大半——表示推测，相当于普通话中的"大概"、"可能"，或表示有很大的可能性的估计。

这倒快晌午了，他大半是不来了。

已经一年多了，还没有个准信儿，这事大半不成了。

981.款款儿——①用在动词前，表示某种动作行为是不经意中的失误，恰恰儿，而且并没有超出意料。

我说他不要去，不要去，这是个陷阱，他就是不听，结果款款儿叫人家骗了。

我想你来你想我，款款儿把草鸡认成鹅。

②用在动词前，表示某种动作轻柔而缓慢。

你把那个油瓶子款款儿放在柜上，千万不要跌倒打了。

鸡蛋容易往烂打，你把它款款儿放在浮头（上头）。

982.凭空——用在动词前，表示没有依据地施动。

你这是凭空想象。

你这是凭空捏造。

983. 称摸——表示要约摸、推测、试探、估计好情况再行动，也有强调"要谨慎，适可而止，不可盲目冒进"的意思。

情况比较复杂，我们也帮不上你，你自己称摸地办吧。

处理这个事情的时候要称摸点儿，凑乎地过去就算了，得罪了哪个领导也不好。

你进去要看情况，称摸地说，咱们的目的是解决问题，千万不能把事情闹僵！

984. 顶多——"顶"，表示最高的程度，相当于"最"；"顶多"，有"充其量"的意思，在说话人看来，实际数不会高于估计的最高数。常跟"不过"、"只是"等连用。

那个人顶多不过三十岁。

你不要急，顶多再等五分钟。

985. 顶数——最数；就数。

其他人都不行，顶数你去最好。

看利月，躲黑道，三六九，都不妙，顶数正月初十好。

986. 参——表示限定事物范围（极为狭小），或极言事物数量之少，大致相当于"单单"、"仅"、"仅只"等等。

这个事情不好办，参你一个人去恐怕不行。

参电费，一个月就得交大几十块。

987. 参只——表示限定事物范围（极为狭小），或极言事物数量之少，大致相当于"单单"、"仅"、"仅只"等等。

参只花这么几个钱，对他来说也不是个事儿。

988. 咋也——对某种情况表示有很大的可能性的推测或估计，与"大半"、"大概"相似。比如：

已经过午了，他咋也不来了，咱们就不要再等了，都回哇！

一见面，我就觉得他不小了，咋也有个四十五六呀。

咋也是来一股雨呀，听这雷声响得不一样。

989. 一刮高日——一去不返，没有音信。

山野草地刮黄风，一刮高日走了个没音信。

他经常打媳妇儿，那年，人家卷包了他五千块钱，一刮高日跑了，再也没回来。

990. 切待——①表示正准备，正打算，正想做而由于某种原因、某种顾虑未做或不能做。

眼看快九点呀他还不来，我切待一个人走他呀。

气死我了，我切待就把他开除了！

②好不容易。

娃娃切待睡着了，又叫你们嚷嚷得吵醒了。

991. 专——有意识的，故意。

他不是专不理你，是没看见你。

992. 专心——故意。

他专心气我了。

993. 专意——故意。

人们专意气他，他倒当真了。

994. 不待——用在动词前，表示发生某种变化的可能性不大。

他喝一斤酒，不待醉的。

995. 不敢——表示禁止或劝阻，相当于"别"、"不能"。

他现在正生气呢，你可不敢招惹他。

996. 切其——表示所说的是实际情况（含转折），相当于“其实”。

刚接触，有人以为那人不好共事，切其那人可是个热心人了，就是性子有点直。

997. 切比——同“切其”。

998. 切宜——同“切其”。

999. 公该——表示理应如此，应该做某事。

这不算什么，我作为领导，也公该为大家办点儿实事。

他骂我就公该？我骂他就不公该？

1000. 直正—表示径直向某处前进，强调直线行走，不拐弯儿地（前进）。

你从这儿直正往前走，过了十字路口再走 50 米，路边就有个建设银行。

1001. 正至——直接到达，强调中途不停留、不耽搁。

1002. 正法儿——按正理说，按正常情况说。

正法儿你就不该去，去了也不该掺和人家这种事儿！这事儿跟你有一毛钱的关系吗？

1003. 倘或儿价——表示满怀希望地等待着，大致相当于“说不定”、“或许”、“万一”等等意思。

这个条子就那样存的吧，不要说死，倘或儿价人家给兑现呢？

1004. 一正价——按情理，去偏激，平心而论。

一正价说哇，他也不是为了他自己，只不过话说得难听点儿，理还是对的。

一正价也不能尽怨他，他一个人确实也扛不住，咱们也有责任。

1005. 说旧已——表示后面将要引用众所周知、公认的老话说理。

说旧已，墙倒众人推，马倒鞍子转。

1006. 长圆——是长是圆都行，即无论如何。

这件事，你长圆得给我们个交代，不能就这样算了！

1007. 长长圆圆——无论如何。

今天你长长圆圆不要走，晚上咱们几个好好儿喝几盅。

1008. 不长不圆——没有原因；不因为什么。

你不长不圆的，哭什么呀？

1009. 是长是圆——无论如何；不管怎样。

1010. 长短——或长或短都行，即无论如何。

1011. 或长里短——无论如何，不管怎样。

老张，你或长里短给个话，我们回去跟众人也有个交代。

1012. 不长不短——无缘无故，没有原因。

大清早起，你不长不短地骂谁了？

1013. 是长是短——无论怎样；不管怎样。

这个事情，是长是短，三天之内你得给我个回话。

1014. 或管甚——表示对事物的选择。不管什么都行，随便，表示无条件，不挑拣。

或管甚吃上点儿，吃饱为原则。

1015. 或举甚——同“或管甚”。

1016. 或甚——同“或管甚”。

1017. 或举咋——表示对做法、办法等的选择。不管怎样都行，达到目的为原则。

炒也行，烩也行，或举咋，做熟就

行。

1018. 或管咋——同“或举咋”。

坐公交，打的，或管咋你也得去一趟。

1019. 不甚——不太，不怎么。

来的人倒是不甚多。

他的个儿不甚高，但长得很精神。

1020. 可——①变音为“kè”：正好，恰恰。

我那天去了，可碰上他们俩吵架了。

我们跑到那儿，可十二点。

②变音为“kè”：表示事实跟所希望或期待的恰恰相反；表示故意跟客观要求或客观情况相反。大致相当于“偏偏”。

你们这么多人，怎么可叫我去了？

你想知道，我可不告诉你，急死你！

1021. 可3——变音为“kě”：表示程度的减轻。

这几天他可咳嗽了，头也可像那么个疼了。

今天可冷点儿了，气温开始回升了。

1022. 可（kě）照——不像；比不上。照：像。

高粱开花儿将（刚）翻上米，谁名下意重也可照你。

拿上镰刀上山坡，想谁也可照想哥哥。

1023. 可（kě）像——表示程度的比较，相当于“不如”、“不像”。

平地盖房搭不起椽，谁名下也可像你名下难。

1024. 可（kè）好好儿——正好，恰好。

这顿饭做得可好好儿。

我刚刚到那儿，可好好儿火车也进站了。

1025. 可(kè)可(kě)儿的——恰巧、恰好，正好。

不大不小可可儿的。

我去了，可可儿人家出差刚回来，碰巧了。

1026. 可不可儿——正巧；正如所料。

1027. 可也——用在动词前，表示曾经竭尽全力地施行过某种动作行为。

当初我可也打劝过，人家就是不听。

他没有办法的时候，我可也帮他了来。

他可也下那愣功夫了来，就是考不住。

1028. 可是价——用在动词前，表示曾经竭尽全力地施行过某种动作行为（而效果却不好）。

可是价等来可是价盼，盼回来你这么个负心汉。

她可是价求爷爷告奶奶地跑遍全村借钱，最后也只借下三四百块钱。

1029. 刚好——正合适；恰巧；正巧。

这双鞋他穿上不大不小，刚好。

我刚好要去北京开会，要不咱们一起走哇。

1030. 刚好好——正好。

你本来做得不好，人家不说你刚好好，一说你，你就和人家顶嘴。

1031. 正好好——正好。多指时间、位置不前不后，体积不大不小，数量不多不少，程度不高不低等等。

我刚才量了一下，这块布给你做个裤子正好好。

莜面吃个半饱饱，一吞滚水正好好。（是说莜面耐饥、难消化，净吃一肚子莜面会不舒服。因此，告诫和提醒人们：吃莜面要适量，不可吃得过多过饱！）

1032. 一活儿——用在动词后，表示曾经竭尽全力地施行过某种动作行为。

他念了一活儿书连个信也写不了。

他可是价做了一活儿，连饭也没吃就走了。

1033. 个厉害——用在动词后，表示曾经竭尽全力地施行过某种动作行为。

你劝说了个厉害，人家也没有听你的。

咱们可是价准备了个厉害，人家却不来了。

1034. 平——正好。

他今年平五十岁了。

1035. 刚——正好；恰好。

吃吃不上，喝喝不上，做营生刚赶上。

1036. 且——①等。

不且我把话说完，他就大哭起来。

②暂且。

你且坐下，饭马上就好。

③凑合，将就。

再且两天，钱肯定要发。

1037. 且说且——表示某种动作行为不等话音落就发生了。

他气疯了，且说且就把书扯了个稀巴烂。

那雨下得真急，且说且满院子水。

1038. 暂且儿——表示动作行为拖延时间太长。

这点儿营生，暂且儿就做不完了！

你们俩有多少话了，暂且儿就说不完了？

1039. 正且儿——用在动词前，表示动作正准备进行，正要进行或动作在持续中。近于“正要”；“正准备”；“正打算”。（且：要；将要）

我正且儿出门呀，他们俩来了。

你来得正好，我们正且儿还念叨你的了。

1040. 正说——同“正且儿”。

1041. 已旧——表示事情完成或时间过去，已然如此；已经成为事实。

今年已旧了，明年再好好干吧！

1042. 已般——已经；已然这般，已经这样了。

人已般死了，这是没有办法的事情，还是想开点儿吧。

1043. 闪手——对某种情况，表示有很大的可能性的推测或估计，与“大半”、“大概”相似。

这倒等了五天了还没有个音信，这事儿闪手是不成了。

1044. 永万辈子——永远。

你就是永万辈子不来，我也不稀罕。

1045. 再怎地——再怎么，不管怎样。

再怎地你也得去一趟。

1046. 吃劲儿——极；很；厉害。表示程度较深。

那雨下得吃劲儿了，简直就像往下倒了！

1047. 伙——一块儿；一起；一同。

我放牛来你放羊，独孤孤榆树伙乘凉。

1048. 直是个——表示动作、行为不停地连续进行。

他知道自己做下没理的啦，直是个给人家说好的了。

1049. 担心——差点儿。

他们俩只顾说话，担心叫汽车撞了。

1050. 肯——表示某种动作、行为是经常性的、习惯性的、易于发生的。

一到春季，咱们这儿就肯刮大风。

他们家晚上肯喝个稀粥。

他说话肯带个“话顿”，于是“话顿”就成了他的外号了。

1051. 可肯——表示某种动作、行为特别易于发生。

他可肯拿别人的缺陷开玩笑了，人们都看不惯他。

人们跟他开玩笑，他可肯翻脸了。

1052. 往出——朝外；往外。（表示动作方向）

大家都往出走，到外面排一下队！

1053. 往起——表示由低到高的动作方向。

大家一起用力，再往起扶一下就行了。

1054. 哪么个——无论如何；不管怎样。

众人说了半天，他哪么个也听不进去。

1055. 哪么也——不管怎样也。

这天气哪么也凉快多了。

挣多挣少，哪么也赔不了。

1056. 再咋也——同“哪么也”。

1057. 不也——在顺着同一方向的对比中，表示情况原本就不怎么样，下文将说明由于某种原因，情况会更加不好。大致相当于“本来就”，往往用“又”“再”“更”等与之呼应，表示程度的更深一层或表示“即使不（这样），（原本）也（打算；想）……”的意思。

不也行情不好，又遇上这鬼天气，越厉该往地里烂了！

他不也不想去，你这么一说，更称了他的心意。

还用他辞退，我不也早就不想干了，回家的车票也早就订下了。

1058. 左右——用在句首，在顺着同一方向的对比中，表示情况原本就不怎么样，下文将说明由于某种原因，情况会更加不好。大致相当于“本来就”，往往用“又”、“再”、“更”等与之呼应，表示程度的更深一层。

左右生活紧困，又遇了个下岗，他可怎么办呢？

左右身体不好，再加上这么大的精神刺激，他肯定顶不住了。

左右妹妹心难活，没头鬼黄风天天刮。

左右忙，遇了个鬼断狼。（断：追，赶）

1059. 强混活儿——表示某种动作行为极其勉强地进行。类似“好不容易”、“勉强”。

我们强混活儿劝说得她不哭了，你进来又要扯这个话题，真是哪壶不开提哪壶！

众人劝得不行，他端起一碗面，强混活儿吃了三两口，又放下了。

他这几年省吃俭用，强混活儿才盖起五间新房。

1060. 愣——非要；硬。

车本来已经超重了，他还是愣往上装，结果，把胎给炸了。

1061. 就——表示几个动作同时进行，相当于“边”。

不要光说话，来，咱们就吃就喝，就喝就说。

1062. 体另——表示有别于一般。相当于“另外”、“专门”、“单独”等。

这是体另给你的，你不要跟别人说。

1063. 另外另——另外；专门；分外。

你把那长一点儿的另外另放下，我

一会儿要拿走。

他哪门功课也学得不赖，尤其物理，他是另外另上心。

1064. 单另——另外；专门。

他跟妈妈说，以后就不要单另给他做面条了，他的病已经没事了。

1065. 通（tòng）——特别；非常。

年轻女孩通时兴，白鞋（变音为hai）红袜雪打灯。

1066. 管——①随意地。

管挑管抄（shà），不对了管换。

②已经；确实。

一个十几岁的孩子，文章写得管不赖啦。

1067. 颠倒——反而；反倒。

我多次提醒你，都不听，现在颠倒怪起我来了？

1068. 不因不诱——没有什么原因，自然出现了某种情况或现象；无意中的必然，自然而然，没有刻意追求甚至阴差阳错。

他们两个大概是有缘分，反正不因不诱地就走在一起了。

胡燕儿吃食张嘴飞，不因不诱遇住个你。

1069. 因推——借故。

小晌午羊群出了坡，因推抱柴火瞭哥哥。

1070. 因时价——因而。

离家太远了，坐火车也得一天一夜，因时价没个大事一般也就不甚回去了。

1071. 硬——全；只。（硬，变音为nìng）

三疙瘩玻璃两疙瘩明，硬拿心眼儿摆调人。

1072. 嫑（bìao）——不要。

歪嘴瓜瓜红沙瓤，嫑看表面看心肠。

灯盏没油黑坐着等，哥哥没钱你嫑取心。

1073. 干——光；只。

干捣雷不下雨。

干呼啦锁子不开柜。

1074. 干看——光看见；只是。

沙胡燕儿出窝一群群，这地方干看人多没亲亲。

1075. 只说是——只估计；原料想。

只说是你不相干（不严重），没想到你一病不起到了望乡坛。（迷信说法，人死后鬼魂会到一个高坛回望乡里的亲人）

1076. 寡数（shǔ）——就数。表示最理想的选择等。

这莜面倒是挺好吃，寡数再有几盅酒哇，那就再好不过了。

1077. 倒替——轮流，轮换。

1078. 调替——调换，轮换。

1079. 紧等儿——①表示情况急迫，马上需要应付或等不上的样子。有“眼看的……”、“马上就……”、“即将”的意思。

这洪水太大了，前面的渠背紧等儿让冲塌呀，咱们得赶紧过去加固。

那老太太病得挺厉害，紧等儿不行了，你快去看看哇！

赶紧跑两步哇，火车紧等儿进站呀！

②经常与“说”连用，表示当初所述之事充满诱惑、某事马上要实施的样子，让人期盼，最终却让人大失所望。

紧等儿说给涨工资呀，半年了也没动静，看来又是没影儿的事！

紧等儿说赶年底能付两万，闹了半天连两块也给不了，真是个贼忽啦！

1080. 急等儿——急切地等待着。相

当于“即刻”、“马上”等。

你得快点儿给找一找，他那儿急等儿用了。

1081. 急立地——表示太急促，难于应付。

你早不打招呼，我急立地去哪儿给你借那么多钱了？

1082. 当（dàng）下——表示随着上一种情况的发生而立马发生了某种状况。

他笑得岔出气了，当下疼得连话也不能说。

1083. 冒然然儿——突然，事先没有通气儿。

你事先也不打个电话，冒然然儿跑回来就要拿钱，根本来不及准备。

1084. 冒不然然——冒失；不打招呼，突然。

你也不提前说一声，冒不然然地就跑来了，这事我还没有跟人家说通了。

1085. 着（za）不着（za）——①不管怎样；够不够。

你着不着出上一百块就算了。

②随便；随随便便；有事没事。

没有要紧事，你不要着不着就来找我。

1086. 一摆溜溜——相当于一列横队。

你们都一摆溜溜站好，老师给你们发玩具。

1087. 并排排儿——并列、平行的样子。

并排排儿盖起五栋教学楼。

1088. 并摆摆儿——并排、均匀地摆放。

门前并摆摆儿放着十几辆自行车。

1089. 海——毫无节制地。

混了，混了，海混了，跟上汽车拾粪了。

1090. 嘴是价说了——表示先从不利的角度进行分析，再根据更多的利好条件做出推断；只是（从不利的角度）说一说，实际肯定不会……

嘴是价说了，练了这么多年，再咋哇不拿他个第二名。

1091. 拉展——表示通过比较或一贯表现做出的判断。

那个家伙，拉展就是灰人号儿（里）的数儿。

1092. 如常——平常，平时。

他一个月去看一次老人，如常两位老人都由保姆照顾。

1093. 如如常常——平平常常，在正常情况下，一般情况下。

他一顿饭如如常常也能吃三十个饺子。

1094. 满面活——全面；全部（都）。

你们把那块儿大苫布拿过来，把这挂胶车和绳绁满面活都苫住。

1095. 没且——没等。

没且他掏枪，就被人家一拳打倒了。

1096. 没且咋点儿——还没等怎么样（就）。表示还没等事情有了眉目就发生某种情况。

新媳妇儿刚过门，没且咋点儿就提出要另家。

1097. 不且咋点儿——表示还没等事情有了眉目就发生某种情况。

他们的老父亲刚刚住院，不且咋点儿，儿女们就为分割遗产的事争吵得不可开交。

1098. 且不上——等不到；等不上。

1099. 筛开了圪——放开了或尽情地干某事。

你们筛开了圪吃哇，今天的饭管够你们吃。

1100. 来不来——表示事情还没有开始或刚刚开始就发生某种情况。

还没有正式见面，来不来就先提出车和房子的事，这哪是找对象，是成心找别扭。

1101. 甚不甚——表示其他都无所谓，优先要办某种事情。

那个地方太冷了，你甚不甚多穿些衣裳。

1102. 一字一般——如实地、具体细致地。

1103. 抽根根儿——表示从事情的根由上（讲述或介绍）。

1104. 实搁实——实实在在，实事求是。

石头捣磨扇——石捣石（实搁实）。

1105. 实圪端端儿——如实地，实事求是地。

我实圪端端儿告诉你哇，这事根本就没有你的份儿，人家原本就不给你估的，你就不要瞎费劲儿了。

1106. 依时按候——按时；按照规定的时间做事。

奶奶每天总是依时按候地把饭做好，等我放学。

1107. 依时按点——依照时点行事，时间观念强。

1108. 不时不节——不是时节（节日）。

1109. 不时不晌——不到时候。

1110. 旋——分期地，一点一点地，零星地。

旋割的肉不疼。

1111. 旋不旋儿——与“一次性地、成批地”相对，表示动作行为是分期地、一点一点地、不断地进行。

我那钱不着急，你们旋不旋儿还哇，多会儿还完算多会儿。

1112. 调忽零散——偶尔，间或，没有经常性、连续性。

1113. 调三隔五——非连续地；间隔时日进行的。比喻行为不能经常坚持，更没有连续性。

他不是每天来，只是调三隔五地来绕一遭。

1114. 夹三岔五——即隔三岔五，比喻时常发生。

1115. 想起个——表示原本没有打算，由于某种诱因而突然萌生某种念头并且付诸行动。

一九六二年呀，甘肃遭年限，

内蒙的光棍多呀，想起个娶老婆。

1116. 扑面面儿——表示物体处于迎面不远处，含“有碍观瞻”的意思。

一出大门，扑面面儿就是个大粪堆。

1117. 迎头——迎面。

一出门朝东拐，迎头碰见个张二赖。

1118. 三进九出——反复；多次。

1119. 三进五出——多次反复。

1120. 一股连茬——指把人或物不加任何区分地予以处置。

她骂自己的男人，却一股连茬把人家姓张的都骂进去了，被几个小叔子痛打了一顿。

1121. 一揽至末儿——不分大小好坏一起都。

剩下的那些菜，一揽至末儿都卖给你哇，按一块一斤算，行吗？

反正也不多了，你就一揽至末儿都收撮（收拾）上去哇。

1122. 举无到处儿——各方面，无论什么地方。

人要是不行，那就举无到处儿甚也不行。

我反正举无到处儿没有一点点好，全是你们对！

1123. 没有价——没有，一般单用，用于回答问题。

“你那儿有词典吗？”

“没有价。”

1124. 框外——多加的，多余的，分外的。

框外的事情，咱们不能管，也管不了。

1125. 框份外——多余的；过分的。

把事情说清楚就行了，框份外的话不要说，小心惹出麻烦。

1126. 压根儿——原本。

他压根儿就不打算来。

1127. 要要——表示固执己见，一定要坚持去做某事，类似“非……不行”。

当初，她哭着闹着，要要找马三仁，结果结婚不到一年就离婚了。

1128. 非但——同“不但”、“不仅”。

1129. 非要——表示坚持一定要去做某事，类似“非……不可”。

众人都说不能去，他非要去，结果去了以后，非但事情没有解决，还差点儿丢了性命。

1130. 不么（me）——难怪；怪不得。

不么人家媳妇儿和他离婚了，他每天就记得个耍钱，家里甚也不管。

第二节　介词类

1131. 朝——普通话中，表示动作的方向；方言中几乎是表示相反的意义。

①表示时间、处所、状态、事物的起点。相当于“从……到……”。

朝早到晚/朝里到外/朝东到西

朝小到大，没有吃过一点儿好的。

②表示动作所从的处所或方向。相当于“从”。

朝南上来一挂黄牛牛车，管许是我哥哥来搬我。

朝这儿往前一直走就到了。

朝穿着打扮看，他就是个城里人。

你就朝当兵的时候说起吧！

1132. 迎——表示动作所从的处所或方向。相当于“从”，也有“向着”、“顺着”、“向”、“朝”等意思。

迎这个巷巷往前走个二百来米，再迎东一拐，有个贴红瓷砖的大门，那就是他们家。（从；向）

你这件儿衣裳是迎哪买的？（从）

腿肚子迎西面迎东，十分魂灵跟九分。（朝）

白天穿，黑夜盖，天阴下雨毛迎外。（描述内蒙古大皮袄的用途）

1133. 接——①表示动作所从的处所，与“迎”、“从”相似。

接这儿到那儿，有个十六七里。

你是接哪个门儿上的车，怎么在站台上没看见你？

二饼饼牛车拉柴火（huo），哪一天不接你门前过？

②介绍动作或事情发生时所利用的条件。与“趁”相似。

快来，你们接热先吃饭，我给你们收拾东西，吃完饭就接天气好，早点儿走，赶早不赶晚。

接这阵儿消闲，你回去一趟哇！

1134. 夹——隔；间隔。

他夹两天就回一次家。

大炖羊肉盖住锅，夹墙叫给栽树哥。

1135. 起当——①“起当”与短语组成介词结构，表示过去的时间起点，而这个起点常常不是以时间词语来表示，更多的是以某一事件或某一动作来说明。比如：

起当有了娃娃，他们两人再也没有吵闹过，这才省（xing）得过光景了。

起当发了工资，他每天在外头喝酒，一分钱也没给媳妇儿往家拿。

②“起当……以后”，表示以过去某件事或动作为时间起点；“起当……以来”，表示以过去某件事或动作为时间起点，一直延续到现在说话的时候。

起当出了院以后，他每天坚持锻炼，现在身体恢复得特别好。

起当前年调到这个新单位以来，他干得挺顺心，领导也特别器重他。

1136. 起根——同“起当”。

1137. 往张——表示动作的方向，大致相当于“往这儿”、“往那儿”。

我已经到了，你们也赶紧往张走哇！（往这儿）

我已经把钱送在他那儿了，你们也赶紧往张送吧！（往那儿）

1138. 辟——表示动作的方向，大致相当于“朝着”、“照着”、“冲着”。

辟脸打了一拳。

辟肚子上踢了一脚。

辟当中儿切上一刀，一人一半儿分开。

1139. 聘——表示动作的方向，大致相当于 “照着”、“冲着”。近于“辟”。

1140. 照——①表示动作的方向，大致相当于 “向着”、“朝”。

照这个方向一直走，没错。

有什么问题照我说。

②介绍动作的凭判根据。大致相当于 “按照”、“依照”。

照你说，这个事你没有一点责任？

1141. 品——表示比较的对象，相当于“比”。

再咋不好，也品你强。

他的字写得品你好。

1142. 亥——①介绍动作的另一发出者乙方，并表示起主导作用的是甲方，双方位置不能更换。相当于“跟”。

你打算什么时候亥他结婚？

他走下台，亥大家一一握手。

②介绍出与动作有关的对象。相当于“向”、“对”等。

我那天亥你说的那个事儿，办得怎么样？

这事儿不如干脆亥他说清楚，免得他胡思乱想瞎猜疑。

③介绍出比较的事物。

这个娃娃，亥他爸爸长得一模一样，连说话声音还一样样儿。

他亥老李可不一样，根本听不进你说的这一套。

1143. 叫（jiǎo）——介绍出动作的施动者，相当于“让”、“被”。

他叫狗咬了一口。

他叫我多带点儿钱去他那里。

1144. 按说——按常理说，按老经验、老规矩说，按规律说，按预计的说，简化为“按说”。可理解为介宾短语。

按说你这个当哥哥的应该让一让弟弟才是个理呢。

按说咱们还沾亲的了。

1145. 开外——以外，以上。

他比我大好几岁呢，估计已经六十开外了。

这几年，他赌博输的钱估计已经十万开外了。

1146. 并（bǐng）——表示比较，同“比”。

你并我多吃了十个饺子。

你们俩站在一起并一下，看谁高。

他并我高半头。

你把那三根棍子摆在一起并一并，挑个最长的。

1147. 赶 ——表示比较，用如“比”。

赶你聪明的人多的是。

种地的人一天赶一天少。

第三节　连词类

1148. 亥——起连接两个词或短语的作用。所连接的部分往往是相同或相关的事物、动作和性状。相当于“和”、“跟”、“与”等等。

我亥他是坐同一趟火车来的。

那年最先进城打工的，就二虎亥王胜他们两个人。

1149. 即便——表示假设让步，跟“即使”相似。

即便他来了哇，能顶个甚事？

即便是弄清楚了就是他干的，你又能把他怎么样？

1150. 但凡——表示条件，大致相当于“只要是”、“凡是”。

但凡有点儿人味儿，就不会这么绝情。

但凡拿钱能解决的事，就不是难事。

1151. 但等——表示条件，大致相当于“只要等到”。

但等秋后码了工，一定引上妹妹逛青城。

1152. 有其圪——“有其圪”常常与“不如”形成固定格式，表示取舍或选择关系，跟“与其”相似。“有其圪”用在前一分句，对句中所表示的事物认为应该舍弃，“不如”用在后一分句中，对后一种事物认为应该选取。

有其圪赊账，还不如贱卖呢！

有其圪花这么多钱买房压在那儿，还不如投资做买卖翻得快呢！

1153. 量（liàng）只圪——表示不值当、不合算的目的，有时跟“还不如”呼应，表示取舍或选择关系。“量（liàng）只圪”用在前一分句，表示不值当、不合算的目的，认为应该舍弃，“还不如”用在后一分句中，对后一种事物认为应该选取。

量只圪挣得多打白条，还不如少挣点儿拿现钱。

量只圪这事儿，我不跟他撅嘴。

1154. 量（liàng）只——表示不值当的目的或原因，大致相当于“仅仅为了”、“单单因为”、“只是因为”等等。

不要吵了，量只这么点儿小事，你们俩难道还要翻脸不成？

量只吃一顿饭，跑那么远？

1155. 甚哇，甚哇是——先承认以上道理、事实、情况，中间用“甚哇”或“甚哇是”来连接，下文又摆出新的情况寻求答案或办法。大致相当于“问题是”。

大家议论的方案，我没有意见，甚哇是，钱从那来？能不能按期凑够？这个落实不了，其他都是白说。

这些讨债的办法本身没有问题，甚哇他当下连十块钱也拿不出来，你能把他怎么样？你就是把他打死哇，也变不成钱呀！

事情是挺重要，甚哇是我没有时间去，你更顾不上，这该咋办呢？

1156. 不哇——表示假设关系的连词。大致相当于“不的话”、“要不然”。

实在意奈不过，不哇我就不来了。

1157. 不要哇——同“不哇”。

1158. 哇——语气词，表示假设语气。

父子俩吃饺子——没肉么，有肉哇，咱们借上点儿面就能吃一顿饺子。

（“有肉哇”相当于“如果有肉的话”）

1159. 要不了（le）——表示在两种不同情况或事物之间的选择。相当于“要不”、“要不然”、“要么”。

看来他一下来不了，要不了我先走哇。

你给他打个电话，要不了发个短信也行。

1160. 待说——表示假设关系，相当于“如果”、“要是”。

待说跳井死了哇，扔不下我那老妈妈。

待说活的哇，每天讨吃绕滩转；待说死了哇，又怕是贵人遭磨难。

1161. 唯等——①大多用在句首，表示全句是说明：借以避免不愉快后果的某种有利情况，暗含说话人感到侥幸，有时略带感激之情。大致相当于“幸亏”、“幸而”。

唯等住院住得及时，再迟一个钟头，就没法儿抢救了。

唯等刹闸刹得及时，差点儿碰在汽车上！

②用在句首，强调不能施行某种动作行为的唯一原因或顾虑。

唯等是出门在外的，不要哇，我三八两下就把那两个人打倒了。

唯等他是个病人，不然，我非和他见个高低不行。

1162. 唯等等儿——同“唯等”，语气有所加重。

1163. 唯因（yìn）——只因为。

唯因是看在你的面子上，要不我可不让他。

1164. 唯因（yìn）因儿——同“唯因”，语气有所加重。

1165. 说个——表示假设的条件或情况。大致相当于“一旦要是”。

这个娃娃，要不不哭，说个哭开，谁也哄不住。

那个鬼地方，大黄风说个刮开，昏天黑地的，人简直站都站不住。

1166. 旋……旋……——边……边……

这些肉都放在你们家冰柜里，我旋吃旋拿哇。

1167. 拜——含有“虽然”的意思。

灰拜灰，还有两条红腿腿。

老拜老，还是耳不聋眼不花。

瘦拜瘦，镶钢的了；肉拜肉，带膖（pang）的了。

第四节　助词类

1168. 的话——语气助词。用在假设关系的偏句后面，表示假设语气。

你要是来的话，给咱们多带点土特产。

当初你也没有写下个字据，他要是不承认的话，你能把他怎么样？

你还是去一趟吧，不的话，他会怪你的！

1169. 圪哇——语气词。大致相当于普通话中的“吧”或“去”与“吧”的合成。

事情就是这样，怎么处理，你自己拿主意圪哇。

有时间去俺们那儿圪哇！

你今天累了，早点儿睡圪哇！

你先吃饭圪哇。

要不，我直接去找他圪哇？

你找圪哇，该咋跟他说呢？

1170. 圪兰——疑问语气词。大致相当于普通话中的“去了”。兰：“了”的方言变音。

“你爸爸哪圪兰？”“他上街圪兰。”

“把我那件西服褂子放在哪圪兰？”

“拿去让人家干洗圪兰。”

1171. 来来——语气助词。用在句末，表示时态，相当于“来着”。

大豆开花粉白白，想亲亲想得哭来来。

1172. 了哇——语气词。大致相当于普通话中的“了吧”，带有催促的意思。

哎，快点儿往前走了哇！这是咋兰？

你把它都吃了哇，不多几个了。

1173. 了来——语气助词。表示疑问或肯定的语气。

谁了来？（谁干的？）

你哪了来？（你刚才在哪里？）

她哭了来。（她刚才哭过）

他喝酒了来。（他刚才喝酒了）

1174. 圪了来——语气词。用在句末，相当于“了”或“啦”。表示疑问或肯定的语气。

你哪圪了来？（你到哪去了？）

我买菜圪了来。（我买菜去了）

1175. 呀不——语气词。用在动词后，表示提请选择，相当于“……还是不……”

我想去北京，你去呀不？

我借来的这本书挺好，你看呀不？看就你先拿去哇。

1176. 呀哇——语气词。用在动词后，表示猜度、推测等语气。

这事，他出面办呀哇，你快不用管了。

一两天发工资呀哇，我已经花得没钱了。

你也去呀哇？咱们一起走哇。

1177. 哇么——语气词。用在动词后，表示请求、祈使、商量等等语气。

你也走哇么，我一个人去怕办不成。

你给咱们说个笑话儿哇么，让大伙儿乐活乐活！

赶紧吃饭哇么，经古玩手机呀！

1178. 开——时态助词，表示行为出现的时候。

左腿长，右腿短，走开就像老驴弹。

这娃娃笑开 跟他妈妈一样样儿。

1179. 这是啊——语气词。在对话中，听了对方诉说，表示惊讶或恍然大悟等语气。

这是啊！花了那么多钱了？

这是啊！那家伙儿看个人眉舌眼，半天是个骗子？

1180. 呀一呀——表示惊疑或赞叹。

呀一呀，哪的水啦，灌下一地？

呀一呀，这回你可发了大财了！

1181. 呀呀——吃惊时的感叹语。

1182. 耶(yie 发 4 声)——表示吃惊语气。

1183. 可巴了——表示肯定、附和的语气。

“你是不是经常腰酸、背疼、腿抽筋？”

“可巴了。”

“你这是缺钙！”

✧ 使用频率最高的三个时态助词：

方言中的时态助词“圪呀”、“的了(le)”、“了(lan)”常常用在动词之后、句尾，表示一定的附加意义（一般表示动作的将来时，进行时，过去时）。

1184. **圪呀**

用在动词后、句尾，表示动作、行为将要进行或正在进行，大致相当于普通话中的“去”和“呀”的合成。如：

“吃饭了没？”

“才吃圪呀。”(将来时)

哪圪呀？（去哪呀？）

包头圪呀。(去包头呀)

做甚圪呀？（干什么去呀？）

眊闺女圪呀。(眊闺女去呀)

“到地里圪呀？”

“不，我到村委会圪呀。”(进行时)

1185. **的了**（le）

用在动词后、句尾，表示动作、行为正在进行，如：

“外面还下雨吗?”

“还下的了。”(进行时)

“他来了没有？”

“正往这儿走的了。”(进行时)

“他还没吃完?”

“还吃的了。”(进行时)

1186. **了**(lan)

用在动词后，表示动作、行为已经完成，与普通话中“了（le)”的用法相同，如：

“吃了（le）饭了(lan)？”

“吃了(lan)。”(过去时)

“他来了(lan)没？”

“来了(lan)。”(过去时)

第五节　指代与疑问类方言词

1187. 俄（ě）——我。

1188. 俺们——我们。

1189. 捏呀（niǎ）——我，小孩儿自称。

1190. 捏呀——成年人说“人家”。

你不去请假，捏呀还不是个扣你工资？谁捏呀像你这么个做事了？

1191. 人捏（nie 变音为 niǎ）呀——

①成年人说“人家”（别人）。

远远儿价瞭见海潮蓝衣，款款儿把人捏呀认成个你。

人捏呀都出去打工挣钱，就你守在家里还种那些烂碱地，真没出息！

②成年人撒娇自称（多为女性）。

1192. 咱们——我；我们。指说话的一方。

服务员，给咱们来三个包子、一碗小米粥。

快不要抽架了，赶紧给咱们唱一个哇！

1193. 我咱们——我。

这个事我咱们去说哇，我跟他是老朋友了，他肯定会给面子的。

1194. 你们伙（huò）——你们家里。同样，还有“俺们伙（huò）”、“他们伙（huò）”等等。伙（huò）:家。

1195. 各人——反身代词，指代自己。

旧社会寻男人没寻好，新社会寻男人各人挑。

爹死娘嫁人，各人顾各人。

1196. 各儿——称代自己。

房檐上住的对对雀儿，我这活人各儿哄各儿。

瞎三拉胡胡——咯儿咕咯儿。（各儿顾各儿）

1197. 当人——称代本人，当事人。

会挑的挑当人，不会挑的挑光景。

1198. 家厮——家伙，是对人轻蔑不敬的贱称。

那家厮就爱耍个钱，打工挣下几个钱大概也都输完了。

1199. 这——单用时，变音为“zǎi”（载）。

这（zǎi）地方真难找。

这（zǎi）人，可爱交朋友了。

1200. 这（zai）这（zhe）儿——这儿，这个地方。

1201. 这儿这儿——这儿，这个地方。

1202. 这个端端——这儿，这个地方。

1203. 这忽圐圙——这一片儿，这一带。（圐，圆形；环绕貌）

1204. 这忽圐儿——这里。

1205. 这会儿——现在，马上。

他在那儿等你的了，让你这会儿就去！

1206. 这阵儿——现在，眼下。

每天红打黑闹的，这还能过成个光景，趁这阵儿还没娃娃，一连儿离了也好。

1207. 这个阵儿——现在。

今天的天气真热，这个阵儿算是凉快点儿了。

1208. 那——单用时，变音为“nǎi”（乃）。

我看看，那（“nǎi”）是个甚东西了！

那（“nǎi”）是个好媳妇儿，可勤快了！

1209. 乃——那，（乃，变音为 nì）。

1210. 乃（nai）那儿——那儿，那个地方。

1211. 那儿那儿——那儿。

1212. 乃（nì）个端端——那儿。

1213. 乃(nì)忽圞儿——那一片儿，那一带。（圞，圆形；环绕貌）

1214. 别余的——其他的。

先把这些东西搬上车，别余的以后再说。

1215. 旁余的——别的，其他的。

1216. 旁人——别人。

小炒羊肉粉条多，不叫旁人叫哥哥。

1217. 只先——别的。

1218. 只先人——别人。

1219. 谁家——谁；哪一个人，哪一家。

十冬腊月天气有点冷，谁家出门来，不备好身名？

1220. 没听说——有没有听说？听人说过没有？表示疑问。

没听说这个月的工资发了没有？

1221. 名下——用在人称代词或人名后面，是同位语，大致相当于“……这儿（那儿）”或“……名义下”。

平地盖房搭不起椽，谁名下也可像你名下难。

再不要说那冒凉腔话，理短也短不在你名下。

1222. 咋——怎，怎么。表疑问。

咋样？

你咋不去？

1223. 咋阶——怎么，怎么办，怎弄。表疑问。

白萝卜白呀鸭梨儿脆，你给哥哥打主意咋阶对？

1224. 咋阶了——怎么了；怎么办。表疑问。

1225. 咋的了——怎么样。表疑问。

你看咱们这手艺咋的了？

1226. 咋地个——什么样的一个，怎么样的一个。

七月糜子半穗穗红，不知道哥哥咋地个心。

1227. 咋说——怎么样。表疑问。

这糕炸得咋说？

皮皮好赖看得清，瓤口咋说你慢慢品。

1228. 咋来——怎么，因为什么。表疑问。

夜里你咋来不去上自习？

1229. 咋来来——因为什么。表疑问。

咋来来把你气成这样？

没红脸来没嚷架，你咋来来把妹妹耽闪下？

1230. 不咋——不厉害，不严重，不要紧。

1231. 不咋点儿——不厉害，不要紧，没事儿。

1232. 不咋些儿——不厉害，不要紧。

1233. 不咋地——不怎么样；不行。

1234. 咋呀——想干什么；怎么办。

1235. 咋了——干什么；想干什么。

1236. 那咋——为什么。

一进大门叫了一声妈，那咋不给俺们挑个好人家？

1237. 想咋了——想干什么。

1238. 咋也不咋——①不厉害，不要

紧，没事儿。

他那点儿伤，咋也不咋，有一个星期就好啦。

②不想干什么；什么也不干。

“你们几个一起都来了，究竟想咋了？”

“咋也不咋，不要误会，我们是来向你道歉的。”

1239. 咋也咋不了（lǎo）——怎么也怎么不了；不能怎么样。

即使反应到领导那儿，你能把他咋？咋也咋不了！只是白为个怨。

1240. 咋就咋——想怎样就怎样。

井里的石头河里的沙，说在心眼儿上咋就咋。

1241. 咋哇——不管怎么说。

咋哇他倒把钱也都输光了，你能把他咋？

1242. 再咋哇——再怎么样。

再咋哇人已经走了，说甚也是马后炮了。

1243. 哪圪了（lan）——到哪儿了；哪儿去了。

“老张哪圪了？”

“今天一早就去局里开会圪了。”

1244. 甚——什么。

做甚的务甚，讨吃子务棍。

一进大门吼了一声大（dǎ），你给俺们寻下个甚人家？

披上毛单拉上棍，看你哥哥穷成个甚。

1245. 甚了(lan)——什么，啥。

你手里提的那是甚了？

1246. 没个甚——没有什么。

我倒没个甚，只要大家都同意，我就随大家。

1247. 甚也干不成——什么也干不成。

1248. 甚不甚——无论如何。

大家都等一等，甚不甚先给她分，她家里还有个吃奶的娃娃了。

1249. 不差甚——差不多。

钱这个东西，多少是个够？不差甚就行了，要求也不能过分了。

1250. 不差甚的——差不多的（人）；多数的（人）。

他们这个事，不差甚的人都已经知道了。

1251. 甚是个甚——什么就是什么，实事求是。

甚是个甚，穿上毛鞋（hai）脚(jia)不冻。

1252. 甚就是甚——什么就是什么，不能改变。

甚就是甚，咱们不能给人家灰说。

1253. 甚说甚——说什么就说什么，一码管一码，不牵扯别的事。

甚说甚，打了盆子论盆，打了碗论碗，别余的事情咱们不管。

1254. 甚些儿的人——别人（差一点儿的人）；换成别人。

你能伺候老妈十年，真不容易，甚些的人早不耐烦了。

1255. 甚些儿的——别人（差一点儿的人）；换成别人。

在那个艰难的时候，只有你还信任我，甚些的还怕我粘住人家了。

1256. 甚会儿——什么时候。

山曲儿本是没梁子斗，甚会儿想唱甚会儿有。

第四章　方言一词多义例举

1257. 圪蛋——

①球状的东西或鼓起来的包。

他腿上起来个圪蛋。

他头上叫打起来个圪蛋。

②土堆，土丘。

他站在个高土圪蛋上唱歌。

③官，领导。

他爸是部队里的大圪蛋。

④卡，耽误。

这个事情就是让你给人家圪蛋住了。

1258. 圪蹓——

①走，散步。

饭后出来圪蹓圪蹓。

②偷跑。

家奴院工都跑了，我也圪蹓了吧！

③悄悄地拿走。

他临走时还圪蹓了一把把韭菜。

1259. 圪捞（lǎo）——

①搅。

又进窝里了，你拿棍子把它圪捞出来。

②找，寻。

你在哪圪捞见他的？

1260. 圪窝——

①侧身蜷曲。

他病了，每天就在炕上圪窝的了。

②折弯。

这样直的不行，你把它圪窝回来点儿就放下了。

③窝；郁积。

他受了气也圪窝在心里不说。

④呆在家里不出去。

你每天圪窝在家里，有甚意思了？应该多出去走走，看看。

1261. 克梁(liáng)——

①身体感到不适。

给你个枕头，那样克梁的还能睡?

②尴尬，为难。

就我一个女的，又谁也认不得，越发克梁。

③歉疚，过意不去。

那次见了，也没来得及给他买点儿吃的，到这会儿心里头也有点儿克梁。

④动作不得要领，感到别扭。

你这样抓筷子，自己克梁，别人看见也克梁。

1262. 尽（jǐn）——

①优先。

先尽娃娃们吃。

座位不够，尽老的先坐。

尽你说哇。

②尽管。

尽地吃哇，管够。

③尽量。

尽地做哇，多会儿做完算多会儿。

④没完没了。

你尽地骂呀？有完没完？

⑤最，用在方位词的前面。

我把钥匙放在柜子的尽下边的那个抽屉里。

一开会，他老是坐在尽后头。

1263. 圪伏——

①不动以待转机。

你现在什么也别干了，先圪伏上几天再说哇！

②小睡、休息以待病情好转。

针也打了，药也吃了，让他圪伏圪伏就没事了。

1264. 圪抽——

①动作不协调，不认真。

你这样随便圪抽两下，根本起不到锻炼身体的作用！

②引申为糊弄，圪且。

眼下也没有个更好的地方，先就在这儿圪抽哇，咋哇圪抽一天还不挣他十来块钱？

③忸怩；拿不定主意，纠结。

要么走，要么留下，眼看晌午了，还圪抽甚了！

不要圪抽了，咱们痛痛快快地走哇。

④抽搐。

他气得手也圪抽住了。

⑤乱动，出洋相。

他在那儿瞎圪抽，逗得众人不停地笑。

⑥缩水。

这种布料，一见水就圪抽啦。

1265. 胳（ge）里——

①挠人痒处。

你不要尽（jǐn）地胳里他，他痒痒得难受！

②痒痒。

你不要尽地挠我这儿，我胳里得不行！

1266. 箍——

①用绳、带等物勒住。

他嘴上让箍了一条毛巾，说不出话来。

②强制，逼迫。

不怕人箍人，就怕事箍人。

1267. 日哄——

①糊弄。

你日哄谁呢？以为日哄娃娃了，两个糖蛋蛋就行？

不要太细了，随便弄弄，日哄过去就算了。

人日哄地皮，地皮日哄肚皮。

②瞒哄，欺骗。

他让人家用假钱给日哄了。

那家伙儿，鬼灵闪话，就爱日哄人。

1268. 缯——

①用线、绳等扎口。

你用这根鞋（变音为 hai）带带把那面口袋子缯住。

②用线、绳等捆扎。

你给她缯一下辫子。

宽叶叶韭菜缯把把，咱俩站在一搭搭。

1269. 疙瘩——

①绳结。

在这儿多绾个疙瘩，这样才能把它捆牢。

②心结（比喻）。

他心里的那个疙瘩绾死了，谁也解不开。

③冤结（比喻）。

他们俩那疙瘩，算是这辈子也解不开了。

1270. 彑嗒——

①用指头或棍棒轻轻击、点。

我没有看清楚，你再给我彑嗒彑嗒！

不要拿棍子乱彑嗒，彑在人家脸上怎么办？

②指画。

这几个都是实在人，由你领导，你咋孬嗒也行。

③暗中差使。

你孬嗒上个一心人，去给他送个信儿吧！

④怂恿。

他就爱孬嗒上别人干坏事。

1271. 圪嚼——

①吃，慢慢嚼。

你嘴里圪嚼什么呢？嚼得那么香！

②乱说话；信口胡说。

你不要瞎圪嚼了，大家都看见了！

你不知道就不要给人家瞎圪嚼！

1272. 磕打——

①把东西向地上或较硬的地方碰，使附着的东西掉下来。

鞋（变音为 hai）里有土了，我到外面磕打磕打。

②指生活上克扣衣食、言语训斥之类的虐待行为。

她虽然是继母，但从来不磕打两个娃娃，一家人相处十分和睦。

你再不要磕打那两个老人，看老天爷报应你的！

1273. 精把——

①精明,谨慎。

他办事滴水不漏，真是个精把人。

②穿着打扮精细，干净，利落。

那老太太,看人家那穿扮,真精把,年轻人也比不上。

1274. 抬——

①舁（yú），搀，拉。

来，咱们众人一起把他抬起来。

你把他抬回去，不要让他出来。

②使停止；弄住。

血流得抬不住。

你把娃娃好好抬住，不要让他乱跑。

③弄；做；干；搞。

这是谁抬的？咋给抬成这样了？

你把这个家里的东西收拾整理一下，抬完了记得把门锁好。

④整，收拾。

滚！你要再敢来，爷爷把你抬死！

你等着，要是抬不灰你，我不姓李！

⑤捉，逮。

他偷东西，让人家抬住了。

1275. 码——

①把草捆或庄稼捆相互靠着立住。

马上就要下雨了，大家赶紧把莜麦捆子码起来！

②整齐地摆放众多同类物品。

这底下的砖一定要码齐，底下码不齐，上面就没法儿码了。

③结，结账。

年底了，咱们赶紧把账码一下吧！

④给（钱）。

账已经算清楚了，该你给我码钱了！

1276. 经由——

①看管，抚养（人）。

这个孩子，一直是他奶奶经由大的。

②管理，喂养（动物）。

他除了下地干活儿，每天还得经由那几个牲口。

③提醒，督促。

他每天吃药，总得别人经由。

你得经由他做作业、复习功课，星期天也不能尽贪玩儿。

④抱养。

他的叔叔是经由的。

1277. 褪（tùn）——

①后退，倒退。

人家都往前冲，你却往后褪，怎么，

想逃跑？

炕小先跌倒，饭少先吃饱；打架往后褪（tùn），狗咬往前跑。

②退缩身体的某部分，使穿着的衣服或套着的东西脱离。

褪下一只袖子来。

你把孩子的裤子褪下来，我给他打个退烧针。

③把手或物品藏在袖子里。

他就爱把手褪在运动衣的袖子里。

他两手褪着，站在一边儿看热闹。

他袖子里褪着一封信。

怀揣不如袖褪，袖褪不如手拿。

1278. 安顿——

①嘱咐。

他临走时安顿我，一定把钱还给你。

②安排妥当，使人或事物有着落。

把事情安顿好就赶紧上路吧！

1279. 挖——

①用指甲抓，或使劲抠。

她俩打架，把脸和手都挖破了。

②用手指轻轻地挠。

我背上有点儿痒痒，你给我挖一挖！

③用工具从物体表面向里用力，取出其一部分。

挖米，挖面。

熬出红茶想起个你，挖炒米拿了个捣蒜锤。

④用手挖取泥糊状的东西。

挖坯。

挖一圪蛋蛋泥。

1280. 剜（wān）——

①用刀子等工具挖。

剜苦菜。

②用锹挖地。

剜地。

1281. 刓（wán）——

①用刀子等挖。

刓眼睛。刓肉。

②刻，剪。

你用这两张纸给咱们刓几个喜字。

1282. 托——

①手掌或其他东西向上承受物体。

他两手托腮，正走思呢！

他用茶盘托来了两碗热面。

②手掌向下撑，扶在物体上。

你托住点儿桌子，小心摔倒！

1283. 步——

①动词，用脚步量地。

②量词，一步等于五尺。

1284. 半天——

①指相当长的一段时间，好久。

俺们等了半天，他才来。

②没想到，原来

我们只以为你早就来了，半天你是被堵在路上了，怎么也不打个电话？

1285. 扎挣——

①吃饱了再吃。

剩下五个饺子了，你把它扎挣了哇！

②已经力尽，强打精神，勉强支持。

看你累下个那样儿了，快不要扎挣了，明天再干吧。

1286. 格（ga）杀，杀格（ga）——

①已经吃饱了，为不使饭菜剩下，继续吃完。

剩下不多一点儿了，我把它杀格了哇。

②买剩下的尾货。

就剩下这么一点儿了，你要是格杀，就便宜点儿卖给你。

③把没有完成的营生做完。

就剩下几垄地了，咱们一起把它格

杀完再收工哇。

1287. 秃——

①有尖儿的东西磨钝了。

铅笔也磨秃了。

针有点儿秃了。

②笨拙。

秃嘴笨舌。

1288. 赖（lai）——

①狡猾无赖。

发赖 /耍赖

②行为不端或懒惰的人。

赖货 /赖皮 /赖猴 /赖鬼

③坏，不好。

赖脾气 /不赖 /好赖。

1289. 潲（shào）——

①洒水。

潲地。

多潲点儿水，压压尘土。

②雨被风吹得斜扫过去；让雨水淋湿了。

窗户纸叫雨水潲湿了。

1290. 碰——

①试。

不要先下结论，去碰一碰再说。

②遇，偶尔遇见。

那天上街，正好碰上他了。

③碰钉子，遭拒绝；拒绝或让碰钉子。

他跟人家好说了半天，结果还是碰了。

他只要跟我说一声，我肯定碰不了他。

1291. 扯——

①撕。

扯布 /扯纸 /扯书 /把裤腿扯烂

②买丝织品等。

扯了五尺布。

扯了二尺红头绳。

1292. 零碎——

①细碎、琐碎的事物。

这些零碎东西没大用处，都扔了哇！

那些零碎活儿，就让我们来干吧！

②指人的性格调皮，动作琐碎。

那后生，猫捣狗戏的，可零碎了。

③嘴碎，爱管琐碎之事。

那人过于零碎，家里的大小事，他都要叨叨几句。

1293. 值喽

①值得，值当，合算。

量只个耍，叫人家批评，真不值喽。

②经得起，受得住。

他那手脚大，就你这么几个钱，哪值喽个他花了。

你自己身体不好，哪能值喽住这样扎腾了？

1294. 一赶——

①连词，表示时间条件，相当于“等到”。

一赶我们取上钱到了那儿，人家已经收摊儿了。

②介词，表示时间，有时与“以前”，“时候”搭配，犹“在”，但有强调的意思。

一赶来以前，先给我打个电话！

一赶走的时候，记得把那个档案袋拿上。

1295. 一道滩——

①名词，到处，四处。

我找了一道滩也没找到。

②形容词，很多，到处都是。

朋友为下一道滩，常年年误不住烂鞋（变音为hai）穿。

1296. 短——

①缺。

大家都来了，就短他一个人了。

②少。

缺斤短两。

③欠。

他自己也觉得有点儿理短。

我短你十五块钱，明天就给你。

④缺点，短弊。

你说话不要切短，你也不要护短。

1297. 不顶——

①不好；不行。

他不顶，还是你去哇，要不误事呀。

②不行了；坚持不住了。

我累得不顶了，快来帮我扶一把。

老汉病得快不顶了，准备后事圪哇。

1298. 不能——

①“不可能”，表示不敢相信。

他也叫抓起来了？不能哇？

②“不行了”，表示程度极深。

想亲亲想得不能啦，浑身烧成一垄啦。

1299. 日央——

① 可笑；令人奇怪。

他可日央了，夜儿黑夜发迷症，一根线也不挂就跑出去了。

②滑稽；擅长逗乐。

那说相声的可日央了，往那儿一站，就把你逗乐了。

③做事缓慢、拖拉，漫不经心。

你在这儿克梁的了，他才在那儿日央的了。

1300. 打闹——

①挣；千方百计地挣钱。

他养鸡，一年下来也能打闹五六万。

②搞；弄；颇费周折地去争取。

他给儿子打闹下个招工指标。

③张罗；张闹。

不早了，咱们先打闹的吃饭哇。

1301. 打发——

①给一点东西使之走开。

就给这么点儿？你这是打发讨吃子了？

② 安葬。

他今天打发他老父亲了，不能来了。

③开除。

上个月，他让公司给打发了。

④派遣。

你打发上个人去把文件取回来。

你这是打发上王八下枯井。（比喻让人去险境、绝境）

1302. 打对——

①对付；将就。

他脾气不好，你打对点儿，不要招惹他。

②认真调养、调节身心；保养身体或物品。

你这病刚好，你自己打对点儿，不要感冒。

穿衣裳不打对，新新儿的衣裳穿了两天就穑（脏）得不像样儿了。

1303. 搭揽——

①招揽。

他说了半天，硬搭揽住几个小贩子。

②包揽；兜揽。

人家还躲事儿了，你是硬往自己身上搭揽了。

③劝说且阻拦。

半路碰上邻居媳妇儿要去公社离婚，她说死说活硬是给搭揽回来了。

1304. 扑挲（suo）——

①抚摩；轻轻地按揉。

孩子说他肚子胀，你给他把肚子扑爽扑爽。

②手按在物体上轻轻移动，使平展或使附着物掉落。

那张纸有点儿皱，你把它往展扑爽扑爽哇!

你把那条裤子往展扑挲扑挲，顺便把上面的布毛毛也扑挲下圪。

1305. 务役——

①抚育小孩、伺候老人。

这娃娃是他娘娘(奶奶)务役大的。

②培植，侍弄（植物)。

你这点儿菜可务役好了。

③喂养（动物)。

老人在家务役着好几个毛驴。

1306. 圪扎——

①胃部感到烧灼、刺痛。

胃里圪扎了一前晌。

②自己感觉害羞、难为情或尴尬，别扭。

新衣裳倒是好，就是圪扎得穿不出去。

人家在领导面前那种献媚的样子，咱们这种人看了圪扎得不行。

1307. 圪朽——

①枯萎。

这花儿圪朽了。

②人畏缩。

这孩子，人一多就圪朽在那儿不敢说话了。

1308. 圪团——

①身体蜷曲。

他累了，一上炕，圪团在那儿就睡着了。

②团揉。

把这些纸条条都圪团住扔了哇。

1309. 圪拧——

①拧；扭转（轻轻地拧盖子、螺丝等)。

把那个螺丝再往紧圪拧一下，别掉了。

②扭动，脚跟原地拧动。

能不能好好站一会儿，圪拧甚了?

他脚后跟一圪拧就是主意。

③肠胃轻微地绞痛。

又凉了，肚子里老是圪拧地疼。

1310. 圪捣——

①反复摆弄、玩弄、鼓捣。

你不懂就不要瞎圪捣啦，弄坏呀!

②暗地里活动；暗中搞小动作。

他们两个嘀嘀咕咕的，不知道又圪捣甚了。

③扰乱，捣乱，搅扰。

让你一圪捣，我又算错了。

人家做作业呢，你不要在那儿圪捣他。

④软磨硬缠，千方百计，使对方就范。

不知道他咋把领导圪捣住了，给他安排了个那么好的营生。

⑤鼓捣，或故意蒙骗。

他不会算账，叫人家圪捣了他大几十块钱。

1311. 圪搅——

①搅拌。

你把那猪食好好儿圪搅匀了再喂。

一半莜面一半水，圪代代滚水圪搅起。(第一句是说和莜面的水与莜面的比例是 1∶1，这样和起的莜面不软不硬，配置得当；第二句中的“圪代代滚水”，即沸腾着的开水，这句的意思是要用温度极高的开水将莜面“泼熟”。这两句说

的是和莜面的方法与技巧）

②搅和。从中作梗，引起纠纷。

他们俩闹矛盾没有别的，就是因为张三在中间圪搅的了。

1312. 圪揉——

①揉搓。

衣裳不太脏，稍微圪揉圪揉就净了。

②幅度较小的扭动。

他大概有点痒痒，圪揉了几下，又睡着了。

1313. 机迷——

①头脑清楚；聪明。（形容词）

那是个机迷人。

②明白；懂得。（动词）

我已经机迷了。

③了解。（动词）

我的闺女我机迷。

1314. 扛——

①用肩膀、身体向上、向前用力顶，挡，推。

扛门。

那辆车卡住了，大家一起过来扛一把。

②抵挡。

这个事我来扛，你们不要管了。

③顶替。

不倒字儿的票子忽啦啦响，脑袋不好（长相不好）拿钱扛。

1315. 走串——

①行走，散步。

到外面走串走串，呼吸点儿新鲜空气。

②交际往来。

多年不走串，本来是近亲也显得疏远了。

1316. 作怪——

①搅扰；制造麻烦。

你再来给我作怪，我就不客气了。

②故作怪异。

你这作怪的，想咋了？想上台表演了？

小娃娃们作怪上个甚也挺好看。

③故意做作，显摆。

家里穷得连饭也吃不开了，你还有甚作怪头了。

他老子当了两天无名小官儿，看把他作怪的，哪也放不下了。

1317. 作蹋——

①糟蹋；浪费。

你怎么能这样作蹋东西呢？

②侮辱，践踏。

大庭广众，你这样做，是作蹋自己的形象了。

1318. 抖搭——

①振动衣、被等物，使附着的灰尘等落下来。

你把那个床单拿出去抖搭抖搭。

②颤抖。

他冻得直抖搭。

③不稳重，爱显摆。

一天换两回衣裳，把你抖搭不下了，不怕人家说你是个“抖搭鬼”？

④引申为“抖露”，“揭露”。

众人你一言我一语，把他以前的那些丑事都给抖搭出来了。

1319. 材地——

①物的质地。

这布料材地不好。

②比喻人的才能、素质。

这娃娃好好供书哇，是个好材地。

1320. 把捉——

①掌握，控制。

钱一到她手，她就把捉住不放了。

②疾病缠身，影响发育。

这点儿病把娃娃把捉得，连个儿也不长了。

③拘束，不自然；表现忸怩，不好意思。

大家都跳，你还把捉甚了，快跳圪哇。

1321. 没远近——

①说话不准确，不可信。

他那说话没远近，信不上。

②不知去向，不知远近。

二饼子牛车七根衬，这一遭走了没远近。

③没有确定的时间和地点，没有确定的距离。

拉起骆驼串起个绳，这一遭走了就没远近。

1322. 劲气——

①耍脾气、闹个性时的那股劲儿（神情、样子或脾气的贬义称呼）

他那灰劲气要是来了，真是六亲不认。

看那人那劲气，恐怕不好相处。

我这人灰劲气，其实也不难相处。

②劲头；力气。

那人的劲气可大了，调你们两个。

1323. 抽架——

①忸怩；扭扭捏捏，不痛快。

快不要抽架了，赶紧给咱们唱一个哇！

②召集，聚集。

你给咱们抽架上四五个人，明天一早就走。

③合作，配合。

他们三个人抽架不在一起，甚事也干不成。

④动作扭捏，不自然。

1324. 拍（piā）——

①击打；浇淋。

放羊不拿雨簸箕，冷蛋子搅雨拍坏你。

②被风吹；受风寒。

想哥哥想得墙头上趴，拍下个头疼又风发。

1325. 顶挡——

①支撑。

这工作挺复杂，他一个人顶挡不下来。

②抵挡；抵抗。

人家人多势众，他们几个人根本顶挡不住。

1326. 拨撩——

①简单地治疗，调理。

这是小毛病，请个先生拨撩拨撩就好了。

②简单修理。

这表不走了，让修表的给拨撩拨撩哇。

③指导，指点，矫正。

我这个娃娃学了两个月武术，动作还不行，你给拨撩拨撩哇。

1327. 的——

①相当于时态助词“着”。

炕上坐的个老奶奶。

②相当于时态助词“了”。

这块儿布能铰的做裤子。

③表示语气。

你在半山坡上等我的。

④介词，相当于“到”。

我把衣裳放的这儿就找不见了。

1328. 受——

①干活；劳动。

他们在工地上每天得受十来个小时。

②劳累；受罪。

他从小到大就是那受的命，受得腰也直不起来了，受下一身病。

1329. 实受——

①诚实；踏实肯干，任劳任怨。

这个工作就让他干吧，那小伙子可实受了。

②确实；实在是。（副词）

他已经两天没合眼了，实受呛不住了。

1330. 挂——

①称，测定重量。

挂一挂这半袋大米有多重？

②购买（用于称重量的大宗东西）。

我挂了五百斤山药。

③（物体表面）荡上，蒙上。

镜子上挂了一层土。

④辆。

朝南来了一挂车，只当是哥哥来搬我。

1331. 指拨——

①指使。

给你三个小工，由你指拨。

②指导，矫正。

你是内行，你给他们指拨指拨哇。

我儿子练毛笔字，你给指拨一下哇。

1332. 恓惶——

①凄惨；心里极度悲伤难过的样子。

这事早就过去了，还把你恓惶成那样？

②厉害，指心里做事，不露声色。

那人可恓惶了，不出了那口气，他肯定跟你没完。

③吝啬；抠得紧。

那老两口，可恓惶了。

1333. 说节——

①鬼神作祟，显灵（迷信说法）。

那间房子里有说节了，谁也不敢住。

②繁文缛节；毛病。

他那人说节可多了，不好交往。

③过分的要求、挑剔或说法。

该做的咱们都做了，看他还有甚说节。

1334. 给——

①遇上。

这是给了我了，换成别人，早就不跟你干了。

②许配给。

他把二闺女给了一个当兵的。

1335. 绕弯——

①散步。

吃完饭咱们到外头绕弯绕弯哇。

②徘徊。

昨天傍晚，有个人就在他们家门口绕弯，很可疑。

③说话绕弯子。

不要经古绕弯了，你就直说哇。

1336. 红活——

①（景象）繁盛活跃；热闹。

今天是十五，大街上可红活了。

②痛快；高兴。

几个娃娃耍得可红活了。

1337. 圪且——

①苟且；凑合，将就。

今天就这样圪且的哇，到明天再说。

②挨，等待，艰难地度过。

一夜没睡，好不容易圪且到天亮。

圪且了一天又一天，谁知道多会儿见上面。

1338. 守待——

①等待；等候。

你就在这儿守待的，不要离开，我们一会儿就回来。

②守护；看护。

自从他爸病了，他一直在医院守待着。

③守寡；守节。

她守待了十几年了，小子也二十多岁了。

1339. 问——

①男方择偶；订婚。

他们那二小子问下媳妇儿了。

②女方许婚；订婚。

他们那闺女早就问出个了。

③租赁。

他们一直问房住。

把房问出圪哇。

1340. 圪搐（chu）巴带——

①皱折不平。

那衣裳圪搐巴带的，快烙一烙哇。

②身材屈曲或皱纹多。

那人圪搐巴带的，一看就岁数大了。

③没有出息，窝囊；活得不展淌。

他圪搐巴带地活了一辈子。

他那人圪搐巴带的，多会儿也到不了人前头。

1341. 消闲——

①与“忙碌”相对，有闲空。

等忙完这几天，消闲了就去看你。

②悠闲，清闲。

别人忙得要命，他却消闲得看戏去了。

③轻松安闲，（活儿）不重。

营生倒是挺消闲，就是挣得不多。

1342. 展——

①挺直；挺起。

自从来了解放军，展起腰来挺起胸。

②扩展、加宽。

这新路比旧路又展出了两米多，这下可修宽了。

③平展；舒展。

那褥子没有铺展，你从底下再揪一揪。

1343. 兜——

①说（贬意）。

你就爱给人家兜那没的。

②唱。

请小张给咱们兜一段儿山曲儿哇。

③踢。

再哭，看我兜你一脚的！

1344. 清利——

①干净利索。

他们家收拾得可清利了。

②清静无扰。

这个地方可清利了，外面的人进不来。

③清楚；清醒。

那个老汉脑子可清利了，年轻的也比不了。

1345. 割——

①制作（木器）。

割桌子　/割家具

②买（肉）。

我上街割了点儿猪肉。

1346. 跌——

①掉，人或物体掉落。

想哥哥想得迷了窍，抱柴火跌进个山药窖。

②摔。

不要跑，看跌倒的。

③用簸箕把粮食中的杂物颠簸出去。

这些高粱是筛底子，你把它再跌一

趺。

④煮（鸡蛋）。

山药烩菜家常饭，我给你趺两颗荷包蛋。

⑤（物体）脱落。

趺头发 /趺墙皮

1347. 趺搭——

①摔倒。

你不要让他跑，他还小，趺搭着呀。

②走路不稳，趺趺撞撞的样子。

大雨天，你老人家是咋趺搭张来的？

③闯荡。

这几年我出来，也是瞎狼瞎虎瞎趺搭。

④稀稀拉拉地落下。近于"滴答"。

赶紧收起来哇，雨点子趺搭张来啦。

1348. 笨——

①笨重；不精细，不灵巧。

这家具做得真笨，看来他的手艺还不行。

②钝，不锋利。

这剪子笨得铰不动了，快叫人家磨一磨哇。

1349. 摸捞——

①抚摸。用手接触（人或物体）或接触后轻轻移动。

她摸捞着孩子的脑袋，眼泪掉了下来。

②用手探取或寻找。

他从柜底摸捞出来两块现大洋。

③拿。

他从地上摸捞了一块儿石头打狗。

④未经同意，顺手拿走。

杨二嫂临出门还把我母亲的一对手套给摸捞上走了。

1350. 摆——

①摆动；掀起。

刮起风来摆起浪，这一回走下个没想望。

②清洗。

摆一摆手绢儿，把那个衫子也再摆上一水。

1351. 触——

①擦。

用橡皮把那个字触了哇。

②蹭，因擦过而沾上。

小心，看触在身上油漆的！

③略略地磨。

小刀刀不快磨石上触，你说我心不好豁开肚。

1352. 酸——

①饭菜变质。

这点菜闻见有点儿酸啦。

②形容自高自大，得意的神气。

出去念了几天书，回来就酸得不行了。

③糟糕。

咱二人吃醋打了个碗，可把那事情做了个酸。

④缠绵悱恻或情调低下。

半碗枣骨骨熬稀粥，山曲儿不酸没听头。

1353. 呲啦——

①笑或出洋相。

哎呀，你快不要呲啦了，真难看。

②责怪，挑剔，抱怨（别人）。

你凭甚呲啦我了？我不怪怨你就够好的了，你还反过来呲啦我来了？

③说令人讨厌的话。

你少在这儿跟我呲啦，我不想听！

④呲牙咧嘴，形容痛苦的表情。

哎，你呲啦下个那样是咋啦，牙痛了？

⑤呲牙咧嘴，形容快乐或得意忘形的样子。

儿子当了个小官官，看把她每天呲啦的，嘴拉得泼鞋（hai）呀似的。

1354. 宓（mì）——

①塞进；伸进。

杀猪时，在猪嘴里宓上一根棍子，再用绳子把嘴头子缠住，就咬不着人了。

②悄悄地递给。

他把一个纸条宓给我，扭头就走了。

③贿赂。

那个人，你不给宓点儿，绝对不给你办。

1355. 撂（liào）——

①扔；投掷。

你把沙包尽量往远撂，但不能超了那条线。

②超越并使之落后。

那次长跑，我把他撂了一百来米远。

③丢失。

我把一个包撂在火车上了。

④死（用于孩子夭亡）。

那年，她撂了个不满周岁的孩子。

⑤留。

村里的青壮年都进城打工去了，就撂下些老年人在家种地。

⑥剩。

人们把大点儿的都买走了，撂下些小的贵贱没人要。

1356. 舞架——

①摆弄。

他又在那儿舞架那个烂收音机了。

②舞动物品，摆架势。

这孩子，看了个武打电视，每天就在院子里拿棍子瞎舞架。

③撕扯；打闹。

他们两个吵着吵着就上手舞架开了。

1357. 舞掠——

①侵袭或被侵袭。

离那个神经病远点儿，看他拿棍子舞掠给你一下的哇。

②强索。

我的两根好毛笔都让他给舞掠上走了。

1358. 寡——

①饭菜无味。

他做饭不行，寡得没吃头。

②言谈乏味，不切正题。

你快不用寡说了，人家谁也不想听。

③为人冷漠，淡于情感。

那人跟谁也可寡了。

④没有瓜葛，或关系疏远。

我们两家寡得十八架算盘子也打不起来。

“看你这寡呀不寡！看三国掉眼泪——替古人担忧。我就是得了后痨哇，与你有甚相干？”（二人台《卖碗》）

1359. 踢搭——

①踢，乱踢。

你们俩踢搭甚了？老实点！

②挥霍钱财。

他把他老子的钱也都踢搭光了。

金手银胳膊，能闹能踢搭。

③赶走；遗弃。

那小子把好好的媳妇硬踢搭了，又找了一个。

④解雇；开除。

他不好好干，叫老板给踢搭了。

⑤施展本事，打开局面。

自从他当了一把手，就大刀阔斧地

改革，效益也很快就上来了，看来这一年他踢搭得还真不错。

⑥闹矛盾；互相攻击。

两个领导互相踢搭得不行，结果两败俱伤，都被调离了。

1360. 整撮——

①收拾；整理。

你把粮房地下的东西整撮一下。

②打；制裁，整治，使吃苦头（用于人）。

文革中，他可让整撮灰了。

他把那个小偷整撮了一顿。

1361. 抬举——

①抚育。

好不容易把娃娃抬举大了，他们俩却闹开离婚了！

②因看重而称赞、重用或提拔。

让你去，这是人家领导抬举你，你可要珍惜这个机会。

③对老人尊重和爱戴，无微不至的看顾。

那个娃娃可孝顺了，把两个老人抬举得就像供神神了。

④抱养孩子。

他们俩不生，抬举了他姐姐的个闺女。

1362. 瞭——

①短时间地看。

我瞭一眼就走。

②往远处看。

城墙上跑马扭不回头，远瞭近看没有一条路。

天天扑在村口口迎，羊出坡瞭到上了灯。

③目送客人。

你别瞭了，快回圪哇。

1363. 戳——

①打；砸。

他冲我脸上戳了一拳。

②杆状物竖立。

来，咱们把高粱捆都戳在一起。

③人呆站着（贬义）。

你们俩还戳在那儿做甚了，赶紧走哇！

1364. 颤——

①理睬（贬）。

大家都劝他，他却仰着头，颤也不颤。

②在乎；介意。

有理走遍天下，到哪我也不颤。

1365. 典忽戏——

①巧机，特殊情况或机会。

他那也是遇上典忽戏了，正好赶上换届，没人管事。

②圈套；设置圈套，诱人上当。

他这次又是耍典忽戏，谁信谁带害。

1366. 尔——

①丢失。

他喝醉了，把手机也不知道尔在哪了。

②丢弃。

这东西日脏的，快尔了哇！

③把东西放在某处忘记拿走。

我把书尔在家了。

④留下。

他死了，尔下三个娃娃。

他临走时又给老父亲尔下五千块钱。

1367. 拉圪蛋——

①闯祸；闯下乱子；惹麻烦。

他这下拉圪蛋了，咋弄呀？

喝糊糊屙山药——拉圪蛋。

②耍赖；讹诈。

就破了点儿皮，去医院干什么？你这是跟人家拉圪蛋了哇？

1368. 拉扯——

①拉

你拉扯住你们娃娃，不要叫乱跑。

②辛勤抚养。

是你大娘屎一把尿一把地把你拉扯大的。

③扶助；提携。

你要是有了出息，一定要拉扯他一把。

④牵扯；牵涉。

一人做事一人当，不要拉扯别人！

1369. 打——

①寄，发出。

有空打信，没空托梦。

你赶紧去邮局打个电报！

②停，放。

他们家门前打下两辆警车。

你把自行车往阴凉地儿打一打。

1370. 打点——

①准备、置办、收拾、整理。

出门的东西都给你打点好了，你就安心地睡哇！

②贿赂、疏通关节。

上上下下都打点过了，估计没问题哇！

这个事情不打点办不成。

1371. 圆全——

①周到而全面。

话说得很圆全。

②促合，使事情好合圆满。

他两头劝说，想极力圆全他们的婚姻。

③极力掩饰缺陷、漏洞，把事情说得合于情理。

你要给他圆全了，事情的真相早就有人告诉我了。

1372. 敦——

①将物体重重地往下猛放（使物品受到撞击）。

车开得太快，把后备箱里放的西红柿都敦烂了。

他又是生气了，使劲儿把一桶水敦在地上。

②故意在平面的地方撞击物品使其整齐。

你把筷子都敦齐了再往桌子上摆。

③身体猛然落地，因震动、碰撞而使腿脚或臀部受伤。

疥蛤蟆跳门限——又敦渎子（臀部）又伤脸。

他从墙上跳下来把腿也敦着了。

1373. 踢退——

①剔除，淘汰。

这是别人踢退下来的货，我不要。

②开除。

他儿子让厂子里给踢退了。

1374. 炕——

①“炙物令干曰炕。”将东西烘干，烤干。

我在炕上炕了些豆子，准备做豆腐。

你在大锅里给咱们炕些馒头片儿。

②人口渴为炕，炕即渴。

我晌午吃得咸了，一后晌炕得不行。

1375. 连利——

①迅速；利索。

眼疾手快腿连利。

嘴不连利。

②两物分离。

这些骨头炖好了，肉也连利了。

第五章　方言与普通话的同音异义现象例举

1. 小说——

方　言：含蓄地说；绕着弯子说。

普通话：一种文体。

2. 小眼——

方　言：对不值钱的东西也能看起来。也叫“眼小”。

普通话：小眼睛。

3. 黑水——

方　言：衣物脏；需要洗的脏衣服。

普通话：黑色的水。

4. 黑人——

方　言：没有户口的人；不敢露面的人。

普通话：黑色人种。

5. 吃水——

方　言：指饮食。

普通话：喝水。

6. 告诉——

方　言：互相闲扯，说话。

普通话：告知。

7. 托——

方　言：用手掌向下或向旁边扶。

普通话：用手掌承着东西或向上举。

8. 保险——

方　言：副词，保证。

普通话：稳妥，可靠。

9. 半天——

方　言：没想到，原来。

我们只以为你早就来了，半天你是被堵在路上了，怎么也不打个电话？

普通话：白天的一半；相当长的一段时间，好久。

10. 难过——

方　言：生病了。

普通话：痛苦；难受。

11. 身名——

方　言：泛指穿戴。

十冬腊月天气有点冷，呲喽喽白毛旋风滴水又成冰，谁家出门来，不备好身名。

普通话：身体与名誉；声誉；名望。

12. 老板——

方　言：称老太太。

普通话：掌柜的；私营工商业的财产所有者。

13. 麻烦——

方　言：心里难受，心乱如麻，烦躁不安。

不要说了！左右他心麻烦，你还叨叨上没完了？

普通话：烦琐 ；打扰；问题，事故。

14. 可想——

方　言：较原来稍觉轻的思念。

多浸些绿豆少下些米，看相片泄泄心火可想你。

普通话：可以想象。

15. 将来——

方　言：刚来；刚刚来。

普通话：现在以后的时间。

16. 暂且——

方　言：表示动作行为拖延时间太

长。

这点儿营生，暂且儿就做不完了！

普通话：姑且；表示时间不长，不是永久的意思。

17. 抄家——

方　言：损坏家里的家具、物品。

普通话：搜查并没收家产。

18. 嚷——

方　言：嚷架，即吵架。

普通话：喊叫；吵闹。

19. 劲气——

方　言：耍脾气，闹个性时的那股劲儿（神情、样子）。

普通话：刚强正直的气概。

20. 抬——

方　言：使停止，弄住；做，干；捉，逮。

血流得抬不住。

你把这个家里的东西收拾整理一下，抬完了记得把门锁好。

他偷东西，让人家抬住了。

普通话：举，仰（抬头）；合力共举，提高。

21. 挂——

方　言：

①动词，称，测定重量。

你挂一下这麻袋麦子有多重。

②购买。

我挂了三千斤大炭。

③量词，同“辆”，专用于车辆。

今天派出去两挂胶车拉小麦。

普通话：

①动词。

挂衣服。

②量词，多用于成套或成串的东西。

一挂珠子。

22. 叫——

方　言：介词，被，让。

他叫狗咬了一口。

普通话：叫喊。

23. 问——

方　言：

①男女择偶；许婚；订婚。

他的闺女还没问出去。

他问下媳妇儿了。

②介词，同“向”。

我问他借了一本书。

普通话：询问。

24. 笑话——

方　言：讽笑，嘲笑。

普通话：引人发笑的话或事情。

25. 格杀——

方　言：买尾货。

普通话：击杀；格斗拼杀。

26. 打闹——

方　言：千方百计地挣钱或颇费周折地去争取。

普通话：争斗；玩耍笑闹。

27. 打发——

方　言：安葬；出殡。

普通话：差遣；支走，使离开；度过，消磨（时间）。

28. 不相干——

方　言：不要紧；不严重。

他受了点轻伤，不相干，你不要挂记。

普通话：没有任何关系；不相干涉，不相犯。

29. 短——

方　言：欠；欠账。

普通话：长度小；缺少；缺点。

30. 笨——

方　言：钝，不锋利。

这刀子笨了，磨一下吧。

普通话：不聪明，不灵巧；粗重。

31. 烧——

方　言：烫。

烧手　/烧嘴

普通话：燃烧；使物品受热起变化；体温增高。

32. 甜——

方　言：淡，与“咸”相对。

普通话：像糖或蜜的滋味，与“苦”相对。

33. 山水——

方　言：从山沟里流出来的洪水。

普通话：山与水。

34. 抚恤——

方　言：说好话抚慰、央求，使情绪平复。

普通话：（国家或组织）对因公受伤、致残或牺牲的人员的家属进行安慰并给予物质帮助。

35. 仔细——

方　言：节俭。

普通话：细心；小心，当心。

36. 饥荒——

方　言：债，外债。

普通话：庄稼收成不好或没有收成；经济困难。

37. 大气——

方　言：出手大方；胸襟宽，气量大，对财物不计较。

普通话：包围地球的空气的总称。

38. 尸山血海——

方　言：形容豁出性命地打斗的场面。

普通话：形容杀人众多。

39. 数算——

方　言：列举过失进行指责，数落。

他做下没理的啦，叫人家数算了个没作声。

普通话：盘算；清点（数目）。

40. 听说——

方　言：听话；乖（多指小孩）。

普通话：听人说；听别人说。

41. 话长——

方　言：话多。

他话长，爱告诉，一阵儿就和那个人攀成老乡了。

普通话：谓所叙说的事情很多。

说来话长。

42. 不然——

方　言：不对，不是，即过失或错误。然：对。

普通话：转折连词，“否则”或“不这样”。然：如此，这样。

43. 开怀——

方　言：女子第一次生孩子。

普通话：心情无所拘束，十分畅快。

44. 一个——

方　言：副词。完全；非常。

你放心哇，那叫一个没问题！

你是没跟他共过事，那人一个痛快。

普通话：数量词。

45. 打车——

方　言：停车。打，停。

你要在门口打车，把车打在阴凉地儿哇。

商店门口打下一溜自行车。

普通话：租车。

第六章　方言常用实词分类赏析

第一节　时间时段

(1)一天内的时辰

普通话中，描述一天内各个时间段的词语主要有：早晨、上午、中午、下午、傍晚、夜晚、半夜、凌晨等，在此之外，只能借助钟表的时间，才能进行具体的描述；而方言词语对时间的描述，在不借助钟表的情况下，要比普通话的描述细致得多，比如：

凌晨、早晨——

1376. 五明头→临明→大天明→阳婆刚忽闪→阳婆出宫→阳婆上来→大清早起、清早起、咄大早→大早、早起

上午——

1377. 阳婆一竿子高→半前晌→前晌

中午——

1378. 小晌午→晌午→亮红晌午

下午——

1379. 起晌→后晌→下半后晌→阳婆登山

傍晚——

1380. 阳婆落（lào）→黑将来、黑张来→昏圪擦擦儿→擦黑→受灯

夏天黑将来砍一背柴，冬天黑将来穿不伴鞋（hai）。（谓夏天傍晚长，冬天傍晚短）

夜晚——

1381. 人定→黑夜→前半夜→参（shēn）正→半夜、半夜三更→后半夜→五更→鸡儿叫（又分头鸡儿叫、二鸡儿叫）

（2）说明时间段的方言词语

1382. 增儿——今天。（增，别字，今）
1383. 夜儿——昨天。
1384. 前儿——前天。
1385. 现前儿——大前天。
1386. 现现前儿——前四天。
1387. 明儿——明天。
1388. 后天——第三天。
1389. 老外后天——第四天。
1390. 外外后天——第五天。
1391. 增年——今年。（增，别字，今）
1392. 年生——去年。
1393. 年时——称过去的一年。
1394. 前年——前两年。
1395. 现前年——前三年。
1396. 现现前年——前四年。
1397. 过年——明年。
1398. 后年——第三年。
1399. 外后年——第四年。
1400. 老外后年——第五年。
1401. 来年——第二年，下一年。

穷汉盼来年，盼了一年又一年。

1402. 跌年——到明年；到第二年。

他跌年就三十五了，还没有娶下媳妇儿。

1403. 起先——刚一开始的时候，相当于“最初”、“起初”。

1404. 第克儿——现在之前的时间，大致相当于“原来”，“起初”。

1405. 原克儿——原来；当初。

1406. 原前儿——从前；起初。

1407. 那会儿——从前，过去。（那变音为nē）

1408. 胎该儿——以前，当时，原先，那个时候。

1409. 将才——刚，刚才。强调事情就发生在刚才。

将才你大来电话，让你十点去接站。

1410. 闪眼不看——形容时间短，速度快，一不留神，一时没注意。

那孩子手可快了，闪眼不看就把我们娃娃挖了一把。

1411. 绕了个眼花儿——极短的时间，转眼之间。

他刚才还在这儿，绕了个眼花儿不见了。

1412. 闪了个眼花儿——一眨眼之间，比喻极短的时间；速度极快，没来得及看。

他刚才还在这儿，闪了个眼花儿就不见了。

1413. 一锅烟的个工夫——抽一袋烟的时间。

1414. 说话的个工夫——说几句话的时间。

1415. 一顿饭的个工夫——吃一顿饭的时间。

1416. 整功破夫——指用整天或整段时间做某事。

1417. 三天六夜九后晌——泛指很长时间。

说起来就话长了，三天六夜九后晌也说不完。

1418. 一向日——一些时候，一段时间。

1419. 几天天儿——刚几天。

1420. 三八两天——两三天。

1421. 多两天——表示概数，好几天。

荞麦开花紫秸秆，多两天不见好稀罕。

1422. 几三天——不多几天。

那个事，人家几三天就给办成了。

1423. 十来八天——十天左右。

1424. 半月二十——十大几天。

1425. 月数光景——一个月左右。

1426. 一月四十——一个月到四十天的时间。

我估计再有一月四十他就回来了。

1427. 几个月月儿——几个月。

1428. 半年六个月——六个月左右。

1429. 一年半载——半年至一年的工夫。

1430. 年对年——整一年。

人家得病三两天，灰媒人得病年对年。

1431. 对月——一整月。

他们下的是对月茶，就是下茶日与娶亲日正好相隔一整月。

1432. 对头儿——某个时期的一轮，一周期。

到十二号就对头儿一个月了。

1433. 对头儿一年——一周年。

1434. 几年年儿——才几年的工夫。

1435. 对一年——有时会遇到一年。

1436. 那二年——那几年；过去。

那二年种地不赖，这几年不行了，都租出去了。

1437. 通明——直到天亮，通宵。

好几天了，他都没有睡过个通明觉。

1438. 擦黑——天刚黑或接近天黑之时。

1439. 黑地半夜——漆黑的夜晚。

这黑地半夜的，你就不要走了，明天一早走也误不了事。

1440. 黑死夜静——形容到了夜深人静的时候。

他每天总要玩到黑死夜静才回家。

1441. 夜静——夜深人静的时候。

1442. 大白两（亮）天——大白天。

1443. 大天明——天大亮。

鸡叫三遍窗棂棂真，知心话没说完大天明。

满天星星一疙瘩云，几时盼到大天明？

1444. 夜儿黑夜——昨天晚上。

1445. 朏大早（pōdázao）——天刚亮。（朏，po 变音为 pe，日月始出，光明未盛为朏）

朏大早瞭来前后晌瞭，直独独儿（一直）瞭到阳婆落（l à o）。

1446. 阳婆出宫——太阳出来前后。

阳婆出宫，冻死怵（qiū）愣（呆子）。

1447. 红日三竿——太阳很高了。

已经红日三竿的了，还不起？

1448. 半时啦晌——半前晌或半后晌。泛指不到点儿。

这半时啦晌的，人们都在地里忙活，等中午再说哇。

1449. 半时不晌——不到时间。同“半时啦晌”。

1450. 半前后晌——半前晌或半后晌。

1451. 半前晌——上午的中间，大约十点前后。

半前晌吃了一顿晌午饭，半后晌回到他家鬼门关。

1452. 小晌午——将近中午的时候。

1453. 半后晌——下午的中间。

半后晌阳婆大倒西，也不知道咱二人谁忘了谁。

想哥哥想得心慌乱，半后晌才想起吃早饭。哎哟！煮饺子煮了一锅山药蛋。

1454. 受灯——天刚黑，需要点灯的时候。

他回来的时候才刚受灯。

这会儿还不到受灯的时候了，等一会儿再挂灯笼哇。

（3）与时间相关的其他方言词语

1455. 圪卡儿——停顿一小会儿。

人家挺痛快，连个圪卡儿也没打就答应了。

1456. 打了个圪卡儿——因故突然停顿，略等了一小会儿；欲言又止。

他说着说着，打了个圪卡儿，看看周围的人，就把话题转移了。

1457. 打个愣等——短暂停留或等待，略等（或停）一会儿。

你们就在这儿等着，我进去说句话，打个愣等就出来了。

1458. 一阵儿——一会儿。

1459. 体特愣腾——速度快，时间短，说干就干，干脆利索。

要做甚，咱们就体特愣腾地做，你们研究来研究去，不动手，那营生多会儿也在那儿放的了。

1460. 愣等打闪——一闪就过的时机；略等一会儿的工夫。

他一时没拿定主意，愣等打闪的个工夫，人家就卖完了。

1461. 等打申霎——极其短暂的时间或等待。

等打申霎雨就来了，你们赶紧跑哇！

1462. 圪嘞（lè）——等待或者故意拖延。

二不愣挨刀，你圪嘞时辰了？

1463. 圪支打嘞（le）——等待或拖延较短的时间。

圪支打嘞晌午呀，咱们要走就赶紧走哇！

1464. 一时一霎——形容时间短暂。

我进去看看，你不要离开，我一时一霎就出来了。

1465. 一霎一时——极短的时间。

嫩灵灵白菜冷雨蛋蛋打，一霎一时就把个病种下。

1466. 一时半会儿——在短暂的时间里。

你就别死等的了，看来他一时半会儿是回不来的。

1467. 抖弓搭箭——比喻时间短暂。

抖弓搭箭的个工夫，那个家伙就跑得没影儿了。

1468. 黑头早晚——黑夜和早晨，偏指黑夜。

你们闺女儿家黑头早晚尽量少出去，怕碰上灰人了。

1469. 打早起——早晨起得早。

走时气不在那打早起。

1470. 匝（za）伺——短暂等待。

你先坐下喝水匝伺一阵儿，他马上就回来了。

1471. 伺等——短暂等待。

你一个人进去哇，俺们在外面伺等你一阵儿。

1472. 圪伺——短暂等待。

你在这儿圪伺圪伺，他马上就会把东西送过来。

1473. 圪萦（yíng）——拖延；消磨时光。

天不早了，不要经古圪萦啦。

1474. “一气”、“一大气”、“可大一气”——较长的等待时间。

1475. 这（ze）来(lài)时——这么长时间。

1476. 这会儿价——时间太早或太晚。

才六点多，你这会儿价就来了，做甚呀？

你这会儿价了还不走，快八点呀！

1477. 往常——以往；过去的一段日子。

1478. 再明儿、再明儿的——改天。

这个事再明儿再说哇，不着急。

1479. 到明儿——今后；将来。

你到明儿有了出息，一定要报答你的救命恩人。

1480. ……顿价——表示时间，相当于“……的时候”。

你走顿价记得拿上绳子和镰刀。

吃饭顿价你跟他说一说那个事情。

1481. 天长大日——昼长夜短。

1482. 天每——每天。

1483. 日每——每日。

吃糠吃菜我不嫌，日每守在哥哥眼跟前。

1484. 见天——每天；天天。

他见天起来吃药，一个月得花一千来块。

1485. 年限——①年代；时期。②年成。③灾荒。

年限不好米粮贵，力逼下个哥哥走草地。

一九六二年呀，甘肃遭年限，

内蒙的光棍多呀，想起个娶老婆。

1486. 天年——天气的自然状况；也指庄稼的收成。

黑豆糊糊苦菜汤，天年挤在这路上。

今年雨水大，天年不好。

1487. 一满年——满一年；一整年。

1488. 年满月尽——一年的最后一个月的最后一天。

1489. 千年古代——时间久远。

你一咋些儿就爱说那千年古代的事，有甚用？

1490. 八辈子——比喻很长的时间，含夸张意。

看你那捞捞罩罩的，好像八辈子没吃过个饺子！

1491. 早八辈子——很早。

他爷爷当土匪，那是早八辈子的事了。

1492. 日久天长——时间长了。

1493. 多时多候——隔一段时间；时间长了。

多时多候了要给父母打个电话。

1494. 三天两头——指间隔时间很短或几乎每天。

他每天没做的，三天两头地往那儿跑。

1495. 牛年马月——比喻待办的事情遥遥无期。

你们俩饥荒（外债）雪片呀似的，还照样挣一个花两个的，那饥荒牛年马月才能给人家还清呀？

1496. 打当天——在当天。

从这儿去城里，打当天就能回来。

他一般不往远走，去哪也是打当天就回来了，尽量不在外面住夜。

1497. 连来带走——从来这里到离开这里的这段时间。

他在这儿连来带走也就呆了四天。

1498. 连来带回——来回都计算在内。

1499. 月份牌子——日历。

第二节　节日节气

1500. 四时八节——古时把一年分为四时八节，四时即春、夏、秋、冬，八节即立春、立夏、立秋、立冬及春分、秋分、夏至、冬至。

1501. 节气——术数家把每个月的第一个节气称为节，气则是指中气，每个月的第二个节气正好是太阳过宫交换中气的时候，所以叫气。比如，正月立春、雨水，二月惊蛰、春分，三月清明、谷雨。其中立春，惊蛰，清明为“节”；雨水，春分，谷雨为“气”。

1502. 土旺——土旺为二十四节气的补充，四季中每季专划出十八日属土，全年为七十二天，这些日子称为土旺。此十八日为土旺之时，也就是土最有力之时。每个月的第二个节气正好是太阳过宫交换中气的时候，而这个月交换中气之时，即本月五行最旺之时，所以土旺十八日则为三月、六月、九月、十二月的中气前九日与后九日。如：三月含清明节，谷雨气，所以谷雨前九日与后九日共十八日为春季土旺之时。六月含小暑节，大暑气，所以大暑前九日与后九日共十八日为夏季土旺之时。九月为寒露节，霜降气，所以霜降前九日与后九日共十八日为秋节土旺之时。十二月为小寒节，大寒气，所以大寒前九日与后九日共十八日为冬季土旺之时。

土旺种胡麻，七股八圪杈，立夏种胡麻，秋后乱开花。

1503. 时分八节——泛指农历的各个节日。

一有个时分八节，她总要把婆婆公公叫过去吃饭。

1504. 时时节节——各种节日。

一到时时节节，他就又想起家里多病的老母亲，由不住暗自流泪。

1505. 过时过节——过大小节日的时候。

糜米莜面家常饭，白面、油、肉拉不断，过时过节另改善。

1506. 逢时过节——每逢遇到时节。

多少年了，他逢时过节都要买上好吃好喝去看望他姥爷。

1507. 大时八节——节日，表示强调。也特指春节前后的日子，此时，一般不打架不吵嘴，不骂小孩，不说不吉利的话。

大时八节的，你们俩吵什么吵？

1508. 大年时节——春节前后的几天，忌讳同“大时八节”。

大年时节的，谁也不能说灰话，不该了！

1509. 阳历年——元旦。

1510. 小年——指农历腊月二十三日。

1511. 大年——春节。

1512. 大年下——过大年的时候。下hà，可理解为同位语，用在时令词语后，表示时间，相当于“……的时候”。

大年下吃烧山药——灰心入肚。

1513. 过年——过春节。

1514. 三十儿黑夜——除夕夜。

1515. 正头少月——指农历正月。

现在，一到正头少月，人们吃上点

儿好的，就记得个耍了。

1516. 大型正月儿——农历正月。

1517. 人切日——即人日，旧俗以正月初七为人日。

1518. 十子——农历正月初十。

1519. 大尽——农历有 30 天的月份，即大建。

1520. 小尽——农历小月份，只有 29 天，即小建。

1521. 小添仓——农历正月二十日。

1522. 老添仓——农历正月二十五。

1523. 末节年——猪年。猪是十二属相中最后一个，故名。

1524. 猪狗末节年——十二属相的最后两年，即猪年和狗年。

1525. 打春——立春，为农历二十四节气之一，总在数六九的头一天，即谚语“春打六九头”，故名。

1526. 春期——春天；春季。

1527. 寒节——这个节日，是纪念春秋的介之推的。过寒节原发地是山西介休绵山，距今已有 2640 年的历史（比端午节的发生早 358 年）。介之推是当年晋国的贤臣，侍奉公子重耳(后为晋文公)。晋国发生内乱，公子重耳被迫逃亡国外，介之推不畏艰难困苦跟随重耳流亡。在重耳挨饿难熬、百般无奈时，曾经割自己腿肉熬汤，献给重耳。重耳做了国君后，开始时还铭记介之推，但是时间久了，也把他淡忘了。介之推心中十分难受，和其年迈的母亲回到家乡，隐居在山西介休县的绵山之中。

有一天，晋文公发现自己左右少了介之推，想起自己忘了奖赏这个“割股奉君”的贤臣，非常内疚，亲自跑到他隐居的山中寻找。但是只见山峦重叠，树木葱苍，就是不见介之推的影子。他想，介之推是个孝子，如果放火烧山，他一定会背着母亲出来。于是，命令放火烧山，结果火一下蔓延数十里，连烧三日不熄，但介之推没有出来。火熄之后，大家进山察看，才发现介之推母子抱着一颗大树死于林中。

晋文公为悼念他，把县名改为介休（介休即介之推休于此)，把绵山改为介山，并下令在之推忌日（后为冬至后一百五日）禁火寒食，形成过寒节，又叫寒食节或禁烟节（清明节的前一天)。大致到了唐代，寒食节与清明节合而为一。

有心拜年，过了寒节也不迟。

1528. 花红串串——过寒节时给小孩儿带的装饰品。一般用花布、红布等剪成约大拇指头大小的小圆布片，再用线串起来，两个小布片为一组，两组布片之间再竖着串一根约一厘米长的枳茇棍隔开，小布片的组数，按小孩的虚岁年龄再加三个而定。做好后缀在小孩的帽子上或背后衣服上。人们数孩子的花红串串就能知道孩子的年龄。一般这样数：天一个、地一个、寒节旮旯圪夹一个、一岁、两岁、三岁……

1529. 寒燕儿——过寒节时，用白面捏成燕子及各种鸟的样子，蒸熟了给孩子们吃或赏玩的面食。

1530. 单五——端午。

1531. 八月十五——中秋节。

第三节　地理环境

1532. 海子——湖。

1533. 泉子——从地下冒水的水口，泉水的发源地，即泉眼。

1534. 沙梁——沙丘。

1535. 沙窝——沙漠。

1536. 沙滩——沙漠。

1537. 草滩——草地。

1538. 摩坡坡——斜坡。

1539. 墁坡坡——坡度小的坡。

1540. 戗上坡——逆着坡上行；上坡。

1541. 壕——较浅的沟或山丘间的低地。

准格尔旗七十二道壕，唱上几句山曲儿你走不了。

1542. 圪弯弯——弯曲的部分，弯儿。

1543. 大把湾——大弯子；大弯儿。

东井上吃水西井上担，就因为眊你绕了一个大把湾。

1544. 八洞——深水坑。

1545. 圪洞——低洼处；水坑。

清水圪洞沤白麻，妹妹变心我能咋？

1546. 钵日——浅水坑。（钵 bo 变音为 ba）

1547. 山架——山，大山。

准格尔山架大，唱山曲儿就是说家常话。

1548. 后山——通常指阴山北面的地区。

1549. 沟口子——进山的入口处。

1550. 圪洼——凹陷下去的地方。

1551. 圪低圪洼——地势低洼不平。

1552. 圪梁圪洼——高低起伏，地势不平。

1553. 圪低圪洞——坑坑洼洼，高低不平，一般形容道路。

1554. 背圪老子——偏僻的角落。

1555. 背地旮旯——偏僻狭窄的地方。

1556. 背阴八儿——见不到阳光的地方，阴凉地儿。

1557. 背阴地儿——见不到阳光的地方。

1558. 阳婆地儿——太阳照射的地方。

1559. 阳腾腾儿——温暖宜人。

1560. 阳婆圪劳劳——能照上阳光的角落。

得过且过，阳婆圪劳劳暖和。

1561. 阳弯弯儿——太阳照着的且能避风的地方。

1562. 月亮地儿——月亮照到的地方。

1563. 阳面儿——物体被阳光照射的那一面。

1564. 阴面儿——见不到阳光的那一面。

1565. 上风头儿——指风吹来的那一方或位置。比如刮北风时，站在靠北的位置叫上风头儿。

1566. 下风头儿——风向所去的那一方或位置。比如刮北风时，站在靠南的位置叫下风头儿。

1567. 高躁（sào）——地势高。躁，高貌。

你要瞭哥哥房上站，又高躁来又好看。

盖房尽量要往高皞的地方盖。

1568. 高高皞皞——所处的地形或位置高。

这个地方高高皞皞的垛麦子圪挺好，雨水上不来。

1569. 立——（坡）陡。

1570. 平川野地——平原；平整开阔的地方。

1571. 山南海北——借指各个地方；到处。

他出的门多，山南海北的口音，他都能听懂。

他的女人走了，他山南海北地找遍了也没有找到。

1572. 海海漫漫——地域辽阔，一望无边。

大青山来乌拉山，海海漫漫土默川。

黄河以北青山南，海海漫漫土默川。

1573. 眼宽宽儿——形容视野开阔。

赶羊赶在山根底，眼宽宽儿瞭一瞭二妹妹。

1574. 圐圙（kūlüè）——蒙古语音译词，原指用围栏围起来的草场，也指用墙围起来的空地或村镇（如牛圐圙，李家圐圙）。萨拉齐在清朝和民国时期的别名、俗称，就叫“圐圙”。

赵钱孙李唵炒面，越打爷爷越不念，再打爷爷上圐圙。（指去告状）

1575. 圐圙套系——形容圈套圈或院套院。

1576. 圐圙圙——用矮墙围起来的较小的地方，一般用来圈牲畜或种植蔬菜。

1577. 虎吧儿亥——乱糟糟，一片狼藉，不可收拾的情状。（蒙古语借词，也写作“呼巴海”，意为乱七八糟的一滩）

赶她回到家，两个娃娃已经把家折腾下个虎吧儿亥了。

1578. 灰八——①同“虎吧儿亥”。②不像样；特别糟糕的样子。

赶我们去了一看，他们两家已经相互打下个灰八了。

1579. 撒天扬地——东西撒得到处都是。

1580. 插箭不入——人多人稠或东西堆得太多太满。

那里人挤得插箭不入，又在抢购东西。

他们家那凉房里乱堆乱放，插箭不入。

1581. 挤擦——挤；拥挤。

家小人多，挤擦得连个站处也没有。

1582. 挤挤擦擦——挤擦：拥挤。形容人多，很拥挤的样子。

交流会上那人挤挤擦擦的，可多了。

1583. 乱圪糟糟儿——乱糟糟的样子。

1584. 乱圪捣捣——局面混乱；心情烦躁不安。

这个地方乱圪捣捣的，千万不能久留。

我这两天叫这个事情弄得心里乱圪捣捣的，越发麻烦。

1585. 乱人插手——人多人杂，场面混乱。

这地方乱人插手的，你得好好经管好自己的东西。

1586. 乱营——没有条理；局面混乱，乱了套，乱作一团。

他一不在，家里就乱营了。

1587. 碰头切（qie）砍——人多拥挤或乱碰乱撞；行走过程中有障碍。也比喻人多碍事或碍眼。

赶庙会的人真多，碰头切砍的，连

个车子都推不过去。

这里熟人多，碰头切砍的，咱们借一步说话。

1588. 拨脚（变音为 jia）卜拦手——碍手碍脚。

把这些东西都拿远点，拨脚卜拦手的，还能做个营生！

1589. 拨支不拉——碍手碍脚。

1590. 利利儿的——利索。

你把嗓子打扫得利利儿的，声音放得脆脆儿的。

1591. 利圪索索（sa）——干净利落；没有拖累。

1592. 利静——清静。

这地方这么利静，真是出家人的好去处。

1593. 利利静静——没有人搅扰，环境很清静。

那个娃娃，就爱利利静静地一个人在家呆着。

1594. 清坛利净——环境整洁，清净。

1595. 青蓝雾罩——干净明快。

1596. 干颜刮净——干干净净。

1597. 干干哨哨——干哨，干燥。形容地势或环境干燥，不潮湿。

这儿地势高，干干哨哨的，就把麦捆子垛在这儿哇。

1598. 亮吧——非常明亮。

1599. 亮快——敞亮；明快，鲜艳。

这个家挺亮快。

这种布颜色不亮快。

1600. 亮瓦瓦儿——洪亮；光亮。

东山头唱来西山头应，亮瓦瓦儿的歌声鼓干劲。

1601. 亮影影儿——亮铮铮。

玻璃擦得亮影影儿。

1602. 晃眼——光线强，刺眼。

1603. 明光炽烂——环境明快；物品铮亮。

1604. 明灯蜡水——形容灯光非常明亮，灯火辉煌。

半夜了，他们家还明灯蜡水的。

1605. 水道——院子里往街里排水的口，一般修在街门或院墙的下边。

1606. 唐土——地面上的虚土。

1607. 黄尘——黄色的尘土。

1608. 黄尘更地——尘土荡漾，笼罩。

羊群在前人在后，只瞭见黄尘，瞭不见五哥的人。

1609. 烟尘更地——烟雾尘土笼罩。

1610. 烟喷更地——烟雾弥漫的样子。

1611. 死烟啦气——烟臭味儿很重。

1612. 死烟烂气——烟熏呛人的气味。

开了一晚上会，大部分人都吃烟，第二天进去，家里还是死烟烂气的。

1613. 烟熏污滥——烟雾弥满；人或物被烟熏过的样子。

1614. 烟喷雾罩——形容烟雾腾腾或被烟雾笼罩的样子。

家里烟喷雾罩的，呛得人不行，你快开开门走一走哇！

1615. 烟熏气打——指室内物品被烟熏和蒸气打湿。

过去人们的家里没有仰层，常年烟熏气打，那椽檩都是黑的。

1616. 烟熏火燎——烟和火熏烤，也比喻酷热或干燥。

1617. 烟熏圪榄——形容人经常吸烟，身上带有烟臭味或室内被烟熏后存有烟味儿。

很多人一起吃烟，家里烟熏圪榄的，呛得人连气都换不过来。

1618. 烙人——物体被烧热或被太阳晒热，人体接触后感到很热甚至难以忍受。

1619. 烙人动地——形容炕烧得很热，甚至烫人。

这炕烧得烙人动地的，人想多坐一阵儿也不能。

1620. 热洞洞儿——感觉热乎乎的。

1621. 热圪洞洞儿——冬季室内热，使人感到舒适；炕上或被窝里热，使人觉得舒服。

一到冬天，人们就甚营生也不做了，都热圪洞洞儿地在家打扑克儿了。

他在盖窝里热圪洞洞儿地睡着不想起。

1622. 一炮黄尘——尘土飞扬。

人了。

1628. 黑塌二糊——黑天没有光亮；环境黑暗。

1629. 昏圪嚓嚓儿——夜幕刚刚降临，光线昏暗，天还没有黑的时候。

1630. 黢（qū）黑——漆黑；天色很暗。

1631. 黑黢黢（qu）儿——天色很黑很暗。

他每天总是五明头黑黢黢儿走了，晚上黑黢黢儿才回来。

1632. 灰塌塌儿——灰溜溜儿。

自从老婆离了婚，他现在一个人灰塌塌儿的啦，连家里也是灰塌塌儿的，没有个家样儿了。

1633. 灰尘簸土——尘土飞扬的样子；尘土荡满全身。

1634. 灰土麻森——浑身荡满灰尘的样子。

不能走了，早就该修一修了。

1623. 狼刨城——扫地等动作太大，致使尘土飞扬。

1624. 黑瞎八洞——环境昏暗。

1625. 黑卜窿洞——黑暗。

日落西山黑卜窿洞，家家户户点上灯。

1626. 黑地儿——黑暗处；暗地里。

黑地儿切谷子——有两岁（穗）了。

黑地儿擩（rū）暗柴。（擩：手进物也。比喻人暗中行贿，或背地里送给人东西，却没有起任何作用，又无凭无证不好说）

1627. 黑窟啦窍——描述洞穴或窟窿等空而暗的样子。

那个家门窗、玻璃都没有了，黑窟啦窍的，哪能住

整整一天了，他俩灰土麻森地给儿子打扫家。

1635. 灰塌二糊——蒙语音译词。

①冷落破败；凄凉；荒凉。

娘家伙青蓝雾罩就像一座城，婆家伙灰塌二糊就像一座坟。（伙 huò：家）

远远瞭见他家的门，灰塌二糊吓死个人。

②灰尘多；也比喻人懊丧，失意。

他现在灰塌二糊的，谁也不理他。

1636. 窝风——不通风；避风。

1637. 泥糊糊——泥浆；泥。

1638. 泥糊溅脸——形容泥浆多而稀，四处涂溅的状况。

一下雨，这条路就泥糊溅脸地没法儿走了。

1639. 泥倒滑擦——形容道路又泥又滑，能把人摔倒。

稍微下点儿雨，这路就泥倒滑擦地

1640. 光倒滑擦——道路泥泞，容易

滑倒。

1641. 泥淋忽踩——道路泥泞，难行。

1642. 冰倒擦滑——路上结冰，容易滑倒。

1643. 孤魂滩——野滩，没有人烟的地方。

1644. 傍大路——靠近大路。

傍大路三年盖不起房。

1645. 背静——僻静，人很少或人不知晓的地方。背：偏僻，荒僻。

1646. 臭烘烘儿——臭气冲天。

1647. 乱三把四——环境或物品杂乱无序。

1648. 棍枪圪榄——棍棒乱放；杂乱无序。

1649. 憋屈——地方、空间不宽敞；憋闷。

这房子太憋屈。

1650. 窄憋——所占地方面积小。

这个房子太窄憋了。

第四节　自然气候

1651. 星宿（xiu）——星星。

磨下的不亮，装下的不像，满天的星宿顶不住半个月亮。

1652. 贼星——流星。

1653. 扫帚星——彗星。

1654. 参（shen）——星星名，二十八宿之一。

月亮上来参（shen）倒西，从早到晚慇记（yin ji，挂记；惦记）你。

1655. 月亮爷爷——对月亮的敬称。

瞭哥哥瞭得好眼酸，月亮爷爷认成个大磨盘。

1656. 天河——银河。

1657. 阴圐圙——日晕或月晕。

1658. 数伏天——伏天。

1659. 入伏——进入伏天。

1660. 影儿——太阳的影子；也指“踪影”，如“没影儿了”。

1661. 影儿正——中午日影正中。影儿，指太阳的影子。

1662. 土飏——卷土的大旋风。飏（wei），大风貌。

土飏旋风卷流沙，孤零零漂流难安家。

1663. 忽乱子风——风向不定的风。

半前晌刮了一股忽乱子风，你不要忽三忽四耍戏人。

1664. 旋——被风卷起，螺旋状运动。

十月的沙蓬无根草，一股风旋在你黑圪劳。

1665. 黄风——刮大风时夹带着大量黄色的细土，故称“黄风”。

拿起鞭子扛起犁，黄风黑土咋耕地？

1666. 黄风黑土——形容风刮得很大，天昏地暗。

今儿这刮得黄风黑土的，连眼也睁不开，哪能做营生了。

1667. 黄雾雾儿——指刮起黄风时天色昏暗。

1668. 风尘尘儿——风刮起的尘土。

风尘尘儿不动树梢梢绿（lu），挨打受气活不出。

1669. 起尘——大风刮起尘土。

立夏不起尘，起尘活埋人。（内蒙古天气谚语）

1670. 住——停止。

叫一声老天爷住一住风，你叫俺们站在高山头上散一散心。

1671. 地动——地震。

1672. 捣雷——打雷。

干捣雷不下雨，干呼啦锁子不开柜。

1673. 五雷追——雷击，五雷轰顶。（五雷：金雷、木雷、水雷、火雷、土雷）

压头顶顶云彩拉磨磨雷，谁要葬良心五雷追。

1674. 雷抓——雷击。也叫“龙抓”，用于诅咒人。

白云劫了黑云的雨，你名下葬良心雷抓你。

1675. 雷劈——雷击。

1676. 天变一时——天气变化快，说变就变。

真是天变一时，刚才阳婆还红盆呀似的，说下就下张来了。

1677. 云彩——云。

满天云彩不下雨，小妹妹干誙留不下你。（誙 kěng：着急；急迫）

1678. 黑云洞地——黑云遮日，天色昏暗。

西北上黑云洞地的，来一股雨呀！

1679. 阴麻忽嘟——阴云密布。

1680. 麻阴阴天——天微阴。

1681. 二麻阴阴——形容太空阴云较薄。

这种二麻阴阴天气，你洗出衣裳也干不了。

1682. 天阴下雨——指阴天下着雨。

天阴下雨长工歇，放羊小子造了孽。

1683. 忽洒——稀疏地掉雨点儿。

就忽洒了几点点雨，又晴了。

1684. 濛（mèng）糁（shen）糁雨——毛毛雨，纷纷细雨。

地皮菜碰上濛糁糁雨——舒展了（输展啦）。

1685. 箩面面雨——毛毛雨。

1686. 铺盖雨——连续下很长时间的雨。

1687. 偏降雨——周围干旱，此处独降的雨。

1688. 连阴布雨——阴雨连连。

1689. 单三子雨——大雨。

1690. 过云雨——小阵雨。

1691. 风搅雨——暴风雨。

1692. 封地雨——深秋或初冬下的最后一场雨。

1693. 冷子——冰雹。

1694. 冷蛋子——冰雹。

1695. 绛（jiàng）——彩虹。

1696. 山水——山洪，从山沟里流出来的洪水。

发一回山水冲一层泥，看一回哥哥脱一层皮。

大山水刮不断芦草根，钢锯子解不开咱的心。

山水越大越好看。

1697. 跑山水——从山上流下来的洪水。

1698. 跑坡水——顺坡而下的水。

1699. 趴趴水——人趴下才能喝上的野外低洼处的积水。

吃上糠炒面，喝上趴趴水，进了肚里瞎日鬼。

1700. 没（ma）沿——水大漫过河堤。

1701. 刮（guǎ）——

①水流冲击。

大水刮下一块黑石头，空名声担下不值喽。

②大水漫过或浸泡。

整个村子都让水刮了。

1702. 呵水——水蒸气冷却后凝成的液体。

1703. 呵雪——水蒸气在低温下凝结成的霜雪。

冬天，门窗上都是呵雪。

1704. 树挂——寒冷天，水雾凝在树枝上的松散冰晶。

1705. 交九——数九天，每一九的最后一天与下一九的第一天。在这两天，天气最容易变化。

1706. 坐冬雪——越冬未化的雪。

1707. 冰雪在地——形容满地冰雪，十分寒冷。

现在冰雪在地的，你就不要出去打工了，等明年春暖花开再去哇。

1708. 圪糁糁雪——颗粒状雪。

1709. 风搅雪——刮大风，下大雪；雪后起大风。

天遇风搅雪，穷人不得活。

1710. 白毛儿旋风——风搅雪。

十冬腊月天气有点冷，唑喽喽白毛儿旋风滴水又成冰。谁家出门来，不备好身名。（身名：穿戴）

1711. 扬风掉雪——风大雪大，风搅雪。

在那后草地，遇上个扬风掉雪，人连方向也辨不清，真能冻死在外面。

1712. 冰溜子——冰凌；冰锥；冰柱。

房檐上的冰溜子——根子在上头。

1713. 冰凌碴子——初冻的薄、碎之冰。

1714. 碴河——河面封冻。

1715. 上冻——地面结冻。

1716. 开河——河面解冻。

1717. 消——（冰雪）融化。

1718. 戗风——逆风。

1719. 戗水——逆流。

1720. 跑山石——从山上滚下来的石头。

1721. 跑坡——从山上或高坡滚落下来。

1722. 细油沙沙——特别细的沙子。

1723. 沙颗颗——沙粒。

1724. 料姜石——黄土层中富含碳酸钙的结核体，地质学上称之为黄土结核，因为外形很像食用的生姜，因此俗称“料姜石”或“料礓石”。

1725. 黄绵土土——特别细的黄沙土。

1726. 落（luo）落尘——挂在墙角等处的丝网状灰尘。

1727. 烧人——接触高温物体使人感到灼热。

1728. 热燥——感觉温度高而干燥。

1729. 抛燥——身上燥热难受。

1730. 闷热——处在潮热无风的环境中的感觉。

1731. 捂热——处在温度高而密不透风的环境中的感觉。

1732. 风尘尘儿不动——一丝风也没有。

这天气闷热的，风尘尘儿不动，看来又要下雨呀。

1733. 热触触儿——感觉热乎乎的。

1734. 热油火熬——做饭时热气蒸腾与火烤，给人难受的感觉。

1735. 热火卜难——感觉闷燥，不舒服。

1736. 热月黄天——炎热的天气或季节。

这热月黄天的，你还要往南方走，快等秋凉了再说哇！

1737. 红巴巴儿——形容极度干旱、炎热，地面干裂的情景。

这老天爷旱得红巴巴儿的，看来又是个灾年。

1738. 一冷一热——指气候忽冷忽热。

每年一到春期，这天气一冷一热的，人最容易闹病。

1739. 凉映映儿——（对物体或环境）感觉凉快，凉爽。

咱们去树底下凉映映儿坐一会儿。

1740. 凉哨——凉快；凉爽。

挽起袖袖甩开手，不为凉哨为风流。

1741. 凉凉哨哨——凉哨，凉快。感觉凉快而舒适。

咱们就在这大树底下凉凉哨哨地歇一歇哇。

1742. 下凉——指下午太阳偏西后气温逐渐下降，感到凉爽的时候。

今儿个天气太热，你们等下凉了再走哇。

1743. 数九连天——指进入数九天，气候寒冷。

这数九连天的，尽量不要去那后草地，真能冻死人。

1744. 数伏连天——指进入伏天，天气十分炎热。

这数伏连天的，一点子雨也不下，真热死人了。

1745. 伏月连天——数伏天。

这伏月连天的，中午还不休息，你也不怕中暑？

1746. 冬时寒月——十冬腊月，指农历十月至十二月的寒冷季节。

现在冬时寒月的，抠土也冻得抠不动了，能做个甚？

1747. 天寒日短——指冬天天气寒冷，昼短夜长。

俗话说，天寒日短，不刮风就暖。

1748. 冬暖夏凉——形容住宅的温度适宜，冬天暖和，夏天凉快。

这新房还是好住，冬暖夏凉，可舒服了。

1749. 清风凉哨——微风吹拂，感觉清凉。

咱们就在这大树底下清风凉哨地歇一会儿哇。

1750. 冷圪飕飕——冷飕飕。

1751. 冷清清儿——冷落、寂寞、凄凉的感觉。

1752. 冷清寡水——冷清、凄凉，没有人气。

1753. 冷森森儿——寒气逼人的感觉。

1754. 冷冰冰儿——物体很凉；人不热情、不温和的态度及脸色等。

1755. 清愡愡儿——天气清冷。

今儿大早外面清愡愡儿的，冷得我还抖搭了。

1756. 冰——凉，冷。

滚水热，冷水冰，除转哥哥谁心疼。

1757. 冰拔凉——像冰一样凉。

想你想得眼睛膖（pang），蒸莜面坐在水瓮上，蒸了半天冰拔凉。

1758. 激手——指水温太低，手感冰凉。

1759. 激骨头——水冰凉刺骨。

1760. 津水湿——水分太大。

1761. 湿淋刮嗒——被雨、水淋湿的样子。

1762. 雾麻忽出——雾大，能见度低；也指眼睛看东西马虎。

第五节　物体声响

1763. 噌（cēng）——象声词。

1764. 圪噌（ceng）——咀嚼酥脆食品的声音。

1765. 圪噌噌（ceng）儿——极言物体折断之声的短而脆。

听见哥哥的说话声，圪噌噌儿打断个头号针。

1766. 圪嚓——物体折断之声。

1767. 咯叭（ge ba）——物体断裂时短而脆的声音。

1768. 咯吱——描摹木器受重压的声音。

1769. 嘎——锤子等的敲击声。

1770. 嘎嚓——物体断裂声。

1771. 嘎才——劈木声，物碎声。

1772. 嘎噔——大牲畜的走路声。

1773. 打门揳(xie)窗——因为风大，没有关牢的门、窗的拍击之声。

1774. 雷声更地——雷声大作，震天动地。

1775. 雷声闪电——电闪雷鸣。

1776. 雷鸣击鼓——形容声势大或扎腾的声音很大。

大半夜的，你们这雷鸣击鼓的，叫我们咋睡觉呀？

1777. 雷反更震——形容动作行为的响声大。

1778. 哼吱捣棱——形容响声很大或动作迅速敏捷。

他哼吱捣棱地一会儿就都收拾完了。

1779. 哼吱呟腾——象声词，响动大。

1780. 闷卜愣腾——声音沉闷，不响亮。

听见山后闷卜愣腾地响了几声雷。

1781. 稀里哗啦——象声词。物品碰撞发出的声音。

1782. 丁零当啷——象声词。金属器物碰撞发出的声音。

那个马脖子上带着一串铜铃铛，走开丁零当啷的，可好听了。

1783. 出溜出啦——象声词。形容物体互相碰撞发出的声音。

你那兜子里出溜出啦的，装的些甚东西啦？

1784. 忽溜老啦——象声词。连续的响声。

1785. 忽哩老啦——东西互相连续碰撞发出的声音。

你这叫什么车子，忽哩老啦的，除了铃子不响哪也响。

1786. 扑溜扑啦——象声词。连续的响声。

朝南上来一群鹅，扑溜扑啦跳了河。(打一食品)——饺子。

1787. 哩哩啦啦——形容人小便或从壶嘴儿里往出倒水的连续不断的声音。

这个壶嘴子细，一碗水哩哩啦啦地可倒了一大气。

1788. 乒丢乓才——象声词。

1789. 更丢霍才——象声词。

1790. 叮叮当当——物体相互碰撞声或敲击物体的声音。。

1791. 叽叽喳喳——人或鸟的吵闹声

1792. 哼哼呀呀——人的呻吟声。

1793. 出啦啦儿——物体干后的摩擦响声。

1794. 圪嘣嘣儿——物体干后的硬脆响声。

1795. 的朗朗——敲击硬物的声音，比喻坚硬。

地冻得的朗朗的，根本没法挖。

1796. 嗖喽嗖喽——描摹风声。

嗖喽嗖喽刮南风，想哥哥想得难安神。

1797. 脆的朗朗儿——指人的歌声或说话的声音清脆响亮。

你给咱们脆的朗朗儿唱两句爬山调哇！

1798. 卜淋淋卜淋淋——雨下不停的声音。

1799. 圪唠唠圪唠唠——听不清楚的说话声。

1800. 圪嚷嚷圪嚷嚷——远处的吵闹声。

1801. 卜出哎——倒水声；泼水声。

1802. 圪低舀嘣——干硬物质破碎时发出清脆的声音。

1803. 哽杀连天——动静大，声音高。

那两口子，先还是嚷架了，不大一会儿就听见哽杀连天地打起来了。

1804. 圪才（cài）才儿——声音响亮。

三九天打雷——圪才才儿地兜了个没的。

1805. 忽隆嗵——人或物体掉在地上或落入坑穴之中沉重的声音。

想哥哥想得迷了窍，忽隆嗵跌进萝卜窖。

1806. 欻（chua）——象声词，急促的声响。

1807. 欻欻——象声词叠用，形容有节奏的急促的声响。

操场上，除了口令声，就是欻欻的跑步声，秩序井然，气氛严肃。

1808. 欻（chua）啦——描摹短促、清脆、急促的声响。

欻啦一声，洒下一地豆子。

他兜子里欻啦欻啦装的那么多镚子。

第六节　物体颜色

1809. 色气——物体的颜色、色泽。

1810. 白凌凌儿——洁白的样子。

黑丁丁儿的头发白凌凌儿的牙。

1811. 白生生儿——很白。

1812. 白寡寡儿——惨白无光。

那人的脸白寡寡儿的，一点儿血色也没有。

1813. 红圪入入儿——鲜红。

1814. 红丹丹儿——红艳。

1815. 红红——红色颜料。

1816. 品红——比大红浅的红色。品，颜色浅。

1817. 煮红——旧时的一种红色染色颜料，先把颜料溶于沸水中，再把衣服或布放在颜料水中煮一定时间，使其着色。

1818. 黄澄澄儿——金黄。

1819. 古铜色——像古代铜器的红褐色。

1820. 蓝莹莹儿——蓝艳。

1821. 海潮蓝——像大海那样的蓝颜色。

1822. 灰蓝——一种近于灰略带蓝的深灰色。

1823. 藏蓝——蓝中略带红的颜色。

1824. 煮蓝——旧时的一种蓝色染色颜料，先把颜料溶于沸水中，再把衣服或布放在颜料水中煮一定时间，使其着色。

1825. 毛蓝——比深蓝色稍浅的蓝色。

1826. 藏青——蓝中带黑的颜色。

1827. 黑紫——深紫色。

1828. 黑紫红——深紫色。

1829. 紫莹莹儿——紫艳。

1830. 雪青——浅紫色。

1831. 豆青——豆绿色。

1832. 铁青——常形容人恐惧、盛怒或患病时发青的脸色，也表示脸色发青。

1833. 灰少（shào）少儿——①面色或物体颜色灰暗，没有光泽。

他的脸灰少少儿的，好像有病了。

②天色昏暗无光。

这天气灰少少儿的，不知道是想刮了还是想下了。

1834. 瓦灰灰——青灰色（像青瓦的颜色）。

他养了两只瓦灰灰的鸬鸬（lou）。

1835. 灰处处儿——颜色暗淡；环境昏暗。

这衣裳灰处处儿的，有甚好看的！

1836. 灰蓝蛋——眼睛黯淡无光或发怒时双眼圆瞪的样子。

眼睛瞪下个灰蓝蛋，捶头攥成个铁圪蛋。

1837. 灰不溜秋——形容颜色灰暗。

这个东西灰不溜秋的，一看就有些年代了。

1838. 墨黑——如墨之黑，形容极黑。

粪扒牛哭它妈——两眼儿墨黑。

1839. 黑明油——黑里透亮，有光泽。

1840. 黑死烂干——不白净。

1841. 黑煳炼焦——煳状物又黑又焦。

1842. 黑五大六——乌黑肮脏。

1843. 黑红——黑里透红。

1844. 黑丁丁儿——形容颜色黑而亮。

看那后生的头发，黑丁丁儿的。

1845. 黑圪丁丁儿——黑。

黑圪丁丁儿的头发没油腻，顺风风吹来汗腥气。

1846. 黑绿——深绿，暗绿。

1847. 煮黑——旧时的一种黑色染色颜料，先把颜料溶于沸水中，再把衣服或布放在颜料水中煮一定时间，使其着色。

1848. 煮绿——旧时的一种绿色染色颜料，先把颜料溶于沸水中，再把衣服或布放在颜料水中煮一定时间，使其着色。

1849. 葱绿——浅绿，略显微黄的颜色。

1850. 品绿——青翠色，像青竹那样的绿色。

1851. 绿嗖嗖儿——鲜绿。

1852. 绿茵茵儿——嫩绿。

1853. 黄愣愣儿——很黄。

1854. 粉突突儿——粉红鲜艳。

1855. 花哨——颜色鲜艳，式样多。

娃娃们穿得真花哨。

1856. 花丽胡哨——

①形容颜色鲜艳而错杂。

过大年的时候，孩子们在家里花丽胡哨地贴了那么多画儿。

②比喻浮华不实。

他那个人花丽胡哨的，根本靠不住。

1857. 花甚甚儿——颜色错杂鲜艳。

这点儿布花甚甚儿的，挺好看。

1858. 花扑啦啦儿——颜色、式样多而好看。

今天“六一”节，娃娃们都打扮得花扑啦啦儿的，真好看！

1859. 夜不观色——夜间视物不清。

夜不观色了，黑夜灯底下做营生，再咋也不如白天。

1860. 绍了——物体掉色儿了。

1861. 易显不易显——指某种颜色似显非显，不太明显。

衣裳些微褶（cao，脏）了点儿，不过也是易显不易显的，不咋能看出来。

第七节　事物数量

1862. 洋码子——阿拉伯数字。

1863. 洋码码字——阿拉伯数字。

1864. 幺——数字“一”的别称。

1865. 挂——辆。（量词）

1866. 一挂车——一辆车。

朝南上来一挂白马车，只当是哥哥来搬我。

1867. 一或——一次；一回；一下。

他妈病了一年了，他一或也没回来看过。

他叫蜂儿蛰了一或。

他背得过于多，一或给压得爬下了。

1868. 一替一个——轮着；轮换；轮替。

我给大家一替一个分。

1869. 一替一遭——一遭：一回。即有来有回地交往。

弟妹相交，一替一遭。

1870. 来——用在整十、整百、整千、整万等数字后，量词前。加“来”，表示约数。

十来个　/一万来块

1871. 大几——用在十位数后，表示个位数大于5。

啊呀，他们来了咋也有二十大几个人，满满站了一院。

他今年三十大几了才娶下个媳妇儿。

1872. 老几——多用于描述人的年龄，用在十位数后，表示个位数是8或9。

他今年四十老几，眼看奔五十的人了，还一直打光棍。

1873. 列——相当于“几”。

这列天他很烦，那列个人每天来找他，都是想问他要列个钱。

1874. 烂——量词，用碾或磨加工粮食时，用箩子箩第一遍叫头烂，箩第二遍叫二烂，以此类推。

头烂面好吃。

1875. 十人五马——众人；很多人。

城墙上筛锣不圈音，十人五马劝你你不听。

天要下，娘要嫁，十人五马留不下。

1876. 一拃——张开的大拇指和中指（或无名指）两端间的距离。（量词）

1877. 一庹（tuǒ）——成人两臂左右平伸时两手手指头之间的距离，约合五尺。（量词）

1878. 一搂——成人两臂合抱，两手指尖相对为一搂，多指圆柱体的周长。

那苗大柳树，足有一搂粗。

1879. 一迈——量词，迈一步的距离。

1880. 一步——量词，迈两步的距离。两迈为一步。

1881. 一刮——一巴掌。

他脸上让恹恹儿打了一刮。

1882. 圪堵——量词，相当于“伙”、“些”、“一伙”或“头”。

你们这圪堵人都不宜好。

这一辫子蒜有几圪堵呀？

1883. 一圪堵——一大堆；很多。

他买了一圪堵年货，把身上的钱也都花完了。

1884. 片张——面积大小。

他新建的蔬菜大棚的片张可不小了，

总有十几亩大。

1885. 片片张张——形容占地面积很大。

那个学校的操场片片张张的可大了，一个四百米跑道，顶多占了一半。

1886. 堆仗——堆积物的体积；人的体格（贬称）。

这种菜看堆仗不小，其实分量并不多。

那老三，看堆仗不小，实际没力。

1887. 沓——①重叠起来的不很厚的纸张或其他薄的东西（沓，dá，方言中念tā，量词）

一沓钱。

我把报纸都一沓一沓地整理好了。

②也作动词用，指把几件同类物品整齐地叠放起来。

你把那几块布都沓在一块儿放，不要乱扔乱团。

来，咱们把这几块儿板（木板儿）沓起来放，不然，几天就都圪料了！

1888. 半切——数量词，半个。

满天星宿半切月儿，什么人留下个唱山曲儿。

1889. 半切切——同“半切”。

半切切月亮云里钻，撂下妹妹谁照管。

1890. 把半——表示约数，用在整数后面，相当于“左右”。

他不能早回来，估计得七点把半。

1891. 大几——约数，用在整数后面，指零头数里面较大的几个数。

十大几（一般指十七、十八、十九）。

三十大几；一百大几（以此类推）

1892. 一圪截——一大段儿。

剃头洗滦子——大错一圪截。

1893. 半圪截——半截儿。

哥哥走了妹妹拉，袖口子揪下半圪节。

1894. 半截五寸——形容不完整。

1895. 半半不拉——进行到一半儿。

1896. 半半拉拉——指事情做了一半或进行到中途。

那楼房，因为给人家工人们发不了工钱，盖得半半拉拉的就停工了。

1897. 半头二圪截——半截儿。

1898. 半篇篇——半拉。指营生或事情中途停止，没有完成；也指人轻度残废，不能做营生或不能完全自理。

营生做下个半篇篇，没有道理领工钱。

一次脑梗，把他弄下个半篇篇人。

1899. 半瓶不凑（变音为cù）——没有结束或没有干完而中途停止。

1900. 对成儿——只达到一半的水平。

1901. 一半两勾——一半或两成，指部分。

你要是都还不了，一半两勾也先还点儿，不能叫我们大老远白跑一趟哇！

1902. 牙长的一圪截——形容路程很近。

1903. 十稀半亥——次数少或数量少。

1904. 头头点点——零头儿或数量少。

最后剩下那头头点点的就不要卖了，你们几个吃了哇。

1905. 点点些些——很少一点。

我要得多了，不是那点点些些的。

1906. 些些点点——数量少，微不足道。

些些点点的些儿东西，你就别还了。

1907. 星星点点——形容极少。

1908. 零零星星——指琐碎的事物。

1909. 毫毫厘厘——缺的极少。

1910. 样样数数——指事物的种类、花样。

1911. 斤斤数数——一斤左右。

要买就想多买下点儿，量只圪斤斤数数的，我还嫌赀得麻烦了。

1912. 可头切脑——不多不少，正好。

这饭做的可头切脑的。

1913. 腥不腥荤不荤——比喻东西太少。

要给就多给点儿，这腥不腥荤不荤的，够谁吃？

1914. 些来末小——少。

看来这钱缺的可不是个些来末小。

1915. 眉毛眼杂——比喻数量少，微不足道。

那次因为眉毛眼杂的些东西，他们俩还弄了个不好。

1916. 不多一点点——很少的一点儿。

1917. 少少儿——最少；往少了说。

买台收割机，少少儿也得三十多万。

1918. 少不过——最少；最低限度。

这头猪，少不过一千块钱，再少了，我就不卖了。

1919. 好些些——非常多。

1920. 狼多肉少——比喻人多东西少，不好分配。

狼多肉少，成天饿吵。

1921. 磕骨打髓——指把某种东西彻底用尽或比喻事情做完，所用材料、物品也凑乎地够了。

我们家磕骨打髓，也就这么几斤白面了，你都拿上去哇。

1922. 尾尾（yi）罢罢——指事情的结尾或剩下的不多的部分。

这营生尾尾罢罢的了，咱们干脆把它做完再收工哇。

1923. 两头两尾（yi）——指物体的两端，也指事情的开始和结尾。

这种东西得把两头两尾去过，就吃中间的那部分。

这个工程的总头儿就是两头两尾来忽绕了一下，再没见过。

1924. 疙瘩——①块儿。

一疙瘩石头滚南沟，保甲长挤逼得难存留。

②片。

满天星星一疙瘩云，几时盼到大天明？

三疙瘩玻璃两疙瘩明，硬拿心眼儿摆调人。

1925. 特唠——套。

心号儿的话往出倒，一说就是一特唠。

1926. 圪绺——绺，量词。

一圪绺头发。

1927. 突垒——量词，串。

墙上挂着一突垒玉茭子。

1928. 簇链（cu liàn）——串儿。

门口吊着两簇链红辣椒。

1929. 一楞——一堆。虚数，指东西多。

她见甚买甚，买下一楞东西。

1930. 卜塄（len）——长形隆起物的量。

他们挖壕翻起两卜塄土来。

1931. 扇——量词，常用于门、窗等板状或片状器物。

两扇门。 一扇窗。 一扇磨。

1932. 扇子——量词，用于宰好后去掉头的猪、牛、羊等牲畜，沿脊椎骨一剖为二，每半叫“一扇子”。

1933. 烧——量词，专用于锅或锅盖的型号。

三烧箔箔（pia pia）三烧锅，找对象难对你和我。

1934. 眼——量词，用于井、窗户格、窗户上的玻璃等等。

一眼井 /一眼子窗户

三眼眼玻璃两眼眼半，左面眊你正面站。

1935. 苗——株；棵。用于树或植物。

一溜三苗树，共拴十四马，拴单不拴双。（谐音智力题：一溜三，即 1+6+3=10）

买了两苗大白菜。

1936. 颤（chàn）——量词。次；遍；回。

他来了两颤，都没等回来你。

1937. 合（ge）——量词。十各为一升。

1938. 升——量词。升子，粮食量器，十各为一升，约三斤左右，十升为一斗。

一斗糜子推五升，公婆搓磨得活不成。

1939. 斗——量词。斗：粮食量器，十升为一斗，约三十斤左右，十斗为一石（dan）。

1940. 石（dan）——量词。十斗为一石，约三百斤左右。

石二八斗（八斗到一石二斗之间；一石左右）

成亩打石（一亩地能产一石粮食）

1941. 半头砖——半块儿砖或碎砖。

1942. 打狼——最后一名。

1943. 末游——最后一名。

1944. 末渎眼儿——最后一名。

1945. 末渎轮儿——排在最后。

1946. 几三下——不多几下。

这个收音机坏了一年多了，人家拿住几三下就给修好了。

1947. 至数——限度。到最大限度的那个数。

他每天输钱连个至数也没有，有多少家产哇愁踢了。

1948. 没至数——无数，没有底数。

1949. 没胡数——无数，没有底数。

1950. 二五黑十万——泛指特别多的钱。

你给我个二五黑十万，我也不干。

1951. 不打数儿——不算数儿；不算在内。

1952. 余外——此外；另外。

余外多去了三个人。

1953. 数不过——比不过，比不上。

豆子里数不过大豆硬，人里头比不过我命苦。

1954. 数见——搞清楚；知道。

不看主面看佛面，三多二少我能数见。

1955. 一型子——描述流行性疾患。

这一型子感冒又厉害了，他们一家子都病倒了。

1956. 一乍（zà）子——一阵子，一阵风似的。

这东西也就是每年秋天腌菜的时候卖这么一乍子，平时也没人买。

1957. 杆——量词，支；管。

一杆秤；一杆笔；一杆烟袋。

家有三杆袋（烟袋），发财来得快。

1958. 一溜——一排。

当了一年队长，盖起一溜正房。

1959. 一婆（po）楞——一簇；一丛。婆楞，蓬的分音词。（婆：草木茂盛）

一婆楞嫩叶叶配鲜花，花红叶绿谁

不夸。

1960. 一忽圐儿——一片，一块儿。（圐，圆形；环绕貌）

一个羊一忽圐儿草，到晚都吃饱。

1961. 一达儿——一块儿，一起。

棍磕棍，硬磕硬，碰在一达儿遭人命。

1962. 过儿——遍；回；次。

这堆泥我已经翻了两过儿了。

1963. 一圪过儿——一遍。

他锄地锄上一圪过儿就不管了。

1964. 十蹦一个节——偶尔遇一个。

1965. 十蹦一回——偶尔一回。

1966. 没多有少——没有多，少也应该有。

他既然开口跟你借钱，那你没多有少也得借给他几个，不能叫他碰了。

1967. 没零没整——指数量上没有零头。

一车子菜，没零没整卖下八十块钱。

1968. 夸零——有零头。

这会儿养一个猪能卖一千夸零。

1969. 差短——缺少。指数量上还差一小部分。

1970. 缺短——指数量上不足或不够数。

1971. 十七大八——已十七八岁，不小了。（一般都是描述人的年龄）

十七大八的闺女了，该早点给踅摸个人家了。

1972. 二八——指十六岁。

年方二八。

二八小子过大年，又吃好的又挣钱。

1973. 四六不成材——旧时人们对四与六的贬称。指物体的重量、长度等等的数量要尽量避开四与六，要么小于四，要么大于六，要么取中“五”。

1974. 一儿半女——指一个男孩或女孩。形容子女少。

你们现在这房子有点小，今后有个一儿半女，就住不开了。

1975. 全员伙伴——指一家人都相聚。

每年除夕，一家人全员伙伴地在一起吃年夜饭，真热闹。

1976. 一夯家家——全家，一户内所有的成员。

这次流行感冒，他们一夯家家都病倒了。

1977. 满打满算——全部计算在内。

满打满算，一个月也挣不下四千块。

1978. 均拉——平均。

今年下来，一亩地能均拉多少粮？

把这些鸡蛋均拉开三份，每家一份。

1979. 跌（die 变音为 dia）——平均。

一百块买了二十五个，一个才跌四块钱，比零买便宜多了。

1980. 一家——每人。

你们俩一家一袋袋，各吃各的，谁也不要抢。

咱们五个人今天打平伙哇，一家摊十五块钱就管够了。

1981. 一群一伙——形容人一伙一伙地聚集在一起。

正月十五黑夜，人们一群一伙地都去广场看焰火。

1982. 成群打伙——成群结伙。

后生们成群打伙地到外村看电影。

1983. 一哨——一伙，一群。哨，古代军队编制单位。“清咸丰后立勇营，其制以百人为哨，三哨为一旗，五哨为一营”（梁启超《谭嗣同传》）。

脸八八好，身势势好，闺女们后头

跟一哨。

1984. 一杆子——一伙；一部分。

这儿一杆子人都停下工等你去那儿合闸送电呢，你才在那儿跟人家抽烟说闲话去了！

1985. 一翻一折——指双重利润。

批发时，因为是尾货，每斤 10 块，他搞下 7 块；回来零售时，还是按每斤 13 块卖出。这样一翻一折，他每斤应该挣 3 块，结果挣了 6 块钱。

1986. 一里一外——同“一翻一折”。

第八节　物体形态

1987. 侠——小。

这袋子山药过于侠，你给我换一袋子哇。

1988. 尽侠侠——最小的（人或东西）。

他是他们家的尽侠侠，他还有三个哥哥两个姐姐。

1989. 碎小——小。

1990. 零打碎小——零碎的小东西。

那些零打碎小的东西不要管，先尽大件儿东西搬！

1991. 小圪丢丢儿——形容物体小巧精致。

这几个扣子小圪丢丢儿的，可买好了。

1992. 俏圪丢丢儿——形容物品小巧可爱。

这种水壶俏圪丢丢儿的，小娃娃们用圪正好。

1993. 中不溜溜儿——中等；中间状态。

你把那中不溜溜儿的留下，太大、太小的用不上，都扔了哇。

1994. 中不溜丢——中等；中游。

他的学习成绩在班里一直也都是中不溜丢的。

1995. 中中常常——中不溜，中等。

我那庄户（庄稼）不算顶好，也不算赖，就是个中中常常。

1996. 二不大大儿——不大不小，比大的略小。

过大过小都不要，你就给我挑个二不大大儿的哇。

1997. 七大八小——形容物体大小不均匀。

这山药七大八小的，一点儿也不好。

1998. 屁大——比喻极小。

屁大点儿事，怎么每天说上没完了！

1999. 圆圪蛋——圆球形。

2000. 圆丢丢儿——圆球形。

2001. 圆溜溜儿——圆而光滑。

2002. 圆不溜丢——圆而光滑。

2003. 圆圪蛋蛋儿——形容球状物体圆而好看。

今年这些山药圆圪蛋蛋儿的长好了。

2004. 圪蛋蛋——相对较小的球状物。

泥圪蛋蛋；羊粪圪蛋蛋；塑料圪蛋蛋。

2005. 颗颗——颗粒；粒儿。

哥哥走时黄风风天，沙颗颗打了毛花花眼。

葡萄不熟绿颗颗，酸不溜丢哄哥哥。

2006. 圆圪牛牛儿——颗粒状或球状、半球状物很圆的样子。

他头上圆圪牛牛儿起来个圪蛋。

2007. 秃葫芦儿——像葫芦那样光秃、滑溜的物体。

2008. 光葫芦儿——物体没有把儿、腿儿、绳儿等等可供抓拿的东西。

2009. 三尖八脑——形容脑袋或其他东西不圆。

2010. 圪蛋溜系——由圆形物或结节造成的不平整，不光滑。

这袋子里圪蛋溜系的装的甚啦，苹果？

2011. 圪丢圪蛋——较多的近于圆形的东西聚集在一起的样子。

他圪丢圪蛋的提溜着很多东西。

2012. 圪丁圪蛋——形容有很多较小的凸起物，形成表面的不光滑、不平整。

这路圪丁圪蛋的真难走。

2013. 圪丁丁——小的凸起物。

这种鞋，鞋底子上尽是圪丁丁，能防滑。

2014. 圪丁暴脑——表面有凸起的小丘形，不平滑。

2015. 捶头瓦块——形容像拳头似的块状物很多。捶头：拳头。

你这山药捶头瓦块的切得太大了，这还能烩下？

2016. 粗凌忽噻——多指颗粒粗糙。

2017. 涩（sa）零圪疤——形容物体表面坑坑洼洼，粗糙的样子。

2018. 涩(sa)处处儿——表面不光滑。

2019. 涩（sa）不处处儿——形容物体表面粗糙，不光滑。

他成年和土坷垃打交道，手老是涩不处处儿的。

2020. 涩疤裂处——形容物体表面粗糙，不平滑。

他成年风吹日晒地在地里做营生，手和脸都是涩疤裂处的。

2021. 细圪腻腻——粉状物颗粒细腻；表面手感平滑，细腻。

2022. 棉棉儿的——手感绵软。

2023. 虱溜溜儿——表面手感平滑。

2024. 光虱溜溜儿——表面手感光滑。

2025. 光溜溜儿——表面光滑；干净。

2026. 光杆杆儿——光杆儿。

2027. 光圪榄榄儿——形容棍状物又光又净。

那年秋天起了蝗虫，把那高粱、玉茭子都咬得光圪榄榄儿。

2028. 板——扁。

2029. 展——平整，完好。

2030. 展应应——平整，完好的样子。

2031. 展淌——地方宽阔；办事门路广，说话效率高。

这个院子挺展淌，停三五挂胶车也没有问题。

他现在跟很多单位的领导都跑熟了，去哪办事也挺展淌。

2032. 空拉拉儿——空间大，里面没有东西。

一天没有吃饭了，肚子里空拉拉儿的。

2033. 空空（kòng kóng）——空档时间。

我得抽空空去一趟。

2034. 空（kòng）空(kóng)儿的——空间大，尚未被占用。

这儿空空儿的，就都放在这儿哇。

2035. 空浪浪儿——空阔；显得冷清。

他一个人空浪浪儿的住着个大院子。

2036. 宽套——地方宽敞；生活宽裕。

他们的院子特别宽套，还能种菜了。

2037. 宽宽套套——形容院内或室内宽敞。

这下弄好了，房也多，院子也大，宽宽套套的爱咋住了。

2038. 宽展——地方宽阔；室内宽敞舒展。

这点地势够宽展的，盖五间房足富有余。

2039. 宽宽展展——形容地方宽阔或室内宽敞。

他们那新房盖得入间深，宽宽展展的可好住了。

2040. 展展活活——形容某处宽敞舒适；人心情舒畅；身材匀称而高大。

他们那新房盖得展展活活的，可好住了。

她大半辈子了也没展展活活地活几天，现在正好过了，她却有了病了。

2041. 暗埋——指把东西放在暗处或不易被人发现的地方。

她买下些好吃的都放在暗埋处了，就怕孩子们偷着吃。

2042. 圪搐（chu）——因为收缩而不平展，有皱纹。

那块布洗了一水圪搐啦。

2043. 圪皱——起皱纹。

这衣服圪皱的不好看。

2044. 直溜溜的——笔直的样子。

2045. 正正儿的——笔直的样子。

正正儿的杨树斜眼看，谁要葬良心烂眼眦。

2046. 齐刷刷——整齐；动作一致。

妹妹的白牙齐刷刷，动不动想说个硬话话。

2047. 齐戳戳——同“齐刷刷”。

同学们已经整好队，齐戳戳地站在那里了。

2048. 齐节（jia）——整齐不乱。

2049. 齐整——整齐。

2050. 齐楚——齐备，齐全；整齐，美观。

2051. 齐棱展板——物品垛得整齐。

2052. 齐棱板正——形容整整齐齐，有棱有角。

他当过兵，叠下的被子齐棱板正的。

2053. 齐头圪墩——齐整的墩状物体。

那路边尽是用水泥打下的齐头圪墩，正好拦住车过不去。

2054. 全活——齐全。

这摊子上的货倒挺全活的。

2055. 大头小尾（yi）儿——长形物体一头大一头小。

棺材都是大头小尾儿。

2056. 七长八短——形容物体长短不齐。

看你那衣裳穿得七长八短的，像个甚？

2057. 七齐八缩——形容一排人站得有前有后，很不整齐；也指物品摆放得很不整齐。

你们这七齐八缩的像个甚了？重新整队！

要放就把它放整齐，那七齐八缩的，真难看。

2058. 七高八低——形容物体高低不统一。

你们把桌子调整一下哇，这七高八低的不行！

2059. 七断八圪节——形容不完整、不结实或长短不齐的长形物或条状物断成许多节儿。也形容地垄内禾苗不全。

这些毛线线七断八圪节的，都糟了。

今年俺们地里那玉茭子苗不全，七断八圪节的，还得重种了。

2060. 戗叉古东——没顺序不整齐，也指行为放肆，没礼貌。

2061. 豁子——物体边缘上的缺口。

那个碗上有个豁子，操心割了手的。

2062. 豁沟打牙——器具的边缘磕碰后留下的豁口很多。

这几个碗年长了，碰得豁沟打牙的，吃饭还割嘴了。

2063. 直楞楞儿——笔挺；崭新。

直楞楞儿的裤子。

直楞楞儿的票子。

羊肚肚手巾直楞楞，前遮阴凉后袭人。

2064. 直不溜丢——形容物体长而正直。

这批松椽都直不溜丢的，是正经货。

2065. 玊天玊地——比喻人个子高或物体立起来很高。

2066. 圪柳——不正，歪。

阶得圪柳种得歪，胡迷日鬼也上来。(阶：耕；耕地)

2067. 圪柳把弯——不直，弯弯曲曲。

碎圪纷纷芫荽灯；圪柳把弯黄瓜灯。

2068. 圪料——不直；人的心情不顺畅。

这根棍子有点圪料，不能用，必须挑直溜一点的才行。

他今天心里有点圪料，你不要去烦他。

2069. 圪柳料且——道路弯曲，事情曲折，人心不顺，不直不正，都叫"圪柳料且"。

2070. 圪料散天——歪歪扭扭。

2071. 插麻斜子——斜方向的。

这条街是个插麻斜子街，有时候不好辨别方向。

2072. 斜麻圪料——形容物体或道路弯曲或歪斜。圪料：不直。

这根棍子斜麻圪料的，哪能做锄把了！

你们村儿这路斜麻圪料的，越发不好走。

2073. 玄——横，横向。

2074. 玄玄——横着。

你把那些长的都一顺顺放下，那几根短的都玄玄放。

2075. 顺——纵向。

2076. 顺长长——把长型物体顺着长型的地方（放置）。

2077. 顺放——把长型物体平行着放。

2078. 一顺顺——平行，顺着；都朝一个方向。也特指两只都是同一个脚上的鞋。

你不能乱七八糟随便摆，得一顺顺摆下才好看。

交流会结束那天，他逮便宜买回一对鞋，第二天一穿，半天是个一顺顺货。

2079. 一顺顺放——把长型物体平行着放。

2080. 斜——不弦不顺。

2081. 侧斜斜——斜着。

2082. 直愣——歪。

2083. 歪坎转——歪斜。

帽子歪坎转，活像个二流子。

2084. 顺溜溜儿——物体平而直。

2085. 的零连挂——人穿戴零乱不整齐或物品吊挂多而杂乱。

2086. 细鬼筋筋——物体细而不坚实。

2087. 细缯（zeng）缯儿——很细。

白花花的羊毛细缯缯的线。

2088. 长甚甚儿——细长。

豆芽长得长甚甚儿。

2089. 死长厌度——太长了。

这跟绳子死长厌度的，反倒不好用。

2090. 短圪节节儿——物体短小的形状。

2091. 粗圪节节儿——物体粗短的形状。

2092. 短把榔榔——粗短的木棒；也比喻人矮而壮实的身材。

2093. 厚墩墩儿——厚实。

2094. 厚圪出出儿——厚实。

2095. 拉麻花花儿——不密。

2096. 纸呀似的——薄如纸。

2097. 照人影影儿——极薄，能隔着看见人影。

2098. 真令令儿——清晰；看得十分清楚。

你走以后没刮风，真令令儿脚踪看得清。

2099. 抹溜——手没有抓牢或物体堆放太高而滑了下去。

2100. 的怜——耷拉。

2101. 的滥——搁，或搁出的一部分。

2102. 克了(liáo)——没沾牢绷起来。

2103. 忽张——纸张、布等物的拐角因没有固定牢而张起来或被风吹起来。

2104. 忽圞圞（luan luan）——用绳子等绾成的圆环形状。(圞，圆形；环绕貌）

你在那个绳子头儿上再绾个忽圞圞。

2105. 挓挲(zha sha)——手，头发，树枝等伸开，张开。

他的头发硬，时常挓挲着。

2106. 揸（zhà）——把手指伸张开。

你把五个指头儿都揸开，然后按在头顶上。

2107. 圪褶子——（衣服、布匹、纸张等)经折叠而留下的痕迹。也指皱纹。

把书皮子压下圪褶子了。

老得脸上尽圪褶子了。

2108. 平沿沿儿——平坦而整齐。

那里有平沿沿儿一大片草地。

2109. 圪爬爬儿——低矮状。

圪爬爬儿的榆树钻天柳，一普真心往你心上抠。

2110. 零七碎八——零零碎碎的东西。

2111. 碎零圪粘——又碎又小。

2112. 粉圪儿扬碎——形容粉碎的程度严重。

把镜子打了个粉圪儿扬碎。

2113. 粉干儿烂碎——稀烂，粉碎的样子。

2114. 碎纷纷——细碎的样子。

芫荽灯，碎纷纷；圪柳巴弯黄瓜灯。

芫荽韭菜切得碎纷纷儿，

葱花扎蒙炝得黄冲冲儿。

2115. 碎圪节节——一小节一小节的大体一致的碎细的东西。

把草都铡成碎圪节节，牲口吃上才上膘。

2116. 烂零圪杂——零碎的，残次的东西。

2117. 烂零圪粘 ——又碎又小。

2118. 七烂八绽——破烂不堪。

2119. 稀巴烂——稀烂；粉碎的样子。

他一生气，把玩具车摔了个稀巴烂。

2120. 一模照样——比喻完全一样，就像一个模子里倒出来的。

我一比，跟上次买的一模照样。

2121. 杂配配——不成对或不成套的东西配在一起。

杂配配鞋（hai）/杂配配手镯

2122. 天上地下——比喻差别太大。

这两样东西一比较，真是差得天上地下。

2123. 上不差下——差别不大，不明显；差不多。

只要我喜欢做的营生，工钱上不差下就行。

2124. 窟窟眼窍——形容小孔、小洞多。

那窗户纸窟窟眼窍的，已经烂的不像样儿了，一点儿风也挡不住了。

2125. 八八眼窍——有众多的小坑（多指物品表面受损的样子）。

那墙上也让孩子们打得八八眼窍的，不像样了。

2126. 利利道道——因淋、画、划等而形成的很多近于直线的痕迹。

墙皮也让孩子们划得利利道道的了。

2127. 十字八道——物体表面不规则的划痕或破绽多。

他的脸被挠得十字八道的，已经破相了。

2128. 层层缕缕——一层又一层，很多的样子。

你这层层缕缕的，穿了这么多？

2129. 遮天盖地——形容遮盖的面积大或某物满天都是。

那年遭蝗灾，那蚂蚱飞过来，简直个儿是遮天盖地的。

2130. 披帘打扇——形容穿戴不整洁，胡乱披挂的样子。

看你，穿衣服披帘打扇的，像个甚样儿，你也不怕人家笑话？

2131. 摆摆拉拉——形容东西摆得多而零乱。

你那把书摆摆拉拉地弄下一桌子，快整理整理哇。

2132. 披披片片——形容把片状物放得东一块西一块的，十分零乱。也比喻做营生不精干，东西、工具四处乱扔。

他们家孩子多，家里哪也是披披片片的，根本顾不上收拾整理。

看你这营生做得披披片片的，还得别人帮你收拾整理。

2133. 楼楼箱箱——物品堆放高而不稳状。

不能再往上放了，楼楼箱箱地堆下那么高，操心累下来的哇！（操心：小心。累：倒塌下来）

2134. 拉天扫地——形容衣裳或物品太长，拖在地上。也比喻引带的人太多，带来很多不便。

他老是穿他哥哥替下的衣裳，拉天扫地的一点儿也不合身。

她不论到哪，也总要拉天扫地地把几个孩子都带上，结果，到哪也总是惹人嫌。

2135. 一溜长蛇阵——形容很多人排列得像长蛇一样，弯弯曲曲。

在那儿排号的人，一溜长蛇阵，我一看，掉头就走。

2136. 轻省——物体重量小。

你背这个包哇，这个包轻省。

2137. 轻轻省省——轻省：轻。形容重量或负荷轻。

你把东西放在我的自行车上，你就提上个兜子，轻轻省省地走一会儿哇。

2138. 撒滑——粮食等东西到处撒落。

你那个口袋咋也是漏了哇，撒滑得哪也是。

2139. 撒撒滑滑——东西到处撒落的样子。

你拿上个好口袋装粮，免得撒撒滑滑的。

2140. 刬（chan）溜（lìu）——物体不附加任何衬垫、依托的东西，只使用物之本体。

你不穿袜子，刬溜穿个皮鞋，那像个甚了？

第九节　事物情状

2141. 势色——势头，情势，态势。

他一看势色不妙，转身就跑。

2142. 阵势——情势，场面。

咱们这人是六六八八的席也坐过，三顿两顿也饿过，甚阵势没有见过？

2143. 摊帐——规模；状态，阵势，局面。

他自己开了一家超市，摊帐还不小，估计没有一百万的资金，办不成那样。

大年三十没月亮，明年还是这(zai)摊帐（贬义）。

2144. 喀（ka）门儿——机会，多指好事。

有喀门儿，给咱们闺女找个人家。

这是个好喀门儿，不要错过。

2145. 当紧回合——最要紧的、重要的、决定输赢成败的时候。

2146. 手支磨扇——手压在磨扇下面的时候，比喻紧要、着急的时候。

2147. 忽囵——没有破损，完整。

2148. 踹——物体滑落，倒塌下来。

那泥太稀，摸得稍微厚点儿就踹下来了。

大雨把院墙淋得踹倒了。

人老败了，墙老踹了，牲口老卖了。

2149. 塌——①倒闭；破产。

土地拨啦，社员乐啦，学校塌啦，娃娃们瞎啦。

②漏，即物体穿孔。

流烟炉子塌底锅，炕上坐的个病老婆。

2150. 垒（别字，方言音 luì）——物体倒、塌或滑落。

墙垒了。

他们那个旧房，去年就垒倒了。

2151. 锩（juǎn）——“屈金也”，刀剑的刃卷曲。（《吕氏春秋》：“柔则锩，坚则折，剑折且锩，焉得为利剑。”）

2152. 锩刃——刃卷曲。

我那镰刀的钢不好，今天又锩刃了。

2153. 快——刃、尖儿等锋利为“快”。

小刀刀不快磨石上触，你说我心不好豁开肚。

箭头不快，怒折（she）箭腰也不顶事。

2154. 刺——塞（牙缝）。

吃肉刺了牙了。

2155. 渍（zì变音为 cì）——污垢累积、附着在人身上或物体上，难以除去。

看你那脖颈渍得，像个车轴。

裤子渍得不像样儿了，快洗一洗哇。

2156. 搅——混杂。

出门不拿雨簸箕，冷蛋子搅雨拍坏你。

2157. 严嵌（qiàn）——严实。

这门窗安得都挺严嵌。

2158. 紧嵌(qiàn)——衣服瘦而合体。

2159. 安嵌（qiàn）——严实。

这家的门窗一点儿也不安嵌。

2160. 忽兴(xìng)——轻微地动(松动，摇动)。

那钉子已经忽兴上了，快取出来了。

2161. 忽沓——因声音或气流的作用，使物体发生振动、摆动或发出声音。

风把窗户纸刮得忽沓忽沓的。

一个响雷，震得玻璃还忽沓忽沓的。

2162. 忽沓子——物体因破旧而松动的样子。

忽沓子风箱烂锅盖，熬熟一锅糊糊没咸菜。

2163. 忽腾（tèng）——因外力而使物体晃动，摇动。

你不要忽腾这个桌子了，把杯里的水也洒了。

2164. 忽丢舀沓——松动或不稳的样子。

你这自行车忽丢舀沓的，快好好修一修哇。

2165. 松死破肚——指人的穿着不精干，也指包捆得不紧。

这行李捆得松死破肚的，一提就开了。

看你穿得松死破肚的，裤子也快脱下来了。

2166. 死松破肚——不紧，物品捆的松。

你再把这绳子往紧勒一下，这样死松破肚的，走在半路就都撒了。

2167. 忽摇——摇动。

你们几个孩子不能忽摇小树苗！

2168. 忽摇忽摇——摇一摇。

你过去把那根橛子忽摇忽摇，再一用力，就拔起来了。

2169. 忽忽摇摇——物体不稳的样子。

那个架子不稳，忽忽摇摇的，一有大风就刮倒了。

2170. 忽摇打颤——摇摆不稳状。（颤chan变音为san）

2171. 可棱可沿——（可，变音为 ka）把物品放在另一物体的最边缘处，贴边，有不太稳当的意思。

你把桌子上的那个碗再往里推一推，那样可棱可沿地放下，稍微碰一下就掉下来打烂了。

2172. 可边可沿——（可，变音为 ka）布满所有面积。

席子铺在炕上，可边可沿的。

2173. 满沿沿儿——满档，至容器的边沿。

2174. 拍流拍沿——拍，说成 pia。形容器皿内液体盛得太满，满至边沿。

你拍流拍沿舀下一碗油，叫他咋往起端呀？

2175. 流流溢溢——溢 yi，方言中说成 ye：液体外溢。形容器皿内液体盛得太满，在移动过程中不断外溢。

她端的满满儿一碗油，流流液液的洒下一地。

2176. 流天灌地——形容雨水或奶水等很多。

2177. 忽淹——液体晃动或溢出。

你把那个水桶的盖子盖好，不然，车一动就忽淹出来了。

2178. 卜淹——因晃荡而溢出。

慢点儿端，看把油卜淹出来的。

2179. 淋拉——液体散落，淋洒。

2180. 淋淋拉拉——液体不停地洒落。

2181. 淋汤拉水——形容液体到处乱洒的样子。

看你舀下那么满咋呀，淋汤拉水的洒在身上呀！

2182. 水不来来儿——水淋淋的。

2183. 津水湿卜榔——指含水量大的物体。

山老大赀（zi）鱼——津水湿卜榔。

2184. 湿水卜来——形容湿水淋淋的

样子。

看你，把刚刚洗出的衣裳挂在家里，湿水卜来的给淋下一地。

2185. 真——清楚。看得清楚；听得清楚。

他唱得声音不高，下面的吵声也大，根本听不真他唱了些什么。

2186. 真丢丢儿——逼真；看得十分清楚。

他要是再戴上那个帽子，就是真丢丢儿的一个赵本山。

2187. 真真儿的——清清楚楚的。

2188. 真灵灵儿——十分清楚。

2189. 清湛湛儿——清澈透明。

那里的水没有一点儿污染，清湛湛儿，连水底的小鱼都能看得真灵灵儿。

2190. 活圪真真儿——活活儿的；活生生。

他的老爹，让他活圪真真儿地气死了。

2191. 坙（ci）——“虚”的反义词，土扎实，或物体结构密度高。

2192. 坙（ci）实——结实，硬实。

2193. 实坙（ci）——结实；扎实，硬实。

2194. 丁坙（ci）——结实；硬实。

这儿的土丁坙，用锹根本剜不动。

2195. 坙坙实实——结结实实。

这白菜包得坙坙实实的，不赖。

2196. 坙（ci）定定儿——扎实，硬实的样子。

去年收成好，他存下坙定定儿一瓮白面。

2197. 朽腌——植物失去水分蔫了；也指人无精打采。

把白菜晒朽腌了再腌哇。

2198. 干甚甚儿——形容干燥，不潮湿。

这儿干甚甚儿的，就这儿坐下歇一歇哇。

2199. 干歘歘儿——歘(chuā)，象声词，形容物品干燥得没有一点儿水分，甚至相互碰撞会发出响声。

这豆角晒得干歘歘儿的了，快收起来哇。

2200. 干歘(chuā)利豆——纯粹，单一。比喻干脆利索。

一会儿工夫，他就干歘利豆赢了二百块。

2201. 干圪巴巴儿——纯粹，没有水分；也指干巴巴，绝情绝义。

干圪巴巴的五百块大票子，装进了他的兜子里。

话不能那么干圪巴巴儿地说，谁听了也不舒服。

2202. 干圪朽朽儿——形容蔬菜、水果等干而萎缩的样子。

这几个茄子干圪朽朽儿的不能吃了，快扔了哇。

2203. 干圪崩崩儿——形容食物既干又硬，牙咬起来“崩、崩”作响。

这些大豆干圪崩崩儿的，我这牙可咬不动。

2204. 老干呀嚓——形容又老又干不鲜嫩的样子。

那苗老柳树有几十年了，老干呀嚓的，树头也已经死了。

2205. 半干干——半成儿干。

2206. 响干——特别干，干得能发出响声。

这麦子已经晒得响干了，快收起来哇。

2207. 圪粘（zhan）——胶或浆糊类东西没有干，用手抹时发粘。

2208. 熟趟趟儿——道路宽、平好走，没有岔路。

过了前面那个村儿就是一条熟趟趟儿的油路，直接就进了城啦。

2209. 塔哈拉拉儿——道路畅通或事情顺利。（“塔哈拉”为蒙语借词，谓事能畅通）

2210. 见样样儿——每一样，每一种。

你上街买菜时，见样样儿都买上点儿。

2211. 变式变样——各式各样，新、奇、特。

他那玩具店卖的都是变式变样的新鲜东西，买卖特别火。

2212. 异式异样——与众不同；特殊；特别。

那后生别看平时不出语，发起灰来异式异样的。

2213. 怪式怪样——样式奇特古怪。

你怪式怪样地穿成这样，回村里不怕狗咬你？

2214. 异气——奇怪。

2215. 异怪——奇怪；特别。

这不算异怪，可有比这异怪的事了。

2216. 异式异怪——古怪；与众不同。

这娃娃年龄不大，可说出话来异式异怪的。

2217. 花般五样——比喻东西品种繁多。

那里新开了一家超市，里头的商品花般五样的可齐全了。

2218. 花木格格儿——形容花草、蔬菜或货物的品种全，样式多。

他们那个大院子里，又是花又是菜，种得花木格格儿。

2219. 胡七乱八——乱七八糟，乌七八糟。

破鞋（变音为 hai）烂袜我不穿，胡七乱八的名声我不担。

2220. 杂里古董——形容品种多而杂乱。

你把家里那些杂里古董的东西都清理出去，再把家彻底打扫一下。

2221. 七渣八和（huo）——形容多种东西混杂在一起，显得混乱。

你把那柜子里七渣八和的东西都清理出去。

2222. 杂八五处儿——指来自各处的各种东西混杂在一起。

他们那个家里杂八五处儿的甚东西也有。

2223. 匀净——均匀一致，看不到不一样的地方。

2224. 匀溜溜儿——大小均匀。

那山药不大不小，都是匀溜溜儿的。

2225. 四七麻营——感觉乱糟糟的，没有头绪的样子。

山老大进城——四七麻营。

2226. 求胡抹擦——乱七八糟，来路不明，成分复杂的不喜见的人或物。

2227. 四撒五堰——到处都是；从各个不同的方向走开；东西放得散乱。

2228. 罗罗蔓蔓（变音为 wàn wàn）——相互缠绕，错综复杂。

他们家房檐底下那电线都是他自己接的，罗罗蔓蔓的，除了他，谁也搞不清楚。

2229. 大头摸圪榄——大致，粗略。

你大头摸圪榄收拾上一下就行了，时间快到了。

2230. 碎米烂糠——比喻日常琐碎的事情。

俗话说，清官难断家务事，家里那些碎米烂糠的事情，我可不待要管。

2231. 刺毛只撒——毛发脏乱、竖立。

2232. 圪搐打蛋——圪搐：布，纸等有褶皱。形容布料、衣服等褶皱多，不平展。

我这袄儿圪搐打蛋的，穿上越发不好看。

2233. 圪搐马趴——形容布料、衣服等褶皱多，不平展。

这布料圪搐马趴的，做成衣裳更难看了，人家年轻人谁穿了！

2234. 黑铜烂铁——形容物品破旧，没有光泽。

2235. 飞毛利刃——形容刀刃很锋利，毛飞到上面也能被割断。

这把剃刀真是飞毛利刃，给我剃了个头一点儿也不觉得疼。

2236. 血淋溅糊——鲜血淋漓。

2237. 长（zháng）——粘连在一起或附着在上面。

因为受潮，几张纸都长在一起了。

2238. 零流——指东西一点一点地渐渐地流失、丢失。

我原来那么多小人书，零流的一本也没有了。

2239. 夹——隔。

人家为朋友手拉手，咱二人为朋友夹下一道沟。

2240. 夹开——隔开。

2241. 夹夜——隔夜。

2242. 圪馂（jùn）——凝结成半固体状。

肉汤圪馂住了。

2243. 卜抵卜拉——乱七八糟的东西妨碍人做事。

脚底下卜抵卜拉的，一点儿也不清利。

2244. 拔手拉脚——形容人或物所处位置不当，妨碍别人。

看你，站也不看个地方，站在这儿拔手拉脚的，赶紧起开！

2245. 圪攘（rang）——形容虫子蠕动或人头涌动的样子。

今天街上的人那么多，圪攘圪攘的，看了头晕的不行。

2246. 拉拉溜——①一溜儿排开，连续不断。

骆驼走开拉拉溜，牵魂线拉在西包头。

②稀疏的样子。

天上的星星拉拉溜，地下的罪过受不够。

2247. 拉拉溜溜——拉溜：拉开一定的距离。形容人或车辆行进时相隔一定的距离，一个接一个的样子。

公路上的汽车拉拉溜溜的，一天也走不完。

2248. 实挨实——紧挨无空隙。

那人真多，都是实挨实站的了，根本挤不进去。

2249. 忽细——少量不断地给、放等。

2250. 忽细细——火苗小状。

他用湿麦根烧火做饭，忽细细忽细细地，蒸了一顿莜面还没蒸熟。

2251. 荡——（尘土）散落。

桌子上荡得满是灰尘。

2252. 荡泼（pa）——（尘土）散落或飞扬。

看把你荡泼下一身土。

庙院里筛灰——荡泼着神神啦。

2253. 忽（别字）——孔、眼类东西被堵塞。

糕面把罗子也忽住了。

下水道被忽住了。

2254. 九损无益——有害而无益。

2255. 可卯可缝——一件物品恰好能放在另一件物品之中或两个物件对接十分吻合。（可，变音为 ka）

2256. 可卯合鞘——指卯眼和榫头装在一起正合适。

这老木匠割家俱可卯合鞘的，就是不一样。

2257. 打紧——要紧，吃紧。

这件事打紧不打紧？

2258. 当紧——要紧；急需；赶紧；马上。

你们先走，我得当紧上个厕所。

最当紧的是先买个自行车，省的每天上班儿步行。

2259. 不当紧——不着急，不急需。

这钱我也不当紧用，你不用着急地还。

2260. 柴杂棍草——混进了柴草，不干净。

2261. 后腿腿——没有圆满收尾的遗留问题或没有做完的营生。

2262. 清汤利水儿——比喻清清利利。

2263. 糊糊捣捣——糊状物黏黏糊糊的样子。

他煮面时添得水少了，煮出的面糊糊捣捣的越发不好吃。

2264. 绕地——满地。

“赵财主八字胡嘬转，眼睛瞪成个蓝蛋，拳头握成个生铁圪蛋，打得干妈绕地乱转……”（二人台《探病》中刘干妈说的一段话）

2265. 溜（lìu）——紧挨着（地面）。

灯碗碗开花溜地皮皮红，找对象要找个庄户人。

2266. 寸土难移——指移动土方的体力活儿很繁重。

寸土难移了，这么一大堆土，他们两个人多会儿能倒完呀？

2267. 实打实——如实；剔除虚假。

2268. 没影儿了——没有了踪影，不见踪影。

他早就跑得没影儿了。

2269. 夜长梦多——比喻事情拖得时间越长越容易横生枝节。

要定下来，就赶紧办，夜长梦多。

2270. 溻湿了——湿物品把挨着的另一物品湿透；出汗湿透衣被等。

2271. 涵（hàn）——陷。

两挂胶车都涵在泥泊子里头了。

2272. 扣——倾覆。

他端的一碗稀粥都扣在炕上了。

他这条腿是那会儿给农业社赶车的时候，扣了车打断的。

2273. 扇灺（xiè）灯——用手或其他物品扇动生风以使灯烛熄灭。

2274. 吹灺（xiè）灯——用嘴把灯烛吹灭。

2275. 灺（xiè）——（灯烛）熄灭。

更残灯灺泪沾衣。

白天放羊不打紧，全怕黑夜扇灺灯。

第十节　事物性状

2276. 耐——结实；经久耐用；牢固或身体强壮。

再耐的皮绳总有个断，再好的席面总有个散。

飞鸽快，永久耐，红旗车子也不赖，白山车子一礼拜。

2277. 固实——结实。

2278. 牢——牢固，结实。

把手抓牢，看跌下来的！

2279. 牢靠——坚固；稳妥可靠。

这么拴不牢靠，一拽就开了。

2280. 得棱棱儿——物体结实耐用。

2281. 吃年代——指物品能使用很长时间。

还是人家那红木家具吃年代，他爷爷用下的，现在还咋也不咋。

2282. 真致——①物品纯正；正宗；没有瑕疵。

这些肉不真致，我怀疑是注水了。

②人正直；贞洁。

那个男的不真致，那个女的是个真致女人。

2283. 真致八帽儿——正宗；纯正。（指物品）

这可是真致八帽儿的黄河大鲤鱼。

2284. 真真致致——形容物品纯真，不掺假。

这可是真真致致的沙漠羊羊肉，你吃，和咱们那本地羊的味道就是不一样，没有那种羊腥味儿。

2285. 真本实料——物品质地纯真。

这可是真本实料的纯毛毯子，你也买上一疙瘩哇。

2286. 再没二样儿——完全一样。

2287. 正二八经——郑重其事；合乎标准的。

不要笑，我是正二八经地跟你谈工作上的事情了！

他上的那个学校，也不是个正二八经的学校。

2288. 正经八貌儿——真正的；地道的。

这才是正经八貌儿的后套西瓜。

2289. 下三烂——低贱，下贱。

那些下三烂营生，我穷死也不去做。

2290. 七差八误——事情多，头绪乱。

这几天七差八误的，事情太多，真烦死了！

2291. 云间忽览——形容涂染不匀或液体洒在物体上形成一片片不规则图形。

看这块儿褥子，让孩子尿得云间忽览的。

2292. 黑林暗八——树林茂密或庄稼长得茂盛的样子。

2293. 黑圪影影儿——形容黑影一动一动的样子。

今儿五明头，我远远儿瞭见黑圪影影儿朝东走了个人。

2294. 火耿耿儿——①形容很炽热。

阳婆火耿耿儿的。

②形容人的体温高。

这孩子烧得火耿耿儿的，快吃退烧药哇。

2295. 红耿耿儿——①形容火焰红而

灼热。

炉子里的火还是红耿耿儿的，再烧一壶水哇。

②火一样红（多指太阳）。

今天这阳婆红耿耿儿的，太热了。

2296. 四明庐——四面露明，破烂不堪的住房。

茅庵房房四明庐，手扳窗棂棂泪长流。

2297. 五明漏淌——形容房屋破烂不堪，四面及屋顶都露明透风。

那时他们家可穷了，住的个家也是五明露淌的，到了冬天往死里圪冻人了。

2298. 风干庐——破烂不堪，到处漏风的住房。

2299. 走风漏气——形容器具因封闭不严而透气；人因掉了牙而说话漏气。

这风匣多年了，走风漏气的不好用。

他把前门牙掉了，说话的时候走风漏气的越发不得劲儿。

2300. 明展大亮——公开的；光明正大的。

这些事，用不着瞒着藏着，咱们都可以明展大亮地摆在桌面儿上去说。

你们竟敢明展大亮地做这种事，太胆大了。

2301. 冷勾滥淡——场面、气氛不热闹；生意不红火，不兴盛。

那叫什么戏，冷勾滥淡的，观众也快走完呀。

他那买卖，货也不全，顾客也少，冷勾滥淡的，根本挣不了个钱。

2302. 日了怪了——奇怪。

猫吃了菜了，日了怪了。

2303. 两可——①可以这样，也可以那样，两者都可以，有倾向于否定一面的意思。

这种会议参加不参加两可。

②可能这样，也可能那样，两者都可能，有倾向于否定判断的意思。

行不行还在两可呢。

2304. 两说——

可能这样，也可能那样，两者都可能，有倾向于否定判断的意思。

行不行还两说呢。

2305. 圪代代儿——水沸的情状。

圪代代儿的滚水煮棉花，我和灰媒人没缘法。

2306. 一刬（chan）——全部；一律。

2307. 一刬(chan)新——都是新的；一律是新的。

浑身上下一刬新。

2308. 出产新——崭新，刚生产出来。

2309. 笨——钝。

拿上笨镰刀割莜麦（mia），小刀刀剺（li）得哥哥心难活(hua)。

2310. 好赖——好或不好；无论如何。

皮皮好赖看得清，瓤口咋说你慢慢品。

2311. 好好赖赖——是好是坏，不管好赖。

他就是站在那儿听她没完没了地说，好好赖赖没有还言一句。

2312. 赖——不好，差。

猪肉烩菜，生活不赖；有米有面，生活挺惬。

2313. 不赖——不错。

飞鸽快，永久耐，红旗车子也不赖，白山车子一礼拜。

2314. 寻寻常常——平平常常；寻常。

做这种营生，我寻寻常常一天也能挣个一百大几。

2315. 好东好西——东西本来很好。

这些萝卜也没烂了，好东好西的，扔了怪可惜的。

2316. 圆要——圆满如意。

2317. 圆圆要要——圆满周全；有头有尾。

2318. 浮皮潦草——不认真，不仔细。

2319. 的楞楞的——响当当的。

2320. 独孤孤——孤独；单独。

我放牛来你放羊，独孤孤榆树伙乘凉。

2321. 刁板灰——很差，太差劲。

2322. 稠——多；繁密。

人人都有帝王相，人稠地窄轮不上。

今年这海红子结得这么稠？

2323. 镶钱——物品有价值；人尊贵或有用，有价值。

搐(chu)鼻骡子卖了个驴价钱——不镶钱在嘴头子上了（lan）。

2324. 值钱——物品有价值。

2325. 取贵处——值得称道的方面。

2326. 客细——好；漂亮。

2327. 脱活——长势好；发育好。

豆苗长得脱活。

这娃娃真脱活。

2328. 发脱——发育健康。

2329. 顶事——中用；有效。

他去不顶事，你得亲自跑一趟。

这药吃上顶事不顶事？

2330. 浅擦擦——算是比较轻微的（事故）。

窑黑子打断腿了——浅擦擦。

2331. 屁不蓝淡——比喻某事或某人没有什么了不起，含轻蔑意。

我看这事屁不蓝淡，你不要着怕。

2332. 比屁淡——指某事无关紧要。

比屁淡，比屁淡，屁也不蓝淡。（戏剧语）

2333. 肥——富裕；有油水。

那是个肥地方。

那可是个肥单位。

2334. 脆铮铮——声音清脆。

打了个青盘脆铮铮，说起圪你走泪盈盈。

2335. 绵——物品手感光滑柔软或食物可口绵软。

哈密瓜，瓤瓤绵，眼里头有哥哥心里头甜。

2336. 绵乎乎儿——手感光滑柔软或口感绵软。

这娃娃的小手绵乎乎儿的。

2337. 绵顿顿儿——同“绵乎乎儿”。

这新棉花褥子绵顿顿儿的。

2338. 红念念儿——赤条条；没有穿衣服，坦露肌肤。

他红念念的就出来了。

2339. 吱喇喇儿——①特别辣。

这种小辣椒，吱喇喇儿的辣。

②形容刺耳的声音。

那娃娃哭得吱喇喇儿的，肯定是疼得厉害了。

2340. 苦洼洼儿——形容味苦。

那苦菜苦洼洼儿的，有甚吃头了？

2341. 茂堂堂——庄稼茂盛；人高大健壮。

他有茂堂堂的两个小子。

2342. 嫩黑丽丽儿——形容水果等鲜嫩，有光泽。

那些杏儿嫩黑丽丽儿的，还没熟到了，这会儿不好吃。

2343. 尽打尽——净光；一点儿也没有剩下。

一锅糊糊五个人，一扢气吃了个尽打尽。

家产踢打了个尽打尽，老婆和他闹离婚。

2344. 净蛋蛋儿——干干净净；净光。

自己能把脸洗得净蛋蛋儿，真是个好孩子。

2345. 净眼儿毛光——一点儿也没有剩。

2346. 盆干瓮净——形容器皿内一点粮食或米面也没有。

那会儿，一到春期，一般人家都是吃得盆干瓮净的，接不上新粮。

2347. 罄尽——全尽无余。罄 qìng：尽，空。

吃了个罄尽。

死了个罄尽。

2348. 尽（jìn）光——犹精光，全无馀剩。

共头儿一百块钱，且说且花了个尽光。

2349. 没穷尽——没有绝对的标准；没有限度，没有止境。

过大年花钱没穷尽，多了多花，少了少花，没了不花。

2350. 攒（cuan）曲——聚集；集中。

这个小村村的人们住得这儿一家那儿一家，一点也不攒曲。

2351. 稀零片八——形容禾苗稀疏，不均匀。

你那疙瘩地今年那苗子稀零片八的，不行还得改种了。

2352. 苦伶仃——①孤苦伶仃。

戗风（逆风）拉的上水船，苦伶仃日子多会儿完。

②奇特；怪异。

他心眼儿多，就爱生那苦伶仃方子。

2353. 兜了（lan）——心满意足。

2354. 闹兜了（lan）——闹好了。

2355. 够呛（qiàng）——够受，估计不行。

2356. 呛（qiǎng）不住——受不了。

他两天没合眼，实在呛不住了。

2357. 没治——无论好坏都无法阻拦、控制。

2358. 张八——过头。

2359. 糊糊——原指用面类搅拌而做成的糊状食品，用来比喻“乱子；麻烦事儿”。

我不管这些糊糊事儿，谁闹下的糊糊谁来喝。

2360. 管用——能解决问题；有用。

这药管用，保你三付见效。

2361. 顶用——同“管用”。

2362. 掏空（kǒng）——回旋余地。

这营生一点儿掏空也没有。

2363. 圈音——环境比较密闭，声音不易随便传出。

他掉了两个前面牙，说话不圈音了。

城墙上筛锣不圈音，十人五马劝你你不听。

2364. 薄忽灵灵——很薄。（褒义）

2365. 毛毛糙糙——形容人干活儿不认真，不精细，看上去很粗糙。

那个媳妇儿就图手快了，做下那针线毛毛糙糙的，没个样儿。

那人做营生毛毛糙糙的，根本干不了这种细活儿。

2366. 毛帘独胯——形容针线活儿做得很粗糙，连毛边儿也没有缝好，显得很难看。

这棉袄做得毛帘独胯的，一看就不

像是她婆婆做下的营生。

2367. 毛帘鸡爪——同“毛帘独胯”。

2368. 憔悴——器物容易破，不结实。

2369. 驳折——缺陷；毛病；瑕疵；问题。

那人做营生细乎，一点驳杂也没有。

2370. 油捻捻——捻，灯芯；比喻甜头，诱饵。

2371. 深渊——学问大。

2372. 根儿深——多指言语含义隐晦而深刻。

他那话骂人骂得可根儿深了！

2373. 无轻没重——言语或动作没有分寸，多指打人时没有分寸，打得重。

你打娃娃怎么无轻没重的，打坏了怎么办？

2374. 圪眈（dàn）——架住，指物体上上不去，下下不来，被卡在某处；也指事情因故搁住，搁浅。

正好有个硬圪塄把车轴给圪担住了，轮子干转，车走不了。

他调动工作的事正且办成呀，可遇了个领导换届，又给圪担住了。

2375. 耽搁——耽误，搁住；也指因为急救不及时或措施不当而导致病情加重或丧失性命。

本来跑得差不多了，就因为舍不得花钱，把个事情款款儿给耽搁在那儿了。

本来是急性脑膜炎，他们却一直讲迷信，让大仙给看，结果把个娃娃给耽搁了。

2376. 拉不断——不间断。

2377. 已旧了——已经过去了，不提了。

那个事情已旧了，关键是下一步该怎么办。

2378. 已已罢罢——已经说妥，办妥。

那时候咱们说得已已罢罢的，定钱也交了，现在怎么能变卦呢？

2379. 连二赶三——接二连三。

锄头遍，搂三遍，连二赶三四五遍。

2380. 碗大汤宽——比喻让得宽，对人要求很宽松，给以充分的余地。

不要勉强，他想走就走，想在就在，咱们给他个碗大汤宽，由他。

2381. 三打一忽搅——把几样东西完全搅混在一起。忽搅：搅动，搅拌。

咱们就把那几样儿饭菜都倒在锅里，三打一忽搅，热一热吃哇。

2382. 有根有叶——比喻有根有据，活灵活现。

他说得有根有叶，大家都深信不疑。

2383. 见倒合——见分晓。

2384. 连挂——联系；衔接。

这两件事根本连挂不在一搭儿。（一搭儿：一块儿）

2385. 扯挂——勉强联系。

他俩根本扯挂不在一起，只是都姓张，没有一点瓜葛。

2386. 钩挂——瓜葛。

我和他一点钩挂也没有。

2387. 拉挂——牵挂；往来；关系不紧密。

算是都住在一个村儿，两家从来也没个甚拉挂。

2388. 错前摸后——动作行为完成的时间差不多，脚前脚后。

我也刚来，我和他错前摸后进门。

2389. 梢尾——末尾。

梢尾的骆驼带咚铃，为下哥哥空担名。

2390. 稍澄割尾——收尾阶段；临近

结束。

营生也稍澄割尾了，你就咬咬牙，坚持下来哇。

2391. 况分外——过分；情理之外。

估计他自己也知错了，你把他批评批评就行了，况分外的话就不要说了。

2392. 本本儿把——比喻真凭实据。

你捉不住本本儿把，他根本不会承认！

2393. 不上串——上不了台面；不正经。

那个人没正经，尽说些不上串的话。

2394. 起根发节——事情的发生及发展过程。

这事情起根发节一直没有脱离开你，你是最了解情况的。

2395. 子丑寅卯——比喻事情的原委或理由。

这个事情，你要说不出个子丑寅卯来，我是不会原谅你的！

2396. 大凡小事——无论大小事情。

他那个人没主意，大凡小事都由他老婆做主。

2397. 不在——不在于。

2398. 捉鳖不在水深浅，只要遇到手跟前。

2399. 原封没动——没有动过，保持原样儿。

你给我的东西，我原封没动，现在再还给你。

2400. 原托原——原封不动（没有开封）。

这是你为了让儿子当兵送给我的红包，我现在原托原再还给你，并且正式通知你们，你儿子被录取了！

2401. 原托托儿——原封不动，比喻完全按照原样儿，一点不加变动。

2402. 原拿原放——原来从哪里拿的再放在哪里。

喝酒吐在酒桌上——原拿原放。

2403. 老古式——指人的行为方式还遵循旧的模式或物品还是古旧样式。

那老汉还是坚持他那老古式的东西，人家年轻人根本不听他那一套。

他们家还摆着那些老古式家具，什么红躺柜、黄铜洋锁，什么顶箱竖柜。

2404. 做甚务甚——干什么就认真对待什么。

俗话说，做甚务甚，讨吃子务棍。

2405. 微微不动——长时间呆在原地，一步也不离开或迟迟不走。

这娃娃性子太慢，人家早就都走了，他还在家微微不动。

2406. 停停当当——停当：结束；妥帖。章炳麟《新方言·释言》："今人谓物之安、事之定曰亭（停）当。"指彻底做完或安排妥当某事。

等我们把营生弄得停停当当的了，他才慢腾腾地来了。

2407. 桩桩件件——指每一桩每一件（事情）。

你那桩桩件件的事做的，都是自己把自己害苦了，现在谁也救不了你。

2408. 铁钵（ba）牢靠——形容物体非常坚固；比喻家境殷实。

2409. 暗埋——不为人所知。

他们那个事做得本来挺暗埋，后来也是内里人狗咬狗闹意见的时候说露的。

第十一节　方位处所

2410. 哈厢——家；房间。

一溜正房三哈厢，小妹妹住在当中房。

2411. 这哈厢——这个家；这间屋子。

2412. 那哈厢——那个家；那间屋子。

2413. 乃（nì）厢——那个家；那间屋子。

2414. 参近——抄近路。

2415. 参小径儿——走小路或直线。

2416. 切小径儿——抄近路迎头赶上。

2417. 一圪端端儿——一块儿，一起；在一处。

2418. 只些埮儿——别的地方；别处。

2419. 二往儿——另外的地方。

2420. 赫拉儿——旮旯，角落。

吃东西专心觅赫拉儿，做营生钻到瓮赫拉儿。

2421. 圪支圪拉儿——旮旯，各个角落。

你圪支圪拉儿好好寻一寻，看到底放在哪了？

2422. 众处儿——到处；各个地方。

你看完书都把它整理的放在书架上，不要众处儿瞎扔。

2423. 一搭搭儿——一块儿，一起，一个地方。

你把那瓜子儿皮都堆在一搭搭儿，不要众四搭儿乱扔。

2424. 一圪搭搭儿——同一个处所，同一个地方，一块儿。

满天云彩一圪搭搭儿绕，满心如意要和哥哥交。

2425. 众四埮儿——四处，到处；各个地方。

你把那瓜子儿皮都堆在一搭搭儿，不要众四埮儿乱扔。

2426. 绕（rāo）四埮儿——四处，到处（转悠，找寻）。

三十六眼窗户十八眼烂，没老婆的哥哥绕四埮儿转。

2427. 绕南乘北——指到处，转了很多地方。

叫我绕南乘北地寻你寻不见，半天你在这儿坐的喝酒了？

2428. 绕滩——到处，四处（找寻）。

待说活的哇，每天讨吃绕滩转；待说死了哇，又怕是贵人遭磨难。

2429. 漫滩——到处，四处（找寻）。

前山不行上后山，后山不行到后套，后套不行梁外游，走东去西漫滩转，黄河两岸度春秋。

2430. 地顶头——地头。

2431. 半路地儿——中途，半道上。

只估划和哥哥慢慢交，不估划半路地儿拉到了。

2432. 半中腰儿——中间，半截。

他的话说到半中腰儿就不敢再往下说了。

从半中腰儿一劈两半儿分开就行了。

2433. 当当中——正当中。

2434. 当头正面——指人或物体处在正中间或正面显眼的地方。

看你年轻轻儿当头正面地坐在那儿，真不像话！

2435. 不当不正——人或物体所处的位置不当，妨碍别人或有碍观瞻。

看你，不当不正地坐在那儿，别人咋进出呀？

2436. 对正——正对面；正前方。

2437. 对过儿——对面儿，中间有路或河等隔开。

2438. 背地儿——背地里；背过人。

他就爱在背地儿说人闲话。

2439. 皮皮——外表；表面；物品的外皮；包饺子的皮儿。

皮皮不叫熰了，瓤瓤不叫生了。（叫：让）

皮皮好赖看得清，瓤口咋说你慢慢品。

2440. 号儿——里；里面。

豆腐跌在灰堆号儿了——捶（吹），捶不得；打，打不得。

2441. 里头——里面。

白泥窑窑巴掌掌炕，心里头乐活兜开来唱。

渔网下在瓮里头，不识眼色白张口。

2442. 外头——外面。

外头大下，家里小下，外头不下，家里还下。

2443. 外前——外面。

2444. 前头——前边；前面。

2445. 头前——前边；前面。

2446. 后底——后面；背面。

2447. 后头——后边；后面。

2448. 边前——旁边；边缘。

2449. 边边前——旁边；边缘。

2450. 边起——旁边；边缘，沿边的部分。

2451. 边边起——边儿上，也叫“边起”。

你把边边起那本书给我拿过来。

2452. 边边——旁边。

我就坐在边边上听哇。

2453. 尽边起——最靠边儿的地方。

2454. 边畔——边缘，沿边的部分。（畔，变音为 ban）

2455. 边头拉半（畔）——边角处；靠边的地方。

2456. 一边一畔——指靠边儿的地方。（畔，变音为 ban）

在一边一畔还可以再乱点玉茭子。

2457. 边头沿脑——远离中心的边沿处或物品靠边的地方。

2458. 转边边——沿边儿；沿周围。

2459. 把边儿——靠边儿的地方。

2460. 尽把边儿——最靠边儿的地方。

2461. 尽（jǐn）脱梢——最把边；最边儿。尽：最；脱梢：边儿；把边儿。

你顺着这条路一直往东走，村东尽脱梢那个大门院子就是他们家。

2462. 尽东头——最东边。同样，还有尽西头，尽南头，尽北头。（尽：最）

尽东头紧挨学校西半儿的那个大门院就是我们家。

2463. 东头起——村子的东边，东头儿。同样，还有西头起，南头起，北头起。

我家就在东头起住的了，你进村一问就知道了。

2464. 北半儿——北面。同样，还有南半儿，东半儿，西半儿。

西半儿没有，你看北半儿有了没？

2465. 跟前——眼前，旁边，附近。

2466. 手跟前——手边。

捉鳖不在水深浅，只要遇到手跟前。

2467. 眼跟前——眼前；身边，附近。

月亮上来圆又圆，毛主席常在咱们眼跟前。

2468. 跟跟前——附近，最近处。

他就在我们跟跟前住的了，我带你去。

2469. 跟航——跟前；附近。

相片片本是个假阴凉，哪如坐在妹妹脸跟航。

2470. 跟跟航——跟前；附近。

2471. 浮头——表面，上面。

水红花花花开浮头漂……

2472. 赶浮浮儿——最上面，从最上面。

瓮里荡进土圪啦，你得把面赶浮浮儿挖过一层，不然碜得不能吃。

2473. 脑头——表面，物体顶部。

2474. 上头——物体顶部；上级。

2475. 顶顶——顶上，物体的最高处。

山顶顶 /头顶顶 /房顶顶 /柜顶顶

2476. 尽上头——最上面。尽：最。

2477. 尽顶顶——物体的顶端。

2478. 尽底子儿——物体的最下面。

2479. 底下——下面。

2480. 尽底下——最下面。

2481. 根底——下部；底下。

三遭五遭凭不来你，头上品在你脚根底。

赶羊赶在山根底，眼宽宽儿瞭一瞭二妹妹。

2482. 底子——器物底部剩留的部分。

2483. 底底——器物底部剩留的部分。

剩下个桶底底了。

一瓶油倒得就留下个瓶底底了。

2484. 底底——器物的底部。

桶底底；碗底底；瓮底底；瓶底底。

2485. 帮子——容器的立面四周的所有部分。

2486. 帮帮——容器的立面四周的所有部分。

2487. 通头上下——从上至下。

他单意叫了个木匠来通头上下打量了一番，才决定要买下这两苗大榆树。

2488. 通底至上——指容器从底到上。

我这一窖山药，你放心，保证通底至上也没一颗烂的。

2489. 通底上下——指容器从底部到上面。

腌菜放的咸盐少了，一瓮菜通底上下都烂了。

2490. 通底至帮——从下到上，从里到外。

这对鞋通底至帮都是皮的。

2491. 里——左。

2492. 外——右。

2493. 里手儿——左边。赶车或操纵器械时，指车或器械的左边。

骑自行车的人都是从里手儿上车。

2494. 外手儿——右边。

2495. 踅里弯子——向左面转弯。踅 xue:折回；旋转。

2496. 踅外弯子——向右面转弯。

2497. 打毛儿踅——就地转弯子；打转。踅 xue:折回；旋转；盘旋。

2498. 临近——附近。

2499. 大地方——一般指镇里与城里。

来了你们这大地方，我晕头转向地甚也不知道了。

2500. 远路风尘——长途跋涉，风尘仆仆。

你姐姐远路风尘地来看你，你就在家好好陪陪她哇。

2501. 远天远地——形容很遥远，路

途艰辛。

这远天远地的，你们一路上太辛苦了，快好好歇上几天哇。

2502. 千乡百里——指四面八方，极言范围广；也指很远的地方。

刘大夫的医术，那真是有口皆碑，千乡百里的人都来找他看病。

2503. 日南交趾——形容距离很远（源于汉代在今越南设立的日南郡和交趾郡。公元前 111 年，即汉武帝元鼎六年，汉武帝灭南越国，并在今越南北部设立交趾、九真、日南三郡，实施直接的行政管理）

2504. 回头拐弯儿——指掉头拐弯的地方，比喻关键的时候或地方。

你有初一，我有十五，咱们在回头拐弯儿的时候对搭哇。

2505. 下水头儿——下游。

2506. 穿街拍巷——满大街；在大街小巷（到处）。

她们家那点儿烂事，她总是穿街拍巷地灰说，可宣扬了个遍。

2507. 浅房窄屋——房屋又浅又窄。

咱们这浅房窄屋的，多来几个人就住不开了。

2508. 沿门沿户——一户挨一户地。

你沿门沿户地通知人们，叫吃了夜饭都来开会。

2509. 沿门门儿——一户接一户地上门。

他们沿门门儿进行登记，深怕漏掉一户。

2510. 排门门儿——挨家逐户。

这个事事关重大，你们必须排门门儿征求村民的意见，并且做好记录。

2511. 挨家挨户——一户一户地；从一家到另一家，一家也不漏掉。

这次人口普查，挨家挨户地进行登记，弄得可细了。

2512. 房前檐后——房前房后。（檐，说成 ya）

他们的新房盖在了村边儿，房前檐后都栽满了树，可好看了。

2513. 半天垠儿——半天空。

你变成兔子我变成鹰，一爪子抓到你半天垠儿。

2514. 转向——到一个新地方，辨不清方向。

2515. 转脖子——迷失方向。

2516. 生眼儿地方——不认识或不熟悉的地方。

2517. 远近——多远多近（有多远，用于问话）。

从这儿到你们村儿，远近了？

2518. 无远架近——犹言大老远。

那个时候，一听说哪演电影，后生们总要无远架近地去外村儿看电影。

2519. 四至——旧指田地、住宅等东西南北四周的界限。

2520. 四至分明——指宅院四周分界明确。

咱们这个院子四至分明，约上都写得一清二楚，以后不会有麻烦。

2521. 天坑——迷信认为是一种不吉利的方位，一年四季天坑轮回转，春在东南，夏在西南，秋在西北，冬在东北。年年如此，人们搬家或办有关大事，不朝天坑方向去。

第十二节　住所家具

2522. 黑廊廊——村里的小巷。

2523. 尽头巷子——死胡同。

2524. 豁口日——小口口；没有安院门的院子的出口。

2525. 豁口口——院子留的出口；物体的开口处；也比喻有解决问题的可能性的一种信息。

你先在豁口口外头等一下我，咱们马上就走。

穿上红鞋（变音为 hai）圪扭扭，妹妹给你个豁口口。

2526. 二门子——与大门相比，窄而矮的院门。

2527. 敞卜滩——没有院门与院墙。

2528. 敞门没院墙——没有院门与院墙。

2529. 单门独户——指一个院内只住着一家人。

2530. 风门——门外又加的一层较轻便的套门，用来防寒，避风直吹。

2531. 门限——门槛。

磨烂门限跑断腿，推到腊月二十几。

疥蛤蟆跳门限——又蹾渎子（臀部）又伤脸。

2532. 门转子——门的转轴。

2533. 门扇——门板。

2534. 走扇——门扇或窗扇由于变形等原因而自动关闭，不由人控制。

2535. 走作——木制的家具物品因受潮而变形。

2536. 门挂挂——铁制门闩（shuān）。

2537. 门铧子——门锁扣。

2538. 插关——门闩（shuān）。

2539. 夹耳子——家门两边较窄的窗户。

2540. 窗子——窗户。

玻璃窗子大正房，花花被子垛半墙。

2541. 马脊梁梁房——房顶中间突起，两边较低的房子。

马脊梁梁房两出水，白明黑夜思想你。

2542. 两出水房——房脊前后都向下流水的房子。

2543. 道士帽儿——房脊前后都可向下流水，但房脊靠后，后面的坡度短，前面的坡度长，像道士的帽子。

2544. 正房——北房。

当了一年队长，盖起一溜正房。

2545. 耳房子——主房两边再建的略低的房子。

2546. 凉房——放置粮食及生活用品、杂物的房子。

2547. 茅庵——茅草房子。泛指简陋矮小的房子。

三根大椽搭茅庵，穷人想活难上难。

2548. 茅庵庵——矮小、简陋的房子。

瓜地里搭了个茅庵庵。

2549. 砖瓦圪洞——用砖瓦砌成的房屋和墙。形容住宅豪华。

2550. 热窑暖洞——原指窑洞暖和、保温，泛指室内温暖宜人。

2551. 暴烧家——久无人居，突然入住，一下烧不热的家。

2552. 烰（fu）火——让室内变暖的

炉火等。

天冷，家里光烧炕，没有烀火不行。

2553. 片片——矮小，简陋，只有房顶，没有安门、窗，用来放柴、草、煤炭的建筑物。

2554. 窝巢——居所。

妹妹盖起一座庙，亲亲来了有窝巢。

2555. 问房——租房住。

他们在北京打工，一直都是问房住，根本买不起房。

2556. 地窨（yìn）子——地窖；地下室。

2557. 倒（dào）炕——靠后墙或前窗户垒的炕。

2558. 顺山炕——靠山墙垒的炕。

2559. 棋盘盘炕——炕较短，两边靠墙，两边有炕沿的炕。

2560. 炕沿——炕边缘的木条。

2561. 炕头起——炕连着锅台的那一面。

2562. 后炕儿——炕头的另一端。

2563. 炕板子——垒炕用的大方块土坯。

2564. 地围子——屋内地面周围墙上的油漆彩画。

2565. 炕围子——炕周围墙上糊裱或彩画的装饰图案。

2566. 里间子——里屋。

2567. 外间子——外屋。

2568. 里外间间——带套间的房子。

2569. 夹扇——屋内起隔开作用的低墙，上部一般做成一扇一扇的窗棂，再糊纸或装玻璃。

2570. 墁地——用砖或石板铺地。

以前盖起新房，能用青砖墁地，那就很了不起了。

2571. 仰层——顶棚。

2572. 天花板——人或动物口腔内上腭；房屋的顶棚。

2573. 担子——房子的大梁。

2574. 中梁——屋中大梁；比喻能撑起一个家庭的主要人或户主。

手提麻绳绳二尺五，中梁上上吊没人扶。

2575. 山墙——与房子的后墙垂直方向的墙。

2576. 火墙——两个住人的房间中间所隔的墙。

2577. 房皮——房顶。

2578. 柱顶石——柱石。

2579. 檐台——房檐底下的台阶。

2580. 埠（hàn）水——平房后墙根垫得高于地面以拦水的土台。埠，小堤。埠水，原意为动词，用堤拦水。

2581. 前檐椽——屋顶最前一排椽。

2582. 花架——屋顶最后一排椽。

2583. 码头——房子两边山墙顶部与屋檐相接的部分。

2584. 插飞——在屋檐椽上部所钉的一段方木，用来加宽屋檐和保护屋檐椽。

2585. 滴水瓦——按在房檐边儿上的一种瓦，有的做成有下沿的顺水舌头。

2586. 滴水——即“滴水瓦”。

2587. 猫儿头瓦——旧式筒瓦安装在最前檐的那一块，外侧有猫头图案。

2588. 三揭躺柜——过去里面有三个格儿的平躺着的大柜。

三揭躺柜两揭揭空，人里头没有我这苦命人。

2589. 板箱——木制衣箱。

2590. 墙柜柜——在墙上预留的方孔上安上框及小门的橱柜。

第十三节　穿戴装饰

2591. 盖窝——被子。

2592. 盖裼（ti）——被子。

2593. 护里——被罩。

2594. 挡头——在被子上部缝的一层衬布。

2595. 单子——床单子、褥单子的简称，也泛指苫盖东西的单层布。

2596. 包袱皮子——包衣服等用的布。

2597. 笨布——手工织的布，家纺布。

2598. 身名——泛指穿戴。

十冬腊月天气有点冷，嗞喽喽白毛旋风滴水又成冰，谁家出门来，不备好身名。

2599. 大氅（chǎng）——大衣或外套。

2600. 袖圪筒——袖筒。

铺前襟，盖后襟，两只脚揣在袖圪筒。

2601. 坎肩——马甲。

2602. 二股筋——背心。

2603. 肚肚——小孩穿的兜肚。

2604. 腰子——类似背心的贴身内衣，有夹腰子（双层）和棉腰子（内絮棉花）之分。

打架哪在那脱腰子了！

2605. 袄儿——泛指上衣。

2606. 夹袄儿——双层布料做的上衣。

2607. 斗篷——有领子或帽子，没有袖子的单的或棉的，披在肩上的外衣。

2608. 对门门——对襟，中装上衣的一种式样。

2609. 对襟袄儿——两襟相对，纽扣在正中的上衣。

2610. 大襟袄儿——纽扣在右面的中式上衣。

2611. 底襟——中式袄的小襟，在身体的右侧，因其掩盖在大襟底下，故名。

2612. 卡（qia）衣——一种西式短大衣，领子较大，且有皮毛或栽绒。

2613. 裤儿——裤子。

脱了裤儿放屁——多加一道手续。

2614. 挡裆裤儿——整裆裤，即不开裆的裤子。

2615. 衩杈裤——开裆裤。

2616. 连袜袜裤——连脚裤。婴儿穿的一种裤子，裤脚不开口，包住脚底。

2617. 倒（dào）衩子——泛指衣兜。

2618. 插手手——裤兜。

2619. 裉（kèn）——上衣腋下前后相连的接缝部分。

2620. 煞裉（kèn）——把裉缝上。

2621. 桃疙瘩（da）儿——铜铸的形似桃的中式衣服上的扣子；也有用布带绾成的桃形的扣子，中式上衣用。

桃疙瘩儿大来扣门门小，哥哥这难活没担饶。

2622. 扣门子——扣眼儿。

2623. 白茬子皮袄——羊皮直接外露的皮袄。

2624. 吊面子皮袄——皮袄外面再加上布面，或者布和皮中间再加些棉花。

2625. 海虎绒——大绒和丝绒的通称。

再一回来了补恩情，我给你买一身海虎绒。

2626. 灯芯绒——面上有绒条的棉织

品，因绒条像灯芯而得名，即条绒的别称。

灯芯绒一身，八角帽一顶，球鞋一蹬，到区政府结婚。

2627. 汗褟褟——夏天穿的一种中式背心。

2628. 靿（yào）子——袜子、鞋（变音为hai）、靴子的高出脚腕的筒儿。

袜靿子。

高靿子球鞋（变音为hai）。

靴靿子。

2629. 二黑蓝——深蓝和浅蓝相互映衬的颜色。

二黑蓝马褂子。

二黑蓝马褥子炕上铺，盼的哥哥来呀怕的哥哥走。

2630. 鞋（hai）巴子——鞋。

脚大脚小爹娘生，鞋巴子好看是手上的功。

2631. 杂配配鞋（hai）——不是同一双鞋。

想起来呀念起来，下地穿了一双杂配配鞋（hai）。

2632. 兜跟——形容鞋很合脚。

2633. 跟脚（变音为 jia）——形容鞋很合脚。

2634. 耐穿——经得起磨损，不易穿坏。

2635. 鞋（hai）溜（lìu）子——鞋拔子。

2636. 毛鞋（hai）——用毛毡做成的鞋。

甚是个甚，穿上毛鞋脚不冻。

2637. 毛帮儿——棉鞋。

2638. 靴靴（xue xue）——棉鞋。

2639. 毛嘎噔——毛毡子高筒靴。

2640. 皮头儿包跟——鞋头与后跟都钉上皮革。

2641. 趿（ta）拉板儿——拖鞋。

2642. 家做鞋(hai)——自己做的鞋，与街市上买的相对而言。

2643. 竣带——裹束裤腿口用的松紧带。

2644. 绑腿子——腿带。

2645. 绑腿——用宽布带把裤脚绑在腿腕上

2646. 绑腿带子——绑腿用的宽布带。

2647. 裹腿子——①把裤口裹在腿腕上的布带子。②缠在裤子外边小腿部分的布条。旧时士兵行军时多打裹腿。

2648. 搂鞋（变音为 hai）带——脚后帮上的带子。

2649. 马莲带带——一种宽度像马莲叶子一样的布带。

2650. 裹脚条条——旧时女子缠足用的布条。

裹脚条条号儿的虱子——吃不上个香东西。（号儿：里）

2651. 袜楦子——缝补袜子时所用的木制楦子。

2652. 雨簸箕（boqi）——形状像簸箕的雨毡，披在身上，防雨淋。

放羊不拿雨簸箕，冷蛋子搅雨拍坏你。

2653. 瓜壳子——瓜皮帽。

2654. 围脖儿——长条围巾。

2655. 酣水牌牌——围嘴儿。

2656. 扑穗穗——物体周围的细软垂吊物。

灯篓底下要是没有那一圈扑穗穗，真还不好看呢。

2657. 紧脚绊手——形容穿戴整齐，

利落。

那个老太太，八十多岁了，多会儿出来也是穿得紧脚绊手的，可精神了。

2658. 体体统统——穿戴整洁，齐全。

2659. 穿绸摆缎——形容旧时有钱人穿着绸缎衣服，显得十分阔气。

以前有句俗话：有钱人是穿绸摆缎吃包子，没钱人是撵牛放马割蒿子。

2660. 肥袍大褂——指人的上衣宽大而长。

你那衣裳肥袍大褂的，又是谁替下来的？

2661. 搐猴吊相——衣服短、瘦，不合身。

2662. 合身——衣服适合身材。

这一套西服你穿上再合身点儿哇，快买下哇！

2663. 稀松——穿戴肥大，不合体；人不精干。

2664. 稀松邋遢——人不精干，穿戴也不整洁、不合体，不修边幅的样子。

就你那稀松邋遢的，人家闺女们谁能看上你了？

2665. 稀松趿（ta）拉——形容人穿戴很不整洁，显得很邋遢。

你就这样稀松趿拉地出去，也不怕人家笑活？

2666. 死松塌拉——形容衣服肥大，不合身。

2667. 日脏邋遢——形容人不讲卫生，不修边幅，形象邋遢。

她日脏邋遢的，哪能做了个好饭了。

2668. 三面儿新——棉衣或被子的里子、面子和棉花都是新的。

2669. 单衣泼裳——穿的衣服单薄。

已经立冬了，你还是单衣泼裳的，那哪能出个门了。

2670. 衣不加寸——衣服长上一寸，就显得不合适。

俗话说，衣不加寸，鞋不加分。

2671. 七弥八补——形容衣服破烂，补了又补。

他那褂子七弥八补的，已经穿了十几年了。

2672. 缝缝补补——指缝补衣物等。

新三年，旧三年，缝缝补补又三年。

2673. 脱剥——专指脱掉衣服。

2674. 穿扮——穿着，打扮。

你快点穿扮哇，人家娶亲的就要到了！

2675. 推头——理发。

2676. 镜儿——镜子。

耍鸬鸬喂兔儿，梳平头照镜儿，月亮地儿打的个电棒儿。

2677. 墙镜——挂在墙上的镜子。

2678. 挂镜——挂在墙上的镜子。

2679. 梳头匣子——置放梳妆用具的盒子。

2680. 篦（bì）梳——用竹子制成的梳头用具，中间有梁，两侧有密齿。

2681. 拢梳子——中等梳子。

2682. 大梳子——大号梳子。

2683. 卡子——发卡。

2684. 头发络子——用来网住成年妇女脑后发髻的丝网。

2685. 镏子——戒指。

第十四节　日常用品

2686. 用项——用处，用途。

这东西看圪好看，实际也没用。

2687. 家三货四——家中的日用品。

2688. 家具——家伙；工具；用具。

2689. 手头家具——常常使用的工具。

2690. 捉杖——家伙；工具；用具。

是匠不是匠，全凭个好捉杖。

2691. 系（xì）——提梁。

编了一对箩头没上系，咱二人拉到可了人家意。

2692. 系子——提梁。

2693. 系系——提梁。

谜语：铁篮篮铁系系，一出门高挂起。（打一物。谜底：锁子）

2694. 把把（bà bà）——①器具上便于用手拿的部分。

瓢把把 /刀把把

②瓜、果等的蒂。

瓜把把　/葫芦把把

2695. 担杖——扁担。

2696. 胰子——肥皂。

2697. 猪胰子——用猪的胰腺作主料自制的皂类。

2698. 洋胰子——肥皂。

2699. 搓板子——洗衣板。

2700. 洋火——火柴。

2701. 洋取灯——火柴。

2702. 取灯日——火柴。

2703. 取灯匣匣——火柴盒儿。

2704. 匣匣——盒盒儿。

火柴匣匣 /梳头匣匣

2705. 笸箩箩——用柳条或竹篾编成的低矮的小型的敞口筐篮，或方或圆，大小不等，用来盛放米面，食品或针头线脑等等。其较大型的叫笸箩或大笸箩。

2706. 团桌——圆桌。

2707. 马扎子——一种小型坐具，其腿交叉，上面绷帆布或绳带等，可以合拢，便于携带。

2708. 灯盏——特制的陶瓷灯碗，上面有半封的盖和穿灯芯的孔。过去把麻油加入灯碗点灯照明。

灯盏没油黑坐着等，哥哥没钱你嫑（biào）取心。

灯盏没油倒上醋，走不在人前穷拿住。

2709. 灯树子——旧时放置灯盏的一种木制灯座。

2710. 灯碗碗——类似酒盅的简易灯碗。

2711. 灯瓜瓜——类似酒盅的简易灯碗。

灯瓜瓜点灯半炕炕明，酒盅盅挖米不嫌哥哥穷。

2712. 电棒儿——手电筒。

耍鸽鸽喂兔儿，梳平头照镜儿，月亮地儿打的个电棒儿。

2713. 洋糨子——市场上卖的瓶装糨糊。

2714. 洋钉子——机制钉。

2715. 洋蜡——蜡烛。

2716. 洋布——旧指机器织的布。

2717. 洋袜子——机织丝或线袜，区别于过去用布缝制的袜子。

2718. 洋面袋子——用白布做的装面的口袋。

2719. 洋灰——水泥。

2720. 卜榔——棒子。

2721. 抽日——袋子。

2722. 抽抽——袋子。

2723. 绳络（lào）子——网兜。

2724. 兜兜留系——提包一类的东西。

他们家今天来了很多人，兜兜留系放下一柜。

2725. 铁索（sa）索——细铁链子。

2726. 拔吊儿——捻制毛线、线绳、麻绳的工具。

2727. 麻绳绳——纳鞋底用的细麻绳。

2728. 针关——针上引线的孔。

2729. 顶针子——铁、铝或铜制的薄片圆环，外有很多排列整齐的小坑，做针线活儿时戴在中指上用来顶住针关，缝纫省力，快捷。

2730. 草纸——原来小作坊生产的质地非常粗糙的纸，主要是妇女月经期或坐月子用。

2731. 洋炉子——铸铁火炉子。

2732. 烟筒——烟囱。

2733. 火筒——铁皮烟筒。

2734. 拐把子——铁皮烟筒的连接90度角的拐角烟筒。

2735. 旱烟——烟叶。

2736. 洋旱烟——纸卷烟，即香烟。

2737. 烟卷儿——香烟。

2738. 纸烟——香烟。

2739. 水烟——一种烟丝。

2740. 羊腿——用羊腿骨制作的水烟袋。

2741. 烟袋——吸旱烟的用具，在烟袋杆儿的一端安着烟袋锅儿，用以装烟，另一端安着玉石、翡翠或铜制的嘴儿，可以衔在嘴里吸。

头一回眊你你不在，叫你大打了哥哥两烟袋。（大：读平声，爹，爸）

紟（jin）牢裤带，别牢烟袋，洗尽脓带，进门时低倒头，操心碰烂脑袋。（紟：系结）

2742. 烟袋杆儿——连接烟袋锅儿和烟袋嘴儿的中空的杆儿。

2743. 烟锅子——烟袋锅儿，装在旱烟袋一头的金属的碗状物。

2744. 烟铙铙——烟袋锅儿。

想妹妹想得迷了窍，吃烟含住个烟铙铙，哎哟！差点把哥哥嘴烧了（liao）。

2745. 烟口袋子——系在烟袋杆儿上的装烟叶的小口袋。

2746. 烟抽抽——装烟叶的小口袋。

我给你缝上个烟抽抽，给哥哥拿上留念头。

2747. 烟锅钩子——用以剔除烟锅儿里的烟垢的金属小钩。

2748. 烟油子——烟袋里的油垢。

2749. 洋烟——大烟土。

2750. 火钵（ba）子——火罐儿。

生脑脑头疼火钵钵（baba）扳，肚里的冤枉堆成山。

2751. 火镜儿——凸透镜，有聚光作用。因其在烈日下能点着火，故名。

2752. 不求人——抓挠，木抓抓。

2753. 痒痒挠——抓挠，木抓抓。

2754. 挖耳勺勺——挖耳屎的银、铜、铁制的微型小勺。

2755. 蝇刷子——拂尘。

2756. 气管子——打气筒。

2757. 升子——量粮食的器具，十升等于一斗。

2758. 测子——量具，量液体的有把的容器。圆柱筒，上沿儿有长提杆儿，用来量酒或油，有一两、二两、半斤、一斤等多种规格。

油测子 /酒测子

2759. 捶敲——棒槌，捶布用的木棒。

心里头想你嘴上念，拿起捶敲就擀面。

2760. 捶敲棒——捶布用的木棒。

2761. 捶板石——洗衣服时捶打衣服垫在下面的稍有凸面的方板石。

捶板石打耗子——击（急）溜出眼珠子了。（急溜，指人机灵。全句讽刺人机灵得过分了）

2762. 罗子——带有网状物，用来罗面的一种器具。

2763. 绢罗——一种用丝绢做底的网眼儿较细的罗子。

2764. 水斗子——用柳条编制的从井里汲水的器皿。柱形，底尖，上有提梁。

水斗子下井落彻底，我把真心掏给你。

脑袋水斗子呀似的（喻满头大汗）。

2765. 斗绳——“水斗子”上系的绳子。

井水深斗绳短，人里头活人数我难。

2766. 拔水——用水斗子或水桶从井里提水。

2767. 钁（jue）子——类似镐头的一种刨土工具。

2768. 洋镐——镐。

2769. 秤砣——称物品时用来使秤平衡的金属锤。也叫秤锤。

甚人访甚人，秤砣访流星；天上的织女访牛郎，地上的灰堆访恶煞。

2770. 箩头——用红柳条编成的圆形浅筐。

2771. 盒儿尺——卷尺。

2772. 丈尺——旧时木匠用的一丈长的有刻度的木制直尺。

2773. 将军不下马——一种锁。开锁后，钥匙不能拔下。

2774. 辐丝——辐条。

2775. 电驴子——摩托车最初的俗称。

2776. 板蛤蟆——小轿车的统称。

2777. 小卧车——小轿车。

2778. 浮石——有很多小空洞的石头，可用来擦皮肤，煺猪毛。

2779. 蛇皮袋子——塑料编织袋。

2780. 顶门棍——用来顶门的木棍；也比喻爱顶嘴的人。

2781. 拐棍——弯头的手杖、拐杖。

2782. 尿盔子——小便瓷盆。

2783. 夜壶——男子便壶，因在夜间使用，故名。

2784. 白土子——白色土，过去人们用来刷家的一种涂料。

2785. 席匙子——编席匠用来拔苇篾的专用工具，铁制，辘轳把形，前边有带槽的扁尖。

2786. 手戳儿——私人的姓名图章。

2787. 手章——私人的姓名图章。

2788. 油笔——圆珠笔。

2789. 书皮子——书的封面。

2790. 信皮子——信封。

2791. 信瓤子——信纸。

2792. 自来水笔——钢笔。

2793. 改锥——螺丝刀。

2794. 炉锥——捅炉子用的铁条。

2795. 艾要子——用艾蒿拧成的粗绳，干后可燃。

2796. 火箸（zhu）——火筷子。

第十五节　其他事物

2797. 书房儿——学校。

2798. 上书房——上学。

2799. 告假——请假。

2800. 七子——匕首。

2801. 苗子——长矛，红缨枪。

2802. 豁豁——小口口。

2803. 圪榻榻——土台。

就在这个圪榻榻上坐坐哇。

2804. 窟窟——小孔；小洞。

没窟窟还想下蛆了。

2805. 窟子——窟窿。

没做的，寻做的，铁匠炉上烧窟子。

2806. 气眼窟子——菜窖顶部或窗户上留的跑气的窟窿。

2807. 恶煞（sha）——垃圾。

甚人访甚人，秤砣访流星；天上的织女访牛郎，地上的灰堆访恶煞。

2808. 缸坊——酿酒的作坊。

壶壶虽小，通缸房的了。

2809. 油坊——榨植物油的作坊。

2810. 粉坊——制作淀粉，粉条的作坊。

2811. 碾坊——碾米、面的作坊，也叫“碾房”。

2812. 磨坊——磨面粉的作坊，也叫“磨房”。

2813. 麻糁——麻子榨油后的渣子，可喂牲口。

2814. 果丹皮——把海棠果熬成浆汁，去掉渣滓，摊在案板上晒成的薄皮果脯。海棠果也叫海红子。

海红红熬成果丹皮，寻下个男人心不喜。

2815. 信杆——电话线杆子。

头回碰见鄂友三，抢了吃的刁了穿；二回碰见鄂友三，二尺麻绳摽子扳；三回碰见鄂友三，大石头压人气难喘；四回碰见鄂友三，掏开钵钵（音 ba ba ）栽信杆（这里的“栽信杆”是方言，就是活埋人的意思）。

2816. 由头——借口，理由。

他那是找了一个由头，实际上是想趁机报复人家小李了。

2817. 折套——做法，规程。

一到医院，总是先走那老折套，各种检查、化验，半天也弄不完。

2818. 执把——证明问题或持之办理相关事宜的条据类东西。

2819. 白纸黑字——字据；有字据为证。

咱们白纸黑字地都写在那儿了，现在谁也别想反悔！

2820. 洇（yin）——液体在纸、布及土壤中向四外散开或渗透。

这种纸写字不洇。

血把纱布也洇湿了。

2821. 印日——痕，痕迹。

脚印日 /红印日

2822. 印印——痕迹。

车印印 / 牙印印

2823. 秃罗——泛指圆形的东西。

把萝卜都给切成些儿厚秃罗。

那后生常时带的两个黑秃罗。(墨镜)

咱们这上面还有镇政府的红秃罗

（公章），你怕甚？

2824. 瓦兹兹——破碎的碗片儿。

瓦兹兹劐(huo,划)屁股,越劐(获)越深。

2825. 毛片——毛色。

青骡子青马青毛片，官家也难断牵魂线。

2826. 圪折——折叠（动词）。

你把那个毛边儿圪折回圪再缝。

2827. 圪筒——筒状器物。

把席子卷成圪筒。

2828. 圪圈（quan）——动词，画圈做记号或用物围成圈。

他用石头圪圈住了自己的那块菜地。

2829. 圪圈圈——名词，圆圈。

地上画了个圆圪圈圈，把那个小孩儿往里一放，他就不敢出来了。

2830. 死疙瘩——死结，不易解开。

2831. 底板——根底。

2832. 圪尖尖——裁剪后剩下的不规则小布头；物体锐利的末端或细小的头儿。

2833. 沿沿（yàn）——器物的口口，边儿。

从瓮沿沿开始就打省着吃，才算节俭。

2834. 拐拐——物体两个边沿相接处。

墙拐拐 / 桌拐拐

2835. 圪丁瓮子——小缸；也指个子小的人（贬）。

圪丁瓮子二号盆，鬼眉溜眼装好人。

2836. 水瓮——水缸。

2837. 位位——位置；位子。

2838. 汽路——公路。

2839. 臭油——沥青。

2840. 亮油——清漆。

2841. 召——喇嘛寺。

2842. 庙——佛、道之居。

2843. 咚铃——骆驼脖子上挂的大铃铛。

公鸡带咚铃——假装大牲口了。

2844. 銮（luan）铃——原指人君所乘车之铃。方言中常常用来比喻人的大而乱转的眼睛。

“朋友”进门，两眼銮铃，不是谋钱，就是谋人。（两眼銮铃，即两眼像銮铃一样）

2845. 拉边儿——鸣笛。

2846. 皮包儿——钱包。

2847. 红火热闹——场面热闹。

正月十五胡闹三官，也就是为了个红热火闹。

会看的看个门头脚道，不会看的看个红火热闹。

2848. 门头脚（jia）道——门道；方法，程序。

看了半出戏，也没看出个门头脚道。

2849. 天反乱世——世道不安，兵荒马乱。

棋盘盘炉台四烧锅，天反乱世拉引上我。

2850. 栅栅——一般指用木棍子做成的门，不太结实。后来也有用钢管焊制的。

2851. 七股栅栅——指班房、牢房。因其窗户有七股栅栏而得名。

你经常这样胡作非为，是不是想进七股栅栅了？

2852. 八音子——一种能连发的小手枪。也叫“八音手枪”、“八音响”。

2853. 铜帽儿——子弹壳。

2854. 二股杈——顶端分开两个叉的

长棍。

二股杈打老婆——一下顶两下。

2855. 圪柳棍儿——弯曲不直的棍子。

圪柳棍儿打平地——着一头，不着一头。

2856. 闪檐檐——物品或建筑上边横向凸出的形状如檐的部分。

2857. 茅子——厕所。

2858. 老屎——人粪。

2859. 流星——系着绳或铁链的铁锤。

甚人访甚人，秤砣访流星；天上的织女访牛郎，地上的灰堆访恶煞。

2860. 灯篓——灯笼。

牛皮灯篓——里明外不亮。

2861. 合龙口儿——筑坝时从两端施工，最后在中间接合堵住流水口。龙口，大坝未合龙时的流水口。

2862. 边墙——长城。

2863. 制钱——官局监制铸造的铜钱。因形式、分量、成色皆有定制，故名。

2864. 过路财神——比喻转手的钱。

你别看我手里这么多钱，这都是过路财神，没咱们一个。

2865. 吸铁——磁铁，磁石，也叫“吸铁石”。

2866. 洋糖——方块儿糖。

2867. 砒信——砒霜，有剧毒。

2868. 海蚌(bang)儿——蛤蜊(ge li)。

2869. 山狍野鹿——泛指各种野生动物。借指各种外财。

人们常说，山狍野鹿，打住伙吃。也说，山狍野鹿，谁打住谁吃。

2870. 掌子——钉鞋匠用来钉鞋的皮革。

唱戏没嗓子，钉鞋（hai）没掌子。（比喻没有赖以谋生的基本条件）

2871. 打信——寄信。

有空打信，没空了托梦。

2872. 抬头格式——指日常应用文的书写格式。

让他写约不行，他概没写过，连个抬头格式也不懂，还是请人家李老先生哇。

2873. 有的没的——所有的。

去了人家家，不要乱开玩笑，不要有的没的甚也灰说。

2874. 井槽子——放置在水井边的石制梯形槽，专供饮牲畜用。

2875. 猪槽子——也叫“猪食槽子”，长方形石制槽，放猪食喂猪专用。

2876. 锯末面子——锯木头时的锯屑。

第十六节　家务营生

2877. 洗涮(shuan)——洗脸，刷牙；洗锅碗瓢盆或洗衣服。

2878. 做茶打饭——偏指做饭。

2879. 锅头灶脑——锅头上的各种活儿，泛指做饭洗碗等家务。

2880. 煺(tui)——将已经宰杀的猪、鸡等用开水烫后除毛。(《集韵》：以汤除毛)

2881. 煏（bi）——用火烘干。(《说文》：煏，火干也)

生炉子煏家。

2882. 煏干锅——把锅烧热，煏家驱寒。

2883. 纫（rèn）针——穿针。纫，以线贯针为纫。

张飞纫针——大眼瞪小眼。

人老了，眼花了，连针也纫不上去了。

2884. 纳——为结实耐磨，在鞋底或袜底上密密地缝。

纳袜底。纳鞋（变音为 hai）底。

男人莫忘秋剁地，女人莫忘夏纳底。

2885. 实纳——为结实耐磨，在鞋帮或鞋底上用又密又匀的针脚缝。

2886. 遍纳——密密地缝。

2887. 绱——把鞋帮与鞋底缝合在一起，也叫“绱鞋（变音为 hai)”。

包下一箔箔（pia pia）饺子干冻起，绱（shàng）起一对新鞋（hai）就等你。

2888. 鞔(mán)——把布蒙在鞋帮上；把皮革蒙在鼓框上，钉成鼓面。

鞔鞋面儿。/ 鞔鼓。

2889. 衬（chèng）子——用碎布或旧布加衬纸裱成的厚片，多用来制作布鞋。

2890. 缭（liao）——用针斜着缝。也作“敹（liao)”。

缭贴边。

2891. 圪缭——大针脚简单地缝。

圪缭上几针。

2892. 弥——用针线将原来不在一起或开了口的东西连接起来。也指东西不够长，再接一块儿。

娃娃的裤儿短了，还得再弥圪二三寸。

2893. 弥对——用针线将原来不在一起的东西连接起来。

人家那个坐垫儿都是用各种花布块儿弥对在一起的。

2894. 紦（ba）——绣。

红鞋（变音为 hai）上紦的绿蛤蟆，我不吐口口你能咋。

2895. 紦（ba）花儿——绣花。

紦花儿容易生根难，唱曲儿容易迭调难。

2896. 紦（ba）花儿绣燕儿——绣花鸟。

2897. 缲（qiao）——缝纫方法，做衣服边儿或带子时，把布边儿往里头卷进去，然后藏着针脚缝。

2898. 缉(qi)——一针对一针地缝，用相连的针脚密密地缝。

缉鞋口子。缉衣裳边子。

2899. 沿——把窄条的布缝在衣服边儿上，使不直接露出毛边。

2900. 滚边儿——在衣服、布鞋等边缘特别缝制的一种圆棱的边儿。

2901. 缝新补旧——缝制新衣服，修补旧衣服。泛指做针线活儿。

2902. 缝连补粘——指代妇女的各种针线活儿。

2903. 黑水——需要洗的脏衣服。

2904. 洗黑水——洗衣服。

2905. 褿（cao）了——衣服弄脏了。（褿，衣久未浣洗。浣者，洗也）

衣裳褿了我给你洗，从今后哥哥再不用洗黑水。

2906. 黑褿（cao）——物品或人体上的污迹、污垢。

2907. 濛（mèng）——水中浸物。

你把衣裳濛一濛，濛到了再洗哇。

焖了米饭的锅不好洗，倒上水濛上一会儿再洗哇。

2908. 淘——清洗已用肥皂洗过的衣服。

2909. 摆——用清水漂洗。

2910. 烙——用熨斗烫，使衣服平展。

2911. 烙铁——熨斗。

2912. 铰（jiao）——用剪子剪。

2913. 挈(qiě)——用毛巾等物擦抹。

你赶紧挈一把脸，咱们一会儿就得走。

2914. 挈（qiě）抹——擦抹。

你不要挈抹那个柜子了，咱们先做饭哇。

2915. 挈抹挈抹——用毛巾等物擦抹。

你把桌子好好挈抹挈抹，他们一会儿就要回来吃饭呀。

2916. 挈一挈（qiě）——擦一擦或抹一抹。

你把这个瓶子再挈一挈，把它摆在柜上。

2917. 把接——从后面用手托起小孩儿两腿，让他大小便。

2918. 挈（qiě）屎挖尿——擦屎擦尿，形容哺育孩子十分辛苦。

她一个人挈屎挖尿地抬掇（抚养）大三个孩子，真不容易。

2919. 圪涮——稍微涮一涮，洗一洗。

你把洗过的杯子再圪涮一下哇。

2920. 扽（dèn）——猛然用力一拉或短促的拉扯。《玉篇·手部》“扽，引也，撼也。”

2921. 圪扽（dèn）——两头同时用力把线、绳、布匹或衣服拉紧或抖动。

咱俩把这块儿布趁湿圪扽一下。

2922. 律——捆、绑使紧；普通话所说的“勒”。

你把那铺盖再往紧律一下，怕半路跌下来。

他爷爷是被日本人律死的。

2923. 硙（wei）——磨（面）（硙，磨也；碎物之器也。这里用作动词，用磨碎物或使物粉碎）。

硙麦子。

2924. 硙（wei）磨——推磨；把粮食放在磨子里研磨（动词）。

他们都去硙磨去了。

2925. 碾子——旧时把粮食压成面的石制工具，主要有碾盘、碾轱辘、碾管芯、碾框、碾杆等组成。

2926. 碾道——碾盘周围供人或牲畜走的环形道路。

2927. 轧（ya）——圆轴或轮子等压在物体上转（轧，辗也，《说文》）。

2928. 轧（ya）碾子——用碾子把粮食压成面粉。

2929. 轧（ya）糕面——用碾子把黄米压成面。

2930. 㧟（la）——研破粮食或粗磨一下。

他在小磨磨上㧟黑豆。

2931. 头糙——为了去皮，用碾子推轧糜、黍、谷子的第一遍。

2932. 二糙——为了去皮，用碾子推轧糜、黍、谷子的第二遍。

2933. 头烂——用磨硙（wei）麦子，硙下的第一遍叫“头烂”，罗下的面叫头烂面。

2934. 二烂——用磨硙（wei）麦子，硙下的第二遍叫“二烂”。以此类推。

2935. 拉脚（jia）——用马车为别人拉运货物。

那几年我们队有三挂胶车在呼市拉脚，每年都能开红，一个工能跌七八毛钱了。

2936. 打换——调换，过去山前人运物赴山后易粮。

那几年，我们每年冬天都拉上黄米到后山打换莜麦。

2937. 挑菜——用小铲挖苦菜、蒲公英等，供人吃或喂猪。

2938. 泼（pā）——用开水冲或泡。

泼一壶茶。/泼莜面。

2939. 套——用泥或耐火土涂抹炉灶内壁。

2940. 麦秸秸——麦秆。

麦秸秸里头睡觉——细人。

2941. 麦滑子——靠近麦穗的经过碾打变平变碎的麦秸。

吞糠咽菜转戏楼，铺麦滑子枕砖头，无家可归睡街头。

2942. 苒（ràn）——用来和（huo）泥的麦滑子。

2943. 拌苒（ràn）——把苒与土拌在一起。

2944. 苒泥——拌了苒和（huo）起的泥，也叫“大苒泥”、“圪楂泥”。

人活脸面树活皮，墙头活得一把圪楂泥。

2945. 细苒泥——用麦糠和（huo）起的泥。

2946. 泥页——泥工用来抹泥或灰的抹刀。

2947. 泥托子——泥瓦工用来托泥、灰的带把的方块小木托。

2948. 抹子——泥瓦工用来往平抹泥灰的工具。

2949. 破土——建房屋等工程，在地面上开始动土。

2950. 根脚（变音为 jia）——地基。

2951. 垫根脚（变音为 jia）——过去盖平房，先在平地上垫起二三尺厚的土，作为地基。

2952. 打地脚（变音为 jia）——在地基厚土上打夯。

2953. 稳根脚（变音为 jia）——在地基上垒放石头并浇灌水泥，作为墙基。

2954. 拿墙——垒墙。

石头垒墙拿不高，我和二疤子闹不好。

2955. 瓦（wà）瓦（wǎ）——在房顶上铺瓦。第一个“瓦”（wà），名词变动词。

2956. 挂瓦——在房顶上铺瓦。

2957. 泥皮——抹在墙表皮的一层薄泥。

2958. 栅（zhà）——插（动词）。

在羊圈墙上栅上圪针哇。

2959. 起房盖屋——泛指修建住宅。

那会儿在村里，起房盖屋就是家里的一件大事，又费钱又费人。

2960. 拆盖——拆旧房盖新房；泛指修建。

这个房是前年刚刚拆盖的。

他们原来的老房，这会儿拆盖得寻不见了，大概就在这一带。

2961. 甃（zhòu）——用砖或石砌筑井或池子。

2962. 开剥——宰杀牲畜后，割开肚子，取出内脏进行清洗。

2963. 熬油——耗油（过去用油点灯）。

白天游游走四方，黑夜熬油补裤裆。

2964. 錾（zàn）——一种凿石头、金属的工具。用作动词是开凿或雕刻的意思。

他锻炼用的那把宝剑上还錾着“青锋”两个字。

2965. 倒——把溶化的金属或和好的水泥浆倒入特定的模具之中。

2966. 卸树——伐树，把树锯倒。

2967. 发锯——磨锯，即用钢锉锉锯齿，使其锋锐。

三大难听：磨锅，发锯，叫驴吼。

2968. 解——锯。

大山水刮不断芦草根，钢锯子解不开咱的心。

2969. 解板——把圆木锯成板材。

拉锯扯锯，解板，割柜。

2970. 鐾（bei，旧读 bì）——把刀口在石头、缸沿、粗皮等物上反复摩擦，使其锋利，是一种简易的磨刀方法。《字汇补》：“鐾音避，治刀使利也。”

他拿了一把剃头刀，在门框上胡乱鐾了鐾刀刃，就要给我剃头。

2971. 杠（gàng）——把刀口在石头、缸沿、粗皮等物上反复摩擦，使其锋利。

这个切刀有点儿笨，你把它在瓮沿上杠一杠再切。

2972. 收撮（cuo）——收拾；整理。

2973. 撮摞——收拾、整理东西。

2974. 撮摞——收拾人，整人（引申）。

2975. 拾翻——翻来覆去的收拾某物。

2976. 折摞——收拾整理、摆弄物品。

2977. 打摞——收拾，安顿，整理。

2978. 整摞——收拾，整理。

2979. 归摞——归类整理。

2980. 归折——整理、集中，把同类的东西合并在一起。

2981. 归并——整理、集中，把同类的东西合并起来。

2982. 归整——归类整理东西。

你抓紧时间把要带的东西归整一下，车一来咱们就走。

2983. 支预——预备，准备。

你趁早支预好钱哇，估计买这匹马得两个钱了。

2984. 按预——准备；打算。

他现在的光景过得很不好，那年借我的那些钱，我也不按预要了，就当扶贫吧。

2985. 便宜（biàn yi）——准备完毕；安排妥当。

过大年的东西，都便宜了吗？

2986. 便便宜宜（biànbiàn yi yi）——全部准备完毕；已经安排妥当。

他一进门，饭菜已经便便宜宜的了，他还是挑上毛病没完。

2987. 少人没手——家里能做活的人少。

大秋忙，我们家又少人没手的，我哪能跟你进城了。

第十七节　花木植物

2988. 树头——树的顶部。

2989. 树圪杈——树杈。

2990. 树秧子——供移植的幼树苗。

2991. 树栽子——用做栽植的杨柳树枝。

2992. 柳米——春季柳树枝嫩芽处长出的短穗，由米状小颗粒组成。

2993. 柳毛毛——柳米成熟后生出的柳絮。

2994. 榆钱钱——即榆钱儿。

2995. 松塔塔——松球。松树的果穗，内有松子。

2996. 通天杨——白杨树。

2997. 攒天杨——白杨树。

2998. 红鞭杆子——红柳。

2999. 沙柳——红柳。

3000. 海棠子——海棠果。

3001. 海红子——形如海棠果，色紫红，味甘酸。

海红子酸来海棠子甜，摇一摇树枝枝吃几天。

3002. 酸毛杏儿——还没有成熟的绿皮杏儿。

3003. 黄绵杏儿——熟透了的杏。（会自行从树上掉下来）

草死苗活（hua），黄绵杏跌钵。（钵ba，这里是嘴里的意思。这是过去人们希望不用锄地就草死而苗活，躺在树下黄绵杏就会掉在嘴里的理想。现在有了杀草剂，草死苗活成了现实，黄绵杏也并不是人们最理想的果品）

3004. 骨骨——核。

杏儿骨骨。

枣儿骨骨。

3005. 车串串——车前草。

想妹妹想得眼花乱，蒲公英认成车串串。

3006. 车前前——车前子草，又名车串串。

车前前开花头操转，你说你心好掏出来看。

3007. 刺儿苗——苍耳子。

3008. 刺儿梨圪蛋——苍耳子。

3009. 莽良心——蒺藜。

3010. 毛莠莠——狗尾巴草。

3011. 甜草苗——甘草。

3012. 地毛——发菜。

3013. 沙葱——野葱。

3014. 扎蒙蒙——草原上生长的一种花，绿叶细杆粉红花，其花炝油后是一种很香的调味品。

扎蒙蒙开花九寸高，你人又善良心又好。

3015. 碱葱——一种难以下咽的野菜。

烧圪针，吃碱葱，到了黑夜不点灯。

3016. 圪针——一种带刺的植物。

割上圪针喂老牛——尽了心了。

3017. 沙蓬——野生植物，指“戈壁沙蓬”，即猪毛菜。

十月的沙蓬绣成蛋，哪哪儿挂住哪哪儿站。

我好比十月的沙蓬无根草，哪里挂住那里好。

3018. 灰菜——一种灰色的野草，嫩

枝叶可食，人们多用来喂猪。

3019. 阳辣辣——一种野生植物，根茁壮，叶扁圆，开一簇簇的小白花。

狗屎滩专长阳辣辣菜，衙门里尽是呼拉盖。

3020. 马籽儿菜——马齿苋（xian），是夏秋季节长在田间地头的一种野菜，可食用，也有药用价值。

3021. 甜苣（jù）——苦菜的一种。

3022. 酒盅盅花——野生的牵牛花，其形如酒盅，故称。

3023. 牵牛牛——牵牛花，也叫“牵牛牛花”。

3024. 海娜——凤仙花。

鼻梁凹栽海娜——眼前花。

3025. 马皮泡——一种菌类植物。嫩的像蘑菇；老的，里面变成焦黄色的粉末状物，可用来止血。

3026. 地皮菜——生长在野地里的类似黑木耳的菌类植物，可食用。学名叫“地耳”。

地皮菜碰上濛生生雨——舒展了（输展啦）。

3027. 蛤蟆衣——绿藻。

3028. 苇子——芦苇。

3029. 大麻子——蓖麻。

3030. 根把——植物的根系。

这苗树三十多年了，根把肯定可大了。

3031. 绣——植物生长稠密，枝叶藤蔓搅缠在一起。

十月的沙蓬绣成蛋，哪哪儿挂住哪哪儿站。

你那高粱赶紧锄的了，草绣下个不像样儿了。

第十八节　　庄稼蔬菜

3032. 茭子——高粱。

3033. 茭棒棒——把高粱秆去皮后断开的节。

茭棒棒顶门风刮开，我当是哥哥转回来。

3034. 茭棒榔榔——茭棒棒。

3035. 茭秸秸——高粱秆顶端长穗子的那一节。

3036. 玉茭子——玉米。

玉茭子开花儿一圪抓抓毛，想哥哥想得耳朵烧。

3037. 玉茭棒棒——脱粒后的空玉米棒子。

3038. 草麦——大麦。

3039. 朝阳阳——向日葵。

3040. 蒿糜（hāo mī）——一种野生的糜子。

3041. 二料子——秕子。

拾了半天，拾起一颗二料子板大豆。

3042. 二料板谷子——谷秕子。

一年到头算一回账，二料板谷子拿不上。

3043. 二料板壳子——不饱满的粮食。

3044. 籽麻——大麻的雌株，不开花而结籽的麻。

3045. 花麻——大麻的雄株，开花不结籽的麻。

3046. 萝背——萝卜。

长蔓菁，板芋头，要吃萝背小屁股。（这是挑选三种蔬菜的标准，萝背的屁股，指萝背长茎叶的部位）

红皮萝背紫皮蒜，抬头老婆低头汉。

3047. 萝背缨子——萝卜叶。

3048. 糖菜——甜菜。

3049. 糖蔓菁——甜菜。

铡草刀削不成糖蔓菁，我还不摸你是甚脾性。

3050. 山药——马铃薯。

3051. 山药圪蛋——马铃薯。

山药圪蛋烩白菜，受苦人不当人看待。

3052. 山药蛋——马铃薯。

想哥哥想得心慌乱，半后晌才想起吃早饭。哎哟！煮饺子煮了一锅山药蛋。

3053. 生儿白——圆菜。

3054. 豆荚荚——豆角。

吃一回豆荚荚抽一回筋，看一回妹妹揪一回心。

3055. 芫荽——香菜。

3056. 羊角（jia）葱——头一年拢的葱不挖掉，来年春季发出新叶的葱。

3057. 葱胡子——葱的根须。

3058. 玉头——苤（pie）蓝，又叫“球茎甘蓝”。球茎可鲜食或腌制。

3059. 苤（pie）蓝叶子——玉头的叶子。

3060. 玉蔓菁——苤蓝（玉头）。

3061. 洋的老儿——即“鬼子姜”，菊芋的别名。

3062. 地卜榔——不上架的黄瓜。

3063. 菜菜蔬蔬——菜蔬：蔬菜。泛指蔬菜。

院里种上些菜菜蔬蔬，就省得再上街买了。

3064. 洋柿子——西红柿。

3065. 大豆——蚕豆。

判官吃大豆——鬼嚼牙杈骨。

豆子里数不过大豆硬，人里头比不过我命苦。

3066. 金针——黄花菜。

3067. 小瓜子——香瓜，甜瓜。

3068. 落（lào）穮穮（lian）——过了生长季节未成熟的果实。

立秋小瓜子落穮穮，人活年轻才几天天。

3069. 娄西瓜——既熟透又久放，因而瓜瓤化成浆汁的西瓜。

3070. 瓤口——西瓜或香瓜瓤的颜色、品味。

皮皮好赖看得清，瓤口咋说你慢慢品。

3071. 开园——本年第一次卖园中的蔬菜或瓜果。

3072. 下瓜——摘瓜。

3073. 下瓜地——将瓜地的瓜全部收摘。

3074. 穿苔——指带叶子的蔬菜老后长出苔干，也比喻人个子长得太高。

韭菜一穿苔就没吃头了。

那后生细柳细柳的，长得穿了苔了。

3075. 翻米——多指高粱花后开始结籽。

3076. 返阳——植物从枯萎又成活；动物从没有知觉到有知觉。

3077. 缓阳——移植的植物从枯萎到成活。

我倒栽的那些菜秧子今天都缓阳过来了。

第十九节　家畜动物

3078. 骚胡——公山羊。

3079. 圪丁——公绵羊。

3080. 母日——母羊。

3081. 羯（jie）羊——骟了的公羊。

3082. 漂生生——母羊生的第一胎小羊。

3083. 骚猪——种公猪。

3084. 牙猪子——种公猪。

3085. 老母猪——种母猪。

3086. 猳(jia)猪日——骟了的公猪。

3087. 母猪日——劁了的母猪。

3088. 殿窝窝——母猪一窝生的最后一个小猪。(殿：殿后)

3089. 米星猪——有绦虫寄生体内的猪。

3090. 肉猪——供肉食用的猪。

3091. 郎猫——公猫。

3092. 咪猫——母猫。

3093. 獶（nao）狮子狗——毛很长的狗。

3094. 板凳小狗子——泛指低矮的小狗。

3095. 草鸡——下蛋母鸡。

闺女当家驴耕地，草鸡叫明不吉利。

3096. 鸡儿——鸡。

3097. 落(lào)窝鸡儿——孵蛋母鸡。

3098. 黄猺（yao）——黄鼠狼，即黄鼬（you）。

3099. 狐子——狐狸。

3100. 怕怕——狼。

3101. 麻猴子——狼的俗称。

一阴配一阳，麻猴子配个狼。

3102. 犵狑——松鼠。

跌死犵狑窝死蛇，吃水还得毛驴驮。

3103. 兔獶獶（nao）——兔子。

3104. 兔儿——兔子。

3105. 斑仓——野地的一种老鼠。

3106. 耗子——老鼠。

耗子挨住斑仓子睡，一对对那灰脊背。(谓两个人都很坏)

屁股上滴溜的个死耗子——假装打牲的了。

3107. 耗窟——老鼠洞。

3108. 地躇子——地老鼠。

3109. 黄耗子——田鼠。

3110. 鸪鸪鸠——斑鸠。

打鸽子的不管鸪鸪鸠，留下小妹妹叫谁招护？

3111. 鸬鸬——鸽子。

鸪鸪鸠挨住鸬鸬睡，一样样儿那灰直背。

3112. 红麻儿子——还没有长毛的幼鸟。

3113. 雀（que）儿——鸟儿的通称。

3114. 老家日——麻雀。

3115. 家吧子——麻雀。

3116. 湖燕儿——燕子。

湖燕儿吃食张嘴飞，不因不由遇住个你。

3117. 呼不老儿——伯劳鸟。

3118. 恶老——老鹰。

3119. 秃死怪——猫头鹰。

3120. 猫儿信虎——猫头鹰。

3121. 夜翩蝠儿——蝙蝠。

3122. 树锛日——啄木鸟。

3123. 黑老哇——乌鸦。

3124. 亚巧日——喜鹊。

3125. 快快锄——布谷鸟。

3126. 蒿嘀哩儿——一种鸟，毛灰色，带黑斑，比麻雀略大，常住在野滩蒿草里，叫声嘀哩动听。

蒿嘀哩儿出窝溜地皮皮飞，死心不歇就贪恋上你。

3127. 沙鸡——形似鸽，嘴小，翅尖长，脚短，只有三趾。飞行速度快，生活于草原地带，主要吃植物种子，为不定性的冬候鸟。肉可食。

3128. 白灵子——百灵鸟。

大召前头的白灵子——耐惊耐吓。

3129. 石鸡子——斑鸠，一种野鸟。

石鸡子撂（liao）了蛋了(撂：丢。石鸡子丢了自己下的蛋就气得大叫。比喻人乱喊怪叫，使人心烦)。

3130. 半翅子——山鸡。

3131. 繇（you）子——用已经捉到的鸟把同类的鸟引来，这种起引诱作用的鸟，叫“繇（you）子”，也作“游子”。

3132. 河嘻嘻——蜻蜓。

3133. 花大雀（que）儿——蝴蝶。

3134. 花媳妇儿——二十八星瓢虫的俗称。

3135. 扑灯蛾儿——蛾子。

3136. 瞎虻——牛虻。

3137. 牛牛——甲虫的通称。

3138. 牛牛圪虫——各种昆虫的总称。

牛牛圪虫总有个名，寻不见我家问众人。

3139. 虫虫圪牛——各种昆虫的总称。

3140. 蝇子——苍蝇。

3141. 绿头蝇子——下蛆的大苍蝇。

3142. 蚊蝇圪蚤——蚤：跳蚤。泛指苍蝇、蚊子、跳蚤等危害人体的昆虫。

一到夏天，村里那蚊蝇圪蚤可多了，把人们咬得一黑夜睡不好觉。

3143. 蚂蚍蜉儿——蚂蚁。

3144. 蚂蚁牛牛——蚂蚁。

3145. 秋蛉儿——蟋蟀。

3146. 荞麦翅儿——一种蝗虫。

3147. 蜂儿——蜜蜂；黄蜂。

3148. 圪桃虫——蛴螬（qī cáo）。

来时候好比荞麦翅儿翅儿飞，走时候就像圪桃虫虫蝼(蝼 wei，在原地扭动、蠕动，喻行动极慢)。

圪桃虫挖奔子——微微不动。

3149. 叫蚂蚱——蝈蝈。

叫蚂蚱飞在白菜上，真魂灵儿丢在你身上。

3150. 簸簸箕——蚱蜢的一种，形似螳螂，全身绿色或土黄色，头呈三角形，胸部细长，触角呈丝状，后腿长，弹跳力强。

一个小孩捏着簸簸箕的两条后腿说：簸簸箕，簸簸箕，簸上三年再放你。

3151. 地龙——蚯蚓。

3152. 蛇狮子——蜥蜴。

二龙相斗，蛇狮子遭殃。

3153. 蝲蛄(la gu)——蝼蛄。

听见蝲蛄叫就不种地了？

3154. 蚰蜒——一种小虫，人捕鸟钓鱼用的诱饵。

3155. 粪巴牛——屎壳郎。

粪巴牛遇见了拉稀鬼（这里指拉稀的牲口），滚不住个蛋蛋白跑腿。

粪巴牛打嚏喷——满嘴臭气。

3156. 臭臊渎——一种放屁虫。

3157. 罗马蛛蛛——蜘蛛。

3158. 喜蛛蛛——蜘蛛。

3159. 毛只沙——钱龙。

3160. 毛秃沙——钱龙。

3161. 钱串子——钱龙。

3162. 油旱——庄稼上寄生的蚜虫。

3163. 虮日——虱子的卵。

虮日放屁——小气。

3164. 壁虱——臭虫。（虱 shi，方言说成 sa）

明李时珍的《本草纲目·壁虱》也说：“（壁虱）即臭虫也。状如酸枣仁，咂人血食，与蚤皆为床榻之害。”

唐慧琳《一切经音义》卷四五亦曰：“壁虱如草蜱，隐于壁隙床缝之间，夜啖食人。”

谜语：黑紫红，黑紫红，到了半夜日鬼人。（谜底：壁虱。日鬼：这里解作“咬”）

X x x 挨墙睡，壁虱扒下一直背。

3165. 鲫刮日——鲫鱼，也叫“板咋日”。

3166. 蛇鱼——泥鳅。

3167. 鱼泡——鱼鳔（biao）。

3168. 金鸡蛤蟆——青蛙。

3169. 疥蛤蟆——癞蛤蟆。

疥蛤蟆跳门限——又蹾淕子又伤脸。

3170. 蛤蟆圪蚪蚪——蝌蚪。

3171. 苦腮——鱼腮；人的腮帮子，也叫“苦腮”。

3172. 翎（líng）——鸡或鸟类的翅膀或尾巴上的长而硬的羽毛。

赤督子雀儿激高高——抖翎了还是奓（zhà）翅了？（激，往高跳。赤督子，光屁股。）（讽喻人本来穷得精光却偏爱显摆，有什么可显摆的呀？）

3173. 奓（zhà）翅——鸡或鸟类伸展翅膀。（奓：张开）

3174. 翅翅——小鸟或昆虫的翅膀。

哥哥你好似金翅鹏，一翅翅飞起没摸捞。

3175. 脯脯——鸟或鸡的胸脯。

3176. 忽气筒子——人与动物的气管儿。

3177. 红肠——食道。

3178. 化食胆——鸡、鸟类的胃。也叫“化谷胆”。

3179. 嗉子——嗉囊。鸡、鸟类的消化系统的一部分，形如囊，在食道下部。事物在嗉囊里经过润湿和软化，再送入前胃和砂囊，利于消化。

3180. 黄嘴叉叉——羽翼未丰的雏鸟的黄色的嘴角；也比喻人年龄小，经验少。

你还是黄嘴叉叉，可嫩的了，社会上的事甚也省不得，好好学着点儿哇。

3181. 肷窝（qian wo）儿——动物身体两侧肋骨与胯骨之间的部分。

3182. 马尾（yi）——马尾巴上的长毛。

马尾提豆腐——提不起来了。

3183. 蹄胯——腿脚（用于牲畜）。

3184. 猫道——在门窗上专为猫进出留的孔。

猫道里头撬擀杖——直来直去。

3185. 猪揎子——猪的鼻子头。

3186. 二混混——混血儿或非纯种的家畜。

3187. 倒嚼——动物反刍。

3188. 吣（qìn）——猫、狗呕吐。

3189. 生灾——牲畜得病。

3190. 头蹄下水——被宰杀的牲畜的头、蹄、骨头、内脏等，可煮食。

3191. 爬羊——春夏之际吃不上草而极度瘦弱不能跟群的羊。

3192. 落(lào)窝——母鸡孵卵成雏，也叫"抱窝"。

3193. 起骒——母驴、母马发情。

3194. 走跷（qiao）——母猪发情乱跑。

3195. 思群——母牛发情。

3196. 跑羔——母羊发情。

3197. 吭（hang）窝——猫发情。

3198. 搂窝——猪在接近生产前往窝里搂柴草垫窝。

3199. 落（lua）——牲畜流产。

3200. 支生——指家畜动物生产繁殖。

3201. 摆子——鱼类动物在水中排卵。

3202. 含——动物叼。

猫含走了一块肉。

3203. 跑青——牲畜吃刚长上来的青草，远看一片青色，跑过去还是小草，再看远处，又是一片青色，于是又追赶青色，故名"跑青"。

3204. 脚踪（jia zen）——脚印。

磨道还愁寻个驴脚踪了。

3205. 牙口——看牲畜的牙齿判断牲畜的年龄。也指老年人的牙齿咀嚼能力。

看牙口，这马有十几岁呀。

老张六十多岁了，牙口特别好，还经常吃大豆呢。

3206. 搔（sǎo，方言读 zǎo）——用小型耙类工具（搔子）把牛、羊等动物身上脱落的毛梳下来。

粪巴牛进了羊圈了——搔毛没毛，杀肉没肉。

3207. 撂蛋——鸡把蛋下在外面或其他地方。

3208. 舔涮——用舌头舔（用于动物）。

3209. 螋（sou）——（蛆虫）咬。

化梢榆树虫螋根，谁要葬良心死断种。

3210. 嘀（di）嘀啖（dan）啖——狗不停地叫。

3211. 啖啖——狗不停地叫却不咬人。

3212. 啖啖狗——不停地叫却不咬人的狗。

3213. 咬——狗叫；狗边叫边咬人。

听见外面狗咬，他出去一看，原来墙上有个猫儿。

3214. 吱溜喳——形容鸟的鸣叫声音。

喜鹊子叫唤吱溜喳，捎书子不如打电话。

3215. 叫咟（huò）——动物吼；叫；鸣。（咟：叫呼）

喜鹊鹊叫咟猫洗脸，显应多了不应验。

蚂蚁搬家蛇过道，旱蛤蟆叫咟比神仙妙。（非下雨不可）

3216. 鸽(qian)——鸡、鸟用嘴啄。

公鸡的冠冠倒了，草鸡（母鸡）也撵上鸽。

磕头赛如鸡儿鸽(qián)米(鸽米：啄米。形容人磕头次数多，而且速度很快的样子，常用于苦苦央求的场合）。

3217. 混群——两群牲畜混在一起，不易分辨（多指牛羊等群养的牲畜）。

3218. 炸窝——鸟或群蜂受惊扰从巢里向四处乱飞（也比喻人慌乱）。

3219. 宿眼——鸡鸭等家禽夜间闭目休息。

3220. 打抹子——在羊等动物身上涂抹颜色，作为标记，便于辨认。

第二十节　土地耕畜

3221. 地儿——地里。

3222. 庄户——庄稼。

庄户看见别人的好，娃娃看见各人的亲。（各人：自己）

3223. 庄户人——农民。

三天学个买卖人，一辈子学不会个庄户人。

为朋友要为庄户人，不会日粗实圪筒。

3224. 圪塄——地埂，地堰；也指不平的地方。

大路不走你走圪塄，耍滑溜鬼你咋为人。

3225. 圪塄塄——小型的地埂或凸起的条形状物。

你把褥子铺平，你看那儿还有个圪塄塄。

3226. 迭圪塄——为浇地拦水而在地边垒埂。

黑夜下雨白天晴，误不住长工迭圪塄。

3227. 土脉——土质。

3228. 二黄沙地——带沙性的黄土地。

二黄沙地种水葱，一根肠子排两根。

3229. 二游游沙——颗粒较细小的沙子。

黄风刮起二游游沙，孤零零扔下妹妹你走呀！

3230. 二阴阴地——比较潮湿的土地。

二阴阴地里种豌豆，今年修下来年的路。

3231. 下湿地——低洼潮湿的土地。

3232. 上水地——河流、水井上游或附近，能浇上水的田地。

3233. 牲口——牲畜。

3234. 碎小牲口——指家养的耕畜之外的猪、鸡、羊等小型动物。

3235. 儿马——种公马。

3236. 骒马——母马。

3237. 骟马——骟了的公马。

3238. 草马——从草原刚刚买回来，未经驯养的马。

3239. 马驹子——小马。

3240. 走马——供骑用的马，善小碎步高频率快走。

吃饭不离肉，喝水不离茶，出门骑的大走马。（地主老财的生活）

3241. 洋马——又高又大的西洋进口种马。

3242. 叫驴——公毛驴。

3243. 草驴——母毛驴。

3244. 骟驴——骟了的公驴。

3245. 驴驹子——小驴。

3246. 鬼噔噔——驮货物的毛驴。

担过八股绳，吆过鬼噔噔。（吆：赶牲畜。这两句话都是借指做过小买卖的人太精、太奸，不好共事）

3247. 驴骡——母驴所生的骡子，是母驴与马交配的杂交种，也叫“驴儿骡”。

3248. 马骡——母马所生的骡子，是母马与驴交配的杂交种。

3249. 搐（chu）鼻骡子——鼻子长得异样的骡子。

搐鼻骡子卖了个驴价钱——不镶钱

在嘴头子上了（lan）。

3250. 牤牛——公牛。

3251. 乳牛——母牛。

3252. 犍牛——骟过的公牛。

3253. 撒欢儿——牲畜兴奋，任性乱跑乱蹦。

3254. 打滚儿——牲畜为放松肌肉，解除疲劳而在地上来回滚动。

3255. 溜缰——牲畜脱缰。

3256. 弹蹄——牲畜用后蹄踢或蹬。

3257. 霸槽——牲畜不让同类在一个槽内吃草。也比喻人太强势，太霸道。

3258. 出圈（juàn）——把猪、牛、羊圈里的粪便挑出去，再垫上灰、土等。

早晨出圈晚担水，挣下两个工钱老不给。

3259. 打伴子——当小羊倌或小牛倌。

为人寻不下个好汉子，哪如放羊打伴子。

3260. 撵牛放马——泛指放牧牲畜。

旧社会，穷人家的娃娃是撵牛放马割蒿子，有钱人家的娃娃是穿绸摆缎吃包子。

3261. 哨——让马往后退，说“哨”。（“哨”，蒙古语借词，本义为“坐”，人或牲畜往后退，其动作与“坐”相类似，故借用为“哨”）

3262. 来来，达达——让牛向左，喊“来来”；向右，喊“达达”。

3263. 吆——吆喊，赶，驱赶（牲畜）。

你脑（扛）上犁杖我吆上牛，相跟上回来相跟上走。

骑了个骆驼吆了个猪，可把那事情扎了个苦。

3264. 吆赶——吆喝，驱赶。

他吆赶着两头牛下地去了。

3265. 轧（ga）犋——每家各出一头耕牛，合作使用畜力耕作。犋：牵引犁、耙等农具的畜力单位，能拉动一种农具的畜力叫一犋，有时是一头牲畜，有时是两头或两头以上（多为两头）。

3266. 调（tiao）牲口——调教、驯练牲畜，为使役服务。

第二十一节 农活农具

3267. 浇地——灌溉庄稼。

3268. 汇地——秋冬季浇已经翻过的地或无苗之地。

3269. 打冻水——冬季浇地，使地上结冰以保墒。

3270. 动弹(tan)——行动；干活儿；劳动。

大家也歇好了，咱们开始动弹哇。

大懒指小懒，一指个不动弹。

3271. 剜地——用锹翻地。

3272. 上粪——施肥。

地远不如地近，地近不如上粪。

能耕巧种，不如愣小子上粪。

3273. 阶地——用犁耕地。

想你想得着了慌，阶地脑(扛)了个饸饹床，绳绁（xiè）搭在个猪身上。

阶得圪柳种得歪，胡迷日鬼也上来。

3274. 押青——夏秋之际，因为地里草盛苗劣而耕翻之。

3275. 犁把手——犁扶手。

3276. 涩(说成 sa)地——翻过的地。

漫涩地，插荒滩，来也难来走也难。（径直从涩地、荒地行走）

3277. 翻涩（sa）地——把翻过的地再翻一遍。比喻重复，一般指重复已经说过的话或唱过的歌曲、戏曲等。

人家已经讲得明明白白了，他说了这半天，都是在翻涩地，没有一点儿新鲜东西。

3278. 白地——头一年秋收后未耕的地。

3279. 倒茬——轮作。种植与上一年不同的庄稼。

3280. 换茬——同“倒茬”。

3281. 回茬——一年内一茬农作物收获后复种的那一茬。

3282. 重茬——在同一块儿地里连续种同一种作物。

3283. 闯茬——上一年农作物收割后没有耕地，第二年在茬子地里直接播种。

3284. 养墒——保墒。

3285. 坷垃——地里的硬土块儿。

3286. 坷垃锤——打碎地里坷垃的专用工具。

想妹想妹真想妹，锄地扛了个坷垃锤。哎哟！差点儿打断哥哥的腿。

3287. 打坷垃——打碎地里的坷垃以保墒，也有利于平地和种植。

3288. 耱——一种用来平地、碎土、保墒的农具。用荆条或树枝编成，呈长方形，后端有齿，用牲畜拉着走，走时上面站人或放重物。

3289. 种地——用耧播种。

3290. 养种——播种。

3291. 摇耧——把控着耧种地。

3292. 籽眼——耧内滴籽种的小口。

脚踩坷垃口喊牛，眼盯籽眼手摇耧。（种地的技巧口诀）

3293. 帮耧——牵引拉耧的牲畜按垄行走。

3294. 地尽籽儿了（liao）——地种完了，准备的籽种也正好用完了。也比喻事情办完了，准备的材料也正好用完了。

3295. 垄眼儿——垄沟，苗子的株行。

3296. 垄背——垄梁，没有苗子的行间。

3297. 打垃埫——一个人拢着马，用马拉的四个小石磙垃埫把垄沟里的土压瓷实。

摇耧不会，帮耧瞌睡，打垃埫打了四个垄背。

3298. 前十垧——清明前十天内种小麦。

3299. 后十垧——清明后十天内种小麦。

3300. 瓜窝子——点种瓜前所挖的小土坑，在小土坑里点种，便于探到下面的湿土、聚集雨水或浇水。

3301. 点——用锹、铲按固定的行距、株距人工下种。

3302. 点瓜——在瓜窝子内点种瓜种。

小满前后，点瓜种豆。

3303. 玊——在田埂或垄背上点种。

玊豆子。

3304. 压瓜——用土埋压瓜蔓，使不相互缠绕。

3305. 顽墒——播下的种子发芽时间较长。

3306. 出芽——发芽；抽芽。

3307. 出苗——种子萌发后，幼苗露出土地表面。

3308. 捉苗——地里长出庄稼幼苗。

坷垃地种庄稼不捉苗，拿起心机慢慢熬。

3309. 滴籽成苗——播下的种子能全部抽苗成活，多用来形容土地的土质好，出苗率高。

3310. 全苗——播下的种子全部抽苗成活。

3311. 苗架——地里庄稼的出苗情况及长势。

今年我那地里的苗架又不错，看来种玉茭子又种对了。

3312. 倒栽——移植，把秧苗定植。

3313. 薅（hao）锄子——锄地用的小锄。

3314. 薅（hao）苗子——用薅锄子锄地。

3315. 搂地——第二遍、第三遍锄地。

3316. 打掐——把花果或禾类的一部分枝叶去掉，使长得更加茁壮。

3317. 支口——植物茎或蔓上长出的嫩枝或嫩蔓。

3318. 打支口——把植物茎、蔓上长出的嫩枝或嫩蔓掐掉，以利于主干或主蔓的生长。

3319. 掐支口——同“打支口”。

3320. 间苗——把多余的禾苗拔掉，变成合适的株距。

3321. 改种——因为禾苗稀疏、不均匀，不得不重新种植。

你那疙瘩地今年那苗子稀零片八的，不行还得改种了。（稀零片八：禾苗稀疏、不均匀）

3322. 泛青——即返青，田禾至秋不熟而返绿色。也称人返老还童。

3323. 眊地——到地里查看庄稼长势。

3324. 开镰——开始割地（的时候）。

3325. 割地——收割庄稼。

3326. 龙口夺食——比喻在雨季抢收庄稼。

眼看是雨季了，咱们抢收小麦，这是龙口夺食，谁也不能闲着！

3327. 麻田谷地——形容庄稼茂密。

这会儿麻田谷地的，你们女子儿家

尽量少去地里哇。

3328. 耙（bà）——把土块儿弄碎的农具；用耙弄碎土块儿（动词）。

3329. 犁耧耙（bà）齿——泛指耕种用的农具。

他们家犁耧耙齿甚也全全儿的。

3330. 半种地——租种土地，收成对半分。

水地旱地坡坡地，没有穷人立足的地，东也没想望，西也不能去，咱该去哪儿半种地？（《种庄稼》）

3331. 捎种——过去长工附带耕种的土地。

3332. 打短儿——打短工。

正月里出了二月寒，哥哥打短儿走后山。

俗话说，打短儿天长，守棂夜长。

3333. 打短儿受苦——指人临时出卖劳动力。

那会儿，他爷爷就靠打短儿受苦养活着一家人。

3334. 歇晌——午休。

3335. 夏田——生长日期较短，在夏末秋初就收割的作物。如小麦、莜麦等。

3336. 秋田——春种秋收的大田作物，也叫大秋作物。如高粱、谷子、糜子、麻子等等。

3337. 茬子——农作物收割后留在地里的茎和根。

3338. 个子——已经收割的成捆的庄稼。也叫“捆子”。

3339. 捆个子——把割倒的庄稼捆住。

3340. 拉个子——用车拉捆好的庄稼。

3341. 挑个子——装车时用禾杈把庄稼捆挑到车上。

3342. 禾杈——一端有两个略弯的铁制的长齿，一端有长柄，用来挑庄稼捆的杈子。

3343. 繟（chàn）——解开，使宽松，与“捆”、“绾”相对，把系着或绕着的线绳等解开或放松。

把绳子都解繟开，大家一起卸车。

3344. 腰（yào）子——用来把庄稼、草或其他东西捆住的庄稼秆、草或其他绳类物品。

铡草繟（chàn）腰子，饮马打哨子，凉房断（追）耗子，收钱数票子。（打哨子：吹口哨）

3345. 葤（zhòu）——把草捆成两道或三道腰的长捆。捆长捆的动作，也叫“葤”。

3346. 场面——碾打庄稼的场地。

3347. 碾场——在场上用碌碡碾压收获的庄稼，使之脱粒。

3348. 打场——用连枷或棍棒等打庄稼。

3349. 连枷——农具，一根长把，一头连着一组平排的细木条组成的拍子，用来拍打、脱粒粮食。

3350. 扬场——用木锨把粮食扬在空中，借助风力，把其中较轻的杂质吹出去。

听话听音，扬场听风。

3351. 扇车——农具，由风箱和风轮等组成，转动风轮，出风口的风可把粮食的壳、糠与谷物颗粒分开。

3352. 起场——把场面里的粮食过数入仓。

3353. 摸粮——用斗量粮食。

3354. 摸子——摸粮时，用一平直木板把多余的粮食刮一下，使粮与斗梁平，为一斗，那个木板就叫“摸子”。

3355. 张口袋——把袋子打开，准备装东西。

3356. 缯——用线、绳扎袋口。

3357. 扎口子——扎口的线、绳。

缯住个扎口子，谁能供见你是甚意思。(缯住个扎口子：原指扎住口袋的口子，这里比喻不说话。供：猜。不说话，谁也猜不出你的意思)

3358. 青苗在地——地里长出了绿色的庄稼苗（多指农忙季节）。

这青苗在地的，你也能在家闲得住？

3359. 场户了利——庄稼碾打、粮食入库等等农活儿结束；全年农活儿结束。

睡下青苗在地，醒来场户了利。

3360. 大秋忙——秋天是农田和场里收拾粮食特别忙的时候。

3361. 看场——看护场面里的庄稼、粮食。

3362. 撮——用簸箕之类工具铲起来。

3363. 簸——把粮食等放在簸箕里上下颠动，扬去糠秕等杂物。

3364. 跌——把簸好的粮食在簸箕里继续上下颠动，把粮食颠出，让沙石等重物留在簸箕里。

3365. 罗——把东西放在罗子里，来回旋转摇动，使细的粉末或流质漏下去，留下粗的粉末或渣滓。

3366. 筛——把东西放在筛子里，来回旋转摇动，使细碎的漏下去，粗的留在上头。

3367. 踅（xue）——把东西放在罗子或筛子里，转圈儿摇动，把秸秆、叶子等等较轻的杂物浮聚在上面。

3368. 草筛——用柳条或竹子编制的有漏孔的筛子，一般用来筛草料。

3369. 筐篮——没有提梁的筐子。

3370. 筐篮篮——没有提梁的比较小而浅的筐子。

3371. 抄（shà）——挑选、挑拣；捡，拾取。

他们把好的都抄完了。

红了烤旺火，黑了抄搭炭——红黑死挨。

抄破烂儿。

抄茬子。

3372. 抄拔——挑选。

3373. 挑抄——挑选、挑拣。

3374. 抄摸——挑选。

我想给他抄摸个对象。

3375. 滤——挑选；分类。

滤山药　/滤萝卜

3376. 抄耙（pa）——菜园里用来平地并且刮搂出土内杂物的丁齿耙。

3377. 刮耙（pa）——菜园里用来平地并且刮菜畦的用铁板做成的耙。

3378. 丝耙（pa）——用来刮搂田野里的细碎柴草的以铁丝为耙齿的耙子。

3379. 招耙（pa）——用来刮搂细碎柴草的以竹片为耙齿的耙子。

3380. 杈子——一端有四个略弯的木制长齿，一端有长柄，用来挑柴草、秸秆等的农具。

3381. 服手——工具顺手，握着舒适。

这个镰刀把换好了，捉见越发服手。

3382. 沤（ou）——在水中泡。《说文》：“沤，久渍也。”

沤麻。/沤绿肥。/沤皮子。/沤粪。

3383. 栽树——植树。

前人栽树，后人歇凉。

3384. 拢葱——把小葱苗按垄定植在田地里。

第二十二节 车辆绳绁

3385. 二饼饼车——车轮无辐的木轮车，因形状像圆饼，故名。

二饼饼车膏麻油，事缘逼得走这路。

二饼饼牛车拉柴禾，哪一天不假你门前过？（假：介词，从）

3386. 铁瓦车——木制农用车，在轱辘上包着瓦状厚铁皮，故名。

3387. 排子车——有车箱的小胶轮车。排，本字应为“鞴”，《玉篇》、《广韵》：“鞴，车箱。”

3388. 轱辘——车轮子。

3389. 车脚（jia）子——车轮。

3390. 牛牛车——用牛拉的铁瓦车。

朝南上来一挂黄牛牛车，管许是我哥哥来搬我。

3391. 胶车——胶轮车。

3392. 外带——胶轮的外胎。

3393. 里带——胶轮的里胎。

3394. 磨杆——旧式胶轮车的刹车装置。

3395. 膏（gào）——在车轴上涂抹（油类）。

二饼子牛车膏麻油，磨到多会儿也是个走。（磨mò：纠缠；缠磨）

打断鞭，撅断套，油葫芦没油拿水膏。

3396. 车脂油——加在铁瓦车车轴、车毂上的润滑油。

3397. 车脂—— 即“车脂油”。

3398. 油葫芦——在铁瓦车上带的装有车脂油的瓷瓶；也指打油的工具。

不捯油葫芦油不了手。（比喻如果不参与某事，就不会受牵连）

放下个杈耙弄扫帚，衣裳渍（zi 变音为 ci）成个油葫芦。

3399. 车渠——车辙，也叫“车渠壕”。

3400. 牙厢——马车上左右两边的挡板，用来挡住所装物品。

3401. 囤（dùn）子——用木条编篡的立在车上围挡物品的设备。

3402. 囤笆子——用红柳条编制的囤子。

3403. 前辕儿——马车车厢靠前接近车辕子的部分。

3404. 后尾（yi）子——马车的车厢靠后的部分。

3405. 夹板子——拉车的马、骡、驴等脖子上夹着的供穿套绳用的两根木棒。

3406. 套缨子——马、驴、骡拉车或碾场时，套在牲畜脖子上的套子（套包），用皮革或布制成，内装棕、糠等。（应为“套鞅子”，鞅 yang）

3407. 牛勾角——牛拉东西时架在脖子上的弯型器具。

3408. 牛鞅（yàng）子——即“牛勾角”。

3409. 挺鞅（yàng）——牛拒绝干活儿。也比喻人中途躺倒不干工作。

3410. 绳绁（xie）——畜力车套牲畜用的套绳等的总称。（绁：绳索，系牲畜的缰绳）

皮绾的绳绁铁打的车，娘老子也顶不住知心的哥。

想你想得着了慌，阶地（耕地）脑（扛）

了个饸饹床，绳绁（xie）搭在猪身上。

3411. 滚肚——拉车牲畜以及带鞍子的驴、马的肚带。

3412. 辕马——驾辕的马。

3413. 小鞍子——放在辕马的腰背上的衬垫器物。

3414. 搭腰——搭在辕马的小鞍子上的皮制宽带，两头连着车辕，以使辕马架起车辕。

3415. 坐鞧——套车时拴在驾辕牲畜后腿根周围的皮带，下坡时牲畜后坐以使车辆减速慢行。

3416. 套马——拉套的马。

3417. 正套——在车辕正前方拉套的牲畜。

3418. 边套——在车辕外侧或正套两侧拉车的牲畜。

3419. 三套车——三个牲畜拉的车。

3420. 二套车——由一辕一套两个牲畜拉的车。

3421. 单辕儿车——只有一个驾辕的牲畜拉的车。

3422. 嚼环——牲畜嘴里的嚼子。

3423. 鼻拘——穿在牛或骆驼鼻子里的一节小木棍或铁钩，用以系缰绳。

3424. 笼嘴——为防止牲畜吃庄稼而给其嘴上戴的孔状的罩。

3425. 笼头——戴在牲畜头上的绳套，以便于牵引。

3426. 缰子——缰绳。

3427. 埋眼——牲畜拉磨或拉碾子时蒙住眼睛的眼罩，用来遮蔽光线，以防牲畜不转圈拉磨。

3428. 揞(an)眼——即“埋眼”。(揞：以手蔽物；手覆物为揞)

3429. 縻（mì）——用较长的缰绳把牲畜系在树上或小木桩上，将其固定在一定范围内吃草。

3430. 縻绳——縻牲畜用的长缰绳。

3431. 縻橛（mi juc）——用来钉在地上固定縻绳的短木桩。

人家偷牛，你拔縻橛。

3432. 绊——系住牲畜的两条腿，使半行不得自纵的绳索。

3433. 顺绊——系住牲畜的里侧或外侧的两条腿。

3434. 圪料绊——系住牲畜一条里前腿和一条外后腿或一条外前腿和一条里后腿。

3435. 绷头绊——为限制马的自由，用较短的缰绳把马的头与腿拴住，使其只能低头吃草而不能抬头奔跑的绊。

白马绊的绷头绊，这步路子你少贪婪（lɑ̀n）。

3436. 麻筋子——单股细麻绳。

3437. 单三子——三股麻筋子做成的麻绳。

3438. 缆四股——四股麻筋子做成的麻绳。

3439. 煞(sha)——捆，使紧或更紧。

你把车上的东西好好煞捆好再走。

3440. 煞绳——用来勒紧车上装载的东西的专用大粗绳。

3441. 皮绳——用鲜皮条编成的绳子。

3442. 倒（dɑ̀o）鞘（shao）——拴在鞭子末端的细皮条。

腰里衿（jin）倒鞘，好歹是点儿皮草。

第二十三节　食品食材

3443. 吃食——食物。

3444. 吃食东西——泛指食物。

3445. 吃水——指饮食。

3446. 茶饭——饮食。

XXX说：谁要是当长工，就去俺们外父（岳父）那儿当圪哇，人家那茶饭可不赖了！

3447. 随茶便饭——家常便饭。

你就在这儿吃哇，反正也就是些随茶便饭，省得你回去再做。

3448. 莜面——莜麦面。

3449. 二莜面——高粱和莜麦掺和起来压成的面。

3450. 莜荞白面——莜面、荞面和白面，代表最好吃的主食。

你每天莜荞白面地吃上，还有甚不满足的？真是身在福中不知福！

3451. 精米洋面——上等的米面。

3452. 粗茶笨饭——简单而粗糙的饭食。

那会儿普遍穷，家家都是粗茶笨饭，哪能吃上个好的了。

3453. 鱼鱼——在案板上，把莜面、二莜面搓成细条。

3454. 莜面窝窝——在光滑的石板上，用手托子把莜面推成卷儿蒸食。

3455. 推窝窝——专指莜面窝窝的制作，即在光滑的石板上，用手托子把莜面推成卷儿。

倒坐炕沿推窝窝，娘老子没给俺们寻下个好婆婆。

3456. 报扎日——在胳膊上，用另一个手的大拇指把莜面搓成卷儿。

3457. 板扎日——在两个手心中把小面块儿搓长再压扁。

3458. 囤囤（dùn dùn）——把和好后的荞面、莜面等擀薄，上面铺上拌好的馅儿，卷起来切成小卷，然后蒸食。

3459. 饸饹（hé le）——用饸饹床子（做饸饹的工具，底有漏孔）把和好的荞麦面、莜麦面等轧（ya）成长条，煮着吃或蒸着吃。（饹，方言音为“lào”）

想你想得迷了窍，压饸饹搬回个铡草刀，险些儿把妹妹手铡了。

3460. 圪团儿——在手心中，用另一个手的拇指头把莜面、荞面或白面等小面球搓成半球形空壳状，蒸熟入汤吃。

白面圪团儿油炝（qiang）酱，哥哥的脸色不一样。

荞麦圪团儿肉臊子，灰媒人吃上害痘子。

3461. 汆饭——把剩下的莜面、二莜面汆在水中煮着吃。（汆：cuan）

3462. 疙瘩日——面片儿

白面疙瘩日甜也好，心事闹对穷也好。（甜：淡，与咸相对）

3463. 臊（sào）子——吃面条类面食时浇的肉汤（用肉末或肉丁熬成）。

3464. 轧（ga）锅子面——在熬好的汤里下面。（即汤面）

3465. 轧（ga）锅锅稀粥——用米和粮食圪糁糁或面一起熬下的稀粥。

3466. 圪糁糁（shen）——粮食磨成的碎细颗粒。

3467. 轧（ga）和和（huò huò）稀粥——粮食圪糁糁（shen）与米合在一起熬成的稀粥。

3468. 拌汤——把面拌成疙瘩（小块儿），放在汤里煮熟。

3469. 和和（huohuo）饭——多种饭掺和在一起的稀饭。

双手端起一碗和和饭，仔细思谋没熬盼。

3470. 酸饭——专指用浆酸的米做成的米饭。

3471. 酸粥——专指用浆酸的米做成的稠粥。

猪肉烩菜山药蛋，糜米酸粥家常饭。

3472. 稠粥——用小米焖制的稠软食物。

3473. 夜饭——晚饭。

3474. 杂澄（dèng）——剩饭。

3475. 拿糕——把莜面、白面、荞面等放在开水锅中搅拌成硬糊状，再加水煮熟，再搅拌成硬糊状。

两碗荞面打拿糕，寻（xing）下个女婿没牙爪（zhao）。

拿糕不熟再搅，买卖不成再搞。

3476. 窟垒——把莜面、白面等放在开水锅中搅拌成面块，然后煮熟或蒸熟，或加油炒熟，也叫“块垒”。

卜尔特亥（地名，在准格尔旗）二阴沙沙地多，莜面窟垒炒一锅。

拿糕省，窟垒费，吃一顿烙饼子卖一疙瘩地。

3477. 窝窝——用玉米面或别种杂粮面做的面食，略作圆锥形，底下有窝。

3478. 窝窝头——同“窝窝”。

窝窝头就咸菜，俭省节约买公债。

3479. 糜米——糜子碾成的米。

猪肉烩菜山药蛋，糜米酸粥家常饭。

3480. 焖饭——米饭。

一顿莜面一顿糕，吃一顿焖饭拿油炒。

3481. 烩菜——即熬菜，把几种菜食原料混合放在一起烧煮而成的菜。

3482. 杂烩菜——即烩菜。

3483. 大杂烩——烩菜。

3484. 扁食——水饺。

3485. 黄黄——蛋黄。

3486. 点心——馒头。

3487. 精点心——糕点。

3488. 细货——精点心的通称。

3489. 卷子——花卷儿。

3490. 馍馍——馒头。

3491. 面人人——一种民间艺术品，每年过七月十五时，人们用白面蒸制的小人型面食。

3492. 枣山——过春节时摆在神堂前的供品，用白面蒸制，上面有很多花瓣造型，花瓣内镶嵌红枣，呈三角状，象山形，故名。

3493. 欻饼——用勺把内加调味品的白面糊舀上，倒入刷了油的热锅里摊饼，会发出“欻”的一声响，这样摊出的饼就叫“欻饼”。（欻：chua，象声词）

3494. 二糙米糠——用碾子推了第二遍筛下的米糠。

二糙米糠拌拌汤，单怕你闪在我半路上。

3495. 山药箭箭——山药切成的条条。

3496. 山药丸丸——把山药擦成丝，加上作料、面粉做成的丸子。

你吃鸡蛋我喝汤，山药丸丸也是妹妹的香。

3497. 山药鱼鱼——用煮熟的土豆擦

成丝与莜面粉混合而制成的食品。

3498. 黄米——黍子碾成的米，黄米面可做糕吃。

3499. 油炸糕——蒸熟后再用油炸的黄米面食品。

羊肉汤汤油炸糕，你眊亲亲错不了。

3500. 素糕——未经油炸的年糕。

省油吃素糕。(为省劲儿而从简办事)

3501. 油麻叶——一种酥软甘甜的油炸糖渍糕点。

3502. 槽子糕——旧称蛋糕。

3503. 脂油饼——用猪油做的一种白面烙饼。

3504. 圪渣——锅巴。

3505. 锅渣——锅巴。

3506. 粉面——淀粉。

3507. 大肉——猪肉。

3508. 槽头肉——猪脖子靠近头部的肉。

3509. 大油——猪油。

3510. 猪香油——板油，猪的体腔内壁上的脂肪。

3511. 香胆油——动物体腔内壁上的脂肪。

3512. 肠油——动物肠子外包的油脂。

3513. 膘子——指猪肉皮下脂肪。

3514. 肉馂（jùn）儿——肉冻儿。

3515. 米星肉——内有绦虫卵的猪肉。

3516. 肚油——动物胃的外层包的油脂。肚 dǔ，动物的胃。

3517. 荤油——泛指动物油。

3518. 素油——与荤油相对，泛指植物油。

3519. 胡油——胡麻（亚麻籽）油。

3520. 麻油——麻子（大麻籽）油。

3521. 胡糁——胡麻榨油后的渣子，可喂牲畜。

3522. 油食——油炸面食的总称。

3523. 油琐琐——炼动物油的渣子。

3524. 烂腌菜——一种用萝卜丝、白菜丝或其他菜丝搅在一起腌制的酸菜。

3525. 辣角（jia）子——辣椒。

3526. 莲花豆——用油炸的蚕豆。

3527. 海菜——海带。

3528. 谷米——小米。

3529. 炒米——将糜子经焖、炒、脱皮等工序制成的米食。

泡上炒米喝上茶，慢慢儿价敩（xiao）告慢慢价拉。(敩告：拉话)

3530. 调和（tiao huò）——调料。

3531. 调资调料——泛指做饭菜用的作料。调料：调味品。

不说买菜买面，光调资调料钱，一年至少也得花圪百儿八十快。

3532. 咸盐——盐。

你打死卖咸盐的了？（指菜咸了）

3533. 盐汤——开水化盐，再加醋、酱油、油炝葱花扎蒙、芫荽、韭菜等等调配成的汤，用来调食莜面。

我把莜面也蒸上啦，你不要在热炕头上挺的啦，赶紧起来收拾匙盆碗盏，腾淘盐汤，修你那五道庙哇！

3534. 黑糖——红糖。

3535. 麻糖——用米熬制的一种糖。

3536. 下水——猪牛羊等的内脏。

3537. 下货——即下水，猪牛羊等的内脏。

3538. 杂碎——用煮熟切碎的猪牛羊等的内脏汆熬而成的汤类食物。

3539. 淘米泔——淘过米的水。

3540. 毛豆——大豆荚熟而未黄时，煮着吃的豆荚。

第二十四节　食品性状

3541. 金星百味——美味佳肴。

人家是亿万富翁，甚金星百味没吃过？

3542. 坨——面食煮熟后粘在一块儿。

面条坨了。

3543. 共——动物油或肉汤等冷却凝固。

3544. 圪腻——食品中油脂过多，让人吃不下去。

这菜里尽肥猪肉，圪腻得吃不进圪。

3545. 忽腩——味腻，倒胃口。

这肥肉片子忽腩得吃不进去。

3546. 油圪腻腻儿——食品或物品特别油腻。

这猪肉太肥，油圪腻腻儿，把我吃得憨住了。

3547. 油脂抹耐——食品或物品油脂太多，沾抹得到处都是。

这个搌布油脂抹耐的，快洗一洗哇。

3548. 油哼子气——油类久放变质后发出的难闻的异味儿。

那些荤油存了一年多了，已经油哼子气了，不要再吃了。

3549. 圪膻气——腥味儿。

3550. 圪腥——荤腥味。

又想吃荤，又嫌圪腥。

3551. 圪腥啦气——有腥味儿。

3552. 圪腥烂气——形容腥膻气味很浓。

这山羊肉圪腥烂气的，我实在吃不惯。

3553. 臭腥烂气——形容臭腥味儿很难闻。

这鱼已经坏了，臭腥烂气的不能吃了。

3554. 瘴根气——肉类久放后的怪味儿。

3555. 赫拉——发霉。

糠窝窝赫拉苦菜苦，吃在嘴里难进肚。

3556. 死气了——饭菜坏了，馊了。

3557. 酸膀（pàng）气——酸臭的气味。

3558. 酸膀（pàng）拉气——形容酸臭的气味。

3559. 酸膀烂气——酸臭的气味。

啊呀，这家里酸膀烂气的，快看看是不是有坏了的饭菜？

3560. 酸卜溜丢——形容讨厌的酸味。

3561. 白酦（pō）——醋、酱或腌菜缸里所生的白霉。

3562. 恶——物发霉。

那些草还没有干到，垛在一起时间一长，里头都恶了。

3563. 恶酦（pō）——食品或其他物品久放变质后所生的气味难闻的白霉儿或蓝霉儿。

白酦盐汤恶酦醋，一揭笼镜红火箸（火筷子），筷子欢（快）了夹（ji）不住，吃得多了憋渎（渎，别字，臀部）住（拉不下去）。（描述过去每天吃二莜面的情况）

3564. 恶酦（pō）烂气——食物等发霉后难闻的气味。

你这些白面潮了，又放得多时了，恶酸烂气的，不能吃了！

3565. 蓝霉儿——物品发霉。

3566. 渴菜味儿——腌制的菜因为缺水而产生的怪味儿。

3567. 熰（ou）——烧焦，煳了。

皮皮不叫熰了，瓤瓤不叫生了。（叫：让）

3568. 煳（hu）——食品经火变焦发黑。

3569. 熰（ou）煳——煳了。

3570. 熰(ou)焦圪烂——焦煳味儿。

3571. 熰(ou)煳烂气——焦煳味儿。

3572. 糊焤（bo）味——焦煳味儿。

3573. 焤（bo）——煎、炒或烤干食物。

3574. 窜味——食品受别的气味的影响或食品间不同气味相互影响，使食品变味儿。

3575. 砂牙圪碜（chen）——饭菜里有砂子。

3576. 碜（chen）牙圪叨——食物中有细沙，嚼起来牙齿不舒服；也指说脏话。

3577. 圪糁（shen）半脑——圪糁:碎粒状物。形容粒状物很多。

这糕面圪糁半脑的，罗得太粗了。

3578. 釅（yàn）——汁液浓；味道浓厚。

这茶过于釅了，你放得茶叶太多了。

3579. 釅（yàn）粥粥儿——汁液浓；味厚。

釅粥粥儿熬下多半碗中药。

3580. 稀卜亥亥儿——稀。

3581. 稠咕嘟嘟（du）——汁浓貌。

3582. 稠圪洞洞儿——粘稠状。

3583. 稠跺圪哇——形容粥稠得难吃。

3584. 稠糊糊儿——液体粘稠。

3585. 粘牙沓嘴——食物粘糊，附着在牙齿上，不好嚼食。

3586. 黏糊叨哇——东西粘糊，易附着在别的物体上。

3587. 黏糊啦嚓——粘上黏液的样子。

3588. 甜——淡，与“咸”相对。

3589. 甜忽滥意——食物甜而发腻，不适口。

炒菜里头放了糖，甜忽滥意的，咱们北方人吃不惯。

3590. 甜酸颖颖儿——形容食物甜而带酸，非常适口。

这葡萄甜酸颖颖儿挺好吃，你也赀上点儿哇。（赀 zi，买）

3591. 甜颖颖儿——形容味道很甜。

这西瓜甜颖颖儿，挺好吃。

3592. 实咸卜沓——饭菜太咸，没有味道。

3593. 五味滋全——五味：泛指各种调味品。形容饭菜里的调味品齐全。

俗话说，五味滋全离不了盐，能说会道离不了钱。

3594. 味数——气味。

3595. 有滋辣味——指饭菜有滋味，很香。

远远儿就闻见有滋辣味的，又吃甚好的了？

3596. 看好吃香——看着好，吃起来也香，描述人对食物外表的观感与食欲的关系。

这焙子烙得火太大了，简直个儿熰成黑色了，看好吃香了，那哪能卖了了。

3597. 刁寡没味——饭菜味道不佳；人说话不中听。

3598. 清汤寡水——稀而无味。

今儿早起清汤寡水地喝了些稀粥，半前晌就饿得不行了。

3599. 清令令儿——水看上去清澈。

3600. 清忽令令儿——水清无杂质；也指汤或稀饭中菜、米少而汤水却很多。

这稀粥清忽令令儿的，受苦人喝了也不顶事。

3601. 寡流淡水——形容饭菜太淡没有味道；也比喻说话平淡无趣。

今儿这些菜烩得寡流淡水的，一点儿也不好吃。

他说话寡流淡水的，谁也不想听。

3602. 寡汤淡水——菜缺油少盐没味。

3603. 寡汤劣水——饭菜又稀又淡，没有味道。

3604. 上清下澄——清：稀，不稠。形容汤或稀粥的上部较稀下部较稠的样子。

这粥上清下澄的，一点儿也没熬好。

3605. 澄汤舀水——形容稀饭上头稀下面稠，不均匀。

今儿这稀粥没熬到，澄汤舀水的不好喝。

3606. 瞪眼儿稀粥——米粒儿不多，清得能照见人影的稀粥。

只要亲亲心意虔，瞪眼儿稀粥我不嫌。

3607. 稀流软——形容食物太黏软；也形容人身体软，没有精神。

这糕稀流软，你蒸的时候注意点儿。

眼看晌午了还不收工，人们饿得都稀流软了。

3608. 肥淋淋——肥；油性大。

肥淋淋的泔水黑狗子舔，谁要葬良心起斑点。

3609. 肥圪腻腻儿——形容肉很肥（含厌恶意）。

这猪肉肥圪腻腻儿，别买了。

3610. 皮——酥脆的东西受潮后变韧。

这几天阴天，把些爆米花都放皮了，咬也咬不动。

3611. 酥圪糁糁（shen）儿——形容食物又酥又脆，十分可口。

我早起吃了一根麻花子，酥圪糁糁儿可好吃了。

3612. 筋——食物有筋道，有咬头；粘性大，有韧性。

这糕真筋。

把泥和筋一点儿才好用。

3613. 顽筋——黏软而有筋道。

这种糖顽筋顽筋的，挺好吃。

3614. 汍练练儿——形容胶状物黏性较强的性状。

3615. 圪筋筋儿——有筋道。

糕不热了，不过还圪筋筋儿，可有个吃头了！

3616. 顽筋筋儿——有筋道。

3617. 筋圪缯缯儿——食物有筋道，耐嚼。

3618. 筋忽颤颤儿——食物黏软而有筋道。

3619. 糊糊圪擦——糊状食物。

黑夜糊糊圪擦的喝上点就算了。

3620. 嫩液液儿——植物水嫩；人幼嫩，没有经验。

3621. 水灵灵儿——食物鲜美多汁；人年轻漂亮而有精神。

3622. 嫩淋淋儿——蔬菜鲜嫩观感好。

3623. 嫩生生儿——蔬菜鲜嫩口感好。

3624. 脆生生儿——食物酥或脆，易碎易裂。

脆生生儿的黄瓜。

3625. 硬嘣嘣儿——硬。

3626. 软绵绵儿——绵软。

3627. 柴凌圪咋——不松软，纤维多，不易嚼烂。

3628. 圪渣老擂——形容粮食中杂质很多。

这糜子没拾掇净，里头圪渣老擂的尽些甚东西了？

3629. 不干不净——指饮食不干净。

过去，人常说“不干不净，吃上没病；干干净净，吃上唏唏哼哼。”

3630. 养人——食品对人有保养作用。

桃养人，杏儿伤人，李子树底下活埋人。

3631. 介生——夹生。半生不熟，没有熟透。

3632. 夹生缭乱——食物半生不熟。

那会儿在地里烧玉茭子，不等熟，人们就都夹生缭乱地抢着吃了。

3633. 夹钢——特指山药（马铃薯）半熟时外软里硬的状态。

山药夹钢，越吃越香。

3634. 皮焦里外生——指烧烤食物火急火大，外皮已经烧焦，里面却没有熟。

你性子急，烧山药烧得皮焦里外生。

3635. 燎毛烂气——烧焦毛发所产生的难闻的气味。

他就在炉子旁边烫猪头，整个家里燎毛烂气的可呛人了。

3636. 利骨——带骨的肉煮熟后骨肉分离。

3637. 脱骨——带骨的肉煮熟后肉从骨头上脱离下来。

老毛驴跌在卤汤锅号儿了，好活得脱了骨了。

3638. 辣麻——食物味道发麻。

半夜毦你没拿的，拿了一颗烧山药还是辣麻的。

3639. 咧牙——吃了酸性食物，牙神经受到刺激，咀嚼时感到不舒服。

绿圪蛋毛杏儿咧牙酸，不进眼偏往眼里钻。

3640. 耐饥——耐饿，即禁得住饥饿。

生糊糊凉粉不耐饥，大闺女捏不成个莜面鬼。

3641. 烧——烫。

这粥还有点烧嘴，再凉一凉，看把娃娃烧着的。

3642. 勿秃秃水——未完全烧开，不冷不热的温水。

3643. 温温水——温水。

3644. 井钵（ba）儿凉水——井里的凉水。

3645. 冷水——凉水。

冷水就饭，一吃个肉蛋。

3646. 滚——烧，使开；水烧开为滚。

给咱们滚点儿水哇。

咱们馏点儿糕，再滚点儿汤就行了。

3647. 冷滚水——凉开水。

3648. 水滚了——水开了。

水滚了，下面哇！

3649. 滚水——普通话称开水。水烧至沸点，则有汽泡自下而上冒出，渐多渐大，直至翻滚，故曰滚水。

滚水不开没填上柴，你老婆沉恼是话没说开。

莜面吃个半饱饱，一吞滚水正好好。（是说莜面耐饥、难消化，净吃一肚子莜面会不舒服。因此，告诫和提醒人们：吃莜面要适量，不可吃得过多过饱）

3650. 圪代代滚水——沸腾着的，还

冒着气泡的开水。

一半莜面一半水，圪代代滚水圪搅起。（第一句是说和莜面的水与莜面的比例是1比1，这样和起的莜面不软不硬，配置得当；“圪搅”是绞拌，这句的意思是要用温度极高的开水将莜面“泼熟”。这两句说的是和莜面的方法与技巧）

3651. 开花儿滚水——刚刚烧开还冒着气泡的开水。

3652. 泼莜面——用开水和（huo）莜面。泼（po，变音为pa）：用开水冲泡。

3653. 夹垫——掺入，搭配。

每年分的粮不够吃，夹垫上点儿山药、菜蔬，也只能吃到第二年的五月初。

3654. 残茶剩饭——剩余下的茶饭。

第二十五节　炊具餐具

3655. 鲁壶日——茶壶。

3656. 瓯子——粗而低的瓷杯子。

3657. 茶瓯(ou)子——茶杯。

3658. 缸子——带把儿的水杯。

3659. 氽（cuan）壶——烧开水用的带嘴儿的大水壶。

3660. 温壶——暖水瓶。

3661. 暖壶——暖水瓶。

3662. 八碗——大碗。

3663. 二圆碗——比八碗稍小一些儿的碗。

罐罐里没水二圆碗端，你看这打光棍难不难。

3664. 盔日——瓷盆子。

3665. 盆盆——盆子。

3666. 钵钵（变音为 baba）——形状像盆而较小的器具。也叫“钵子”。

饭钵子 / 瓷钵钵 / 铁钵钵。

3667. 碗盏——碗、盘、碟子等的总称。

3668. 匙盆碗盏——餐具的总称。

我把莜面也蒸上啦，你不要在热炕头上挺的啦，赶紧起来收拾匙盆碗盏，腾淘盐汤，修你那五道庙哇!

3669. 铁钵（ba）日——把调料捣碎或研成粉末的用生铁或铜铸造的器具。

3670. 碗柜子——碗橱。

3671. 浆米罐——沤酸米的罐子。

3672. 酸罐子——沤酸米的罐子。

3673. 温罐——砌置于炉台烟道旁的温水罐。

3674. 嗉嗉——装酒或油的锡制的或瓷质的器皿，像瓶子，底大、颈细长，口向外张开。

油嗉嗉。

3675. 酒嗉子——锡制小型壶样放酒器物，可以直接去火上热酒。

3676. 溜子——漏斗。

3677. 油坛——装油的瓷坛子。

脸就像磨盘，肚就像油坛，走路就像驴弹。

3678. 锅刷子——洗锅用的刷子。

3679. 腰围子——做饭时用的围裙。

3680. 铁匙——饭铲子。

3681. 案子——案板。

3682. 切刀——菜刀。

三一回回眊你你不在，你哥哥和你嫂嫂腌白菜，手提切刀断出来。

3683. 骨碌子——擀面杖。

3684. 擀杖——擀面杖。

猫道里头撬擀杖——直来直去。

3685. 礤（ca）子——把萝卜等擦成丝儿的工具。

3686. 铛（chēng）子——烙饼用的平底锅。

3687. 饸饹床——底有漏孔的做饸饹的工具。

想你想得着了慌，耕地脑了个饸饹床，绳绁（xie）搭在猪身上。

3688. 搌（zhan）布——抹布。

3689. 代手——抹布。

3690. 条盘——端饭菜时放置碗盏等的长方形木制盘子。

3691. 勺勺——汤匙（chi）；小勺。

3692. 舀子——舀水的瓢。

3693. 搅面筷子——和（huo）面时用来搅拌面和水的单根木棒。

3694. 镜品子——箅子。

3695. 笼镜——笼，笼屉。

笼镜不严锅走气，苦命鬼寻不下个好女婿。

笼镜馏驴——蒸（真）牲口。

白酸（po）盐汤恶酸醋，一揭笼镜红火箸（火筷子），筷子欢（快）了夹（ji）不住，吃得多了憋渎住（拉不下去。渎，别字，臀部）。（描述过去每天吃二莜面的情况。白酸，恶酸，指食品变质发霉）

3696. 笼布——笼屉里铺底的专用纱布。

3697. 箔箔（bó bo 变音为piā pia）——用高粱秸制作的圆形平面用具，用作盖锅或放置食物。

包下一箔箔饺子干冻起，绱（shàng）起一对新鞋（hai）就等你。

锅盖没梁梁——箔箔（piā pia）。（箔bo，方言音为pia，谐音与“諞”同。諞：《广韵》諞：巧言。比喻说话不靠谱的人）

3698. 鏊子——似平底锅状，直径约七寸左右，底部中心略凸起，上面加盖的炊具。

风沙沙打来阳婆婆烤，青石盘盘就像个火鏊鏊。

3699. 拨火棍——烧火棍，也叫“拨拉火棍”。

3700. 灶火——灶。

3701. 灶火门子——灶门。

3702. 春灶子——垒在院子里的灶台。

3703. 后锅渠渠——锅台上的灶内过火的那一边。

3704. 炉圊（qīng）——火炉下面漏灰的地方。

3705. 炉坑——火炉下面漏灰的地方。

3706. 燎盘子——炉膛与炉坑之间放煤炭或漏灰的铁屉。

3707. 下灶子——灶门下面漏灰的地方。

3708. 锅圊（qīng）——灶门内生火的地方。

3709. 过嗓口子——锅圊与炕相连接，供走烟的通道。

3710. 炕洞子——炕内走烟的通道。

3711. 狗窝仡佬子——炕洞与烟囱相连接的地方。

3712. 风匣——风箱。

3713. 鞴（bài）杆——风箱的拉杆。

3714. 二股子——有两根鞴杆的风箱。

3715. 拉二股子——指代拉风箱烧火做饭。

受了一天，回家还得拉二股子，光棍汉真难。

3716. 巧舌儿——风箱上前后两端起进风与挡风作用的小活门。

3717. 忽拉塔风箱——相当破旧，拉起来响声挺大的风箱。

忽拉塔风箱烂锅盖，半瓮盐汤没一疙瘩菜。

3718. 重茬——上顿用过的锅、碗、筷等炊具、餐具不洗，到下顿再继续用。

重茬筷子重茬碗，顿顿吃的宿根饭。（形容光棍的生活。宿根饭，指剩饭锅做出的饭）

3719. 炕桌——在炕上用的小饭桌。

3720. 恶水缸子——恶水缸，即泔水缸、污水缸，比喻度量大，能容人怨恨、指责、谩骂的人。

第二十六节 烹饪与燃料

3721. 锉(cuo)——用刀细切;剁碎。

3722. 钵钵（说成 baba）——手工捏的小碗状的面皮。

3723. 夹夹——饺子。

羊肉锉成沫沫(mama)，白面捏成钵钵（baba)，小手手包成夹夹。(这是当地人民普遍喜欢食用的羊肉馅饺子原来的制作过程)

3724. 煠(zhā)——把蔬菜放在沸水里略微一煮就捞出来，也作“炸”。即普通话的“焯（chao)”。

煠菠菜。

煠豆芽。

3725. 炝（qiang）——把葱或花椒、辣椒等放在热油中略炸。

芫荽韭菜切得碎纷纷儿，

葱花扎蒙炝得黄冲冲儿。

3726. 葱花儿——用油加葱末，再加调料、扎蒙和食盐等而炝制的调味品。

3727. 燷（lan）——用小火轻炒。

燷炒面。

燷花椒。

燷白糖。

燷猪肉。

3728. 饧（餳，xìng）——把和好的面块儿或面剂放置一会儿使其变软。

3729. 老肥——内含大量酵母，发面时用来发酵的面块儿，即“面肥”，也叫“肥头”或“肥”、“起头”。

3730. 发——发面，即把和好的面放置一会儿使其发酵。

3731. 起面——发面；已发酵的面。

3732. 死面——不发酵的面。

3733. 烫面——用开水和的面。

3734. 酵（jiào）面——在发好的面中加碱或苏打。

3735. 面啪（pā）——和面、擀面时为防止粘连而用的干面。

3736. 圪熂（qu）——动词，用微火慢慢地煮，使水分逐渐蒸发。

豆子还没烂呢，再圪熂上一阵儿哇。

3737. 馏（liù）——把凉了的熟食再蒸热。

中午咱们馏上几个糕吃哇。

3738. 呵——馏。

3739. 熥（tong）——用热气蒸，把熟的食物蒸热(《集韵》熥：以火暖物)；被热气烫。

馒头在冰箱里，你拿出来熥一熥再吃。

在揭笼盖的时候，她叫热气把手熥着了。

3740. 烧——动词，在死火与热灰中（柴草等燃料的灰烬中）把食物烤熟。

大年下吃烧山药——灰心入肚。

有人爱吃烧毛鞋（hai)，有人爱吃馏毡帽——众口难调。(戏剧中的俏皮话)

3741. 燎（liǎo）——挨近火焰而略略烧焦。

把头发燎了。

众人拾柴火焰高，一人拾柴燎牛毛。

3742. 燎毛——用火烤，去掉动物皮上的碎毛。

你干什么呢，一股燎毛味？

3743. 热（ra）——动词，把凉了的熟食再加热。

你把那稀粥热一热再喝。

3744. 炕——动词，把东西放在热处（炉子上、锅里、炕头上）慢慢烘干。

他在锅里炕了些馒头片儿，挺好吃。

你把那豆子摊在炕头上炕干。

3745. 楦(xuàn)——原本名词，指鞋楦，袜楦，这里用作动词。①塞，填满物体中空的部分。

包子皮里多往进楦点馅儿。

③ 塞，特指往嘴里塞东西。

楦了满满一嘴。

3746. 杀——在切好的蔬菜中放上适量盐浸渍。

你先用咸盐把芹菜杀一下再下锅炒。

3747. 滗（bì）——挡住渣滓或泡着的东西把液体倒出。

把汤滗出去。

3748. 澄——挡住渣滓或泡着的东西把液体倒出。

3749. 激——用冷水浸泡东西。

3750. 亥——搅和，把粉末状的东西与水搅和在一起。

亥点儿玉米面糊糊。

把石膏粉亥成糊糊刷上去就行。

3751. 沙——动词，把米倒入水中，摇动器皿，让米随水流出，同时使米里的沙子集中沉底，以便清除。

把米里的沙子沙一沙。

3752. 劐（huō）——用刀、剪等利器插入物体然后顺势把物体的外皮刺开。

把鱼肚子劐开。

劐开猪肚子。

三十六眼窗窗吊半扇，人心没留下个劐开看。

3753. 撅(jue)疙瘩日——撕面片儿。撅，断物也。也作“撧”。

3754. 跌鸡蛋——煮鸡蛋。

山药烩菜家常饭，我给你跌两颗荷包蛋。

豆芽调下一大盘，小葱再把豆腐拌，下进面条跌鸡蛋。

3755. 小葱儿拌豆腐——小葱再加油盐与豆腐拌起来吃。

小葱儿拌豆腐——一清(青)二白。

3756. 莜面导烧酒——吃莜面喝烧酒；喝酒就莜面。

大雨天，没事干，咱们来个莜面导烧酒哇！

3757. 气腾波落——屋里蒸汽很多的样子。

3758. 擓（huo，方言音为 huā）——动词，用勺、瓢舀水、舀饭。

你把稀粥擓在盔子里哇。

3759. 坐——动词，把水壶、锅放在火上（烧水或做饭）；把笼放在开水锅上（蒸饭）。

坐一壶水。

把锅坐上哇！

想你想得眼睛胮（pang，肿），蒸莜面坐在水瓮上，蒸了半天冰拔凉。

3760. 坐水——用壶等把水放在炉火上加热烧开。

3761. 坐酒——用酒壶等器具把酒加热。

3762. 扒锅——做饭时食物粘在锅上不起。

3763. 架火——生火；点火。

3764. 救火——生火；点火。

3765. 拢火——生火。

3766. 烧火——添加燃料使火旺。

3767. 烧火柴——泛指木柴及植物秸秆等燃料。

3768. 掏火——到别处借火种。

3769. 火盆——过去放置火炵来取暖的泥质盆。

3770. 炭——有烟煤。

3771. 煤——无烟煤。

3772. 煨碳——一种无烟煤。

3773. 烧炭——烧火用的炭。

二套牛车拉烧炭，不唱两句山曲儿走得慢。

3774. 搰炭——煤渣，煤核儿。

二套牛车拉大炭，还得灰堆上拣搰炭。

半箩头搰炭半箩头灰，要筛要簸趁由你。（趁由：任由）

红了烤旺火，黑了抄搰炭——红黑死挨。

3775. 骨碌瓷——炉渣，即煤炭燃烧后形成的发光块状物。

3776. 炉渣灰——炉灰。

炉渣灰稳根脚（jia）——打下灰底子了。

3777. 砟（zhǎ）子——无烟煤中石性较大不易燃烧的煤块儿。

3778. 烟煤子——附着在炉筒或烟囱里的煤烟子。

3779. 锅底黑——锅底受烟薰积存的烟煤。

3780. 片柴——劈成片儿状或短棒，供烧火用的木柴。

3781. 柴禾——所有能烧的植物的根、秸秆、叶子的总称。

3782. 圪栽——火炵。

过去烧柴禾，人们经常在圪栽里头烧山药吃

3783. 茭棍——高粱秆。

3784. 糜穰——糜子的秸秆。

3785. 麻茬——麻子的根。

3786. 麦根——麦子的根及秸秆的一部分。

第二十七节　进食与吃相

过去，由于食物紧缺，吃，大约是人的第一要紧事，正所谓“民以食为天”。但是，人们还是崇尚文明端庄的进食习惯，厌恶不文雅、不礼貌的吃相，所以，在描述人吃相的词语中，多为贬义词，指责不雅，倡导文明，是一大特点。

3787. 哌（mìn）——动词，用口舌溶化。

娃娃嘴里哌的个甚啦？看卡住的！

3788. 哌糖——吃糖。

大家都来哌糖，这是喜糖！

3789. 哌雪糕——吃雪糕。

他站在那儿，一边哌雪糕，一边傻傻地笑。

3790. 圪哌（mìn）——小口喝茶或酒等，品尝味道。（哌：小尝）

大下雨的，甚营生也做不成，咱们就圪哌点儿小酒哇。

3791. 卜咂（be za）——咂嘴，双唇开合作响，品尝味道。

口含冰糖细卜咂，你有心思慢慢说。

3792. 卜咂（be za）嘴——咂嘴，用舌尖抵齿，嘴唇上下开合作声，表示赞美、羡慕、惊叹等多种感情。

你吃好东西就悄悄地吃，不要卜咂嘴馋我们。

3793. 吸溜——用嘴带声吸物，不嚼咽下。指吸食液体或流体食物；也指吸烟。

一吃一喝一吸溜（抽烟），南墙跟底一圪蹴。

3794. 抿（mīn）嘴——收敛嘴唇；闭着嘴。

不怕红脸关公，就怕抿嘴菩萨。

3795. 圪抿（mīn）——收敛嘴唇；轻微闭嘴。

他一直站在那儿，圪抿着嘴笑。

3796. 喂吸（xi）——喂饮，给人或动物吃东西，也比喻行贿。

只要喂吸上他点，事情就好商量了。

3797. 喝泔水——比喻做溜须拍马的下等人。泔水：指淘米、洗菜、洗涮锅碗等用过的水。

做人不争气，吃不上好东西，只配喝泔水。

3798. 唵（ǎn）——以掌进食为唵。把手里握着的粒状或粉末状的东西塞进嘴里。

赵钱孙李唵炒面，越打爷爷越不念，再打爷爷上圐圙。（指去告状。圐圙：原萨拉齐的俗称）

3799. 圪拗（ǎo）——拗口，说起来别扭，不顺口。

这话，他圪拗得不能说，我来说哇。

3800. 圪嘟——嘴向前突出，噘着。

嘴又圪嘟起了，又不高兴了？

3801. 圪噘——噘，翘起。

他嘴圪噘起，气坏了。

把老汉气的胡子也圪噘起来了。

3802. 噘转——嘴唇及胡子翘起。

赵财主八字胡噘转，眼睛瞪成个蓝蛋，拳头握成个生铁圪蛋，打得干妈绕地乱转……（二人台《探病》）

3803. 吞——吃饭快饱时，在碗里的

少半碗菜中倒上开水，对成菜汤喝。也说“吞滚水”、“吞一碗”。

莜面吃个半饱饱，一吞滚水正好好。（告诫和提醒人们：吃莜面要适量，不可吃得过多过饱）

3804. 攲（ji）——用筷子夹菜、饭。（《广韵·平声·支韵》：“攲，居易切，音羁。以箸取物也。”）

屁股一欠，一攲（ji）一片。（描述坐在炕上趁热夹莜面吃的情景。欠：身体的一部分稍微向上移动）

3805. 就——两者搭着吃或喝。

点心圪蛋糕挠子，猪肉烩菜粉条子，凉调豆芽就饺子。

窝窝头就咸菜，俭省节约买公债。

3806. 就菜——吃饭时吃菜。

3807. 就酒——喝酒时吃菜、肉等。

3808. 冷淘食洼——经常吃冷饭。

3809. 张风喝冷——在有风而又冷的地方吃饭喝水，容易着凉肚子疼。

3810. 六六八八——盘碟多，菜多。形容饭菜丰盛。

咱们这人是六六八八的席也坐过，三顿两顿也饿过，甚阵势没有见过？

3811. 吃见——吃到；尝出来。

中午吃饺子他吃见两个镚子。

我吃见有点甜，再放点咸盐哇！

3812. 哨渴——口渴。

3813. 搬的吃——吃零食。

3814. 搬干粮——吃零食。

3815. 管饭——负责供应饭食。

3816. 管饱——谓供应的饭食能让人吃饱；能饱肚。

3817. 管肚饱——随便吃，能吃多少吃多少，吃饱为止。

3818. 三时三顿——指一日三餐。

家里三时三顿吃得饱饱的，你要上零花钱做甚圪呀？

3819. 钉锅——蹭饭，做不速之客。

3820. 圪咂——细嚼慢咽。

他就爱圪咂那小鲫刮子，有味儿。

3821. 不识饥饱——本来吃饱了，还要吃，好像不懂得饱似的。

不要给他攲（ji）了，那娃娃不识饥饱，看吃坏人家的哇！（攲：以箸取物也。用筷子夹菜、饭）

3822. 下洼——急吃、抢食，唯恐嘴小牙不快。

他那人吃东西可下洼了，好像几天没吃饭似的。

3823. 狠食——狠：竭力；全力以赴。比喻过分地贪求。

月子儿的娃娃啃冻糕——狠食。

3824. 馕（nǎng）——拼命地往嘴里塞食物，对狼吞虎咽者的不敬之词。

3825. 日馕（nǎng）——贪吃，胡吃海吃，拼命地往嘴里塞食物的不雅吃相。

他吃饭不管前不顾后，只管自己低倒头日馕，说句话还嫌误事了。

3826. 填擩（rū）——“吃”的贬称，往嘴里塞。

真没见过个好吃的，看那，只往嘴里填擩了，连话也顾不上说。

3827. 抹（ma）牙占口——大口吃，满嘴嚼。

他吃东西抹牙占口的，可痛快了。

3828. 占斯克揽——贪吃、抢食、占饭。

看你，一吃点儿好的就占斯克揽的，没人跟你抢！

3829. 克揽揽儿——抢、占，唯恐吃亏。

看你守在个锅跟前，克搅搅儿的，再咋哇也得等熟了才能吃了哇！

3830. 日嘴洼脸——抢食、急吃，饭糊嘴脸，不顾及体面，使人讨厌。

那人那吃东西日嘴洼脸的，爱你别人说甚了！

3831. 捞捞罩罩——抢食，占饭，急吃。

看你那捞捞罩罩的，好像八辈子没吃过个饺子！

3832. 三口大两口小——吃东西口大，速度快。

他饿坏了，三口大两口小，一会儿就把五个馒头都吃完了。

3833. 海底捞稠——吃稀汤饭时从底下捞稠的。

要想海底捞稠，就得慢下勺头。

3834. 扑溜四亥——连吃带吸溜，声响大。

扑溜四亥喝三碗，别人才刚刚把碗端。

3835. 乒啪二五——原指声音响，动作快，比喻速战速决或吃的痛快利落。

他们咋也是饿急了，那么多饭，乒啪二五就都吃完了。

人多饭少三个盘，乒啪二五吃了个干。

3836. 割了头装呀——比喻人拼命贪吃，是最"下洼"的吃相。

看那见了些儿吃的，就好像割了头装呀，真没个人样儿！

3837. 乱乱掖掖——自己舍不得吃，夹给众人。

一吃些好的，老太太总是乱乱掖掖的，就怕几个孙子吃不上，吃不好。

3838. 闻香忽臭——闻见香，忽然又觉得臭。比喻胃口不好，挑食。

看你那吃东西闻香忽臭的，怪不得瘦得猴儿呀似的！

3839. 圪占(zhān)圪占——吃得太慢；开口嚼而不咽的不雅食相。

那娃娃吃饭打小就是圪占圪占的，这毛病改不了了。

3840. 细嚼慢咽——吃饭时嚼得烂，咽得慢。

俗话说，男人吃饭狼吞虎咽，女人吃饭细嚼慢咽。

3841. 忽脔（luán）——嘴里含着块状或较坚硬的食物嚼来嚼去的样子。（脔：小块儿肉，这里当动词用）

人老了，牙口不好，这么小一块肉，他忽脔了半天才咽下去。

3842. 生溜忽脔（luán）——食物还生着就勉强嚼食。（脔：小块儿肉，这里当动词用）

3843. 硬溜忽脔（luán）——食物还硬着就勉强嚼食。（脔：小块儿肉，这里当动词用）

3844. 乜(nié)吃愣喝——不管不顾，傻吃傻喝。（乜：痴呆貌）

他就记得个乜吃愣喝，家里的事甚也不管。

3845. 修五道庙——方言也叫"喂脑袋"，因为脑袋上有五官，所以脑袋被戏称为"五道庙"，修五道庙，是吃饭的贬义叫法。"五道庙"本指供奉"五道将军"的庙宇。据有关资料说，五道将军，是东岳大帝的臣属，而且是最重要的助手，是冥间的大神，掌管世人生死与荣禄的神祇。他还具有监督阎罗王判案或纠正不公行为的莫大权力，甚至可以代替阎罗王决定世人的寿限。但与阎罗王不同的是，他颇富有正义感和同情心，留下颇多救助弱者、成全有情人、开释无辜的事迹。五道将军并不始终身处冥间，而是经常暗中巡游人间，多以入梦的方式与人交流或履行职能，所以口碑比阎王好。随着佛教的传入，五道将军的地位也在不断提升，在《十王经》中，五道将军已升为“五道轮回王”，与阎罗王、泰山府君成了“平级干部”，并且是冥间十王中，最后“把关”决定灵魂轮回去向的冥王。佛家传说，人死以后，灵魂到冥间要过“十道关卡”，即人死后的“一七”、“二七”到“七七”四十九天的“七关”，再加“百日”、一年、三年，共“十关”，五道将军主管“三年”，这是最后一关的。正因为五道将军的“权限大”且具有同情心，富于正义感，所以老百姓喜欢他、信仰他，所以建庙奉祀他，庙宇遍及全国各地。五道将军与专司捉鬼消禳灾的“钟馗”是最受老百姓喜爱的具有人情味的廉洁神祇。民间这种朴素的信仰寄托着人们的善良愿望。

营生做完了，回去修五道庙哇！

3846. 干牙克梁——没有水，没有菜，干吃食物，难以下咽。

他干牙克梁地吃了个干焙子，连一口水也没喝。

3847. 嘴泼(pa)——不挑食(褒义)；贪吃而不择食（贬义词）。

那人嘴泼，吃好吃赖总要吃饱。

3848. 食细——人或动物挑食。

那闺女打小就食细。

3849. 奸馋——挑食，嘴馋。

那娃娃奸馋，也是从小家里惯下的。

3850. 下作——贪婪、贪吃，不顾脸面的样子。

他那人太下作，不能叫他去陪客人吃饭，给咱们丢人了。

3851. 口淡——口味淡，不爱吃咸；因故长时间进食口味淡的食物，反而想吃咸味儿食品。

他口淡，吃不了太咸的东西。

多切点儿咸菜，我口淡的不行。

3852. 刺牙——食物塞进牙缝里，刺：填塞。

喝冷水也刺牙（比喻人运气不好，干什么都不顺利）。

吃得血刺了牙了。(吃：此指贪污受贿。本指某动物吃另一动物时血塞满了牙齿，比喻人大肆贪污受贿。)

3853. 憋得慌——吃得太多，撑得胃里难受。

今儿晌午吃肉吃得太多啦，一后晌憋得慌。

第二十八节　称谓与俗称

3854. 娘娘——奶奶，祖母。

3855. 大（dǎ）——父亲。

一进大门吼了一声大（dǎ），你给俺们寻下个甚人家？

3856. 妈——妈妈，母亲。

一进大门叫了一声妈，那咋不给俺们挑个好人家？

3857. 大大（da dà），妈妈(ma mà)——子女之间对话时对父母亲的称呼。

哥哥：妈妈嘞？

妹妹：妈妈亥（跟）大大打架了来，跑兰（了）！

哥哥：大大嘞？

妹妹：妈妈跑了，大大断（追，赶；往回叫）妈妈圪兰（了）。

3858. 外父——岳父。

X X X 说：谁要是当长工，就去俺们外父那儿当圪哇，人家那茶饭（饮食）可不赖了！

3859. 外母娘——岳母。

3860. 大兄哥——内兄，妻的哥哥，面称哥哥。

3861. 大兄嫂——妻的嫂嫂，面称嫂嫂。

3862. 小舅子——内弟，妻的弟弟，面呼小名。

3863. 小舅子家——内弟媳，面呼小名。

3864. 大姨子——妻的姐姐，面称姐姐。

3865. 小姨子——妻的妹妹，面呼小名。

3866. 大伯（bia）子——夫的哥哥，面称哥哥。

3867. 小婶子——即弟媳。对人称弟弟的媳妇儿，当面直呼名字或指孩子叫“他婶婶”。

3868. 兄弟家——对人称弟弟的媳妇儿。

3869. 大姑子——夫的姐姐，面称姐姐。

3870. 小姑子——夫的妹妹，面呼小名。

3871. 妻侄儿子——妻的侄儿，面呼小名。

3872. 妻侄女子——妻的侄女，面呼小名。

3873. 大大——大娘。

3874. 伯伯（bia bia）——大爷。

3875. 伯伯（bǎi bǎi）——叔叔。

3876. 大爹——伯父；大爷。

3877. 二爹——二大爷。

3878. 首首——叔叔。

3879. 叔伯（bia）——叔叔和伯伯（bia bia）的孩子对外互称“叔伯(bia)”。

3880. 姑舅——姑姑和舅舅的孩子对外互称“姑舅”。

亲不过的姑舅，香不过的猪肉。

3881. 两姨——姨姨的孩子对外互称“两姨”。

3882. 老板子——老婆。

3883. 家号儿的——老婆。

3884. 汉子——男人；丈夫。

老婆打汉子，金银满罐子。

3885. 娘母俩——母子俩或母女俩。

3886. 连襟——妻姐（妹）夫。

3887. 奶娘——乳母。

3888. 奶妈——乳母。

3889. 奶大（dǎ）——乳母之夫。

3890. 老叔——年龄最小的叔叔。

3891. 老儿子——年龄最小的儿子。

3892. 老晚子——年岁大了以后生的孩子。

3893. 老闺女——年龄最小的闺女。

3894. 私娃子——私生子。

3895. 双生生——双胞胎。

3896. 挨肩肩——年龄相差不大的兄弟姐妹。

3897. 头首首——第一胎生下的孩子。

3898. 怀抱抱——还在怀里抱着的吃奶的小孩儿。

3899. 猴毛娃娃——婴儿。

3900. 墓底愁——遗腹子，父亲死后才出生的婴儿。

3901. 毛女女——小姑娘，未发育完全的少女。

枣骝马，外倒鬃，毛女女配了个老点心（老头儿）。

3902. 小娃——对小孩儿爱昵的称呼。

3903. 毛儿日哎——对小孩儿最亲昵的称呼。

3904. 兄弟——弟弟。

3905. 弟兄——哥弟，哥弟关系。

你们弟兄几个谁是老三？

3906. 侄儿男女——侄儿侄女。

那老汉的几个侄儿男女经常过来照料他，对他可孝敬了。

3907. 对点儿——同名人相互称谓。

3908. 老汉——老头儿。

谜语：一个老汉一条腿，摸了帽子大张嘴。（谜底：豆芽）

独立队进了村，好比凶神上了身，追得后生杳无踪，逮住老汉填枯井。

3909. 老汉汉——称老头儿。

3910. 老娘娘——称老太太。

老娘娘的裹脚——又臭又长。

老娘娘过年——一年不如一年。

3911. 老点心——老头儿；老东西（贬义）。

枣骝马，外倒鬃，毛女女配了个老点心。

3912. 老点子——老头儿；有经验有计谋的上岁数的人。

3913. 老跌坑——快入坟墓的人。骂人话。

3914. 老板——称老太太，老女人。

3915. 二老板——过去称三、四十岁的已婚女人。

3916. 老婆汉子——夫妻。

有钱是老婆汉子，没钱是鬼和判子。

3917. 露水夫妻——比喻缘分短暂或共同生活时间极短的夫妻。

只估划咱二人天长又日久，不估划露水夫妻两分开走。

3918. 半路夫妻——男子再娶、女子再嫁所结成的夫妻。

3919. 抓髻（ji）儿夫妻——从小青梅竹马结合的夫妻或原配夫妻。髻，盘在头顶或脑后的发结。抓髻，旧时指头发上拢，绾在头顶或两旁的一种发式，形如握拳，表示未婚女子的身份。

3920. 米面夫妻——仅为生存而结合，没有感情基础，一旦出现困局，便会分道扬镳的夫妻。

3921. 后走——妇女再婚。

3922. 后嫁——妇女改嫁。

3923. 后老婆——后续的妻子。

3924. 后婚汉——再婚的男人。

3925. 前婚老婆——妻子是再婚的妇女。

前婚老婆后婚汉，睡在半夜蹬了蛋。

3926. 子母婆父——母亲改嫁时，女儿同时嫁给继父之子所形成的关系。

3927. 活人妻——离了婚的妇女。

3928. 后儿——后妻或后夫之子。

3929. 前房小子——前妻之子。

3930. 带子——母亲改嫁，儿子随母到继父家生活。

3931. 带犊儿——后妻之子被贬称为“带犊儿”，也即“带子”。

3932. 夹山兄弟——同母异父兄弟。

3933. 夹山姊妹——同母异父姊妹。

3934. 前肠子后肚（dǔ）子——与前夫和后夫分别所生的子女（都让人十分牵挂）。

3935. 后妈——继母。

3936. 后大——继父。

3937. 后老子——继父。

3938. 后继父——继父。

3939. 亲亲——情人之间的昵称。

3940. 心爱爱——情人的昵称。

二套牛车拉硬柴，路过瞧一瞧心爱爱。

3941. 心尖尖肉——比喻最喜欢的人。

这个娃娃，那真是他奶奶的心尖尖肉。

3942. 命根根——命根儿，比喻最受重视的人。

你是妈妈的命根根。

3943. 自留儿——一直娶不下媳妇儿，留在父母身边的儿子。

3944. 全老子既娘——父母双全。

3945. 年纪——年龄。

一个老汉挨墙睡，揪住胡才问年纪。(打一物)——秤。

3946. 七老八十——年岁很大。

你也不是七老八十了，还想叫人家让座儿？

3947. 老一麻茬——年老的一代。

3948. 老老代代——进入自尊自贵的老年时代。

我老老代代的了，是不会跟你开这种玩笑的。

3949. 老脸老面——比喻老年人的身份与面子。

我老脸老面的，我才不去跟他说这种下情话了！

3950. 老嘴老脸——比喻老年人的脸面。

万一和他说了不起作用，你叫我这老嘴老脸往哪搁？

3951. 老马敩（xiao）蹿——比喻人上岁数了再学习，已经不适宜。敩：学；效法。

他六十多岁了才学弹电子琴，一点儿基础也没有，真是老马敩蹿。

3952. 棺材瓤子——对残年衰老之人的不敬之称。

3953. 后生——小伙子。

3954. 后生家——小伙子。

3955. 二奸臣——戏称奸猾的老二。

俗语：秃子老大二奸臣，三的四的没好人。

3956. 半头砖——虽然是女孩子，但性格和举止像男孩。

3957. 秃手手——没有手指头的人。

3958. 秃舌子——大舌头，舌头不灵

活的人。

3959. 结嗑子——说话结巴的人。

聋子好打岔，结嗑子爱说话。

3960. 咬舌子——说话口齿不清的人。

结嗑子笑话咬（niao）舌子。

3961. 豁唇唇——豁子嘴，兔唇。

3962. 疤子——害天花病后留下疤痕的人，被贬称为“疤子”。

3963. 官名——姓名。

3964. 小名——乳名。

3965. 老娘婆——接生员。

3966. 大仙——巫婆神汉。

3967. 顶仙——假装神仙给人治病消灾。

3968. 扳船汉——船夫。

3969. 桥牙子——居于买卖双方之间，从中撮合，以获取费用的人。相当于现在的经纪人和中介人。

3970. 拉骆驼的——拉着骆驼的人；过去用骆驼队长途运输货物，所以也代指骆驼队或管理骆驼队的人。

皮袄皮裤皮坎肩，拉骆驼的人儿受可怜。

3971. 掐命的——算命的人。

3972. 老道——道士，看庙人。

媳妇是神家是庙，婆婆公公当老道。

3973. 姑子——尼姑，女佛教徒。

3974. 窑黑子——煤黑子。旧时对煤炭工人的蔑称。

窑黑子打断腿了——浅擦擦。

3975. 买卖人——商人。

买卖人出门来，将本求利。

3976. 耍手艺的——手艺人。

3977. 钉锅匠——以修补破锅为业的人。

3978. 钉鞋匠——以修补鞋为业的人。

3979. 老铜匠——以打制铜器为业的人。

3980. 糊瓶匠——白铁匠，锡匠。

3981. 毡匠——用羊毛或牛毛制作毡子的手艺人。

3982. 毛毛匠——缝制皮袄、皮裤、皮帽子等的工匠。

3983. 皮匠——制作皮绳绁、套缨子等的工匠。

3984. 画匠——集画工与油漆工为一体的匠人。

3985. 拉匣的——旧时在中药店里卖中草药的店员或学徒。

3986. 号脉——把脉。中医通过脉象诊断病情。

3987. 屠家——屠户。

3988. 旱鸭子——不会水的人。

3989. 吊死鬼——上吊自杀的人。

吊死鬼抹粉——死不要脸。

吊死鬼耍大刀——死的不凶闹的凶。

3990. 墓虎——死了又复活的人。

3991. 凉棒——生手；对某行、某事一点儿都不懂的人。

x x x 和别人的自行车撞架了，他忙说：“你是个强将，我是个凉棒，一下撞在个柁上，惬(qie)惬儿出了个洋相。”串话使一场风波一笑了之。

3992. 凉胡子——外行；生手。

买卖人种不了地，凉胡子领不得戏。

3993. 戾（lì）把——外行。

行家不说戾把话。

3994. 外码子——外行。

3995. 里行——内行。

3996. 柳生匠——未经拜师学艺而从事某种专业的人。泛指技艺不精的人。

3997. 笨工子——干活儿手艺不精的

人，干粗话儿的人。

3998. 唱红的——本指戏曲演员中的须生，比喻能力强，起主要作用的人。

3999. 通天瞎棒——一个字也不认识的人。

就我这个通天瞎棒也懂得个人情事理，不比你差。

4000. 睁眼儿瞎——一个字也不认识的人。

你别看他是个睁眼儿瞎，可记性却比念书人还好。

4001. 瞎鳖丁——没有念过书的人（即“白丁”，是蔑视他人的话）。

4002. 瞎汉——不识字的人。

瞎汉看的个三六九。

4003. 瞎——动词，比喻变成睁眼瞎。

土地拨啦，社员乐啦，学校塌啦，娃娃们瞎啦。

4004. 文简子——指文化程度较高的人。

4005. 拉杆子——勾结匪徒结成匪伙。

4006. 肉尾巴——跟屁虫。尾 yi。

4007. 女道人家——泛指妇女。含男尊女卑意。

这是男人们的事，你女道人家就少说一句哇。

4008. 咵咵——操外地口音的人。

4009. 咵子——操外地口音的人。

4010. 老西儿——旧时对山西人的贬称。

4011. 南蛮子——旧时蔑称南方人。

4012. 蒙老乡——对蒙古族或蒙古人的称呼。

4013. 口里——口，指杀虎口或张家口。口里，一般指山西或河北。

4014. 口外——一般指内蒙古地区。

4015. 大师傅——厨师。

七十二行，大师傅难当。

4016. 厨子——厨师。

十个厨子九个甜，剩下一个没捏盐。

有赔本的贩子，没有贴面的厨子。

4017. 黑门黑户——和邻居不来往的住户。

4018. 绝户——已死而没有后代的人家。

踢寡妇的门，挖绝户的坟。

4019. 小李——专于人众中乘机窃取他人身上钱物者，即“扒手”，“小偷”，又叫做“三只手”。（清沈涛《瑟榭丛谈》卷下：“近世窃钩之徒窜身都市，潜于人丛中割取佩物，俗呼剪绺……京师则称为小李。”）

4020. 绺子——小偷；盗窃团伙。绺，原指系荷包的丝带，“纬十缕为一绺”（《说文》），扒手常常剪断此绺以行窃。故也叫“剪绺”。

4021. 三只手——对小偷的称呼。

4022. 姑子——尼姑。

4023. 独立队——土匪。

独立队进了村，好比凶神上了身，追得后生杳无踪，逮住老汉填枯井。

第二十九节　人体部位

4024. 天灵盖——脑袋(蒙语音译词)。

二一回眊你你不在，叫你妈打了哥哥两锅盖，差点儿打塌天灵盖。

4025. 的老——头的贬称。

4026. 桃圪蛋儿——头的贬称。

4027. 信门子——脑门儿。

4028. 脑浆仁子——脑髓。

4029. 脸蛋子——脸蛋儿；容貌。

4030. 眉力骨——前额。

4031. 前绷颅——前额。

前绷颅，后把子，当中有个圪洼子。

4032. 眉头——前额。

4033. 瓦额尔——前额和眉骨突出而鼻梁及眼部凹陷的长相。

4034. 眼腔骨——眼眶骨。

4035. 眼克朗日——眼眶。

4036. 眼窝子——眼睛。

各人的捶头捣各人的眼窝子。

4037. 眼睛仁子——眼球。也比喻最宝贵的东西。

4038. 泪水子——眼泪。

4039. 耳门子——外耳道。

4040. 耳朵眼子——戴耳环的孔。

4041. 耳信——耳屎。

4042. 脓眵（chi）——眼屎。

4043. 脓带——鼻涕。

清脓带打人——软糟塌人了。

4044. 嘴头子——嘴。

4045. 嘴叉窝儿——嘴角。

4046. 上嗓——上颚，口腔的上壁。

4047. 上棚——口腔的上壁。

4048. 上天棚——口腔的上壁。

4049. 沫唾——唾沫、唾液的通称。

4050. 酣水——口水。

4051. 哈拉子——口水。

4052. 顽团——很浓、很粘的痰(顽痰)。

4053. 牙干——牙垢。

4054. 牙杈(chà)骨——颌骨的通称。分“上牙杈骨”(上颌骨)和“下牙杈骨”(下颌骨)。

判官吃大豆——鬼嚼牙杈骨。

4055. 牙滑子——牙龈，牙根肉。

4056. 奶牙——乳牙。

4057. 前门牙——门牙。

4058. 嗓牙——臼齿，槽牙。

4059. 虎牙——犬齿。

4060. 上牙颏(ke)子——上颌骨。

4061. 下巴子——下颌(hé)、下颚(è)的通称。

4062. 下颏（kē）子——脸的最下部分，在嘴的下面。下颚、下颌的通称。

不能在人家的下颏子底下求酣水。

4063. 鼻限——人中。

4064. 鼻梁凹儿——鼻骨上端凹陷处。

鼻梁凹儿栽海娜——进眼货。

4065. 忽咙——喉咙；咽喉。

4066. 饮嗉圪蛋——男子的喉结。

4067. 鬓鬋（bing jian）儿——脸部靠近耳朵的头发及其部位；太阳穴部位。鬋：“鬋，女鬓垂貌。”(《说文》)

那后生下手狠，照老李的鬓鬋儿就打了一捶。

4068. 马鬃——指人的像马鬃一样垂在前额的短发，也即刘海。

4069. 头发帘儿——刘海。

4070. 辫纠子——男孩儿头顶留的小辫儿。

4071. 头脑梢——头顶。

4072. 后脑梢——脑后部位。

4073. 后把子——脑后凸出的部位。

前绷颅，后把子，当中有个圪洼子。

4074. 后板筋——后脖颈；脖子后面的筋。

4075. 大板筋——脖子两侧的粗筋，也叫“绷头筋”。

4076. 后颜窝儿——后脖颈上的发际小窝。

4077. 舅舅毛——男孩儿后颜窝儿留的毛发。

4078. 圪都子——已婚妇女脑后的发髻。

4079. 脖腔骨——脖子（脖 bo 变音为 pa）。

4080. 膀肩——肩膀。

4081. 克朗日——胸腔部位。

想你想得抽开了疯，克朗日里头起火眼瓣瓣疼。

4082. 仡佬肢窝儿——腋下。

4083. 胳肢窝儿——腋下。

4084. 胳扭子——胳膊肘。

尺八的锅台二尺的炕，圪扭子搁在窗台上。

4085. 脯子——胸部。

4086. 脯胸——胸部。

脯胸上挂笊篱——捞（劳）心捞（劳）肺。

4087. 直背——背部。

鸪鸪鸠挨住鸬鸬（鸽子）睡，一样样儿那灰直背。

4088. 肝子——肝脏。

4089. 肚子——胃。

4090. 舌脾——脾脏。

4091. 苦胆——人或动物的胆囊。

4092. 腰子——人的肾脏；也指食用的动物的肾脏。

4093. 心肝五脏——泛指内脏；比喻人的良心。

你杀了羊，把那心肝五脏给我留下。

那人丧尽天良，心肝五脏也都坏了。

4094. 心口窝日——胸口。

4095. 妞妞——乳头。

4096. 奶头——乳头。

4097. 奶膀——奶盘；奶头。

4098. 肚膜脐脐——肚脐。

4099. 肚显皮——肚子表面较松弛的皮。

4100. 后背心——后背。

4101. 腰节骨——后腰。

4102. 算盘珠子——指人的脊椎骨。

4103. 胯沿骨——胯骨。

4104. 渎塌骨——髋骨。

渎塌骨比锥子快，脊梁比刀子快，跌倒比爬起来快。

4105. 楼斗骨——盆骨。

4106. 参板日——肩节骨。

4107. 肋肢——肋骨。

4108. 骑岔儿——大腿根。

4109. 圪扭日——肘部。

4110. 渎日——臀部。

剃头洗渎日——大错一圪截。

4111. 渎蛋日——臀部。

4112. 圪膝——膝关节。

三官爷庙上双圪膝跪，嘴里头许口愿眼流泪。（三官：道教谓天官、地官、水官）

双圪膝跪下单圪膝起，满嘴嘴好话

犸（yǎng）济你。（犸济：劝慰。）

4113. 圪膝盖——膝盖。

圪膝盖上钉掌——离蹄（题）有点远。

4114. 弯儿骨——大关节骨。

4115. 腿胯儿——腿脚。

4116. 腿黑拉儿——两腿之间。

4117. 连轫杆——小腿骨。

4118. 腿梁子——小腿骨。

4119. 小腿肚子——小腿后面的肌肉部分。

4120. 腿肚子——小腿的后部。

4121. 腿把子——脚跟以上，小腿靠下面的部分。

为朋友要为勤快人，嘴勤手勤腿把子勤。

4122. 脚（jia）拐子——脚腕。

4123. 揽筋——脚后跟上面的筋。

4124. 滑啦骨——踝骨，脚腕两旁突起的部分。

4125. 孤拐——踝骨，即脚腕两旁凸起的部分。

脚大怨孤拐。

4126. 脚（变音为 jia）板子——脚。

4127. 脚（jia）梁面——脚背。

4128. 脚（jia）脯子——脚掌。

4129. 脚（jia）心儿——脚心。

4130. 尿脬（pāo）（尿泡）——膀胱。

尿脬打人闻臊气，这一回要和他见高低。

尿脬打人不疼，臊气味难闻。

4131. 捶头——男人的拳头。

4132. 圪乱——女人的拳头。

吃了五谷想陆谷，挨了比兜（耳光）想圪乱。

黑缎子骡马玉点点白，你攥住圪乱硬叫哥哥猜。

4133. 大拇指头儿——大拇指。

4134. 二拇指头儿——食指。

4135. 四拇指头儿——无名指。

4136. 小拇指头儿——小指。

4137. 手稍稍——手指尖。

4138. 手托子——手掌。

4139. 手虎口儿——拇指和食指相连接的部位。

4140. 手爪子——指人手，多含贬义。一般称兽的四足为爪（zhua）子。

4141. 个儿——个子，身高。

4142. 毛窟眼子——汗孔。

4143. 肉皮子——人的皮肤。

4144. 膗（chuai）皮——因松弛而下垂的皮肤。

4145. 膗（chuai）肉——因松弛而下垂的肉。

4146. 头皮——头屑。

4147. 青筋——皮肤下可以看见的静脉血管。

4148. 奶毛——胎毛。

4149. 鬈（quan）子——头发呈旋涡状的地方。

那娃娃头上长的两个鬈子。

4150. 胡才——胡须。

揪住胡才过河——牵须（谦虚）。

一个老汉挨墙睡，揪住胡才问年纪。（打一物：秤）

4151. 正眼——右眼。

上房槅，往东瞭，左眼流泪正眼跳。

4152. 正手、正胳膊、正腿、正脚——右手、右胳膊、右腿、右脚。

4153. 肉眼——人不借助于仪器的视力；也泛指俗眼，佛经中说有天、肉、慧、法、佛五眼，肉眼为肉身之眼。

第三十节　相貌五官

偏褒义的有——

4154. 袭人——漂亮、俊美，招人喜欢。

光长的袭人不行，得脑瓜子灵才行。

丑是家中宝，袭人惹烦恼。

4155. 袅（niao）—— 打扮的漂亮，神气；得意，美滋滋的。

这女娃娃，打扮得真袅。

人家那现在袅的，哪还能认得你这个老同学！

4156. 栓珍——长相袭人。

天上的星宿（xiu）不一般明，我看见哥哥最栓珍。

4157. 喀细——漂亮；好看。

南坡坡沙枣后弯弯梨，后生们谁顶你喀细？

看那喀细的，五间大瓦房几天天儿就盖起来了。

4158. 出奇——生长发育好或才貌出众。

那孩子长的挺出奇的。

4159. 脱活（hua）——小孩身体发育好，聪明、活泼。

看人家那两个双胞胎孩子，都长得多脱活。

4160. 受看——人或物好看，使人喜欢。

4161. 挂人——招人喜欢。

那孩子虎头虎脑的，可有个挂人处了。

4162. 惹亲——招人喜欢。

这娃娃常时笑盈盈儿的，真惹亲。

4163. 打眼——显眼；吸引人。

生人看圪，那人挺打眼，论个头有个头，论长相有长相，其实是个甚也干不成的人。

4164. 不打斗——不引人注意；貌不出众，不起眼。

那人看圪不打斗，半天人家是摔跤冠军。

4165. 胎面面——相貌。

酸瓤子西瓜绿皮皮包，黑心的哥哥胎面面好。

白面皮皮包苦菜，你胎面面好看心肠坏。

4166. 脸巴巴——脸盘；面相总称。

再不要打电话捎书信，见不上脸巴巴顶个甚？

4167. 蓉盘大脸——脸大而圆，袭人，面容大气。

十冬腊月长出一苗鲜白菜，蓉盘大脸好人才。

4168. 圆头杏脑——形容人的头部较圆（多指小孩）。

这小家伙儿圆头杏脑的，跟画儿上画的那胖娃娃一样样儿。

4169. 秃头杏脑——形容人的脑袋又圆又胖。（多指小孩或年轻人）

你们这个娃娃秃头杏脑的，真袭人。

4170. 憨头杏脑——长相憨厚。

那后生憨头杏脑的，性格可好了。

4171. 一表人才——相貌端庄俊秀。

那后生长得一表人才，好几个闺女

都追他。

4172. 肉头杏脑——肉：胖。形容脑袋又胖又圆，多指男孩子。

他们那个孙子肉头杏脑的，可有个看头了。

4173. 圪文文儿——文雅，稳重。

那娃娃圪文文儿的，真像个念书人。

4174. 毛毵毵（sān）儿——细长且毛茸茸的。（毵毵，形容毛发或枝条细长披垂）

大路上菅（jián）草毛毵毵儿，二哥哥年轻好后生。

4175. 眉眼儿——脸；五官，面相。

那娃娃不单眉眼儿长得好看，性格也越发好。

4176. 眉面——面部，脸。

早起糠棒，晌午棒糠，黑夜喝了两碗菜汤，天长日久眉面上放光（放光：指浮肿）。

4177. 周正——身材、五官端正。

生得周正，长得出奇，性格和善，百里挑一。

4178. 肉圪节节儿——多指小孩儿发胖，胳膊及腿部形成一节一节的嫩肉。

那娃娃吃牛奶吃得肉圪节节儿的，真好看。

4179. 红花满面——形容人红光满面，非常健康。

老汉七十多岁的人啦，还是红花满面的，那身体真好。

4180. 有红似白——指皮肤白嫩而又泛红。

他们那二闺女长得可袭人了，而且脸巴巴也是那有红似白的，是全村数一数二的好闺女。

4181. 细发——比喻人皮肤细嫩。

4182. 细细——美女之俗称。

4183. 白净细发——指女子皮肤白而细嫩。

4184. 细皮嫩肉——形容皮肤又白又嫩。

这孩子细皮嫩肉的，就和女娃娃呀似的

偏贬义的有——

4185. 猴头切脸——头小、脸小。（“蓉盘大脸”的反义词）

你别看长得猴头切脸的，实际上那家伙的脑子可好使唤了。

4186. 刀条条脸——窄而长的脸型。

他不让人说他是刀条条脸，他说自己是瓜子儿脸。

4187. 尖头忽梢尾（yi）——头小、脸窄、身体瘦弱。

她说人家那个男的长得尖头忽梢尾的，她一点儿也没看对。

4188. 肥头奓（zha）耳——形容脑袋肥大，耳朵向外平展着。

那个家伙肥头奓耳的，一看就是吃好的吃下的。

4189. 油头粉面——搽油抹粉，打扮得花里胡哨。含贬义。

他引回来个后生，油头粉面的，一看就不是那地道的人。

4190. 捉鳖脑袋——指智力不高却长得个好相貌。

你要看那后生不识数儿，人家长的

个捉鳖脑袋了，也不愁娶个媳妇儿。

4191. 吊死鬼脑袋——骂人话。骂人长得特别丑。

4192. 梆榔头——前额及后脑勺都较凸出的头型。

别看长了个梆榔头，脑子比谁都好使。

4193. 前崩颅后把子——前额和后脑门儿都突出的头型。

前崩颅后把子，当中有个圪凹子，越看越是个灰架子。

4194. 挠脖脖——短发。

那个时代，闺女媳妇儿们都时兴留挠脖脖头。

4195. 歇顶头——谢顶头。

4196. 披头散发——头发长而散乱，仪容不整。

你就这样披头散发地出去，也不怕人家笑话？

4197. 圪蜷儿——蜷曲或卷曲的样子。

人老了，身子也圪蜷儿啦！

那娃娃的头发又黄又细，生来就圪蜷儿的了。

4198. 圪蜷儿打蛋——头发、毛线等打卷儿，乱成一团的样子。也比喻人的身材矮小且不能直挺的样子。

好好的头发烫得圪蜷儿打蛋的，有甚好看的。

那老汉这会儿越厉圪蜷儿打蛋的，好像是有了病了。

4199. 白头丝窝——头发全白的样子。

老两口都已经白头丝窝的了，不过身体还没有大的毛病。

4200. 干毛失姣——毛发干燥，没有光泽。

你别看现在老了，干毛失姣的没看头了，人家那年轻的时候，可是个漂亮碴儿。

4201. 黄毛圪爹（zha）——形容头发黄而稀少。

这娃娃黄毛圪爹的，是不是营养不良？

4202. 少眉没草——眉毛少、短、细的面相。

你不要看那人少眉没草的有点面老，实际上人家那体质特别好。

4203. 秃眉溜顾——眉发稀疏。

一场大病，把她弄下个秃眉溜顾，整天不敢出门见人。

4204. 秃念念儿——眉发稀疏或光秃的样子。

4205. 摸念念儿——眉发稀疏，睫毛较短，给人一种光而平的感觉。

那人摸念念儿的，真不进眼。

4206. 脸灰派派儿——脸色不正气。

看他那脸灰派派儿的，肯定是遇上事儿了。

4207. 水眼擦窟——形容人因为患眼疾而常含泪水的样子。

你这老是水眼擦窟的，肯定是点儿毛病，快叫人家看一看哇！

4208. 近觑（qu）眼儿——生来的近视眼。

他生来就是个近觑眼儿，远处的东西一点儿也看不见。

4209. 看天颅儿——一种疾病，眼皮大，眼睛不自觉地朝上看。

那娃娃原来是个看天颅儿，到医院做手术以后就一点儿也看不出来了。

4210. 鬼眨眼儿——爱眨巴眼的毛病。

他那鬼眨眼儿是生下的，他也不由他。

4211. 圪料眼儿——斜眼儿。

圪料眼儿喝拌汤——瞅不准大疙瘩(大块儿)。

4212. 圈脸胡——络腮胡。

那人圈脸胡，圆眼睛，身材魁梧，力大无比。

4213. 胡子拉茬——形容满脸胡须。

快刮一刮哇，那胡子拉茬的，也不怕人家笑话？

4214. 连毛猪头——连鬓胡子（用于骂人）。

4215. 脓带虎儿——指鼻子上总是挂着鼻涕的人，尤其是小孩儿。

4216. 脓带忽出——鼻涕多又不清理。

那娃娃小时候脓带忽出的，长大以后却是一个精明强干的后生。

4217. 脓带啦糊——不经常清理鼻涕；也比喻人不出奇的样子。

4218. 尖嘴露喉——嘴尖，下巴短。

他自己长得尖嘴露喉，还嫌人家个子低没有看头。

4219. 虬（qíu）嘴嘴——嘴儿歪；也指歪嘴的人。

歪嘴嘴葫芦虬嘴嘴瓜，千层层毛眼眼左右右花。

4220. 地包天——下额比嘴向前的人。

4221. 婆婆嘴——指成年男子不长胡须的嘴。

4222. 少牙没口——人老了，牙掉了。（描述人的老态）

多年不见，他怎么老得少牙没口的了，差点儿认不出来。

4223. 板嘴忽塌——人老了，牙掉了，嘴唇和两腮凹陷的样子。

老太太虽然板嘴忽塌的了，但还是那么精明。

4224. 豁沟打牙——牙齿受损或脱落短缺的样子。也用来描述受损的物品。

他家那个大花碗，不知道用了多少年了，已经碰得豁沟打牙的了。

4225. 豁牙牙——孩子换牙时牙齿脱落的样子或成人牙齿残缺。

豁牙牙，露齿齿，跟上娘娘吃屎屎。（娘娘：奶奶）

4226. 豁牙露齿——牙齿缺损或脱落的样子。

这娃娃豁牙露齿的，就爱瞎起哄。

4227. 呲牙八怪——牙齿外露，长相丑陋。（呲牙，应为“龇牙”，龇（zi）：“龇，开口见齿貌。”《说文》）

你别看那家伙呲牙八怪的，娶下个媳妇儿还挺能干，光景过得也挺滋润。

4228. 呲牙咧嘴——露出牙齿，裂开嘴巴。形容相貌凶狠或样子难看；也形容因为疼痛或特殊味道刺激而难以忍受的怪模样。（呲牙，应为“龇牙”，龇（zi）：“龇，开口见齿貌。”《说文》）

不就破了点儿皮吗，还把你疼得呲牙咧嘴的？

4229. 汤水——样子，有明显贬义。

就他那汤水？趁早别去，去了也是个扑一嘴灰！

4230. 球汤水——长相不好或无能，骂人话。

就他那球汤水，要一下没一下，连自己也养不活，还想娶人家个城里娃？

4231. 相分儿——相貌；德性。含贬义。

就凭你那相分儿，还挑三拣四的，人家有人找你就不赖了。

4232. 相数——长相或神情样子（含贬义）。

看他那个相数，还能办成个大事？

4233. 灰相——面貌丑陋或打扮不入时的样子。

就你那灰相，谁找你也是瞎苦眼了！

4234. 捉鳖相——指智力不高却长得个好相貌。

那后生长得个捉鳖相，闺女们谁也能看对，实际上，甚本事也没有。

4235. 死相——人反应慢，不灵活。

生来死相加上圪懒，油瓶跌倒也不管。

4236. 恶岔——长相凶狠，人厉害。

那家伙，长得就挺恶岔，而且心狠手辣。

4237. 丑差——丑陋。

长得丑差也不怕，但怕一下没一下。

4238. 丑痛心——极其丑陋（贬称）。

从小大人管得紧，闺女眼里没灌上风，只挑光景不看人，寻下个女婿丑痛心。

4239. 丑婞（xìng）婞儿——不太漂亮却讨人喜欢（多用于孩子）。

这孩子看圪丑婞婞儿的，脑瓜子可灵了。

4240. 丑姿八怪——奇丑，模样怪诞。

过去电影里的反面人物，长相都是丑姿八怪的，一看就知道不是好人。

就他那相，丑姿八怪的，人家哪个闺女找他呢？

4241. 斜丢八挂——歪斜的样子或面容不周正。

4242. 赤忽另另儿——神态或言行轻佻，不庄重，令人生厌。

那后生长得倒是挺袭人，就是赤忽另另儿不进眼。

4243. 赤忽怔怔儿——神态或言行不庄重，爱嬉戏。

这后生赤忽怔怔儿的，跟谁也开玩笑，连个老小也不分！

4244. 赤忽念念儿——长相或性格不持重；爱嬉戏挑逗他人。

那娃娃赤忽念念儿，正是那七岁八岁狗也嫌的时候。

4245. 脱寡露手——神态或言行轻佻，不庄重。

他那人说话脱寡露手的，没人爱搭理他。

4246. 不挂调料——比喻长相不顺眼；言行不着调。

那人轻皮抖擞的，生来就是那不挂调料的货。

4247. 娃娃气——孩子气；长相不够成熟。

那后生一脸娃娃气，一看就嫩的了。

4248. 娃娃烂气——幼稚，天真。

那后生说话还是那娃娃烂气的，一看就不成熟。

4249. 嫩面——面容显年轻，面部年龄比实际年龄小。

四十出头的人了，生人一见就认二十大几，就是因为人家生得越发嫩面。

4250. 老面——面容显老，从面部长相看上去比实际年龄大。

他生得老面，生人见了都叫他大爷。

4251. 圪虽虽儿——立身不直，精气神都差。

他被镇住了，圪虽虽儿地低到头，腿也有点儿发抖了。

4252. 圪穷穷儿——穷而无志的自卑相。

他就那样，常时圪穷穷儿的，一点儿自信也没有。

4253. 灰熏圪榄——穿戴不整洁、脏。

你就这样灰熏圪榄的，也能去见人家亲（qìng）家？

4254. 黑熏圪榄——穿着脏污。

他突然引回几个人，个个都黑熏圪榄的，他说都是他的朋友。

4255. 黑青乌烂——多指皮肤青一块紫一块。

她被她男人打得黑青乌烂的，也不敢去告。

4256. 黑淋画虎——汗水与灰尘等混合成的脏脸。

你这娃娃，满脸黑淋画虎的，在哪耍了来，怎么脏成这样？

4257. 黑不流秋——长得黑。

那个人长得黑不流秋的，就像个非洲人。

4258. 黑干憔悴——人又黑又瘦，脸色憔悴样儿。

看他那黑干憔悴的样儿，估计是有病了。

4259. 青筋巴脑——人瘦，血管外露貌。青筋：皮肤下可以看见的静脉血管。

4260. 揞(an)眉蹋眼——帽子靠下，遮住了眼睛。揞：以手蔽物；手覆物为揞。

你给娃娃把帽子往高扶一下，看那揞眉蹋眼的像个甚！

4261. 描眉打鬓——爱打扮化妆。

看你每天起来描眉打鬓的，哪像个庄户人家的闺女？

4262. 搽油抹粉——即涂脂抹粉。

那个媳妇儿每天搽油抹粉的，概共也没有去过地里头。

4263. 梳洗打扮——指人洗脸、梳妆、着装等。

女娃娃们出门真费事儿，梳洗打扮也最少得半个钟头。

4264. 生就——生来的，不可改变。

锤捣砧子脆铮铮，咱是生就的火性性。

生就的骨头长就的肉。

4265. 生就已——与生俱来的；从小养成，不可改变。

他那古怪性格是生就已的，根本改不了。

生就已的骨头长就已的肉。

4266. 搭——像；随。即形象上极其相似或在某些方面有共同点。

这孩子的长相就搭了他舅舅啦。

4267. 习像处——相像之处。

仔细一打量，他们俩还真有点儿习像处。

第三十一节 身材体态

4268. 身首——身材。

干看身首不小，做营生投奸取巧。

4269. 身架子——身材。

人家那身架子，当兵肯定没问题。

4270. 身架架——身材。

那新媳妇儿脸巴巴不好看，身架架挺好看。

4271. 身势势——身材。

脸八八好，身势势好，闺女们后头跟一哨。

4272. 人样样——人的外表、长相。

花眉甚眼人样样好，方圆百里也难挑。

4273. 人样儿——人的相貌，模样；做人的样子。

白面皮皮包红糖，不说人样儿说心肠。

看你那四脚扬手地躺在那儿，连点儿人样儿也没！

4274. 后影影——从后边看到的人或东西的形状。

当他抬头看时，人家已经走过去了，只看见人家个后影影。

4275. 翳(yi)耀子——人或物体遮蔽光线而投下的暗影。翳：遮蔽，障蔽。

人要是见不得人，看见翳耀子也是黑的。

4276. 展悠活水——个头高，身板直；人的身材或动作舒展大方；也描述舒展恬适的睡姿或物品平展，处所宽敞；心情舒畅。

那后生长得展悠活水的，真是一表人才。

黄瓜开花窜开蔓，展悠活水挺好看。

他爷爷一辈子又受苦又受气，没展悠活水活过一天。

4277. 直不溜丢——身板直；腿直。

看人家站在那儿直不溜丢的，真像个当过兵的。

4278. 圪竖竖儿——直立高大的样子。

一年没见，你就圪竖竖儿的长这么大了！

4279. 人高马大——指人的个头大。

看你哇人高马大的，怎么叫打成个这样？

4280. 光圪节节儿——年轻、健壮、水灵；物体光溜、水灵。

他们家光圪节节儿两个小子，就是因为穷，一直找不下对象。

4281. 油条水光——人体光润、水灵。

那后生，看上去油条水光的，实际上又懒又笨。

4282. 板英英儿——身板宽，身势势展活。

那后生长得板英英的，谁看也能看对。

4283. 彪彪正正——相貌端庄，身材标致，气质好。

那后生长得彪彪正正的，外号叫“许文强”。

4284. 苗条细杆——身材苗条，修长柔美。

他们那二闺女长得苗条细杆的，现在人家是有名的模特儿。

4285. 细麻聊条——身材苗条，挺直。

那后生个子高，细麻聊条的，一直打的好篮球，现在在部队也是篮球队的。

4286. 棱圪铮铮儿——衣服笔挺、整洁，人也显得精神。

老太太打扮得棱圪铮铮儿的。

4287. 生绽——比喻人生的特别俊美。

人里头挑人数妹妹好，石头上开花生绽了。

4288. 出脱——出落，指青年人形貌变化，多用于赞美女青年。

4289. 拿人处——足以吸引人的相貌；足以让人服气的技能、本事。

拿人处就在那两眼畔，偷悄悄看人眼斜转。

4290. 秀流——容貌清秀，身段苗条。

那娃娃，爱说那长得秀流了，爱说那脑子好了，的确是个好闺女。

4291. 架套——架势，样子。

看架套，他是个当过兵的人。

4292. 圪榄子——身材。含贬义。

干看圪榄子大，要一下(ha)没一下。

4293. 圪榄子灰夜夜儿——个子太高。（贬义）

看你圪榄子灰夜夜儿的，还是每天领着几个小孩玩儿，真是羊群里头的骆驼，多会儿才能有点出息呀？

4294. 灰菜旗杆——比喻个子太高（贬义）。

看你长得灰菜旗杆呀似的，怎么还跟妹妹争来抢去的？

4295. 干大没瓤子——个头高大，但无胆无识，腹中空空或没有出息。干：徒然；白白地。

干大没瓤子，肚里装的点儿屎肠子。

4296. 绣毛打蛋——形容毛发拳曲，蓬乱或孩子身材矮小，发育不良。

我喂下的这个猪绣毛打蛋的，不知道有甚病了。

他们那闺女小时候病得受了制了，一直朽毛打蛋的长不高。

4297. 背锅子——指驼背人。

4298. 背锅乞令——腰弯背驼的样子。

人上了岁数了，走开也背锅乞令的了！

4299. 摩腰竣圐圙——因为老、病或瘦而直不起腰的样子。（也是“展悠活水”的反义词）

他腰间盘突出，走路一直都是摩腰竣圐圙的。

4300. 虬（qiu）渎趔胯——走路时，臀部歪扭，胯部趔趄的不雅之相。（渎，别字，臀部）

他腰疼得可厉害了，走开也虬渎趔胯的了。

4301. 拧渎筛胯——躁动不安，坐、立不稳。（渎，别字，臀部）

看你拧渎筛胯的那样儿，怎么，等不上了？

4302. 掴对淋拉——走路时，身体左右摇晃。

那人走路掴对淋拉的，可难看了！

4303. 戗（qiang）前戗前——走路身体前倾的样子。

他走开路身子总是戗前戗前的。

4304. 体体俊俊——俊秀，精干；气质好。

那么体体俊俊的个后生你还不找，你是不是自己有了心上的人了？

4305. 歪三扎楞——不直不正，多指戴帽子的状态或站立的姿势。

看你那帽子，戴得歪三扎楞的，像

个甚样儿？

4306. 歪六扯二——不能直立的不雅站姿，也指写字歪歪扭扭或字行不正。

看你，站一阵儿也是歪六扯二的，没个人样儿！

你看他借条上那几个字写得，歪六扯二的，简直没法看！

4307. 歪溜圪丘——歪斜不直，没有气质的站相或坐相。

你能不能把腰直起来？歪溜圪丘的坐在那儿，像个甚？

4308. 罗圈腿——两腿不直，内侧弯曲。

三十里的明沙二十里的水，五十里的路上来眊你，半个月眊了你十五回，就因为眊你跑成一个罗圈腿。

4309. 肉——人胖。

哎，好像你比以前肉了？

4310. 肉人——胖人。

肉人，一般都是胃口好，饭量大。

4311. 肉实——身体胖而结实。

人还是肉实点好，抵抗力强。

4312. 肉乎乎儿——胖乎乎儿。

这娃娃肉乎乎儿的，真爱人。

4313. 肉头面蛋——非常胖（贬义）。

他吃得肉头面蛋的，每天甚心也不操。

4314. 肉牛贼——亲昵地骂胖人。

4315. 富态——体貌肥胖；讳言“肥胖”的婉称。

这个人长相富态，是大贵之人。

4316. 瓮粗碗高——比喻个子低而身子胖。（贬义）

她没有看对人家，还比低人家是瓮粗碗高。

4317. 炮弹骨拢——低胖；穿得多，身子不灵活。（贬义）

左右人肉，又穿得多，炮弹骨拢的，别说跑了，连走路都走不了。

4318. 骨拢炮弹——形容胖人走路或穿衣服太厚的样子。

4319. 圪嘟儿瓦切——形容身材长得不顺流或不苗条。

4320. 撵肚凹腰——形容腆着肚子，身体后仰的样子；也比喻人得意神气之态。（贬义）

她快生孩子了，还撵肚凹腰的到处走。

那会儿饿得直嚎聊叫，这会儿神得撵肚凹腰。

4321. 五大三粗——头大，两个手大，两只脚大；腿粗，腰粗，胳膊粗——好圪堆。（“尖头忽稍尾”的反义词）

那个人，五大三粗的，一下就把众人给镇住了。

4322. 一篓油——本指装满油的篓子，比喻又矮又胖的身材或胖得上下一般粗的人。

那后生乜吃愣喝，吃下个一篓油，想减肥却减不下去了。

4323. 压油墩——旧时榨油时用的一种大木墩，比喻又胖又重的身体。

4324. 雕繇（you）子——讥讽人肥胖，适合做捕雕的“繇子”。繇子，为猎捕野物而置放的诱饵。用已经捉到的鸟兽等活物诱捕同类，是古代狩猎活动中发明的一种诱捕方法，这种起引诱作用的鸟兽等叫繇子，也作“游子”。

那家伙，吃得肥头参耳，雕繇子呀似的。

4325. 方头楞正——头大，人胖，不秀气。

他带着三个保镖，个个都是那方头楞正的后生。

4326. 膀栏宽——指肩宽胸阔之相。

4327. 好圪堆——胖，魁梧。（略有贬义）

那家伙好圪堆，一个人对付三五个人一点儿问题也没有。

4328. 瘦——人瘦；也指衣服裹身太紧。

这裤子太瘦了，这本来就是给瘦人做的，我根本穿不上去。

4329. 瘦麻圪掐——身体较瘦的样子。

他中等个儿，长得瘦麻圪掐的，脑子越发好用，念书一直就是尖子生。

4330. 瘦圪枝枝儿——身体很瘦的样子。

你这瘦圪枝枝儿的，哪能在工地上做营生了。

4331. 瘦圪掐掐儿——身体很瘦的样子。

她瘦圪掐掐儿的，一点儿也不架衣裳。

4332. 瘦丝拉架——形容身体又瘦又高。

他那瘦丝拉架的，干看个子高，哪是你的对手！

4333. 瘦麻聊条——形容身体又瘦又高。

那家伙瘦麻聊条的，跑开可快了。

4334. 瘦干筋筋儿——身体瘦，但有劲儿、有精神。

那老汉瘦干筋筋儿的，做营生一点儿也不比后生们差。

4335. 灯草人人——比喻特别瘦弱的人。

他现在已经瘦成个灯草人人了，一股风就能刮倒。

4336. 灯麻细熗——瘦弱状。

你这身体灯麻细熗的，将来能做个甚？

4337. 清干了——比喻人特别瘦的样子。

他大病了一场，瘦得清干了，一点儿精神也没有。

4338. 刀楞楞——刀背。

想你想成个人参参，直背瘦成个刀楞楞。

4339. 刀楞楞儿——比喻瘦的骨如刀背；骨瘦如柴，瘦骨嶙峋的样子。

人已经瘦得刀楞楞儿了，一点儿抵抗力也没有了。

4340. 楞身身儿——极度虚弱、消瘦的病态体型。

你现在刚刚好了一点儿，楞身身儿的，路又这么远，就不要去了。

4341. 一拤拤（qia）——两手虎口相对粗细的量。

谁敢说妹妹我没想他，牛粗的腰瘦成一拤拤。

4342. 发变——指青少年因发育而发生形体方面的改变。

你们这个二闺女，几年不见，发变得我差点儿认不出来了。

4343. 圪敦敦儿——个子不高但很壮实的样子。

那个后生长得圪敦敦儿的，挺精神，性格也特别憨厚。

4344. 圪跩跩儿——走路像鸭子一样摇摇摆摆的样子。多指小孩或体胖的人。

那个老汉长得胖墩墩儿的，每天都早早地圪拽拽儿地来校门口接他那个小孙子。

第三十二节 生老病死

4345. 有啦——指肚里有了孩子，怀孕。

4346. 害娃娃——妊娠反应，恶心、呕吐，食欲异常。

初八，十八，二十八，姐妹二人害娃娃，姐姐想吃个腌黄瓜呀，妹妹想吃个猪尾巴。

“妈害（怀孕）你那会儿比你这会儿还厉害了，也是脑门筋跳得哗哗的，嘴里头吐得哇哇的，脑子里响得沙沙的，饱声打得呱呱的，耳朵里响得嚓嚓的，眼里火星冒得叭叭的。”（戏曲语）

4347. 酸儿辣女——指妇女妊娠期间的一种反应，习惯认为爱吃酸食是生男孩的预兆，爱吃辣食是生女孩的预兆。

俗话说，酸儿辣女，你这怀上娃娃是爱吃酸的了还是爱吃辣的了？

4348. 怀身拽肚——形容孕妇行走不便。

你媳妇儿现在怀身拽肚的，在家多打对点儿哇，这次就不要让她去了。

4349. 开怀——女子第一次生孩子。

她开怀迟，三十岁才生下大儿子。

4350. 临时靠月——临近预产期。

4351. 养——生育（孩子）。

有小不愁大，就怕养不下。

4352. 收生——接生。

4353. 衣胞子——胎盘。

4354. 月房——家庭产房。

4355. 跌落地——指人一出生，刚生下来。

这个娃娃从刚跌落地到这会儿，没吃过一天奶，尽是吃牛奶长大的。

4356. 抬掇——抱养（孩子）。

他们家缺女孩儿，又抬掇了个闺女。

4357. 奶娃娃——给孩子喂奶。

4358. 漾奶——小孩吃奶太多或肠胃不适，把吃进去的奶又吐出来。

4359. 截奶——断奶。

4360. 忌奶——指孩子断奶。

4361. 娃娃圪蛋——形容家里孩子多，拖累大。

你们现在娃娃圪蛋的了，不是好好过日子，还闹什么离婚！

4362. 单身飒利——形容单独一个人，显得很自在。

你这回进城单身飒利的，爱咋游玩圪了。

4363. 小小儿——小的时候。

小小儿没娘，到大话长。

4364. 不大大儿——物体不大或人年龄小。

那个时候，你还不大大儿，记不住。

4365. 大了——长大以后；长大了。大，用作动词。

那个娃娃小小儿不听话，大了可懂事了。

4366. 满月——婴儿出生满一个月，孕妇出了坐月子的日期。有的要庆贺。

4367. 四十天——婴儿出生四十天。有的要庆贺。

4368. 百岁岁——婴儿出生满一百天，一般要摆宴席庆贺。

4369. 生儿——生日；寿辰。

4370. 圆锁儿——孩子十二岁生日庆典。

4371. 逢九——人的年龄遇到九或九的倍数的年份，迷信认为人到这些年份容易生病或有灾难，要特别小心，一般要穿红色内衣裤等以保平安。

4372. 腰干——女子绝经。

4373. 不惬（qiè）——身体感到不舒服。

4374. 不合适——人身体有小病。

4375. 难过——生病了。

4376. 忌嘴——忌口，因为有病或其他原因忌吃不相宜的食品。

吃药不忌嘴，跑断先生的腿。

4377. 恨病吃药——为了治病而强行吃药。

药哪有个好吃的，那就是个恨病吃药。

4378. 头疼脑热——一般病，感冒类小病。

头疼脑热拔火罐，相思病还得你自解缠（解缠 chan：解开缩着的东西；也指将郁结在心中的疙瘩解开）

4379. 灾灾病病——泛指大小病。

你有个灾灾病病，我不放心。

4380. 咳底旦嗽——连续咳嗽的样子。

4381. 哈儿喽气短——因为患气管炎等肺部疾病而气喘吁吁，痰多咳嗽。

他老爹一到冬天就哈儿喽气短地连门也不能出了。

4382. 咳嗽马趴——咳嗽得非常厉害。

看你咳嗽马趴的，快忌了烟哇！

4383. 黄眉二显——面黄肌瘦的样子。

那娃娃黄眉二显的，不是有病就是营养不良。

4384. 病娘娘——身体虚弱，经常卧病的女人。

他什么营生也做不成，就在家掇担的个病娘娘。

4385. 嘿喽半呲——形容人哮喘并且发出痰鸣声。多指老年人。

他奶奶一到冬天就嘿喽半呲的连门也不敢出了。

4386. 掏瓤瓤病——慢性病，慢慢耗损身体的病。

4387. 掏瓤儿病——掏瓤瓤病。

4388. 上火——大便干燥，口舌生疮，眼膜发炎等症状。也指人生气；发怒。

4389. 火大——同“上火”。也指人脾气大。

讨吃子流鼻血——人穷火大。

4390. 张活着——因为穿得少或婴儿包裹的东西少而受风寒侵袭。

天气冷，穿得少，大概是张活着了。

娃娃还小了，你抱出去张活着呀！

4391. 拍着了——伤风，感冒。

4392. 风发——伤风感冒。

想哥哥想得墙头上趴，拍下个头疼又风发。

4393. 复痨——伤寒病复发。

4394. 可——病愈。

4395. 膀（胮）(pāng)——皮肉肿胀，浮肿。

想你想得眼睛胮，蒸莜面坐在水瓮上，蒸了半天冰拔凉。

4396. 耷（te）拉——皮肤松弛而下垂的样子。

4397. 虚臌肚胀——因胃里有凉气而肚子臌胀，也比喻物体又虚又鼓起。

今儿晌午睡得有些凉了，一后晌虚臌肚胀的越发难受。

4398. 憋（bie 变音为 bia）——肚子

发胀，撑。

吃多了，又着了凉，肚子憋得难受。

4399. 憋怔怔儿——形容吃得过饱，肚子胀起或东西装得达到了容量的极点。(憋，变音为“bia”。)

肚子憋怔怔儿的了，还要吃？

这个袋子已经憋怔怔儿的了，不能再装了。

4400. 打食——借助药物消积食。

4401. 空心——空腹。“心”指腹部、胃部，而非心脏。

《本才纲目·果部·甜瓜》：“腰腿疼痛。用甜瓜子三两，酒浸十日，研为末。每服三钱，空心服，酒送下。一天服三次。”

4402. 蛰（zha）心——胃里刺痛的感觉。

吃上洋烟喝上醋，蛰心蛰心都在肚。

4403. 烧心——胃内酸水刺激。

4404. 烧心火燎——因为饥饿或胃酸过多而感到十分难受。“心”指胃部。

这几天一到半后晌，就觉得烧心火燎的越发难受。

4405. 醋心——胃内酸水刺激。

4406. 吃伤——由于暴饮暴食而对某种食品产生厌恶。

一顿吃伤，十顿喝汤。

牲口吃粮，穷人吃肉，有钱人山珍海味吃伤啦，吃草。

4407. 恶心五滥——恶心想呕吐的感觉。

一闻那肉味儿就恶心五滥的想吐，哪还能吃进去呀！

4408. 圪扎麻蠕——吃了不易消化的食物引起胃部不适的感觉。

下午在地里啃了个胡萝卜，肚里圪扎麻蠕的越发不舒服。

4409. 圪抓抓儿——胃里十分难受的样子。

4410. 圪漏——因胃凉而打嗝儿。

日的粗，屙的细，圪漏起来把把味。

4411. 饱声——饱嗝。

4412. 打饱声——打饱嗝。

4413. 生食气——吃得过饱，着凉肚胀，积食不化，打嗝喷出的难闻气味。

4414. 吃着（za）——饮食过量或饮食不洁而伤胃。

唉，那后生，踢是踢不着（za）了，看打平伙往着（za）吃哇！(踢着，劳累过度而伤身。打平伙，AA 制合伙聚餐)

XXX 说：吃着比车辗着还厉害了！

4415. 呕——恶心，东西在胃喉中上涌，有声无物为呕。

4416. 吐——饮食等东西在胃喉中上涌，自口而出，有物无声为吐。

4417. 干呕——有声无物，呕而不吐，想吐但吐不出东西。

4418. 唾——从嘴里吐出来。(吐 tǔ，使东西从口里出来)

唾痰 /唾葡萄皮 /唾瓜子皮

4419. 吐天哇地——吐，严重的呕吐。

他喝得太多了，一路上吐天哇地的，样子很难受。

4420. 颠吐倒屙——又呕吐又拉肚子。

4421. 跑肚——拉肚子。

4422. 淌稀——拉肚子。

4423. 走肚拉稀——腹泻。

4424. 跑肚拉稀——腹泻。

4425. 发霍乱子——肠胃式感冒，手足冰凉，血脉不畅。

4426. 攻心霍乱子——急性胃痉挛。“心”指腹部、胃部，而非心脏。

4427. 噎（ye 变音为 ya）食——食道癌。

4428. 臌症——气臌或水臌病的总称。

想娘想老子没得个病，想哥哥想得得臌症。

4429. 传头子——传染病；瘟疫。也用作骂人。

4430. 淋撒——尿频而少。

4431. 打鼾睡——熟睡而打呼噜。

4432. 呻唤——呻吟。

4433. 齉鼻子——鼻子不通气，发音不清；鼻音很重或鼻音很重的人。

4434. 岔(chà)——嗓音失常。

他把嗓子岔了，一下也唱不起来了。

4435. 马雾——眼睛模糊，视物不清。

4436. 坌（bèn）——泛指进入眼睛的灰尘、沙粒等异物。(《广韵》：坌：尘也)

4437. 打坌（bèn）——尘埃等进入眼中。(坌，尘埃)

4438. 倍眼——迷了眼睛。

4439. 风犯——荨麻疹。

抱住火炉子吃滚饭，谁要莽良心得风犯。

4440. 风犯疙瘩——荨麻疹。

4441. 拉胯——胯部拉伤。

他昨天割麦子拉胯了。

4442. 捩（lie）着了——指身体肌肉扭伤。捩：扭转。(方言中 lie 变音为 lia；着 zhe 变音为 za)

他把腰捩着了。

把脖子捩着了。

4443. 岔出气——因不正常的呼吸致使胸部发生短暂的疼痛。

他笑的笑的就岔出气了，当下疼得连话也不能说了。

4444. 烧着了——开水烫伤或火烧伤。

4445. 就筋——腿脚痉挛。

他刚刚下水，腿肚子就就筋住啦。

4446. 转筋——腿脚痉挛。

我上了马鞍鞍就要走，腿肚肚转筋肉眼儿抖。

4447. 努伤——反复地超负荷地使劲儿，致使心肺等受伤成疾。

他年轻时不惜力，再重的营生也咬着牙干，结果得了努伤。

4448. 搐风——抽风。

4449. 羊嗝儿风——癫痫。

4450. 大头风——人因中风后头、脸肿胀的一种病，也称“大头瘟”。

你捂得这么严实，咋啦，怕中了大头风了？

4451. 出水——出汗；患伤寒病。

想你想得得了一场病，三九天出水强捞住个命。

4452. 耍麻麻——出水豆（婉辞）。

4453. 当差（chai）——患天花、麻疹、水痘等疾病。

4454. 当糠——同“当差”。

4455. 害痘子——患天花。

荞麦圪团儿肉臊子，灰媒人吃上害痘子。

4456. 痄腮（zhà sai）——流行性腮腺炎，一种传染病，耳朵下面肿胀疼痛。

4457. 黄水疮儿——口疮、口角炎，破裂后流黄色积液。

4458. 老鼠疮——淋巴结核。

4459. 燎泡——火炽伤或水烫伤后皮肤表面鼓起的水泡。

4460. 腰疽（jū）——长在腰部的毒疮。

4461. 天暴疮——梅毒。

4462. 斩头瘟——生在脖子后面的毒

疮。

4463. 肉瘤子——肿瘤。

4464. 秃——头癣。

4465. 鬼剃头——斑秃的俗称。

4466. 大马疥——疥疮。

连自己的秃也挠不过来了，那还顾上挠别人的大马疥了。(比喻人自顾不暇)

4467. 漏疮——痔疮。

4468. 颗子——身上起的小丘疹，小疙瘩。

4469. 热颗子——痱子。

4470. 粉刺——疖子。

4471. 肉刺——鸡眼。

4472. 朱砂点子——红色的痣。

4473. 黑黡（yan）子——皮肤上的黑痣；黑点。

4474. 黪（can）痧——雀斑。

4475. 疤——害天花病后留下的疤痕。

山药地里种芝麻，你不嫌我黪痧我不嫌你疤。

4476. 瘊子——高出皮肤的红褐色肉包。

4477. 起——长，从体内长出。

嘴上起来个燎泡。

大腿上起来个粉刺。

4478. 裂子——冬天又冷又干燥，人的手脚或其他皮肤上裂开的细缝。

手上裂开个裂子。

4479. 圪灭（miā）——伤好之后留下的条状疤。

4480. 圪痂痂——液体凝成的片状物体。

他脸上还有很多脓带圪痂痂。

他那伤口上的圪痂痂也掉了。

4481. 发溃（huì）——伤口、疮疤发炎、化脓或溃烂。

4482. 发威——痤疮、丘疹等进一步肿胀或化脓。

粉刺发威疼死个人。

4483. 威脓——化脓。

4484. 调脓——皮肤内伤化脓时，伤处内部跳动而疼痛。

4485. 流脓害水——形容伤口溃烂化脓。

他的脚板心儿叫钉子扎了一下，一直流脓害水的好不了。

4486. 泻火——去火。

喝绿豆汤能泻火。

4487. 打凉下火——清热去火。

大热天，这绿豆汤是打凉下火的，你喝上一碗哇。

4488. 病病恙恙——形容多病衰弱。

4489. 跋起实坐——一会儿躺一会儿坐，身体不适或心神不定的样子。

他咳嗽气短，一黑夜跋起实坐的不能睡个安然觉。

4490. 扶起扶坐——形容病情严重，靠别人扶着才能坐起来。

老汉病了半年多了不见好转，现在每天扶起扶坐的。

4491. 扶头头儿不起——形容病情严重，不能坐起来。

4492. 半死啦活——半死不活。

4493. 有死无活——形容人病情危急，极端疼痛，难受的样子。

老汉现在难过得有死无活的，你们还有心机在这儿耍麻将了？

4494. 半篇篇人——四肢不全或半瘫的人。

4495. 长出气——深呼吸；深长地叹气。

4496. 夺膀子出气——形容呼吸艰难，

胸部、肩部起起伏伏的样子。

4497. 夺肩肩儿出气——同“夺膀子出气”。

4498. 一出出气——奄奄一息的样子。

4499. 悠悠气——奄奄一息。

4500. 漾（yàng）气——指人临终时艰难的呼吸。

宁看死人漾气，不看××唱戏。

4501. 咽气——断气。

4502. 嗝儿咕——用人死时的咽气声，代指人去世。（含贬义）

4503. 挂肉门帘——比喻在门框上上吊。过去指两家闹意见，到对方家门上上吊，以死来威胁对方。

4504. 寻（xing）无常——自杀。无常：原指迷信传说中的勾魂之鬼，如“无常小鬼”，“白无常”（迷信谓白衣白帽的勾魂鬼役）；也指死亡，如：“三寸气在千般用，一旦无常万事休”。

4505. 寻短见——自杀。

4506. 抹脖子——自刎。

4507. 正病亡——正常死亡。

年轻轻倒把良心丧，终究也落不下个正病亡。

4508. 丢了——小孩夭亡的隐讳说法。

4509. 没大住——小孩夭亡的隐讳说法。

4510. 老了——老人去世了的隐讳说法。

4511. 走了——老人去世了的隐讳说法。

4512. 老圪且了——老人去世了的隐讳说法。

4513. 殁啦——人去世的隐讳说法。

4514. 不在了——人已去世的隐讳说法。

4515. 领尸——人死后血液凝固而身体僵直。

4516. 命大——指人能绝处逢生或死里逃生，幸免于死。

4517. 两世人——死里逃生的人。

4518. 阳寿——迷信指人活在阳世间的寿数（年龄）。

第三十三节 身体状态

4519. 克梁（liáng）——因姿势、动作或环境等使身体感到别扭、不适或不能舒展；尴尬。

我一直用两手端着，克梁得不行了，你赶紧替我一会儿哇！

4520. 克梁（liáng）弯正——因姿势、动作或环境等使身体感到别扭、不适或不能舒展。

看你坐在个小凳凳上克梁弯正的，快上炕来坐哇。

4521. 二克梁梁——上不去，下不来，很难受或很尴尬的样子。

走不能走，在不能在，弄下他个二克梁梁。

4522. 窝——人或动物的身体因受空间限制而蜷曲；用力使物体弯曲回来。

跌死圪狳窝死蛇，吃水还得毛驴驮。

你用那根铁丝窝个钩子，把帽子挂起来。

4523. 惬（qiè）——惬意，满足，称心，畅快，感觉舒服。

哎，这儿就挺惬，咱们就在这儿歇一会儿吧。

猪肉烩菜，生活不赖；有米有面，生活挺惬。

4524. 可惬了——特别舒服；特别合适；合乎心意。

你放心，人家那营生做得可惬了。

4525. 惬活——合适；舒服，满足；称心，畅快。

睡在热炕头上真惬活。

4526. 舒坦——舒服，坦然。

4527. 得格（gè）儿——合适，舒服，得劲儿。

4528. 不得格（gè）儿——感觉别扭，尴尬；不合适，不畅快。

我和人家都不惯熟，坐在那儿觉得越发不得格儿。

4529. 不得劲儿——身体感到别扭，使不上劲，或工具不合手。

这把锹不得劲儿，你再给我换一把哇。

4530. 得劲儿——工具顺手、好使；感到舒适、自然；感到理直气壮，毫不取心。

这次这个锄把安好了，捉见挺得劲儿。

那外甥子，一来舅舅家，比在他们家还得劲儿了。

4531. 得得劲劲——人感到舒适，自然。

你不要圪蹴在那儿，要吃就坐在炕上得得劲劲地吃。

4532. 拘屈——拘束，拘谨，不自在。

当戚人受拘屈，不如在自己家里自在。

4533. 圪托托儿——疲惫困倦，实在不想起身或挪动。有时也用来描述懒惰的样子。

叫了你几次了，你圪托托儿坐在人家家里咋呀，走，赶紧回家做营生！

4534. 圪托儿——身体蜷曲的样子；躲；赖。

憨吃人的东西愣花人的钱，圪托儿

在亲家家里过大年，天阴下雨趿拉别人的鞋。（趿（tā）拉：穿鞋不抽后跟，把鞋后帮踩在脚后跟下）

4535. 拿龙捉虎——干活儿时不得要领或光会比划个空架子；摆臭架子，装腔作势。

你别看他拿龙捉虎地装得像，实际上甚也干不成，人们都拿他开玩笑，他自己却没有自知之明。

4536. 支棱登架——干活儿不泼辣，动作迟慢，不得要领；摆架子，装腔作势。

做营生支棱登架的，一看就不是个庄户人。

4537. 舞马长枪——张牙舞爪。

你喝上二两酒就在这儿舞马长枪的，你不想想，人家谁怕你了？

4538. 年(别字)——人体踩、压在碎细沙石硬物上，感到不适或疼痛。

鞋里的一粒沙子就把他年的走不了路。

他刚一睡下，就被年住了，翻起褥子一看，原来下面压住个瓶盖子。

4539. 支——人体撞、靠或压迫凸出硬物而感到疼痛不适。

他跌倒时被一块儿石头把腰支了一下，疼得只呲牙。

4540. 屈——鞋小，顶脚，也叫“屈脚”。

这新鞋刚穿上有点儿屈，踩上几天就好了。

4541. 入发——胃里或整个身体感到舒服。

这碗面喝的，真入发！

一吃一喝，一个入发。

4542. 舒徐——悠闲而舒服。

钱够花，觉够睡，日子过得挺舒徐。

4543. 咬（niǎo）——咬，yao 变音为 niǎo，皮肤痒痒；（蚊虫）叮咬。

一个多月没洗澡，直背上咬得不行。

走沙滩，睡冷地，蝎子咬了白脊背。

4544. 噙（qin）——含，衔。

噙眼泪。

噙着一口水。

噙着一口饭。

4545. 鋟（qin）——低头。《说文》：“鋟，低头也。”

他鋟倒头只顾吃，谁说甚也不管。

4546. 汗腥烂气——指人出汗后存留在身上或衣服上的汗臭味儿。

你好几天没有洗澡了，汗腥烂气的，快去洗一洗哇。

4547. 呲猴马架——比喻不协调、不雅观的姿势动作。

他根本就不适合练拳，看那呲猴马架的，一点儿谱也没有。

4548. 肉麻——听了不堪入耳的话或看了不堪入目的事，让人很不舒服的感觉。

她在领导面前的那个媚态，真让人肉麻。

4549. 圪瘆（shen）——可怕；使人害怕；使人厌恶、讨厌。

哎呀，圪瘆死了，两人打架都动了刀子啦！

报上说，有个人竟然把自己亲生的孩子给活活打死了，真圪瘆了。

那个人圪瘆的，甚脏话也能说出口。

4550. 瘆（shèn）人——令人觉得毛骨悚然，十分可怕。

车祸现场血流满地，可瘆人了。

4551. 冷麻——因为受刺激、惊吓而

让人浑身麻酥酥的感觉。也指听了或看了惊险事，让人惊惧的感觉。

看见一个人头上血糊糊地躺在那儿，吓得我浑身冷麻。

4552. 打失惊——猛然惊醒；小孩儿睡梦中身体瞬间抖动或小孩儿因为受了惊吓睡着后身体突然哆嗦一下的现象。

侧棱棱身子半面面睡，我打失惊活活儿梦见你。

娃娃们睡觉打失惊，医生说这事正常现象。

4553. 心煽——心慌，心跳。

你冷猛真儿这一嗓子，把我吓得还心煽了。

4554. 冷麻圪飕——因为受寒凉、惊吓而让人浑身麻酥酥的感觉。

我今天浑身冷麻圪飕的，是不是感冒啦？

4555. 浑身鸡皮疙瘩——因为受冷或惊恐等皮肤上形成小疙瘩。

一看那车祸现场，把我吓得浑身鸡皮疙瘩，太惨了！

4556. 肉眼儿抖——因为紧张或害怕而肌肉颤抖。

我上了马鞍鞍就要走，腿肚肚转筋肉眼儿抖。

4557. 抖抖哒哒——因为冷而颤抖。

你真是要风度不要温度，看你抖抖哒哒的，冻死活该！

4558. 抖儿打颤——因为冷而哆嗦；人不稳沉。

年轻轻儿，抖儿打颤的，不是那成器的东西。

4559. 打牙磕子——因为冷而牙齿上下磕碰。

看你冻得，还打牙磕子了，赶紧回来暖和暖和哇！

4560. 惧寒乍冷——因为体温高而感觉寒冷。

看你惧寒乍冷的，肯定是感冒了。

4561. 打冷圪瘮(shen)——因为受冷或极度紧张突然打颤。

他穿的太少，进门直打冷圪瘮，晚上就高烧了。

4562. 清脓拉带——流清鼻涕。

你今天怎么了，清脓拉带的，是不是又感冒了？

4563. 脓带顽涎——鼻涕多痰多。

4564. 挤脓拉水——哭泣的样子。有斥贬之意。

4565. 红黑烂青——多指皮肤青一块紫一块的样子。

4566. 红头壮脸——因发烧而脸红胀的样子。

他红头壮脸的，肯定又烧起来了。

4567. 汗迫流水——满头大汗，汗流浃背。

每天一放学，他就汗迫流水地玩儿个没完。

4568. 汗流迫水——满头大汗，汗流浃背。

4569. 水头占脑——满头大汗。

那么多人都在外面闲道啦，就他一个人在厨房水头占脑地给大家做饭。

4570. 眼䌥（chàn）环环儿——形容人消瘦，眼睛凹陷的样子。

他难过了两个多月，我见他眼䌥环环儿的，一点儿精神也打不起来。

4571. 掏眼似窟——眼睛深陷的样子。

4572. 圪晕晕儿——轻度头晕，好像周围物体在旋转，人有要跌倒的感觉。

喝了两杯酒，就感觉圪晕晕儿的了。

4573. 昏哆儿——神智迷乱。

他头一次进城，一下车就混哆儿了，连东南西北也不知道了。

4574. 昏头打脑——形容人脑袋发昏或糊涂；晕头转向。

我这几天感冒了，昏头打脑的，甚营生也不想做。

你上岁数了，昏头打脑的，晚上就不要去了，明天再说哇。

4575. 头昏脑闷——头脑发晕。

我今天下了一后晌棋，头昏脑闷的越发不舒服。

4576. 闷闷昏昏——脑袋里发昏难受；半醒半睡时不太清醒的状态。

我黑夜叫煤炉子呛着了，第二天脑袋里还闷闷昏昏的，越发难受。

睡到半夜，他闷闷昏昏地听见外面有响动，起来从窗子上一眊，果然有贼！

4577. 圪飘飘儿——轻飘；飘飘然。

喝多了，走开路圪飘飘儿，就像腾云驾雾的了。

4578. 朝天八卦——东张西望，心不在焉的样子。

他朝天八卦地不知道往哪儿看了，把人家地摊儿上的小商品也给踩坏了。

4579. 切气——呼吸短促或吸气费力。

他病的够呛，说话还切气切气的。

4580. 喘气马趴——剧烈运动后气喘吁吁。

刚爬了三层楼梯，你就喘气马趴的，这还行？

4581. 马趴——面朝下趴下；身体向前摔倒，面朝下，四肢伸展的姿势。

你马趴下，我给你后背心拔一下火罐。

他摔了个马趴，把牙也碰坏了。

4582. 缓——休息，歇一歇。

歇一歇，缓一缓，再往前赶。

4583. 歇缓——休息，缓一下劲儿。

你就在家好好歇缓歇缓哇，地里的营生，叫年轻人去做哇。

4584. 缓一缓——歇一歇。

歇一歇，缓一缓，再往前赶。

4585. 晾面迎天——脸朝天躺着或睡着。

他晾面迎天躺着，眼睛看着天花板，怎么也睡不着。

4586. 展卜也也儿——形容身体平展地摔在地上的样子。

他脚板子底下一滑，展卜也也儿的跌了一跌。

4587. 悬躺顺卧——随随便便地躺着。

人们悬躺顺卧的睡了一炕。

4588. 横躺竖卧——随意乱躺。

都起来，你们这横躺竖卧的，像什么样！

4589. 圪仰（变音为 niang）——靠着东西，半躺半卧。

半天了，他就是圪仰在那个沙发上玩儿手机，什么营生也不做。

饭后一圪仰，给个县长也不当。

4590. 半仰（变音为 niang）不睡——靠着东西仰面半躺半睡。

你那样半仰不睡的看书，对眼睛不好。

4591. 溻（ta）——身体受下面的冷气、湿气侵袭；浸湿物体。

你这铺得这么薄，把腰溻坏呀！

4592. 光卜溜丢——光着身子。

那孩子，一睡觉总要脱圪光卜溜丢。

4593. 红麻不溜——一丝不挂，全裸。

天气太闷热，他一进门就脱了个红麻不留。

4594. 红麻肉棍——光膀子或赤身裸体。

快穿上点儿哇，红麻肉棍的！

4595. 湿不溜溜——一根线不挂。

天气太热了，那小家伙每天湿不留留在外面玩儿。

4596. 赤渎日——光屁股。(渎，别字)

4597. 赤渎渎儿——光屁股或穿开裆裤的时候。比喻很小的时候。

从小爱看二人台，赤渎渎儿看到头发白。

4598. 湿渎渎儿——光屁股或穿开裆裤的时候。比喻很小的时候。

他们俩湿渎渎儿一起长大，又一起在同一个班念书，那才是真正的发小。

4599. 湿脚（jia）打片——光脚。

4600. 湿脚（jia）板板——光脚，不穿鞋袜。

谁也别争了，也争不倒，来，咱们都湿脚板板比上树定输赢哇！

4601. 湿挠头——不戴帽子。

刚刚吃完饭，这么大的风，你湿挠头不能出去，小心感冒。

4602. 湿脚（jia）挠头——不穿鞋袜又不戴帽子。

大下雨的，你怎么湿脚挠头就跑出来了？

4603. 燕儿别翅——就像把燕子的翅膀别在一起一样，把人的双臂捋在背后的一种捆绑人的方法。

4604. 淹板板儿——形容腹部凹下去。

我早就饿得不行了，肚也淹板板儿的了。

4605. 侧（ze）棱起耳朵——侧耳细听的情状。

听见哥哥唱一声，侧棱起耳朵吊起心。

4606. 稳悠跌蛋——不急不躁，动作行为稳重。

你们一有点事就都着急得不行了，人家甚时候也是稳悠跌蛋的，也照样儿甚事不误。

4607. 筛蛋儿游——悠闲无事，没有约束，自由自在。

他以前在村里筛蛋儿游惯了，现在按钟点上下班，让他一时难以适应。

4608. 稳排四座——不躁动，稳坐钓鱼台。

众人都着急得不知如何是好，只有他稳排四座，一个人在那儿继续喝酒。

4609. 稳排大坐——稳稳当当地盘腿坐着。

一进家就稳排大坐的动也不动了，油瓶倒了也不扶一下。

4610. 盘脚（jia）弯手——形容人盘腿端坐的样子。

饭还不熟的了，你盘脚弯手地坐在那儿做甚呀？下来做点儿营生哇！

4611. 脚蹬炕沿——比喻人在有理或得势时不给别人留余地，不松口，就得按他的意思办。

老张开车把刘二的自行车给压烂了，刘二就不依了，脚蹬炕沿，非得叫赔他个新的不行。

4612. 欠——身体的一部分稍微向上移动。

屁股一欠，一敧（ji）一片。(描述坐在炕上趁热夹莜面吃的情景。敧：夹，以箸取物也)

4613. 立圪正正儿——挺立，有精神。

那老汉站在那儿还是立圪正正儿的，哪像个将近八十岁的人？

4614. 立圪笔笔儿——挺立，有骨气。

他在最穷、最没办法的时候也是立圪笔笔儿地做人，谁也不敢下看。

4615. 硬强——形容老年人身体壮实健康。

“你爹现在身体怎么样？”

“挺硬强的，每年还种地了。”

4616. 硬铮——物体坚硬；老年人身体壮实健康。

人家那身体可硬铮了，虽然六十多岁了，照样种地、喂牲口。

4617. 硬圪铮铮儿——食物坚硬，或老年人身体壮实健康。

老汉八十多岁了，还硬圪铮铮儿的。

4618. 泼（pā）壮——不惧冷热，身体健壮。

那娃娃吃东西不分好赖，也不怕冷热，身体可泼壮了。

4619. 跛叉喇戏——因身体原因或习惯在走路或站立时双腿叉开的不雅姿势。

多年的关节炎，使他的双膝严重变形，走路也跛叉喇戏的了。

4620. 忽颤——走路时身体上下起伏的样子；也指物体一上一下颤动的样子。

他瘦高瘦高的，走开忽颤忽颤的。

4621. 二猫腰腰——腰半弯着干活儿或走路的样子。（猫，变音为“me”）

你得二猫腰腰，轻轻地过去，千万不要让他们发现。

4622. 腰软肚硬——干活儿没劲儿，不得要领。

你这腰软肚硬的，哪像个做营生的！

吃莜面一吃一斤，做营生腰软肚硬。

4623. 软腰圪趔——身姿瘦弱，走路时腰软无力，趔趔趄趄或干活儿没劲儿。

啊呀，你这软腰圪趔的，去唱小旦倒是好身段！

那闺女走开软腰圪趔的，比那模特儿还扭得好了！

4624. 软流颠胯——体弱无力，走路颠簸的样子；也比喻人软弱无能。

他那人软流颠胯的不行，家里全靠人家老伴儿给撑的了。

4625. 软腰趔胯——走路或干活无力的样子。

你们这些念书娃娃软腰趔胯的，哪能做了这种营生！

4626. 软枝落（lào）叶——四肢无力，人没劲儿。

你别看她软枝落叶的不能干农活儿，人家却做的一手好针线。

4627. 软肢八踏——腿脚发软无力。

那娃娃软肢八踏的，腿上还没力，差点儿让绊倒。

4628. 身小力薄——指人个子小，力气弱。

那后生身小力薄的，哪能在工地上做营生了。

4629. 三摇两圪截——身姿瘦弱，腰软无力的走路之态。

走开三摇两圪截，笑开满嘴尽獠牙。

4630. 蹶渎脑稍——弯腰蹶屁股。

那孩子，一个人蹶渎脑稍地在那儿挖土坑玩儿。

4631. 渎儿脑旋天——好动；不停地活动或干活。

那娃娃一个人在那儿渎儿脑旋天地，不知道害甚了。

4632. 猴儿蹄忽散——形容人手脚零碎，很不稳重。

看你，这么大了，还是猴儿蹄忽散的，把娃娃给逗哭呀！

4633. 七拐八趔——一瘸一拐的样子。

你这腿还没好利索（sa），七拐八趔的，就不要去了。

4634. 拐七趔八——腿脚不好，走路一瘸一拐的样子。

那家伙，不要看拐七趔八的，正还娶下个好媳妇呢。

4635. 腿迟脚慢——形容人走起路来慢慢腾腾。

俗话说，腿迟脚慢，正赶上吃饭。

4636. 逍匀——不慌不忙，不紧不慢。

到把儿还是坐下出气逍匀。

咱们逍匀点儿做哇，这可是管饭没工钱的营生。

4637. 逍逍匀匀——不慌不忙，不紧不慢。

这点营生，咱们一后晌逍逍匀匀地就做完了。

4638. 散淡逍匀——不慌不忙，不紧不慢。

4639. 如流至水——不紧不慢，自自然然。

你们不要赶工，如流至水地做就行，关键是要精细点儿，确保质量。

4640. 急天蹦地——小孩爬上爬下，无拘无束，欢蹦乱跳的样子。

这孩子急天蹦地的，身上经常受伤。

4641. 手迟脚慢——形容人干活儿时手脚不灵便，做事动作慢。

那老汉这会儿手迟脚慢的，一前晌也做不下多少营生。

4642. 拙手笨脚——手脚笨拙。

那个女人拙手笨脚的，一辈子连个鞋也不会做。

4643. 拉拉架架——形容人对某种活儿不熟悉，下不了手的样子。

看见你拉拉架架的，不像个木匠老师傅。

4644. 拉里拉架——同“拉拉架架”。

4645. 跌跌搭搭——跌跌撞撞。

到底人老了，走路跌跌搭搭的。

4646. 跌倒骨拢——事急赶路或酒醉行走跌跌撞撞的样子。

4647. 打忽悠悠——形容走路不稳，身体摇摇晃晃的样子。

我昨天喝得太多了，今天还觉得头重脚轻的，走路还打忽悠悠了。

4648. 跄前马趴——跌跌撞撞，脚步不稳。

4649. 跌倒马趴——跌跌撞撞，脚步不稳。

4650. 酸麻——酸痛麻木。

圪蹴得时间长啦，站起来两腿酸麻得不行。

4651. 硬僵圪蠕——僵硬的感觉。

这粉条子硬僵圪蠕的，真难吃！

4652. 圪憋——皮肤干燥，表面紧绷的感觉。

4653. 浑身——全身。

想亲亲想得不能啦，浑身烧成一垡啦。

4654. 脚(jia)轻——脚步轻快；鞋、靴轻巧，穿着轻快。

歇心了，走开也脚轻了。

第三十四节 困顿瞌睡

4655. 困——酸痛无力。

写字写得手困得不行了。

4656. 瘆（tan）——疲乏无力、萎靡不振、能动而不想动而非神经机能障碍。

瘆得没劲儿。

4657. 发瘆——感觉疲乏无力、萎靡不振。

饿了发软的，吃饱发瘆的。

4658. 瘆（tan）眉混眼——因病或劳累而无精打采、萎靡不振的样子。（瘆，疲乏喘息貌）

他的病情虽然大有好转，但每天还是瘆眉混眼的，一点精神也没有。

他那人，做营生瘆（tan）眉混眼，吃东西没眉虎眼。

4659. 酥腰没性——困倦，打不起精神之状。

看你那样儿，酥腰没性的，赶紧下地喝点水清醒清醒！

4660. 软特敛敛儿——因为劳累、困倦或其他原因而全身无力状。

他实在走不动了，软特敛敛儿地往那儿一坐，不一会儿就睡着了。

4661. 连尸首也领不起来了——劳累，疲倦到了极点。

整整一天一夜了，大家又累又饿，都躺在地上，连尸首也领不起来了，还哪能干活儿呀？

4662. 不待要（yāo）——因不愿意或没有精神而不想或懒得去做某事。

我才不待要理他呢！

我感冒了，身上软的，不待要了，你们去哇。

妹妹唱曲儿生铜铜音，不待要做营生待要听。

4663. 呵牙——哈欠。

4664. 打呵牙——打哈欠。

看你打呵牙流眼泪的，赶紧睡哇！

4665. 张口——打哈欠。

看你张口张的，还说你不瞌睡？

4666. 张牙半口——瞌睡了，张口露牙，打哈欠的样子。

张牙半口的，你咋也是瞌睡了哇？

4667. 呵牙半齿——困倦，打呵牙。

一叫你看书你就呵牙半齿的，这还能念成个书？

4668. 张口流泪——人在困倦时又打哈欠又流眼泪的样子。

看你张口流泪那样儿，瞌睡了就早点儿去睡圪哇。

4669. 迷（mì）糊了——困了，想睡觉。

你迷糊了就先睡哇，这点营生我做。

4670. 迷（mì）哩掬糊——十分困倦时或没有睡醒时，脑子不清醒，糊里糊涂的样子。

看你那迷哩掬糊的样儿，来，吃块儿西瓜清醒清醒！

4671. 眼涩——困倦，瞌睡，眼皮重，想睡觉。

见饭饥，见水渴，见了枕头就眼涩，见了营生忙躲脱。

4672. 迷（mì）麻不怔——形容刚醒来，反应迟钝，迷迷糊糊的样子。

半夜，他被炮声震醒，迷麻不怔地出去响了几个大炮，也算是“接神”。

4673. 半醒嘎悟——似睡非睡、似醒非醒的样子。

你走那天刮了一场风，我半醒嘎悟到五更。

4674. 瞌睡马趴——极度瞌睡、不能坚持的样子。

你看他们一个个都瞌睡马趴的，听了也记不住，今天就讲到这儿哇。

4675. 忽录马趴——极度瞌睡；头脑没有清醒；非常糊涂。

看你忽录马趴的，快不要看书了，看了也记不住。

4676. 丢盹——打盹，打瞌睡。

你先在这儿盯一会儿，我去丢个盹。

4677. 丢盹瞌睡——打瞌睡的样子。

你一听课就丢盹瞌睡的，那怎么能学好呢？

4678. 圪丢——丢盹，小睡。

我替你看一会儿，你到里面圪丢圪丢哇。

4679. 圪蒙——小睡。

实在坚持不住了，我得圪蒙一会儿。

4680. 囫囵身子——和衣而睡。

他耍到半夜才回来，往那儿一躺，囫囵身子就睡着了。

4681. 睡下——泛指躺下。

你就在这儿睡下歇一歇。

4682. 挺——睡眠的戏谑之词或詈骂之词，意谓睡姿不好，好像死尸一样直挺挺地躺着。

不要在那儿经古挺的了，欢点儿起来吃饭哇！

4683. 打脚（jia）蹬蹬——一正一反挨着睡，也叫“头迎上下”。

你们弟兄俩打脚蹬蹬，盖上一个盖窝睡哇。

4684. 打筒筒——两人同盖一张被子睡觉。

小时候家里穷没盖的，他们弟兄俩一直就是打筒筒睡觉。

4685. 头迎上下——睡觉时一正一反，头挨着别人的脚睡；头朝上或头朝下。

炕窄人多，就得头迎上下睡，要一顺顺睡就睡不下。

看书连个头迎上下也分不清，还想写书了！

4686. 酣虎虎儿——觉睡得正酣甜、沉稳。

娃娃刚刚睡着，酣虎虎儿的，睡得可香呢。

4687. 暗屋停堂——悄无声息，形容人酣睡，屋内没有动静。

他一黑夜睡得暗屋停堂的。

4688. 梦梦——做梦。

梦梦娶媳妇儿——想得美（或尽想好事了）。

4689. 睡魇（yan）——梦中惊叫或睡梦中觉得被什么东西压住不能动弹。

梦见你走在那难为处，把妹妹吓得睡魇住。

4690. 发迷（mì）症——说梦话或梦行症发作。

他夜儿黑夜发迷症，趴在窗口喊了两声“有贼”，把别人都喊醒了，他却像没事人一样，又去睡觉了。

4691. 梦游——梦行症，也叫梦游症，即人在睡梦中无意识地起来并完成某些动作，如上房、爬树等，这些活动自己都不知道，是大脑皮层机能发生障碍造成的。

4692. 复二觉——睡回笼觉。

4693. 起炕——起床；起床后收拾被褥等。

他每天懒得连盖窝（被子）都不起炕。

第三十五节 眉眼传神

眼睛是心灵的窗户，此类方言词通过对眉、眼的形状、动态等的描述，表现人的神态、表情、外貌、性格、才智，并揭示人的内心世界、心理活动及其忠奸善恶等。而且，方言中描述眼睛、眼神的词语，多呈“A眉B眼”式，表意细腻，生动形象，从普通话中很难找出对应的词语。举例如下：

4694. 鬼眉溜眼——奸诈之人心怀鬼胎，眼神狐疑，行事诡秘。

圪顶瓮子二号盆，鬼眉溜眼装好人。

4695. 贼眉鼠眼——奸猾之人狐疑不定的眼神。

那人贼眉鼠眼的，你要防着他点儿。

4696. 鬼眉怪眼——行为鬼祟，眼神怪异。

你看他鬼眉怪眼的，不知道又想使什么坏！

4697. 眼睛忽拉拉儿——描述奸诈、多疑、易变的人那种眼睛大而眼珠子转动频率较高的样子。

那人眼睛忽拉拉儿的，尽鬼。

4698. 贼眉忽拉眼——描述无恶不作者的形色。（忽拉，即忽拉盖，蒙语“贼”的意思。这是蒙汉语组成的新的“蒙汉合璧”词）

那家伙，贼眉忽拉眼的，甚灰做甚，坐了五年牢，也没把他改造过来。

4699. 鬼眉忽拉眼——描述品行不端，无恶不作者的形色。（忽拉，即忽拉盖，蒙语“贼”的意思。这是蒙汉语组成的新的“蒙汉合璧”词）

他那个人鬼眉忽拉眼的，你不要指望他跟你说一句实话。

4700. 点眉忽眨眼——用眉眼动作或眼神传情示意。

那个人点眉忽眨眼的，就爱在背后说别人的闲话，挑拨是非。

他那个人点眉忽眨眼的，尽鬼点子。

4701. 痴不楞瞪——瞪着眼却没有反应的一种迟钝。

人家都走了，你还痴不楞瞪地看甚了？赶紧回家拿户口本来领钱！

4702. 死眉羊眼——眼珠不动，没有反应，或行动迟慢，没有精神头。

那后生死眉羊眼的，靠他自己哪能找下个对象了，你还是给介绍一个哇。

4703. 痴眉翻眼——反应迟钝的眼神。

自从那次车祸后，他每天痴眉翻眼的，快跟愣子差不多了。

4704. 瞎眉绌眼——视力极差或有眼无珠。

看你瞎眉绌眼的往哪看了，脚都快踢住了还看不见？

4705. 扬眉不瞪眼——从眼神上看，似乎没有听清或没有听懂的一种痴呆反应。

每天扬眉不瞪眼的，不知道想甚了。

4706. 球眉杏眼——①眼睛大睁，眼珠子不转的一种呆痴相。

唉，他那球眉杏眼的，根本就不适合做买卖，连个摊子也看不住。

②因为一时反应较慢而坐失良机者，或不能马上采取应急措施者，不能紧跟

时代潮流者，也被称作或自称为“球眉杏眼”。

唉，咱们这种人球眉杏眼的，就知道个工作，根本就省（xing）不得去靠近人家领导。

4707. 裂眉罢眼——不满、不服、不从、反感、无语等等在眼神上的表现。

你看他那裂眉罢眼的劲儿，你无论怎么说，他也听不进去。

4708. 立眉霸眼——生气恼恨、面目凶狠的样子。

你有话好好说，不要一咋些儿跟人家立眉霸眼的。

4709. 拧眉畹眼——因为对他人不满、嫉妒或仇视而表现出来的一种嫌弃的眼神。

他们两口子每天互相拧眉畹眼的，谁也见不得谁，还不如早点离了呢。

4710. 人眉丢眼——表象装掩，背地里不做好事者，不知情的人看上去，他也是“人眉丢眼”。

你不要看他表面人眉丢眼的，发起灰来，连牲口都不如。

4711. 皮眉色眼——外表善良，内心丑陋者，看上去就是“皮眉色眼”。

他那个人，看上去皮眉色眼的，实际上一肚子坏水，心也可狠呢。

4712. 灰眉处眼——描述人在受挫、苦累时的外貌。

看你们俩都荡得灰眉处眼的，快过来洗一洗哇！

4713. 舒眉展眼——描述人在得意舒心时的神态。

有苦才有甜，苦尽甜来，我们终于能过上舒眉展眼的好日子了。

4714. 精眉活眼——聪明灵动之人的长相。

人长得倒是精眉活眼的，就是个子稍微有点儿小。

4715. 操眉架眼——走路或干活儿注意力不集中。

哎，你操眉架眼的往哪看了，你看我是谁？连老同学也认不出来了？

4716. 没眉虎眼——做事不管前、不顾后，钻头不顾身子。

他那人，做营生瘆（tan）眉混眼，吃东西没眉虎眼。（瘆，疲乏喘息貌）

4717. 神眉佛眼——描述得意、自傲、自命不凡、不与凡人交语的神态。

那后生，也就是给领导当了个秘书，就神眉佛眼的捏起架子来了。

4718. 红眉扯眼——因为酒醉、犯困、哭泣等而眼睛、面部发红。

你那红眉扯眼的，咋了来？两口子又吵架了？

4719. 哭眉搌眼——搌着泪眼而未出声哭泣的样子。

你这是又因为甚了来哭眉搌眼的？

4720. 膖（pánɡ）眉肿眼——眼睛因为受伤、哭泣或没有睡醒而浮肿。

他妈死了，那娃娃每天哭得膖眉肿眼的，真可怜。

4721. 白眉鼠眼——故意说一些不实的话或玩笑话以逗趣或奚落人。

那后生白眉鼠眼的，跟谁也开玩笑，没大没小的。

4722. 老眉圪爹（zha）眼——从眉眼上描述人的老态。

老眉圪爹眼的了，咋作怪也不顶了！

4723. 吉眉罢眼——眉眼儿灵活，人灵动；也形容瞪大眼睛与人争辩的样子。

那娃娃长得吉眉罢眼的，一看就挺

聪明。

那家伙一咋些就和人吉眉罢眼的嚷起来了。

4724. 恶眉甚眼——眉浓眼黑，袭人。

这娃娃恶眉甚眼的，跟他老子一样样儿。

4725. 黑眉甚眼——眉浓眼黑，亲切。

那后生黑眉甚眼的，真是一表人才！

4726. 慈眉善眼——心慈面善。

那老汉慈眉善眼的，在村里威信可高了。

4727. 善眉善眼——慈眉善目；慈祥善良。

那弟兄们善眉善眼的，性格也都可好了。

4728. 喜眉笑眼——开朗，亲和。

那媳妇儿常时喜眉笑眼的，性格可开朗了。

4729. 光眉卜俊眼——年轻，眉目清秀，面色白净。

这后生光眉卜俊眼的，还缺个媳妇儿？

4730. 小眉碎眼——小眼睛，小巧秀气。

他们弟兄两都是小眉碎眼的，可脑瓜子都特别灵。

4731. 大眼葫芦——比喻大而好看的眼睛。多指女子。

他们那个二闺女长得大眼葫芦的，可袭人了。

4732. 毛花花眼——双眼皮，睫毛既长又密的大眼睛。

哥哥走时黄风风天，沙颗颗打了毛花花眼。

4733. 眉眉眼眼——泛指容貌，五官。

你要看眉眉眼眼，那个人一点儿也不丑，可就是脑子不行。

4734. 挤眉弄眼——用眼传意；轻浮，撩拨。

这孩子，挤眉弄眼的，小心眼儿你倒不少！

4735. 耍眉弄眼——用眼传情，卖弄风情。

4736. 丢眉弄眼——做媚眼挑逗传情。

4737. 丢眉扯眼——挤眉弄眼的样子。

那闺女跟那些后生们丢眉扯眼的，可不稳重了。

4738. 愣眉抄眼——呆傻样儿。

他愣眉抄眼的省的个甚，你不要跟他计较了。（省，xing，懂）

4739. 聋眉扯眼——耳聋，人呆。

他现在聋眉扯眼的，反应也明显迟钝了。

4740. 愣眉处眼——呆相。

咱们这种人愣眉处眼的，赶知道了，早就兔儿过了八道梁了。

4741. 呆眉怔眼——痴呆。

你这个人呆眉怔眼的，客人进院了，还不赶紧下地迎接迎接！

4742. 呆眉杏眼——迟钝。

他呆眉杏眼的，就知道自己低倒头吃，根本不知道招呼客人。

4743. 砍眉杏眼——粗莽。

那人砍眉杏眼的，砍起来甚也不怕。

4744. 蹅眉喇眼——走路瞎闯；行事莽撞。

那家伙儿蹅眉喇眼的，不要你喊着，他差点儿就闯进人家女厕所去了。

4745. 瞅眉睕眼——用眼睛瞥，用憎恶的眼神看人，表示不满、歧视或不欢迎。

好人骂来灰人恨，瞅眉睕眼图个

甚？

她每天对那个孩子瞅眉皖眼的，一点儿也见不得。

4746. 酸眉溜眼——形容嫉妒的神情。

别人一有点好，就把你酸眉溜眼得不行啦，有本事你超过他！

4747. 宽眉奓（zha）眼——有恃无恐，得意忘形，肆无忌惮之综合症状。

那人这会儿傍着个当官的弟弟，宽眉奓眼的，连自己姓甚也醒不的了。

4748. 横眉瞪眼——发怒的样子。

他就能在家跟老婆娃娃横眉瞪眼的，到了外面刁板灰。（刁板灰：差劲，窝囊）

4749. 讹眉躁眼——采用咋唬、诬赖等手段及无赖的态度，以谋取某种利益。

那娃娃，硬是讹眉躁眼地跟他爷爷要了一百块钱。

4750. 翻眉卜吊眼——向人瞪眼，表示不满，不从。

那后生翻眉卜吊眼的，他妈老子根本管教不了他。

4751. 薄眉甚眼——长得秀气。

那闺女长得薄眉甚眼的，可灵动呢！

4752. 花眉甚眼——双眼皮，长相俊美。

鸡蛋蛋脸来花朵朵嘴，花眉甚眼要命鬼。

花眉甚眼人样样好，方圆百里也难挑。

4753. 展眉活眼——五官端正，眉目清秀。

那娃娃展眉活眼的长得挺出奇。

4754. 光眉处眼——眉宇清晰，五官端正，容貌洁净（多用于小孩）。

那娃娃，长得倒是光眉处眼的，就是贪玩儿，不好好学习。

4755. 光眉俊眼——容貌好看。

那后生，长得倒是光眉俊眼的，就是性格有点儿古怪。

4756. 周眉正眼——形容人五官端正。

长得倒是周眉正眼的，就是有点窝囊，没有多大出息。

4757. 虎眉杏眼——健壮憨厚，虎头虎脑的样子。

这孩子虎眉杏眼的，跟他爸爸一样样儿。

4758. 整眉缝眼——脸大眼小，没灵气，不秀气。

这次相媳妇，他又没有看对，嫌人家整眉缝眼的，一点儿也不灵活。

4759. 瞎眉缝眼——眼神不好。

看你瞎眉缝眼的，硬是把人家个长头发后生认成个小媳妇儿。

4760. 丑眉婞眼——不太漂亮却讨人喜欢（多用于孩子）。

这娃娃猛一看丑眉婞眼，可是越看越耐看，越看越惹亲。

4761. 土眉混眼——形容脸上或身上满是尘土的样子；也比喻土气，没有见过世面。

看你弄得土眉混眼的，快回来洗一洗哇！

一开始，看见我们土眉混眼的，他们打心眼里瞧不起我们，经过一年多的相处，他们把我们佩服得五体投地。

4762. 眉不秃眼不瞎——不丑；长相没有不足的地方。

只要眉不秃眼不瞎，娶媳妇，根本不是个事儿。

4763. 猴窟窟眼——小圆眼睛。

那小家伙，从他那猴窟窟眼里，透出一种机灵的眼神，真可爱。

4764. 圪团儿眼——眼皮厚的眼睛。

那后生个头长得挺展活，就是那双圪团儿眼有点不受看。

4765. 花眼眼——双眼皮。

那闺女那双花眼眼长得真好看，水灵灵的。

4766. 毛眼眼——睫毛既长又密的大眼睛。

妹子，回圪哇，大风背了你的毛眼眼呀！

4767. 毛葫芦芦儿——睫毛又长又密的大圆眼睛。

黑油油头发大辫子儿，毛葫芦芦儿两眼双眼皮儿。

4768. 花甚甚儿——眼睛大，双眼皮。

眉毛重点点儿，眼睛花甚甚儿。

4769. 大眼儿瞪小眼儿——你看我，我看你，不知怎么办好。

一家人大眼儿瞪小眼儿的，谁也拿不出个好主意。

4770. 两眼儿墨黑——比喻十分陌生，一个人也不认识；也比喻人一个字也不认识。（墨黑：如墨之黑）

粪扒牛哭它妈——两眼儿墨黑（墨黑：陌黑，陌生）。

我这个大老粗两眼儿墨黑，斗大的字也没认下半升。

4771. 三眼六窟——目光狐疑，鬼鬼祟祟，东张西望。

他一进门就三眼六窟地不知道找谁。

4772. 眼眼窟窟——睁着眼睛看或目不转睛地盯。也指在众人的注视之下。

你看这么多人眼眼窟窟的，就咱们俩吃不像个话。

4773. 窟窟窦窦——大睁着眼睛盯。

两个娃娃眼睛窟窟窦窦的，就盯着那几个苹果。

4774. 瞅摸——观察，寻找。

4775. 瞅端——细看，端详；形容人因为视力差或光线暗而吃力地看东西。

我瞅端见你比以前瘦多了。

家里这么黑，你做针线还能瞅端见了？

4776. 端相（xiàng）——仔细端详，辨认。

端相甚了，认不出我来了？

4777. 相（xiàng）端——仔细端详，寻找、选择。

我得早点儿去街上相端个摆摊子的好地方。

4778. 眼巴巴儿——眼瞅着。

4779. 眼圪端端儿——目不转睛地。

4780. 查摸——选择性地排查、寻找。

你不信就去我们老家查摸查摸我是怎样的一个人！

4781. 老拶(sha)——看，寻找。

你在戏场东张西望的，老拶谁了？

4782. 瞟摸——远处看或粗略地看。

我瞟摸见你们院子里有个小胶车上蓬，改造一下就能用在这儿。

4783. 瞟拶(sha)——粗略地看；寻找。

生人见生人，你也就是瞟拶二字，还能盯住看人家？

4784. 踅（xué）摸——①来回走动，仔细选择、寻找；到处寻找。

我想到旧书店踅摸两本文革前的小说。

又拐又瞎又结嗑，十三省，难踅摸。（十三省：明代，全国除直属京师的南北两直隶外，共分十三省。后用以代指全国）

②物色；选取，索取（贬）。

给我闺女踅摸个好人家。

小偷早就踅摸住他那新车子了。

4785. 踅（xué）瞭——东张西望，到处寻找。

你这是踅瞭谁了？

4786. 踅踅瞭瞭——有目的地不断地来回走动并窥视。

这个娃娃，过十五买下点儿葡萄，他一后晌踅踅瞭瞭地，谋住要偷吃。

4787. 圪踅（xue）——来回走动，寻找、物色并企图占有。

你甭在这儿圪踅，没你的份儿！

4788. 眊——通过孔、缝或其他较狭小的地方看。

眊西洋镜。/眊望眼镜。

从里往外眊（指坐牢）。

4789. 瞭（liào）——往远处望，往高处看。

白天瞭不见村，黑夜瞭不见灯。

站在大青山上往远瞭，嘚啷啷唱上几声爬山调。

4790. 瞭哨（shao）——在远处看护，监视；望风。哨：眼光掠过，匆匆一看。

我在院里晒了麦子，你坐在那儿给咱们瞭哨的些儿，不要叫牲口进了院子。

你在这儿瞭哨的，有情况及时通知我。

4791. 圪眯——眯缝，虚闭眼睛；小睡。

刮风天瞭近不瞭远，你瞭哥哥眯缝住眼。

我圪眯了一阵儿，头可像那么疼了。

4792. 圪眯眯儿——眯眼笑的样子。

冒花儿泉泉不带沙，圪眯眯儿一笑五朵花。

4793. 朦生——虚闭，眯着（眼睛）。

他朦生着个眼睛，待理不理的。

4794. 圪虚——把眼睛合成一条细缝。

他总爱圪虚住眼睛看东西。

4795. 圪几（别字）——闭眼。

你不要圪几住眼睛说瞎话！

4796. 忽眨（za）——眨眼或眨眼暗示。

他朝我忽眨眼睛提醒我。

4797. 瞜（ning）——同“瞠”，瞪着眼睛看。

他咳嗽一声，瞜了她一眼，她不敢再往下说了，转身去做饭。

4798. 睖（leng）——怒视；睁大眼睛盯、注视，表示不满。

他狠狠地睖了她一眼，一甩门走了。

4799. 瞅人——斜眼看人，表示不满或讨厌。

你咋了瞅人了？

4800. 卜瞪卜瞪——眼睛一眨一眨的样子。

小家伙眼睛卜瞪卜瞪的看着我，已经不记得我了。

4801. 瞠（chèng）——看。

这个话瞠谁说了，你我说，人家肯定不听咱们的，要是人家老张说了，他就得照办。

4802. 照门——看门；看家。

我们都出来了，他爷爷给照门的了。

4803. 瞎瞎察察——形容瞎子乱摸东西的样子。

那人打小就眼瞎了，一辈子瞎瞎察察的，可可怜了。

4804. 老眼昏花——形容老年人视力衰退，视物不清。

我现在老眼昏花的，哪能看见这么小的字了。

第三十六节 心情心态

4805. 麻烦——忧虑，不快，心里难受，心乱如麻，烦躁不安。

不要说了！左右他心麻烦，你还叨叨上没完了？

4806. 麻懊——心情不好或忧虑烦躁而表现出来的焦躁懊恼、很不耐烦的情绪。

事情总会有解决办法的，你每天回来麻懊得摔盆子打碗的，能顶个甚事？

4807. 熬煎——遇上难事，束手无策，心里惆怅、煎熬，备受折磨。

他们那光景，左右穷，还摊上点儿病，真熬煎死人了！

4808. 愁怅——发愁，郁闷。（动词）

给老婆看病塌下一大片饥荒，把他愁怅得连饭也吃不进去。

4809. 盘怅——因盘算事情而失眠，失眠时胡思乱想。

睡梦里梦见心上人，一黑夜盘怅盼不明。

你想哥哥上了房，哥哥想你盘了怅。

两地相隔见不上，你失眠来我盘怅。

4810. 难耐——感觉特别为难或艰难，让人难以忍受。

难耐也尽（jǐn）我难耐哇，我不能苦亲家害朋友。（尽：优先）

4811. 难为——使作难，或故意刁难使难堪。

你不要借这件事难为他，做人要厚道点儿。

4812. 犯难——感到为难。

4813. 头沉——压力大，负担重的感觉。

他现在那头沉了，三个小子还都没娶过媳妇儿了。

4814. 圪出——心里委屈、伤心，心情不舒畅、不痛快，又无奈。

你不要一个人在这儿圪出，有甚事跟众人说道说道。

4815. 憋活——不舒畅，不痛快，难以排泄。

她一个人闷在家里，快憋活出病来呀！

4816. 憋燥——非常寂寞、烦闷，焦躁不安。

你来了，快叫上他看电影去吧，这几天他一个人在家憋燥得快疯呀。

4817. 窝火——把屈辱或烦恼强压在心底，不敢或不能发泄。

唉，这件事办得真窝火！

大事宴上，不能跟他闹争，心里真有点窝火！

4818. 无名火——不知缘由的火气；莫名其妙地发火。

4819. 圪料——事不顺，心不顺，心情不畅快。

这件事不是钱的事，我心里头实在是圪料得不行！

4820. 受制——受某人、某事、某话刺激，自我感觉委屈或受到了伤害，心里不满，心情不好。

你这人说话不注意，你把人家说得受制了。

4821. 怄焐——心里惆怅、煎熬，备

受折磨。

不要再怄焐自己了，操心怄焐下病的哇。

4822. 乐活——心里高兴、快活。

白泥窑窑巴掌掌炕，心里头乐活兜开来唱。

4823. 好活——身不受累，心不受苦，日子过得舒心乐活。

骑个毛驴拄个棍儿——好活了一阵儿算一阵儿。

高高山上一根棍儿，好活了一阵儿少一阵儿。

4824. 不好活——心里不舒服，受煎熬。

今年他们家尽烦心事，他心里越发不好活。

4825. 难活——心情不舒畅，难受。

左右妹妹心难活，没头鬼黄风天天刮。

难活好活不由人，你有个长短我活不成。

泪蛋蛋本是心上的油，你不难活它不流。

泪蛋蛋本是心上的血，你不难活它不滴。

4826. 心难过——心里难受。

你平白无故就要骂人，是不是心难过了？

4827. 心圪抓——心中有某种意念，情绪起伏不定，愿望十分强烈而又不知如何是好。

门前头开了一朵大红花，看见哥哥我心圪抓。

4828. 残心——伤心。

大雁回家刮北风，光棍回家真残心。

4829. 心寒——感到失望而又痛心。

把你供养到二十几了，你却还要顶撞老人，真叫人心寒！

4830. 心酸——曾经付出，但别人对不起自己，因而感到失望、心灰意冷的复杂心情。

眼看得儿子已经到了娶媳妇儿的年龄了，男人却还是每天不回家，她心酸得哭出来哭进去，哪有心计做营生了！

4831. 淹心——事情烦心，境况糟糕，让人心灰意冷，情绪极度低落，心里特别难受。

他们家病的病，残的残，又一贫如洗，谁看了也淹心得不行。

4832. 心疼（tèn）——对最亲近的人发自内心的疼惜、可怜及关切等复杂心情。

她心疼老爹老妈那么大岁数了还得每年种地，想早点把他们接出来供养。

4833. 心慌燎跳——心绪混乱，心急如焚；心神慌乱，焦躁不安。

自从他走后，她一直心慌燎跳的，就怕出什么差错。

4834. 心急火燎——心里急得像火烧一样。

儿子一夜没有回家，她心急火燎的一个接一个地打电话。

4835. 火烧火燎——身体发热或发烧；像被火烤着一样不能安稳。

我今天觉得浑身火烧火燎的，是不是感冒了？

他那人一有几个钱就火烧火燎地不行了，总要输光了才歇心。

4836. 着急慌忙——慌慌张张，急急忙忙。

你这是着急慌忙地做甚圪呀？

4837. 着急马趴——非常着急的样子。

看他着急马趴的，连钱也没带。

4838. 苦眉洼脸——愁苦的样子。

左右穷，又遇上个男人病，她每天苦眉洼脸的，没见过个笑头脸。

4839. 克梁（liáng）——心里过意不去，或感到不妥，或在一定的场合、环境感到别扭、尴尬。

人家都是年轻人，在一起甚玩笑也开，他克梁得不行，就赶紧出来了。

4840. 急督——心急意切或被逼无奈而行为过分着急，不顾一切。

你这咋也是穷得急督了哇，怎么把人家媳妇儿心爱的手镯也给卖了？

4841. 歆惛（xin hun）——因羡慕或被某种事物吸引而急切向往、心动着魔。（歆：喜爱，羡慕。惛：心乱）

山桃花开花三月天红，年轻人歆惛不由人。

一听见音乐，就把他歆惛得不行了！

4842. 心甜——虔诚。

过去迷信的人讲究供神心甜，神才灵。

4843. 心甜甜儿的——以一颗虔诚的心。

她对她说："你每天心甜甜儿的供拜观音菩萨哇，肯定对你有好处。"

4844. 心长——心地善良。

咱们这种人心长，在他不得地的时候没少帮过他。

4845. 心长义长——心地善良。

4846. 心眼子——心眼儿；心地。

那个家伙心眼子不好，思思谋谋就想害人。

4847. 心硬——不易被外界事物感动，不易产生怜悯与同情。

他那个人就是心硬了，娃娃在后面那么价哭，他连看也不看一眼就走了。

4848. 心宽——心情宽舒，没有忧虑和牵挂。

心宽乐意唱几声，人家倒说咱不正经。

4849. 放宽心——把心放宽，不要忧虑和牵挂。

叫一声妹妹你放宽心，从小逛世路到如今。

4850. 解心宽——设法排除心中烦闷，使自己高兴起来。

心里头想哥哥不耐烦，唱上个山曲儿解心宽。

4851. 散心——通过分散注意力的办法，排除郁闷，使心情舒畅。

你叫上他出去散散心哇，一个人憋在家里憋坏呀！

4852. 心洒——不往心里去；想得开；心情开朗。

那个人心洒，再大的事也没见人家愁过，每天误不住喝酒打牌。

4853. 心强——不甘于平庸，标准高，心劲儿强盛，自己不饶自己。

人强心强命不强，箍迫下的夫妻不久长。

那人可心强了，做甚也要个样儿，总是不甘心落后。

4854. 心高——有难以实现的理想；永不满足。

4855. 要强——以高标准严格要求自己，事事都想超过别人；与人争强好胜。

他越发要强，要是不如别人，他就气不过。

那人要强了，今天要是斗不过你，那跟你就没完。

4856. 朽（xīu）磨——憋闷无聊。

他一个人在家朽磨的，你叫上他去逛逛公园哇。

4857. 闷——寂寞无聊。

4858. 慅（sào）——寂寞。

你一个人觉得慅的话，就再叫上个作伴儿的哇。

4859. 孤孤慅慅（sào）——孤独寂寞。

孩子们也都成家了，就丢下你一个人孤孤慅慅的，还是再找个老伴儿哇。

4860. 心虎呀似的——满怀激情地等待；热切期盼的心情。

孩子一直心虎呀似的等着去北京，你们怎么又不去了呢？

4861. 冷心——使心冷，伤心；心凉。

你这没情没义的话说得真让人冷心。

4862. 依心——称心如意。

闺女找下那么好的个对象，她妈硬说还不依心。

4863. 跟心——遂心；称心如意。

寻下个男人不跟心，怎思谋也活不成。

那个人心挺强，就是命不跟心。

4864. 命不跟心——命运不遂人心；心强命不强。

4865. 心圆——心意、愿望圆满实现。

人家现在功成名就，儿孙满堂，总算心圆了。

4866. 歇心——完成某种心愿，使心歇；或死心、罢休，不再报希望 。

羊群回村点着灯，见不上哥哥不歇心。

你硬把他气死了，这下你歇心了哇？

4867. 歇心打量——形容人在某件事上很放心，很安心。

你的那个事情办成了，你就歇心打量地睡觉哇。

4868. 心病——心里有忧虑和烦闷而念念不忘。

心病还得心药治。

4869. 爱见——喜欢。

我一直就不爱见骑摩托。

身上的尘土脸上的汗，小妹妹爱见个庄稼汉。

4870. 爱人——使人喜欢。

你看，这件衣裳多爱人，就是有点贵。

4871. 心爱——喜欢。

骑上骆驼砍白菜，闪闪惑惑我不心爱。

4872. 心嘴子——比喻内心深处。

心上难活活不成人，泪蛋子打得心嘴子疼。

4873. 心嘴嘴——心尖儿，比喻内心深处。

前一阵阵想你耳朵有点儿烧，这一阵阵想你心嘴嘴摇。

4874. 心胆——胆量。

今儿黑夜唱曲儿有点怕，你给我说两句壮心胆的话。

4875. 心哆胆跳——心惊胆战。

满辕牛车强上坡，心哆胆跳吓死个我。

4876. 担惊受怕——因受惊吓，感到害怕。犹言心惊胆战。

自从犯案后，他每天东躲西藏，担惊受怕，实在受不了了，终于去自首了。

4877. 怕——担心。

你一个人出门在外，我不怕别的，就怕你饮食不均匀，再把胃病犯了。

4878. 着（za）怕——害怕。

你毘亲亲碰见狼，一不要着怕二不

要慌。

4879. 圪怯——心里害怕；有顾虑。

说不怕是你日粗了，不怕你也有点圪怯。

4880. 含唬——在意、顾虑或害怕。

想离就离，咋唬谁了？我还含唬你个离婚？

4881. 惧乎——惧怕；在乎；介意。

他根本不惧乎众人的指责，该咋还咋。

4882. 担心受怕——提心吊胆，害怕遭受祸害。

山野草地虎狼多，担心受怕为哥哥。

4883. 怕矩——敬畏感。

这会儿的娃娃，一点儿怕矩也没，跟大人顶嘴就像说平话了。

4884. 怕人——使人害怕，吓人。

当时的情况真怕人，当场就被凶手砍倒三个人，众人都叫镇住了，连话都不敢说。

4885. 后怕——事后感到害怕。

4886. 歇后怕——事后感到害怕。

4887. 唬住——吓住；镇住。

他倒了一茶杯酒，足有三两多，一口气喝下，接着又倒满一杯，说："谁不服，来！"众人都叫唬住了。

4888. 底慌——对事情心中无数，不敢定准。

4889. 底虚——心虚，害怕。

贼人自底虚。

4890. 心痒难道——心中有某种意念或情绪起伏不定，无法克制，难以言表，烦躁难挨。

不叫我出去打牌，我就心痒难道得连饭也吃不在心上。

4891. 心焦眼跳——心里焦躁不安。

自从儿子被公安局带走，她就心焦眼跳的每天连饭也吃不进去。

4892. 滚油浇心——比喻心里十分难受。

人家滚油浇心了，你才在东吴招亲了。

4893. 心尽眼黑——打心眼里无论如何不能接受。

他心尽眼黑地见不得那个孩子。

4894. 圪愤愤儿——特别不满或愤怒的样子。

这是人家的事，看把你还气得圪愤愤儿。

4895. 圪刹（shā）——强忍，克制。

你就圪刹住点儿哇，这个地方人家不让抽烟。

4896. 心心事事——①有心事，心不在焉的样子。

她每天心心事事的，做甚也做不在心上。

②多心；取心。

孩子大了，跟大人心心事事的了。

4897. 心三心四——不同心，不一心。

4898. 七心八意——形容人心情烦乱。

他现在正跟女朋友闹别扭，七心八意的，根本不管这种事情。

4899. 空落落（lào）的——空旷而冷冷清清；有空落感。

他送走孩子回到家，心里觉得空落落的，像少了点儿什么似的。

家大人少，空落落的也不好住。

4900. 心气儿——志气，恒心。

那个人心气儿太高，谋的太狠。

4901. 没心——不计恩怨；没心眼儿。

4902. 心多——遇事爱怀疑、计较，考虑问题复杂。

4903. 只当是——只以为。

朝南上来一挂（一辆）白马车，只当是哥哥来搬我。

4904. 拦信——感到丢人，未达预期而又不甘等复杂的受挫心理。

只说是初次上门，人家三盘六碟子招待呀，没想到人家连个“让”字儿也没有，唉，看你拦信不拦信？

4905. 过意不去——从心里总觉得对不起或欠着什么。

4906. 意奈不过——过意不去，非做不可。

这个事我实在是意奈不过，非办不行。

4907. 意不过——过意不去，非做不可。

后山一声雷，有水又有肥；水从地头过，不浇意不过。（这是说后山地区很少下雨，只要打雷就会有雨，雨水来了，地自然就浇了，你不浇也不行）

不说你意不过，一说你把脸圪抽过。

4908. 不过意——过意不去；总觉得没有从自己的心头通过。

这次去看他，给他留下五百块钱，总觉得有点不过意，回来后，我又给他买了一身衣裳寄去了。

4909. 瞒藏——隐瞒。

这个事瞒藏不住，哪有不透风的墙？

4910. 无聊——猎奇、搞怪、搞笑、琐碎、好动。

小山羊羊无聊沿崖畔畔走，瞭不见妹妹我扯开嗓子吼。

4911. 财迷转向——犹言财迷心窍。

俗话说，财迷转向，走路也算账。

4912. 想金盼银——时刻想着赚钱发财。

俗话说，想金盼银，一辈子受穷。

4913. 熬盼——对可能实现的美好愿望的期盼；历尽艰难地期盼。

双手端起一碗和和饭，仔细思谋没熬盼。

孩子们大了，他们总算熬盼出来了。

4914. 没盼——没有盼头；没有希望。

红沙瓤西瓜放烂了，想亲亲想得没盼啦。

4915. 想望——一心期待；盼望。

水地旱地坡坡地，没有穷人立足的地，东也没想望，西也不能去，咱该去哪儿半种地？（《种庄稼》）

4916. 可想——较原来稍觉轻的思念。

多浸些绿豆少下些米，看相片泄泄心火可想你。

4917. 偏心——有意偏向一方，不公正。

4918. 连心割髓——时刻关注、牵挂、惦念。

她对弟弟，那是连心割髓地亲，因为弟弟是她带大的。

4919. 心劲儿——志气；干劲儿。

那后生不论做什么都挺有心劲儿，他肯定前途无量。

4920. 心意重——十分重视，放在心上。

松柏树叶叶不怕冻，只要亲亲你心意重。

4921. 撩怅——制造烦愁，使人生气。

那后生从小就不省心，硬把他妈撩怅下一身病。

4922. 巴不得——迫切要求，希望；切望其成。

他俩巴不得一天见三回才好。

第三十七节 思维判断

4923. 惑疑——怀疑；往坏处猜疑。

我惑疑就是那个穿红背心的人把钱掏走了。

4924. 疑疑惑惑——似是而非，怀怀疑疑。

有人说，青雀儿是红雀儿变下的，那是个疑疑惑惑。

4925. 圪疑——怀疑；疑惑。

我圪疑，这个事情是他在捣鬼。

听见声音来开门，心里头圪疑打定心。

4926. 疑神疑鬼——怀疑这个，怀疑那个。形容非常多疑。

4927. 疑心——怀疑（动词）。

那个事，我一直疑心是他干的。

4928. 揣摸——推测，判断。

我揣摸，他不是钱不够，是不想买。

4929. 估摸——推测，估计。

我估摸他三天以后还要来。

4930. 估划——估算，估量，预计。

只估划三斤面管够了，半天吃了个没够。

4931. 划估——估算，估量，预计。

原来咱们划估坐十五桌，现在看来得二十桌。

4932. 掐划——估算，计划，预计。

我掐划赶事宴以前有三万块够了。

4933. 掐摸——计算，估计。

我掐摸最多能来三百人。

4934. 打划——计划，打算，准备。

4935. 详情——表示根据一定的情况的估计，推断。大致相当于“可能”。

这会儿还没回来，详情是又碰上同学耍个啦。

你这供两个娃娃上大学，详情也把十几万花了吧？

4936. 察理详情——按照常理推测事理，判断状况。

你察理详情哇，哪有不透风的墙，她妈肯定知道这件事了，要不怎么突然不让闺女参加这次活动了呢？

4937. 约（yāo）莫——粗略估计或预计。

我约莫你也上当呀，人家给你这么大的好处，还不是为了往住套你？

4938. 约摸——估计，估摸。约:变音为ya，大略；大概。

他昨天晚上回来晚了，约摸快两点呀。

4939. 趁摸——估摸，酌情行事，把握适度。

你去了说话要趁摸地说，不要发火，不要把事情弄僵。

4940. 约（yāo）预——预计；觉得。

约预他也弄个这呀，事情办不成，白卖点儿路费。

约预不行，你就早点把钱撤出来哇！

4941. 觉意——感觉；察觉。

他老觉意自己行了，其实，一点自知之明也没有。

4942. 觉色——感知；意识到。

我觉色那个人说的不是实话，咱们得有个防备。

4943. 不觉色——感觉不到。

你穿得那么少也不觉色冷吗？

4944. 觉见——感觉到，认为。

只要哥哥炕上坐，觉不见天长觉不见饿。

我觉见那个人的性格挺好的。

4945. 当（dàng）是——以为是。

朝南上来一挂白马车，只当是哥哥来搬我。

你当是在你们家呢，由你作反？

4946. 不捋乎——没注意，没有意识到。

你是不捋乎，我在对面看见他不停地给那个人使眼色，这里头肯定有问题。

4947. 不将意顾——不知不觉；没有估计到；没有想到；没有注意。

你看咱们边走边道啦，不将意顾倒走了十几里了。

不将意顾你正能喝几盅了！

4948. 不随意顾——不知不觉；没有注意。

4949. 掂掇——用手称量估计物体轻重。引申为掂量、忖度，斟酌情理以慎重对待。掇（duo）：用手托、端、举。

你掂掇掂掇，有几斤？

这个事情，关系重大，你得掂掇好了再干，不能鲁莽行事。

4950. 我看哇——我来，我来办。

你们不要急，这个事情我看哇，我跟他们熟悉，估计不太难办。

4951. 你看哇——你考虑吧，你看的办哇。

那，这个事情就你看哇，全托靠你了，你给咱们全权做主。

4952. 夺量(liàng)——估量，斟酌。

这个事情就靠你了，你就给咱们夺量地办哇！

4953. 你夺量哇——你考虑，你拿主意。

这个事你夺量哇，我们的意见只是个参考。

4954. 定夺——拿主义。

4955. 盘算——估算；计划。

蛇走兔窜，各有各的盘算。

吃不穷，穿不穷，盘算不到一世穷。

4956. 左盘右算——仔细盘算。

手扳磨把把拉黑豆，左盘右算没活够。

4957. 量死——绝对料定。

不要听他日粗，量死他也拿不出五万块钱，不信，咱们打一赌。

4958. 嫌好道赖——挑剔，嫌不好。

4959. 供——猜。

你不说，缯住个扎口子，谁能供见你是甚意思？（缯住个扎口子：原指扎住口袋的口子，这里比喻不说话）

4960. 蒙——胡乱猜测；一时迷茫、糊涂、记不清楚、反应不过来。

那个人我常见，昨天我一时蒙住了，咋也想不起人家的名字。

4961. 定顿——琢磨；醒悟。

你刚才一说，我才定顿过来，原来……

4962. 定顿定顿——想一想。

这事儿让我再定顿定顿。

4963. 打定心——暂时停止行动，略加慎重思考。

听见声音来开门，心里头圪疑打定心。

小妹妹唱的生铜音，神仙过来也打定心。

4964. 谋——盘算，打算。《说文》：“谋，虑难曰谋。”《论衡》：“心思为谋。”

那个人，要是谋住个做甚，那就非做成不可。

老大就谋得当官儿了，老二就谋得发财了。

4965. 思谋——思考，想；想念。

黑老哇飞在红柳滩，思谋一下揽长工好心惨。

泪点点比那珍珠多，从今后再不用思谋我。

大青山石头乌拉山的水，一思二想就思谋起个你。

4966. 思谋思谋——想一想。

你再思谋思谋，那年你们一起出去的还有谁？

4967. 思思谋谋——一心想着，盘算着；想方设法。

思思谋谋把你念，生死就在眼跟前。

他心眼子不好，思思谋谋就想害人。

4968. 谋谋在心——心里一直谋略，惦记；一心想着。

他谋谋在心地想把那个大卡车卖了，买个小汽车，这不是断财路吗！

4969. 谋谋算算——形容人时刻在谋算着做某事。

他每天谋谋算算地就想今年再做个什么买卖，能多闹几个钱。

4970. 上心——用心；留意。

你做别的事情也能像打麻将这么上心就好了。

这根本不是个难做的营生，你只要稍微上点儿心就能做好。

4971. 抠掐——不停地用手指抠；比喻仔细盘算、琢磨。

他那个人就爱抠掐那些小节，跟人计较一些不值当的事。

4972. 抠抠掐掐——形容人不停地用手指抠的样子；比喻反复思考，盘算或小气不大方，对小事过分计较 。

这么点儿事你就抠抠掐掐的连觉也不睡了，这还行？

4973. 品——通过反复实践、体察，辨别好坏、优劣等。

养马品性。

三遭五遭凭不来你，头上品在你脚跟底。

4974. 品忖——揣度。

小妹妹长的颗豌豆心，圪滚圪滚没品忖。

4975. 品验——尝试，体验，辨别，验证。

这几年我品验，他那个人把面子看得比甚也重要。

4976. 品摸——体验，辨别，摸索。

我早就品摸住他那个人了，那真是“不出好钱，不出少钱”。

4977. 二惑二信——半信半疑；犹豫不定。

他跟我说的时候，我还是二惑二信的，不敢相信真有这样的事情。

你要再二惑二信的，过了这个村儿，可再没有这个店儿了！

4978. 二惑淡信——半信半疑，犹豫不定。

他那个人没注意，二惑淡信的，甚也干不成。

4979. 二忽悠悠——打不定主意，犹豫不决。

再不要说那二忽悠悠话，二忽悠悠二忽悠悠耽闪下。

4980. 二心不定——拿不定主意 。

4981. 梦梦昏昏——似醒似梦，昏昏沉沉，恍恍惚惚。

他爹去世已经一个多月了，他还是梦梦昏昏地，老觉得他爹在里屋睡的呢。

4982. 小防——小心提防。

你以后跟他说话小防点儿，他可是个爱传闲话的人。

4983. 操心——小心；留神。

黄河浪大水又深，上船下船要操心。

他们家的门低，你进门的时候操心碰着头的。

4984. 结记——惦记、挂念或牢记。

你不结记我挂念。

4985. 结心——惦记、挂念；用心。

这个事情，你得结心点儿，一有消息就给我打电话。

4986. 存心——留心。

这个事你就存心点儿，尽量早点给办一下哇。

4987. 拿心——用心，谨慎，注意。

这次你可得拿心点儿，再不能有什么差错。

4988. 拿心在意——处处留心，事事在意。

这个事情由你负责，你可得拿心在意，不能有半点闪失。

4989. 挂记——挂念。

出门在外就不要老挂记着家。

4990. 搁记——挂念；惦记。

他就顾自己，根本不搁记家里的事。

4991. 慇（yǐn）记——挂记；思念。慇：情意恳切。

月亮上来参（shen）倒西，从早到晚慇记你。

4992. 忽煞——猛然；忽然。指某种事物在脑海中忽然闪现。

一掏钱，我才忽煞一下想起来，忘了带身份证了！

4993. 记性——记忆力。

好记性不如个烂笔头。

4994. 忘性——容易忘记的毛病。

记性不大，忘性不小。

4995. 投——诱发，引发。

一顿鱼吃的，又投起病根儿来了。

一看到这种事，就不由得投起了她的心病。

4996. 万不想——万万没有料到。

头一遭上门没准备，万不想把我当女婿。

4997. 生方子——琢磨怪点子；想方设法变花样儿。

这个娃娃，就是生方子害了。

他心眼儿多，就爱生那苦伶仃方子。（苦伶仃：奇特；怪异）

4998. 生方方儿——变着方法。

4999. 黑风洞儿——比喻脑后。

这事儿，他早就忘在黑风洞儿了。

5000. 省（xǐng）得——知道，懂得。

孩子大了，懂事了，省得报恩了。

5001. 省得省不得——知道不知道，懂得懂不得。

人家这是个让排的话，你省得省不得？怎么还当真了！

5002. 当（dàng）真——信以为真；确实，果然。

人家这是个让排的话，你省得省不得？怎么还当真了。

5003. 不对劲儿——感觉不正常或不合心意，不和睦。

5004. 听话听音——指细心辨别别人话里所含的意思。

俗话说，听话听音，锣鼓听声。

你听话听音了哇，人家这几句话实际上等于是骂咱们了。

第三十八节 神情态度

5005. 失笑——笑，滑稽可笑；觉得可笑。

你失笑甚了？

失笑失笑真失笑，压饸饹搬回个铡草刀。

5006. 失笑卜嚓——似有隐情或已知内情而故意不说的诡秘的笑容。

你一问他，他就失笑卜嚓地往开叉话，他肯定是早就知道了。

5007. 失迷滥笑——有所隐瞒而又表现出满脸堆笑的诡异神情。

说哇，不要失迷滥笑的了，究竟是咋的回事？

5008. 失嘶拉笑——不严肃，不庄重，态度轻慢的笑容。

闺女家，常时失嘶拉笑的，这不好！

5009. 跌死跌活——形容人大笑不止，前俯后仰、东倒西跌的样子。

几个闺女媳妇儿们听他说笑话儿，都笑得跌死跌活的。

5010. 笑圪眯眯儿——形容笑眯眯的样子。

那个孩子见了谁也笑圪眯眯儿的，人们都可待见（喜欢）他了。

5011. 笑眯虎虎儿——形容人面容喜色、和善，十分可亲的样子。

那后生时常笑眯虎虎儿的，可皮善（善良）了。

他常时笑眯虎虎儿的，谁也不得罪。

5012. 笑圪盈盈儿——笑盈盈。

红瓤瓤西瓜刀切开，笑圪盈盈儿的亲亲两分开。

5013. 圪美美儿——美滋滋的样子。

她笑的圪美美儿的！

5014. 虚哭淡笑——假哭假笑。

人家也没打他，他就虚哭淡笑的，可会出洋相了。

5015. 五哭六笑——形容又哭又笑的样子；也暗指人的精神不正常。

这几天，三女子正五哭六笑地闹离婚了。

5016. 夹哭带笑——一会儿哭一会儿笑；连哭带笑。

这孩子夹哭带笑的，总要达到他的目的。

5017. 哭十六笑——似哭似笑，连哭带笑，哭笑无常的样子。

哭十六笑想来哭十六笑念，哭十六笑睡着活梦见。

5018. 哭声呶(nao)哇——怯懦而爱哭或喧闹的样子。（呶：喧哗）

你一咋些就哭声呶哇的，这还能有个出息！

5019. 泪圪转转儿——形容眼含泪珠，欲滴而未滴的样子。

她又叫男人平白无故骂了一顿，跟人们说话还泪圪转转儿的。

5020. 死气泪——死气，原指食物久放变质并发出不好闻的气味。死气泪，是憋了较久而在非哭泣状态下自然涌出的眼泪。

铺下毡子侧（ze）楞转身子睡，长长流下两道道死气泪。

5021. 袅（niao）的——得意，自以

为了不起，牛劲儿十足。（褒义贬用）

看那这会儿袅的，连他舅舅也不认啦！

5022. 宽（kuān）——①高兴，撒娇；无拘无束的情态。（多指小孩儿）

这娃娃一见他妈回来就宽开了。

②得意忘形，骄傲放纵，放肆做作。

刚刚挣了几个钱就摆阔，有甚宽头了？

5023. 宽奓（kuān zhà）——人得势狂妄，骄傲放纵。

当了个小官官，就把他宽奓得哪也放不下了。

5024. 宽眉奓眼——人得势狂妄，骄傲放纵的情态。

看那宽眉奓眼的，连他老子也认不得了。

5025. 奓（zhà）——伸开；张开。也比喻嚣张。

赤渎子雀儿激高高——抖翎哩还是奓（zha）翅哩？

没文化，瞎胆大，头发一奓，甚也不怕。

5026. 圪奓（zhà）——张开或翘起；比喻人得势狂妄，言行放肆。

看那后生，他老子刚刚当了几天官儿，他就圪奓得哪也放不下了。

5027. 圪谄（chǎn）——得寸进尺的娇媚状。谄：谄媚。

耗子舔猫蛋——圪谄得不要命了。

5028. 圪此——娇惯，或撒娇讨人喜欢的样子。

月亮进了家啦——越圪此你越来了。

5029. 牛——神气；得意傲慢。

在俺们面前，你牛甚了？谁不知道你的个底细？

5030. 牛哄哄儿——得意傲慢的样子。

看那牛哄哄儿的，我才不搭理他呢！

5031. 信——标准高，不肯低就而表现出的得意、牛气、傲气十足。

看把你信的，还想找个甚样儿的人呀？

5032. 神——得意，神气，傲慢，故作态势。

回到村里，都是从小耍大的些人，你神的圪甚？有本事到那城里神圪！

5033. 神的——得意，神气，傲慢，自命不凡的样子。

人家那现在神的连姓甚也不知道了！

5034. 神圪雾雾儿——得意，神气，自以为了不起的那股劲儿。

看你神圪雾雾儿的，有甚作怪头了？

5035. 神根儿旦雾——得意、傲慢、轻浮、忘形。

那个人这会儿神根儿旦雾的，眼睛就往天上看了！

5036. 摇头鼓扇——描述“神根儿旦雾”的人与人说话的神态或摇头晃脑，轻浮得意的样子。

喂，咱们能不能好好儿说话，你那摇头鼓扇的，把俺们弄得浑身还冷麻了！

5037. 扭唇板嘴——说话时嘴部动作显示出的那种自以为是，神气夸张，故弄玄虚，轻慢他人的神情。

那女人一说话扭唇板嘴的，不知道跟谁学下的。

5038. 圪嘟板嘴——不取心，不拿捏，神情自若的样子。

人家戚人马上就来呀，你圪嘟板嘴地坐在那儿咋呀？快下来！

5039. 圪彬彬儿——坐，立姿势恭敬

老实，且有所畏惧的神态。

他一吃完饭就开始训孩子，他儿子圪彬彬儿地站在那儿，低着头，不敢说一句话。

5040. 土里土气——没有见过世面，具有或表现出乡下人特性的样子。

5041. 撅得高——自高自大，目中无人的傲态。

5042. 绉咋——故作斯文态势；摆架子。

看那这会儿，有了几个臭钱就诌咋的不行了，跟人说话还看天了。

5043. 文牙武绉——态度傲慢，文绉绉的样子。

看那人那点出息，当了个小领导就开始文牙武绉的，叫众人骂。

5044. 呵天驾雾——说话或处事轻狂放荡，爱显摆，无自知的神态。

那后生呵天驾雾的，一看就不是那成大器的人！

5045. 圪绺（liǔ）绺儿的——因为做错事或理缺而表现出的顺从，灰溜溜的样子。

刚进来可厉害了，叫人家臭骂了一顿，他圪绺绺儿地走了。

5046. 眼皮子也不撩——不愿正眼看人的极度厌恶的神情态度或故意不搭理人的极度轻慢的态度。

他对她极度厌恶，她给人家说下情话，人家还是眼皮子也不撩。

只以为是老乡，见了面好说话，半天人家眼皮子也不撩。

5047. 神脱了——得意忘形，致使事态逆反。

他那人稍微得点势，就神得不知道天高地厚了，这不，叫人家逮进去了，那硬是神脱了！

5048. 毛——恼怒，发火。

情况还没有问清楚，你毛甚了？

5049. 发毛——发怒、发火、发脾气。

发毛谁也会，但是，发毛能解决问题吗？

5050. 毛躁——着急、烦躁发火。

你先不要毛躁，耐心地等他回来了再说。

5051. 乾（qian，别字）——赌气的行为；以某种神情态度表达不满、不快与抱怨；作出某种姿势动作或打滚撒泼等，表示不随心愿，不达目的绝不罢休的样子。

她又乾在那儿了，凡人不过话，这叫甚脾气了！

你这又是乾谁了？谁又咋你了来？

你看，这娃娃又乾在地上不起来了，非要让给他买个小汽车。

他们俩拌了几句嘴，媳妇儿就乾回娘家去了。

5052. 乾粗把细——发脾气，赌气的样子；埋怨别人，撒气的行为。（乾 qian，别字）

他一回来就乾粗把细的，不知道又咋了来。

他一点儿也不愿意，一路上乾粗把细的，跟谁也不说话。

5053. 乾死卖活——耍赖；甚至以死要挟。（乾 qian，别字）

他一咋些就乾死卖活的，尽是些赖皮做法。

5054. 装死卖活——假装自杀以吓唬人。

你既偷了人家的东西，装死卖活也躲不过，人家肯定不会轻饶你。

5055. 扭鼓列棒——比喻人因为意见不同而合不来、闹别扭或不顺从，关系不协调。

你们两口子每天扭鼓列棒的，这哪像个过光景的样儿？

5056. 神头鬼脸——情绪不稳定，态度易变，喜怒无常，多指易恼怒，叫人琢磨不透。

那个人性格越发不好，一咋些儿神头鬼脸的，谁也闹不清楚他是因为甚。

5057. 神神鬼鬼——故弄玄虚吓唬人。

5058. 鬼头半脑——形容行为举止诡秘，不光明正大。

5059. 干拔硬挣——态度强硬，不留余地，没法商量。

5060. 恼狠狠——心中烦恼，面带怒容。

5061. 恼天怪地——怨天尤人，恼怒怪怨的样子。

你这恼天怪地的，又是谁惹着你了？

5062. 恼天变地——形容人十分恼怒的样子。

也不知道咋兰，他一进门就恼天变地的，看见谁也不顺眼。

5063. 恼——翻脸，恼怒。

酒逢知己千杯少，话不投机半句恼。

5064. 捩（liè）——动词，（方言中lie变音为lia）扭，扭转，掉转方向；违逆；不顺。引申为因不满、不快而反感生气。

你把脸捩过来。

他把马头捩过来。

我说了他两句，他就捩走了。

把他还捩得圪叭叭儿的。

5065. 捩（liè）恼——因生气而恼怒。

你看，又把他捩恼了，一点反面意见也听不进去。

5066. 捩（liè）着（zha）了——因为生气而故意不去做某事；或身体某部位扭伤。

说好的事，他又不去了，就因为你刚才那句话，又把他捩着了！

5067. 长出短气——极度生气的样子，用深呼吸予以排泄或放松；长吁短叹。

他长出短气的，翻来覆去睡不着。

5068. 急红变脸——激动或生气时，脸变得通红的样子。

有话好好说，不要动不动就急红变脸的。

5069. 面红耳赤——争辩激烈，情绪激动，脸、耳都变得通红的样子。

他们俩因为这点事争得面红耳赤的。

5070. 圪噔噔儿——愤恨，咬牙切齿的样子。

恼怒了三女一点鲜，圪噔噔儿来到酒席前。

5071. 黑愤愤儿——生气、不悦，板着面孔的样子。

头脸黑愤愤儿的，谁又咋你了来？

5072. 黑熊熊儿——凶神恶煞般的脸色。

那家伙脑袋黑熊熊儿，不是个善碴儿。

5073. 失分下（hà）脸——拉下脸来骂人或情绪激动地吵闹的样子。

儿媳妇失分下脸地把他孙子骂了一顿，他心里很不高兴。

5074. 凡人不过话——孤傲；因为心情不好而不搭理人，跟谁也不说话。

她又乾在那儿了，凡人不过话，这叫甚脾气了！

5075. 以当无然——不当一回事，爱理不理的。

我和他说了好几遍了，他就是以当无然的，现在弄灰了，后悔也迟了。

5076. 有要无紧——做事态度懈怠，没有紧迫感，不按规定的时间，忽迟忽早，不当一回事，不认真。

每天这顿饭，她老是有要无紧的，经常叫男人回来骂。

5077. 打蹮——因情况出于意料而发怔，一时不知如何是好。

他虽然经多见广，可来了一看，也打蹮了。

5078. 愣怔——发愣、发呆，眼睛直视。

她一下就愣怔住了，呆在那儿可大一气不说话。

5079. 质住了——人被当面质对住了的尴尬神情。（质对：泛指和问题有关联的各方当面对证）

5080. 悄悄圪宓（mi）——①安静，静悄悄的状态。（宓：静止，静默状）

这两个孩子悄悄圪宓的，在那儿害甚了？

②不出声；偷偷的。

趁大家争论不休的时候，他一个人悄悄圪宓地溜走了。

5081. 悄悄宓宓（mi）——做事不声张，保密。

那人做事总是悄悄宓宓的，赶别人知道，人家早就做成了。

5082. 偷悄悄儿——偷偷地；瞒着人悄悄做事的样子。

拿人处就在那两眼眸，偷悄悄儿看人眼斜转。

你干爹定猛真儿从门外进来往那儿一站，干妈偷悄悄儿这么一看，心里就凉了一半。

5083. 活脱脱儿——完全一样，一样样的。

这娃娃那脾气、长相，都跟他大（爸）活脱脱儿的，就像一个人！

5084. 欢——快；急。

XXX，屁股干，膏（gào）上麻油走得欢，一走走在马莲滩，马莲滩，栽信杆，信杆上落（lào）的个鸪鸪鸠，鸪鸪鸠也飞了（lan），XXX也灰了（lan）。（早年童谣）

5085. 欢欢儿地——赶紧地，快点。

你欢欢儿地去哇，你媳妇儿跟人家吵起来了。

5086. 听停儿——听话，消停；老老实实地，不要乱跑乱闹。

听停儿，不能乱动人家的东西！

你就听停儿地在家呆着哇，等这阵风过去再说哇。

5087. 悄悄儿哇——让人安静、住嘴，不要说话。

你们悄悄儿哇，马上就宣布结果呀。

你快悄悄儿哇，这事儿不在你说，大家都看得一清二楚。

5088. 悄点儿——让人安静、住嘴。

你先悄点儿，这事让你妈去问一问再说。

5089. 悄点儿哇——不要说话或吵闹。

悄点儿哇，你不说话人家也不会把你当哑巴！

5090. 偷死瞒活——瞒着别人，偷偷摸摸地做某事。

他偷死瞒活地把车卖了，又去赌钱，赶老婆知道，他把钱早就输光了。

5091. 睁眼霸王——向人瞪眼、发脾

气的样子。

他一咋些就跟孩子们睁眼霸王的，孩子们都躲着他。

你这个人，一咋些睁眼霸王的，想叫谁怕你了？

5092. 指眼无情——厉声呵斥、责骂人的刁蛮、苛刻的神情态度。

他老婆皮善，他一咋些就指眼无情地骂人家。

5093. 死奄倒气——性格、言行慢，打不起精神；也指人不痛快。（奄 yan，气息微弱）

那个人死奄倒气的，连一步紧走也没有。

5094. 砍七愣八——说话办事带傻、粗莽。

那后生那话说得砍七愣八的，一点儿也不受听。

5095. 疯张舀事——言行轻狂放荡，主观放肆，想起一出是一出。

他那个人疯张舀势的，不要听他瞎说！

5096. 疯疯势势——神经质，疯疯癫癫。

他那人疯疯势势的，你和他还能说出个情由来？

5097. 飞天落地——比喻人（多指女人）不安分、不稳重、想入非非。

那娃娃飞天落地的，她大（爸）也气得没有办法。

5098. 圪低圪缩——有顾虑而不敢直往。

他做事就是那圪低圪缩的，甚也干不成。

5099. 圪低圪伺——迟疑，不太情愿的样子。

他圪低圪伺的，看样子不太想走。

5100. 圪低圪怯——胆怯、迟疑而不敢行事。

这娃娃一见后娘就圪低圪怯的不敢动。

5101. 突突痴痴——紧张、犹豫、呆滞，不知如何是好。

他突突痴痴的，看了这个看那个。

5102. 突突怔怔——因害怕、紧张而发呆，不知所措的样子。

这孩子被他后妈打骂得突突怔怔的。

5103. 怔怔呱呱——突如其来的刺激，使人一时没有反应，发愣发呆。

他一听到这个消息，怔怔呱呱地瞪着眼，一句话也说不出来。

5104. 痴琉顽蛋——眼珠不转，反应痴呆的样子。

看你坐在那儿痴琉顽蛋的，孩子跌倒了也不能扶一下！

5105. 痴囚墩——比喻像囚墩一样呆滞的人。囚墩，是锁困囚犯的石制或铁制的墩子。

少魂忘事像痴囚墩，挖白面款款儿打烂个盆（盆，指旧式瓷盆）。

5106. 痴痴瞪瞪——痴痴呆呆的样子。

你还痴痴瞪瞪地看甚了，赶紧做饭圪哇！

5107. 游迷打盹（dun）——打盹的样子；注意力不集中或无精打采的样子。

他在上面费气把力地讲，人们在下面游迷打盹地听。

5108. 少魂忘事——丢魂失魄，精神恍惚，心不在焉的样子。

少魂忘事像痴囚墩，挖白面款款儿打烂个盆（盆，指旧式瓷盆）。

5109. 木朽木朽的——形容人无所事

事，精神萎靡的样子。

听大人们说话没意思，他坐在那儿木朽木朽的，一会儿就睡着了。

5110. 没收落——心里空落落的；无聊。

爱哥哥爱得没收落，俺妈骂我不足色。

5111. 没拉格——没事干，没话说，尴尬；别扭，不知如何是好。

她没拉格的，两手捋上个辫梢子没完。

5112. 没圪拉——同“没拉格”。不知所措；尴尬。

人家有说有笑挺热闹，他跟人家不惯，没圪拉，一个人在那儿看手机。

5113. 里的儿啦的儿——无事无非，得意洋洋的神态。

他一路上里的儿啦的儿的，口哨也打起来了。

5114. 日忽显显儿——急切地显摆自己或巴结逢迎。

看那日忽显显儿的，又去领导那儿夸圪啦。

5115. 冷眉冷眼——眉眼间显示出冷漠的态度。

她对那个娃娃冷眉冷眼的，一点儿也不待见。

5116. 放头脸——面部表现出不高兴或发怒的样子。

你一咋些儿就给人放头脸，叫谁怕你了？

5117. 眼吹火——难堪无奈；马下给人难堪。

荞麦放白（开花发白）黑籽籽多，一句话说下哥哥个眼吹火。

5118. 圪端端儿——深情而目不转睛的样子。

她眼睛圪端端儿地瞅着自己的儿子。

5119. 圪纳——皱（眉头）。

你圪纳住眉头想甚了？

5120. 圪服——忍耐。

气得我早就圪服不住了。

5121. 圪耐——忍受；忍耐。

打针时不要哭，圪耐一会儿。

5122. 宾服——通过接触共事或者较量后，对人产生的那种钦佩或敬仰悦服。

就他那两下，我真不宾服他！

5123. 时华——时髦；风流。

长头发改成短头发，看来是想要赶时华。

5124. 吊线——指男女眉来眼去。

我在场面你在院，我和你吊线谁看见。

5125. 抽扯——扭捏。

不要抽扯了，咱们赶紧走哇！

5126. 抽抽扯扯——形容意见相互不一致或闹别扭，行动不能统一。

他们俩做营生，老是抽抽扯扯地商量不在一块儿。

5127. 变眉煞眼——形容人因为害怕而紧张或因为生气而激动时的面部神情气色。

就是因为这么个小事，他就和我变眉煞眼地闹开了。

外面突然几声狗叫，把个娃娃吓得变眉煞眼的。

5128. 白秃生干——不觉得难为情。

5129. 成心——存心；故意。

你这是成心跟我过不去！

5130. 安生——安静；停息。

你给咱们安生一阵儿哇！

5131. 安然——平静；安逸；安稳。

娃娃哭，黄狗咬，一黑夜没睡个安然觉。

他们俩又吵起来了，唉，大过年的，也不能安然一阵儿！

5132. 沉恼——气恼。

滚水不开没填上柴，你老婆沉恼是话没说开。

5133. 虚屙夹尿——形容人因受惊吓而又拉屎又撒尿的样子；也比喻人因为害怕而把自己的问题全部供述出来。

那后生胆子小，人家一审问他，他就虚屙夹尿地都交代了。

5134. 痛痛儿——痛痛快快地；狠狠地。

他到母亲的坟前，痛痛儿地哭了一场。

5135. 腻味——因为次数频繁或时间过长而感到不耐烦、不稀罕；嫌弃，讨厌。

每天听他唱那首歌，大家都腻味得不行。

5136. 醋坛子——比喻有嫉妒情绪的人。

原来你还是个醋坛子！

5137. 头操转——昂着头，有傲慢或漫不经心的意思。

车前前开花头操转，你说你心好掏出来看。

5138. 誙（kēng）——着急；急迫。（誙：奔竞，一定要取得的样子）

他着急得誙出心来呀，可是，手里没钱，誙死也不顶事。

5139. 誙（kēng）急——着急；迫不及待的样子。（誙：奔竞，一定要取得的样子）

这事你誙急也不行，只能耐心等待。

5140. 干誙（kēng）——干着急；面对困难只能焦急，却毫无办法。（誙：奔竞，一定要取得的样子）

满天云彩不下雨，小妹妹干誙留不下你。

5141. 誙（kēng）死人——极想满足欲望却因受到阻滞而非常着急的样子。（誙：奔竞，一定要取得的样子）

远远瞭见山桃花红，到了跟前话誙死人。

5142. 绝了胰子——因为过分着急而伤了胰腺。用来比喻人为某事而十分着急的样子。

为了能当兵，他东奔西跑，誙急得紧等儿绝了胰子呀。（誙 kēng：奔竞，一定要取得的样子。紧等儿：即将要）

5143. 向——偏向；偏袒。

常言道，向人向不过理。

我这个人从来都不偏三向四。

5144. 偏向——向着一方面的人。

5145. 偏三向四——偏向一部分人，而冷落另一部分人。

5146. 老羞——含羞；害羞的样子。

快过来坐在这儿哇，你是不是还有点儿老羞？

5147. 嫩羞——面嫩，害羞。

这娃娃嫩羞，人越多越不敢说话。

5148. 嘬（chuài）——腼腆；面嫩。

那娃娃可嘬了，去了哪也不敢说话。

第三十九节 话分种种

5149. 圪道——简单说道或说明。

你先背地里和他圪道圪道，看他是个甚意思。

5150. 道(dǎo)拉——两个或几个人在一起说话、议论。

看来你们俩道拉得还挺投机。

5151. 告诉——互相闲扯，说话。

你们俩告诉甚了？

5152. 道歇（学）——叙说。

我得把这件事和你道歇道歇！

5153. 呱拉——拉话。

你们不要在那儿闲呱拉了，都进来开会哇！

5154. 拉呱——拉话。

跟你拉呱拉呱，我心里也舒服多了。

5155. 拉嗒——闲聊。

我这是和你闲拉嗒，不会耽误你的正事哇？

5156. 谈叙——谈一谈；说一说。

你先间接地跟他谈叙谈叙，探一探他的口气。

5157. 提叙——提说；提醒。

你再跟他提叙一下，别忘了这件事。

5158. 提调——提出一些事情，引起对方注意，供对方参考。（又不同于“提醒”，提醒是从旁指点，促使注意）

这件事，你得再跟他们提调提调，能不能尽快想个办法。

5159. 敩（xiāo）——学；效法。模仿别人语言、声音、神态、动作；模仿动物声音、动作等等。

他可会敩公鸡叫明了。

他敩赵本山敩得可像了。

敩人，流脓，流下两碗稠脓，我说倒了哇，你说喝了哇。

5160. 敩(xiāo)告——向别人介绍、讲述事情或转述他人言语等等。

泡上炒米喝上茶，慢慢价敩告慢慢价拉。

5161. 敩（xiāo）扮——模仿。敩：学，效法。

他就爱敩扮老太太走路。

5162. 做声——发出声音，说话或表示意见等。

你不做声我也知道你是咋想的。

5163. 耍嘴——耍嘴皮子。

你不要尽耍嘴，得来点儿实际的。

5164. 白惑——“说话”的贬称。

你不要在这儿瞎白惑啦，人家没人想听。

5165. 睡说——说梦话。

他昨天晚上睡说还在喊你的名字。

5166. 圪攒(cuan)——众人聚集在一起评议人或事情。

他这事就叫众人给圪攒灰啦！

5167. 嚷翻——很多人吵嚷、议论某事。

近时，人们又嚷翻要调资呀。

5168. 打沓嘴——几个人唠嗑，天南地北地闲扯。

几个老汉每天都聚在这儿打沓嘴。

5169. 擩(ru)嘴——开口求人。

量只圪这事儿，我不跟他擩嘴。

5170. 出嘴——说话；参与争辩。

5171. 张口——开口，常指讨价、借贷、乞求等求人之事。

渔网下在瓮里头，不识眼色白张口。

5172. 张嘴——同“张口”；也指张着嘴；张开嘴。

谜语：一个老汉一条腿，摸了帽子大张嘴。（谜底：豆芽）

胡燕儿吃食张嘴飞，不因不由遇住个你。

5173. 质对——对质。泛指和问题有关联的各方当面对证。

算了吧，这不是个能当面质对的事。

5174. 订对——与人核实问题或账目、数据等。

这个钱数不对，你得再去和他订对一下。

5175. 订实——核对；落实。

你事先跟人家订实好，不要白跑一趟。

5176. 靠实——认真落实，以求可靠。

5177. 咬（niao）叫——说人坏话，反映别人。

你说你自己的事，不要咬叫别人！

5178. 咬(niao)叫死——把话说清、说定。

这个事，你要和他咬叫死，万一他变卦，我们的损失就大了。

5179. 咬（niao）京——讽刺说普通话的人或说话南腔北调。

不怕磨锅难听，就怕 x x x 咬京。

5180. 答依——告知。

你多会儿走，跟我答依一声。

5181. 安顿——嘱咐。

你安顿他，事情成不成，也一定要给家里打个电话。

5182. 前安后顿——再三嘱咐。

我跟你们前安后顿，你们就是不听！

5183. 吐口口——放话；表态。

红鞋（变音为 hai）絍上绿蛤蟆，我不吐口口你能咋。

5184. 承应——答应，应承。

你承应下的事，怎么又不算了呢？

5185. 接应——应声或接话茬。

你妈妈叫你呢，你怎么不接应？

5186. 口愿——口头许下的诺言。

打下深井水瓮里头满，亲亲的口愿我慢慢儿还。

5187. 说给——告诉；转告。

房檐流水落到底，满肚肚冤枉说给你。

5188. 问见——打听到；听说。

问见妹妹病沉重，马上加鞭赶路程。

5189. 问寻（xing）——打听。

手拿铁笆笆搂青柴，问寻见你今天要回来。

5190. 访查——寻访查问，打听，了解。

5191. 访——查访寻找。

甚人访甚人，秤砣访流星；天上的织女访牛郎，地上的灰堆访恶煞。

5192. 察听——打听。

你住的离他们不远，替我察听的，他一回来你就给我打个电话。

5193. 听称——侧耳细听；打听。

院里冻着猪肉，你听称的些儿，不要叫狗刁走。

我听称见你回来了，连家也没回就过来了。

5194. 查盘——背地里调查或间接盘问。

问媳妇儿是大事，还是查盘一下好。

5195. 查搂——背地里调查或间接询

问。

你背地儿查搂一下，看这个人是什么来路，他卖的这个东西是不是正品。

5196. 套笼——用计谋哄骗别人；用话设法让人说出想要知道的情况。

你不用拿话套笼我，我早就知道你的意图了。

5197. 过话——互相说话，对话。

那个时候都比较封建，我们虽然在一个班里，但我和她互相从来都不过话。

5198. 喝（ha）应（yǐng）——喊明；说清楚。

你不把话喝应，谁也怕上当受骗。

5199. 说应（yǐng）——说明白，让人听清。

不是我没有听清，是你没有把话说应。

5200. 喝（ha）醒——喊明，提醒，让对方知道。（喝：he-ha 大声喊叫）

打牛打马也得喝醒了再打，他还不知道因为甚，你黄黑不说就要打他？

5201. 过场话——叙述过程的话或客套话。

你这过场话太多，能不能简洁一点，说重点。

5202. 道书——说书。

不知道关口将名，还爱道个书。

5203. 道故事——讲故事。

你给咱们道故事哇，我们可爱听了。

5204. 道古——说过去久远的事。

他就爱跟年轻人道古，时间一长，谁也不想听。

5205. 俗子语——俗话。

那会儿人们说下个俗子语：宁叫气破肚，甭叫哭瞎眼。

5206. 扬——张扬，宣传。

捎话捎给那实心心人，捎给灰人扬一股名。

5207. 扬活——张扬，宣传。

黑老哇飞在山药窖，你不扬活谁知道？

5208. 敞扬——宣扬；随意传播一些不必公开的事。

牵牛牛不香艾叶香，家丑不可外敞扬。

5209. 张扬——宣扬；声张。

这种事情，自家人知道就行了，张扬出去不好听。

5210. 扬说——无意乱说，不负责任。

他那也是扬说了，哪能听上了！

5211. 排说——背后编排故事，编排他人是非，说人闲话。

他就爱在背后排说别人。

5212. 油说——有风趣地乱说，闲扯。

5213. 说油话——无意识地说闲话。

本来他们几个也是没事在那儿说油话，二女子听了，才知道原来只有自己一个人被蒙在鼓里。

5214. 鼓叨——背后议论，搬弄是非。

你不要在背后给人家瞎鼓叨，这不好。

5215. 绕叨——绕着弯子说话以达到目的。

你不要拿话绕叨我了，你的目的我早就清楚了！

5216. 磨叨——唠叨，但有反复强调或劝说之意。

他跟我磨叨上没完，烦死了。

5217. 叨磨——长辈善意的、经常性的批评、指责。

你爹叨磨你几句，还不都是为你？你不应该跟老人家发火。

5218. 驳弹——故意挑毛病、找错，加以否定。

你就爱驳弹别人，你来试试看。

5219. 悬说——侧面说。

他总是悬说悬有理，正说正有理。

5220. 正说——正面说。与反面说、侧面说相对。

难活遇了个不好活，悬说正说一个样。

5221. 反说——反面说。

他那个人不讲理，反说正说他有理。

5222. 扯——离开主题乱说。

扯得太远了，咱们还是说正题哇！

5223. 兜——轻言。

你尽是给兜那没影儿的事了。

5224. 兜——扯开嗓子唱。

提上篮篮摘毛杏儿，瞭不见哥哥兜山曲儿。

5225. 堆——说他人坏话。

堆灰的；堆没的。

5226. 淌（tàng）——说不实之言。

淌没的；淌凉的。

5227. 凉话——没影儿的话，风凉话，不靠谱的话。

你不要在这儿说凉话了，你亲自去试一试看！

5228. 梁话——外行话。

你这说的都是些梁话，根本不能解决问题，叫人家内行知道笑话死了！

5229. 丑话——听起来不太好听却中肯实在的话；提醒可能出现坏结果的话。

丑话是正话的根子，不娶老婆就抱不上孙子。

咱们丑话说在前头。

5230. 灰话——坏话；脏话。

大年时节，不能说灰话，不该了！

5231. 操准话——肯定的话。

再不要逗人再不要吓，哥哥你说上一句操准话。

5232. 活络子话——模棱两可的话。

见人说人话，见鬼说鬼话，人鬼一起来，说的是活络子话。

5233. 囫囵头子话——笼笼统统，模模糊糊或模棱两可的话。

他进来说了个囫囵头子话，掉过就走，我一点儿也不清楚他究竟是甚意思。

问了半天，他也就那囫囵头子话，始终不表态。

5234. 上搭手话——占上风的话；带挑衅的话。

他那人强惯了，跟人说话就那上搭手话，结果被老三痛打了一顿，也就乖乖的了。

5235. 车轱辘话——周而复始、翻来覆去说的话。

他翻过来调过圪说了半天，也就是那几句车轱辘话。

5236. 话把子——话柄，被人拿来做谈笑资料的言论或行为。

看你这事做的，给人家落下一辈子的话把子了。

5237. 接下音儿——顺着或附和着别人的话音、话茬说话。

大家一起说话，他就爱接下音儿，从来不跟人争辩。

聋子接的好下音儿。

5238. 喊大——说大话。

你不要就知道个喊大，有本事和人家比试比试！

5239. 夸海口——说大话，妄承诺。

他就能夸海口，他要是能给人找工作，他自己怎么还在村里灰的了？

5240. 呵——说大话、吹牛。

你不要呵啦，谁不知道你个底子！

5241. 呵陀——对爱吹牛的人的戏称。

那家伙是个呵陀，呵起来哪管那天高地厚了！

5242. 日粗——说大话、吹牛。

日粗怕遇当乡人。

5243. 日贼粗——指人大肆吹牛皮说大话。

他就能日贼粗，一斗真的就不行了。

5244. 日粗道大——爱吹牛，说大话。

日粗道大哄死人，灰媒人长的是辣角角心。

俗话说，日粗道大，偷跑步大。

5245. 吹吹哒哒——吹牛，说大话。

那后生，几万块钱买了个二手车还吹吹哒哒的，有甚吹头了！

5246. 哭穷——本来不穷，却常常把“没钱”挂在嘴上，向人叫苦装穷，以达到某种目的。

你不要在这儿哭穷，人家谁也没说跟你借钱。

5247. 筛粹——炫耀；显摆。

各人过各人，有钱别筛粹，没钱蚕哭穷。

5248. 告草——承认不行了。

他累成那样了，还是不告草。

5249. 草鸡话——认输告饶的软话。

咱们既然来了，再苦再累也要坚持下来，谁也不能说那种草鸡话。

5250. 苦情——苦楚；悲惨痛苦的遭遇或情况。

大雁回家咯咯叫，妹子的苦情谁知道？

5251. 告苦情——向人诉说自己的艰难、苦楚。

我还没找你算账了，你倒先来告苦情来了？

自己的曲子自己唱，千万别跟人告苦情。

5252. 打帮——劝说；有目的地劝人做某事。

人家一打帮，他就买下了，结果一点用处也没有。

你要是和谁有仇，你就打帮他盖房哇！（说明过去农村盖房是一件又劳心又费力特别折磨人的事）

5253. 打劝——劝说。

不听人打劝，吃亏在眼前。

5254. 圆裹——极力掩饰缺陷、漏洞，把事情说得合于情理。

5255. 比低——讽刺，贬低人；背后调侃他人；也指人倒霉。

他就爱比低别人。

不谋自己发财，就盼别人比低。

一天唉三声，比低各人（自己）寻。

5256. 寡话——与正事无关的话。

你这寡话一大堆，有正经事没有？

5257. 虚话——假话。

你不要拿这些虚话哄我们。

5258. 虚说——说假话。

我们要实话实说，不能虚说半句。

5259. 拆活（ca ha）——东拉西扯地闲聊或没话找话。

快不要闲拆活了，赶紧做营生哇！

5260. 噗——讥讽人；贬低别人。

蒸包子揭出馅儿饼来了——噗板了。（板，扁）

你噗人家老张了，我看哇你还不如人家老张了！

5261. 噗擦——讽刺、贬低别人。

你才把人家噗擦得没了，人家再咋

也比你强！

5262. 码捏——编排故事，贬低他人。

那俩人，又码捏人家老张了。

5263. 描画——描述别人的不好、缺点等，以损毁他人形象。

那两人高三声低两声的，不知道又在描画谁了。

5264. 囔（nang）脏——故意歪曲事实，给人泼脏水；诽谤。

哪有的事，他那又是在给人家囔脏了，纵然有意见，也不应该这样！

5265. 损脏——泼脏水，贬低、损毁他人。

那人不是他说的那种人，他又是在背后损脏人家了！

5266. 损切——贬低、损毁他人。

那人当面人呀似的，在背后可爱损切人了。

5267. 切扭——互相拌嘴，互揭短弊、过错。

那两人一见面就切扭，谁也不让谁。

5268. 踩扭——相互闹意见、闹别扭，明处暗处对着干。

两个领导踩扭，把他夹在中间为难。

5269. 哨嗒——数落人，说风凉话讽刺人。

有意见直说，你不要哨嗒人！

5270. 质嗒——用讥讽的言语使人难堪。

有话好好说，你这是质嗒谁了？

5271. 触（chù）擦——不点名不道姓的讽刺人，激将人。

5272. 小触——说讽刺、下看、激将人的话。

你这是触擦谁了？你有几个臭钱哇，也不能这样小触人哇！人家谁说不愿意出这个钱了来？

5273. 重（zhong）话——语气较重的话。

她对她那个孙子可亲了，时常摸摸揣揣的，连句重话也舍不得说。

5274. 诌——没有根据，信口胡说，编瞎话。

你不知道就悄悄的，不要诌得说！

5275. 诌风测影——胡乱猜测，捕风捉影。

不知道不要瞎诌，不能诌风测影乱说。

5276. 诌书引戏——指书是编造的，戏剧是虚构的，比喻人说话胡编乱侃，虚构编造。

5277. 不然——不对，不是，即过失或错误。然：对。

5278. 说不然——指责人的过失或错误。

他做甚也特别认真，总不愿意让人说不然。

5279. 小话话——闲话；悄悄话。

那个人就爱翻小话话。

男人不聋不结嗑，没感情说不成小话话。

5280. 体已话——知心话；私话。

多时没见了，你们俩先到里间子说说体已话。（里间子：里屋）

5281. 打哈哈——开玩笑；打赌。

5282. 笑话儿——能引人发笑的故事，被人当做笑料的话或事情。

他可会说笑话儿了。

5283. 笑话——讥笑，耻笑。

这件事要是传出去，你就不怕人家笑话？

第四十节　　语言性质

5284. 三言五语——形容言语简短。

这件事挺复杂，我三言五语给你说不清。

5285. 圪沓——说道；说话啰嗦。

那件事情，我还得跟你圪沓圪沓。

这么一点儿事，你能圪沓这么长时间？

那人说话，可圪沓得厉害了！

5286. 圪沓子——说话啰嗦，絮絮叨叨的人。

那是个圪沓子，他说起来就没完没了。

5287. 圪沓子匠——说话啰嗦的人。

5288. 圪沓半气——说话啰嗦、丢三落四，说不清楚。

看你圪沓半气的，连个话也交代不清楚。

5289. 圪丢半沓——颠三倒四，断断续续，语义不清。

反正他圪丢半沓地也说不清楚。

5290. 半翻圪沓——啰嗦、唠叨又说不清道理。

她半翻圪沓的，你和她扯不清楚。

5291. 舀勺圪沓——无休止，没重点地啰嗦无聊的话。

他舀勺圪沓的说个没完。

5292. 翻——唠叨而且固执己见，喋喋不休，不听劝告，胡搅蛮缠。

那人翻得甚也省（xing）不得，能把你气死。

5293. 圪翻——絮絮叨叨。

就这么个小事，她每天跟你圪翻上没完。

5294. 翻叨——啰嗦，唠叨。

5295. 翻口——推翻自己说过的话或许诺。

他昨天跟我说的话，今天就翻口了。

5296. 翻屁忽嘟——唠叨不止，喋喋不休，一阵儿一个样儿。

那个人翻屁忽嘟的，一阵儿一个样儿。

5297. 翻翻缠缠——唠叨不止，讲不清道理，胡搅蛮缠。

她翻翻缠缠的，没法跟她说理。

5298. 翻麻燕儿——颠三倒四，胡搅蛮缠的人。

那是个翻麻燕儿，根本不讲理，也不懂理。

5299. 半夜翻黑——颠三倒四，啰嗦而又糊涂，本来已经半夜了，却还是唠叨天是不是黑了（到了夜晚）。比喻人纠缠过往或用陈规旧律评论现实。

5300. 哆（chī）啦——自以为是地表功或数落别人。

就这么点儿事，他就哆啦得哪也放不下了！

我还没说你了，你倒哆啦开我了！

5301. 撂白——故意说不能实现或没有根据的话以奚落别人（多指亲近的人）。

这娃娃可能撂白了，正是这个年龄段呢！

5302. 抗白——①不承认所说的话、所做的事。

怎么抗白呢？这是你昨天跟我们说

好的！

②不承认所欠的债。

三年前借的钱，当时没有打借条，他现在就抗白了。

5303. 兜凉的——说没影儿的话，说话不靠谱。

你不要兜凉的啦，说些正经的哇！

5304. 兜灰的——有意说人坏话。

你看见人家现在不行了，就尽给人家兜灰的，算什么人？

5305. 兜圈子——说话绕弯子。

你不要再兜圈子了，有话就直说哇！

5306. 兜没的——所说之话与事实不符或无中生有。

三九天打雷——圪才才地兜了个没的。

5307. 放凉腔——说不合时宜的话，发牢骚，说怪话。

你在这里闹情绪，放凉腔，能顶个甚用？

5308. 冒凉腔——说不合时宜的话，发牢骚，说怪话。

5309. 冒野腔——说不靠谱的话。

他那人没正经，一说话就冒野腔。

5310. 放野腔——说不靠谱的话。

快别说了，你又是在放野腔！

5311. 谩野腔——说不靠谱的话。

你要想好了再说，不要谩野腔。

5312. 戗（qiang）茬话——说话不随和，故意反着别人的意思说的话。

哥哥爱听个戗茬话，只要你心好我不怕。

5313. 跋圪梁——与人抬杠。

你这不是探讨问题，你这是和人跋圪梁了。

5314. 跋圪料坡——争辩，抬杠。

那个人可爱跟人跋圪料坡了。

5315. 格对——互不相让地争吵、抬杠。

他们俩是王宝钏、薛平贵，走的坐的瞎格对。

5316. 捩说——故意不顺着别人的意思说话。（捩 lie，方言中说成 lia，违逆，不顺）

那老李就爱跟人捩说，尽量和他少说话哇，不然，你还得生气了。

5317. 杠嘴——相互斗嘴。

他们两个就是杠了一顿嘴，没有打起来。

5318. 抬死杠——钻牛角尖，固执己见，辩死理。

他们俩那不叫辩论，那叫抬死杠！

5319. 对缝子——木工用胶水把两块儿木板粘合在一起。比喻人无所专长，专门会针锋相对地耍嘴皮子巧言应对；互相斗嘴抬杠。也叫“对缝缝”。

别看他做甚也没一下，跟人对缝子一把神拿！

不会割桌子，就会对缝子。（割：木工制作）

5320. 死干犟——钻牛角尖，错误地固执己见，与人争论不休。

那人可能跟人死干犟了。

5321. 唱借冠子——你一言我一语、互不相让地争吵。

他们俩又一替一句地唱开借冠子了。

5322. 谝（pian）——花言巧语；显示，夸耀，欺骗。（《广韵》谝：巧言）

你不要听他瞎谝，他要是有那么多钱炒股，还每年给别人打工了？

5323. 灰谝（pian）——胡说。

你那都是灰谝了，当时你根本就不

在场！

5324. 谝啦——巧言蒙骗；多言，耍贫；扯闲话；乱讲话。（《广韵》谝：巧言）

你不要谝啦了，赶紧做营生哇！

5325. 谝啦子匠——爱夸大其词的人；言多或耍贫的人。（《广韵》谝：巧言）

那是个谝啦子匠，他的话不能听！

5326. 瞎谝——乱说或说话不合情理；胡扯；瞎说。（《广韵》谝：巧言）

你这尽是瞎谝了，你知道个甚？

5327. 谝壳子——比喻胡说，胡扯，毫无根据。

你耍谝壳子了，我们几个都在场，可比你清楚。

5328. 谝谝匠——爱吹牛说大话的人。

那个谝谝匠，又把那几个人谝住了。

5329. 瞎说八道——失去理智说胡话或毫无根据地瞎说一气。

5330. 灰说——不了解事实真相而乱说或说话不合情理；胡说；瞎说。

你不要给人家灰说，事情还没有搞清楚呢！

5331. 灰说妖道——说怪话；说话不合情理。

他走在哪也灰说妖道的，没人稀罕他。

5332. 灰说六道——说话爱开玩笑。

他就爱灰说六道，多会儿也没有个正形。

5333. 活说六道——性格活泼，说话爱开玩笑。

5334. 寡说六道——说话东拉西扯，没有中心。唠唠叨叨说些没用的话。

他进去也没正事，就是跟人家寡说六道了一气。

5335. 急说六道——说话语速快；多嘴。

那个人急说溜道的，挺活泼。

5336. 灰说风响快——爱胡说乱讲，已成习惯，张口就来。

那人灰说风响快，他的话千万不能信。

5337. 胡嚼——胡说。

你这尽是胡嚼了，人家谁信了？

5338. 嚼蛆——故意胡言乱语伤害人。

你有的说没的道，整天就知道个嚼蛆！

5339. 嚼毛——胡说。用于骂人。

5340. 鬼嚼——胡说八道。

别听他鬼嚼，狗嘴里吐不出象牙来。

5341. 鬼圪嚼——胡说八道。

5342. 溜鬼——有意说不真实的话。

哪有这事，你这尽是溜鬼了。

5343. 耍滑溜鬼——耍滑，说假话，极不诚实。

大路不走走圪楞，耍滑溜鬼你咋为人？（为人：当人；做人）

5344. 精说白道——善巧言、诡辩；言行不一。

那个人精说白道的，就想占便宜。

精说白道，炕上局屎。

5345. 胡诌冒捏——随口瞎编，凭空捏造。

他那都是胡诌冒捏的，没一句真话。

5346. 生编冒捏——编排、捏造，毫无根据。

你这尽是生编冒捏，根本没有这样的事。

5347. 虚说溜道——形容人爱说假话。

他那人经常虚说溜道的，一句也听不上。

5348. 虚说妖道——形容人爱说假话。

他那人虚说妖道的惯了，你可不能当真。

5349. 寡说——说不着边际的、离题的话。

你不要寡说了，饿了就吃哇！

5350. 二寡——做与己无关的事，说与己无关的话，或说题外话。

他跟谁也能扯上几句，真是个二寡。

5351. 悉寡——说话不入题、没趣味、无中心。

那人说话悉寡，没人爱听。

5352. 悉寡没味——形容饭菜没有香味。也比喻人说话没有趣味。

今儿这菜烩得没油没肉，悉寡没味。

他那说话悉寡没味，谁也不待要听。

5353. 扯淡——胡说乱道；闲扯；没有意思或不相干。

不要扯淡，现在连正事儿也说不完。

5354. 扯架——说话跑题或理解偏差。

你扯架得太远了，我根本没有那个意思。

5355. 扯架起——说题外话的样子。

看你扯架起，不知道说的哪的点儿话了！

5356. 扯拉——说话跑题，胡扯。

不要瞎扯拉了，咱们说正事儿哇！

5357. 胡吱野扯——说话没有中心或故意岔开话题说无关之话。

他一到关键时刻就胡吱野扯，装傻充愣。

5358. 扯吱淡言——说话无趣，漫无边际。

他那说话扯吱淡言的，谁也不知道他想说甚了。

5359. 七拉八扯——漫无边际地闲谈；也指乱拉来一大堆人。

咱们说甚就说甚，不要七拉八扯的！

5360. 东拉西扯——一会儿说东，一会儿说西，说话条理紊乱，没有中心。

你这东拉西扯的，说到哪儿去了！

5361. 没勾头——说话不着边际，没趣味，没来由。

他那说话没勾头，不过大脑，你别理他。

5362. 少勾没头——说话不着边际，没趣味、没来由。

快不要说了，少勾没头的，说的点儿甚话啦！

5363. 没勾烂头——说话没趣味、没来由，瞎扯。

看你，没勾烂头的，跟人家说这些做甚了！

5364. 胡打颤话——故意岔开话题。

咱们先得把这个事情说清楚，你不要胡打颤话！

5365. 不入耳——犹言不中听。指说的话让人听起来不舒服，听不进去或不想听。

5366. 入耳中听——话说得合情合理，人们都爱听。

人家那话说得入耳中听，人们没有个不服气的。

5367. 受听——话说得合乎情理，别人听了舒服。

那后生那话说得砍七愣八的，一点儿也不受听。

5368. 出言吐语——谈吐、说话或发表意见。

一听人家那出言吐语，就知道是个有教养的人。

5369. 口大舌长——爱说大话，没把

握却应允别人。

他总是口大舌长，其实什么事也办不了。

5370. 筋牙圪挣——言语下流，不堪入耳。

你筋牙圪挣的，怎么能骂出来这种话！

5371. 擩麻圪捣——说脏话、下流话令人产生肉麻、恶心的感觉。

他一说话就擩麻圪捣的，没个正经。

5372. 带把舀系——说话或骂人带脏字。

他一说话就带把舀系的，可难听了。

5373. 牲哩吧口——说脏话或用脏话、下流话骂人。

那个人，那么大岁数了，牲哩吧口的，甚话也能骂出来。

5374. 拗（ǎo）口——说出来别扭，不顺口。

他当下不好意思叫，有点拗口，再习惯上几天叫也不迟。

5375. 二圪榄子——对某种语音或方音不精通的人，说话时夹混着两种音。

他说普通话是个二圪榄子。

5376. 难清说——难说清。

他就是那种不通情理的人，你还真难清说。

5377. 说不响——说服无效，劝不动；解释不通。

这孩子咋也说不响，非要再补习一年重考。

5378. 说走嘴——说了不该说的话。

一句话说走嘴，快马追也追不回。

5379. 说漏嘴——说出不该说的话。

这个事不能叫两位老人知道，你回去千万不要说漏嘴。

5380. 漏了嘴——不留意说出不想说或不该说的话。

一句话说得漏了嘴，哄东哄西还哄谁？

5381. 七漏八漏——指人在交谈时对秘密有所泄露。

她嘴不牢，出来跟人们七漏八漏的，人家早就猜到了。

5382. 滚了嘴——说走了嘴。

大妈说话滚了嘴，你可千万别介意。

5383. 漏风嘴——人不能保守秘密，则讽其长的个“漏风嘴”。

他那个漏风嘴，他要是知道了，明天就给传遍全村了。

5384. 嘴码子——口才。

嘴码子不行，你再能干也不行！

5385. 嘴码香赢——健谈；善辩。

那后生嘴码香赢的，走在哪也吃不了亏。

5386. 多嘴淡舌——话多；爱插嘴或说一些不该说的话，惹人讨厌。

看你多嘴淡舌的，这事也用你管？

大人们告诉个话，你娃娃儿家在这儿多嘴淡舌的，像个甚了？

5387. 嘴巴溜舌——嘴巧，说话溜索。

别看他嘴巴溜舌，尽办那摸脱事了。

5388. 嘴朗拍搭——爱说话，爱搭腔。

那人嘴朗拍搭的，好像和谁也是一见如故。

5389. 攒（cuan）滑搭嘴——卖弄口才，油嘴滑舌，耍贫嘴。

那后生攒滑搭嘴的，众人都活嫌了他了。

5390. 轻嘴薄舌——形容人说话轻浮，使人讨厌。

那人说话轻嘴薄舌的，挺会说，但

人们就是死活见不得他。

5391. 尖言诈语——说话刻薄，爱占上风。

5392. 溜嘴皮子——耍贫嘴。

他就会溜嘴皮子，一做事就不行了。

5393. 卖嘴皮子——光说好听的话，实际不做事情。

他就能卖嘴皮子，甚也做不了。

5394. 卖嘴——会说不会做。

不要坐在那儿卖嘴，你过来试试看。

5395. 说嘴——说话；耍嘴皮。

他就能说嘴，一做就洒了醋了。

5396. 溜瓜皮嘴——能说会道的嘴。

半瓶瓶猫儿尿半瓶瓶水，灰媒人长得个溜瓜皮嘴。

5397. 片儿汤嘴——夸大口，妄承诺，口实不一。

早知道你是片儿汤嘴，你走你的东来我走我的西。

5398. 卖片儿汤——说得漂亮，不办实事；夸大口，妄承诺，口实不一。

头锅饺子味道香，小妹妹不是卖片儿汤。

5399. 花麻卜调嘴——说的多，做得少，耍嘴皮，油滑不实。

那后生花麻卜调嘴的，一点儿威信也没有。

5400. 嘴秃——有隐情或有把柄在人手里，不好说、不能说。

他做下那没理的了，自己嘴秃得没法儿说了。

5401. 秃嘴笨舌——嘴笨，不善言辞。

我这秃嘴笨舌的，快你们先说哇，我没意见。

5402. 少嘴没舌——话少，不善言辞。

他那人少嘴没舌的，尽吃哑巴亏。

5403. 没嘴葫芦——比喻不善言辞的人。

那后生就知道个死受，是个没嘴葫芦，肚肚里头有也倒不出来。

5404. 少言寡语——话少；不爱多说。

他一天少言寡语的，肯定有心事。

5405. 少说没道——没有什么话可说，局面尴尬。

我和人家不惯熟，坐在一起少说没道的，都也别扭。

5406. 不出语——性格内向，不善表达，少言寡语。

那娃娃不出语，你们不要欺负人家。

5407. 言短——话少；不爱多说话。

他是言短，换成我哇，那多问一句倒咋啦！

5408. 绵牙安口——人腼腆，不爱多说话。

那闺女绵牙安口的，可稳重了！

5409. 碍口——说不出口或不敢说话。

5410. 碍口识羞——形容人腼腆、害羞，不敢说话或由于某种原因不能明说。

你这么大了还碍口识羞的，那还能找成个对象了？

5411. 能牙怜（liàn）齿——娇声娇气地说话。

那女娃娃说话能牙怜齿的。

5412. 诈唬——虚张声势、夸大事实来吓唬人或蒙混人。

高粱地里耍大刀——诈唬哪个割草草的了？

5413. 诈诈唬唬——用大话吓唬人。

不要诈诈唬唬的，你以为我们都是三岁小孩儿？

5414. 张明捣鼓——大肆张扬，把众人不知道的事都说出来，让路人皆知。

一有点事，她就张明捣鼓地跟谁也说。

5415. 十大应承——指人口头上应承却不办实事。

他那种人是十大应承九不准，你快不要指望他给你办事。

5416. 满承满应——完全承应或全部承应；也指全部承认。

他当时是满承满应，过了几天问他，他却说喝的酒多了，没记住这件事。

5417. 不答依——不答应，不让。

你们再要不答依，两个年轻人很可能就要离家出走了。

这事叫他妈知道后，他妈就不答依了，没完没了地闹。

5418. 喊应（yǐng）叫明——把话说在明处。

人家喊应叫明是货到付款，可以退换，你还担心什么？

5419. 所以然——之所以这样的原因或道理。

关住大门放开狗，说不下个所以然不叫你走。

5420. 丑话在先——指事先把可能出现的不好的一面讲出来。

咱们丑话在先，这个买卖挣了有我一份儿辛苦钱，如果赔了，我可不负责。

5421. 搀（chan）——插嘴。

5422. 搀嘴——插嘴，插话。

大人们说话，你们娃娃们不要搀嘴！

5423. 搀言——插话。

5424. 参言接舌——插嘴，与人答话，接别人的话茬。

男人们说个事，你们女人们参言接舌的，像个甚！

5425. 贪言接舌——插嘴，接别人的话茬。

这件事你千万不要贪言接舌，躲得越远越好。

5426. 交言接舌——相互交谈说话。

5427. 说了到罢儿——说到底，说到最后；说来说去。

我听明白了，你说了到罢儿还是不愿意出这个钱哇？

5428. 说知道破——把误会的事情解释清楚。

因为这么点事闹别扭不值得，你们俩坐在一起把它说知道破也就完事了。

5429. 说说道道——经常反复地说；因为想念而经常说道。

这几年生活不赖了，他们说说道道想出去旅游一趟。

她小子出去打工半年没回来，她时常说说道道地不放心。

5430. 说死说活——无论怎么说（都不起作用）。

这个事弄僵了，一前晌众人说死说活，他就是犟住不同意。

5431. 督催——督促，催促。

你不要每天去督催他们了，咱们既要注重进度，更要保证质量才行。

5432. 一口咬定——说出去的话十分肯定，坚决不更改。

他仔细查看了车轱辘印子，一口咬定这事就是三毛人干的。

5433. 话头话音——说话所间接表示的意思或言外之意。

听他们那话头话音，他们俩还做不了这个主。

5434. 放空炮——比喻人说空话。

你要说到做到，不要放空炮。

5435. 没深浅——说话或做事没有分

寸。

说话没深浅，经常因为说话得罪人。

5436. 没深没浅——言行没有分寸。

5437. 少深没浅——言行没有分寸。

5438. 勺问——没完没了地，刨根究底地盘问。

人家不想说，你不要勺问了。

5439. 搜根问底——追根究底。

5440. 赶口话——快速准确地回应对方的话；让对方无言以对的话。

5441. 赶丈数——说话时句句紧逼，用绝对的话逼迫对方从而使其无言以对。

5442. 话赶话——指紧接着对方的话题说话；说话双方相互句句紧逼，逼出不该说的话。

5443. 闲言滥语——没有根据的话，无聊闲人的闲话。

你只管做好自己的营生就行了，待要理他们那些闲言滥语了。

5444. 闲磕牙——指闲得无聊，磨牙斗嘴以为笑乐。磕 ke：多言也。(《说文》)

5445. 白磕牙——白费口舌，说话没有起到应有的作用。

他现在根本听不进去，你不要跟他白嗑牙了！

5446. 磨牙糙口——费尽口舌，白白说了很多无效的话。

我可是价磨牙糙口地说了半天，都白说了。

第四十一节　说话情态

5447. 㧐（yang）济——给已经生气的人说好话及解释、让步、许诺等，以劝慰其恢复正常情绪。

单手手满茶双手手递，咋惹下哥哥咋㧐济。

5448. 抚恤——说好话抚慰、央求，使情绪平伏。

你的老婆是你打的，你不抚恤谁抚恤？

5449. 光哄——把生气或哭闹的小孩儿哄乖，也叫"乖哄"。

这娃娃我是光哄不住啦，快你来哇！

5450. 弥笼——安抚，哄，笼络；或服侍、侍候。

她每天弥笼着个孙子，甚也顾不上了。

5451. 绕弯——用花言巧语哄骗人，绕着弯子蒙骗人。

尺八白纸糊风门，你长上巧嘴嘴绕弯人。

5452. 绕绕弯弯——故意兜圈子、绕弯子或拐弯抹角地说话。

你这绕绕弯弯的，说来说去就是不想出钱哇？

5453. 远圈近套——比喻由远及近，循序渐进，有条不紊地说服人（含贬义）。

人家远圈近套这么一说，他就信以为真了。

5454. 搜楞缝缝儿——千方百计地搜寻各种毛病或理由（进行辩解）。

他就会搜楞缝缝儿地寻人的毛病。

那人可会搜楞缝缝儿地告诉了，尽他的理！

5455. 凳桥桥——闪烁其词或绕着圈子说话，不能直截了当，实话实说。

你也用不着凳桥桥，干干脆脆、直截了当说出来，也许对事情的解决更有好处。

他那个人实心眼儿，心里咋想就咋说，不会凳桥桥。

5456. 直是个说——一直说；没完没了地说。

一个不做声，一个直是个说，他们俩算是配对了。

5457. 尽得个说——没完没了地说；重复啰嗦地说。

他说上个甚尽得个说，我觉得人家听得有点烦了。

5458. 嘴磨碎道——不停地说，啰里啰嗦，使人厌烦。

他那个人就爱嘴磨碎道地说，时间长了，人们都烦他。

5459. 捎言带语——故意在言语中流露对他人的不满，或讽刺、贬低别人。

他就爱背后捎言带语的，正经对上人家的面，他也不敢。

5460. 詀（zhan）言振语——有话不直说，话中有话或话里话外地指责、数落人；旁敲侧击地讽刺、贬低别人。（詀，zhan，多言；戏谑）

他那又不知道詀言振语地说谁了。

5461. 掐短——揭短，攻击别人的短处或揭发别人的隐私。

打人不打脸，骂人不掐短。

5462. 搅嘴——胡搅蛮缠，尖酸刻薄。

那人可搅嘴了，这事跟他根本商议不倒。

5463. 顶牙嗑嘴——强行辩解或反驳，甚至顶撞（贬义，多用于青少年）。

这娃娃算是惯坏了，顶牙嗑嘴的，谁的话也不听。

5464. 咬牙并巴——形容情绪激动，咬着牙齿说话的样子。

他说起那事就咬牙并巴的，还是气不过。

5465. 戗茬鼓动——态度生硬，自以为是，强势干预。

你一进来就戗茬鼓动的，这事跟你有什么关系？这儿有你说话的份儿吗？

5466. 大名小字——指晚辈直呼长辈的名字。

你娃娃儿家出去见了大人们不能大名小字地乱叫，那样没有礼貌，也显得没有教养。

5467. 言和语顺——说话和气，入情入理。

你不能发脾气，只要言和语顺地跟他说，他还是能听进话圪了。

5468. 虚张活叨——说话夸张，虚张声势。

看你，一有点甚事就虚张活叨的，一点儿也撑不住。

5469. 拍手扬脚（jia）——说话得意、放肆，毫无约束之态。

他们俩连说带笑，拍手扬脚，过路人都回过头来看他们。

5470. 点头仰（yàng）脑——描述有人说话时爱随意点头，有讽其虚情假意、夸张或故作姿态的意思。

那个人，看表面哇一说话点头扬脑的，好像挺有礼貌，实际性格可灰了。

5471. 水嘴卜来——说话喷沫。

一见面，他就水嘴卜来地跟我说上个没完。

5472. 嘴不连利——表达不清。

你别看他嘴不连利，还爱告诉个话。

5473. 二各半嘴——吐字不真的人。

他那个二各半嘴，可爱告诉了。

5474. 结嗑——说话结巴。

又拐又瞎又结嗑，十三省，难踅摸。（十三省：明代，全国除直属京师的南北两直隶外，共分十三省。后用以代指全国）

5475. 唵麻子——比喻说话极其随便。

那个人，灰说就像唵麻子了。

5476. 嘴牢——不乱传话，能为他人保守秘密。

那后生嘴牢、沉稳，能靠得住。

5477. 嘴硬——话硬。

5478. 低三下四——说话谦卑，似惧怕或有求于人的神情态度。

为了孩子，他不得不低三下四地去求乞人家。

5479. 低声下气——说话谦卑，声低语和，态度恭顺。

看他跟人家低声下气的那个样儿，我心里特别难受。

5480. 低牙下气——语气谦卑，有求于人；说下情话央求别人。

我还不想低牙下气地给人说好话了。

5481. 圪瞪下气——说话谦卑，似惧怕或有求于人的神情态度。

5482. 话赶话——两人你一句我一句接着、赶着说话，常指在激烈的争执中口不择言，说了不该说的话。

他们俩都是话赶话，说得急了，所

以才说出了不该说的话。

5483. 挨情至理——叙情、说理，慢慢与人沟通。

你要挨情至理地慢慢劝说他，不要一咋些儿就呛人。

5484. 咋长竟短——如此这般地叙述事情的来龙去脉或原委、道理。

他往当头正面这么一坐，咋长竟短这么一说，大伙儿就全都明白了，再也不瞎圪吵了。

5485. 戳畔畔儿——说话不从正面直接点明，而是从侧面或外围提醒或间接地说明（畔，变音为ban）。

你先戳畔畔儿提一提，看看人家的态度再说。

5486. 红口白牙——亲口说的、承诺的。

你当初红口白牙承许下，咋能不认账呢？

5487. 大口麻牙——当着别人的面郑重地说或承诺。

你既然大口麻牙地跟娃娃们答应下了，花多少钱你也得给买。

5488. 大气儿不吭——比喻人连一句话也不敢说。

准是他做得没理了，叫人家骂了这大气，他也大气儿不吭。

5489. 黄黑不说——什么也不说（就行动）。

他扔下一捆钱，黄黑不说，扭头就走。

他黄黑不说，上来就打。

5490. 二话不说——一句话也没说；一句不同意的话也没有。

那家伙一见他们三个都来了，二话不说，掉头就跑。

这个事，你要是同意，我二话不说。

5491. 二话没说——什么也没说，没有多说一句，表示痛快答应或同意等态度。

他一听，二话没说，拿起笔来就签了字。

5492. 奸言诈语——说话刻薄，爱占上风。

那人跟谁也奸言诈语的，哪能为下个人了！

5493. 跩（zhuai）文测字——说话爱用书面语和文言词，卖弄口才辞藻，显示有学问。含讥讽意。

一说话就跩文测字的，他以为自己了不起，别人都说他是神经病。

5494. 随口答话——顺口随便应答，并没有认真思考。

很明显，人家那也是个随口答话，你还当真了？

5495. 呥（ran）——说话啰嗦重复，条理不清；也指用话纠缠人。

那个女人说话呥、呥地，翻了半天也不知道她想咋了。

你们先上车哇，他叫那几个人呥住了，一下出不来。

5496. 脔（luán）圪蛋——嘴里含着块状或较坚硬的食物嚼来嚼去的样子，比喻胡说，瞎说。（脔：小块儿肉，这里当动词用）

老牛吃山药——脔圪蛋。（瞎说一气）

第四十二节 语气声音

5497. 张八盖九——说话放肆喧嚷。

他一喝上点酒就张八盖九的说上个没完没了。

5498. 吱吗黑七——大声吵嚷。

你听，吱吗黑七的，又吵起来了。

5499. 哇儿吱呐喊——声音尖怪，乱喊乱叫。

你们几个哇儿吱呐喊的，还让不让人睡觉了？

5500. 吱吱哇哇——象声词，形容乱喊乱叫的声音。

这几个娃娃一晌午吱吱哇哇的，吵得人连个晌也歇不成。

5501. 吱哇溜天——人的尖叫声。

他把她打得吱哇溜天地直叫。

5502. 吱溜天哇——人乱喊乱叫的声音。

你们几个不要在这儿吱溜天哇的叫唡，到别处玩儿去！（唡：叫呼。）

5503. 叽叽嘎嘎——象声词。描摹笑声。

你们几个叽叽嘎嘎地笑甚了？

5504. 叽叽呱呱——象声词。描摹笑声。

你们不要叽叽呱呱地笑了，都安静点儿！

5505. 呱呱艳艳——象声词。描摹笑声。

那笑声，呱呱艳艳的，真难听！

5506. 乌朗吵带——人的大哭之声。

他把自己关在家里，乌朗吵带地哭个不停。

5507. 哄嘈哄嘈——形容嘈杂的声音；很多人在一起的乱哄哄的吵闹声。

这会儿街上攒的人可多了，哄嘈哄嘈的，不知道又有甚事了。

5508. 号——大哭。

那个娃娃一晚上没完没了地号，真烦人。

5509. 喐声哇嗓——形容人大喊大叫或号喐大哭；大声讲话或歌唱。

他们两口子咋也又打架了来，听见他媳妇儿喐声哇嗓地又哭又骂，还是和他闹争了。

她每天淘声哇嗓地教孩子们唱歌。

5510. 尖麻只喇——说话或吵嚷时，声音尖怪刺耳。

他那个人一说话就尖麻只喇的，声音越发难听。

5511. 尖只喇喇儿——说话或叫喊的声音尖锐刺耳。

那孩子突然尖只喇喇儿地喊了一声，把他妈吓了一跳。

5512. 鲜溜怪扎——人因受刺激或惊吓而发出的又尖又怪的声音。

这么个东西就把你们吓得鲜溜怪扎的？

5513. 入脑子——形容声音刺耳或异味扑鼻，使人难受。

5514. 鲜惊十怪——少见多怪，大惊小怪，因受刺激或惊吓而发出怪叫声。

她第一次在厨房看见蟑螂，鲜惊十怪地跑出来，脸都吓白了。

看你鲜惊十怪的，真没见过个大！

5515. 瞎瞎抓抓（别字）——形容人因为受到惊吓或别的刺激而突然大声哭叫。多指女人、孩子。

娃娃定猛真儿瞎瞎抓抓的，你快去看看是咋了！

5516. 哑忽咙破嗓——声音沙哑。（忽咙：喉咙）

看你哑忽咙破嗓的，赶紧吃点药哇！

5517. 粗忽咙大嗓——忽咙：喉咙。形容嗓门大，说话声音高。

她虽然是个女人，可说话却是粗忽咙大嗓的。

5518. 高忽咙大嗓——说话嗓门大，声音高。

他人高马大，说话也是高忽咙大嗓的。

5519. 铜钟亮瓦——说话声音洪亮。

那后生说话铜钟亮瓦的，真有点男子汉的气概。

5520. 喊天震地——说话声音极高，态度粗硬。

你这喊天震地的，想叫谁怕你了？

5521. 的朗朗的——说话声音响亮、干脆。

这个娃娃说话的朗朗的，长大肯定有出息。

5522. 的啦啦的——说话口齿伶俐。

那个娃娃刚刚一岁半，说话就的啦啦的了。

5523. 粗声愣气——说话声音粗，闷声闷气。

那个人长得五大三粗，说起话来也是粗声愣气的。

5524. 喊断——大声喊叫或呵斥。

有话好好说，你这是喊断谁了？

5525. 高吆二喊——高声喊叫。

你在大街上高吆二喊什么？还怕人家都不知道了？

5526. 高吆二喝——高声喊叫，斥责人。

你在这儿高吆二喝的，又是在日杠谁了？

5527. 挣命——原意为"濒临死亡的挣扎"，引申为歇斯底里的嚷叫声（骂人话）。

嚷甚了，你挣命了？

5528. 细声压气——说话声音细嫩，娇滴滴的。

那个小女女，说起话来细声压气的。

5529. 老声压气——说话声音粗闷，不脆嫩。

他从年轻的时候说话就老声压气的。

5530. 切声切气——形容人因气愤或紧张而说不出话来。

她叫吓得切声切气的，脸一个刷白。

5531. 鬼声压气——说话情态诡异，声音低，生怕别人听见。

那两人鬼声压气的 ，准没有好事情。

5532. 嘘声淡气——说话语气低沉，长吁短叹，有故演悲怜之情态的嫌疑。

看你，一做点儿营生就嘘声淡气的，把你累得不行了。

5533. 七声二气——说话、唱歌或哭泣的声音怪异，或五音不全，忽高忽低，忽长忽短。

看你七声二气的，唱比哭还难听了！

5534. 高三声低两声——说话诡异，声音忽高忽低，或故意拿腔作调。

你听他那高三声低两声的，好像有多麽神秘了！

5535. 慢言沓语——说话语速较慢，慢条斯理。

那个人说话慢言沓语的，可有点儿勾头了。

5536. 急嘴呵咧——爱说话，语速又快。

那娃娃急嘴呵咧的可爱告诉了。

5537. 风响快——比喻速度快。(贬义)

他那个嘴，兜没的风响快。

5538. 勿流打裂——描述外地人、外国人说话，语速快，一点儿也听不懂。

那个人勿流打裂地跟他说了半天，他一句也没有听懂。

5539. 勿溜勿啦——象声词。形容听不懂的说话声。

那两个外国人勿溜勿啦的，咱们一句也听不懂。

5540. 丢丢咴咴——话多而又咬字不清。

他那人就那样，说话丢丢咴咴的，你听惯了就好啦。

5541. 嘀嘀咴咴——没完没了地叨叨。

你这人嘀嘀咴咴的，有完没完了？

5542. 不断声——声音不间断，不间断地（说或唱）。

走走坐坐不断声唱，人家说我是二梦堂。

5543. 死声漾气——难听的哭声。

不要哭了！死声漾气的，真难听！

5544. 苦咽咽——凄苦的说话声，哭泣声或凄苦的唱腔调韵。

眼见妹妹上了轿，苦咽咽唱了声爬山调。

5545. 怪声怪气——形容声音、语调、唱腔等滑稽或古怪难听。

你不要唱了，怪声怪气的，吓着人呀！

5546. 嗾（sòu）——在唆使狗扑咬的时候，嘴里发出的声音。(《说解字文》曰：“嗾，使犬声。”就是说人在指使狗时嘴里发出“嗾”的声音）

嗾、嗾，咬大舅，大舅穿的个烂棉裤。

嗾上憨狗子咬狼。

5547. 哝声苦气——形容人说话带有哭声的样子。

这个娃娃哝声苦气的，究竟是谁欺负你了来？

5548. 圪哝——小声嘀咕，说话声音低且含混不清。(哝 nong，变音为 neng：小声说话）

看你说话圪哝圪哝的，谁知道你说甚了。

5549. 圪嘀圪哝——小声嘀咕，说话声音低且含混不清，有不太愿意或不情愿的意思。

那人就那圪嘀圪哝的，多会儿也没有个痛快话。

5550. 圪嘟——自言自语，且有抱怨的意思。

你在那儿圪嘟甚了，有意见就摆在桌面上说！

5551. 囔嘟——连续不断地、含混地自言自语， 含有怪怨的意思。

你又在囔嘟谁了？谁招你了来？

5552. 囔囔嘟嘟——不断地、含混地自言自语的样子，且有抱怨的意思。

你囔囔嘟嘟地说谁了？

5553. 嘟念——自言自语或低声嘟囔、念叨。

你一个人在那儿嘟念甚了？

5554. 齉（nang）鼻齉声——鼻子不通气或说话鼻音重。

他感冒了，说话齉鼻齉声的。

5555. 齉声齉气——形容人说话鼻音重。

你说话咋了齉声齉气的，是不是感冒了？

5556. 忽囔——小声叨咕，发音模糊；说话吐字不清。

你在那儿忽囔甚了？要说就高高儿地说！

他进来忽囔了几句，谁也没有听清楚他说了一气甚。

5557. 忽忽囔囔——形容人说话吐字不清。

他忽忽囔囔地说了半天，我也没听清楚他说甚了。

5558. 咿咿讱讱（rèn）——说话声音不响亮，不干脆，犹犹豫豫，迟迟疑疑。

你不用跟他商量，他那种人咿咿讱讱的，大小事都没有个总主意。

5559. 圪韧（rěn）——说话声音小且模糊，别人听不清。

你刚才圪韧了个甚？

5560. 圪韧苦恼——说话声音小且模糊，有委屈，不痛快或不满的意思。

他圪韧苦恼的，看来不让去不行。

5561. 圪声苦恼——说话声音低，不干脆，不痛快。

你这圪声苦恼的，要是不同意，也说个痛快话。

5562. 圪嘀圪讱（rèn）——说话不痛快，态度不情愿。

你这个人圪嘀圪讱的，究竟想去不想去，痛快点儿！

5563. 圪嚓——小声耳语。

你们俩在那儿悄悄圪嚓甚了？

5564. 忽喃——喃喃低语，不停地唠叨。

不打你，不骂你，就怕二板嘴忽喃你。

5565. 哑呜静悄——大家都不说话，静悄悄的。

会议室里哑呜静悄，大伙儿光是坐在那儿抽烟，没有一个发表意见的。

5566. 聒（guo）——噪音刺激听觉，即声音高而惊扰人。（《广韵》聒：声扰）

你们低声点儿哇，把娃娃聒醒来呀！

5567. 聒（guo）嘈——声音高响、嘈杂，使人厌烦。

这几个孩子，把我聒嘈得一晌午也没睡着。

5568. 响动——动作发出的响声。

第四十三节 吵嚷责骂

5569. 嚷架——吵架。

没红脸来没嚷架，你咋来来把妹妹耽闪下？

5570. 打吵子——互相争吵、斗嘴。

5571. 吼——喊叫；呼唤。

把他吼回来吃饭。

5572. 吼喊——乱喊叫；放声唱。

你给咱们吼喊两嗓子哇。

5573. 吼叫——高声喊叫或呼唤。

你不要在这儿瞎吼叫了，他早就回了家了。

5574. 吆咟（huo）——高声喊；高声叫某人。（咟：叫呼。）

他站在街上吆咟了几声，买菜的女人们就都出来了。

二子，你妈吆咟你了，咋也是叫你回去吃饭了。

5575. 叫咟（huo）——人喊叫，乱吼；高声争吵或吵架。（咟：叫呼。）

你们几个不要在这儿叫咟，影响人家午休！

就因为一点小事，他们俩叫咟上没完没了。

5576. 直嚎聊叫——高声嚎叫。

5577. 喝栏——以较为恶劣的语气、态度，侧面责怪、数叨别人，甚至指桑骂槐。（喝：大声喊叫）

不知道她又在那儿喝栏谁了。

5578. 喝啦——以较为恶劣的语气、态度数叨别人。（喝：大声喊叫）

他又被她喝啦了一顿，气得脸都白了。

5579. 伤喝（ha）——出言不逊，以较为恶劣的语气、态度呵斥人。

有话好好说，不要这样伤喝人！

5580. 伤搭——出言不逊，以较为恶劣的语气、态度呵斥人。

你不要一毛躁了就伤搭人家媳妇儿，人家对你够好的了，不要不知足！

5581. 呵儿咄（duo）儿——以较为恶劣的语气、态度喊骂、呵斥人。

他那人性格暴躁，把娃娃们呵儿咄儿得都呆了。

5582. 哼咄（duo）——以较为恶劣的语气、态度喊骂、呵斥人。

你不要哼咄他，让他慢慢想一想。

5583. 呛——用强硬的话反驳、顶撞、训斥、责备别人。

他让人家呛了一顿，也悄悄儿的了。

5584. 顶呛——用强硬的话反驳、顶撞长辈或上级。

他让儿子顶呛了几句，气得嘴唇发抖。

5585. 呛噗——讽刺、挖苦或训斥。

他就爱呛噗别人。

5586. 戗哈哈儿——态度强势，言语不随和。（戗 qiang，逆，反方向）

他一说话就戗哈哈儿的，谁能受得了！

5587. 哩烂——语无伦次，喋喋不休，说个不停。

事情已经说清楚了，你还哩烂甚了？

5588. 哩哩烂烂——语无伦次，喋喋

不休，说个不停。

这么点儿小事，你经古哩哩烂烂的，有完没完啦？

5589. 敦（dun）——原意为将物体重重地往下猛放，引申为责骂、呵斥。

今天，她又来说长道短，叫老李敦了她几句，才灰溜溜地走了。

5590. 杵（chu）——严厉地批评，训斥；呵斥人。（杵，用长形的东西戳）

他叫人家领导杵了一顿。

5591. 杵（chu）呛——呛白，训斥。

他爱杵呛人，经常得罪人。

5592. 杵（chu）落（luò）——数落。

他又叫他爸杵落了一顿，老实多了。

5593. 数落（luò）——列举过失而怪怨或责备。

这次确实是他没理，让人家数落了个没说的。

5594. 数话——列举过失而怪怨、指责。

他叫众人数话得脸都红了。

5595. 数算——列举叙述；列举过失进行指责、数落。

你要想不起来，我给你数算数算。

他做下没理的啦，叫人家数算了个没做声。

5596. 操磨——抓住别人的过失或错误予以斥责、数落。

他把墙垒歪了，叫工长操磨了一气，还让他返工。

5597. 裁指——列举过失而责备、数落。

你大裁指你几句也都是为你好。

5598. 日杠——列举过失而怪怨、数落、责骂。

你在这儿高吆二喝的，又是在日杠谁了？

5599. 日嘶——以粗暴言语高声叫骂。

他又叫他大日嘶了一顿。

5600. 骂嘶——以粗暴言语责骂人。

孩子大了，你这样经常骂嘶他，也不是个办法。

5601. 糙嘶——以粗暴下流的言语责骂人。

那个工头每天站在那儿糙嘶人。

5602. 擂砍——责骂或打。

他叫他妈擂砍了一顿，他一句也不敢还言。

5603. 哼五喝六——呵斥人。

第四十四节 手部动作

5604. 掇(duo)——用手托、端、举。

他把孩子掇在头顶上哄着。

5605. 挖咬咬（niǎo）——用手指在皮肤上轻轻地抓、挠，以止痒，即“挠痒痒”。

他让孩子给他在背上挖咬咬。

5606. 扭——用手指夹住皮肉使劲转动。

他在孩子的小脸蛋儿上扭了一下，把孩子扭哭了。

5607. 掬（ju）——两手捧起。也作量词，“一掬”。

他蹲下去，从地里掬起一掬湿土。

5608. 綪(qìng)——用手卡脖子。

凶手綪住她的脖子，她的脸顿时憋得通红。

5609. 厾——用指头儿、棍棒等轻击轻点。

你真是属蛤蟆的，厾一下动一下。

5610. 拏（na）——手指手掌一起用力紧握。

拏铁如泥。

他紧紧拏住对方手腕，又一用力，就把对方的胳膊拧在了背后。

5611. 攥(zuàn)——拧（衣服类）；用手挤压，使水分排出。

你把洗过的衣裳都攥干。

你得把那白菜水攥尽。

5612. 紟（jin）——系（jì）；系结。

紟牢裤带，别牢烟袋，进门的时候低倒头，操心碰烂脑袋。

5613. 圪捏（nia）——捏，攥。

他手里圪捏着两块钱，在肉铺子前头转了一大气也没舍得花。

5614. 捋——用手整理胡须、头发等。

她不停地捋着自己的辫梢，一句话也不说。

5615. 冒（别字）——扔或向远处投掷。

你走的时候顺便把垃圾袋冒出去。

5616. 撂（man）——扔，投；丢弃。

这对鞋不能穿了，撂了哇。

5617. 撂砍——随意放置、乱扔。

你又把我的眼镜给撂砍在那圪啦？

5618. 悠——挥动手臂甩东西或抛掷。

你把一串钥匙给悠到哪儿去了？

5619. 飞——用作动词。急速地抛扔、投掷。

飞手榴弹 /飞石子儿 /飞坷垃

5620. 坎——放；扔；丢。

你就把锹坎在这儿哇，一会儿我要用。

5621. 尔——丢，扔下，撂下。

他那年死了，尔下两个娃娃。

他走得着急，尔下一串钥匙忘了拿了。

5622. 尔生——分别多日而生疏。

他们常年在外打工，把娃娃尔给爷爷奶奶，回来都不认识他们了，尔生了。

南云上来上东云，越走越远越尔生。

5623. 探——以手够物；以手取物。

你把立柜顶上的那个档案袋给咱们探下来。

5624. 探不上——够不着；拿不到。

太高了，你探不上，得踩个凳子。

5625. 手闪——打人时出手快。

人家那个娃娃手闪，他还没来及伸手，就被打哭了。

5626. 填——把较短的或碎小的东西塞进嘴里或某物体中。

往嘴里填了一块儿糖。

他抽出一根烟，不想吃，又填进烟盒里了。

5627. 填擩（rū）——塞；放（在不易发现的地方）。

你刚才收拾衣裳，把我的背心填擩在哪儿啦？

你快把那耍的东西填擩了哇，你妈回来看见骂你呀！

5628. 洗——擤，即按住鼻孔用力出气，使鼻涕排出。

紟（jin）牢裤带，别牢烟袋，洗尽脓带，进门时低到头，操心碰烂脑袋。（紟：系结）

5629. 净手——洗手；婉辞，排泄大小便；也指使手中空（没有剩余的钱）。

好汉不花净手钱。

5630. 绮（qi 别字）——旧指用线装订。

他裁了一张纸，给儿子绮了一个本儿。

5631. 撧——折；折断。

撧树枝儿。撧糖菜叶子。

5632. 缺（别字）——折断。

你把那些干树枝都缺断，缺得短些好烧。

5633. 逐（别字）——塞，填。

瓮里的面逐得瓷瓷的。

5634. 盘——对砌炉子、锅台和火炕这种劳动的称呼。

盘炉子。盘炕。盘锅头。

5635. 给给——给予；换做，换成（某人）。

你们把东西给给她，我看她咋办。

他对你的态度太狂了，给给我，吓死他也不敢这样。

5636. 额你——给你。表示给某人东西。

5637. 阿你——给你。表示给某人东西。

5638. 寄——藏匿。

你把东西寄在哪儿了？快拿出来。

5639. 别(biě)——把东西插在物体上。

紟（jin）牢裤带，别牢烟袋，进门的时候低倒头，操心碰烂脑袋。（紟：系结）

5640. 别起——卷起。

别起袖子。

5641. 别掖起——别起；插或掖。

你赶紧把裤腿子别掖起，准备过河。

5642. 摸摸捞捞——用手轻轻抚摸的样子。

他一看到孙子就摸摸捞捞的，总要给几个零花钱。

5643. 没摸捞——无法找到，无踪影或无法控制。

哥哥你好似金翅鹏，一翅翅飞起没摸捞。

5644. 没捉把——没有牵制或把控的办法。

你对他没捉把不行，起码得把身份证扣下。

5645. 揣——①轻轻地捉、摸。

我揣见孩子手心发热，是不是又积食了？

②藏物于怀，其本字应为“搋”，搋（chuai），怀物也。

怀揣不如袖褪，袖褪不如手拿。（褪 tun：把手或物品藏在袖子里）

5646. 怀揣袖褪（tun）——在衣服里和袖筒里藏东西。

5647. 揣摸——用手轻轻抚摸（人或物体）。

你揣摸甚了，身上又没有钱了哇？

5648. 摸摸揣揣——用手不停地来回抚摸，表示亲昵。

她对她那个孙子可亲了，时常摸摸揣揣的，连句重话也舍不得说。

5649. 捏揣——用手从外部捏、摸里面的东西。

你不用瞎捏揣了，我那口袋里装的都是玉米棒子，不信你就解开看看！

5650. 骨拉——刮取；收拾剩余的东西。

你用锹把那些泥都骨拉在一起哇。

他把瓮底的面也都骨拉完了。

5651. 扑捞——刨；扒。

你把那儿的山药都扑捞在这儿来。

5652. 卜烂——搅拌。

你把这些玉茭子和麸子加点水卜烂在一起，端出去倒给猪。

5653. 和（huò）搅——搅和，即混合，掺杂。

你把黑豆和玉茭子和搅在一起喂牛。

5654. 拨拉——横竖拨动，拨动物体使其到一定地方，也叫“卜拉”。

难道各人（自己）的胡子也不由各人拨拉啦？

这种菜熟得快，拨拉两下就可以出锅了。

你把桌子上的那盒儿烟给咱们拨拉过来。

5655. 拃（zhǎ）——张开大拇指和中指（或无名指）来量东西（动词）。

你拃一拃那个桌面儿，看大致有多宽。

5656. 搭——钩，挂。

他两手往墙上一搭，翻身就上去了。

把衣裳搭在树上。

5657. 捯——用手抓、摸；临时借钱周转。

这次轮你先捯牌。

不捯油葫芦油不了手。（油葫芦：打油的工具）

你跟众人家捯上几千块钱，先让娃娃去报名。

5658. 圪捯（dáo）——不停地乱抓、乱动、乱摸。

你不要圪捯那些烂泥啦，把衣服都弄脏了。

那孩子一见小狗就想圪捯，差点儿让狗把手咬住。

5659. 捯（dáo）握——随意抓、拿、动；临时借钱。

你不要捯握这些东西，弄乱了还得重摆。

我得向你捯握几千块钱，下个月发了工资就能还上。

5660. 捯（dáo）手——把东西从一个人手上转到另一个人手上（多指货物买卖）。

那些金子，他一捯手就赚了几万块。

5661. 背抄手——双手放在背后交叉握着。

背抄手进鸡窝——不捡一颗蛋（不简单）。

5662. 揞（an）——以手蔽物；手覆

物为揞。也指用手把药粉或其他粉末敷在伤口上。

揞住眼睛 /揞住耳朵

快在伤口上揞些消炎粉哇。

5663. 摁（èn）——用手或手指按。

那张画儿又跌起来了，你再摁上个图钉哇。

5664. 恩（ěn）——用肘、膝或其他硬物顶，顶住自己或他人身体；硌，触着凸起的东西觉得不舒服或受到损伤。

他用抽屉恩住自己的肚子，头上直冒汗。

他的腰让桌棱子恩了一下。

5665. 擩（rù）——①塞；插。（把较长的东西放进或塞进某物体中。）

活人眼里擩指头儿

再往灶火里擩把柴火。

猫道里头擩擀杖——直来直去。

②（手脚）伸，伸展。

你把手擩出来。

铺前襟，盖后襟，两只脚擩在袖圪筒。

5666. 擩（rǔ）手——①动手；伸手。

你也擩手做点儿营生哇。

②插手；参与。

这个事你最好不要擩手，看你带害的。

5667. 圪擩（rū）——手冻的伸不直。

我的手冻得圪擩的不行，你替我点一点钱哇。

5668. 手梢梢儿不擩——一点儿也不伸手，指不干活儿，不爱劳动。

大家都在忙，你手梢梢儿不擩，就等的吃便宜（bian yi）饭呀？

5669. 箍（gu）——强迫；胁迫；逼迫或被事情所逼。

毛驴拉车上坡坡，事情箍住没耐何。

人家骑马我骑虎，命不值钱没人箍。

山野草地路难寻，人不箍人事箍人。

5670. 箍迫——胁迫；逼迫；强行凑在一起。

人强心强命不强，箍迫下的夫妻不久长。

5671. 箍扎——强行束绑；强制。

他们俩性格不合，箍扎在一起也是麻烦。

5672. 箍掂——强迫。

他要是不愿意，你再咋也箍掂不住他。

5673. 砸箍——箍制，坑害；致人死地。

黄河万丈有底子，财主砸箍人没底子。

5674. 砸喋——害；坑害；暗算。

这次，他可叫砸喋灰了，差点把命搭进去。

5675. 滴（dī）溜——东西吊在那里。

你们房檐底下滴溜的些甚东西了？

屁股上滴溜的个死耗子——假装打牲的了。

5676. 提溜——用手提东西。

他左手提留着两瓶酒，右手提留着二斤肉。

5677. 舁——共同抬东西。《说文解字》：“舁，共举也”。

两个人舁着一桶水。

5678. 失脱——失手，因手没有把握住或没有留意，而使东西从手中溜脱。

他一不留神失脱了，把碗摔碎了。

5679. 撒脱——失手，因手没有把握住或没有留意，而使东西从手中溜脱。

你小心点，操心撒脱打住自己的哇！

5680. 撒脱手——失手，因手没有把握住或没有留意，而使东西从手中溜脱。

他不是故意的，是不小心撒脱手了。

5681. 忽拉（là）——随意涂抹或潦草写字。

你不要瞎忽拉，要写就工工整整地写。

5682. 满——恭谨地、有礼貌地倒（酒或茶水）。

单手手满茶双手手递，咋惹下哥哥咋勨（yang）济。（勨济：给已经生气的人说好话及解释、让步、许诺等，以劝慰其恢复正常情绪）

5683. 圪掖——把东西夹进或塞进（夹缝或衣袋里）。

他把五块钱圪掖在书里了。

我忘了把头巾圪掖在哪了。

5684. 打动——动；挪动，搬动。

让油慢慢凉的哇，不要打动。

5685. 拗（ǎo）——使弯曲；使断、折。

他把锹把也给拗断了。

5686. 拗（ào）——①把棍棒或刀、锥等的一头插入缝中或孔中，用来扳（或压）另一头。

拗石头　/拗门

②比喻使用手段，把在某个位置的人推下去，取而代之；或出更高的价位，把别人的买卖抢过来。

他那个官儿，没有一点儿靠山，后来硬是叫人家给拗了。

那个车，本来咱们就已经搞好价格了，就是因为没有交定钱，让别人给高价拗走了。

5687. 舞玩——胡乱挥舞、比划或玩弄。

你不要舞玩那个刀子啦，割着人呀！

5688. 抓握——①乱拿乱动。

这花生是上席的，你不要乱抓握。

②抓挠、撕扯（打架）。

两人先是吵架，后来就抓握起来了。

5689. 拍（pia）打——轻轻地拍打（人或物）。

她把娃娃拍打得睡着了。

5690. 拉引——引进；引领、带领。

哥哥吃烟妹点火，你走东西拉引上我。

5691. 拉拔——①辛勤抚养。

她总算把几个娃娃都拉拔大了。

②引进或提携。

他是靠谁拉拔起来的？

5692. 掴（guo）打——用手或其他东西拍打身上的土或灰尘。。

你进门前把身上的土掴打掴打。

5693. 寻（xing）——索取；要，借。

咱们这些钱还不够，你回家再跟你妈寻上五十块哇。

5694. 寻（xing）见——寻找到；捡到。

你寻见你的那本书了没有？

我在外面寻见一根钢笔，你们谁丢啦？

5695. 拾——捡。

5696. 拾见——捡到。

我在马路边，拾见一分钱，给给警察叔叔了。

5697. 晾活——使透风或见风。

把柜子里的衣裳拿出去晾活晾活。

5698. 筛——敲，打（锣）。

筛起锣来没有猴，穷就穷在没有牛。

5699. 等——量长度或把两种东西放在一起比较长短。

你等一等两块儿布哪个宽？

5700. 等当——比划；招架。

那个人有多高，你给咱们等当一下。

这么大的事情，我一个人可等当不张来，你得帮帮我。

5701. 嫠（lí）——用刀慢慢地划。

活柳木上削皮小刀嫠，什么人留下个活分离。

5702. 圪嫠（lí）——用刀轻轻划。

你用刀刀先把皮圪嫠开点儿再掰。

拿上笨镰刀割莜麦（mia），圪嫠得哥哥心难活（hua）。

5703. 攮（nang）——用刀猛刺；推，意近“搡”。

他让几个人把钱也抢走了，还被人家在大腿上攮了一刀子。

推不前攮不后。

5704. 揙——抽住；绊住。

他们用几根绳子拴住牛腿，几个人一揪，就把牛揙倒了。

5705. 揙——打皱褶；使皱褶（揪）。

看你乱滚的，把床单都揙起来了。

他揙起裤腿让人们看伤疤。

5706. 摆调——操纵；玩弄；制造麻烦，叫别人不得清闲。

三溜溜玻璃两溜溜明，硬拿心眼儿摆调人。

给你做下面片儿，你要吃莜面，给你做下莜面了，你又说是香了拌汤了，你这是故意摆调人了哇！

5707. 团玩——玩弄。

你把我的手套团玩在哪圪了？

5708. 团弄——反复摆弄；摆布，笼络。

那几个人都听他的，他团弄那几个人，就像团弄泥圪蛋蛋一样随手。

5709. 搓磨——蹂躏、折磨（人）或受折磨、挫折。

一斗糜子推五升，公婆搓磨得活不成。

这几年，他受的搓磨不少，一点棱角也没有了，哪还有甚脾气！

5710. 揉搓——搓弄物品；也比喻蹂躏人，折磨、欺负人。

这几年他叫揉搓得连脾气也没有了。

5711. 圪搓——搓，两个手掌相对或一个手掌按在别的东西上擦揉。

他手里圪搓着一把麻子，一吹，把自己的眼睛背了。

5712. 务摆——用心致力地摆弄或做。

他每天上午都要务摆那些菜地。

你就务摆你的学习哇，家里的营生不用你管。

5713. 搁架——放置；安置。

媳妇当了家，这婆婆可往哪儿搁架呀！

5714. 搁过——搁置一旁；抛开。

长相好赖全搁过，哥哥你不是正路货。

5715. 摆拉——摆放；陈列。

你今天摆拉下这么多菜，是不是要请人呢？

5716. 绾（wan）——系结，把长条形的东西盘绕起来打成结。

你在那个绳子头儿上绾个死疙瘩。

5717. 圪罗——简单地绾住或拴住。

你把那垛干草再用绳子圪罗住点儿，不要叫这大风给刮跑了。

5718. 解繟（chàn）——解开绾着的东西；也指将郁结在心中的疙瘩解开。（繟：本指宽松的丝带，用作动词，使宽松）

头疼脑热拔火罐，相思病还得你自解纆。

5719. 撒搭（sā da）——（当着别人的面）摔搭或用力抛放东西以发泄不满情绪。

你这是撒搭谁了？

5720. 挦（xian）——扯，拔，撕。

挦鸡毛（拔鸡毛）。

两个女人打架，互相挦住头发，谁也不放。

5721. 撅（jue）——撅，断物也。也作"撧"。

你把毛线线从那儿撅断哇。

二岁马驹驹撅断绳，你走我在揪生魂。

5722. 撕撅（jue）——撕开或解开；撕打。

这一团乱麻根本就撕撅不开。

他们俩骂着骂着就互相撕撅开了。

5723. 颠调（diào）——调换；重新调配安排，使合于新的情况。

能不能把我们俩的营生给颠调颠调，我们俩都愿意。

这牛老了，咱们商量的颠调一下哇。

5724. 调搭——调换；替换，轮换。

她衣裳多，每天调搭地穿也穿不完。

5725. 掂搭——掂量，即用手托着东西上下晃动来估量轻重。

你掂搭掂搭，这块儿肉够几斤？

5726. 夹拉带推——连拉带推；拉的拉，推的推。

大家夹拉带推，总算把他弄出去了。

5727. 遇——碰。

捉鳖不在水深浅，只要遇到手跟前。

5728. 动弹（tan）——动。

拉起笸箩斗动弹。

5729. 磕——碰；撞击。

棍磕棍，硬磕硬，碰在一达儿遭人命。

5730. 摸——脱；摘。"摸帽子"即"摘帽子"。

谜语：一个老汉一条腿，摸了帽子大张嘴。（谜底：豆芽）

5731. 托扶——手向下向旁边撑着、扶着。

他的一条腿软得不听使唤，他只能托扶着炕沿挪几步。

5732. 搊（chou）——扶或从一侧、从下面托起，向前推、提；用手揪。

不要打，不要打，毛驴跌倒搊尾巴。

他到地边搊了几个麦穗。

5733. 扶搊（chòu）——搀扶起来；往上推，向上提；扶助。

王老汉摔倒了，自己爬不起来，有两个后生过来才把他扶搊起来。

你们俩帮我把这麻袋麦子往车上扶搊一下。

他那时不惜人力财力，硬是把侄儿子的光景扶搊起来了。

5734. 忽摆手——招手，招呼人过来。

5735. 忽抖——抖物件或物体抖动。

第四十五节 腿脚动作

5736. 坷(kē)——去，到……去。

你坷哪圪呀？

5737. 坷（kì）——去，到……去。

你等着，我坷你们家找你。

5738. 戳（chuo 变音为 cua）——站的贬称，呆板地站立。

你木头桩子呀似的，戳在那儿做甚了？

5739. 蹀（diè）——跺、踏；用力往下顿足。

他生气了，把玩具车蹀了个稀巴烂。

5740. 蹉（cuo）——踩、踏；用脚拖踏。

你把脚底的泥好好蹉净了再回家。

5741. 蹉板捏圆——用脚踩扁，又用手捏圆。也用来比喻随意蹂躏、欺侮。

头等吃烟有烟有火，二等吃烟有烟没火，三等吃烟有火没烟，四等吃烟蹉板捏圆。（指捡烟头吃）

这几年，你把人家蹉板捏圆，欺负得够苦的！

5742. 蹉脱（cuo tua）——①走的超过目的地。

蹉脱这村，再没有这店。

②错过（时机）。

蹉脱这个机会，就再也没有这样的好事了。

5743. 实拉——用鞋底搓拉或刮地上的碎物；脚着地磨、蹭。

你把那土往平实拉一下，再往瓷实踩一踩。

你看这孩子的腿多长，坐在车子后面脚都实拉住地了。

5744. 捯（dáo）对——走路时上身左右摇晃的样子。

他就是走开有点捯对，别的什么毛病也没有。

5745. 圪挪——①因为身体虚弱或腿脚不便而艰难移动身体或挪动脚步。

他向前圪挪了几步，就疼得直冒汗。

②常人稍微移动身体。

你稍微往那儿圪挪圪挪，让他也坐下哇！

5746. 挪窝儿——挪地方；动。

5747. 圪行（xìng）——慢慢地动起来；慢慢走。

他养伤躺了一个多月，这几天算是圪行起来了。

5748. 圪拃（zhǎ）——小脚老太小心翼翼走路的样子。

啊呀，这么远，您咋一个人圪拃张来了？万一摔倒咋办呀？

5749. 圪蹅（cha）——步履艰难或行走不稳；鞋底擦地慢行的样子。

他的腿好多了，能下地圪蹅了。

5750. 圪跩（zhuai）——因身体肥胖不灵活，走路摇晃。（跩：走路摇摇摆摆的样子）

他手里还提着两包东西，一圪跩一圪跩地走过来了。

5751. 圪扭——扭动；摇摆。

你老也老了，快嫑瞎圪扭了，连点儿样儿也没。

5752. 圪撵——凸出或挺起（胸、腹）。

她圪撵着个大肚子走来了。

5753. 打能能——踮起脚跟用脚尖站着。

他个子矮，只有打能能才能探上。

5754. 踢飞脚——用脚向空中踢。

5755. 放八叉——把腿向左右两侧撑开。

5756. 和软——指人的腰部和四肢柔软，有韧性。

他又踢飞脚，又放八叉，身体可和软了。

5757. 相跟——两人或几个人一起走，并且相互作伴、照应。

你拿上镰刀我背上绳，不为割草为相跟。

5758. 相跟上——相互跟随，一起走。

咱们相跟上去吧，怕你一个人不行。

一对大雁相跟上飞，忘了我娘忘不了你。

5759. 跟带——跟；跟随。

这一辈子跟带上他把罪都受遍了。

5760. 圪攒（cuan）——众人聚集在一起。

你们都圪攒在这儿做甚了？

5761. 圪围——围坐。

一歇下，我们就都圪围住打扑克。

5762. 跋起来——爬起来；拔腿。

孩子摔倒了自己跋起来，没哭一声。

他生了点气，跋起来走了再没回来。

5763. 步遍（说成 biǎn）——步行。

我们那个时候连个自行车也没有，每次回家都是步遍。

5764. 步量——步行；用步量长度或面积。

你给咱们步量一下，看这块儿地够不够五亩。

5765. 骑黄土骡子——比喻走土路，步行。

我是骑黄土骡子来的。

5766. 圪褪（tùn）——藏在衣袖里；往后退。

你把手圪褪在袖子里，可冷点儿。

一遇事你就往后头圪褪，哪像个男人样儿！

5767. 倒褪（tùn）——倒着走；往后退。

你不要再往后倒褪了，后面有水。

5768. 颠儿——跑，小跑；逃跑。

留下一家老小不管，他一个人跋起来颠儿了。

5769. 颠跶——跑；连跑带跳。

黑地半夜的，咱们这是颠跶在甚地方了？

5770. 夹跑带颠——连跑带颠跶。

他高兴得夹跑带颠，他要尽早把这个好消息告诉妈妈。

5771. 连跑带颠跶——不停地跑。

他连跑带颠跶，总算没有迟到。

5772. 丢开——撒腿。

他吓得丢开就跑。

5773. 疾（别字）——跳。

那条河也就是个五六尺宽，我一下就疾过去了。

5774. 逛（gàng 别字）——跑，奔跑，逃跑。

他刚才还在这儿，一会儿就逛得没影儿了。

5775. 断（别字）——追赶，驱赶。

铡草繟（chàn）腰子，饮马打哨子，凉房断耗子。（打哨子：吹口哨）

三一回瞧你你不在，你哥哥和你嫂嫂腌白菜，手提切刀断出来。

5776. 蹍（nian）——追赶，驱赶；追逐，追寻。（蹍：追赶。也作“撵”）

你把他们都蹍走！

哥哥放羊蹍草坡，戴上翻山镜也瞭不见我。

5777. 蹍（nian）断——追赶；驱赶。

不要蹍断它们，就让在那儿吃草哇。

5778. 挖奔子——急速奔跑或人与人赛跑。

锄地的时候，一歇下，后生们就在地里挖奔子。

5779. 抹奔子——急速奔跑或人与人赛跑。

那几个年轻人比谁跑得快，就都到涩地里去抹奔子。

狼见了抹奔子，鬼见了转村子。

5780. 夫奔子——急速奔跑或人与人赛跑。

圪桃虫夫奔子——硙硙（wei）不动。

5781. 寻（xīn）——寻找；拿。

你快点给我寻一把锹，我得跟他们一起去。

5782. 寻（xīn）揣——相互寻找，往一起凑合。

他们几个每年一到农闲的时候就寻揣在一块儿耍钱。

5783. 巴——攀爬。

巴墙上树。

“行者笑道：‘陛下说的是巴山转岭步行之话。我老孙不瞒你说，似这三千里路，斟酒在锺不冷，就打个往回。’”（《西游记》第七十四回，“巴山”者，攀爬山也）

5784. 巴山架梁——指山路难行。

5785. 骗——翻身上马。（《集韵》曰：“騗，跃而乘马也，或书作骗。”）

他骗上马，一鞭子就跑得没影儿了。

5786. 骗腿——抬腿跨越或跃上。

那么高的墙，他一骗腿就跳过去了。

5787. 骗涩地——穿越翻过的田地。

他们找不见路，干脆就骗涩地进了村子。

5788. 插荒——径直从荒地行走。

爬山过梁插荒滩，来也难来走也难。

5789. 搿跤——摔跤。

他们俩每天一到休息的时候就搿跤，谁也不服谁。

5790. 搿跌——摔跤。

那两个小孩儿也在那儿玩搿跌。

5791. 坎跌——摔跤。

他坎跌可厉害了，全村没他的对手。

5792. 卜拦脚——绊子。

我没小心，叫他一个卜拦脚就搿倒了。

5793. 打卜拦脚——摔跤时给人使绊子。

我打了个卜拦脚，就把他摔了个仰面朝天。

5794. 搿倒——把别人摔倒。

我没小心，叫他一个卜拦脚就搿倒了。

5795. 坎倒——把别人摔倒。

三局两胜，他被坎倒了两回，输了。

5796. 跌倒——躺下；睡下。

炕小先跌倒，饭少先吃饱，打架往后褪（tun），狗咬往前跑。

5797. 蹡倒——自己向前摔倒。

他喝得多了，一出门就蹡倒了。

5798. 蹡了个马趴——自己向前摔倒，趴在地上。

那娃娃被根棍子一绊，蹡了个马趴。

5799. 光倒——滑倒。

那儿尽是冰，操心光倒的哇。（操心：小心）

5800. 出溜——迅速滑行。

他让我们俩拉着，在冰上出溜着走。

5801. 打出溜溜——先助跑，然后在冰面上滑行。

一到冬天，孩子们成群结伙地在冰上打出溜溜。

5802. 打忽擦儿——先助跑，然后在冰面上滑行。

那年，他打忽擦儿把腿跌断了。

5803. 𡊢溜——从上面滑落。

你不要跳，要慢慢儿坐着往下𡊢溜。

5804. 圪蹴——普通话中说的“蹲”。

谜语：一个鹰一个鷂，一个圪蹴一个跳。（打一农活儿。谜底：铡草）

5805. 霸叉——两腿横向分开。

他两腿霸叉，两手叉腰，气势汹汹地站在当路。

5806. 霸叉拉西——两腿横向分开的不雅站姿或走路姿势。

5807. 圪并——两腿或胳膊并拢。

你把两腿圪并住点儿。

5808. 圪夹——用两腿或胳膊夹东西；也指被夹在中间，两难。

圪夹上鞭子一溜山坡走，放羊受的牛马苦。

向着谁说也不好，把他圪夹在当中儿挺为难。

5809. 后撤——主意动摇，因而办事不主动、不靠前，能拖就拖或已经有不再继续的打算。

他看见势色不对，就有点后撤了，再后来，他就找理由退出了。

5810. 撤后——往后退。

到了这一步，你撤后也不行，得主动寻求解决的办法。

5811. 撤远——躲开，躲远，疏远。

他知道了真相，就和他们慢慢地撤远了。

5812. 起开——喝令别人从此处走开，表示不太客气的祈使语气；有“让开”、“躲开”、“离开”等意思。

你们都起开，赶紧让我们先进去！

起开，离我远点儿！

咱们赶紧起开这儿哇，围的人多了反倒不好。

5813. 起转——同“起开”。

快起转哇，这事儿我干了大半辈子了，还用你指拨？

5814. 夹壁儿发财——到别的地方去，指一个人认为另一个人比较碍事，喝令其走开；也比喻令人另谋高就，含讽刺意味。（夹壁儿，隔壁）

夹壁儿发财哇，这儿不是你待的地方。

5815. 泡——①滚。

他从山上泡下来了。

②滚蛋；走开。

你快泡远哇，别在这儿捣乱了。

5816. 泡开——滚开；走开。

你快泡开哇，尽说的点儿外码子话。

5817. 跑不行——跑不动。

三十里明沙二十里水，想眊亲亲跑不行那腿。

5818. 碰搭——碰到；遇上。

这是手头家具，你碰搭住就买上哇。

5819. 放空趟——白跑一趟。

你一定要和人家定好，咱们好几个车可不能放空趟。

5820. 溜（lǐu）脱——溜走。

没有盯死，让那个小偷又溜脱了。

5821. 踩盘子——指土匪或小偷探察作案对象或场所的行为。

看来，那几个家伙是来踩盘子的。

5822. 占——占据。

这个空是我占下的！

你真是狗占八堆屎！

5823. 占揽——占据，包揽。

你占揽下那么多地，一个人能种过来了？

5824. 圪晃——无事可做，不务正业，到处浪荡。

你圪晃了一天又一天，真不像个事。

5825. 忽绕——缠，绕；随意走动或走来走去。

那根细绳绳有用，不要乱扔，你把它忽绕在一根短棍棍上。

你不要在我跟前瞎忽绕了，忽绕得我还头昏了！

5826. 打磨儿踅(xué)——来回走动，犹豫不定，踌躇徘徊。(踅：折回；旋转)

我在外面打了几个磨儿踅，还是没敢进去。

5827. 督踅（xué）——有目的地在某处不停地来回走动。

他在人家大门外头督踅了半天，就是不敢进去。

5828. 扑——来；到；去。多指无目的的行动。

好好在家呆着，不要众四圪儿瞎扑！

天天扑在村口口迎，羊出坡瞭到上了灯。

5829. 扑死——盲目、冒险地去危险的地方或不该去的地方；找死。

你来这儿扑死来了？

5830. 扑刀子——比喻盲目、冒险地去险地。

你这么晚了还不回家，扑刀子了？

5831. 扑枪子儿——比喻盲目、冒险地去险地。

你到处瞎跑甚了，扑枪子儿了？

5832. 赶死——用于骂人，意即赶着去寻死；也指临死前赶着去做某事或去某地。

你这么着急地做甚圪呀，赶死圪呀！

5833. 漫得宽——走的地方多，接触面宽。

那个人漫得宽，见得人也多。

5834. 转玩——蹓达。

你到地里转玩转玩，或许能找到他。

5835. 压马路——城里人在街上散步。

5836. 出来进圪——出来进去的时候。

天气冷，你们出来进圪甚不甚把门关好。

5837. 暂来暂往——形容在某处停留的时间短暂。

他倒是经常来这儿，不过都是暂来暂往，打当天就回去了。

5838. 折回来——返回来。折，折返。

你要是没有走远，就赶紧折回来哇，家里来客人了。

5839. 圪撩——抬起或翘起来。

你把腿圪撩起来，我把下面扫一扫。

5840. 趿(tā)拉——穿鞋不抽后跟，把鞋后帮踩在脚后跟下。

憨吃人的东西愣花人的钱，圪托儿在亲家家里过大年，天阴下雨趿拉别人的鞋。

歪戴帽子趿拉鞋，想当老财没那个钱。

第四十六节 身体行为

5841. 揎(xuan)——用身体或手推。

肩对肩，面对面，四只手儿捉两边，两对花鞋颠倒颠，大姐姐撑，二妹妹揎……（《打秋千》通过这段载歌载舞、绘声绘色的演唱，把两个角色打秋千的行动完全演活了）

5842. 扛——用肩膀或身体向上、向前用力顶、挡、推。

扛门。

那辆车卡住了，大家一起过来扛一把。

5843. 脑（nǎo）——用肩膀扛或用手臂举起。

想妹妹想得着了慌，锄地脑了个饸饹床。

大家把手里的牌子都脑起来，右手在上，左手在下，两臂要向前伸直……

5844. 发力——用力，出力。

父子俩拉车——个别人不发力。

墙号儿的柱子——暗地儿发力。

5845. 逮——捕物。

他到院子里逮了一只大公鸡，杀了给我们炖的吃。

5846. 逮住——捉住；抓住。

独立队进了村，好比凶神上了身，追得后生杳无踪，逮住老汉填枯井。

5847. 卜楞——使劲儿挣或乱蹦乱跳、乱踢乱动。

不要瞎卜楞了，听停儿坐上一阵儿哇！

5848. 卜楞弹震——乱蹦乱跳、乱踢乱动。

这个娃娃，卜楞弹震的，一点儿也不听话。

5849. 卜捩（lie）——使劲儿挣或捩动身体。捩：扭动，转动。

他一卜捩摔开妈妈，拔腿就跑。

5850. 打滚不捩（lie）——因为疼痛而挣扎，身体来回滚动。捩：扭动，转动。

他肚子疼得打滚不捩的，赶紧送医院哇！

5851. 骨拢——人或物体滚动。

山坡上骨拢下来一块儿大石头。

5852. 搭捞——捞取。

他利用职权，没少搭捞油水。

5853. 捞摸——指捞油水、捞外快等行为。

他那官儿是花了大价钱买下的，他当官儿为甚？不捞摸行吗？

5854. 搭挂——联系，联系起来。

你得把这个事情搭挂住，不要打脱。

5855. 幪（méng）——覆盖头部，或从上面幪盖物品。

把头幪住点儿。

用棉袄把那豆芽盆幪住，叫快点儿出芽。

5856. 翳（yǐ）——遮蔽，障蔽；用身体或物品遮挡。

蒸上莜面盖住锅，因推翳烟筒瞭哥哥。

5857. 搭照——照料，照顾，关照。

放心哇，这个事情我给你搭照的哇，一有消息，就给你打电话。

你给我搭照一下行李，我去上个厕所。

5858. 眊——看望。

三十里的明沙二十里的水，五十里的路上来眊你，半个月眊了你十五回，就因为眊你跑成一个罗圈腿。

5859. 打眊——探望；关注。

好久不见了，我来打眊打眊你。

这个事情，你得勤打眊的些儿，不要误了。

5860. 眊眺——关注、打探。

5861. 眊瞭——看望、照料。

你姑姑上岁数了，你要经常去眊瞭她。

5862. 劳探——到较远的地方探望。

你弟弟大老远地来劳探你，你怎么这样对待他？

5863. 使唤——使用；用。

我借你们家的毛驴使唤一下。

那后生的脑子可好使唤了。

5864. 认不得——不认识。

咱二人唱曲儿头一回，你认不得我来我认不得你。

5865. 背调过——背过脸。

他背调过掏出钱数好了，才转身交给我。

5866. 猫倒腰——弯倒腰。（猫：变音为mu音，猫腰，即弯腰）

那个门门不高，你得猫倒腰才能进去。

5867. 展腰——伸腰；直起腰。

让我在炕上躺一会儿，展展腰。

他锄地锄一会儿就得展腰，还没有锻炼出来。

5868. 挛(luan)——做，干（贬义）。

你每天在这儿挛甚了？

5869. 日挛(luan)——做，干(贬义)。

摆下这么多瓶瓶罐罐，你这是日挛甚了？

5870. 挛（luan）头子——瞎闹，胡来或不认真地做营生、做事（贬义词）。

你不要在那儿挛头子了，赶快过来做营生哇！

5871. 倒——把东西从这里挪到那里。

你们把这摞砖头倒在那儿，这儿要稳根基。

5872. 倒腾——把东西从这里挪到那里，腾出地方。

你把那个房子里的东西都倒腾出去，再清扫一下。

5873. 倒地方——挪地方；换地方。

5874. 倒车——换车；换乘。x

5875. 圪都——堆放。

墙根底圪都的点儿面面炭。

5876. 圪堆——

①堆积（动）：

把这些炭面儿都圪堆起来。

②堆儿。

一出大门朝南瞭，粪圪堆认成个龙王庙。

5877. 吃劲儿——至关重要的，关键要紧的（人或对事情有妨害的话）。

听说这次来了几个吃劲儿人，看来问题还有可能解决。

他那人是哪壶不开提哪壶，哪句吃劲儿说哪句。

5878. 忽抽——①抽泣，不停地哭泣的样子。

不要忽抽了，有甚哭头了？

②动作随便，不认真；不停地乱动。

你这就是个瞎忽抽，根本不是锻炼身体。

③因病而肢体颤抖。

他得了一次脑梗，那条腿忽抽得不能走路了。

5879. 忽失——身体不停地上下动弹。

他走路身子一忽失一忽失的。

5880. 忽游——物体摇摆，来回荡；也比喻人拿不定主意。

他身子忽游了一下就跌倒了。

他当时忽游得拿不定主意，结果让别人买走了。

5881. 七搅——打扰，干扰，或搅和（huò）事情。

这事跟你没有关系，你就不要再来七搅了。

5882. 搅插——搅扰，干涉，从中搅和。

人家两俩人情投意合，你就不要再搅插了。

5883. 毛腻——打扰。

你又来毛腻我，还有完没完了？

5884. 调（diào）蛋——故意捣乱或对着干。

5885. 作反——搅扰；捣乱；胡闹。

这几个娃娃，一上午把个家给作反得乱七八糟。

5886. 扎腾——闹腾。

他不懂行，瞎扎腾了半天，甚也没干成。

5887. 垫背——代人受过。

那人挺讲义气，哪怕给朋友做垫背，他也二话不说。

5888. 变卦——原来答应的又反悔。

咱们说得好好的事情，你怎么能变卦呢？

5889. 坐蜡——对以前允诺的事后悔而不承认。

听你这话音，你是不是想坐蜡了？

5890. 屙脓坐蜡——比喻人反悔。

看你男人家屙脓坐蜡的，你就不怕人笑话？

5891. 拉稀——反悔。

那个人说了不算，算了不说，就爱拉稀。

5892. 屙脓拉圪蛋——使用无赖手段反悔、抵赖。

咱们丑话说在前头，你要是再敢屙脓拉圪蛋的，我可绝不会轻饶你！

5893. 拉圪蛋——比喻闯祸或遭殃。

这是在部队，你不能瞎胡闹，看拉圪蛋的！

5894. 出糊糊——本指制作糊状食品，转喻出乱子，闹出麻烦事。

谁出下的糊糊谁喝，谁死了埋谁！

5895. 拉软钩——比喻人在争执中自觉理亏而认输服软。

他已经拉软钩了，你就不要得理不饶人了。

5896. 下软蛋——比喻退缩或服软。

最后，他还是给老婆下了软蛋。

5897. 耍把戏——本指表演魔术，转喻耍花招骗人。

实话实说哇，在我面前，你就不要再耍把戏了。

5898. 试当——尝试；试着看看。

好，你自己来试当一下，看行不行。

5899. 试当试当——试一试；试试看。

不要站在那儿说，你亲自来试当试当。

5900. 小试——试一试。

你再敢指着骂我一句，我就打烂你脑袋，有胆量你小试小试！

5901. 作乱——起哄；胡闹，捣乱，

制造麻烦。

你再敢作乱，小心我揍你！

5902. 虱戳——设法哄走，打发；设法送走或脱手。

你快想法子把那个家伙儿虱戳上去哇。

他们把孩子虱戳到姥姥家，他们两口子每天耍麻将。

进了一车西瓜，好赖虱戳不出去了。

5903. 戳发——找借口（把人）轰走，打发走；减价出售（货物）。（戳 chuo，变音为 cua）

你给我把他戳发得越远越好。

快把那些积压品都戳发出圪哇。

5904. 闪探——已经让人实施某种行为，因情况有变，使愿望落空。

要不行，你也早说，把人家闪探来了，你又不干了，这叫什么事？

说好今天见面，结果他有急事一早就走了，闪探得我白跑了一趟。

5905. 耽闪——耽误；耽搁。

他把我耽闪在这儿了，他不管了。

没红脸来没嚷架，你咋来来把妹妹耽闪下？

5906. 闪——甩下；丢下。

刮了清风刮黄风，你把哥哥闪下一个人。

5907. 违误——磨蹭；行动迟缓，拖延（时间）。

赶紧动身哇，不要经古违误了！

5908. 鬼误——磨蹭；无谓的拖延；延误。

赶紧送医院哇，不要在这儿瞎鬼误时间了！

5909. 勾扯——牵扯；招引。

你想干一个人干，不要勾扯外人。说你自己，不要勾扯别人的事。

5910. 戳娄子——闯祸，惹祸，捅娄子引起纠纷。

你这尽是给咱们戳娄子了。

5911. 搬拐——大小祸事。

这个搬拐可不小，又得赔几十万元。

5912. 戳搬拐——闯祸，肇事。

你除了在外面戳搬拐，还有甚本事？

5913. 戳天拐——闯了人命关天的大祸。

你可不敢这样，这是戳天拐了。

5914. 筹架——筹集钱、物。

赶月底，还得再筹架几万块钱。

5915. 搭麻麻架——搭人梯。

墙太高，他们几个只好搭麻麻架上去。

5916. 赫溜——在物体上或车上扒住。

你好好儿赫溜住，看掉下来的！

5917. 张洛（lua）——张罗、张办，即筹划，料理；安排，准备。

他们今年想张洛地盖房了，料也都备好了。

你回去张洛晌午饭哇，这点儿营生我们做哇。

5918. 张闹——张办。

办事宴得请一个代东的给你张闹。

5919. 铺排——布置，安排。

今天铺排下的营生太多，看来做不完了。

5920. 安顿——安排。

你把今天的工作安顿好就马上来开会。

5921. 码工——完工；结束。

今年还不错，一码工就把工钱要上了。

5922. 收盘儿——处理善后工作。

你们都走哇，我们两个最后收盘儿。

5923. 卜来——摇，摆（头或手）。

他看见我，就赶紧卜来手，所以我扭身就走。

5924. 打照面——见个面；对面相见。

5925. 眼打对面——当面，面对面的状态。

5926. 张把——超出（范围）。

羊伴子打羊张把啦，打住前头的羊倌儿啦！

5927. 闪脱——错过，走过头或没有碰上。

你说的那个商店已经闪脱了，要不咱们再返回去吧。

5928. 闪住——抓住一瞬间的机会，快速施行某种动作行为。

你得闪住往过跳。

5929. 闪空——踏空。

不小心一脚闪空，差点儿掉下去。

5930. 对——碰，碰到一起。

多少年不见的老同学，今圪儿都对在一起了。

唉，早就想请你了，就是对不在别人家。

5931. 碰搭——碰住，碰机会。

你再碰搭住便宜的二手车，给我也买一挂。

5932. 对搭——对机会，碰机会。

你跟他对搭住了好好解释解释这件事。

5933. 圪对——慢慢地有意识地找机会；慢慢地对付。

咱们几个圪对这么一回不容易，今天得好好儿喝一顿！

锁子不好开，得圪对圪对。

5934. 碰巧——无意中引发某件事。

我和他去一个工地，碰巧那个人就在那儿领工，他们俩一见面就打起来了。

5935. 对犯头——对机会，对坎儿，或无意中引发某件不好的事。

甚事也是个对犯头，可好那天遇上人家巡警了，不要哇，他也没事。

5936. 夹带——夹杂，二者之间又夹着别人。

咱二人有意自成家，再不要中间夹带人。

5937. 挨擦——靠近，挨住；依偎，用感觉器官摩擦。

你们俩挨擦住点儿，我给你们照个相。

5938. 挨挨擦擦——两人挨得很近，关系亲密的样子。

那娃娃一进门就挨挨擦擦地坐在爷爷旁边，一会儿又搂住了他爷爷的脖子。

5939. 日下股头——闯下乱子。

水涨船高浪头大，日下股头妹担当。

5940. 生擒活剥——原指擒住动物活剥皮。用来形容强拉着别人做某事。

我本来不想来，让他们几个生擒活剥地给弄上车了。

5941. 拢掇——精心抚养。

现在的年轻人，拢掇上一个孩子，真是当宝贝呢。

5942. 趁哄——起哄；趁势参与起哄；随大流参与某种行动。

你不要跟别人趁哄上闹，这件事你不能参与！

5943. 一趁哄——随大流参与某种行动。

他们几个都是一趁哄，要买甚都买甚，结果，尽买下点儿没用的东西。

5944. 欺腻——故意找麻烦搅扰他人。

5945. 披摊——随意乱放，毫无条理。

看你把衣服披摊得满家都是。

5946. 卜腾——①在水里用手脚打水，乱动。

他那是瞎卜腾了，根本就不会游泳。

②人或动物乱动、扎腾、践踏。

看你们俩把个家卜腾下个甚样儿了？

你们家的牛把人家的麦地给卜腾得甚也不像个甚啦。

5947. 挎——过去特指带上自己所爱的女人私奔。

你做你的鞋（变音为hai），我买我的马，单等桃杏花开了挎你哇。

5948. 打摞（luo）——打发；送。

骑红马来打红伞，把我打摞在孤魂滩。

5949. 等都（dú）——等待时机。

我那麦子还没有卖，想等都地卖个好价钱。

5950. 温——使暖和。

你们回来温一温哇，外头冻坏呀！

5951. 温炕——提前铺开被褥，使其温暖，准备睡觉。

一到冬天，人们都得提前温炕，不然，被褥凉得不能睡觉。

5952. 跌地——掉在地上。

你好好看住了，操心娃娃跌地的！

5953. 赫拉——眼睛微睁或门、窗之类拉开（一条缝隙）。

他赫拉开眼睛看了一下，又闭上了。

你把门赫拉开点儿哇，家里太热了。

5954. 牙门——把门拉开一条小缝。

头九，二九，冻烂碓（duì）臼；三九，四九，牙门叫狗。

5955. 搬——接。

怀胎五月五，我想我老母；套上二骡骡车，去搬我老母。

5956. 圪推——推脱。

耍圪推啦，你就把这个担子担起来哇，我们都觉得你是最佳人选。

5957. 打尖——旅途中歇息饮食。

吃米不如吃面，打尖不如住店。

5958. 住夜——住宿过夜。

牛牛车不卸大门外站，不叫住夜吃上一顿饭。

5959. 号房——提前约定要使用的房子。

5960. 歇凉凉——在阴凉地儿休息。

大树底下歇凉凉，水仙花插在牛粪上。

5961. 腰截（jia）——半道截走。

我买了一个西瓜，让他们几个半路上腰截住给吃了。

5962. 截脱——间隔，隔开，隔断。

刚才我说那个事说得截脱了。

青霉素截脱一天就不能打了，还得搞皮试。

5963. 霸住——占住。

栽红柳霸住河楞地，咱为朋友要正气。

5964. 撺掇（cuan duo）——张罗或从旁极力帮衬、促成其事；怂恿，鼓动。

众人撺掇得把丧事办完了。

人死鬼撺掇。

本来不想去，叫他一撺掇也去啦。

5965. 攒忙——有事互助，帮人干活儿。

他人缘儿好，那年盖房，全村的人都来给攒忙。

5966. 促忙——帮倒忙。

人家是攒忙了，你是促忙了，快躲开哇！

5967. 攒促（cù）——人多，聚在一起（促使事情变坏）。

你说甜他说咸，他们俩的事就让众人攒促灰了。

办了个事宴，把老太太攒促得病倒了。

5968. 圪缩（suo）——没伸开，蜷曲；或伸开了又收回去。

刚刚露出个头，一吓唬，又圪缩回圪了。

膀肩一圪缩，就像挨了一掴刷。（掴 guo 刷：用手打脸或用手背打脸）

5969. 挪对——尽量调整、对付以寻找时机或使合适。

麻烦你给挪对挪对，尽量把他们俩安排在一个班里。

5970. 搂摸——用不正当的手段获取；偷偷拿摸。

那个家伙手不贵气，可爱搂摸人家别人的东西了。

5971. 搂搂摸摸——设法把不该属于自己的东西拿回家。

那人当了几年干部，搂搂摸摸的，可多把集体的东西拿回他们家了。

5972. 圈——关；关押。

百灵灵圈在笼里头，有翅有腿不自由。

他被公安局圈起来了。

5973. 陆（qū）——猎人利用山谷等有利地形围猎野兽。也指围困人或动物，把被追击对象围堵在房子、院子、死角等处，使其没有回旋余地。

众人硬是把那口猪陆在圈里才逮住。

5974. 陆（qū）死了——指人或动物被围困，一点活动余地也没有；也指逼使活动范围缩小，受到限制。

警察们把一个凶犯陆在一个无人居住的破屋里，凶犯觉得自己被陆死了，无法突围，才乖乖地投降。

5975. 调（tiao）引——调教。

二岁岁马驹驹好调引，只要哥哥你心眼儿正。

5976. 吃烟——抽烟，吸烟。

想妹妹想得迷了窍，吃烟含住个烟锅锅，哎哟！差点把哥哥嘴烧了（liao）。

5977. 圪熏——指抽烟。

快过来歇一歇圪熏上一锅烟再做哇。

5978. 熏烟——抽烟。

他们俩又坐在那儿熏烟了，呛死了。

5979. 对火——吸烟时借别人燃着的烟点燃自己的烟。

5980. 磕烟袋——把烟锅向较硬处磕碰，使其中的烟灰掉出来。

脾气不好性体赖，头上不叫磕烟袋（性体：性情）

5981. 打嚏喷——打喷嚏。

5982. 屙紧——急需大便的感觉。

5983. 解手——排泄大小便。

5984. 尿紧——尿意紧迫。

娃娃尿紧了憋不住，尿在裤子里了。

5985. 尿尿——撒尿。

5986. 忽颠——晃动，颤动；颠簸。

车上拉了一桶水，路上忽颠的洒了多半桶。

5987. 丢丑——当众出丑。

他就爱上台表演、露脸，就是不怕丢丑。

第四十七节 行为评价

5988. 麻煞（shà）——动作迅速、敏捷。

那后生真麻煞，那么高的树，噌噌几下就上去了。

5989. 滑煞（shà）——四肢敏捷，动作快。

他越发滑煞，打篮球满场飞，谁也拦不住。

5990. 急溜——反应快，灵活、机敏、能干。

就让他去哇，那后生急溜了，保证误不了事。

5991. 急急溜溜——机灵能干；健壮灵活。

那后生做甚也是急急溜溜的，不愁娶个好媳妇儿。

他那个猪夜儿（昨天）还急急溜溜的，今儿就突然病倒了。

5992. 捉溜——反应灵敏，不呆板。

唉，人上岁数了，不捉溜了，还是叫人家年轻人去哇。

5993. 急跑溜逛——人年轻体健，精神活泼，腿脚好，到处奔跑活动。（逛，别字，跑）

那人年轻的时候也是那急跑溜逛的人，看现在，病得连路也走不动了。

他昨天还急跑溜逛的，怎么说病就病了！

5994. 激领——身体好，精神头好。

那娃娃这几天好像不如以前激领了，是不是有点儿感冒了？

5995. 麻利——动作迅速敏捷，做营生利索。

那媳妇儿做营生真麻利，一般人三个也顶不住人家。

5996. 爽利——心灵手巧。

那媳妇儿可爽利了，紀花儿绣燕儿，谁也比不了。

5997. 勤谨——勤劳，勤快。

跑腿的事就交给老四哇，那可勤谨了。

5998. 圪悠——行动缓慢，不着急。

快点儿走哇，再圪悠就误了火车了。

5999. 利豆沙壳——动作利落；事情办得利落妥当，没有纠葛。

6000. 了（liao）利——形容词，了结利落；动词，利利落落地处理或办理（某事）至于完结。

睡下青苗在地，醒来场户了利。

凭他的那点能力，根本了利不了这种工作。（动词）

6001. 圪遮——遮盖；隐瞒；说话有意避开实质性问题或真相。

你和他关系好，你不要圪遮地说了。

6002. 夹音——双方因为没有说清或没有听清而产生的误会；传话有误。

你先不要生气，我觉得这个话夹音的了，咱们还是坐在一起说知道破为好。

6003. 丢底跌帮——比喻说话或办事漏洞多、失误多。

你们不要让他去送亲，他那人丢底跌帮的，还不是个叫人家笑话。

6004. 丢底子——比喻暴露了某人、某事的内情、底细（如不足之处，矫饰，虚荣或坏事）。

6005. 敦老底子——比喻对某人，某事内情、底细（如不足之处，矫饰，虚荣或坏事）的暴露。

快少说一句哇，你这尽是给人家敦老底子了，叫人家知道，还不是个骂你？。

6006. 圪扭扭——扭动身子，扭捏作态。

穿上红鞋（变音为 hai）圪扭扭，妹妹给你个豁口口。

6007. 权架——干涉，管自己不该管的事。

人家家里的事，你权架的个甚？

6008. 权架起——强行参与、干预。

这个事跟你连一毛钱的关系也没有，你权架起，想咋了？

6009. 权牙圪捣——不自量、不自重，行为放肆，管的宽。

权牙圪捣的，谁的事也想管，你究竟算老几？

6010. 扑林斗虎——争着抢着。

那些后生们，都扑林斗虎的找支书，想当拖拉机司机。

6011. 扑得欢——扑得快。

这些东西根本没有你的份儿，你倒扑得欢！

6012. 扑台猛——比喻人做事莽撞。

6013. 戗了鼻子碰了牙——形容争抢十分激烈。

这金币都是内部发行，要是公开卖，那人们还不都得戗了鼻子碰了牙？

6014. 齐令喝号——人多势众，行动一致；人心齐，团结一致。。

他们那些本家弟兄团结得越发好，做甚也齐令喝号的，真叫人羡慕。

6015. 如流自水——形容干活儿的时候动作从容不迫。

这种营生不能急赶，如流自水地做，要保证质量才行。

6016. 正出正入——收支合理；比喻人作风正派。

我这账上都是正出正入，一点含糊也没有，你就放心哇。

谁都知道，那人是正出正入的好人。

6017. 正格理道——正当的；理所当然。

你外甥子娶媳妇儿，你去坐正席，那是正格理道的事情。

6018. 扑头盖脸——突然而来的、不问青红皂白的（责骂等）。

对上那么多人，她不问青红皂白，扑头盖脸就是一顿骂，咋叫人不反感呢？

6019. 剜墙攻窟——原指在墙上挖洞行窃。常常比喻人千方百计地寻找东西或寻找关系。

她买下些好吃的放得再暗埋，那两个孩子剜墙攻窟地总能找到。

6020. 烧滚擢出——滚：水烧开。指把水烧开后又舀出去晾凉。常用来比喻人重复做某事，并没有多大意义或价值。

这堵墙才垒起来不几天就又要拆倒重垒，烧滚擢出的，这做的叫甚营生了？

6021. 少皮没脸——不要脸皮、不知羞耻。

人活脸面树活皮，你少皮没脸甚东西。

6022. 没脸——没有脸面；不要脸。

他羞得没脸见人了。

那人真没脸，每天去别人家蹭饭。

6023. 扯破脸——撕破脸皮，无所顾忌。

她这会儿扯破脸了，甚也不怕了。

6024. 不夺己——不考虑自己是谁，不知趣，不自重，唯利是图。

不要怪众人数落你，应该怨你不夺己。

6025. 装洋蒜——装蒜；故意装糊涂或装出某种样子。

不要在众人面前装洋蒜，谁不知道个你！

6026. 装羊目呵儿——故作镇定，装得跟没事人一样。

你不要装羊目呵儿了，几个人都看见是你干的！

6027. 圪充——装作，不显山露水。

大家在外面已经吵明了，你还在这儿圪充甚了！

6028. 圪充半脑——装作无事或不知情的样子。

本来那个钱就给你多算了，你圪充半脑的，也不说一声，硬叫人家跟你找后账！

6029. 装咋——装样子、装孙子。

你也甭装咋，你的钱再多，我们也不会跟你分！

6030. 假装——冒充；假扮；不懂装懂。

狗戴帽子，你还假装好人了？

6031. 圪装——明白装糊涂，知道装不知道。

本来他早就知道这件事了，但就是圪装住不做声。

6032. 假充——假扮，冒充。

他们几个假充公安人员到处诈骗。

6033. 装傻充愣——假装呆傻。

那个人就爱装傻充愣，实际心里比谁都机迷。

6034. 装乜撒呆——假装呆痴或假装不懂。（乜 nie：痴呆貌）

你看他，一遇到花钱的事，就装乜撒呆的了。

6035. 捣包——故意做作或装出有病的样子，好让亲人关心照顾。

他一后晌还耍麻将，黑将来回家就说他病了，那又是捣包老板子了，想吃好的了。

6036. 捯（dáo）牵——故意装样儿或提出条件要挟，好让亲人关心照顾。

她一咋些就装病捯牵男人。

6037. 专心觅旮旯——钻急，四处钻营、无孔不入。

吃东西专心觅旮旯，做营生钻在瓮旮旯。

6038. 为嘴伤心——为了吃东西而招来烦恼或祸害。

因为一口吃，叫人家数数话话的，真是为嘴伤心，不值得。

6039. 大没样儿——指人不懂规矩，没有礼貌，行为野蛮，没有人样儿。

骆驼撒欢儿——大没样儿。

6040. 四大没样儿——本指“板凳上圪蹴，铺盖上坐，人前头放屁，大街上唱”这四种不文明的举动，常用来形容人行为野蛮，没有人样儿。

你年轻轻儿的，正在学做人了，你那四大没样儿的，就不怕人家笑话你？

6041. 出旋儿——人的行为出格或物体不同于一般。

也过于出旋儿了，头一回上门，一顿饭能吃十五个糕，怪不得人家笑话他。

6042. 出圈儿——人的行为出格，不合规矩或超出常规。

6043. 出辙——人的言行出格，越出

规则。辙:zhe 变音为 za，车辙，轨辙。

6044. 没敛耻——得寸进尺，没完没了，让人讨厌。

6045. 没敛耻家妈——“没敛耻”的妈妈，更让人讨厌。

刚刚给了你，又来要，一阵儿的工夫要了四五回，成了没敛耻家妈了。

6046. 没敛捯(dáo)耻——得寸进尺，没完没了，让人讨厌。

这娃娃没敛捯耻的，有完没完了？

6047. 重繁没敛——指某动作行为多次重复，没完没了。

就那一件事，他重繁没敛地说，大家都听得不耐烦了。

6048. 顽皮菜脸——顽皮可爱的样子；不知羞耻、顶着脸皮的样子。

那人顽皮菜脸的，就想占便宜。

6049. 跌皮——耍赖；使用无赖手段讹诈人。

他那又是跟你跌皮了，你趁早别跟他废话，那人不认理，就认捶头。

6050. 跌皮菜脸——厚着脸皮耍赖。

那家伙跌皮菜脸的，专门就讹诈人家外地人了。

6051. 死皮菜脸——厚着脸皮麻缠。

那家伙占不上香赢不行，死皮菜脸的没完，领导也没办法。

6052. 跌皮打胯——厚着脸皮耍赖。

他动不动就跌皮打胯地躺在地上讹人。

6053. 圪抗圪抗——有病不治，靠自身抵抗；拖着不办。

庄户人得了小病，圪抗圪抗也就过去了。

这个事咱们先圪抗圪抗再说。

6054. 山——一直生长在山区或农村，没见过世面，少见多怪的样子（贬义）。

看你山的，连这也没见过？

6055. 山老大——一直生长在山区或农村，没见过世面、少见多怪的人（贬义称呼）。

山老大进城，四七麻营（感觉乱七八糟，没有头绪）。

6056. 山汉——同“山老大”，一直生长在山区或农村的人。(对人的贬称)

6057. 发山——因为没有见过或不懂而作出错误的判断或大惊小怪；在众人面前说没见过世面的话或干没有常识、幼稚的事。

我头一回进城的时候，尽是发山了，甚也不懂，闹出好多笑话儿。

6058. 山里山气——指山村里的人没有见过大世面。含有轻蔑的色彩。

那老汉山里山气的，这还是第一次坐火车，甚也不懂。

6059. 大揽筐——原指用杨、柳条编制的大筐，比喻爱揽事，揽下事自己又管不过来或管不了的人。

6060. 草包虚大汉——表面壮实却没力气的人。

6061. 歹毒——狠毒，心狠手辣。

那个人不要看一见面就和你笑，心眼子可歹毒了。

6062. 说——论；讲论；讲究。

白面皮皮包红糖，不说人样儿说心肠。

6063. 全说——全凭；全靠；全仰仗。

哥哥不要太多心，西瓜全说肚里红。

办事宴全说个好代东的了。

6064. 全凭——全靠；完全凭借。

吃得饱歇得到，营生全凭阳婆落。

是匠不是匠，全凭个好捉杖。

第四十八节 人品评价

6065. 好好——品行端正，各方面都表现得很好的人（多指年轻而受人赏识的人）。

那后生是个好好，谁见谁夸。

6066. 是好——指人安守本分，有进取心，勤劳节俭。

那后生可是好了，勤恳实在，从不乱花一分钱。

6067. 强人——争强好胜之人。

他也是那种强人，栽了几个跟头了，还是不甘心。

6068. 人喜神爱——形容人很受别人喜爱。

那后生又和人又勤快，走到哪也是人喜神爱的。（和人：待人和善，平易近人）

6069. 眼睛珠子——原指瞳仁，也比喻被关注的人或物。

他是家里唯一的男孩儿，是他们家的眼睛珠子。

那是块儿头等地，是全村的眼睛珠子地。

6070. 开通——开明；通情达理。

老太太是个开通人，这个事她肯定会答应的。

6071. 直骨——正直，不贪，与人共事公道。

那人共事可直骨了，从来不占别人一点便宜。

6072. 值贵——人正直自尊或物品珍贵。

他那个人不值贵，就爱占点小便宜。

6073. 直捉——性格耿直，有骨气。

那个人一点儿也不直捉，你不能轻信他。

6074. 丢人背信——丢人现眼；丢脸，失去信义。

你这丢人背信的，做下些甚事啦！

6075. 损——造孽，损坏德行。

你可真损得苦了，大过年的，你怎么把人家的电线给铰断了呢？

6076. 损着了——造孽，遭到报应。

那家伙坑蒙拐骗的，这次让汽车把腿碰断了，人们都说他是损着了。

6077. 损德——办缺德事，损坏德行。

说话不费力，损的也是德。

那个家伙尽办的点儿损德事，迟早也要遭到报应的。

6078. 损德货——品行损坏德行的人。

那是个损德货，甚灰做甚，他根本不怕别人说长道短。

6079. 缺德货——没有德行的人。

这又是哪个缺德货干的？

6080. 积阴德——阴德：迷信指在阳间做的却可以在阴间记功的好事。指暗中做善事。

6081. 损阴葬德——造孽，办缺德事，形容人的不良品行损害了德望或阴德。

为人犯点错误难免，但是绝不能违法乱纪，损阴葬德。

6082. 散德货——办错事，说不该说的话，损坏自己名声和德行的人。

那也是个散德货，每天胡作非为，胡说八道，一点正经事也不做。

6083. 德性——原意为品性、品质。常用来指不入眼的模样、品行。含有轻蔑意。

就你那德性，连个媳妇儿也娶不下。

6084. 没德性——品性、品质很差；言行不合社会的准则规范，没有德行。

那人甚灰事也做，真是个没德性货。

6085. 鬼鬼溜溜——人不诚实，爱说谎或行为鬼鬼祟祟、偷偷摸摸的样子。

那后生鬼鬼溜溜的，尽做灰事了，迟早也戳拐呀。

6086. 手不贵气——指人不能自尊自贵，爱小偷小摸。

那个人手不贵气，你得防着他点儿。

6087. 没头——“没头货”或“没头鬼”的简称，即被砍了头的东西（指人，骂人话）。

婆婆没头公公灰，男人带点二球胚。

6088. 妨主货——惹人讨厌的“妨主”的人或某种动物。（妨主，一种迷信说法，指某人或某物会对人造成妨害或对人不吉利）

那家伙是个妨主货，馋吃懒做，胡作非为，已经没救了。

6089. 倒主货——于主人不利的动物或人。

那条牛，不下犊，没有奶，每年投钱不挣钱，真是个倒住货，或杀或卖，快处理了哇！

6090. 害货——危害他人的人。

好人不长寿，害货一千年。

6091. 初转人——迷信指第一次转生为人，转指不懂世理的人，含讥讽意。

6092. 没味货——不着调的人。

那人每天嬉皮笑脸，不分男女老少，跟谁也瞎开玩笑，真是个没味货。

6093. 把味圪蛋——影响味道的东西。常常用来比喻影响场面气氛与格调的没谱的人。

你真是那山药包饺子——把味圪蛋！

6094. 不成器——人之不成材、没出息、混得不成个样子。

眼看三十多岁的人了，还啃老，真是个不成器的东西！

6095. 没棱瓣——比喻人不成器，没志气，穷得什么也不讲究了，灰得不像样儿了。

种荞麦长出豌豆了——灰的没棱瓣了。

6096. 没调货——没有主意，不着调的人。

那是个没调货，光景过得一塌糊涂，有一个富余钱，也都输光了才舒服。

6097. 没方向——没主见，无定力，随风摆。

他不好好工作，家也不顾，就知道个玩麻将，真没方向。

6098. 没正经——在物质上不讲究，没有标准；随便，不严肃，不正派。

人老了就没正经了，穿什么都行，还看什么好。

那人不管做甚也是嬉皮笑脸的，没正经。

6099. 不正经——不自尊，不正派，行为轻浮。

那个人真不正经，就爱说些灰话，叫人家女人们谁见了谁骂。

心宽乐意唱几声，人家倒说咱不正经。

6100. 失砂撩艳——女子不安稳，轻浮放荡。

那个女人失砂撩艳的，恐怕终究也

跟他过不到头。

6101. 瞎枯眼——眼瞎了（贬斥人的话）；比喻认不准人，认不清事。

就在你脚底下，你瞎枯眼啦？

烩菜甚不甚捏上盐，为朋友就怕瞎枯眼。

6102. 枪崩猴——亲近的人骂经常惹是生非的人。

6103. 枪崩货——挨枪子儿的人。

6104. 挨刀货——被刀砍的人（挨ai变音为nai的音）。（骂人话）

6105. 挨（nai）刀鬼——该杀的人。

枪崩鬼公公挨刀鬼汉，吊死鬼婆婆门上站。

6106. 讨吃货——不成器，连自己也养活不了的人。（骂人话）

6107. 蔫儿货——性子慢，不爽快，做事不干脆不利索。（蔫 nian：原指植物失去水分而萎缩。比喻人精神不振，不活泼）

6108. 蔫儿圪蛋——性子慢，不活泼。

6109. 哈油砣——说话、办事经常出错儿而又毫不在乎的人。

6110. 哈货——“哈油砣”的简称。

6111. 砍货——做事没有分寸，粗鲁放肆，不计后果者的人。

6112. 砍得可深了——描述“砍货”言行的程度。

那个砍货，砍得可深了，你要跟他较劲儿，能把你气死！

6113. 二砍砍——砍货。

哥哥唱曲儿有点儿酸，人家说我是二砍砍。

6114. 要命鬼——摄魂夺魄的人（用于情人）。

对正梁上那是个谁，那是要命鬼二妹妹。

6115. 刺儿头——遇事刁难，不好对付的人。

6116. 硬才头儿——胆大，坚强，不屈不挠的人。

6117. 灰茬儿——不走正道、作恶的人。

6118. 奸头——奸猾；算计别人，久占香赢不吃亏，削尖了脑袋钻钱眼的人。

老实人干奸头看，懒汉盼吃大锅饭。

6119. 耍奸——巧取，占便宜。

他那个人就爱耍奸，谁也不想和他共事。

6120. 耍奸心——处理事情时不公平，自私，耍小聪明。

两头都是沾亲带故的，你在中间处理这个事，可不能耍奸心。

6121. 软奸——态度温和，但就是不卖力干活儿或就想占便宜。

6122. 软奸头——只要能占上便宜，不择手段，不顾脸面，别人说三道四，也从不发火的人。

6123. 死毛儿软奸——爱占便宜，别人说三道四，也从不发火。

那人死毛儿软奸的，谁也不想跟他共事。

6124. 老显头——爱出风头，爱显能卖怪、炫耀自己的人。

6125. 花头——说话、做事油滑不老实（滑头）。

6126. 一堵五——不会变通，不善沟通，爱说堵心话的人。

6127. 小二人——小人。

6128. 洋烟鬼——吸食鸦片的人。

6129. 洋坛——吸食鸦片成瘾的大烟鬼。

6130. 二洋坛——吸食鸦片成瘾的大烟鬼。

6131. 二打溜——做事不精干、不认真，混日子过的人。

山沟沟生我二打溜，哪搭搭红火往哪走。

6132. 二青灰——不求上进，不务正业，二流子。

江南湖燕儿往北飞，鲜桃花儿配了个二青灰。

6133. 灰人——品行不端，不好招惹的人。

6134. 灰皮——不务正业，不干好事的人。

6135. 灰爬——代指不争气、不求上进的人。

炉坑号儿的蛤蟆——灰爬。

6136. 游魂饿鬼——人犹如到处游走的饥饿的鬼魂。比喻人无所事事，到处闲游乱逛，企图不劳而获。

6137. 但求是——评价人或物不咋地，不行。

“你看这身衣裳怎么样？”

“但求是，就是价钱便宜些儿。”

6138. 废物点心——嘲笑能力差，窝囊、没用的人。

6139. 尿窝猪——窝囊无能，不敢出去打拼的人。

6140. 实圪筒——老实的人或死心眼儿的人（贬）。

为朋友要为庄户人，不会日粗实圪筒。

6141. 赖材地——不成器的人。

6142. 赖东西——不成器的人；不争气的人。

6143. 赖人——不成器的人；好吃懒做、游手好闲的人。

6144. 赖鬼——好吃懒做、游手好闲的人；不珍惜财物的人。

6145. 灰鬼——指品质不好的人；有时语意较轻，是长辈对淘气小孩儿的爱称。

6146. 死鬼——骂人话，多指男人；也指死去的人。

6147. 邋遢鬼——衣着不整或不善理家的人。

6148. 冒失鬼——莽撞行事，不讲策略的人。

6149. 饿死鬼——责骂吃得多饿得快的人。

6150. 讨吃鬼——不求进取、馋吃懒做的人。

6151. 替死鬼——替人受罪、受罚的人。

6152. 没头鬼——骂人是被砍了头的鬼，多是骂淘气小孩儿的话。

没头鬼媒人爱吃肉，仰面面回家一出出路。（咒骂媒人）

6153. 泼（pā）头野鬼——犹言坏东西，责骂干坏事的人。

我刚刚放在那儿个口袋，不知道又叫哪个泼头野鬼给拿走了。

6154. 讨债鬼——佛教以为“子以三因缘生：一者，父母先世负子钱；二者，子先世负父母钱；三者，冤家来作子”。凡是子生百日、千日便死，便是冤家来讨前生未了之债。（见《阿念口解十二因缘经》）俗因称夭殇的儿女为“讨债鬼”。亦用于咒骂劣子或图财沾利的无赖之徒。

6155. 混场相公——比喻在办事过程中不起作用的人或不严肃、不认真、混事的人。

他那个人也就是个混场相公，甚也干不了，没他缺一个，有他少两。

6156. 赖猴——不成器的人；不争气的人。

6157. 赖货——品行不端的人；作风不正派的人。

6158. 赖皮——刁钻撒泼、不讲道理的人。

6159. 二赖子——好吃懒做、游手好闲的人。

6160. 白获——赌棍，以赌博为业的人。

6161. 瘪杆子——无正当职业的而以乞讨或偷窃为生的流氓游民、无赖泼皮。瘪：瘪三。杆子：结伙抢劫的土匪。

六十七军没根，讨吃子、瘪杆子招下一军。

6162. 撂炭猴儿——撂炭：已经烧过而未燃尽的小煤块儿。本指经常拾撂炭的人，比喻不务正业，油腔滑调的人，含斥责意。

6163. 生瓜——年轻莽撞，不成熟的人。

6164. 生瓜蛋子——年轻莽撞，不成熟的人。

6165. 不开棱瓣——莽撞，执拗，不成熟的人。

6166. 生葫芦——本指不成熟的葫芦，转喻我行我素，不听人劝，不接受训教，行为粗野的人。

6167. 生葫芦草马——原指未经驯化的刚从草原拉来的马。比喻桀骜不驯的人。

6168. 生牛犊子——比喻身体健壮，活泼顽皮的青少年。

6169. 愣头青——行事莽撞的年轻人。

6170. 憨头狼——比喻表面憨厚老实，实际却善于算计别人的人。

不共事不知道，那人确实是个憨头狼，不过，翻过来说，人家憨头狼有羊吃。

6171. 唐牛子——对爱听鼓励的话，易受人鼓动者的贬义称呼。

6172. 混孙——不论做什么都敷衍、起哄，一事不成的人。

6173. 没宝气——没出息。

6174. 烂夜壶——比喻无人理睬的人。

没人尿的个烂夜壶。（比喻不识抬举，没人理睬的人）

6175. 不正色——品行不端，心术不正。

那个家伙不正色，你可不能和他共银钱事，最好离得他远一点儿。

6176. 嘎渣子——不走正道，肯干坏事的人。

6177. 引头大祸苗——带头惹是生非或闯祸的人。

6178. 活阎王——没有人性，凶残暴戾的人。

6179. 忽拉盖——不论坑蒙拐骗偷，还是吃喝嫖赌抽，凡奸滑刁顽之辈，不务正业之徒，都称其为“忽拉盖”，以此表达人们的憎恨、厌恶之情。（蒙古语音译词，原意为“盗贼”）

狗屎滩专长阳辣辣菜，衙门里尽是呼拉盖。

6180. 贼忽拉——无恶不作者。（忽拉，即“忽拉盖”的省写。这是蒙汉语组成的新的“蒙汉合璧”词，由汉语语素“贼”和蒙语语素“忽拉”组成）

6181. 挫客——对事情起搅扰作用的人；称呼对自己大不利的人。

6182. 搬拐繇（you）子——经常生事闯祸的人。（繇子，为猎捕野物而置放的诱饵。用已经捉到的鸟兽等活物诱捕同类，是古代狩猎活动中发明的一种诱捕方法，这种起引诱作用的鸟兽等叫繇子，也作“游子”）

6183. 比兜繇（you）子——爱惹事、欠揍、找抽的人。

6184. 狼繇（you）子——相当于骂他是“喂狼货”，多用于骂爱乱跑的小孩。

那伙狼繇子，偷瓜把人家的蔓子也都拔断了！

6185. 夜游神——本指传说中夜间巡行的神，比喻夜不归宿的人或喜欢晚上在外游荡的人。

6186. 一身人——性格孤僻怪异，不与人交往的人。

6187. 一茬人——没有家眷后代的人。

6188. 进眼——惹人讨厌。

你真进眼了，人家今天招待亲（qìng）家了，你去蹭的个什么酒？

6189. 进眼货——惹人讨厌的人。

鼻梁凹儿栽海娜——进眼货。（海娜：凤仙花）

6190. 不进眼——惹人讨厌。

那个家伙嬉皮笑脸的，我第一次见面就觉得他越发不进眼。

绿圪蛋毛杏儿咧牙酸，不进眼偏往眼里钻。

6191. 不顺眼——惹人讨厌。

6192. 钻眼——行为轻慢，惹人讨厌。

那人越发钻眼，人家两人喝酒是有事商量，他却坐上去跟人家寡说。

6193. 钻眼货——比喻有空就钻，惹人讨厌的人。

6194. 扎眼——惹眼；碍眼。妨碍别人的事情，使人感到不方便，招人讨厌。

那个人打扮得怪里怪气，挺扎眼。

你不要扎眼了，人家请办事人吃饭，你进去干什么？

6195. 惹黑眼——比喻得罪人。

我去了不管不行，一管就是个惹黑眼。

6196. 惹人嫌——惹人嫌弃、讨厌。

七岁八岁惹人嫌。

她不论到哪，也总要拉天扫地地把几个孩子都带上，结果到哪也总是惹人嫌。

6197. 不绰（chuo）操——指人的举止行为没有自尊，惹人讨厌、嫌弃。

6198. 钻急——投机钻营，无孔不入。（贬义）

那个人过于钻急，惹得众人嫌。

6199. 钻干——投机钻营，无孔不入。

那人过于钻干，甚利也想得，甚光也想沾。

6200. 日领——钻急又甚事不误，往往能抢在别人前头。（贬义）

那后生日领了，你嫑怕他误下事，不过，过于日领也不好，惹得众人嫌。

6201. 眼儿高——讥讽人眼睛盯着上面、高处，瞧不起普通人。

6202. 不是个善碴儿——不是个好惹的人。

那娃娃不是个善碴儿，你可不要招扒（招惹）他。

6203. 蹄蹄爪爪（说成 zua zua）——比喻人的本来面目。含讥讽意。

他以前尽装好人了，这一回，才算把他那蹄蹄爪爪都露出来了。

第四十九节 智力能力

这类方言词语，也是贬义词居多，表现了人们对糊涂迟钝、窝囊软弱、不知变通、奸猾钻营者的否定与鄙视，对聪明谨慎、心灵手巧者的赞赏与推崇。

6204. 灵——反应快，聪明。

这娃娃可灵了，你看那一对儿眼睛长得！

6205. 灵泛——反应快，机灵。

这娃娃真灵泛，一教就会。

6206. 灵顿——聪明伶俐。

那后生越发灵顿，学木匠不到三年，很多活儿他师傅搞不清，都得跟他商议。

6207. 灵虫虫——喻指聪明、灵顿的人。

6208. 机迷——心里明白。

别看他嘴上不说，心里比谁都机迷。

6209. 机迷眼转——聪明灵顿的样子。

看他哇机迷眼转的，就是经不住人家那高利率、高回报的诱惑，结果还是被骗了十几万。

你这个人看上去机迷眼转的，怎么就干些糊涂事儿呢？

6210. 精——头脑清楚；处事谨慎。

那后生可精了，说话做事滴水不漏。

6211. 精人——盘算周到，头脑清楚的人。

匠人外头转，精人不给干，队长叫人绕村转，每个工分儿二毛半。

6212. 精把——机迷、机警；精明、干练。

那人可精把了，哪能上了他们的当呢。

6213. 精急伶俐——聪明伶俐。

精急伶俐使七分，留下三分给儿孙。

6214. 老精百怪——有经验，做事精把，盘算周到。

那人老精百怪的，你别想从他的嘴里套出半句话来。

6215. 老手旧胳膊——老练，有经验。

这个活儿，你最好直接去找老张，人家那是老手旧胳膊。

6216. 手熟为能——指人对某种技艺或营生熟练了，就显得能力强。

他那也就是个手熟为能，谁做得时间长了也一样。

6217. 急活——盘算周到，处事灵活。

那后生挺急活，将来的日子肯定过不错。

6218. 道得去——善言辞；善于交涉。

那娃娃道得去，一点也不窝囊。

6219. 飞踢飞咬——本指动物速度快，又能踢又能咬，常常用来比喻人有能耐，能说会道，敢打敢闹敢闯荡。

6220. 活套——人处事灵活，随机应变；动作机敏；物体灵便。

那后生可活套了，应付这点事没有问题。

6221. 眼儿活——机敏、灵活，有眼色。

那个徒弟真眼儿活，师傅一动手他就把工具递给了。

6222. 点眼就泛——稍一提醒，马上明白。

6223. 有窟窍——比喻心灵手巧。

那后生有窟窍，当画匠根本就没经师，也是无师自通。

6224. 不漏着（za）——说话或做事考虑周全、严谨，滴水不漏，无懈可击。

那个人那脑子够用，处理这么复杂的事情，一点儿也不漏着，人们都佩服人家。

6225. 点点不漏——本指一点水也不让漏掉，常比喻说话做事严密周到，一点疏漏也没有。

请那人代东没问题，人家那说话呀检点事情呀，都是点点不漏。

6226. 细祥——细致；心细。

那人可细祥了，做甚也是有板有眼，一丝不苟。

6227. 日能——心灵手巧，有能力。

那人日能了，甚营生也看一看就会。

那人日能了，可会利用各种关系了，没有他办不成的事。

6228. 日能乖巧——手巧，机灵。

那娃娃日能乖巧的，硬是把那个拼图给拼出来了。

6229. 日能打蛋——凭借机灵、自信而去办没有把握的事或做让人担心的动作。

6230. 弯管巧器——拐弯抹角，善于从各方面搜寻理由进行论证、辩解或巧妙说服他人；善于钻研，思路奇特。

那人弯管巧器的，可会告诉了，没理也能说成个有理。

那人弯管巧器的，各种电器都会修。

6231. 套数——办法、路数或鬼把戏。

那人那套数多了，一般人谁也捉摸不住！

6232. 有一套——有一定的主意、办法。

那人当领导有一套了，把那人们弄得都服服帖帖的。

6233. 有一下——有一定的本事。下：方言音说成 hà，量词，表示本领、技能。也说成“有”。

6234. 有下（hà）数——指人有能力、有本事或有办法。

6235. 圪长——大材小用；才能不得施展。

那娃娃一直就是尖子生，就因为身体不好没考成大学，算是把个人才给圪长了。

6236. 牛皮灯篓——比喻表面不善言谈，但内心什么都明白的人。

那人是牛皮灯篓——里明外不亮。

6237. 死气孔明——比喻外表死气沉沉而内心精明的人。

那个家伙，你别看他死眉羊眼的，那是死气孔明，心里可机迷了。

6238. 闷葫芦——比喻不善言辞，沉默寡言的人。

他就是个闷葫芦，嘴不行，心里还是明白的。

6239. 眼尖——眼力好；视觉或眼光敏锐。

还是人家娃娃们眼尖，一下倒把针给我找见了。

6240. 耳尖——形容听觉敏锐。

你倒耳尖，那我怎么就没有听见呢？

6241. 不机迷——糊涂犯傻。

你一杯，我一杯，一阵儿喝得不机迷。

6242. 不机烂迷——糊涂犯傻的样子。

看你不机烂迷的，开玩笑也不分个男女老少！

6243. 闹不机迷——搞不清楚。

这个事我闹不机迷，你去问他哇。

6244. 脑迷——头脑糊涂迟钝。

那人越发脑迷，做的做的就翻不清楚了。

6245. 脑迷圪蛋——头脑糊涂迟钝的人。

那是个脑迷圪蛋，做买卖算账全凭人家女人了，靠他早赔光了。

6246. 糊录——瞌睡；糊涂。

我夜儿黑夜没睡好，糊录得想睡一阵儿。

他那个脑子糊录，你跟他算不清账。

6247. 糊录蛋——脑子糊涂的人。

他是个糊录蛋，哪能做成个买卖了！

6248. 糊录散天——没有睡醒或糊里糊涂的样子。

他今天喝多了，糊录散天的，根本说不清楚个话。

6249. 老颠糊录——老年人颠来倒去的糊涂样子。

老汉老颠糊录的，把房本儿放了，三天都没找到。

6250. 圪颠圪倒——人糊涂；翻来覆去，搞不清楚。

他毕竟岁数大了，圪颠圪倒的，连个话也翻不清楚。

6251. 二搅八匠——一知半解，技艺不精的人。

那人做甚也是个二搅八匠，样样精通，件件稀松。

6252. 闷卜愣腾——反应迟慢，不知情，或闷在鼓里。

大家都瞒着他，他到现在还是闷卜愣腾的。

6253. 二闷堂——自己不动脑子，常在他人鼓动下冲动行事的人。

他就是个二闷堂，人家两句好话就把他哄得甚也省（xing）不得了。

6254. 二毬胚——呆傻、鲁莽、糊涂迟钝的人。

婆婆没头公公灰，男人带点儿二毬胚。

6255. 二不丘子——精不算精，愣不算愣，不通事理的人。

6256. 二不丘丘——精不算精，愣不算愣，水平一般，中等偏下。

精人不喝，愣人不喝，二不丘丘瞎喝。

6257. 二不愣日——不接受训诫的青少年。

过来几个二不愣日后生，在他的摊子上大吃二喝，然后扬长而去，他连句话都不敢问。

6258. 二百五——过去，一吊钱是五百个，半吊钱就是二百五，以此讥称有些傻气，做事莽撞的人。

你们两个，是一吊钱搭在墙头上了，两个人都是点儿二百五。

6259. 半吊子——即“二百五”，讥称不通事理、说话随便、做事莽撞的人。

乳牛长的个健牛头，半吊子婆婆难伺候。

6260. 半吊吊——即“二百五”。脑子不够，做事鲁莽的人。

见哥哥过来由不住个笑，人家都说我是半吊吊。

6261. 半脑脑——脑子不太清楚的人。

那人精不精，愣不愣，也就是个半脑脑。

6262. 没脑子——没有头脑或不过大脑，行为冒失。

他那人没脑子，这又是有人在背后出上主意了。

6263. 少脑没性——没头脑，能力差。

那后生少脑没性的，去哪也是个卖体力，受人指使。

6264. 榆木脑袋——比喻愚笨的脑袋。

他就是个榆木脑袋，人家和他说了半天，别人都听懂了，他还是翻不清楚。

6265. 不足色——不聪明，不成熟，成色不够。

爱哥哥爱得没收落，俺妈骂我不足色。

6266. 没成色——成色：原指金币、银币或器物中所含金银的纯度，泛指质量。比喻人素质差，不成体统。

你这个人这么大岁数了，尽和人家小媳妇儿们开玩笑，真没成色。

6267. 七成儿——缺心眼儿，傻，类似“二百五”。

他那个人，再精也是个七成儿，能精到哪儿去呢？

6268. 不够成儿数——缺弦儿，缺心眼儿。

你品那个人那说话做事，干脆就是不够成儿数，你跟他说不下个情由。

6269. 二不杆杆——处在中间，中游。

每次考试，他的名次就在那二不杆杆上了。

6270. 没谱——心中无数；做事没有规则。

那个人没谱，办不成个正经事。

6271. 没活气——没有主意；没有办法；没有本事。

他没活气，主意也是他老婆给出的。

6272. 没眼色——不能察颜观色，不识阵势，不能灵活应变。

人家都累了一天了，想早点睡，谁也不接应他的话，他还要跟人家闲扯，真没眼色。

6273. 没牙爪（zhao）——没有骨气，没有恒心，不能吃苦耐劳。

两碗荞面打拿糕，寻下个女婿没牙爪。

6274. 愣——头脑不清楚，行事莽撞。

那人说精不精，说愣不愣，稀里糊涂的。

6275. 愣货——智力差或经常办蠢事的人。

那就是个愣货，是众人的笑料。

6276. 弦儿——不聪明，傻里傻气。

你真弦儿，怎么听了两句好话就答应了他呢？

6277. 弦儿货——脑袋有问题，傻了吧唧的人。

那大概是个弦儿货，怎么连这么低级的骗人把戏都识不破呢？

6278. 弦儿圪蛋——不聪明的人，傻里傻气的人。

那真是个弦儿圪蛋，一次就买了人家一千多块钱的保健品，还说是逮住便宜了。

6279. 愣道尔吉——借指愚笨之人（骂人话）。（“愣”是汉语语素，“道尔吉”是蒙语语素，源于藏语佛语，义为“金刚”，借入汉语后，带有“愚笨”或“四肢发达，头脑简单”义）

那家伙，每天就记得乜吃愣睡，什么活儿也干不了，活脱脱一个愣道尔吉。

6280. 笨货——愚笨或鲁莽的人。

你咋想起个叫他做那个营生，那个笨货，能给你做好了才怪呢！

6281. 乜（nie）——反应痴呆，一根筋。

人家早就都去排队领钱了，你还在这儿乜等甚的了？

6282. 乜（nié）子——反应迟钝、死板教条的人。（乜，痴呆貌）

人家说让你等到十二点，这都十二点半了，你也省（xing）不得打电话问问？真是个乜子！

6283. 乜（nié）汉——反应迟钝、死板教条的人。（乜，痴呆貌）

你真是乜汉记住一条道，就不能搞点儿副业？

麦收花红蛋，不收是乜汉。

6284. 乜(nié)货——呆傻、一根筋，不知变通，一条路走到黑的人。（乜：痴呆貌）

这还听不明白？你真是大年下的馍馍——年（乜）货。

6285. 乜(nié)七愣八——痴呆傻悍。（乜：痴呆貌）

那个家伙乜七愣八的，就知道好的好吃。

6286. 乜(nié)流少势——不知收敛，没完没了。（乜：痴呆貌）

那娃娃乜流少势的，笑上个甚了没完没了的。

6287. 痴乜(nie)八怔——反应迟钝。（乜：痴呆貌）

他痴乜八症的，你跟他说上半天他也闹不机迷，还不如直接跟他老婆说呢。

6288. 乜乜（nie）呆呆——发呆，没有反应的样子。（乜：痴呆貌）

痴心的哥哥面前站，乜乜呆呆眼不转。

6289. 乜人一实记——死板教条，一根筋，不知变通。（乜：痴呆貌）

你真是乜人一实记，叫你烧火就烧火，也不管锅里有没有水！

6290. 木偶人人——比喻人呆痴，像木偶人一样。

6291. 没调——没有主意、没有主见、没有方向。

你趁早不要和他商量，那个人没调，他也习惯了跟着别人走。

6292. 不撮操——不自重，行为失误多，不合体，自辱人格，自毁形象，讨人嫌。

那老太太自己也不撮操，不能尽怨人家媳妇儿们不好。

6293. 不出奇——体弱、智弱或窝囊。

那人不出奇，就能放个羊，放了大半辈子羊。

6294. 拾脚后跟——比喻明显落在别人后面。

他和人家张三相比，给人家拾脚后跟圪哇。

6295. 软机圪嫩——软弱。

那个人说话也是那种软机圪嫩的，没有一点儿男子汉的气概。

6296. 软几不能——无能。

那人软机不能的，根本就管不了个人，哪能当领导了！

6297. 不清利——不明白；关系不清楚。

人们都说，他们俩的关系不清利。

6298. 窝几圪囊——人不展淌，窝囊。

老汉是个没有本事的老好人，窝几圪囊地活了一辈子。

6299. 窝囊废——窝囊、怯懦无能的人。

那人就是个窝囊废，家里家外全凭人家女人给撑着。

6300. 没出烂息——没出息。

看你没出烂息的，遇上这么点儿事倒把你愁下个这样儿？

6301. 少本没事——没有本事。

他一辈子少本没事的，光景过得挺可怜。

6302. 少主没意——没有主意；遇事没有主见。

他一辈子少主没意的，甚事也不能做主。

6303. 鬼点子——指一个人的主意很多，多指不好的主意。

他那个人点眉忽眨眼的，尽鬼点子。

6304. 鬼心眼儿——形容一个人心计颇多。

那人点点唠唠的，尽鬼心眼儿，就爱在背后煽惑人！

6305. 傱（song）——无能；力弱；胆小。（《广韵》傱：傱恭，怯貌）

他可傱了，连八十斤草也背不动。

那人可傱了，走在哪也怕狗。

6306. 日傱（song）——形容人力弱、胆小。

看你日傱的，提了十来斤东西倒满头大汗喘气了，这还行？

6307. 孬傱（song）——软弱窝囊的人。

好汉问酒，孬傱问狗

6308. 日傱八遢（ta）——形容人软弱、无能。

6309. 傱（song）包——软弱无能，胆小怕事的人。

那个傱包，叫人家二娃娃倒打哭了，人家还比他小两岁了。

6310. 傱囊子——无能、怯懦的人。（《广韵》傱：傱恭，怯貌）

宁给好汉拉马拽镫，不给傱囊子出力掌政。

6311. 馕（nang）饭圪筒——比喻只能吃饭，什么也不能干的人，犹言“饭桶”。

他手底下的人手倒是不少，可都是些馕饭圪筒，甚事也办不了。

6312. 软差（cha）——软弱，不壮实；能力、魄力差。

看这回这个事，那人实际上一点儿也不软差。

6313. 稀傱（song）——不精干，没本事。

那人做甚也是个二揽八匠，样样“精通”，件件稀傱。

6314. 粗蹄笨胯——形容一个人的动作笨拙，手脚不灵巧。

他粗蹄笨胯的，干不了这种细活儿。

6315. 神经五滥——神经质，神经不太正常。

那个人就是那样，神经五滥的，你没必要跟他计较。

6316. 不识数儿——数不清数，指人智力低下。

你嫑看那后生不识数儿，人家长的个捉鳖脑袋了，也不愁娶个媳妇儿。（捉鳖脑袋：指智力不高却长得个好相貌）

6317. 四六不懂——不懂人情世故；小孩蒙昧。

那是个四六不懂的人，你和他辩不出个对错。

他还是个四六不懂的娃娃，你和他较甚真儿了！

6318. 炭锤——本指用来打碎煤块儿的锤子，常常用来比喻无能无用的人或讥讽反应慢、智商低的人。

第五十节　脾气性格

这类词语贬义词居多，充分表现出人民群众对不诚、不实、轻狂、轻浮、粗鲁、暴躁等脾气性格的否定与指责，对做事无理、拖沓、随便、敷衍、钻急、固执的人，同样予以否定性评价。表现了人民群众对传统美德的向往、倡导与维护。

6319. 脾性——人的脾气性格。

铡草刀削不成糖蔓菁，我还不摸你是甚脾性。

6320. 性体——人的性格、脾气。

他那种性体，不适合做这种群众工作。

脾气不好性体赖，头上不叫磕烟袋。

6321. 一人一性——指每个人都有自己的个性或爱好。

有人爱吃烧毛鞋（hai），有人爱吃馏毡帽，这是一人一性。

6322. 知脾合性——相互了解对方的脾气、性格，相互理解，能包容，合得来。

葫芦蔓串在瓜地里，知脾合性闹对哩。

6323. 老秧——滑稽有趣。

他可老秧了，把大家逗得都抱着肚子笑。

6324. 皮——善良。

那娃娃皮，你们几个不要欺负人家。

6325. 皮善——不利害，善良。

他那可是个皮善人，概也没有跟人发过脾气。

6326. 皮人——老实善良的人。

皮人恼了，砂锅滚了。（意为平时善良的人，一旦惹急了，反倒会更厉害）

6327. 老皮人——特别老实善良的人。

你们欺负人家老皮人，还能显出你们个厉害？有本事去跟人家那碴儿头碰一碰！

6328. 皮实——善良、实在或身体耐受。

那娃娃皮实，别的娃娃打两下，自己碰一下，他都不在乎。

6329. 耐皮——忍耐力强；耐受。

实际这个病已经发现半年了，他那人过于耐皮，一直不跟别人说。

6330. 妥皮——性子慢，做事拖沓。

他那人过于妥皮，早就催他办就是不去，结果误事了。

6331. 吃皮耐厚——人善良厚道，能承受得住亏损，能忍受得住打击。

那人吃皮耐厚的，是个可以深交的人。

6332. 绵善——性格温顺而善良。

那娃娃性格绵善，换成别人，早就跟你打起来了。

6333. 绵绵善善——性情温顺而善良。

他们那个孙子绵绵善善的可是个好娃娃了，和谁也能耍在一起。

6334. 听说——听话；乖（多指小孩）。

他们那个闺女听说，他们那个小子越发不听说，经常闯祸。

6335. 听听说说——听话；乖乖的（多指小孩）。

你要是听听说说的，妈妈就给你买个小汽车。

6336. 憨——憨厚，老实，大气。

人常说，人大憨，狗大愣，其实，不一定。

6337. 憨卜处处儿——憨厚的样子。

那人憨卜处处儿的，和人共事也越发实在。

6338. 憨圪处处儿——憨态可亲的样子。

那娃娃长得憨圪处处儿的，越发惹亲。

6339. 欢麻督急——反应快、性子急，活泼好动，行动麻利。

那么欢麻督急的个人，怎么说病就病了呢？

6340. 欢麻督跳——非常好动、活泼，有精神。

人家孩子们都欢麻督跳地在院子里玩儿，他却躲在一边呆呆地看。

6341. 会事——会来事，善于应对、处事。

那后生可会事了，上上下下都处的不错。

6342. 活性子——能相机行事，不固执。

6343. 扛硬——顶事的，有威力的（人）。

这事情挺麻烦，我看没有个扛硬人去恐怕拿不下来。

6344. 戳莽——办事果敢，不怕人地两生。

那娃娃挺戳莽，去哪也不怕。

6345. 触硬——不怕人地两生，敢闯荡。

那后生触硬了，出了门全凭人家了。

6346. 硬戳——办事果敢，有闯劲儿。

出了门你要是不硬戳些，根本不行，有时候会让人欺负。

6347. 刚骨——刚强，有骨气。

细钢锥锥细钢针，妹妹是那刚骨人。

6348. 二八烂雾——傻样。

你不要听他的，他那个人二八烂雾的，说话哪有个准头呢。

6349. 二七八雾——傻里傻气。

他那人平时挺好，一喝酒就二七八雾的甚也不知道了。

6350. 头大——骄傲；头脑发昏。

人家夸了你几句，你就头大得甚也不知道了！

6351. 矫情——挑剔；无理取闹。

这个娃娃可矫情了，咋也不对，真烦人。

6352. 日玄（xuan）——厉害，霸道。

你日玄甚了？我一个比兜就把你打得看天也不蓝了！

那人，吃两下可日玄了，一顿就能吃二斤炒鸡蛋！

6353. 老好大绝背——人虽然善良，但对他人却绝情绝义。

他那人是老好大绝背，根本没有一点人情味儿。

6354. 不开楞瓣——粗野放肆，不接受教化者。

那后生不开楞瓣，他根本不会考虑什么人情事理。

6355. 调头卜来——描述年轻人桀骜不驯，不听人劝的神态。

你看他那调头卜来的，你说来说去还都不是个白说，快称命由天圪哇！（称命由天：听天由命）

6356. 犟头坎脑——形容人性格执拗，不听人劝，自作主张。

你磨破嘴也不顶事，这会儿这年轻

人犟头坎脑的，哪能听你的了。

6357. 闯头坎脑——做事莽撞、无畏，不计后果。

那娃娃闯头坎脑的，你和他进城，就得好好地照护他的，不能叫他闯乱子。

6358. 只楞旋天——桀骜不驯，态度狂妄。

那后生刚来了只楞旋天的可厉害了，过了不到一个月，叫人家整得龟孙子呀似的。

6359. 青卜愣怔——年轻幼稚，态度狂妄，桀骜不驯。

那后生青卜愣怔的，谁也不敢管，结果几天就叫公安局的带走了。

6360. 烧虫卜捩（lie）——①人被烧伤或碰伤，因疼而作出的急速反应动作。（卜捩：扭动，转动。方言谓身体因为受刺激而急速抖动）

他被炮炸伤了，看他那烧虫卜捩的样儿，肯定是疼得厉害了。

②描述容易急躁、上火的人的性格及其动作、表现。

那后生那性格，一略微咋点儿就烧虫卜捩的不行了，一点儿也不能冷静。

6361. 急跳卜捩（lie）——描述容易急躁、上火的人的性格及其动作、表现。（卜捩：方言谓身体因为受刺激而急速抖动）

这娃娃性子太急，一说走，急跳卜捩的，连穿衣裳都等不上。

6362. 急卜撩身——有激情、性子急，说干就干。（褒义）

那后生急卜撩身的，等不上众人，早就一个人先走了。

6363. 卜捩（lie）弹震——不老实、不规矩、耍性子或乱踢乱动的样子。捩：扭动，转动。

这个娃娃，一不高兴就卜捩弹震的，都是你们惯下的！

6364. 火冒钻天——脾气暴躁，火劲儿特大的样子。

这事暂时不能告诉他，他那个人火冒钻天的，一点儿事也撑不住。

6365. 糜穰火——易燃，但火不大，燃烧时间也不长。比喻人脾气急爆，容易发火动怒。

6366. 黄风雾气——脾气暴躁，行为粗野放肆，不管不顾。

你那脾气黄风雾气的，谁也受不了。

6367. 忍守不住——有欲望，等不及，忍不住。

他饿得实在忍守不住了，就在地里偷了几个香瓜吃。

6368. 缩（suǒ）前褪（tùn）后——前怕狼后怕虎，躲躲闪闪，畏缩不前的样子。

看你，一遇事就缩前褪后的，哪还像个男子汉！

6369. 佻（tiao）——言行不严肃，不庄重；轻浮，轻薄放荡。（佻：轻浮；轻薄放荡）

书不好好念，工作找不下，每天就记的个梳洗打扮，有甚佻头了！

六十年代初，一生被镇中学录取，他买了一把牙刷，一袋牙粉，准备开学用，他老爹讽：“咋呀，这是佻呀哇！”

6370. 佻（tiào）脱了——因为轻薄放荡或轻率而失手或致使事态逆转。

那后生到处招摇撞骗的，一年头上就叫人家厂子给开除了，这下算佻脱了。

6371. 抖——爱打扮，轻薄放荡。

你看他，站没个站样儿，坐没个坐

样儿，也不知道抖的想咋了。

6372. 佻（tiào）搭——轻浮、放荡，赶时髦，爱显摆。

那后生这会儿佻搭的，连自己姓甚也不知道了。

6373. 抖搭——爱打扮，轻薄放荡；夸张、显摆。

他花了八九万买了个汽车，这就抖搭不下了，开回村里，逢人就夸。

6374. 抖搭干——爱打扮，轻薄放荡的人；爱夸张显摆的人。

6375. 单盖窝——本指单层被子，比喻轻浮、不稳重，极度夸张得瑟的人。

那后生，站没个站样儿，坐没个坐样儿，嬉皮笑脸，真是个单盖窝。

6376. 抖尽毛干——轻浮、不稳，极度得瑟。

你看那后生，站在那儿一条腿还忽抖了，真是抖尽毛干。

6377. 毛掸掸（ban 变音为 dai）——比喻轻浮，不沉稳的人（原指鸡毛掸子）。

那后生毛掸掸呀似的，一点儿也不稳重。

6378. 押轻不押重——性格轻浮，不稳重。

那后生，押轻不押重的，终究也成不了个八少。

6379. 不押韵——指人性格不稳重。

6380. 毛根儿——爱在小事上或细节上吹毛求疵。

王师傅甚也好，就是有点毛根儿，几个徒弟也习惯了，都还能理解他。

6381. 毛鬼神——指脾气零碎、轻浮、古怪、多变的人。

那毛鬼神脾气，一阵儿一个样儿，谁也和他轧（ga）不住。（轧，结交）

毛鬼神坐轿——押轻不押重。（比喻人轻浮）

6382. 夹脑疯——一种症状为狂躁的头痛病，亦指狂躁疯癫、毫无顾忌地蛮干的人。

腌酸菜打烂坛子碰烂瓮，俺妈骂我是夹脑疯。

6383. 老斗——古板，不时尚。

那个人过于老斗，去闺女家，有的新衣裳不穿，非要穿那件中山服和那双三接头皮鞋。

6384. 漏斗——说话办事不严谨。

他那说话漏斗，恐怕不是那当媒人的料，还是再考虑别人哇。

6385. 轻皮抖手——轻浮，不稳重。

你想哇，他那种人轻皮抖手的，哪能有个群众威信，人家在背后不骂他就够好的了。

6386. 抖而打颤——人受冷冻全身哆嗦；人轻浮，爱得瑟。

那天晚上天冷，把他冻得抖而打颤的，回来就发高烧了。

那后生抖而打颤的，一有几个钱就烧得坐不住了，多会儿输完了就歇心了。

6387. 抖蹄露手——轻浮，不稳。

那个人实际心眼儿挺好，就是抖蹄露手的，不招人喜欢。

6388. 少人没样儿——姿势、动作或打扮不雅观、不文明、不礼貌或与常人不一样。

看你，站没个站相，坐没个坐相，少人没样儿的像个甚？

6389. 少家失教——缺乏教养。

那娃娃少家失教的，自由散漫惯了，跟个野孩子一样。

6390. 袅（niāo）牙——爱挑剔，不

好伺候。

不对。

6391. 样数——爱挑剔，事儿多。

那人那样数太多，在家里老伴儿咋伺候也不对，就爱找人个毛病。

6392. 生事闯祸——惹是生非，闯乱子。

你要好好听你妈妈的话，不要在外面给咱们生事闯祸。

6393. 捯手——不好管理（多指不懂事的小孩儿）。

那娃娃可倒手了，经常生事闯祸，把他爸爸妈妈气得一点儿办法也没有。

6394. 害——小孩儿淘气，顽皮捣乱。

这娃娃可害了，一阵儿也不能消停，他妈一个人根本管不了。

6395. 小脸——小家子，不识逗，开玩笑爱翻脸。

那闺女小脸，你跟她说话注意点儿，尽量少开玩笑。

6396. 古怪——阴阳怪气。

那个人过于古怪，一阵儿一个样儿，谁也摸不准他是个甚脾性。

6397. 吓人捣怪——故弄玄虚，搞怪。

这个家伙半夜五更，吓人捣怪的，又是在搞甚鬼名堂了？

6398. 胡溜——忌讳多，讲究多，爱做作。

那娃娃胡溜的，都是跟她妈学下的。

6399. 胡溜板点——忌讳多，讲究多，爱做作。

看你，男人家胡溜板点的，一会儿神一会儿鬼，尽闹的点儿甚名堂了？

6400. 拉忽——粗心大意，大大咧咧，什么都不在乎，不计较（满语）。

那后生拉忽，为朋友结弟兄就得那样了，不能斤斤计较。

6401. 拉嗨——为人处事随和，不斤斤计较。

那个人可拉嗨了，和谁也能轧(ga)得住。

6402. 夹疯愣怔——做事不稳重，慌乱、妄动，行为莽撞粗心。

那个家伙夹疯愣怔的，这个事根本靠不住他。

6403. 搓脚捻（nian）手——摩拳擦掌，迫不及待或焦急、不耐烦的样子。捻：用手指搓转。

咋也熟了，快先给他弄上吃哇，这娃娃早就搓脚捻手地等不上了。

6404. 急神见鬼——性子急，行为夸张。

那后生急神见鬼的，说要做甚，今天连明天也不能圪且。

6405. 死筋圪韧——不脆，发韧；比喻人性格不痛快。

那后生年轻轻儿死筋圪韧的，那以后还能有个出息？

6406. 死顽圪筋——顽，筋：柔韧。形容肉或其他食物没有煮熟、煮烂，咬不动。也比喻人的性格不爽快。

这老牛肉煮了半天了还是死顽圪筋的，咬也咬不动。

那个人死顽圪筋的，多会儿也没有一句痛快话。

6407. 平溜溜儿——形容令人讨厌却自以为是地不知羞地要贫嘴的样子。

他说话、做事老是平溜溜儿的，惹众人嫌。

6408. 平不溜丢——①形容令人讨厌却自以为是、不知羞地要贫嘴的样子。

那娃娃平不溜丢的，跟谁也开玩笑、

耍贫嘴，没大没小。

②不取心、不拿捏，不把自己当外人，脸壮、不害臊。

那个人平不溜丢的，一进门拿起来就吃，连问都不问一声，比回了自己家还得劲儿，把不要脸当成本事了。

6409. 本不溜丢——装得好像没有那回事；也指不苟言笑。

本来是他干的，人家却本不溜丢的坐在那儿，脸都不红一下，甚事儿没有。

6410. 没大没小——大：长辈；小：晚辈。指在长辈或晚辈面前说话没有分寸。

看你，对上些老者和女人娃娃们甚话也瞎说，真是没大没小。

6411. 怡——东西不灵活；人性孤僻、固执，不善交流。

这个车子怡的，该上点油了。

他脾气太怡，逢人不过话，挺孤单。

6412. 怡巴巴——过于严肃或冷漠、固执。

他怡巴巴的，谁也不想理他。

6413. 别（biè）——古怪，怪气。

那人那脾气和人不一样，可别了，谁也捉摸不住。

6414. 傲门儿——脾气古怪的人。

包文正的儿——傲门儿。

6415. 孤别（biè）别儿——过于严肃，不自然、不随和、不合群，性格古怪、孤僻别扭，令人难以接近。

他跟谁也孤别别儿的，没有一个知心的朋友。

6416. 变色货——性格怪异，与常人不同的人。

6417. 信天游——比喻言行自由放任、无拘无束的人。

就他爷爷奶奶，把娃娃惯下个信天游了，我们想管也管不了了。

6418. 鬼——心眼多（贬义）；狡猾。

那人可鬼了，你根本就问不出一句实话来。

6419. 鬼大——（小孩儿）机灵。

你这小家伙儿，人小鬼大，还敢跟我斗？

6420. 耳根软——容易听信别人的话。

那个人耳根软，就是轻信别人的话，自己一点辨别能力都没有。

6421. 软耳根——容易听信别人的话。

俺大俺妈软耳根，听上媒人鬼吹灯。

6422. 耳朵软——比喻人容易听信花言巧语或奉承的话。

那个人耳朵软，甚人的话也听，一点主意也没有。

6423. 头皮软—— 形容人老实、懦弱，常被人欺。

你们不要觉得人家头皮软就谁也想欺负人家。

6424. 顽——顽皮或（脸皮）厚。

那人脸可顽了，为得一点儿小利，别人说长道短，他就像没有听见一样。

6425. 发顽——多指小孩子要顽皮。

这娃娃又在发顽，学得可赖了。

6426. 傻外外儿——发傻、鲁莽的样子。

你傻外外儿地站在那儿，见了你大舅也不问了？

6427. 酸不拉几——指酸味（含厌恶意）；也用来形容装作、迂腐、孤傲的人。

那人酸不拉几的，跟谁也没有来往。

6428. 酸不溜丢——说话迂腐、拿腔作调；也形容卖弄风情。

他一说话就酸不溜丢的，没人理他。

葡萄不熟绿颗颗，酸不溜丢哄哥哥。

6429. 酸文假醋——咬文嚼字，装腔作势，故作斯文，古板严肃。

他念了几天书就学下个酸文假醋，自命不凡，其实什么也干不了，是个书呆子。

6430. 没囊子——没出息；窝囊。

那后生没囊子，娶过个外地媳妇儿，在了几天也跑了。

6431. 龌龊（wo chuo）——窝囊、无能，没有胆量。

看你，二十来岁的人了，话不敢说个话，门不敢出个门，你可龌龊到多会儿呀！

6432. 软软刘王——懦弱的人。

他们那个大小子是个软软刘王，甚事也指靠不上。

6433. 可恶（kě wù）——凶；厉害。

他们家那条狗越发可恶。

这个娃娃可恶，那个娃娃是皮的。

6434. 猴手撩脚（变音为 jia）——不安静，多动。

你能不能消停一会儿，猴手撩脚的，真烦人！

6435. 难缠——难对付。

那人真难缠，看的下班儿呀，还是缠住不走。

6436. 粗——生气，不满；恼怒，发火。

他一听这话就粗了，脸也涨得通红。

6437. 脸红脖子粗——脸红脖子变粗。形容因激动、窘迫或羞惭而脸色涨红的样子。

他们两个互不相让，争得脸红脖子粗的。

6438. 死求一记——死记着一件事，不灵活。

人家是一年四季，你却是死求一记。

6439. 嘴尖毛长——言语尖酸刻薄，刁蛮无理；多嘴多舌，令人讨厌。

那人嘴尖毛长的，一点儿也不厚道，叫人家众人嫌。

6440. 有嘴没心——比喻虽然口头上爱指责人，但从不记人过错。

那个人有嘴没心，当时说就说了，事情一过就甚事也没了。

6441. 炮筒子——比喻人性子直，说话太直，常被他人利用的人。

6442. 慕牛头——不开通，固执己见，不愿与人沟通，也不听人劝者。

6443. 直卜榔——直性子的人。

6444. 直脖头——性格耿直、倔强的人。

溜沟子走遍天下，直脖头寸步难行。

6445. 犟脖头——固执己见，不听人劝的人。

那个犟脖头，咋说也听不进去。

6446. 倔巴头——性子直，脾气固执的人。

6447. 直筒子——性格耿直，说话直白的人。

6448. 直性性人——性格耿直的人。

老李是个直性性人，见不得歪门邪道的事。

6449. 打鸡骂狗——比喻人烦躁时乱发脾气，觉得什么也不对。

他一回来看见饭还没有熟，这就打鸡骂狗的，咋也不对了。

6450. 摔盆子打碗——人发脾气摔打家具的样子。

他那脾气过于暴躁，一咋些儿就摔盆子打碗的。

第五十一节 人情事理

6451. 比大折小——将大小事进行类比，说明道理是一样的。

6452. 津津有理——形容人不承认自己的错误、过失，常有理，没不是。

他那个人太强势，多会儿也是津津有理，人们都不愿意和他交往。

6453. 通文识理——既通晓文化，又懂得事理。

那后生通文识理的，的确是个好娃娃。

6454. 鼻子比脸大——失去的比得到的多，得不偿失。

6455. 不屈——不冤屈，罪有应得。

那个家伙把坏事做绝了，判他十五年徒刑，一点也不屈。

6456. 剥福——不珍惜食物等，身在福中不知福。

好好的饭菜，一剩下就谁也不吃了，你们真是剥福了。

6457. 酒醉心明——人虽然喝醉了酒，可是心里还很清楚。

你别看他喝多了，酒醉心明，他说来说去尽拣有理的、好听的说。

6458. 穷家富路——人在家时衣食可俭省将就，如出门在外，一定要备足盘缠行李。

你就再多拿上五百块钱哇，穷家富路，我们在家好说，你出门在外不容易。

6459. 遮世人眼——做事扮样子，以避别人说闲话。

他们兄弟几个说好了每个月给老太太一千块钱，也就是遮世人眼，实际谁也不给，就给点儿口粮。

6460. 半斤八两——旧制一斤为十六两，八两正好是半斤。比喻彼此一样，难以分出高低好坏；也形容数量或实力相当。

你们两个是半斤八两，谁也不用说谁，都不是好东西。

6461. 人小鬼大——指人年龄或身材虽小却诡计多端。含讥讽的意味。

那后生人小鬼大，这种事我可不敢靠他。

6462. 母壮儿肥——指母体健壮，孕育而生的子体也就肥胖。

你看那娘母俩，一样样儿都那么壮实，真是母壮儿肥。

6463. 人心没尽——指人的欲望没有止境，得寸进尺，贪得无厌。

你不要人心没尽，本来东西就不多，你已经拿的不少了。

6464. 人老惜子——指人到年老愈加疼爱自己的子女。

俗话说，人老惜子，猫儿老吃子。

6465. 惜子弟——怜惜、溺爱、娇惯孩子。

6466. 惯——溺爱，娇惯。

6467. 缺子爱孙——因为缺少孩子而分外怜惜。

6468. 不发人情——不考虑或不照顾人情面子。

6469. 空头人情——指未得到利益而欠下的人情。

6470. 人多手稠——形容人多好办事、

人多力量大。

大家一起来，人多手稠，这些营生一会儿就做完了。

6471. 人活脸面——指与人交往应自尊自贵。

人常说，人活脸面树活皮，墙头活的一把圪渣泥。

6472. 先来后到——按先后顺序。

做甚也有个先来后到了哇，连次序也不讲了，还谈什么文明礼让！

6473. 容脸儿——给点面子，不驳回。

你就给我们两个中间人容个脸儿，再多出上二百块钱，这个事情就摆平了。

6474. 屈了脸儿——没有给面子，丢了脸。

人家不愿意去有人家的考虑，人家现在是村长，没有十分的把握，万一去屈了脸儿咋呀。

6475. 遗留下——从古至今或一代一代流传下来的习惯、规矩等。

什么人遗留下个种洋烟？

6476. 安分守体——安分守己。

少管闲事儿，安分守体地过好自己的光景哇。

6477. 安练——安分。

6478. 安安练练——安分守己。

你就安安练练地在家哇，不要出去给咱们生事闯祸。

6479. 红黑死挨——无论好与坏，后果自负。

红了烤旺火，黑了抄搭炭——红黑死挨。

6480. 弓硬逼弦——措施过分强硬，反能把事情搞坏。

这种事情得慢慢来，不能过分强硬，不然会弓硬逼弦。

6481. 明不假——明摆着而又不能说明，多指类似“潜规则”的事。

你要不表示表示，他肯定会按“原则”办事，这是明不假的个事。

6482. 三多二少——比喻普通的事理；比喻能辨别出多少与好坏。

那个人连个三多二少也省（xing）不得，你和她再说也没用。（省不得：懂不得，不知道）

不看主面看佛面，三多二少我能数见。

6483. 不上算——不合算。

6484. 人头树脸——人的名声、脸面。

你大小不说也是村里的干部，人头树脸的，怎么能这样对待你的老人呢？

6485. 人头树圪桩——指人的名声、责任。

6486. 家不露家——家丑不可外扬。

俗话说，家不露家是好家，村不露村是好村。

6487. 没风水——固守从前的习惯或固守民间形成的规约性准则，违反这些准则，便为“没风水”；做一些所谓有损体面的事或不能跟随潮流的事。

没风水、没风水，开上汽车捡垃圾。

大年时节的，你哭甚了？真没风水！

现在甚年代了，你还穿那件旧中山服褂子，你又不是缺钱，真没风水。

6488. 不当化化的——包含“不应当做丧良心的事，不应当说昧良心的话，不然，会遭报应”的复杂语意。有时犹言“罪过，罪过”。在方言中，常常当作“插入语”来使用，只表示强调，与前后句没有语法上的关联。越在上辈，使用频率越高。

人命关天，不当化化的，咱们不知

道就是不知道，可不能给人家胡猜乱说！

再咋哇，也不应该得财伤主，不当化化的，这种人，人不报天也要报。

6489. 凭信——相信。

6490. 凭来——相信。

你要是凭来我，我就上他们家给你提亲，做一回媒婆。

6491. 信不来——不相信。

不就一个自行车么，我就信不来修不好它！

6492. 凭不来——信不过；不凭信，靠不住。

三遭五遭凭不来你，头上品在你脚跟底。

6493. 糟（cao）着字号——污辱或有损自己的身价名誉。糟：衣未及时浣洗或物品脏污。字号：商店名称或招牌，这里比喻身价，名誉。

你让人家穿你这衣裳，人家还嫌糟着字号了。

6494. 面子——情面，脸面；物体的碎面儿。

有面子的没面子，没面子的尽面子。（讽刺单位分炭的潜规则）

6495. 大面儿上——指表面上、外表上、大局方面。也指人多或显眼的地方或场面上。

这种事情，大面儿上过得去也就可以了，不要太认真。

6496. 面面上——表面上；外表上。

6497. 外场上——场面上；对着外人的场合。

他们俩这几个月一直在闹离婚，可是外场上谁也看不出来个甚。

6498. 成不了八少——指人气质平庸，不能有所作为，没有出息；有时也指不学好，自甘堕落。

那后生，押轻不押重的，终究也成不了个八少。

6499. 一好百好——只要一方面好，其他方面也都好。

人家在领导眼里，那真是一好百好，咋做咋对。

6500. 一般见识——平常的见识。表示不要跟知识低、修养差的或不如自己的人争论。

你不要跟他一般见识。

6501. 二罪归一——两种罪行或两种错误合在一起进行责罚。

这次就原谅你了，再有下次，我就对你二罪归一。

6502. 公理奉道——遵守、奉行社会上多数人公认的正确道理或办法去公平处理事情；站在公正的立场上说话处事。

公理奉道地说，也不能尽怨人家，咱们的车开得也有点儿快，稍微慢点儿也没有这事。

6503. 依了本等——守本分，按照常规处事。

你只要依了本等地做自己的买卖，别人是不会把你咋样的。

6504. 人恭礼法——指人行为规矩，待人谦恭、有礼貌，言行合乎情理。

那后生人恭礼法的，全村人都说好。

6505. 言干归正——按道理说话，依情理办事，言行正统。

那娃娃是个好后生，说话做事都是那言干归正的，一点歪的邪的都不贪。

6506. 正经——正当；端庄、正派；合乎标准的，地道的。

这不是个正经地方，咱们走错了。

那人是个正经人，一点问题也没有。

他连个正经工作也没有，到处瞎跑。

6507. 言干正经——言行正统，不胡来、不越轨。

那是个言干正经的人，不可能做出这种事情来。

6508. 看笑声儿——明知别人做错或犯傻，故意不做提醒而等着看他出丑；明知别人遇到麻烦或不体面的事不去帮助而等着看他的尴尬。

他平时待你不薄，这个时候你不能站在一边看笑声儿。

6509. 看好看——看着舒服，美观或把别人错误的、不体面的甚至危险的事当做红火热闹看。

“你也不是没钱，快买上件儿新衣裳哇，现在这年代了还穿个中山服，真难看！”

“嗷，你的意思是，我花钱，买上件儿新衣裳，穿上，叫你们看好看？”

众人都在那儿看好看，他却以为是在露本事。

6510. 看笑话儿——看别人做了不体面或不成功的事，自己在一旁幸灾乐祸。

他们平时不能与人友善，他们两口子闹饥荒的时候，谁也不去劝，都在那儿看笑话儿。

6511. 白不咋——没事儿；扯平了；没有承担任何责任或没有输也没有赢。

他们俩争来吵去，弄了个白不咋，他修他的车，他养他的伤，谁能把谁咋？

6512. 肚渣日——人的肚量或胆量。

那个人肚渣日大，遇上甚事也不怕。

6513. 肚量——对人或事物宽容的限度。

6514. 浅擦擦——虽然有伤害或损失，但是不太严重。

窑黑子打断腿了——浅擦擦。

6515. 底底板板——全部。

他早就底底板板地都说了，你还有什么隐瞒头？

6516. 直圪端端——说话直白，直截了当。

6517. 根底——人的出身、底细。

你们才认识几天，不摸根底，怎么就敢跟人家共银钱事呢？

6518. 根把——植物的根；比喻人的根基、靠山及盘根错节的关系。

那个人的根把可大了，想要动他可真不容易。

6519. 不是——不对的地方，即过失或错误。

他那个人常有理没不是。

娃娃们一天一个本事，老人们一天一个不是。

6520. 担不是——承担责任或过错。

6521. 寻不是——寻找别人的过错，故意找茬儿。

6522. 活该——应该；理应。用于贬义，含有幸灾乐祸之味。

你真是要风度不要温度，看你抖抖哒哒的，冻死活该！

6523. 行(xing)事——处事；做事。

那个人行事不公（处事不公平）。

6524. 想前望后——形容人离开后，别人对他十分思念，经常回想着他的前前后后的做事或说话。

那是个好人，虽然调走了，人们对人家总是想前望后的，没有一个人说赖。

6525. 眼头见识——最基本的常识、经验。

他是个书呆子，连这些眼头见识的事也应付不了。

第五十二节 待人接物

6526. 以老为实——老老实实的态度。

那人不论什么时候，不论走到哪，都是以老为实的，那才是真正的好人呢。

6527. 和（huo）人——性格随和，待人和气友好。

那人脾气好，可和人了。

6528. 认亲——喜欢攀亲结友。

那人可认亲了，但凡是亲的去了，都可热情了。

6529. 顶人门子——应酬各种人情礼路及亲友往来。

你们成家也有几年了，现在又分门另住，该开始顶人门子的时候了。

6530. 门迎差事——泛指家中的日常交际、应酬、与亲友往来等事务。

我们家人门子大，每年门迎差事也没个一两万块钱下不来。

6531. 看人待戚——以礼招待客人，应酬亲友或迎来送往。

那个媳妇儿，不仅做营生麻利，看人待戚也是点水不漏。

6532. 热接热待——以热情的态度接待人。

一进门，人家就热接热待的，弄得他有话也不能说了。

6533. 支应——招待，应酬。

支应人戚门户，一年也得花不少钱。

6534. 支茶应水——比喻热情地招待客人，十分麻烦。

一正月家里来的人多，她支茶应水的，一直不停地忙着。

6535. 端茶递水——恭敬地招待客人或服侍长辈。

他一中午端茶递水地忙个不停，连口饭也没顾上吃。

6536. 顶待——伺候，服侍。

她那个婆婆样数太多，她可真的不好顶待。

舀起一碗稀粥没就一口菜，婆婆公公难顶待。

6537. 伺应——服侍；陪侍。

你先在这儿伺应的，我出去办点事，马上就回来了。

6538. 加敬——单给某人好食物吃。

这是你闺女加敬你的，你就慢慢儿品尝哇，这就是养闺女的好处。

6539. 捧敬——双手捧着东西送来，表示尊敬。

东西虽然不多，也是人家捧敬你来了，你不要不识抬举。

6540. 捧捧敬敬——形容经常敬送东西，表示尊敬。

娃娃们都对你们老两口捧捧敬敬的，你们还有甚不满意的？

6541. 上待——用较好的饭菜招待宾客。

你不要不知足，人家能另给你炒几个鸡蛋吃，那就是上待你了。

6542. 热协——待人热情。

你就去找他们哇，那老两口可热协了。

6543. 护热——热情，爱管护人。

那人可护热了，放下自己的事也要帮助别人。

6544. 热圪抓抓儿——待人热情，好客亲和。

他妈对谁也是热圪抓抓儿的，可是个好人了。

6545. 实忽踏踏儿——待人实在、热情。

那一家人实忽踏踏儿的，都是实实在在的好人。

6546. 招护——管护；照应。

打鸽子的不管鸪鸪鸠，留下小妹妹叫谁招护？

6547. 招招护护——形容热情地关照或帮助人。

这次进城，人家老李对咱们处处招招护护的，咱们甚时候也忘不了人家那好。

6548. 知冷知热——形容对人关怀备至。多指夫妻。

那两口子互相知冷知热的，可是一对儿好夫妻了。

6549. 大气——胸襟宽，气量大；对财物不计较，出手大方。

半斤豆腐叫开门，这才出来个大气人。

6550. 淌憨——大气；出手大方慷慨。

过光景不得不仔细，请人不得不淌憨。

6551. 意点——因为东西少只能象征性地表示一点意思。

咱们钱不多，与其每个人意点上几十块，还不如集中救济两三个人。

6552. 抬举——因看重而称赞、重用或提拔。

人家领导们都挺抬举你，你就好好地干哇。

6553. 抬爱——尊重、抬举、爱护或宠爱。

人家一家子家都挺抬爱她，她却经常给人家使她那小性子。

6554. 抬掇——赞赏，扶持，抬举。

不要在这儿吹牛了，如果没有人抬掇你，你什么都不是。

6555. 抬抬掇掇——抬掇：抬举。形容十分抬举某人。掇（duo）：用手托、端、举。

人家领导看得起你，把你抬抬掇掇的，你更应该加倍努力工作。

6556. 抬抬爱爱——十分抬举，呵护或珍爱。

人家一家子都把你抬抬爱爱的，你就知足哇！

6557. 扶掇——扶持，抬举。掇（duo）：用手托、端、举。

看你扶掇的那些人哇，没有一个给你争气的。

6558. 高抬低掇——赞赏、呵护，精心侍奉、抬举。掇（duo）：用手托、端、举。

人家一家子家都对你高抬低掇的，你就知足哇！

6559. 掇手心心儿——形容父母对子女十分疼爱与呵护。掇（duo）：用手托、端、举。

你大你妈从小掇手心心儿把你抬掇（抚养）下这么大，你以后可得好好孝顺他们了。

6560. 端屎掇尿——端屎端尿，形容伺候病人非常辛苦。

那是个好媳妇儿，成年端屎掇尿地伺候婆婆，人们都夸人家了。

6561. 摆操——摆弄；挪移。

趁这几天没有雨，你赶紧把那些烟

叶子摆操地晒干哇。

他摔伤了，不能动，全凭两个孩子摆操的给他看病。

6562. 操摆——同“摆操”。

6563. 操度——搬弄，挪移。

子女都不在身边，万一有个病，谁操度你去医院呀？

6564. 掇（说变音为 dua）弄——照料。掇（duo）：用手托、端、举。

他一年四季就在家掇弄病人，真难为他了。

6565. 掇（说变音为 dua）弄——照料。掇（duo）：用手托、端、举。

他一年四季就在家掇弄病人，真难为他了。

6566. 掇担（dàn）——扶持，抬举；精心伺候，爱抚；摆弄。掇（duo）：用手托、端、举。

看你掇担的那些人哇，谁也不给你张脸儿。（张脸儿：给人脸上添光彩）

他什么营生也做不成，就在家掇担的个病娘娘。（病娘娘：身体虚弱，经常卧病的人）

6567. 隆掇——善待；伺候；特别宠爱和抬举某个人或者是某件东西。掇（duo）：用手托、端、举。

他终究也没有把媳妇拢掇住，跟上人跑了。

6568. 隆隆掇掇——形容十分抬举某人或精心呵护某人某物。掇（duo）：用手托、端、举。

他们那个三小子三十多岁才娶下个媳妇儿，全家人把个媳妇儿拢拢掇掇的，就像待客人一样，就怕人家不高兴。

6569. 高看——看重，尊敬。

那种人押轻不押重的，我实在不敢高看。（押轻不押重：性格轻浮，不稳重）

6570. 喜见——喜欢。

茅庵房房院墙低，哈巴狗嘀哝是喜见你。

6571. 看好——评价好；喜爱。

6572. 待见——（对人）喜欢，待好。

她那种人忽咧儿闪电的，一阵儿一个样儿，真不招人待见。（忽咧儿闪电：待人态度不恒定，忽冷忽热）

6573. 另眼相待——用另一种眼光看待；也指不被重视的人得到重视。

自从儿子当了官儿，村里的人们对他也另眼相待了，甚至连“刮地穷”这个老外号也没人敢叫了。

6574. 另眼相看——同“另眼相待”。

6575. 另眼看待——用不同于一般的眼光看待。

6576. 寡——原指淡而无味，比喻态度淡漠，也指关系疏远或毫不相干。

6577. 寡气——性格孤僻，待人冷漠，淡于人情。

那人一直就挺寡气，连他的那亲的也很少上他的门。

6578. 寡骨六瘦——性格孤僻，不认亲，不愿与人交往或没有人情味儿。

6579. 寡怔怔儿——不近人情或面相冷漠。

他那个人寡怔怔儿，不认亲。

6580. 晾——慢待，置之不理；抛弃，困。

人家是来找你的，你把人家晾在那儿不管了？

天旱水跌刹住船，你把亲亲晾在干沙滩。

6581. 忽列——急切、频繁地显示关爱或殷勤。（贬义）

她又是来忽列来了，正经用她出钱出力的时候，她老是躲得鬼影儿也没有。

6582. 忽列儿闪电——待人态度不恒久，忽冷忽热，忽亲忽疏，亲时吸蜜，恨时咬牙，变化无常，快如闪电。

他那个姑姑，忽列儿闪电的，一点也不续长，越发不是个东西（持续时间久长）。

她那种人忽列儿闪电的，一阵儿一个样儿，和谁也不续长。

6583. 三黄两脸——形容人的情绪态度捉摸不定，变化莫测。

他那个人三黄两脸的，跟谁挨居（交往）也不续长（持续时间久长）。

6584. 轻忽拍拍（pia）儿——待人态度轻浮，语言肉麻，假献殷勤，让人不敢高看。

那个人轻忽拍拍儿的，不知道什么时候把领导给谝啦住了。（谝啦：巧言蒙骗）

那个家伙轻忽拍拍儿的，一点儿也不稳重，人们都看不起来他。

6585. 三般两样——指待人不公平，不是一视同仁。

一样样儿都是亲戚，你不能三般两样对待。

6586. 三等两样——不能一视同仁。

都是同事，你这样三等两样的对待，不太好。

6587. 冷勾滥淡——态度不热情；不亲热或不关心。

看见人家都对他冷勾滥淡的，他也就知趣地走了。

6588. 冷勾慢搭——态度怠慢，冷淡。

你对人家冷勾慢搭的，哪像个处对象。

6589. 冷脸儿凉情——冷漠的面部表情，冷淡的待人态度。

一看人家冷脸儿凉情的，他连水也没喝一口就出来了。

6590. 下看——小看，轻视。

现在那人，你穿的土点儿，他就敢下看你。

6591. 不待见——不喜欢，嫌弃，看着不顺眼。

那种人轻皮抖手的，我一点儿也不待见。（轻皮抖手：轻浮，不稳重）

6592. 见不得——讨厌；容不得。

大河畔上瞎老多，家大人多见不得我。

他那个人就是看人头儿下菜碟子，溜有的敬富的，死见不得穷人。

6593. 活嫌——十分讨厌，嫌弃。

那个娃娃也不太听话，再加上是个带子，他对那娃娃是活嫌了。

6594. 黑嫌——特别厌恶；非常嫌弃。

她把两个老人黑嫌啦，一点也见不得。

6595. 黑眼——让人厌恶；惹人嫌。

他倒黑了众人的眼啦，人人都黑眼他，他还能待下去吗？

6596. 日眼不黑眼——日眼：爱在人前头显露自己。黑眼：使人讨厌。指人虽然爱表现自己，还有使人喜欢之处，不太惹人讨厌。

那个家伙有嘴无心，倒是个日眼不黑眼的人。

6597. 待理不理——似理睬非理睬的样子。

人家跟你说话，你咋待理不理的？

6598. 待尔不搭——对人态度冷淡，不愿意搭理。

这个事我和他说了好几回了，他就是待尔不搭的。

6599. 待理不搭——不愿意理睬，怠慢的样子。

人家去看他，他却待理不搭的。

6600. 搭茬儿——也作“答茬儿”，接过别人的话说话。

6601. 茬儿也不搭——不理睬，怠慢的样子。

人家低声下气地问他个话，他却茬儿也不搭。

6602. 茬儿也不茬儿——一下也不理，极度轻慢的样子。

他找到人家家里，人家还是茬儿也不茬儿他。

6603. 不尿——不理睬。

三天不喝水——不尿他。

6604. 不尿洗——不理睬。

那种溜沟子货，我不尿洗他！

6605. 不丢不睬——对人不尊重、歧视、冷漠、虐待的态度。

人家对她不丢不睬的，好像一家子都见不得她。

6606. 颤乎——在乎；理睬。

让他说去吧，我才不颤乎了。

6607. 亏情——吃亏。

这事情，他有他的目的，你有你的盘算，反正你也不亏情。

6608. 亏情不了——亏待不了；使吃不了亏。

你就跟我干哇，哥哥保证亏情不了你。

6609. 惹厌——惹人讨厌。

这种情况，你就少说一句哇，甚事不顶，只能惹厌。

6610. 舍脸跌皮——舍脸皮。

为了一口吃舍脸跌皮的，他那做人做得也太下作了。

6611. 眠耳传蹄——形容牲畜被驯养得服服帖帖；也比喻人老实听话。

那个马原来又踢又咬的，他买下两个多月，就把它驯得眠耳传蹄的了。

6612. 顺顺色色——顺色：顺利。形容顺从听话或痛痛快快。

这次，他要是顺顺色色地把钱给了，咋也好说，如果不顺色，咱们就直接报警。

6613. 犟扭憋缺——不顺当，勉强行之；不同意，勉强结合在一起。

实在不行就离吧，这犟扭憋缺的，多会儿是个头？

6614. 挺硬——特别硬，多指人的态度强硬。

6615. 挺拔儿老硬——特别硬，指物体特别坚硬或人的态度特别强硬。

水泥干了挺拔儿老硬。

他觉得来了给他做主的人了，态度一下就变得挺拔儿老硬。

6616. 认生——觉得陌生而害怕或不顺从。

6617. 仗胆子——给人壮胆、做主。

你拿上这么个杨树棍棍，也就是给自己仗胆子，真要打起来，能顶个甚用？

6618. 一齐一合——形容大家行动一致，配合默契。

看人家那弟兄们，做甚也都是一齐一合的，真团结。

6619. 防贼当鬼——把人当作贼一样防着，当作鬼一样躲着。

他在单位的名声已经臭了，人家都把他防贼当鬼的。

第五十三节 为人处事

6620. 扬误——心不在焉，办事拖延，责任心不强，经常耽误事情。

这事情关系到你弟弟的前途命运，你去了就要抓紧时间办，千万不能扬误。

6621. 扬扬误误——心不在焉，注意力不集中，办事皮皮踏踏，漫不经心的样子。

那人扬扬误误的，甚事也靠不住。

6622. 舀喃——做事漫不经心，拖沓，随便，敷衍，不讲效率，甚至前说后忘。(喃，读 nàn 音)

那人是个大舀喃，这种事可千万不能靠他去办。

6623. 舀油喃水——做事漫不经心，拖沓、随便、敷衍。(喃，读 nàn 音)

那后生舀油喃水的，靠给他的事情，他早就忘了。

6624. 舀踏——做事、说话随意，不靠谱。

他那种人舀踏惯了，说下三点到，五点也来不了，说不定早把这事给忘了。

6625. 舀二踏三——说话或做事随意，不靠谱。

他那人就那样，说话总是舀二踏三的，你不要跟他计较，瞎撩气。

6626. 潮潮喃喃——潮：傻；成色不足。傻里傻气，轻举妄言，不稳重，没成色。

那个家伙就是那样，潮潮喃喃的，知道底细的人，也就不跟他计较了。

6627. 舀潮忽喃——同“潮潮喃喃”。多指说话不着边际。

看你，三十来岁的人了，说话还是舀潮忽喃的，一点成色也没。

6628. 没脚（jia）后跟——说话没有信用或做事有始无终，嘴上答应别人，却并不行动，久无回音。

那人是个没脚后跟货，你靠他办事，根本等不上，你趁早想别的办法哇。

6629. 打过手了——正在做某事或想某事而中途遇到干扰，致使注意力转移或把前事忘在脑后。

唉，这大气只顾跟你说话了，把买票的事也打过手了，我得赶紧去火车站！

6630. 挨排适骤——按安排、按顺序，有步骤地进行。

事情得挨排适骤地办，一件一件地来，不能着急，着急就会出乱子。

6631. 夹三骗二——大体省略地说说；不能按照步骤干活儿。(夹，隔。骗，表示间隔、跨过之意)

你这样夹三骗二地说不行，你得挨住说，详细点儿。

你这夹三骗二的锄下些甚地啦？

6632. 夹二骗三——零零星星、不连贯。骗，表示间隔、跨过之意。夹，隔。

那本书太厚，我只是夹二骗三地看了一下，顾不上挨住详细看。

6633. 眯瞪儿麻瞪儿——迷迷瞪瞪；迷惑不解，搞不清楚。

他每天就记得个喝酒，眯瞪儿麻瞪儿的，哪能检点住这种事情了。

6634. 混堆儿混——把各种东西都搅混在一起，纠葛不清。

关系混堆儿混，银钱算不清。

6635. 日鬼——扰；鼓捣。

谜语：黑紫红，黑紫红，到了半夜日鬼人。（谜底：壁虱。日鬼：这里解作“咬”）

吃上糠炒面，喝上爬爬水，进了肚里瞎日鬼。

6636. 胡日鬼——胡搞；胡乱捣鬼。

6637. 误不住——耽误不了。

他病了也误不住个跟人们开玩笑。

6638. 悉底尽明——对某事完全清楚，十分了解。

吃玻璃，喝水银——悉底尽明。

6639. 缠手——脱不开手，或事情难办。

这是点儿缠手营生，拿起来就放不下了。

他这个病挺缠手，已经吃了一年药了，才稍微有点好转。

6640. 圪缠——纠缠。

话早已跟你说清楚了，别来圪缠我。

6641. 缠磨——纠缠、磨叨、搅扰，以达到某种目的。

他硬是跟他妈妈缠磨了五块钱。

6642. 麻缠——犹如乱麻缠绕，纠缠、搅扰。

他喝醉了，麻缠住我，半天不让走。

6643. 麻麻缠缠——形容连连缠磨、搅扰，使人厌烦。

他每天麻麻缠缠叫人家给他换个岗位，后来叫人家领导骂了一顿，才再不敢去了。

6644. 胡搅麻缠——胡搅蛮缠。

你不要再去跟人家胡搅麻缠了，根本不起任何作用！

6645. 识耍——能正确对待玩笑。

看你这个娃娃不识耍，人家只是跟你开个玩笑，你还真恼了。

6646. 耐耍——经得住别人开玩笑。

那娃娃一点也不耐耍，一逗就逗哭了。

6647. 撇（pie，方言音为pia）浮油——借工作之便，贪图小利，拿不义之财。

他那个官儿就能撇点儿浮油，大的钱根本到不了他的手里。

6648. 顶真见实——较真儿，不分大小事，过分认真，非搞清楚弄明白不可；不能变通。

有点事情，该糊涂就糊涂点，能变通就尽量变通一下，不论甚事，事事顶真见实，反倒不好。

做事情过于顶真见实的，有时候会得罪人。

6649. 顶一把二——一是一，二是二，形容数量上毫不马虎或要求强硬、苛刻，没有灵活性。

赌场上的那种钱，能收回几个算几个，你还能顶一把二地当一本帐的要？

我把他的锹弄坏了，赔钱多少都不行，他顶一把二地就要我赔他原来那样的锹。

6650. 顺手人情——乘方便的时机，捎带着给人做好事或送人情。也即“顺水人情”。

6651. 眼儿无当——满不在乎，毫不在意。

对你来说这是个大事，你怎么还是眼儿无当的？

6652. 乞能——形容使用特别小巧的工具；形容过分娇气的样子。

看人家这乞能的，吃饭还就像个娃

娃呀似的用个小勺勺，那多会儿才能吃饱呀？

看那乞能的，往罄儿号儿尿呀！（罄，qing，佛寺里使用的一种钵状物品，用铜、铁铸成，念经时的打击乐器。号儿：里头）

6653. 支预其场——支预：准备。指做好准备，应付可能出现的情况。

你先把钱拿上，这是个支预其场，到时候不用了再拿回来。

6654. 眼红——别人有了好事，自己就心态不平衡，就得“红眼病”。

不要眼红人家，有本事你买一辆比他更好的奔驰。

6655. 眼气——别人有了好事，自己眼红、嫉妒。

他那个人，自己一事无成，就爱眼气别人。

6656. 眼红臊热——因人胜过自己而产生的嫉妒心理。不仅眼红，而且“羡慕、嫉妒、恨”。

自己没本事，看小不看大，别人一有点好事，他就眼红臊热得不行了。

6657. 可（kè）意——快意，因为有成见，快意于他人的不幸。

人家有点不幸，他就可意得不行，好像比他中了奖还乐呢。

6658. 虚——客气，做作；娇气。

要吃就吃饱哇，来我这儿还虚甚了。

就跑个肚，还要请假，真虚了。

6659. 虚里巴几——同“虚”。

你这个人虚里巴几的，感冒一下就要住院、打针、输液。

6660. 拿捏——扭捏，装作；过于客气。

来这儿不要拿捏，也不是到了生地方。

6661. 拿拿捏捏——形容人干活儿不知如何下手；也指过于客气或做事放不开手脚。

那些念书娃娃们做营生都是拿拿捏捏的，甚也干不了。

6662. 捏架子——摆架子。

官儿不大，倒挺能捏架子的。

6663. 捏作——故作姿态，矫揉造作。

你快不要捏作了，一口吃了个李子，谁不知道谁的个底子！

6664. 拿堂——故意装作或因为取心而谨慎应付。

大家快吃呀，来了老同学家，难道还拿堂了？

6665. 绷架——板起面孔，故作姿态。

6666. 绷架起——不自然，故作姿态，别扭的样子。

看你绷架起，真别扭，把众人也弄得不自在。

6667. 识阵——能分清场合，识得阵势，知趣。

幸亏他识阵，再没有多说话，扭身就走了，不然，今天非吃大亏不可。

6668. 取心——谨慎多心，客气见外。

灯盏没油黑坐着等，哥哥没钱你婯（biào）取心。

6669. 取心事——形容人过分客气或多心。

请大家出来吃饭，谁也不要取心事，想吃甚就点甚哇。

6670. 取心犯事——事事在意，过分多心。

脸儿壮吃得胖，取心犯事吃不上。（脸儿壮：脸皮厚）

6671. 憨憨不事——平和憨厚，不挑

事。

那人憨憨不事的，跟谁也不难轧(ga)守。(轧守，与人交往相处)

6672. 少心没事——思想单纯，事儿少，不计较小节。

他那个人少心没事的，从来也不跟人计较。

6673. 作假——装作，故作客套，不爽直。

你们虽然第一次来这儿，但是我们都是老朋友了，大家该吃就吃，该喝就喝，谁也不要作假。

6674. 不作假——不装作，不讲客套，不取心。

他倒不作假，坐上来就吃，端起酒就喝。

6675. 掏良心——讲良心；凭良心。

掏良心说，那个事情咱们也有过错，不能尽怨对方。

6676. 丝丝繎繎（ràn）——原指丝长而韧，纠结难理。用来形容纠缠不断或缠绵难分。

这孩子丝丝繎繎的，大人走到哪儿他跟到哪儿。

双方大人都反对，他们俩却还是丝丝繎繎地分不开。

葫芦条烩上山药蛋，丝丝繎繎离不转。

6677. 粘皮扯肉——形容东西沾附在皮肤上，难以剥离，使人难受。比喻没完没了，得寸进尺地依赖别人或侵害别人利益，让人厌烦。

你真是村里的姑姑，不识招逗，经古粘皮扯肉的，就考虑你自己了，有个完没有？

6678. 死缠活搗——形容纠缠不休，让人厌烦。

那个人跟你死缠活搗的，要是不给他点便宜，那就没完没了。

6679. 麻里搊烦——头绪多而乱，费事麻烦。

这个事情麻里搊烦的，两个多月了，还没弄成个样儿。

6680. 生圪叭叭儿——①陌生；生疏。

井里头的蛤蟆井外爬，生圪叭叭儿婆婆叫妈妈。

②态度生硬。

人家那样恳求他，他竟然生圪叭叭儿地拒绝了。

6681. 生插硬棍——以强硬的态度去做某事。

6682. 生硬——态度强硬。

6683. 生拉硬扯——生硬地拉扯。指两件事原本没有关系却牵强地往一起联系或人与人关系本来疏远而生硬地套近乎。

6684. 生拉硬拽——多指人本来不想走或去，却被生硬地拉走。

6685. 贸然然——轻率；无凭；冒失。

不了解情况，不要贸然然的乱说话。

6686. 欢欢儿——赶快；从速。

你欢欢儿走哇，没时间了！

6687. 挪挪对对——贬义词。故意寻找理由或机会以刁难或拖延。

他欠下人家的材料款，挪挪对对不想给，已经拖了一年多了。

6688. 手到擒拿——办事不费力。

你不要着急，给老张打个电话，修这类电器，人家那是手到擒拿。

6689. 黑赖——以蒙哄、诬赖为手段，据他人财物为已有；敲诈，昧人钱财。

那个家伙，硬是黑赖了老三五十块

钱不给了。

6690. 黑赖人——诬赖别人或把责任推给别人。

明明是他干的，他还要黑赖人，这种人真是贼性难改。

6691. 讹人——假借某种理由诬赖人，强迫人，以勒索、诈取他人财物。

甚是个甚，不要讹人。

医无价，药无价，医生讹人没招架。

6692. 黑伙——骗取钱物或私分赃物。

他们几个黑伙了老太太一千来块钱。

6693. 出洋相——出丑，露出令人作笑的丑相；略带幽默的失态。

xxx 和别人的自行车撞架了，他忙说："你是个强将，我是个凉棒，一下撞在个柁上，惬(qie)惬儿出了个洋相。"串话使一场风波一笑了之。

6694. 出贼相——出洋相；出丑相。

你不要出贼相了，快做点正经营生哇。

6695. 洒了醋啦——事情办砸或露馅儿，出洋相、丢人。

你这次去算是洒了醋啦，叫人家笑话死了！

6696. 坏了醋啦——把事情办糟了；坏事了。

这可坏了醋啦，这事算是彻底完了！

6697. 脚踢手扒拉——办事、干活儿利落。

人家那要不了不做，要做起来，脚踢手扒拉的，一阵儿就做完了。

6698. 脚踢手打——原指用脚踢、用手打。比喻人干活儿十分利落。

那媳妇儿做点儿营生多会儿也是脚踢手打的，可快了。

6699. 扯旗放炮——步调不一致，办事拖沓。

营生本来不多，但是像这样扯旗放炮的，一个月也做不完。

6700. 信马由缰——任由个性发展或任由事态发展。

那后生打小信马由缰惯了，大人们也管不了，像这样儿，迟早也待害呀。

6701. 拉汤带水——办事拖沓，不利落；牵连别人。

你说你自己的事，不要总是拉汤带水地牵扯别人。

6702. 忽雷炮仗——办事快速却粗略。（炮仗，爆竹）

他们几个人忽雷炮仗地，一阵儿就把东西都装上车了，不过，打坏不少零碎家具。

6703. 急督慌忙——办事着急慌乱；急急忙忙，慌慌张张。

他一推饭碗就急督慌忙地走了，肯定又是有当紧事了。

6704. 张风哈冷——粗鲁，急躁，妄动。

那种人张风哈冷的，这种事我不敢托他办。

6705. 急逼溜猴——千方百计、不择手段、不失时机的做法或行为。

那人现在穷灰了，急逼溜猴的摸着甚做甚，也不像以前那么要面子了。

6706. 急生急养——比喻人事到临头而匆忙行事。养：原指生孩子。

俗话说，急生急养，养下也不长。

6707. 急刁百握——争抢。

现在大家都重新排队领取，这样急刁百握的，真不像话！

6708. 急灵见敢——机灵胆大；钻营。

那个家伙急灵见敢的，甚钱也想挣，

甚空子也想钻。

6709. 黏(ran)牙——不好侍候，不好对付，挑剔。

人家别人都不说个甚，就数你黏牙了，你这理挑上有个完没有？

6710. 嘞（lě）粗——粗心。

他那做营生过于嘞粗，只能做一些粗笨营生，别的不能靠他。

6711. 闪深踏浅——原指人走路深一脚浅一脚，比喻做事不稳重，说话没准头、没分寸，不靠谱，可信度、可靠度差。

他那种人说话闪深踏浅的，你就不要计较他了。

6712. 倚老卖老——仗着年纪大，卖弄老资格。

有话好好说，有事咱们商量地解决，你这倚老卖老的，可不是个办法。

6713. 以心托实——高度信赖，以心相托。

人家对咱们以心托实的，咱们可不能愧对人家。

6714. 托靠——托付，依仗。

他当初来这儿甚托靠也没有，完全是自己独力打拼出来的。

6715. 担待——原谅、谅解，能够宽容地对待别人的过失。

如果我有做的不周不到的地方，请大家多担待一点。

他是新手，他有什么不周不到的地方，你就多多担待一些哇。

6716. 掏心窝子——推心置腹。

我这都是掏心窝子的话。

6717. 掏心挖髓——形容非常难受或推心置腹，触及灵魂。

一到半前晌，人就饿得掏心挖髓的。

你要掏心挖髓地好好说一说他！

6718. 打翻板儿——设身处地（想或比较）；换位理解。

会打翻板儿才能理解人。

6719. 打颠倒——换位思考问题。

6720. 打过颠倒——遇事来回想，换位思考。

若要公道，打过颠倒。

6721. 心尽了——已经费尽心思，尽到了诚心。尽：全部用出，竭力做到。

这个事，我是心尽了，至于结果如何，那就听天由命圪哇。

割上圪针喂老牛——心尽了。(圪针：一种带刺的植物。比喻只从形式上应付，并不管实际上是否妥当或需要)

6722. 加心在意——特别用心、留意或特别小心注意，不疏忽。

找这么好的一个老师傅不容易，你跟上人家，得加心在意地好好学习手艺。

6723. 不理朝事——对份内份外的事情都不关心。

你趁早不要问他，那人算是个领导，也从来不理朝事。

6724. 不懂营规——不懂得某种规矩或做法。

他初来乍到，还不懂营规，你得时时处处多提醒他一下。

6725. 不管二三——不顾一切，不问是非情由。

他一进门，不管二三拿起来个苹果就吃，结果叫他妈大骂了一顿。

6726. 不打不算——不用专门去盘算。

只要养成良好的节水习惯，不打不算，一年也能省个百二八十块钱。

6727. 末底捞稠——本指舀饭时到最后到底部就能舀到稠的，常用来比喻事情到最后往往能获得更大的好处或利益。

你这是末底捞稠，这些就都给你哇。

6728. 末游捞稠——最后一个反倒得到更大更多的好处。

抓阄时众人都抢着抓，最后一个才轮到他，剥开一看，恰好是个头等，真是末游捞稠啊！

6729. 捏拍——几个人背后议论，编排、诋毁他人，背地里商量捉弄人或陷害人。

那几个家伙聚在一起，就爱捏拍别人。

6730. 捏通套子——指几个人背地里串通或暗中统一口径。

他们几个在会上一起向老刘发难，肯定是早就捏通套子了。

6731. 撒开人马——指所有的人都出动。

小孙子突然不见了，全家老小撒开人马整整找了一天，总算寻见了。

6732. 打里照外——里里外外都照管得很周到。

那个人勤谨，每天打里照外的，甚事也误不了。

打光棍的哥哥好惨心，打里照外一个人。

6733. 神服——讥讽语，信服、服气，含有极其无奈的意思。

我真是神服了你了，前安后顿的，你咋能说忘就忘了呢！

6734. 做得赖——指人性格粗野蛮横，对人不客气，不好招惹。

喝酒不吃菜，肯定做得赖。

6735. 做得稀——遇事不讲情面，心狠手辣的做法。

那个家伙可做得稀了，谁也不敢招惹，不过，谁也不愿意跟他共事。

6736. 扎——干，做。（贬义）

骑了个骆驼吆了个猪，可把那事情扎了个苦。

6737. 手短——碍于情面不好下手或另有隐情不能下手（管理或干预）。

6738. 嘴短——碍于情面不好意思说或另有隐情不能说。

吃了人的嘴短，拿了人的手短。

6739. 摸脱——滑落；因为处事失度或贪得无厌而把事情办砸或致使事态逆转。

那人说起来一套又一套的，一做事就尽办那摸脱事。

6740. 谦胡——谦虚或不说实质性问题。

你们都是谦胡地告诉（说）了，为什么不敢把问题挑明了说呢？

6741. 讲今比古——为达到目的，摆出一套又一套的理由。（褒义贬用）

那人，讲今比古的，常有理没不是。

6742. 显能——有意识地炫耀才能。

他就爱显能，生怕人家不知道。

6743. 显能卖怪——显摆，炫耀自己；爱出风头，喜欢卖弄自己的本领。

那人可爱在人前头显能卖怪了，就怕别人不知道他那两下了。

6744. 三八两下（hà）——两三下，比喻干活儿利索，动作快、效率高。

人家过来三八两下就给修好了。

6745. 三下（hà）两下（hà）——指有两下子，有一定本事。

没个三下两下，不敢到戏场儿打架。

6746. 垃叉——粗鲁，做事缺乏检点。

他那个人太垃叉，已经到了车站了才发现没拿火车票。

6747. 垃里垃叉——粗鲁，做事缺乏检点。

看你垃里垃叉的，现在出门，忘了带身份证怎么能行，快回去取圪哇！

6748. 不拘不择——不讲究，不选择；随便。

他就爱喝酒，至于菜呢，不拘不择弄上点儿甚也行，有个就上的就行了。

6749. 无虑不咋——随便；怎么方便就怎么来，无需斟酌。

他那个人不讲究，无虑不咋弄上点儿菜就能喝半斤酒。

6750. 不值滥糙——事情或原因不值一提。

那年，我们俩因为点不值滥糙的事情嚷了一架，过后，都挺后悔。

6751. 相干——关涉；关系。

"看你这寡呀不寡！看三国掉眼泪——替古人担忧。我就是得了后痨哇，与你有甚相干？"（二人台《卖碗》）

6752. 不相干——不厉害，不严重；不相干涉。

"听说你昨天晚上骑车摔倒了，不咋哇？"

"不咋点儿，就是手上蹭破了点儿皮。"

"那，你没有去医院让包扎一下？"

"唉，不相干，用不着包。"

6753. 无凭相干——无缘无故；没有根据。

你无凭相干的，怎么一见面就要骂人家？

6754. 好平相干——平白无故，没有任何原因或缘由。

好平相干的，他咋了骂你了？

6755. 白平无故——平白无故，无缘无故，没有原因，没有理由，没有根据。

他那天在大街上，平白无故就叫人打了一顿，结果说是认错人了，真冤枉！

6756. 好平无辜——平白无故。

6757. 修积——行善；修行；积德。

老来幸福安康，也是一辈子修积下的。

6758. 遮明翳黑——比喻偷偷地、尽量避开他人做某事；也指诡秘之事。（翳yi：遮蔽，障蔽）

这本来不是个光明正大的事情，你们只能遮明翳黑地做，我呢，只好睁一只眼闭一只眼了。

6759. 见不行人——没脸见人。

黄河鲇（nian）鱼变不成龙，没寻上好男人见不行人。

6760. 夹耍带笑——以开玩笑的形式说出正事。

二两冰糖递在妹妹手，夹耍带笑开了口。

6761. 没抓——因为事情紧急或危急，致使一时没有主意，没有办法。

概没经见过这样的事，她吓得没抓了。

6762. 没担饶——无法替代；无法摆脱。

桃疙瘩儿大来扣门门小，哥哥这难活没担饶。

6763. 挠头——事情麻烦，难以处理。

这个事情挺挠头，单靠他自己恐怕摆不平。

6764. 没影踪——没有身影、踪迹。指说话不靠谱或承诺绝不可能兑现。

他说话没影踪，你可不能指望他。

6765. 没影儿——没有踪影；毫无根

据，不确实。泛指没有准头的事、没有根据的话。

等我追出门，他早就跑得没影儿了。

他说的都是没影儿的事。

6766. 吃架——承受；坚持；招架，抵挡。

扛了一袋米上楼，他就吃架不住了。

6767. 打脱——把事情推辞掉或中止正在进行的事情。

这件亲事挺合适，你千万不要打脱。

这笔买卖你先不要给咱们打脱，继续跟他们谈，等我回来再做决定。

6768. 掏耳朵——比喻暗中提醒人或给人通报消息。

没人给他掏耳朵，他一直蒙在鼓里。

6769. 拧个调——中式弦乐器通过拧动旋钮来调整弦的松紧度，从而确定音调的高低。由此，比喻拿主意、做决定。

到底咋办呀，你们得赶紧拧个调！

6770. 接圆——完成；成全。

咱们把这点儿营生接圆了再收工。

咋大的山水成不了河，咋好的朋友接圆不了我。

6771. 害事——碍事或对事情不利。

6772. 妨事——碍事或对事情不利。

6773. 闹撇啦——产生分歧，互相冲突。

他们两个闹撇啦，谁劝也没用。

6774. 落索（lua sua）——麻烦。

你不要揽那个落索了，那营生实在是太麻烦了，做到最后，能不能要上工钱还两说的了。

6775. 称于——听凭；听任。

我把事情、道理都已经说清楚了，至于给多给少，就称于你了。

6776. 趁由——凭心任由。

沟沟岔岔长流水，想我不想趁由你。

半箩头燎炭半箩头灰，要筛要簸趁由你。

6777. 紧由自在——自由自在；没有时间性，没有紧迫感。

这点营生，你就紧由自在地做哇，多会儿做完算多会儿。

6778. 不紧不慢——形容说话做事不慌不忙，不着急。

不紧不慢，正赶上吃饭。

营生不多，你们就不紧不慢地做哇，不用过于着急。

6779. 一狠二狠——既然狠下心来，索性就干到底。

反正现在牛奶的行情不好，一狠二狠，要卖，就把这三条奶牛都卖了算了。

6780. 鬼抽筋——动作不规范，不认真。比喻敷衍应付；比喻人手舞足蹈地出洋相；也比喻人小气犹豫。

你那哪叫练太极拳了，简直就是鬼抽筋了。

一跟他要钱，那就像鬼抽筋了，总是难活得不想出。

6781. 鬼抽二股筋——同“鬼抽筋”。

6782. 二鬼抽筋——比喻两人闹别扭，不能协调一致。

6783. 皮不利——剥不下皮来，常比喻该给别人钱物时赖着不给或少给。

那人皮不利，不能打交道。

6784. 眼皮儿薄——形容人爱贪小便宜。

他眼皮儿薄，只要给点儿甜头就干。

6785. 落(lao)扎——搅扰；添麻烦。

咱们这人多，人家家小，咱们就不要进去落扎人家了。

6786. 得昧——拾到别人的东西隐瞒

下来据为己有。（昧：隐藏、隐瞒）

他拾住一根笔，明明知道是小明的，不给人家，自己得昧了。

6787. 滞气——生闷气。

你不要和他滞气了，不值得，他就是那种人，不懂理，也不讲理。

6788. 昧心——违背良心。

咱们再穷，也不能得那种昧心钱。

人，无论走到哪一步，也不能做昧心事。

6789. 昧良心——违心；违背本意。

说话可不能昧良心。

6790. 瞒心昧己——违背自己的良心干坏事。昧：欺瞒。

两头的老人同样都是老人，你不要瞒心昧己地对待人家，这样不好。

6791. 葬良心——做违背良心、损害他人的事。

亮红晌午响孤雷，谁要葬良心山水推。

压头顶顶云彩拉磨磨雷，谁要葬良心五雷追。

6792. 不识火色——说话办事不看机会，不看眼色，不识阵势。

人家正在打电话发脾气了，他进去还要跟人家说事，真不识火色。

6793. 不识眼色——看不出或看错对方脸色的好坏。

渔网下在瓮里头，不识眼色白张口。

6794. 看眉看眼——察言观色，顾虑重重。

在后妈跟前吃饭，她总是看眉看眼的。

6795. 看眼色行事——根据人的神情态度及事情发展变化的情势而灵活应变，相机行事。

去了那儿，你也是个看眼色行事，约（yao）莫不行就算啦。

6796. 屡走屡看——边走边看。比喻根据事物的发展状况来对待或处理。

这个事我现在跟你说不死，咱们屡走屡看哇。

6797. 精吃白拿——白吃白拿。

有些乡干部，走到哪也是精吃白拿，群众意见可大了。

6798. 丢人马趴——做了损坏名誉的事情。

你这事做得丢人马趴的，我可不能再给你去说情了。

6799. 七拆八凑——东拼西凑。

他七拆八凑地总算盖起来三间房，有个住处了。

6800. 七抽八扯——比喻意见不一致，行动不统一，相互扯皮。

他们俩那买卖七抽八扯的，看来是做不下去了。

6801. 等对——等适当的机会。

这个事情，你不要出面，等对个合适的时机，我先跟他说说，看他是个甚态度。

6802. 发灰——捣乱；故意耍赖；使坏。

你这是故意发灰，敩（xiao）的害人了哇？（敩：学；效法）

6803. 出溜倒打——说了话不算数，反悔；出尔反尔，言行反复无常。

你出溜倒打的，一点信用也没有！

6804. 翻来折去——翻过来倒过去，指重复某种行为；也指人睡下后不停地来回翻动身体。

你翻来折去说的还是一个事，我早就听明白了。

他后晌叫人家骂了一顿，气得他一黑夜翻来折去睡不着。

6805. 燃（ran）对——通过协商，尽量设法分出一点。

你就燃对燃对，把那大炭也卖给我们一两吨哇！

6806. 燃（ran）就——协商解决所需。

你就燃就地让我们住上一黑夜哇！

6807. 尽先——表示某种动作、行为或事情优先进行或办理；尽量放在优先地位。

这批救济款要尽先考虑五保户。

咱们得尽先照顾好老人和孩子，不能有半点儿闪失。

6808. 让松——忍让。

他俩个谁也不让松谁。

6809. 尽让——谦让。

大家就不要互相尽让了，咱们就这样随便坐哇，哪也一样。

6810. 有尽有让——相互谦让着。

看人家那弟兄们，做甚也有尽有让的，真好。

6811. 尽尽让让——尽让：谦让。形容相互谦让的样子。

俗话说：刁刁抢抢不够吃，尽尽让让吃不了。

6812. 匀兑——尽量想办法分出一部分给人。

你们先匀兑地用，一会儿买回来再给你们补发。

6813. 品兑——分出，让出一部分。

6814. 赶累羊——比喻乘疲迫人或搞车轮战术。

你们几个这是赶累羊，我输了也不服气。

6815. 断乏兔儿——比喻乘疲迫人。（断：别字，意为追；赶；撵。乏兔儿：疲乏的兔子，喻疲乏的人）

你们三个人搞车轮战对付一个人，简直就是断乏兔儿了！

6816. 鞭打快牛——比喻人越肯干就越受到督催。

甚时候的领导也是鞭打快牛。

6817. 攻揎（xuan）——不停地麻缠、争取。

他不停地到局里攻揎，硬给儿子打闹下一个指标。

6818. 挨头子——受批评，受责备。

你再迟到，肯定要挨头子了。

6819. 大舍大泼——豁出去了，什么也不怕。

我这回买卖是大舍大泼，赔了也行，挣了也行。

6820. 紧把摸捞——抓紧时间，快速完成；紧紧地把握和控制，不能松懈。

这些营生，紧把摸捞地做也得做三天。

她把那几个钱紧把摸捞的，就怕男人又给耍钱输了。

6821. 挑心眼眼儿——完全由着自己的心意挑选。

管挑管抄，你就慢慢地，挑心眼眼儿地抄哇。

你年龄还小，咱们得挑心眼眼儿地找他个好对象。

6822. 捎来带圪——捎带着，顺便、顺手（办）。

他经常进城里，捎来带圪也不愁给你买。

6823. 捎捎带带——捎带着，顺便、顺手（办）。

这些营生，我捎捎带带地就做完了。

6824. 浮捎——正事以外干的事儿。

他工作之余还要做买卖，每个月浮捎也挣两千多块钱。

6825. 圪凑——聚集；凑近。

你们都圪凑过来，看看谁能认得这是个什么东西。

6826. 下了二柜——截留、私藏，据为己有。

他把上面给众人发的补贴款只发了一半，另一半他都下了二柜了。

6827. 气粗——因仰仗钱、权等实力而表现得气盛，说话口气强硬。

自从儿子当了乡干部，他现在说话也比以前气粗多了。

6828. 枪林箭杆——形容人态度强势，行为鲁莽、粗野。

那人这会儿日玄了，一进来就枪林箭杆的，骂了这个骂那个。

6829. 明来明去——行为公开或光明正大地。

那个家伙跟人家争斗也不是明来明去的，老是在背地儿害人家，算不上大丈夫。

6830. 找梢子——本指用镰刀割去庄稼或树木的梢子，比喻道听途说某种信息，并不准确或可靠。

6831. 依理如然——按照常理自自然然地做事。

你就继续依理如然地做好自己的工作，不必管别人的背后议论。

6832. 知理说信——懂道理，讲信义。

那人知理说信的，是个大好人，没人敢说个不然。

6833. 八面儿光——形容人世故、圆滑，面面俱到，善于应酬交际。

6834. 指三卖五——比喻哄骗别人。

那个家伙经常指三卖五的，他的话可千万不能信。

6835. 指指划划——指手画脚，不干实事。

他一来就指指划划的，这也不对那也不对，人们都十分反感他。

6836. 大甩手——该自己管辖的事情，只靠给别人，自己不闻不问。

这个工程是你包下的，你不能大甩手不管，哪怕隔几天去检点一次也行。

6837. 推土入窖——比喻人做事不负责任，糊弄了事。

你得给咱们闺女踅摸个好人家，你不能推土入窖，就管要彩礼。

6838. 拉长磨短——多指说话或做事的时候拖延的时间长。

那条路拉长磨短地二年了也修不通。

6839. 不识死活——不知道厉害，冒昧行事。

6840. 后手——后续手段，储蓄等。

有前手，没后手。

6841. 留后手——留着一手。留有回旋的余地或预留退路，以备不测，以备日后接应或继续。也指有的艺人不把所有的技艺都教给徒弟。

多会儿也得留后手，不能把钱都花光。

你那个徒弟，少情寡义的，你得跟他留后手，多一个心眼儿。

6842. 拿手——把握。

某某相媳妇儿，人问：相得咋样？某某答：有一半的拿手！反正咱们是看对了，人家对不对，还没见回话了。

6843. 拿一手——摆架子或找借口要挟别人。

6844. 扯破脸——指不顾脸面，无所

顾忌。

这种事情，她一旦扯破脸，那就谁也没办法跟她说了。

6845. 张脸儿——给人脸上添光彩。

人家抬掇你，你也得给人家张脸儿。

6846. 张门面——支撑门面。

6847. 吹得展——形容人吃得开，说话有效，办事顺利。

他现在吹得展，打得硬，是领导的心腹，单位的红人。

6848. 逢人至人——每逢遇到人。

她和儿媳妇儿吵了一架，她就逢人至人说媳妇儿的不好。

6849. 惜情护面——碍于情面而不能直言或不能公正处事。

他那个人处理事情惜情护面的，其实反倒是一种不公平。

6850. 推推靠靠——形容以各种借口推脱拖延。

一叫你做些儿营生你就推推靠靠的，可难了。

6851. 靠屁吹火——比喻自己不想干而依靠一个不能干的人去干。

你这是靠屁吹火，他娃娃儿家能给你生着个炉子？

6852. 指——凭；靠。

我名就叫王桂英，专指管媒过光景。

6853. 指望——仰仗；依靠；一心期待；盼望；盼头等等。

没有指望。

这个事情全指望你了。

6854. 指不上——靠不住，指望不上。

6855. 擦屁股——比喻处理别人尚未了结的事情。

他做事总是毛毛糙糙，总得有人跟在后面给他擦屁股。

6856. 毛手毛脚——做事粗心大意；好动。

你那做事毛手毛脚的，这可不是个好习惯。

6857. 狼胀——虚张声势。

你快甭狼胀了，这么点儿营生，用三个人干什么？

6858. 急水下缸——事情紧急，没有充分准备就急于办事。

6859. 急抓——情急之中，胡乱处事。

死了老婆哭妈——急抓。

6860. 按拍（pia）——按压物体；把事情按下去或稳下来。

你用砖头和棍子把那塑料布按拍好，不能叫大风刮起来。

你先把他们俩按拍住，不能把事态扩大，我去那头再劝说一下，尽快把这件事按拍下来。

6861. 抖露——把秘密全部告诉人；揭露。

6862. 圪蹉——拖；推诿。

看来这个事情圪蹉不过，不如趁早交了钱还有点儿优惠。

6863. 推手——请辞，声明自己做不了，让另请高人。

他老子的病看来是不行了，人家医院也推手了。

6864. 躲灾避难——比喻人逃避劳动等。

大家都还没收工，你们俩圪蹴在大树底下躲灾避难，真不像话！

6865. 燎滑湿屁——比喻人做事敷衍应付，一点也不踏实。

他那人没辛苦，做甚也是燎滑湿屁的。

第五十四节 人际交往

6866. 红人人——一时走红或受到宠信的人。

人家现在是红人人，每天跟领导在一起喝酒。

6867. 硬根子——靠山，可依靠的对象。

6868. 傍硬根子——依仗有钱有势的人，后盾坚强。

那个家伙之所以敢欺男霸女，就是因为人家傍硬根子的了。

6869. 靠把——依靠；靠山。

他刚来这儿，甚靠把也没有，全凭自己奋斗。

6870. 粗腿——比喻撑腰的人；有权势的人。

6871. 傍粗腿——粗腿：指代有权势的人。比喻攀附或依靠着有权势的人。

他现在吹得展不是他有本事，是人家傍粗腿的了。

6872. 扶上水——上水：上司，领导。比喻人用言语巴结逢迎上司。

那个人业务能力并不行，可人家就会扶上水，反倒成了"红人人"。

6873. 巴结——形容奔走于有钱有势者的门下，讨好有钱有势的人。"巴"者攀附，"结"者结托。

6874. 溜——行贿；讨好。

溜人为己，己为各人。（各人：自己）

6875. 溜舔——行贿，讨好。为了达到某种目的而巴结逢迎领导或有用的人。

那家伙又把领导溜舔住了，尽给他分配的清闲营生，还挣得多。

6876. 溜沟子——溜须拍马。为了达到某种目的而巴结逢迎领导。

溜沟子溜在胯沿骨上了。

6877. 舔屁眼儿——比喻巴结逢迎有权势的人。含讥讽意。

有人说"溜沟子、舔屁眼儿也是一种本事。"我没办法驳倒这种言论，因为绝大多数人做不到或不会做。

6878. 溜沟子货——为了达到某种目的而巴结逢迎领导的人。

那家伙是个溜沟子货，和咱们根本就不是一路人。

那人生来就是个溜沟子货，是他的本性，改不了。

6879. 长舌头——比喻爱巴结逢迎上司的人，含讥讽意。

6880. 白填黑窟——把财物给人却没有起到作用。

你把钱给了他，让他给你儿子找工作，那你肯定是白填黑窟！

6881. 虱擩（rǔ）——暗中送人东西或钱。

我悄悄虱擩了几个钱，他就答应了。

6882. 圪擩（rǔ）——暗递，暗中塞给（钱物）。

这种事情，你还是悄悄儿给圪擩上几个钱哇，不然肯定办不成。

6883. 喝后手——有人在背后出谋划策，暗地做主，出力支持。

那个时候，要是没人给我喝后手，我也不敢创办这个养殖场。

6884. 搂后腰——多指在经济上撑腰，

做后盾。

那几年遇上经济危机，要不是你给我搂后腰，我早就垮了。

6885. 朋股轧（ga）系——合伙；朋伙，建立合作关系。轧，结交。

这种朋股轧系的买卖不好做，还是自己单干最好。

6886. 两离两阂（he 变音为 hai）——关系不融洽；互不关心体贴，甚至有隔阂。

他们俩一直就是两离两阂的，不像个亲弟兄。

6887. 颠对弯子——比喻人与人通过合作共事相互认可、步调一致、配合默契。

那俩人算是颠对弯子了，这几年的买卖一直做得挺顺利。

6888. 扯臊——人不咋地或关系一般，不太密切。也指物品质量不怎么样。

你们俩以前不是挺好的吗？

一自夜儿也扯臊！

6889. 寡臊——人与人相互关系不怎么样；物品不咋地。

他们俩虽然是同学，但关系寡臊，毕业后谁跟谁也没有联系过。

6890. 寡淡——人与人关系不太密切；兴趣淡薄；没有意思；不行。

6891. 淡寡——人与人关系不太密切；兴趣淡薄；没有意思；不行。

6892. 淡寡四——做人或做事不怎么样；人与人关系不密切。

那个人能力怎么样？

淡寡四，不过，性格挺随和。

6893. 刀割水清——人与人关系断绝，分得干脆利落，没有一点瓜葛。

骑上切刀过了河，刀割水清扔了我。

6894. 清头儿利头儿——有条理；关系清楚；没有纠葛。

亲父子之间，哪能搞得那么请头儿利头儿的？

6895. 铁壳（ka）——形容人的关系很好，亲密无间。也比喻事情办得周密。

那两人可是共了十几年银钱事的真朋友，关系一个铁壳。

6896. 惯——熟，彼此很熟悉。

我跟他们可惯了。

6897. 惯熟——熟悉；了解。

我和人家不惯熟，还是你去说吧，你们是无话不说的老同学，效果不一样。

6898. 个儿顶个儿——一个算一个，一个胜如一个，个个都一样强。

我挑选的都是个儿顶个儿的好后生，完成这个任务绝对没有问题。

6899. 搬门子——搬出面子大的人给自己办事。

他又到城里搬门子去了，儿子的工作至今还没有着落。

6900. 续长——持续时间久长，多指人际关系稳定恒久。

他那个人三黄两脸（情绪态度变化莫测）的，跟谁挨居（交往）也不续长。

6901. 一阴配一阳——多指夫妻俩相辅相成的互补性。

一阴配一阳，麻猴子配个狼。（麻猴子：狼的俗称）

6902. 扳辈——（两个人）差了辈数，不是同一辈分。

他俩扳辈的了，哪能找对象呢。

6903. 单人独马——比喻单独行动，无人帮助的情形。

你单人独马的，能行吗？

6904. 一手遮天——比喻一个人说了

算，大小事都由自己做主。

你要是嫁过去，一进门就是一手遮天的掌柜子。

6905. 打平伙——AA制，合伙聚餐。

唉，那后生，踢是踢不着（za）了，看打平伙往着（za）吃哇！（踢着，劳累过度而伤身。吃着，饮食过量而伤胃）

6906. 伙——衣食、物品等合在一起共同使用。

这些大豆你们弟兄俩伙吃，谁也甭抢。

东西是伙的，你不吃是我的。

山狍野鹿，打住伙吃。

6907. 伙伙——与别人合在一起。

这个车我一个人买不起，要不咱们俩伙伙买下哇。

6908. 朋伙伙——合起伙来去做某事。

他们三个的资金都也不多，这个买卖只能朋伙伙来做。

6909. 朋锅——①合伙（吃饭）。

咱俩朋锅吃饭哇。

②男女非婚姻状态的同居。

甚会儿盼得由了我，定和哥哥去朋锅。

6910. 并锅——两家合并在一起起伙。

一到农忙，他们两家就并锅吃饭了。

6911. 朋锅吃饭——男女同吃同住的非婚姻状态。

他们俩婚也没结，也就是个朋锅吃饭，相互有个照应。

6912. 打圪堆——赖在别人家，找理由让别人供养自己。

你把我打成这样了，我哪也不去了，就在你家打圪堆呀！

6913. 一来二去——指相互交际往来、接触后渐渐产生某种情况。

他们两家一来二去的，交情越来越密切了。

6914. 得济——得到子女或晚辈的赡养或接济。

养儿也得济，养女也得济。

6915. 得依济——一般指得到孩子对家庭的奉献。

他们那个时候供养三个孩子上学特别艰难，现在总算得上依济了。

6916. 两眼一摸黑——谁也不认识或什么情况也不了解。

我来这里，人地两生，两眼一抹黑，请各位多多帮助。

6917. 挨人——与人交往共事。

出门在外，你不挨人怎么能行呢？

6918. 挨居——交往共事。

他那个人三黄两脸的，跟谁挨居也不续长（持续时间久长）。

6919. 挨靠——经常交往共事，走得很近。

他挨靠的那些人，没有一个出奇的。

6920. 挨的靠的——经常交往共事并且相互信得过、靠得住，关系密切的人。

我就是向挨的靠的借也不愁借个十几万块。

6921. 亏欠——欠人情。

咱们以前有人家的亏欠了，今后一定设法补报人家。

6922. 落（lao）亏欠——欠下人情债。

该多少就多少，给现钱，咱们不落他那个亏欠。

6923. 葛绞——指纠缠不清的人事关系。

那件事不好办，其中的葛绞可大了。

我们互不相识，从来没有什么葛绞。

6924. 补报——事后酬谢，报答。

6925. 内里人——内部人，知情人。

6926. 体已人——知心人；心腹。

这种事，除了体己人，可千万不能让外人知道。

6927. 一路鬼——同一类人，一同谋私利的人。多含贬义。

那两人是一路鬼，要做甚都做甚，心可齐了。

6928. 一把子——一伙，一帮。（含贬义）

他们是一把子，每天起来甚灰做甚。

6929. 一把把——同龄或相好的一伙伙人。

他们几个从小就是一把把，可挨好了，要做甚都做甚，谁也不离谁。

6930. 习交——在一起，交往共事。

我们俩习交了几十年了，无话不说。

6931. 参玩——相互经常交往共事。

他们俩参玩多年了，谁都信得过谁。

6932. 忽参——参与或干预。

这个事已经够麻烦的了，你就不要再往进忽参了！

6933. 沾傍——沾光；依傍，依靠。

为朋友要为念书人，沾傍上看两天书本本。

6934. 维——结交。

他没有维下几个朋友。

6935. 维人——容易与人相处；善于团结人。维，结交。

那后生可维人了，走到哪，身边都有一大帮朋友。

6936. 为人——做人。

大路不走走圪塄，耍滑溜鬼你咋为人！

6937. 緣人——平易近人，讨人喜欢。

6938. 为朋友——交朋友（专指异性之间）。

戗风风流水翻浪花儿，不会为朋友死心眼儿。

6939. 轧（ga）——结交。

6940. 轧（ga）人——易与人相处。

那人不轧人，走在哪也没威信。

6941. 谐轧（ga）——与人和谐相处交往。

老大亥（和）人好谐轧，老二就难谐轧。

6942. 轧（ga）守——与人交往相处。（轧，结交；守，待在一起）

他那脾气，走到哪也和人轧守不住。

6943. 轧（ga）套——搭伴儿；组合。

他们两个那性格，根本轧套不在一起，迟早也是个离。

6944. 轧（ga）群——与众人相处；不孤独。

他性格太孤僻，一点儿也不轧群。

6945. 轧（ga）不住——指人与人合不来，不能和谐相处。

书记和局长两人轧不住，最后都调离了。

6946. 不轧股——轧 ga，合。本指制作绳子时麻胚合不在一起，转指人与人合不来。

那两个人原本就不轧股，女方找他是为了在城里落户。

6947. 对眼儿——男女互相认可，中意；也指眼睛内斜视。

他们两个倒是挺对眼儿，就是因为女方父母不同意，两人没有走在一起。

6948. 鬼不挨——跟谁也不能和睦相处的人。

他和人共事，就乃一出出，后来成了个“鬼不挨”。

6949. 父不夸子——在别人面前父亲不应该轻易夸奖自己的儿子。

那人一咋些就把他儿子挂在嘴上，父不夸子了，人们听得还牙麻了。

6950. 一茬茬——同龄的人。

他们那一茬茬人，现在也都四十二三岁了。

6951. 结拜——异姓人结成兄弟或姐妹，表示亲密。

6952. 缘法——脾性相投，合得来，能相处；有缘分。

半山坡坡放白马，人对心对结缘法。

茶无颜色不如水，人无缘法不如鬼。

6953. 没缘法——没有缘分或两个人合不来。

圪代代儿的滚水煮棉花，我和灰媒人没缘法。

6954. 好离好散——指夫妻协商好离婚。

他们俩实在过不在一起，最后，没嚷没闹，好离好散了。

6955. 把子——情人。

那俩人，人家那是把子。

6956. 没说没道——孤苦伶仃，没有说话的对象。

他每天就那孤灯一盏，冷水一碗，没说没道的，真可怜。

6957. 没亲没故——没有亲人，没有朋友故交。

我刚来这个地方，没亲没故，孤鸡儿一个。

6958. 孤鸡儿——比喻人孤独无伴。

6959. 作知打伴儿——与某人作伴儿。

每天有她小孙子和她作知打伴儿的，他奶奶一点儿也不闷。

6960. 多年实代——人与人交往时间较长，友情较深。

咱们这多年实代的了，谁和谁也不取心，你有甚话就和我说哇。

6961. 知性的同居——指性格相投，志趣相同，即可交往相处。

他们俩交往了十几年了，不管做甚都能商议在一起，比亲兄弟还好，真是知性的同居。

6962. 知根打底——比喻十分了解人或事情的底细。

你们两家结亲再好不过了，都是知根打底的。

6963. 父辈子交——父辈和子辈都交往，关系都很好。指非同姓家族的。

他们两家是父辈子交，走得特别近。

6964. 亲哥热弟——兄弟之间关系亲热；也比喻朋友之间关系亲蜜如兄弟。

有钱亲哥热弟，没钱个个远离。

6965. 亲生亲养——即亲生。养：生。

孩子是你亲生亲养的，孩子学坏了，你还想怨谁？

6966. 染蘸——物体互相沾染或人长期受到品行不好的人的影响。

你们那个二小子经常和那几个爱打架、偷摸的娃娃在一起，操心染蘸得学灰的哇。

6967. 体身——大家庭中的个人另外存的私房钱。

我吃各人穿自己零花体身，与你有甚相干？（各人：自己）

6968. 体体钱——私房钱。

这是他存下的体体钱。

6969. 体己——亲近的，贴身的；个人私蓄的钱物。

6970. 呛棒子——倒霉，或双方合不来，关系僵硬。

第五十五节 乡亲邻里

6971. 三村五地——指较大的范围。

那个家伙打架是出了名的，三村五地的人都知道。

6972. 邻村上下——相邻的村庄。

咱们都是邻村上下的，出门在外，都得相互帮衬着点儿。

6973. 夹村度社——隔着村，不是同一个村。

咱们两家夹村度社的，有点甚事情也不好联系。

6974. 四南五北——指各个地方，近于“五湖四海”。

在北京，人特别多，四南五北，哪的人也有。

6975. 打交界——两地相连，接壤。

6976. 本乡地面——指本地或本乡。

我这个人惜情护面的，在本乡地面实在不好工作。

6977. 根生土长——比喻人一直生长在家乡。

本来是根生土长的地方，有半分奈何，谁也不愿意离开。

6978. 乡里乡亲——指都是同乡人，乡亲的关系。

咱们乡里乡亲的，我是不会多算你钱的。

6979. 人不亲土亲——人虽然没有亲戚关系，但因为是老乡，就显得格外亲切。

6980. 坊邻左右——附近的街坊邻居；周围、附近的地方。

那是个大好人，你去他们那坊邻左右一问寻就知道了。

6981. 夹壁邻友——邻居。

6982. 居邻夹壁——邻居。

6983. 夹壁儿家——隔壁，左邻右舍。

6984. 夹壁子——隔壁，左邻右舍。

亲家远离想，夹壁子高打墙。

6985. 对门门儿——门对门（居住），对门儿。

在哪城里头，两家对门门儿住下，也是谁也认不得谁。

6986. 火墙搭火墙——比喻两家紧挨。

他们两家火墙搭火墙住着，关系一直很好。

6987. 当（dàng）家——同一家族，本家或同一姓氏或同宗同姓的互称。

我和他虽然算当家，但从不来往。

6988. 各人家——同一家族，自家。

大水推了龙王庙——各人家也不认各人家了。

6989. 本营当户——同一个村庄或同一个家族。

6990. 本家当户——本家人，同一家族或同一姓氏有血缘关系的人群。

咱们都是本家当户的，谁也不能说过头话，有事咱们坐下来慢慢商议。

6991. 亲（qīn）家——亲戚。

吃米不如吃面，走亲家不如住店。

亲家远离想，夹壁子高打墙。

6992. 亲家六人——亲戚朋友。

6993. 亲（qīn）家道理——双方有一定的亲戚关系。指说话办事都应维护这种关系。

6994. 沾亲——有亲戚关系。

按老辈子排下来，咱们还沾亲的了。

6995. 沾亲带故——有亲戚关系或故交。

6996. 三朋六友——泛指朋友。

谁也有个三朋六友了，哪能不和人来往呢。

6997. 两旁外人——没有亲属关系的人。

6998. 二下旁人——别人；没有亲属关系的人。

他也不是个二下旁人，你想说啥就说哇，走不了话！

6999. 戚（qi，变音为“qia”）人——客人。

流烟灶火漏水锅，炕上躺的个病老婆，戚（qia）人来了揭不开锅。

7000. 家下人——客人以外的自家人或本家人。

今天坐席的人多，先尽戚人（客人）坐，咱们家下人最后再坐。

7001. 众人家——众人；各家。

7002. 坐地虎——相当于“地头蛇”。

7003. 外路人——外地人。

7004. 外来虎儿——外地人。

7005. 此地人——本地人。

7006. 此地话——本地话。

7007. 诧生——到一个生僻的地方不适应。

小孩子刚刚来，有点儿诧生，住上几天就好啦。

7008. 生不拉茬——对从来没有见过的人或地方有特别生疏的感觉。

这个人生不拉茬的，他是谁呀？

7009. 生人——陌生人。

7010. 生茬儿——陌生人。

7011. 打生茬儿——跟陌生人打交道。

7012. 跌生茬儿——到陌生的地方办事。

7013. 落站——落脚。

7014. 扎站——落脚、站稳，指在某处定居下来。

7015. 歇马店——原指供人、马休息、小驻的旅店，比喻某家经常人来人往，人多人杂，好像歇马店一样。

7016. 街前世人——街坊四邻；也泛指社会舆论。

7017. 人千万众——多指人多的场合。

7018. 守家在地——家在当地。

你这守家在地的，能经常照顾孩子。

7019. 出远门——到远方去。

明天就出远门了，今天得把家里安顿合适。

7020. 帮衬——帮助；扶助。

没有大家一直以来的帮衬，我不会有今天。

7021. 周借——相互周转或借钱与物品。

7022. 周行——相互周转或借钱与物品。

7023. 乡俗——风俗。

7024. 路上路下——路过；来来往往经过时。

你们以后路上路下多进来看看我。

第五十六节 婚丧礼俗

俗话说，“十里香坛不一般”，何况五百里土默川上汇聚了好几个省的移民，土默川各地的礼俗自然千差万别，这里所述“礼俗”，自然也是局部之礼，一家之言，更不乏封建、迷信之说，仅供赏析而已。

7025. 管媒——说媒。

我名就叫王桂英，就指管媒过光景。

7026. 宾公——媒人。

7027. 相看——男女双方相亲。

7028. 相人家——女方考察男方家境。

7029. 相准——（双方）看中；看对。

墙上画马不能骑，西包头人多相准你。

7030. 寻（xing）——找（对象）。

一进大门吼了一声大（dá），你给俺们寻下个甚人家？（大：爸；爹）

7031. 寻（xing）人家——找婆家。

7032. 般配——结婚双方各方面都相当；衣服与身份相称。

他们俩相貌、身材都十分般配，又都是同学，真是天配良缘。

7033. 爱好结亲——互相认为好就结成姻亲关系。

咱们两家都是爱好结亲，娃娃们的事，就咋好咋办哇。

7034. 出娉——出嫁；嫁闺女。

7035. 红事宴——嫁娶等喜事的筵席。

7036. 傧相——旧时陪伴照顾新郎或新娘的人，分别叫男傧相、女傧相，即今之伴郎、伴娘。

7037. 伴女婿——伴郎。

7038. 全人——父母双全又结过婚的人。（旧礼选派伴郎等重要娶亲人等，一般要选全人）

7039. 定婚——即订立婚约。

7040. 下定——旧时的订婚仪式，订婚时男方给女方送礼物，表示订立婚约。

7041. 探话——由男方到女方家商定成亲的日子。

什么时候娶，她婆家还没来探话了。

7042. 探话馍馍——男方探话时给女方家的礼品。

7043. 利月——旧俗按女方的生辰属相选定的最适宜婚嫁的月份。

7044. 择日子——选择好日子。迷信认为，办大事必须选择黄道吉日，在这些日子办大事，事后顺利，吉祥如意。

7045. 赶乱水——所谓“乱水”是指腊月二十四日至春节这几天的时间。迷信说法，腊月二十三祭灶后，诸神都上天向玉皇大帝汇报一年的工作情况。从二十四日至除夕夜接神之前，人间无神主事，以此人们可在这几天内自由行动。“乱水”期间，嫁娶无需择日，俗称“赶乱水”。

7046. 下茶——也叫“下聘礼”，“下会亲”。即由男方长辈代表带上烟酒糖茶及全部聘礼去女方家会见亲（qìng）家。清割彩礼，商定娶娉礼仪及各项有关事宜。一般有“一月茶”，“半月茶”，也有“二十天茶”。一月，半月等，指距正式婚礼的时间。

7047. 四色礼——一般指下茶与娶亲

时男方给女方家送的烟、酒、糖、茶四种礼品。

7048. 下帖——发送请帖，邀请亲朋参加婚宴。

7049. 顶门猪碰门羊——过去男方送给女方家的彩礼的一部分，后来以猪肉、羊腿替代。“碰门羊”也叫“娶女羊”（娶亲时送给女方的一只活羊）。

7050. 开脸——对新娘进行美容修面，以此表示少女时代已经结束。

7051. 剃脸——开脸时用线勒去新娘脸上的汗毛，对新娘进行美容修面，以此表示少女时代已经结束。

7052. 开脸单——由男方请二哲先生开具，在娶亲日送达女方家，一般写明新人开脸时的坐向及“妨三相”的具体内容。

7053. 妨三相——旧时迷信所谓“妨三相”，指三种属相的人，被新人（新娘）妨值，在新人开脸、上轿、下轿时应回避。此三种属相的推算口诀叫“新人面前一五九”，即在十二种属相中，以新人的属相为准，依序往前数的第一、第五、第九个属相为被妨值的属相。比如，新人属“牛”，则下例中带“○”者即是被妨的三种属相：鼠 牛 ㊀虎 兔 龙 蛇 ㊀马 羊 猴 鸡 ㊀狗 猪。

7054. 盘头——①过去，新娘出嫁前把头发盘卷成发髻，这是由姑娘到媳妇转变的标志。

②过去办事宴负责端盘子上菜的总头儿。

7055. 添箱——女方的亲戚给出嫁的女子送随嫁物品。

7056. 陪——女方（新娘）的父母送给女儿的嫁妆。

7057. 离娘肉——特指男方娶亲时带去的礼品中的生肉块儿。

7058. 换亲——旧时比较特殊的一种联姻形式，即双方各自将姐姐或妹妹嫁给对方的哥哥或弟弟为妻，这种交换式的姻亲关系，俗称“换亲”。

他们两家是换亲，张三娶的是李四的姐姐，李四娶的是张三的妹妹。

7059. 倒（dào）插门——男方到女方家结婚落户，生下的孩子随女方姓。也叫“上门女婿”。

7060. 喜钱——有喜事的人家给人的赏钱；泛指婚庆时给女方的各类名目的钱。

7061. 上马饺子——新女婿及娶亲人等娶亲出发前吃的饺子。

7062. 不走重路——旧俗迎娶新娘时往返不走同一条路，否则被认为婚姻不稳固，还得重娶。

你们去时走高速路，娶上回来走国道，宁可多绕点路，也忌讳走重路。

7063. 下马面——娶回新媳妇儿后，给新郎新娘吃的面。

7064. 送亲——长辈相陪到男家，一般由女方直系伯、叔担当，也有由哥嫂相送的。

又娶亲又送亲，又当媒人又代东。

7065. 大送——娶亲当日，由女方长辈或兄嫂送新娘到婆家。

7066. 小送——回门礼结束后，由女方长辈或兄嫂送新娘到婆家。

7067. 拜天地——旧式婚礼上新郎新娘参拜天地的仪式；也指结婚。

7068. 拜人——旧式婚礼。新郎新娘拜完天地和父母后，即给本家的长辈、亲朋磕头谢礼。

7069. 里三堂——旧式婚礼拜人的一种排列次序，即按辈分、按岁数先后，先拜本家或父亲的亲属，然后再拜母亲一方的亲属。

7070. 外三堂——旧式婚礼拜人的一种排列次序，即按辈分、按岁数先后，先拜母亲一方的亲属，然后再拜本家或父亲一方的亲属。

7071. 混三堂——旧式婚礼拜人的一种排列次序，即把父母双方的亲属统一按辈数和岁数进行混合排列。

7072. 轮大排小——先按辈分、再按岁数从大到小排列或安排。

7073. 回门——结婚典礼的第二天，新婚夫妇一同回女方家。

7074. 钻底襟——讲的是旧式婚礼送亲者与迎亲者的站位礼仪。送亲者应站上位，在左，迎亲者应站下位，在右。如果送亲者站在右边，就叫“钻底襟”。是送亲者礼仪上的失误。（底襟：中式袄的小襟，在身体的右侧，因其掩盖在大襟底下，故名“底襟”）

7075. 喜房——即洞房。

7076. 念喜——娶媳妇儿办喜事时，乞丐上门道喜，说一些合辙押韵的喜庆吉利、祝福贺喜的话。

7077. 娶儿聘妇——泛指娶儿媳，嫁闺女。

人这一辈子，起房盖屋，娶儿聘妇，都是大任务硬任务，让人费力又劳心。

7078. 栽根立后——比喻人繁衍后代。

她为你们王家栽根立后，那就是最大的功劳。

7079. 顶门垫户——撑起门户，传宗接代，使后继有人。

在封建社会，有的人讲论，自己没有儿子，抱养一个，给自己顶门垫户。

7080. 白事宴——丧事；丧事的筵席。

7081. 倒头——称人死叫“倒头”。

7082. 倒头纸——给刚咽气的人烧的纸。

7083. 装老——人死时换装。

7084. 装裹——给逝者换穿寿衣；用布帛、衣服装殓尸体。

7085. 装老衣裳——给死者穿的衣服，即寿衣。

7086. 口含钱——过去，人死后在嘴里给含一枚铜钱，叫“口含钱”。

他刨闹了一辈子，临死连个口含钱也没有。

7087. 苫面纸——人死后苫在其脸上及身上的白麻纸。

你不要吹（牛）了，操心（小心）吹塌苫面纸的哇！

7088. 打狗饼饼——一种小烙饼或饼干，入殓时装在死者的袖筒里。

7089. 下炕纸——入殓前给死者烧的纸。

7090. 念倒头经——人初死，请僧人念经超度亡灵，叫“念倒头经”。

7091. 倒头捞饭——人初死时，家人给做的米饭。盛米饭的碗口周围用白纸糊盖，米饭上插筷子一双，筷子顶端裹棉花球，放灵前祭祀。

7092. 入殓——把死者装在棺材里。

7093. 寿材——棺材，给老者预备的棺材。

7094. 照世灯——灵堂内棺材前点的灯。一般是用碗盛油并在碗内设制灯芯以点灯，在碗沿糊一圈麻纸以挡风。

7095. 衣饭罐子——放在逝者棺材前敬祭饭菜的罐子。

7096. 报孝——家中死了老人，由死者长子向亲戚朋友通告。也叫“报丧”。

7097. 破孝——向吊孝者发放孝衣或孝布。

7098. 戴孝——穿孝服或佩戴服孝标识。

7099. 孝帽子——服孝期间的帽子。

7100. 跪灵——孝子在灵前下跪，烧纸。

7101. 哭灵——死者出殡的前一夜，其亲属在鼓乐声中哭悼死者。

7102. 嚎丧——原指大声地哭死去的人，一般用来骂大声哭的人。

7103. 聒(guo)灵——一种哀悼仪式。出殡的前一夜，请鼓乐队在灵前吹奏。

7104. 启灵——是出殡的一项隆重仪式。全体孝子亲属在灵堂前下跪、点纸、放声痛哭，然后将棺材移出灵堂，放在彩色棺罩里。

7105. 出灵——出殡。

7106. 发引——出殡，孝子、亲属、鼓乐队护送灵柩前往墓地。

7107. 摔盆子——出殡时，长子在棺材头前摔碎烧纸用的盆子，开始启灵。

7108. 戳丧棒——哭丧棒，拿纸条裹活柳枝二尺许若干根，放棺下备孝子用。“戳丧棒”，也用来比喻言行粗野或鲁莽的人。

戳丧棒打墓门——伤着鬼的心了。

那人是个戳丧棒，你尽量少招惹他。

7109. 钱垛——冥币。

7110. 黄表——黄表纸，祭神敬烧的黄色软纸。

7111. 供献——①祭祀；供奉。(动词)

过大年时，人们都要供献祖宗灵位。

老天爷爷快下雨，蒸上馍馍供献你。

②祭祀亡者的大馍馍。(名词)

三盘供献上两盘，留下一盘去复三。

7112. 纸扎——①纸糊的冥器。②春节所需的纸、炮一类的总称。

7113. 鼓匠——吹鼓手。

7114. 嘟嘟哇——描摹鼓匠吹喇叭的声音。

就你那嘟嘟哇，就我这黄豆芽。

7115. 泼(pā)散——按民间迷信做法，在坟地把贡品掰成碎块向四处散开，表示让众位先人分享贡品。

7116. 复三——民间习俗。亲人葬后第三天，全家人到坟地祭奠死者。

三盘供献上两盘，留下一盘去复三。

7117. 犯七——人从辞世日起的第七天叫“一七”，第十四天叫“二七”，类推至第四十九天为“七七”而止。如果这七个日子又遇上农历的初七、十七、二十七就叫“犯七”。迷信认为死者在阎王殿会受难，在“犯七”的这一天，孝子要从家到坟地一路插白纸旗子或伞，让死者在下面避难。死了几天要插几个。

7118. 风筒子——质量不好的简陋棺材。

斑疹伤寒带疹子，头跟前放下风筒子。

7119. 骨榇(chèn)——死人埋葬后经过腐烂剩下来的骨头。也泛指尸体。

7120. 撒骨扬榇(chèn)——指尸骨撒落在外地，不知下落。(骨榇：尸骨)

那会儿，他爷爷到外地做买卖，走了个一挂面儿，早就撒骨扬榇了。

7121. 配骨榇——把未婚男女的尸体或尸骨相配合葬。

7122. 枣儿人人(rénrèn)——不能或无力配骨榇者，就把红枣串成人形，与之合葬，称作“枣儿氏”。

7123. 打墓——挖新坟墓。

7124. 枯墓叭子——已把棺材挖走的墓穴。

7125. 乱坟滩——公墓。

7126. 墓圪堆——坟头。

上坟寻不见墓圪堆。

7127. 擒坟——开辟坟地。

阴阳会擒坟，他家也死人；阴阳会安镇，他家也受穷。

7128. 上坟——去坟地祭祖或祭奠逝者。

7129. 起坟——把旧坟堆移到别处，也叫移坟。

7130. 起骨榇（chèn）——从旧坟里把尸骨捡出来。

7131. 轧（ga）葬——合葬。

7132. 轧坟盖窝——夫妻合葬时在两个棺木上盖的单层被子或大红纸替代。

7133. 魂灵儿——迷信所认为的灵魂，魂魄。

7134. 引魂幡子——送葬时死者的孙子在棺前扛的用来导引死者灵魂的挂在树秧上的纸幡，埋葬时把树秧栽在坟头上。

劫墓贼瞭见引魂幡子——见材（财）起意。

7135. 迷魂汤——迷信指地狱中使人的灵魂迷失本性的药汤，常常比喻迷惑人的话。据说人死后投胎之前，要去奈何桥上找一个叫孟婆的老太婆，她会给人一碗无色无味的米汤，人们都叫它孟婆汤（也叫迷魂汤或迷混汤）。喝了这碗孟婆汤以后就可以忘记这一辈子的事情，投胎转世重新做人。

清人王有光《吴下谚解》的“孟婆汤”中有一段关于鬼魂被灌迷魂汤的描写：“人死去第一处是孟婆庄。诸役卒押从墙外经过，赴内案完结。生前有功，注入轮回册内，转世投胎，仍从此庄行过。有老妪留进，升阶入室，皆朱栏石砌，画栋雕梁，珠帘半卷，玉案中陈。妪呼女孩，屏内步入三姝：孟姜、孟庸、孟戈，皆红翠袖。妙常笄（ji，簪子），金镂衣，低唤郎君，指席令之坐。小鬟端茶，三姝纤指捧瓯送至，手环丁丁然，香气袭人，势难袖手。才接杯便目眩神移，消渴殊甚，不觉一饮而尽。到底有浑泥一匙许，抬眼看时，妪及三姝缘僵立骷髅，华屋雕墙，多变成荒郊，生前事一切不能记忆。一惊堕地，即是懵懵小孩矣。——此茶即孟婆汤，一名泥浑汤，又名迷魂汤。”

7136. 花棺彩衣——形容葬礼十分排场而隆重。

他们弟兄几个都尽心尽力，花棺彩衣地把老父亲安葬了。

7137. 主系家——也称“主子家”。在婚丧筵席上，婚者（或居丧者）为男子，其外祖父、舅舅、表兄弟等为主系家或主子家；婚者（或居丧者）为女子，其父亲、兄弟及侄子等为主系家或主子家。

7138. 代东——操办红白事宴聘请的能说会道的总管，俗称“代东”。他是“东家”（操办婚宴的主人）的全权代理人。负责安排、应酬有关事宜，安排客人就餐，依照习俗主持各种礼仪等等。

7139. 安席——安排亲友入席。

7140. 坐底害——本家嫡亲。

7141. 坐席——参加宴请。

7142. 流水席——指随时来客人，随时招待。多指婚丧筵席。

7143. 添坟上墓——指祭祀祖先时给坟墓上加土。

清明节，人们添坟上墓，祭祀祖先。

7144. 云——供祭祀用的排列着祖先名字或姓氏的挂轴。

7145. 劫墓贼——盗墓贼。

7146. 阴阳——操办丧事的指挥人。也泛指以选择吉日、占卜、相宅、相墓、圆梦、发丧、迁坟等为业的人。

阴阳会擒坟，他家也死人；阴阳会安镇，他家也受穷。

7147. 二哲先生——即“阴阳”。二哲，就是指阴、阳二哲。

7148. 抽中梁——指一家之主伤亡。中梁，屋中正梁，比喻能撑起一个家庭的主要人或户主。

7149. 奉揖——作揖；拱手为礼。

7150. 磕头奉揖——又磕头又奉揖，请求神灵保佑或表示求人办事之艰难。

7151. 摆供——祭神或祖先摆设祭品。

7152. 香坛——旧指礼拜神佛的台。

7153. 供献神神（shēn shèn）——供神。

好不容易娶下个媳妇儿，全家人就像供献神神了。

7154. 神神——神仙。

众位神神显一显灵，给我那哥哥托上个梦。

7155. 祭灶——旧俗腊月二十三日祭灶神，送灶神回天宫。

7156. 灶神——传说灶神于农历腊月二十三日至除夕上天陈报人间善恶。

7157. 灶马爷爷——灶神。

7158. 上天言好事，回宫降吉祥——供奉灶神爷时神位两边贴的对联。上联，意指请灶神到天宫后多给老百姓美言几句。

7159. 熬年——守岁。

7160. 送穷土——民间习俗。阴历正月初五清早，人们把初一到初四攒下的垃圾倒得远远的。

7161. 领牲——用牲畜祭祀神的仪式。

7162. 显应——（鬼神）显灵，应验。

7163. 许告——（向鬼神）求乞，许愿。

7164. 接口气——接祝福的话讨吉利。

7165. 不该了——去做传统观念特别是迷信说法认为不能做、不该做的事。

7166. 有了说节——有鬼神显灵的现象。

7167. 没说节——没问题。

7168. 冲克（克变音为 ka）——旧时一种迷信说法，谓五行相冲克。比喻某人妨害了某人或某事。（即天冲地克的说法：以地支配方位，相抵触的叫冲，如子（北）午（南）冲，寅（东）申（西）冲；以天干配五行，相制伏的叫克，如：甲（木）克戊（土），丙（火）克庚（金））

7169. 命硬——旧时的一种迷信说法，指自己的命相对他人有克破。

他那人命硬，娶了两个老婆，都没有跟他过到头。

7170. 大相不轧（ga）——旧时指因为属相不和而不能结婚。（轧 ga：结交）

7171. 礼度——礼节。

阎王不嫌小鬼瘦，情义不重礼度够。

7172. 礼数——礼貌；礼节。

7173. 回礼——回赠礼品。

7174. 财礼——也作“彩礼”，“聘礼”。男女婚配，男方向女方赠送的实物及钱财。

7175. 施礼——做行礼的动作，用于

旧时的行礼形式。

出门不施礼，多走二十里。

7176. 知大识小——形容对老人或比自己小的人都很有礼貌，以礼相待。

7177. 人情礼路——人情礼数或做人处世的道理。

那老汉精通人情礼路，在村里办大事了小事，威信越发高。

7178. 三父八母——一个人，除了亲生父母之外，还可能有三种父亲、八种母亲。“三父”，指的是同居继父、不同居继父和从继母改嫁之继父。也就是共同生活的继父，不共同生活的继父和曾经共同生活过的继父。“八母”是指养母、嫡母、继母、慈母、嫁母、出母、庶母和乳母。养母为“自幼过房与人”者的母亲；嫡母是妾生子对父亲正妻的称呼；继母是父亲的后妻；慈母是妾生子的生母因死亡或被出，由父亲指定加以扶养的其他的妾；嫁母是父亲死后，改嫁他人的亲母；出母是被父亲休弃的亲母；庶母是父亲的有子妾；乳母是父亲指定代为哺育的母亲。

7179. 七父八母——七父：父亲、伯父、叔父、姑父、师父、岳父、舅父；八母：母亲、伯母、婶母、姑母、岳母、舅母、姨母。

7180. 三亲六戚——三亲：父系的亲属、母系的亲属、妻（夫）系的亲属。六戚：父、母、兄、弟、妻、子为六戚。

7181. 让人——出于礼貌，让人来家吃饭、喝水等。一般被让人会辞谢。

让人是个礼，锅里头没下上米。

7182. 让排——礼节性的谦让或邀请，并没有实际的安排或准备。

去他们家喝酒，那就是人家让排的个话，你还真去呀？

7183. 三请六叫——多次请叫（某人）。

你这人倒架子大了，让人三请六叫的，把腿也跑断了。

7184. 请人——请客人吃饭。

请人不得不大气，过光景不得不仔细。

7185. 安人——提前邀请、约定让人来家吃饭。

请人不安人，等于欺负人。

7186. 吃请——别人请去吃宴席；应邀赴宴。

昨天，他去亲戚家吃请，又喝醉了。

7187. 倒酒——买酒，打酒（指买散酒）；斟酒。

7188. 满酒——斟酒。

7189. 浅茶满酒——倒茶水不能太满，斟酒就要斟满。

7190. 人走席散——指宴席结束，赴宴者走散。

7191. 瞧人——看望人。特指第一年嫂了闺女，第二年女方的亲戚去闺女的婆家看望。也指去看望长辈或身体不适的人。

7192. 忌孝——服孝；在长辈去世一定时期内的忌讳。如，忌搬家、忌嫁娶等等。

7193. 忌针——旧俗谓女子在某日忌动针线活儿。如正月初五，二月二等。

7194. 忌门——旧俗指因为家中有病人，晚上禁忌家人出门、外人进门。

7195. 忌荤——因病或某种信仰而忌吃荤腥。

7196. 忌房——旧俗指病人忌进喜房、月房、丧房（也叫“忌三房”）；也指忌夫妻同床。

第五十七节 商务活动

7197. 约（yāo）——用秤称物。

给我约二斤白糖。

7198. 赀（zì）——用秤称，即测定重量；也指买称量的东西。把卖家赀的动作，说成买家的行为。

我上街赀了二斤棉花。

山老大赀鱼——津水湿卜榔。

7199. 挂——用大秤称；买（动词）。把卖家挂的动作，说成买家的行为。

东挂大炭西挂柴，左盼右瞭你不来。

7200. 斤秤——分量。用斤表示的物品的重量。

7201. 定盘星儿——杆秤的零位平衡点，第一颗星，准星。把秤砣挂在这里正好能与秤盘上重量平衡。也比喻总主意。

7202. 戥（deng）子——一种专用于测定金银等贵重微量物品及药品、调料的小型秤。最大单位是两，小到分或厘。

7203. 揭——卖方数纸的动作；买方买纸的行为。

我去合作社揭了三张红纸。

7204. 割——用刀割或用剪子剪，把卖家割的动作，说成买家的行为。

他上街割了二斤猪肉。

他去合作社（供销社）割了二尺竣带。（竣带：裹束裤腿口用的松紧带）

7205. 扯——撕。把卖家撕的动作，说成买家的行为。

他去合作社（供销社）扯了一丈白洋布。

7206. 抓——拿；捏。把卖家抓的动作，说成买家的行为。

抓药。

7207. 格（ga）煞——买尾货。

7208. 煞格（ga）——买尾货。

7209. 量（liáng）——买粮食。

7210. 粜（tiào）——卖出谷物。

7211. 赊秋——买卖货物时延期到秋季付款或收款。

7212. 照顾——旧指到小摊贩或店铺购买东西。

7213. 箍盘儿买卖——没有选择的，强制性的买卖。

这地方就这么一家，所以人家这是箍盘儿买卖。

7214. 独份儿买卖——只有一家经营某种商品的生意。

在这地方，他那是独份儿买卖，这几年可多挣了钱了。

7215. 倒买卖——倒买倒卖；做买卖。

想发财，倒买卖。

7216. 搞——相互谈判，商定规则，或讨价还价。

拿糕不熟再搅，买卖不成再搞。

他和人家搞了半天了，这价格还是搞不倒。

7217. 搞嘞（lè）——相互谈判，商定规则或讨价还价。

当初没搞嘞下个甚，现在去哪说理呢？

7218. 商折（变音为za）——买卖双方商讨价格。

7219. 捏底襟——买卖双方讨价还价

时，为保守所谓商业机密，在上衣底襟下面用手指头出示各自价码，外人看不出来。

7220. 行（hang）当——调查、比对某一商品的市场价格。

你出去行当一下，这会儿的带骨猪肉跌多少钱一斤。

7221. 断屠——禁止屠宰牲畜。

贩猪羊快，贩羊猪快，猪羊都贩，遇了个断屠。

7222. 趸（dǔn）夺趸——趸：整批买进。即批发或全部买下。

你要趸夺趸买，那肯定会便宜。

7223. 夺根儿——全部，尽其所有。

这半车山药，你要夺根儿买，我就按七毛钱一斤卖给你。

7224. 包余儿——把所剩的货物全部买下；把所剩的食物全吃完或把所剩的营生都做完。

你们都走哇，这点营生我包余儿啦！

7225. 市买货儿——指从街市上购买的不结实、不耐用的物品。

7226. 缺货儿——稀缺的物品。

7227. 卖缺货儿——比喻卖弄自认为别人都不能或不会的本事，以炫耀自己。

7228. 时兴——入时；流行。

人活年轻，货卖时兴。

年轻女孩通时兴，白鞋（变音为hai）红袜雪打灯。

7229. 驮子（duò zi）——牲畜驮（tuō）着的货物。

把驮子卸下来，让牲口歇一会儿。

7230. 葤（zhòu）——量词。用草绳绑扎的碗、碟等，一捆叫一葤。

7231. 抛——除了；减去。

7232. 抛转——减去；除去。

抛转一老一小，剩下的都得去。

7233. 三平不折二——随便打折扣处理。比喻大手大脚或挥霍无度。

那么多家具电器，他三平不折二就都卖给收破烂的了。

7234. 朋——合伙；寻找合伙人。

买卖好做，伙计难朋。

7235. 朋轧（ga）——把钱财集中在一起，合伙做事。轧：结交，合。

这笔买卖比较大，咱们三个人朋轧起来做哇。

7236. 朋股子——股份制合资。

这是朋股子买卖，我个人说了不算。

7237. 朋财轧股——轧 ga，合。几个人共同筹集资金财物。

他们三家合伙买了个大汽车跑运输，三家却经常闹意见，这种朋财轧股的事情，越发不好办。

7238. 股股系系——合股经营时股份多。

他们那买卖股股系系的越发不好闹，终究也做不下去。

7239. 集股子——按股份集合资金。

他们正在集股子，准备办个养殖场。

7240. 明见明——摊下多少算多少，明码标价。

他杀了三只羊，连头蹄下水也折了钱，准备明见明卖，他只挣三张羊皮。

7241. 停——均匀。

你们把东西分停了再吃。

7242. 停停——量词，把总数平均分成几份，就叫“几停停”；其中一份儿叫“一停停”。

这块儿布分成三停停，你们一人一停停。

7243. 停股停分——平均分配。

我和他停股停分，他还嫌少。

7244. 停停儿的——（分得）很公平（形容词）。

7245. 勾勾——量词，份儿；股。

这饭做的太多了，十勾勾连一勾勾也没吃完。

7246. 长（chang）——剩余的；多出来的。也指赚了利润。

他这趟买卖肯定又长了不少钱。

擦一根洋火点上个灯，长下个枕头短下个人；长下个枕头短下个人，一个人睡觉好灰心。（信天游）

7247. 长（chang）钱——有利润；赚钱。

他这几年养猪长钱了。

7248. 贴——赔。

挣得少点儿就够灰了，哪有倒贴的。

7249. 倒（dào）贴——不赚反赔。

7250. 短——欠（账）。

短人家饥荒欠人家债，家里头没钱把我卖。

7251. 该——欠别人钱物。

7252. 短账账——买东西欠账；赌博记账，不过现金，相互赊欠，最后结清。

7253. 放账——借出钱、粮赚取利息。

7254. 过钱——互相给钱。

他们俩虽然是夫妻，但坐在一个场子上耍钱，也互相过钱。

7255. 现卡现过——指买卖交易或赌博时必须现款交割，不赊欠。过，给钱。

你们要是想赌的话，今天必须是现卡现过，没钱的搁过。

7256. 现圪巴巴儿——指交易时当场交现钱。

那后生欠下了赌钱，他老子现圪巴巴儿地给了人家一千二百块钱才算了结。

7257. 长退短补——指双方交易完成后，根据预付的钱或物，将多余的退出来，不足的补进去。

我先给你留下一百块钱，到时候咱们再长退短补。

7258. 找后账——买卖结算之后，觉得有错，又返回来重新核实、算账。也比喻以后找机会再与某人争执或较量。

这个家伙多要了我十五块钱，我得跟他去找后账。

7259. 将本求利——用本钱谋取利润。

买卖人出门来，将本求利。

7260. 干打飒利——形容赚钱痛快利索，也指纯利润。

他这趟买卖跑得不赖，干打飒利挣了八千块。

7261. 退残残——剩下的残次品。

7262. 残退退——残品，次品。

7263. 买断庄——脱销。

7264. 典——过去以房、地等作抵押，换取钱物。

我就是典房卖地，也要供孩子念书。

7265. 提猴的——旧时指提着旧衣服四处叫卖的人。

7266. 八股绳——指过去货郎的担子，两头各用四根绳子担货箩。

担过八股绳，吆过鬼噔噔。（吆：赶牲畜。这两句话都是借指做过小买卖的人太精、太奸，不好共事）

7267. 货箩子——肩挑货箱，手摇卜朗鼓，走村串户，经营杂货的小商贩。

货箩子担出他妈来了——货尽了。

7268. 肉架子——在街头或市场上支起的出售生肉的设备。

7269. 站栏柜的——售货员。

7270. 点算——盘点，计算。

你好好儿把钱和东西点算清楚，一出门，我就不认账了。

7271. 捋算——整理或清算账务等。

你把咱们的钱都捋算捋算，看还剩下多少了。

7272. 成算——谋算着获取他人钱财。

那个二家伙，硬是成算了他大（爹）几万块钱。

7273. 过——经过某种处理方法。

7274. 过秤——称重量。

7275. 过分量——称重量。

7276. 量盘——用尺子等器具量尺寸，计算。

先把家里的尺寸量盘好再去买家具。

7277. 行行有数——形容账目清楚，有根有据。

我管账又管钱，但我是行行有数，什么时候也能给你们一个清楚的交代。

7278. 货卖堆山——指货物摆放得多，顾客挑选的余地大，买卖才可能好做。

人们一天价说货卖堆山了，你摆上这么一点点东西，谁也是看一看就走了，因为没有个挑头。

货卖堆山，卖不了吹干。

7279. 随行就市——指随着市场行情的变化来商谈货物的价格。

咱们现在先不要把价格说死，到时候随行就市哇。

7280. 尽钱吃面——有多少钱吃多少面。比喻用有限的资金去办事，能办多少算多少。

我就这么几个钱，能买多少猪肉就买多少，反正尽钱吃面哇。

7281. 头高尾（yi）低——重量差得不多。用杆秤称东西，只有秤杆高与低的差别。

7282. 零挑——零售。

我这山药零挑，就是一块一斤，买整袋子，每斤八毛钱。

7283. 打比兜——比兜：嘴巴。比喻为人办事时暗中克扣或趁机私吞一部分钱财。

俗话说，会打比兜，不会算账。

一说买东西，他可爱给跑腿了，原来就是为了打比兜！

7284. 外快——外财，不是纯劳动收入。

7285. 盘绞——花销；花费。

7286. 盘缠——旅途费用。

7287. 盘缠交际——指外出所花的费用。

让他们去就行了，这么远，盘缠交际的，你就不要去了。

7288. 繳绞——花费。

7289. 缴繳——支出；费用。

7290. 缴裹——办事的开支费用。

7291. 银钱——金钱。

7292. 银钱事发——泛指有关钱的事情。

人生在世，这银钱事发强求不得。

7293. 空中取水——比喻交易时中间人从中谋取利益。

那人现在甚也不干，就指两条腿一片嘴空中取水挣钱了。

7294. 号——打上记号；预订。

这些木料已经有人号住了，你们到那边去挑选哇。

7295. 顶眼眼——以物抵消钱或物。

7296. 山货铺——土产杂货店。

第五十八节 文体娱乐

7297. 爬山调——产生并流传于大青山、土默川、河套、伊盟广大农牧区的民歌。

站在大青山上往远瞭，嘚啷啷唱上几声爬山调。

7298. 爬山歌——同“爬山调”。

青碟碟舀水舀不多，妹妹给你唱上个爬山歌。

7299. 蛮汉调——内蒙古地方曲调名，也叫“漫翰调”。

一把黄土扬了个高，我给妹妹唱上个蛮汉调。

7300. 跌调——找调韵。

山曲儿好唱跌调难。

7301. 捉调——找调韵。

绣花容易生根难，唱曲儿容易捉调难。

7302. 大弯大调——形容戏曲演员的唱腔圆润婉转。

人家那个唱红的是科本儿出身，那大弯大调的，唱得真好了！

7303. 打坐腔——举办堂会。

叫来几个唱戏的打坐腔哇。

7304. 弹歌儿小唱——几个人聚在一起弹唱取乐。

一到黑夜，他们几个就聚在一起弹歌儿小唱的，可红火了。

7305. 哨梅——吹笛子。

7306. 胡胡——二胡或四胡。

瞎三拉胡胡——咯儿咕咯儿。（各儿顾各儿。各儿：自己）

7307. 二股子——二胡。

二股子胡胡没老弦，一个人不做主众人嫌。

7308. 丝弦——泛指中式弦乐器。

7309. 小班儿——二人台。

7310. 大戏——指晋剧。

7311. 写头——为一个剧团卖戏并与对方签约的人，大约相当于现在的经纪人。

7312. 写戏——卖戏或订戏者双方的签约行为叫写戏。

7313. 顶场戏——正场戏因故不能按时开演，先演一段小戏以顶场。

7314. 戏子——旧时对专业的戏剧演员的称呼。含轻视意。

戏子的胡子——假的。

7315. 丢丑的——戏曲中的丑角。

7316. 要丑的——戏剧里的丑角。

7317. 红黑生旦——本指戏曲演员的各种角色，比喻各类人员都有。

7318. 青衣——戏曲角色，“正旦”的别称。

7319. 打脸子——演员化妆。

7320. 筛锣——打锣。

城墙上筛锣不圈音，十人五马劝你你不听。

7321. 戏园子——旧时专门演出戏曲的场所。

7322. 戏场儿——看戏的露天场地。

没个三下两下，不敢到戏场儿打架。

7323. 打场子——农村唱戏时维持戏场秩序。

7324. 打土摊摊——就地开展活动或就地摆摊。

过去，二人台也叫“小班儿”，到了哪也是打土摊摊唱。

每年交流会，他打土摊摊卖娃娃们的耍货儿也能挣几百块钱。

7325. 露明柱——房屋或其他大型建筑物独立于墙体外起支撑作用的柱子。

大爷唾二爷，二爷唾三爷，三爷唾露明柱。（露明柱：指戏台上的露明柱。比喻一级压一级，最下级的三爷只能拿“露明柱”出气）

7326. 要好儿——让人喝彩。

7327. 煤气灯——一种气雾灯，用压缩空气吹煤油变成连续油气雾，点燃后很亮，用来大面积照明。

7328. 洋戏匣子——留声机，把录在唱片上的声音放出来的机器。

7329. 土电影——对幻灯的俗称。

7330. 话匣子——留声机。

7331. 变把戏——表演魔术。

7332. 耍把戏的——表演魔术的人。

耍把戏的的割头——都是假的。

7333. 戏法儿——魔术。

7334. 变戏法儿——表演魔术。

7335. 掇偶人——搞木偶表演的人。

耍猴的碰见掇偶人，梦也不梦我嫁个活死人。

7336. 麻衣人儿——皮影人。

7337. 抽麻衣人儿——表演皮影剧。

7338. 闹红火——举办唱戏等娱乐活动。

正月十五闹红火。

7339. 三官社——正月十五闹红火时的文艺组织、社团。

7340. 三官——道教所奉的神，即天官、地官、水官三帝的合称。传说天官赐福，地官赦罪，水官解厄。

7341. 三官庙——农村正月十五临时搭建的供奉天、地、水三官神的庙。各个文艺组织就在三官庙前的开阔地进行表演。

7342. 胡闹三官——指正月十五在三官庙前表演的节目，都以娱乐为目的，雅俗共赏，不拘一格，怎么能逗乐就怎么来。

7343. 九曲——阴历正月十五民间举办的一种灯火，因用灯杆围成弯曲的小道供人游览，类似走迷宫，故称“九曲”。

7344. 踩高跷——民间舞蹈。表演者扮成戏剧或传说中的人物，踩着有踏脚装置的木棍，边走边表演。

7345. 耍龙灯——舞龙。

7346. 耍狮子——舞狮子。

7347. 游起——秋千。

7348. 晒阳阳——晒太阳。

大红公鸡晒阳阳，不称脑袋管娘娘。

讨吃子晒阳阳——享天福。

7349. 晒阳暖暖——晒太阳。

7350. 耍钱——赌博。

耍钱的不算赖子孙，长得一片爱财心。

7351. 抓赌——捉拿赌徒，查禁赌局。

7352. 耍笑——开玩笑，逗乐；善意地蒙骗，使上当、出丑、尴尬等。

婚礼那天，年轻人都去耍笑新媳妇儿。

愚人节那天，他接了同学的一个短信，匆匆忙忙地忙乎了半天，最后才知道是被耍笑了。

7353. 裁顿裁——即石头、剪刀、布。

7354. 抓纸蛋蛋——抓阄。

蒋介石得了害人的病，抓纸蛋蛋要壮丁。

7355. 色儿颗颗——色子。

7356. 编棍儿——一种玩纸牌的方法。按牌配成链儿。

7357. 碰和（hu）——纸牌的一种玩法。

7358. 挂和（hu）——纸牌的一种玩法。

7359. 打麻架——打麻将。

7360. 打罐——赌博的人给开赌场的人一定的酬金或提成。

7361. 吹牛腿——一种扑克牌的玩法。

7362. 拉毛驴——一种扑克牌的玩法。

7363. 围虎——一种游戏，一方以两块儿大石子儿等为虎，一方以小短棍等物为羊，按规定的图形与规则斗胜负。

7364. 憋茅子——小型游戏，棋盘像“区”字。二人玩。每人两个棋子，一方把另一方撵到“区”字的上或下横处时为胜。另一方想走只能跳茅厕。

7365. 打缸——儿童游戏。道具是能立住的手掌大小的破瓮块儿、瓦块儿或小石片儿等等，一方立住，另一方在规定的距离击打，击倒为胜。

7366. 凿老油——儿童游戏。游戏各方都需有一枚铜板和多枚制钱或镚子。游戏前，先在地上画一个边长大约二三十厘米的正方形，在正方形内画对角线。再由各方商定在距离正方形大约两米外画一条直线，叫“杠（方音 gè）”。游戏时，每人放一枚制钱，摞在正方形内两条对角线的交叉处，游戏各方按“裁顿裁”（石头剪刀布）确定先后次序后，站在杠外，持手中的铜板击打制钱，把制钱打出正方形者，该钱归击打者。

7367. 撂钵儿——儿童游戏。

7368. 蛋儿——玻璃球。

7369. 弹（tan）蛋儿——儿童游戏，弹玻璃球。手握玻璃球用大拇指向外弹出，用自己的球击打别人的球，击中者胜。

7370. 打桤（tǎi）——桤：指大约二三尺长的木棍或木棒。在地上画两条平行的杠（方言音 ge，直线），其间距由游戏者商定，大约三米以外。裁定先后次序后，各方把自己的桤并拢，垂直放在线边（大头压线，小头迎着另一条线），然后依次用自己的桤击打别人的桤，把别人的桤打到另一条线外，则该桤归击打者。

7371. 跳方方——一种儿童游戏，在地上画几个方格儿，单腿跳跃，并且沿地面踢着瓦片或沙包依次经过各格儿。

几个女娃娃跳方方跳得连饭也顾不上吃。

7372. 打胡悠悠——在原地旋转，一种儿童游戏。

7373. 背遭遭——儿童玩的背人的游戏。

7374. 圪倒圪对——儿童游戏，背靠背，胳膊挽在一起，交替地背着玩。

7375. 跳拐拐——单腿跳跃；也是儿童游戏中经常用的动作。

他的脚受伤了，只能跳拐拐往前挪。

7376. 立栽栽——一种儿童玩儿的倒立。

7377. 趴虎子——儿童游戏或武打表演的动作。身体向前跃起，双手先落地支撑，继而胸部、腹部、腿依次轻轻落地，然后再跃起。

7378. 翻身鹞子——即侧翻。

7379. 扭勾子——双方手腕交叉，分别用中指与对方中指相互勾握、翻扭以比劲儿。

7380. 扒公道——双方手腕交叉，用两手掌相互对握，一方扣压，另一方翻掰以比臂力与腕力，也可用单手相握，再扣压、翻掰。类似掰手腕儿。

7381. 顶拐拐——单腿支撑，另一条腿盘起，手握脚腕或腿部，用膝盖或腿部与对方角逐。一对一或混战均可。盘起的腿脚落地或摔倒者输或出局。这种游戏比技巧、比体力，讲究战略战术。

7382. 打手背——一种儿童游戏。双方面对面站立，一只手手背向上，手心与对方手心接触；一只手手背向下，手心与对方手心接触。开始后，手背向下的那只手，可以翻起来抽打对方的手背，对方可以躲闪；如果打中，可以继续抽打，如果打不中，就得把手（手背向上）放在对方手心上，再由对方抽打你的手背。两只手一只手进攻，一只手防守，也可以两只手同时进攻。这种游戏，可以极大地锻炼人的反应速度，是男孩子最爱玩儿的游戏之一。

7383. 吹洋片儿——一种儿童游戏，也叫“吹片子”，即把一种印有精美图案、人物等的厚纸片放在桌上或其他平面上，双方按裁定的次序向对方放下的纸片吹气，能把纸片吹翻者赢此纸片，吹不翻者，自己放纸片再让对方吹，如此交替进行。

7384. 打四角儿——四角儿，用作业本纸或书纸折叠成的一种正方形厚纸片，大小、厚度不限。游戏时，双方各往地上放一四角儿，规格不限，裁定顺序后，一方先用自己的四角儿打对方的四角儿，打翻者赢此四角儿，重开局；打不翻，则由对方打自己的四角儿，如此交替进行。

7385. 翻鞋（hai）钵儿——一种儿童游戏。光脚踩在鞋上，用脚后跟带着鞋后跟向前跳，把鞋带着翻起。各方比试是否能同时把两只鞋都翻过，比试翻过后鞋底向上的几种造型。

7386. 藏老媒——捉迷藏。

那几个娃娃在院子里玩藏老媒了。

7387. 藏人人——捉迷藏。

7388. 老牛——陀螺。

7389. 抽老牛——打陀螺。

7390. 毛猴儿——一种类似陀螺的玩具。

7391. 推圈（quan）——即滚圈。圈：铁环，一种儿童玩具。

7392. 踢毛毽儿——即踢毽子。

7393. 打雀儿——捕鸟。

7394. 夹挠子——鸟夹，捕鸟工具。

7395. 翻拍子——捕鸟工具。

7396. 倒（dào）跌子——用马尾织成的网状筒，专门放在麻雀窝里套捕麻雀。

7397. 打牲——打猎。

单等老汉打牲回，野兔黄羊全送你。

屁股上滴溜的个死耗子——假装打牲的了。

7398. 凫水水——游泳。

他可会凫水水了，说是水越深越好。

7399. 耍水——在浅水里玩儿；蹚水。

我坐划划你耍水，有情有义我和你。（蹚水）

7400. 狗刨刨——一种民间流行的游泳姿势。

7401. 死人水——仰泳。

7402. 咪咪（mì）——用树枝皮、麦秸或薄铁皮等自制的哨子。

你有来言，我有去语；你有唢呐，我有咪咪。

7403. 耍货儿——儿童玩具。

7404. 打哨子——吹口哨。

铡草繟（chàn）腰子，饮马打哨子，凉房断（追）耗子，收钱数票子。

7405. 葫芦子——打油的工具，也叫“油葫芦”。

7406. 韩信勒（lia）马分油——勒马：勒马转回。旧时的一种智力游戏题：

韩信勒马分油：十斤的油篓七斤的罐，三斤的葫芦子分一半。（旧时智力题）

“韩信勒马分油”答案：葫芦子归罐罐归篓，葫芦子归在罐里头。（罐，篓，分别指油罐，油篓）

7407. 残场末会——指事情将要结束的时候。

你们喝酒喝得残场末会了，才想起叫人家，这不是欺负人吗？

7408. 赶会——旧时指赶庙会；泛指赶集。

7409. 赶交流——赶集，到物资交流会上买卖货物。

他每次赶交流，都要买一堆便宜货回来，买完就后悔了。

7410. 代赌代——打赌。

7411. 划拳——猜拳。

一人不喝酒，二人不划拳。

7412. 打瓜——猜西瓜瓤的颜色或比西瓜的成熟程度来赌输赢。

7413. 挖手背——游戏一方反悔。也形容人做事常常反悔。

下棋挖手背，做事好（hào）后悔。

7414. 打卦——算卦，占卜。

7415. 打保票——做保证。

第五十九节 辛苦劳累

7416. 营生——活儿计。

吃东西专心觅旮旯，做营生钻到瓮旮旯。

见饭饥，见水渴，见了枕头就眼涩，见了营生就躲脱。

吃饭是个狠劲儿，做营生是个撑劲儿，睡觉是个缠劲儿。

7417. 做的——事，事情。

没做的，寻做的，铁匠炉上烧窟日。

有做的没做的常来坐坐。

7418. 乏——累了。

做了一天营生，乏了就早点睡圪哇。

7419. 熬——累。

看你熬得满头大汗的，快歇一会儿哇。

7420. 受苦人——泛指卖苦力的人，体力劳动者。

山药圪蛋烩白菜，受苦人不当人看待。

7421. 受苦的——卖苦力的人，泛指体力劳动者。

受苦的不挣钱，挣钱的不受苦。

7422. 受罪马趴——非常受苦累的样子。

受罪马趴的，也挣不了多少钱，还不如回家种地了！

7423. 一手人——家里家外都由一个人操劳，无人替换。

7424. 人匹马夫——比喻兴师动众，十分繁忙劳累，费了很大劲儿。

那座桥，人匹马夫地修了一年多，结果，叫一场洪水就给推垮了。

7425. 车牛斗马——描述动用车马，耗资费力的情况。

原来你还没有跟人家说定，叫我们车牛斗马的大老远白来了一趟。

7426. 劳驴滚战——比喻辛苦劳累，费了很大的劲儿。

整整一天了，我们劳驴滚战的，好样儿价搬来了，你又说不用了，这叫甚事了！

7427. 熬牛打马——比喻长时间劳作，十分辛苦。

他们多少年熬牛打马的也没有白干，现在终于过上了好光景。

7428. 费气把力——干活费了很大劲儿，十分卖力；也指办事很费劲儿。

让我大老远费气把力地扛来了，你们又说不用了，这不是耍笑人吗？

他费气把力地弄了半天，却全被人家否定了！

7429. 熬油把火——旧时指晚上长时间点着灯干活儿，耗费灯油。

离过大年还早了，这点营生不愁做，你快不要熬油把火地赶趁了。

7430. 枯干叫渴——形容人渴得很难受。

我们到山上做营生，一去一整天，每天苦干叫渴的，人们都上了火了。

7431. 操磨——因操劳过度而使人衰老或衰弱。

他盖了五间房，操磨得瘦了一圈儿。

7432. 混忙忙儿——正忙得不可开交（的时候）。

大秋天，混忙忙儿的，没时间进城。

7433. 刁晌——农忙季节利用午休时间干活儿。

7434. 一老晌——农忙季节，上午出工，下午收工，中午不回家休息，继续干活儿。

这几天咱们离干活儿的地方远，只能是一老晌，大家都准备上干粮和水。

7435. 一出坡——早出晚归，中午不歇工。

7436. 熬晌——中午不休息或收工迟。

大夏天这么热，你可不能经常熬晌，受不了。

7437. 连明赶夜——昼夜不停，夜以继日。

一腊月，她连明赶夜，硬是做起五对新鞋。

7438. 连明昼夜——夜以继日。

这些营生，连明昼夜地干，三天也怕做不完。

7439. 没明没夜——不分昼夜。

他们在工地上没明没夜地干，结果，挣下钱要不上，真气人！

7440. 没明没黑——没有白天，没有黑夜。形容不分昼夜地干。

他们家那年盖房，父子几个没明没黑地受了两个多月。

7441. 白明黑夜——指日以继夜。

他白明黑夜地赶趁那些营生，把眼睛都熬红了。

马脊梁梁房两出水，白明黑夜思想你。

7442. 刁空空——抽空；挤时间。

心里头高兴由不住脸脸上笑，
刁空空再唱那两声山曲儿调。

7443. 漏开空——有了机会；找机会；抽空。

他们那单位现在不忙，他漏开空还能回来照看一下自家的小卖店。

7444. 刁早搭黑——起早贪黑。利用早晨和晚上的时间。

我刁早搭黑也不愁做这些营生。

7445. 打早起捎昏——起早贪黑。形容干活儿辛劳。（昏，日落以后天黑之前的时候）

他们打早起捎昏，盖起了两间粮房。

7446. 两头不见阳婆——早上出去和晚上回来时，都没有太阳，即早出晚归。

他们那上班，每天都是两头不见阳婆，太辛苦了。

7447. 努欠——十分使劲儿用力的样子。

你不用瞎努欠了，一个人抬不动，我们众人和你一起抬哇。

7448. 努努欠欠——十分使劲又非常吃力的样子。

他一个人努努欠欠地，硬是把一小胶车麦子拉上了坡。

7449. 努折腰——折 she，说成 sa。用力过度，把腰折断。多用来比喻最大限度。

你这几亩麦子长势不怎么样，估计努折腰，每亩也均拉不下一石。

7450. 拿轻扛重——形容人干活儿不挑拣，轻活重活都肯干。

那后生做营生拿轻扛重的，一点也不偷奸取巧。

拿轻扛重没力，零来碎圪不做，一吃好的没禄。

7451. 闪夺——加快速度干。

这营生是个慢工，不能闪夺，一闪夺就做不好了。

7452. 刁夺——抽时间、抢速度干，或抽空档时间干。

咱们再刁夺一阵儿，争取上午把这些营生做完。

你这点事，我刁夺的也不愁给你办。

7453. 刁握——抽空档时间干；抢。

自留地里的营生，都是抽时间刁握刁握。

你们俩不要刁握了，那东西不是给你们的！

7454. 刁来夺圪——抽空档时间干。

就这么点儿营生，咱们刁来夺圪也不愁做。

7455. 赶趁——抢时间，赶任务，加快速度赶着做。

你争取三天内把这些营生赶趁完。

7456. 赶赶趁趁——形容人加快速度干，使不拖延时间。

他为了早点去看戏，硬是赶赶趁趁地把那些营生都做完了。

7457. 踻——紧张劳作、奔波，使人疲惫。

他跑完三千米，踻得上气不接下气。

7458. 踻着（za）——劳累过度而伤身。

唉，那后生，踻是踻不着（za）了，看打平伙往着（za）吃哇！（吃着，饮食过量而伤胃）

7459. 踻砍——忙乎，劳碌。

这么大岁数了，还踻砍甚了，注意身体哇！

7460. 踻死赶活——拼命地、不停地。

他们两天两夜踻死赶活，总算把这些营生做完了。

7461. 泼（pe）死挣命——拼命；不惜一切代价。

这是我在煤矿上泼死挣命地挣下的钱，咋能让他拿上去赌博呢？

7462. 拼死挣命——指拼命干活儿。

他一年拼死挣命地打工，一个正月就又把挣下的钱输光了。

7463. 泼（pā）斯污害——形容人干活卖力泼辣，不怕脏。

那后生可舍苦了，受两下泼斯污害的，一个能顶两三个。

7464. 滚战——一起拼搏；互相玩耍打闹。

7465. 硬攻硬战——比喻坚持不懈的努力奋斗。

他十几年硬攻硬战，供出了两个研究生。

7466. 跋挣——竭尽全力挣扎；也比喻奋斗，力争有所作为。

她跋挣起来，喘着气下地开门。

他跋挣了十几年，终于有房有车了。

7467. 摽（biào）住膀子——齐心协力地，或相互赛着干。

你们几个要是摽住膀子和他们比，他们根本不是你们的对手。

7468. 摽把子——劲儿往一处使，团结一致，同心协力；结成同盟。

几个人真要是摽把子跟他干，他一点儿办法也没有。

7469. 指苦为生——依靠干体力活儿来维持生活。

咱们甚技术甚手艺也没有，一辈子也就是个指苦为生。

7470. 指嘴吃饭——靠嘴皮子吃饭。

那人也就是个指嘴吃饭，真正做营生，他连谁也不如。

7471. 打杂差——打杂；做零杂差使。

他在单位里头也就是个打杂差的。

7472. 修地球——比喻当农民在地里干农活儿。

我们祖祖辈辈都是修地球的。

7473. 腰酸腿困——形容人非常疲乏。

他做了一天营生，回来腰酸腿困的，躺下就不想起来了。

7474. 散架——支撑物损坏或倒塌；也形容人太劳累，身体支撑不住。

割了一天地，中午也没歇晌，浑身就像散架呀，一回家躺在炕上就不想起来了。

7475. 脱泥下水——形容人在泥水里干活儿，不怕脏不怕累。

他盖房的时候，他舅舅脱泥下水的，可多和他受了。

7476. 忙乱——忙乎；忙碌；繁忙而紧张，急迫地不停地做。

你这是忙乱甚了？

7477. 忙头失乱——极度忙乱的样子。

他总是忙头失乱的，一阵儿也不拾闲。

7478. 忙慌失乱——干活儿紧张或慌慌忙忙的样子。

7479. 不拾闲儿——不停地（干），没有闲空。

从大早到现在，她忙里忙外，一阵儿也不失闲儿。

7480. 消停——安闲；平静，停止一些剧烈的活动。

这孩子，你不要瞎扎腾了，能不能稍微消停一阵儿？

自打他来了，单位里就没有消停过。

7481. 消消停停——安闲，从容，徐缓。

路不远，咱们消消停停地走哇。

你把孩子带出去，让我们消消停停地喝几盅酒。

7482. 扑砍——闯，也有巴结之意。

找不上个正经关系，单靠你自己瞎扑砍，根本不行。

7483. 瞎扑——无目的的乱闯。

你不要瞎扑了，老老实实地回家种地哇！

7484. 扑拾——无目的地到处乱闯、乱动。

我看你就不要瞎扑拾了，总共三个指标，哪能轮上你了。

7485. 闹——弄，搞，做，挣。

你一个人在家闹甚了？

东山山阳婆西山山落，受了一辈子闹不下个啥。（挣）

7486. 扑闹——勤勤恳恳地干；奋斗争取。

老汉扑闹了一辈子，甚也没有留下。

7487. 刨闹——想尽办法搞或挣。

顿顿吃饭重茬锅，各人刨闹地娶老婆。（各人：自己）

7488. 刨闹——费心经营。

他们父子俩刨闹这十几亩地不容易。

7489. 拾闹——千方百计地筹集钱物。

赶你娶媳妇，我肯定拾闹地还你钱，决不能误了你的事。

7490. 跑乱——奔波挣钱；奔波忙碌。也指跑关系，走后门。

他跑乱了一个月，才挣了几百块钱。

调工作的事，你得赶紧跑乱。

7491. 跑断腿——比喻为某事奔波劳累，费了很大周折。

7492. 煞泼——舍得卖力而且泼辣。

那个媳妇儿不论做甚也可煞泼了，一点儿也不投机。

7493. 舍苦——舍得卖力气。

那后生老实能干，做营生可舍苦了，谁也愿意和他搭伴儿。

7494. 不惜力——不吝惜气力，不偷懒。

他年轻时不惜力，再重的营生也咬着牙干，结果得了努伤，好几年不能做营生。

7495. 巧劲儿——巧妙、省力的办法。

即使做体力活儿，也要讲究个巧劲儿，才能提高效率。

7496. 赌力气——只凭气力而不讲巧劲儿。

做这种营生，全说的个巧劲儿，不能赌力气。

7497. 死受——拼命地干活儿，心眼儿不灵活。

他一年到头就知道个死受，甚也不管。

7498. 贪揽（làn）——贪恋；包揽。

这娃娃从小就贪揽书。

猪牛羊鸡马，你这贪揽得过多。

7499. 揽事——爱管闲事。

揽事揽事，多有不是。

7500. 揽捞——承揽。

你别再揽捞营生了，这也做不完了。

7501. 搂揽——多指把人包揽在自己身边去照顾。

他把两个没娘的侄儿搂揽在自己家并供养他们念书。

7502. 兜揽——主动把事情或任务揽在自己身上；也指把坏事，错误都揽在自己身上。

你不要兜揽这种事情，太麻烦了！

谁的事谁负责，你不要往你身上兜揽。

7503. 霸揽——兜揽；霸占。

7504. 收揽——收留；管束。

白鹅鹅下了一颗双黄黄蛋，光棍汉回家谁收揽？（收留）

没笼头的马马没桨的船，没老婆的亲亲没收揽。（管束）

7505. 打接仗——指紧接着前一个人没有做完的营生继续干或帮着前一个人把营生继续做下去。

幸亏你们来打了个接仗，单我一个人根本做不完。

7506. 自打自唱——比喻自己的事情自己独立干。

这个事情都是他自打自唱，谁也没有帮他。

7507. 捞毛——原指在妓院打杂。方言中指白为别人干活而毫无报酬。（捞，发 “烙”音。捞毛，也作“烙毛”）

干活没工钱，捞毛踽（ju）瞎眼。

成天起来那捞毛营生做不完。

7508. 捞毛小子——随叫随到，干活不挣钱，吃饭没工钱的人。

那是个捞毛小子，谁叫做营生也行，不过，他有事，众人也都愿意帮他。

7509. 捞毛货——经常自愿白给别人帮忙干活的人。

那个捞毛货，每天去村长家做营生，也不知道想咋了。

7510. 累手——小孩子让大人费事，受累。

她现在工作忙，孩子又累手，真是太辛苦了。

7511. 利手——脱手，指小孩长大，不用大人再照看操心或事情办完办妥。

两个儿子现在总算都利手了，都独立过上自己的小日子了。

第六十节　遭遇处境

7512. 好好事事——指人安然无恙，平平安安。

甚不甚娃娃好好事事地回来了，你就不要再责怪他了。

7513. 老来老去——到年老的时候。

哎呀，像你这样，老来老去，这养老的问题又该怎么解决呀？

7514. 经见——亲自经历、见识过。

他年轻，经见的少，没有经验。

7515. 多经广见——经历多，见识广。

多经广见，不如亲手做上一遍。

7516. 经多见广——经历得多，见过的多；经验多，见识广。

他虽然经多见广，可来了一看，也打蹭了。(打蹭：因情况出于意料而发怔，一时不知如何是好)

7517. 戳搭——闯荡，锻炼；在闯荡中锻炼成长。(戳 chuo，方言音为 cua)

他这几年在外面打工，也戳搭出来了，还当了个小领班儿。

人家都出去了，你也让他出去戳跶圪哇！

7518. 跌落——停息，苟且安身。

她从四川来内蒙古，人地两生，能跌落个好人家，真是万幸。

旅店住不起，火车站又不要，好赖没有个跌落处。

7519. 跌歇——落脚，居住、停留、栖身。

两个人转游了半天啦，还不知道该往哪跌歇呢。

7520. 逛世路——犹闯荡江湖；到外面游走，开眼界。

人家那是逛世路逛出来的，三关四码头闯出来的，甚没见过？

7521. 逐挪信地——被迫离开故土。

7522. 游趏（gua）——游荡；流浪。（趏：行走貌）

长脖脖骆驼细毛绳绳拉，也不知道哥哥游趏到哪？

7523. 趏遪（gua ca）——流浪；漂泊。趏：走貌。遪：行；走。

托住躺柜看哥哥相，不知道你又趏遪在甚地方。

7524. 趏(gua)野鬼——①在外流浪，闯荡江湖。(趏：走貌)

为人找不下个好女婿，不如跟上哥哥趏野鬼。

②当土匪或在他乡异地专干不正当之事。

过去他是个趏野鬼的，谁也不敢惹。

7525. 一出出——有去无回；有出无进；有来无往；单程；无法回头。

没头鬼媒人爱吃肉，仰面面回家一出出路。(咒骂媒人)

城墙上跑马一出出路，扔下妹妹你也不难受？

7526. 一挂面儿——有去无回，一去再没有见面。

那年他正月十六就进城打工去了，结果走了个一挂面，出车祸了。

7527. 拍马不回头——有去无回；一去不复返。

那人说能给他儿子安排工作，他给

人家拿了五万块钱，结果，那人走了个拍马不回头，连电话也打不通了。

7528. 死伤在地——形容人死在眼前，境况很悲惨。

人家家里现在死伤在地的，谁有心事跟你谈这种事，你还是过几天再来哇！

7529. 血丝污害——鲜血淋漓的样子。

他第一次杀羊，把自己全身也弄得血丝污害的。

7530. 遭逢（fèng）——遭遇。

婆婆没头公公灰，遭逢了个男人二球胚。

7531. 遭际——经历；遭遇。

她那遭际灰苦了，头一家男人死了，又嫁了个男人也是成年吃药，家里穷得要甚没甚。

7532. 三教归一——三教，本指儒、法、道三教，转指各种因素。比喻各种因素归结在一起产生的结果。

天气冷，没炉子，烧炕又没有柴火，三教归一了，家里冷得连个猴也拴不住。

7533. 称命由天——听天由命。

他自己不着急，你说破嘴也不顶事，快称命由天圪哇。

7534. 没福小寿——迷信指人寿命短，没有享福的命。

那二虎子真可怜，光景正且好过了，他却没福小寿地叫车碰死了。

7535. 鬼催的了——形容非常不理智或违反常规地去干某一件事情。

今天本来不是他值班，他来了，结果出了这么大的事，真是鬼催的了。

7536. 救命疙瘩——本指用绳、线等拴牲畜或鸟类的时候，在绳、线上打的免使其勒伤或勒死的一种结。转以比喻得救的机遇或办法。

你不要着急，人总有救命疙瘩了，咱们想办法帮你渡过这一难关。

7537. 点儿——时运；运气。

7538. 背（bèi）——不顺。

各人（自己）点儿背，不要怨社会。

7539. 比背——点儿背，运气不好。

7540. 时气——时运；运气。

时气不好运气低，骑了个骆驼狗咬住腿。

7541. 走时气——走运或运气好。

走时气不在那打早起。

7542. 不走时气——不走运。

我今儿个不走时气，徒东西卖得贵了不说，还叫小李（小偷）掏了一百块钱。

7543. 立不起四柱——拿不定主意，扛不起事儿。

爬爬丝丝索罗罗根，立不起四柱你怎么当男人。

7544. 人稠地窄——人多而地方小。

人人都有帝王相，人稠地窄轮不上。

7545. 人稠眼杂——人多。

人稠眼杂嘴嘴多，再不要穿上红鞋（变音为hai）瞭哥哥。

7546. 人多眼杂——指人多了，看见的人也就多了。

7547. 灰猴一只——比喻就留下自己一个人，灰溜溜的样子。

他就是因为耍钱，把房也卖了，老婆也离了婚了，这会儿灰猴一只了。

7548. 光棍——单身汉。

千军万马吃饱饭，饿死的都是光棍汉。

7549. 打光棍——单身成年男子适婚年龄后仍未结婚或婚后又失去妻子的男子。

罐罐里没水二圆碗端，你看这打光棍难不难。

打光棍的哥哥好惨心，打里照外一个人。

7550. 蹬蛋——蛋：睾丸。比喻因关系恶化而分离，多指夫妻。

前婚老婆后婚汉，睡到半夜蹬了蛋。

7551. 血尽毛干——比喻人耗尽了钱财和精力。

他供了三个大学生，现在已经是血尽毛干了。

7552. 两头受气——受到双方的斥骂。

他好心好意管媒却没落下好，闹下个“耗子钻在风匣好儿了——两头受气”。

7553. 耐惊耐怕——经得起惊吓。

那人甚事没见过？那真是大召前头的百灵子——耐惊耐怕！

7554. 戴红胡子——比喻人遭到冷遇或斥责，落得没趣。

你要识阵一点儿，这种情况，你最好不要去了，去了也是个戴红胡子。

7555. 钉子碰——即碰钉子，比喻遭受拒绝。

他去不行，你去也是个钉子碰，不信试试看。

7556. 没踏脚——比喻人做事拖延时间，以致无踪影；也指做事导致不好的结果。

他那做买卖做下个没踏脚，赔了本儿不说，还因为债务纠纷叫人家打伤了。

7557. 亲手自造——亲自动手做，制作；也比喻是自己一手造成的。

这件事一直没脱离开他，就是他亲手自造的，怨不得任何人。

7558. 赶门在外——把人赶在门外。

他因为赌博屡教不改，饥荒一道滩，被他老子赶门在外了。

7559. 坐班房子——坐牢。

7560. 另起炉灶——比喻放弃原来的，另外从头做起。

他把股份撤出来，自己另起炉灶，又干起了中介公司。

7561. 裉（kèn）接头儿——比喻关键时刻或关键地方。（裉：上衣在腋下的接缝部分）

人就怕在那裉接头儿有人圪制你。

7562. 马高镫短——比喻艰难时刻，或人遇上了坎儿的时候。

人在马高镫短的时候，才是用着朋友帮忙的时候。

7563. 回水湾子儿——河流转折、拐弯的地方；比喻人到了转折、遇坎儿或走背的时候。也叫“回水湾湾”。

那人心毒，谁要是得罪了他，他肯定在回水湾子儿要搭捞（打击报复）你一下。

回水湾湾千层层冰，
十遭遭瞒你九遭遭空。

7564. 搵克——物体受到挤压；比喻人受到挫折或打击。

你把苹果放在尽上头，苹果搵克着就不好保存了。

他从小一点儿搵克也没受过。

7565. 杀剐——原指酷刑，引申为“天灾人祸的迫害”，“使遭受不幸”。

老天爷不长眼，把人杀剐到这地步。

7566. 折割（方言为zaga）——摧残，折磨；故意让人吃亏受害；害死。

旧社会，他曾被土匪请了“财神”，可叫折割灰了。

第六十一节 馋吃懒做

7567. 乜（nie）吃愣睡——指贪吃贪睡，很少动脑子思考问题。（乜：痴呆貌）

你就知道个乜吃愣睡不干活儿，今后可咋养活自己呀？

7568. 憨吃愣睡——贪吃贪睡，不思进取。

7569. 海打楞唱——不节俭，无计划，挣多花多，挣少花少。

7570. 海打糊录——粗心；马虎；稀里糊涂。

7571. 海吃楞滚打——不节俭，无计划，挣多花多，挣少花少。

7572. 瞎踏二胡——随意，任性，粗鲁，糊涂，不思进取。

他那个人瞎踏二胡了一辈子，最终也没翻起个身来。

7573. 舀打二晃——懒散，不专心不认真的样子。

那人舀打二晃的惯了，甚事也做不成。

7574. 懒瘫（tan）——懒惰、萎靡不振。瘫：疲乏无力、萎靡不振的样子。

7575. 瘫货——懒惰，不能振作的人。

7576. 乏货——懒惰，不长进的人。

7577. 云胡——挥霍无度的享受，奢侈的享受。

就管你自己云胡，不管老婆娃娃，算什么人！

7578. 胎嗨——无忧无虑，逍遥自在，不愁穿吃，不管闲事。

他现在功成名就，无忧无虑，每天就是个吃喝玩乐，活得特别胎海。

7579. 洒舒——衣食无忧，清闲，潇洒，舒服。

他这会儿是钱够花觉够睡，待要了找老弟兄们喝点小酒，打打麻将，不待要了，引上孙子溜达溜达，活得再洒舒点儿哇。

7580. 风悠洒落——悠闲自在，潇洒快乐。

每年到外地转一转，风悠洒落的，挺好。

7581. 游游串串——游串：闲逛，转悠。形容人没事到处闲逛。

他每天东家门进西家门出，游游串串的，甚也不干。

7582. 海散——宽慰；使不快的情绪消失。

左手拉着海底风，自己海散自己心。（海底风：风箱）

7583. 消散——同“海散”。

7584. 贪红作乐——寻欢作乐。

他在外面贪红作乐，全不管家里妻儿老小的死活。

情真话丑理不端，贪红作乐图心宽。

7585. 失晃——逍遥自在，荒废时光，不学无术。

那娃娃不爱念书，在社会上失晃灰了，眼看二十来岁了，甚也不能做。

7586. 停（tǐng）圪班班儿——形容人很懒惰，什么也不干。

你这么大了，也成了家了，就这样停圪班班儿坐下，靠老人靠到多会儿呀？

7587. 吃谷贼——指只吃饭不干活儿的人，含讥讽或斥责意。

你甚也不能干，就是一个吃谷贼。

7588. 嘴当紧——形容嘴馋，不等别人吃自己就吃。

7589. 圪混——不务正业或鬼混；糊里糊涂地打发日子。

你每天就这么圪混，连个老婆也娶不下！

7590. 混淘——东西混杂或人结伙胡混。

这两种药不能混淘在一起，得分开熬。

他就是跟上那些不念书的娃娃混淘坏了。

7591. 海混——稀里糊涂地、尽情地混日子。

人家送粪了，你是海混呢；人家混种了，你才送粪呢。

7592. 圪且且——只要能凑乎得过去就凑乎、应付。

他做甚也就那圪且且，总没有个长远打算。

7593. 点儿浪荡——做事不认真或无所事事。

看你，这么大了，每天点儿浪荡的甚也不做，像个甚了？

7594. 躲边撒沿——拈轻怕重，遇事躲避。

一做营生躲边撒沿，一吃饭就守在锅边。

7595. 轻闲——活儿不重，不累。

他身体不好，想叫队长给他寻个轻闲营生。

7596. 闲圪遥遥儿——没事干，悠闲的样子。

你每天闲圪遥遥儿的甚做的也没，不能去帮他看看摊子？

7597. 打皮忽哨——形容人做事不实在，拈轻怕重。

那后生打皮忽哨的，做甚也靠不住。

7598. 踅（xué）火盘——来回游荡，寻找吃饭的地方。踅：折回；旋转；寻找。

阳婆一落火烧山，没老婆的哥哥踅火盘。

第六十二节 穷困潦倒

7599. 光景——日子；生活。

我名就叫王桂英，专指管媒过光景。

会挑的挑当人，不会挑的挑光景。

7600. 年馑——灾年。

时光过下日月了，光景过成年馑了。

7601. 底盘子——家当。

7602. 底三板——比喻事物的基础或家庭经济基础。

7603. 紧绑——生活拮据，经济不宽裕。

胆大的发财胆小的穷，受紧绑的是老实人。

7604. 紧巴——生活拮据。

两人都挣得不多，光景过得挺紧巴。

7605. 紧蹭——紧；紧张，困难。

催赶得紧蹭点儿，前晌就能做完。

那时候生活紧蹭，哪有心计玩儿了。

7606. 紧困——经济不宽裕；拮据。

生活再紧困，也要供孩子上学。

7607. 干——形容一点儿都不剩或一点儿都没有了。

把身上的钱都输干了，他才回家。

7608. 没出境——事业没有发展空间；人没有发展或晋升的机会。

他调到这个新单位，看来也没有多大出境。

7609. 没进项——没有收入；没有来钱处。

光靠种地，一年四季没进项，冬天卖了猪，才算进了几个钱。

7610. 顶靠——锻炼；多靠他办事，在实践中锻炼。

7611. 困渴——人没吃没喝没钱，陷于困境。

他身上带的钱花完了还没找下营生，困渴在那儿了。

7612. 苦焦（jiào）——土地贫瘠，生活困苦。

那个地方靠天吃饭，过于苦焦，人们实在过不下去了，都陆续搬走了。

7613. 将就——勉强，对付；迁就，凑乎；还算不错。（将：顺从）

有条件讲究，没条件将就，好歹总得有点烧酒。

讨吃子娶他妈——穷将就。

那减价白面只是不白，吃圪也将就。

你今年那麦子长得咋的了？唉，将就，远不如去年。

7614. 一将两就——一物勉强两用，也泛指勉强或凑乎。

白天铺，黑夜盖，一将两就。

7615. 接擦（ca）——对付，将就，凑乎；刚够接济上。

这条棉裤补一补，还能接擦一冬天。

7616. 擦获——将就，勉强地以次充好地凑数。

他们虽然擦获地盖起了三间房，可是两年了，里面还没有装修。

7617. 七擦八获——七凑八凑，勉强凑数。

他东挪西借，七擦八获，总算把孩子的学费凑齐了。

7618. 擦擦（ca）处处——擦处：凑集。尽力凑集东西或钱财。

他东抓西借，擦擦处处才弄下三千来块钱，远远不够。

7619. 挪前转后——想方设法周转钱。

你放心哇，赶十月份，我挪前转后也得先把你的钱还清。

7620. 东挪西借——家里缺钱物，到处抓借。挪：临时应急挪用。

你放心，我就是东挪西借，也肯定赶月底把你的钱全部还清。

7621. 抓——借。一般指借钱。

7622. 东抓西借——到处借钱。

这钱可都是东抓西借来的，咱们挣得起赔不起，你可得小心点。

7623. 抓挖——周借。

你放心哇，万一钱还不够，我向朋友弟兄们也不愁抓挖。

7624. 急抓百挖——为应急而到处凑集钱财。

他那买卖的本钱，大部分是急抓百挖地借来的，万一赔了，就很难翻身了。

7625. 糊补——补贴；填补亏空，维持生计。

为了糊补这个穷光景，她每年喂一口大猪，到了冬天就卖了。

7626. 吃脱了——吃完；吃净了。

十斤肉已经快吃脱了，还得买下点。

7627. 揭不开锅——没有吃的东西，无法做饭。

流烟灶火漏水锅，炕上躺的个病老婆，戚（qia）人来了揭不开锅。

7628. 断顿——揭不开锅，吃了上顿没下顿。

那个年头，就是吃玉茭子面，也是经常断顿。

7629. 水米没打牙——没吃一口饭，没喝一口水。

清早起来到现在，他水米没打牙。

7630. 喝西北风——比喻什么吃食也没有，饿着。

今年收成不好，你又不出去打工挣钱，你让一家老小喝西北风呀？

7631. 穷腥腥气——贫穷凄苦的气氛。

茅庵房房圪洞洞地，烧了一把灰蒿蒿穷腥腥气。

7632. 得楞楞的——原指敲击空的物体所发出的声音，比喻家徒四壁、一无所有，极度贫穷。

那个时候，他们家穷得得楞楞的，要甚没甚。

7633. 叮旦二响——一无所有，极度贫困的样子。

家里穷得叮旦二响，可是一挣下几个钱，他总要连明赶夜地去耍钱，不输光不歇心。

7634. 丁零蛋兰——赤贫的样子。

本来穷得丁零蛋兰的，可是他们两口子还是一点也不节俭。

7635. 得铃褴（lan）蛋——衣衫褴褛，穿戴不整齐。

现在的人，更是势利，一看他穿得得铃褴蛋的，人家看大门的就把他拦住了，死活不叫进。

7636. 受可怜——受罪；受苦。

皮袄皮裤皮坎肩，拉骆驼的人儿受可怜。

7637. 受恓惶——遭受穷苦磨难或心理折磨。

三搭椽，半间房，没娘的娃娃受恓惶。

7638. 穷拿住——为穷所困；困窘。

灯盏没油倒上醋，走不在人前穷拿住。

7639. 片瓦根椽——一片瓦，一根椽。比喻家产极少，很穷。

他一直赌博，谁劝也不听，最后硬是输下个片瓦根椽才歇心了。

7640. 茅庵草舍——本指用茅草搭建的房子，比喻极其简陋的房屋。

那个地方太穷，人们住的都是茅庵草舍的，那条件太差了。

7641. 少吃没喝——缺吃少喝，形容家里很穷。

7642. 少钱没货——形容人既没有钱又没有东西，十分贫穷。

咱们现在少钱没货的，能省就尽量省，省下的就等于是挣下的。

7643. 少穿没戴——缺少穿戴。

那会儿咱们少穿没戴的，因时节（因而）能不出门就尽量不出门。

7644. 少铺没盖——缺少被褥。

新家里少铺没盖的，就个干床板，咋睡人呀？

7645. 抠席瓣子——比喻人赤身睡在苇席上。

7646. 冷寒受冻——形容人受冷挨冻，十分艰苦。

他爸是查道工，大冬天也得冷寒受冻地每天走二十多里路。

7647. 贼打火烧——即贼偷火烧。比喻连续遭受内外灾患。

他那年办了个小厂，经营也不好，再加上贼打火烧的，不到二年就塌了，赔了好几万块钱。

7648. 饥荒——债务；外债。

短人家饥荒欠人家债，家里头没钱把我卖。

7649. 沓饥荒——欠下债务。

给孩子治病，他们沓了五六万块钱的饥荒。

7650. 打饥荒——还债。

这几年，他们一直是勒紧裤带打饥荒，三年没换过新衣服。

7651. 拧饥荒——追讨债务。

一到腊月，到他们家拧饥荒的人一个接一个。

7652. 灰清冷灶——形容家里多日无人整理或没有做饭的清冷状态。

他们一路走得又累又饿，可是一进门，却是灰清冷灶，谁也不在家。

自从老婆离了婚，家里灰清冷灶的，他一点儿也不想回那个家

7653. 小人薄（ba）家——家里人口少，底子薄。

你们这小人薄家的，可不能随便乱花钱。

7654. 穷家薄业——指家底薄，没有什么积蓄。

7655. 窝大十口——形容家里人口多、开销大、负担重。

他那窝大十口的，确实不容易，该照顾就照顾一下哇。

7656. 单个儿户——只有一个人的户。

7657. 汗手汗脚——形容男人操持家务十分艰辛。含同情意。

自从老婆离婚后，他每天劳动回来还得汗手汗脚地给孩子们做饭。

7658. 爬场——因为游手好闲而穷困潦倒。

像这样年轻轻儿的，不学无术，整天游手好闲，将来还不是个爬场？

7659. 爬场货——因不争气、不求上进而潦倒不堪的人。

甚好吃甚，甚营生也不想做，那才是个爬场货了！

7660. 爬得展展儿的——潦倒不堪。

吃喝嫖赌抽，甚道道也想摊，现在爬得展展儿的了。

7661. 爬得展应应儿的——潦倒不堪。

那人甚好吃甚，甚灰做甚，这会儿爬得展应应儿的，没提啦！

7662. 讨吃——讨饭；沿门行乞。

上房瞭见山和水，跟上哥哥讨吃也不后悔。

做甚的务甚，讨吃的务棍（做什么都要精心）。

7663. 叫街——在街头呼喊求乞。

宁死做官的老子，不死叫街的娘。

7664. 讨吃叫街——泛指人贫困潦倒，到处乞讨。

山羊绵羊盘草坡，讨吃叫街跟哥哥。

只要娃娃能过好，讨吃叫街我心甘。

7665. 上锅头——妇女外出为佣。

7666. 讨吃烂鬼——穷相；穿戴像乞丐。

那人看穿扮讨吃烂鬼的，却突然从腰里拔出两把手枪。

7667. 讨吃烂杆——邋遢，穿戴像乞丐。

7668. 累——拖累，使受害；牵涉连累。

家倒累家，户倒累户。（一人有事，会累害全家；一家有事，会牵涉连累其他亲戚本家）

7669. 累害——拖累，损害。

老两口都有病，把儿女们累害得甚营生也不能做。

7670. 烂衣泼裳——破烂衣裳。

现在跟从前不一样了，这些烂衣泼裳，给人也没人要。

7671. 破铺烂衬——破旧衣服。

7672. 烂补烂纳——缝补破烂的衣物十分辛苦。

家里穷，她常年都是给孩子们烂补烂纳的，哪能随便就买起个新衣裳了。

7673. 破补烂纳——缝补破烂衣服。

那会儿家里穷得没办法，他妈经常破补烂纳的给收拾大小人的衣裳。

7674. 尽破烂攒——条件或物品不好，尽量凑乎着做或使用。

7675. 紧家闭产——为办某事，拿出家里所有的钱财。

他紧家闭产地买下一辆自行车，骑了三天就叫人偷了。

7676. 砸锅卖铁——把自己家中所有的钱财都拿出来，尽其所有，豁出去了。

就是砸锅卖铁，也要供孩子念大学。

7677. 破财——损失钱财；破费钱财。

丢人不丢钱，还不算破财。（《卖碗》中薛称心名言）

7678. 流流遒遒（qíu）——因为某种原因不得不流落异地，居无定所，到处流浪。

他父母死后，他一个人东三天西两天，流流秋秋的，可也为难了来。

7679. 窜房檐头子——自己没有房子，到处租借别人的房子居住。

7680. 接度冤年——遭遇困窘，随遇而安，苟且度日，度过困难时期或以待运转。

7681. 挤窝插窟——室内或院内空间小、地方窄而居住人口多。

家不大，七大八小住了九个人，挤窝插窟地特别不方便。

在那城里，一个四合头小院子里，挤窝插窟地能住十几家人。

第六十三节 宽广富裕

7682. 活撒——日子过得滋润。

人家那脑子好，本事大，光景过得可活撒了。

7683. 活特撒撒儿——指人灵活，有进钱的门路，光景过得好。

那时候他给队里当采购员，常时不缺零花钱，光景也过得活特撒撒儿的，人们都羡慕人家。

7684. 宽广——指手头宽裕，生活宽余。

现在你们的光景也宽广了，该穿就买的穿点好的哇。

7685. 头轻——形容人的负担或压力轻。

孩子们都成家独立生活了，他们现在头轻多了。

7686. 肥油圪蛋——比喻富有或身体肥胖。

穷工人，饿市民，肥油圪蛋庄户人。（困难时期民谣）

当了一年保管，吃下个肥油圪蛋。

7687. 满腰窝——腰包里的钱已经装满了。比喻人已经获得了很多利益。

这几年，他已经满腰窝了，是最大的既得利益者之一，但人心没足，他还想继续往上爬。

7688. 兜起来了——有钱阔起来了。

人家做了几笔大买卖，一下倒兜起来了。

7689. 家官境落——指家庭状况。

我一看那家官境落，就知道是要甚有甚的人家。

7690. 福圪洞儿——福坑，享福的地方。

你嫁到他们家，算是跌到福圪洞儿了。

7691. 铜底铁帮——比喻家境十分殷实。

人家做买卖二三十年了，现在是铜底铁帮的光景。

7692. 厚层——家境殷实，家庭经济实力雄厚。

那人家厚层了，娶了三个媳妇儿，身不动膀不摇。

7693. 贴掖（yè别字）——经济补贴。

7694. 足富有余——物资充盈宽裕，有剩余；能力，实力等绰绰有余。

这些钱出去旅游一个星期，足富有余了。

7695. 富富有余——足够还有剩余。

他们今年一年挣的钱，买个车也是富富有余。

7696. 堆山积塄——比喻物品多，堆积如山。

今年的山药大丰收，堆山积塄的卖也卖不了。

7697. 满满当当——形容很满的样子。

7698. 满碗满碟子——碗碟内都盛放满当。比喻事情结果十分令人满意。

7699. 满碗圪堆——盛饭至碗内堆起来的样子。比喻事物有余或待人热情。

7700. 圪堆戴帽儿——往器皿内盛东西（较干的）一直到堆起来，放不下为止。

7701. 圪尖戴帽儿——同“圪堆戴帽儿”。

7702. 圪帽帽儿——盛得很满或堆得高高的样子。

圪帽帽儿垛起了一垛小麦。

7703. 馕(nàng)——丰富充足。(馕，宽缓)

说的是烩肉菜，可肉块块一点儿也不馕，尽是山药圪蛋。

7704. 火扑扑儿——形容家庭兴旺，日子过得红火。

唉，他这一出事，火扑扑儿的人家就垮了。

7705. 穿三脱四——形容衣服多，更换频繁。

那会儿，人们一年也换不起一件子新衣裳，这会儿生活水平普遍提高了，哪怕是上岁数的人，也都是穿三脱四的。

7706. 抖膘——穿的衣服少（讽刺）。

大秋天不穿上衣就出来了，你那是抖膘了？

7707. 晾膘——穿的衣服少（讽刺）。

咱们穿上秋衣还有点冷，看人家，就穿的个背心在那儿晾膘的了。

7708. 听名——听名声；徒有虚名。

听名了不错，实际上饥荒可多了。

7709. 扬名打鼓——名声、声势很大。

满天云彩风摆转，扬名打鼓寻了一回汉。

7710. 扬名留后世——名声传扬到后世。(扬名，传播名声)

他捐钱刻了个石碑，就想扬名留后世了。

7711. 一鼓齐鸣——群众呼声一致。

7712. 破鼓响名——名声超过实际，虚有其名。

7713. 有名有扬——指某人很有名气。

他在我们那儿也是有名有扬的人。

7714. 丑名在外——指坏的名声张扬在外，尽人皆知。

他现在反正是“秃死怪吃它妈——丑名在外”了，甚也不怕了。

第六十四节 节俭铺张

7715. 抛米撒面——随意抛撒粮食或面粉，造成浪费。

庄户人种一颗粮食不容易，你这样抛米撒面的是造孽了！

7716. 大挖不腾——不腾：浪费。形容大手大脚、铺张浪费。

过光景像你们这样大挖不腾的，有多少钱哇够你们踢打了？

7717. 大手舀脚(jia)——大手大脚，不知节俭。

你大手舀脚的，花钱不数数儿，这还能过好个光景？

7718. 圪攒（zan）——积蓄，积聚。

他妈圪攒下点儿钱，都叫他要上耍钱输了。

7719. 积攒——积蓄，积聚，积累。

你们平时节省点儿，积攒上几年买个车哇。

7720. 忽拍（pia）——挥霍浪费。

他把这几年挣下的钱都忽拍完了。

7721. 拍（pia）豁——挥霍浪费。

他把老人给他分的那一份早就拍豁完了。

7722. 踢打——挥霍浪费，直至变卖家产。

他爷爷的一份家业，都是叫他老子给踢打光的。

7723. 扎害——糟踏；挥霍，浪费；损坏（财物）。

他把钱可多扎害了，一件事也没干成。

7724. 扎踏——糟踏；侮辱。

你不要扎踏那东西，那都是用好钱买的！

7725. 躁（zào）——浪费。

现在吃食东西多了，来的也容易，可也不能乱躁呀！

7726. 躁费——浪费。

现在那卖大白菜躁费过于大，把绿叶子都砍掉了。

7727. 手大——花钱不节俭。

他花钱太手大，一个月的工资有时还不够。

7728. 手松——花钱或给人东西时随意、不抠，慷慨大方。

这个娃娃手松，拿上好吃的，谁要也给。

7729. 打省——节俭钱、物。

这几十斤粮都是老两口从嘴边打省下的。

7730. 打打省省——打省：节俭。形容人花钱、用物、过日子十分节俭。

就这几个钱，打打省省地花，也花不在年底。

7731. 打打对对——对付；保养身体或物品。

他的病刚好，打打对对地不敢着凉，怕又感冒了。

这衣裳要是打打对对地穿，六七年也穿不烂。

7732. 仔细——节俭。

请人不得不大气，过光景不得不仔细。

7733. 捏掖——计划并且节省。

家里就这么几个钱了，你得捏掖地花。

7734. 洋气——排场；阔绰。

他们那新房装修得可洋气了。

7735. 摆洋气——摆排场；显摆，追求外部形式或场面的铺张、奢侈。

他每年开着车回家过大年，并且开着车绕村转，就是为了摆洋气了。

7736. 耍洋气——讲排场，摆阔气。

本来没钱，还要耍洋气，真是打肿脸充胖子！

7737. 可惜了（láo）的——对浪费的东西感到可惜。

看那可惜了的，把米洒了一地。

7738. 要样儿——标准高，做甚也要做出个样子来，努力达到自己心中的目标。

那个人要样儿了，做甚也要做出个样儿来，通不过他自己就不行。

7739. 遮在——注重保养。

人家穿衣裳遮在，穿了二年了，还像新的一样。

7740. 谱气——排场、阔气；气势。

多年不见，看那谱气，现在不是当了官儿，就是发了财了。

7741. 把家——爱惜家产；善于管理家务；顾家。

把家圪蛋——善于管理家务的人（褒义）；只聚不舍的人（贬义）。

那闺女是个把家圪蛋。

7742. 把搂——牢牢地保管好或经营好自己的家产财物。

你得把钱把搂好，千万不能落在那个赖小子的手里。

7743. 刻搂——节俭并且积存、聚拢财物。

她悄悄刻搂下的几个钱也叫他硬要上走了，结果，一黑夜就又都输完了。

7744. 揞（àn）沓——暗中存储财物。

那个时候光景不赖，他爷爷给他们揞沓下不少现洋和洋烟，结果土改的时候他们家被定成了地主成分。

7745. 经管——管理，看护。

自己的东西得自己经管，不能靠别人。

7746. 心强爱好——上进心强、标准高，追求最好最美的东西。

那媳妇儿心强爱好，甚也要要个样儿，总想走在人前头。

第六十五节 小气吝啬

7747. 圪搐（chu）老财——吝啬的财主，泛指吝啬的人或只会聚敛财富而不会享受财富的人。

7748. 善财难舍——指对吝啬的人，不施加压力不肯出钱财。

大家都出钱，就他不出钱，对他这种善财难舍的人，不能客气。

7749. 黢（qu）——吝啬。

那媳妇儿可黢了，好像他们家的那钱，只能进不能出。

7750. 黢（qu）绿圪蛋——原指果类未成熟时墨绿的颜色，用来比喻人吝啬，小气，不近人情。

那人是个黢绿圪蛋，他肯定不会摊这种钱。

7751. 黑骨头——比喻十分吝啬的人。含讥骂意。

那是个黑骨头，你别指望跟他借出二分钱来。

7752. 刻吝——在物质方面刻薄地对待。

老婆婆对人说，她们媳妇不给她往饱吃饭，就刻吝她了。

7753. 鬼胎——小气；吝啬。

7754. 求毛鬼胎——小气；吝啬。

那个人不行，求毛鬼胎的，出一分钱比要他的命还难了。

7755. 小眼薄皮——吝啬；爱占小便宜。

那人小眼薄皮的，走到哪也叫人下看。

7756. 小眼八窟——形容人眼小，贪图小利。

那人小眼八窟的，见了甚也往家拿。

7757. 小气——比喻人气量小；吝啬。

虮日放屁——小气。

7758. 小气圪捣——形容人吝啬、小气。

那人小气圪捣的，和他共事的人越来越少了。

7759. 小心圪气——小气、吝啬；胸襟不宽；气魄小。

那人小心圪气的，哪舍得跟你们打平伙了！

7760. 小家烂气——小气；没有见过世面。

看你小家烂气的，要给就多给点儿。

看你小家烂气的，连个这也没见过？

7761. 手紧——在花钱上掌握的尺度很严或把自己的东西看得很紧，不愿意给人。

现在出去旅游，你可得手紧点儿，不能看见甚也想买，更不能听上导游的话去买东西。

7762. 鸡皮估怪——小气，估算周到，怕吃亏。

就你这样鸡皮估怪的，时间长了，恐怕人家谁也不会跟你共事。

7763. 半毛儿不发——形容人非常吝啬。

那个人，他老子想花他的钱，他也是半毛儿不发，你就不要指望他给咱们摊这个钱啦。

7764. 八米二糠——原指出米率高，八成米，两成糠。借以描述有的人精打细算，盘算周到，不肯吃一点亏。

那个人八米二糠的，盘算可周到了，一点儿亏都吃不了。

7765. 抠门儿——吝啬。

大衣柜没拉手——抠门儿。

7766. 抠钱痨——讽刺人极度抠钱，把钱看得太重。

他生来就是个抠钱痨，其实也没有什么挣钱的本事，就是把钱看得太重。

7767. 估精——估算周到，算计别人，久占香赢不吃亏。

你尽和人耍估精，是不会长久的，别以为人家都是愣子。

7768. 估精扒皮——估算周到，算计别人，久占香赢不吃亏。

他那个人估精扒皮的，就想占便宜，哪有那么多便宜让他占呢？

7769. 圪虽——因钱财紧缺而表现得不大方、不爽快。

出门在外，该吃就吃点儿，不要过于圪虽，不说你，还有人家媳妇儿了哇。

7770. 圪虽虽儿——因钱财紧缺而表现得小气，不得理的样子。

人家都是谈笑风生，他却圪虽虽儿地坐在那儿一言不发。

7771. 出血——比喻拿出钱或东西。

那个家伙经常白吃白喝，这次咱们得让他也出点儿血。

7772. 捏得干——做事刻薄无情，刁蛮、吝啬。

那个家伙当了几天村干部，可捏得干了，很多人都恨他。

7773. 鬼搐溜皮——形容人不痛快，鬼祟、小气，顾虑重重，推推让让的样子。含令人厌烦意。

人家让他往正面坐，他鬼搐溜皮的死活不坐，完了，他又说人家下看他了。

第六十六节 欺骗挑唆

7774. 闪——因突然变卦或哄骗，使人扑空。

野鹊鹊落在桦树梢，闪了哥哥一遭又一遭。

7775. 煽骗——哄骗，欺骗。

你能就是能，不能就是不能，你可不能煽骗人家！

7776. 迷哄——哄骗，蒙蔽人。

他让那个女人迷哄住了。

7777. 迷窍——一时糊涂或蒙蔽。

他平时特别好，这是他一时迷窍了。

7778. 买哄——收买；笼络，有目的地搞好关系。

他又把他老爸买哄住了，给他买了一辆自行车。

7779. 假眉三道——形容故意做出一些假象来欺骗人。

他本来耳朵不聋，还假眉三道地说听不见人叫他。

7780. 骗子手——骗子。

骗子手尽说的良心话。

7781. 大头——被人捉弄、挑唆、哄骗的人。

7782. 捉大头——捉弄、欺骗别人。

7783. 捉大头鳖——欺骗人，糊弄不知情者。

咱们不识货，叫人家捉了大头鳖了。

7784. 大头鳖——大头鳖，容易被人捉，比喻被人哄骗的人。

你真是个大头鳖，又被人家捉了。

7785. 哄鳖——把别人当作傻子哄骗。

7786. 捉鳖——比喻捉弄、愚弄、欺骗别人；捉冤大头。

捉鳖不在水深浅，只要遇到手跟前。

7787. 捉——捉弄；蒙骗。

大鳖捉怕了，小鳖长大了。

7788. 作妖——故意做作，故弄玄虚，横生怪事。

他又是在作妖了，千万不要搭理他。

7789. 幺蛾子——荒诞离奇，虚妄乖谬之言；鬼主意。

你看那两个人挤眉弄眼的，不知道又想出甚幺蛾子了。

7790. 醋拐子——比喻把事情搅酸的人。

7791. 搅屎棍子——比喻专爱挑拨离间，唯恐天下不乱的人。

7792. 起妖捏怪——造谣生事，横生怪事，挑拨离间，煽动是非。

他每天起妖捏怪的，唯恐天下不乱。

7793. 哄鬼——骗人或糊弄人。

头上扳了个火罐印，那才是哄鬼瞎背性。

7794. 鬼吹灯——夸口胡说，骗人的鬼话。

妈妈大大软耳根，听上媒人鬼吹灯。

7795. 鬼七捣八——不实。

他鬼七捣八的，这理由，那理由，拉关系，跑门子，硬是多分了一套房。

7796. 加一卖二——虚构、添加不实情节。

7797. 捏鬼——无中生有，编造；定计坑人。

7798. 捣鬼——说假话蒙骗他人。

有甚说甚，不要捣鬼！

7799. 变鬼——捣鬼；千方百计掩饰；编排假话或想方设法应对。

这次可闯下祸了，看你跟人家领导咋变鬼呀。

这个事情，咋变鬼也是你变去哇，我是没脸去见人家老张了。

7800. 鬼捣——偷偷地议事（贬义）；捣鬼，做鬼。

半夜五更的，他们几个聚在一起不知道又鬼捣甚了。

你们就不要瞎鬼捣了，让人家发现了更不好，不如实事求是地告诉人家。

7801. 胡迷日鬼——随意乱来，糊弄、胡闹。

阶得圪柳种得歪，胡迷日鬼也上来。（阶 jie：耕地。圪柳：不正）

7802. 日迷捣鬼——捣鬼：搞鬼。玩弄伎俩骗人。

你们俩在这儿日迷捣鬼的又弄什么鬼把戏了？

7803. 护能——糊弄，将就（有欺骗，蒙混的意思）。

护能地做下这个月来，我就辞职不干了。

7804. 光拢——糊弄。

你做营生不要光拢我，我眼里可不揉沙子。

7805. 闪闪惑惑——做事欺诈，说话不讲信用。

骑上骆驼砍白菜，闪闪惑惑我不心爱。

7806. 鬼灵闪话——说鬼话，不说实话。

那个家伙鬼灵闪话的，一阵儿一个样儿，连一句人话也不说。

7807. 瞒含夹带——对某种情况进行隐瞒或夹带不实之言，掩饰真相。

你当介绍人，中间不要给人家瞒含夹带，甚就是甚，成不成是人家两家的事。

当时我也在场，刚刚儿老三说的话没有半点儿满含夹带，句句都是实话。

7808. 打马虎眼儿——对某一事情很清楚，但又假装不清楚，有遮掩或糊弄的意图。

错了就是错了，不要打马虎眼儿了！

7809. 夹煽带骗——又蒙又骗人。

那个家伙夹煽带骗的，可多人都上了他的当了。

7810. 夹蒙带唬——连蒙骗带吓唬。

他夹蒙带唬，硬是把他妈的养老钱给骗走了。

7811. 连蒙带唬——连欺骗带吓唬。

7812. 点——暗示；怂恿。

白天眊你你不开门，点上小狗子乱咬人。

7813. 日点——哄骗，怂恿，煽惑他人实施某种行为。

我们几个都叫他日点了，白白儿跑了十几里路。

7814. 点哨——暗示，怂恿，煽动他人实施某种行为。

十几个人一起去闹事，都是他点哨起来的。

7815. 忽哨——以暗示的办法叫人；勾引人。

刚刚吃完饭，二板头又把他忽哨上耍钱圪了（lan）。

7816. 忽点——给人以暗示或点头示意。

他那里把头一忽点，我就都明白了。

7817. 点点唠唠（lào）——诡诈，不诚，爱出鬼点子怂恿、煽惑他人。

那人点点唠唠的，尽鬼心眼儿，就爱在背后煽惑人！

7818. 装笼——通过搬弄口舌等形式，使别人陷入是非之地或把责任转嫁到别人头上。

我本来是想帮你一把，可你这样说话，就正好把我给装笼进去了。

7819. 教调——教唆；教人做不好的事情。

她自己就爱占圪小便宜，教调出来的娃娃们，也都爱占小便宜。

7820. 传教——长辈对晚辈的指导、影响、教育。

那么野蛮，真是没受过高人传教。

7821. 乱挑——挑拨离间；怂恿。

两人闹意见，就是他给乱挑起来的。

7822. 煽惑——煽动，蛊惑。

那个人不正派，就爱在背后煽惑人，唯恐天下不乱。

7823. 挑惑——挑拨离间。

他经常在同事之间挑惑，但最后却把自己孤立了起来。

7824. 射斗——挑逗，煽惑，使斗。

他硬是把两个娃娃射斗得打起来了，他也高兴了。

7825. 督揎（xuàn）——背后挑拨、唆使、怂恿。

他硬是督揎得让两人打了一架。

7826. 督撮——设法让人离开或去做某事。

7827. 翻舌——左右传言，搬弄口舌。

东阴凉倒西阴凉，每天翻舌传闲话。

7828. 翻叨——把甲说的话，学说给乙听，有挑拨之嫌疑。

这个话，他早就翻叨给领导了。

7829. 翻闲话——传播闲言碎语，搬弄是非。

爱翻闲话爱挑拨，挑起是非看红火。

7830. 背翻——背地里传话，制造矛盾。

就他长得个灰嘴来回背翻，妯娌弟兄们闹了好几次饥荒了。

7831. 祸事繇（you）子——挑起祸端的人。（繇子，为猎捕野物而置放的诱饵。用已经捉到的鸟兽等活物诱捕同类，是古代狩猎活动中发明的一种诱捕方法，这种起引诱作用的鸟兽等叫繇子）

7832. 人命繇（you）子——爱挑拨离间，故意挑起祸端或人命事故的人；经常闯大祸的人。

7833. 挑事繇（you）子——爱怂恿别人、挑动事端的人。

7834. 点事繇（you）子——蛊惑他人、挑起事端的人。

7835. 挑家不和——挑拨离间，制造家庭纠纷。

他媳妇儿故意挑家不和，实际上是谋的另家了。

7836. 嚼舌根——造谣；传谣。

你嫑听他嚼舌根，都是没影儿的事。

7837. 嚼舌头——造谣；传谣。

她就爱嚼舌头，她一来，人们就都躲开她了。

7838. 嚼血沫子——胡言乱语，嚼舌。

他那都是无中生有，嚼血沫子了！

7839. 嚼牙花子——胡说八道。牙花子：牙龈，牙根肉。

7840. 嚼牙杈骨——胡说八道。

判官吃大豆——鬼嚼牙杈骨。

第六十七节　怨恨争斗

7841. 称较——怨，抱怨。

你不要称较人家说你，你自己做的就有点过分了。

7842. 怪——抱怨。

是你自己点儿背，不要怪人家社会。

7843. 怪怨——抱怨。

怪怨归怪怨，但怪怨解决不了问题！

7844. 怨——抱怨。

自己点儿背，不要怨社会。

7845. 记——记恨。

我男人长的个豆腐心，说过扔过不记人。

7846. 为怨——结怨；得罪人。

这个事我来处理，我不怕为怨。

7847. 为怨记仇——结怨结仇。

你们都当老好人，这为怨记仇的事儿，为什么就轮到我了？

7848. 恶感——怨恨；成见。

7849. 种恶感——结怨；让人记恨。

你即使反应到领导那里，领导哇能把他咋？可好是你种点恶感，甚事不顶。

7850. 戳（chuo）火——讨厌，让人恼火。

我一看见他就戳火，恨不得揍他几下！

7851. 闲气——生不值当的气。

7852. 撩气——生气。

你不要瞎撩气，气，不是个好撩的。

7853. 撩闲气——不值当地生气或因为与己无关之事而生气。

7854. 撩气绾肚——形容人不断生气。

你不要撩气绾肚地什么事都管，应该让下边的人都动起来，各司其职。

7855. 气不过——极度生气，难以排泄。

她被男人痛打后气不过，就寻无常了（寻无常：自杀）。

7856. 绾气——人厉害，受不得气；人受气后，长时间闷在心里，既不主动排泄，又不肯原谅对方，非侍机报复不可。

那个媳妇儿太绾气，跟婆婆嚷了一架，气得把家也抄了，还要闹着离婚，谁劝也不听。

7857. 哭哭嚓嚓——不停地哭泣的样子。

自从儿子被逮，她每天哭哭嚓嚓的，人也瘦了一大圈儿。

7858. 窝囊气——憋在心里的不能说或不愿说的怨气。

唉，他今天尽受的点儿窝囊气。

7859. 憋气——把委屈或烦恼憋在心里，难以排泄。

他这几天心里有点憋气，喝了三盅酒就醉倒了。

7860. 撒气——把积压在心中的怨气发泄出来。

他在外面受了气，回家在老婆娃娃身上撒气。

7861. 撒恶气——把积压在心中的怒气或怨气发泄出来。

你不要在我们身上撒恶气，有本事跟人家领导闹圪！

7862. 解恨——消除了心中的怨恨。

为了解恨，他去给人家抄家，结果，打坏的东西全部由他赔人家。

7863. 圪点儿——意见；陈见。

他们两个不也早就有圪点儿了，这个事只不过是个导火线罢了。

7864. 拨拦——找茬儿阻拦；挑剔。

你不要拨拦人家，就让年轻人大胆地去试一下哇。

7865. 掏挖——挖苦；历数对其曾有的好处而指责其忘恩负义。

就这么点儿事也值得你掏挖？

7866. 寻（xing）错儿——找碴儿；挑理或寻衅闹事。

你这是故意寻错儿，根本不是来检查指导工作！

7867. 寻（xing）悬——寻衅；挑剔。

那个人寻悬霸道的，不是个好人。

7868. 寻（xing）茬儿——找茬儿，故意挑毛病。

看来，他们几个这是来寻茬儿来了，你就忍一忍，不要搭理他们。

7869. 罗碴儿——找岔子，挑衅。

那几个人过来就是罗碴儿的。

7870. 踅比兜——找打，自己寻的挨打。（多指孩子）踅 xue：旋转；寻找。

这个娃娃一前晌麻缠上没完，你是不是踅比兜的了？

7871. 摽劲儿——双方暗中使劲，相互竞争。

那几个年轻人互相摽劲儿，一个比一个干得卖力。

7872. 常有理——自己总觉得自己有理。

一个人说话常有理，两个人说话见高低。

7873. 自造理——自己编造理由跟人争斗。

他那可不叫会说，那叫自造理，跟他争辩，能把你活活气死。

7874. 闹争——吵架；打闹，争斗。

你们亲兄弟俩还有甚闹争头了？

7875. 闹饥荒——吵闹怄气，闹矛盾。

7876. 泼（pe）——豁出去。

泼上这条老命也要和他们斗一斗。

7877. 泼（pe）命——拼命；不惜性命。

一个人泼了命，十个人也不顶。

耗子给猫儿舔脸——泼上命的溜舔。

7878. 拚（pan）命——豁出性命，以死要挟。

7879. 遭人命——拚命；闹出人命。

棍磕棍，硬磕硬，碰在一达儿遭人命。（一达儿：一起；一块儿）

7880. 扣屎盆子——嫁祸于人；给别人捏造不好的名声。

人家根本不知道这个事，更没有参与这个事，你不要往人家头上扣屎盆子，做人不能这样做！

7881. 黑欺——采用不正当手段欺负；暗算。

他那个人，就爱黑欺人家外地人。

7882. 趁风扬土——比喻随着别人干坏事；趁势推波助澜。

他们那种做法不对，你可不能跟上他们趁风扬土。

7883. 卷包——把东西拿走或偷走。

他经常打媳妇儿，那年，人家卷包了他五千块钱，一刮高日跑了，再也没回来。

7884. 刁——哄抢；赖账不给；抢劫。

大家别刁、别抢，人人都有一份。

（哄抢）

你借人家的钱一年多了还不给，咋呀，是不是想刁了？（赖账不给）

头回碰见鄂友三，抢了吃的刁（抢劫）了穿；二回碰见鄂友三，二尺麻绳摞子扳；三回碰见鄂友三，大石头压人气难喘；四回碰见鄂友三，掏开钵钵（音 ba ba ）栽信杆（这里的“栽信杆”是方言，就是活埋人的意思）。

7885. 刁人——抢劫财物；赖账不给。

旧社会，他是个刁人的，解放后，被政府镇压了。

你明明有钱，却不还，你是不是想刁人了？

7886. 吃不倒——打不过；得罪不起；征服不了；招惹不起。

喝酒不醉是没喝好，忍气饶人是吃不倒。

7887. 黑血为仇——形容积怨深，仇深恨大。

他们两家现在是黑血为仇，见了面连话也不说。

7888. 躲对——两人不和，尽量避开，少碰面。

你尽量躲对得少和他见面，少和他说话，多一事不如少一事。

7889. 躲躲对对——千方百计躲闪逃避。

即使在双休日，他也是躲躲对对不想做家务营生。

7890. 占上风——比喻人争强好胜，说话时盛气凌人，态度强势。

他那个人说话爱占上风，但是并不能得到人们的尊重。

7891. 占地方——本指物品因为体积大而摆放时占地多。比喻人仗着钱、权优势，说话做事态度强势，盛气凌人。

他老子当了个村长，娃娃们出来说话就可占地方了，人们都得给人家让一步。

7892. 生杀——下手狠，残忍。

那后生可生杀了，打架就打人的要命处。

7893. 闷棍——未留神被人用短棍猛烈而沉重地打击。比喻暗中的或突然的打击。

7894. 挨闷棍——原指被人从暗处用棍棒猛击，比喻被人暗中算计。

7895. 挨拐——被人算计，遭受损失。

苯虫住在牛身上，穷就穷在挨拐上。

7896. 挨拐头——同“挨拐”。

半碗黑豆撒河头，年年起来挨拐头。

7897. 待害——吃亏；受害。

低标准，瓜菜代，谁不偷，谁待害。

7898. 香赢——便宜，指不应得的好处、利益。

7899. 占香赢——占便宜。

他那个人是久占香赢不吃亏。

7900. 瞅香赢——侍机占便宜。

他就爱瞅香赢，瞅来瞅去，不是买了残次品就是买了过期货。

7901. 逮香赢——占便宜；得好处。

真正的香赢，是人家给你了，不然，哪有你逮的香赢了。

7902. 争分不停——为钱财而争斗不休。

为这么几个钱你们弟兄俩就争分不停，今后还怎么相处共事呀？

7903. 争分不倒——同“争分不停”。

7904. 拧——强制驱逐；逼，讨要，逼迫。

他在那儿摆了两天摊儿，就叫城管

给拧起了。

他欠人家的钱，人家三天两头来跟他拧饥荒。（饥荒，外债）

7905. 拧毛——强制驱逐；讨要，逼迫。

他把我的空占了，我得去把他拧毛起来。（空，这里当“位置”讲）

你嫑想拧毛我这两个钱，这是准备过大年花的。

7906. 拧架——逼迫；催促；强行讨要。

趁他现在还有钱，你赶紧拧架他还钱，不然，过几天他就又输光了。

他硬是把他妈那几个养老钱拧架走了。

7907. 猴掐——欺负。

你不要猴掐小妹妹，这样不好。

7908. 猴害——发顽皮；祸害。

小孩子发顽皮，可爱猴害个老头儿了。

7909. 圪制——用巧妙手段制裁人。

谁要是得罪了他，他就在那关键时候圪制你一下。

7910. 掯（kèn）——在关键的时候，关键的地方卡、刁难。

到最后签字盖章的时候，人家说他这材料不对那手续不全，硬是把他掯在那儿了。

7911. 圪掯（kèn）——故意刁难、卡。

你要是不疏通关节，无论哪一步人家圪掯你一下，你就完了。

7912. 抠掐——利用权力或优势打击压制有过成见的人。

人家经常抠掐他，给他小鞋子穿，他不得不调离了那个单位。

7913. 暗扭暗切——背地里不点名地讽刺他人、揭人短弊，或暗中使小动作。

他对人家总是暗扭暗切的，人家却从来都不跟他计较。

7914. 不依不饶——对某人不忍、不让、不饶。

他已经认错并给你说了好话了，你再不依不饶，理亏的就是你了。

7915. 摈（bin）对——挤兑。

吃的和气饭，受的摈对苦。（做营生时互相监督，挤兑，谁也不让谁）

7916. 挤究——追查；挤兑。

大家就不要挤就他了，他家里确实有困难。

7917. 几猴——追查；挤兑。

你不要几猴他那两个钱，那都是我给的让他买衣服的钱。

7918. 挤逼——挤兑；逼迫。

杨家河水大流沙沟，保甲长挤逼下个转山头。

7919. 力逼——逼迫。

年限不好米粮贵，力逼下个哥哥走草地。

《二进宫》：“大战场，小战场，九人九马九根枪，力逼得霸王把命丧。”

第六十八节 招惹打闹

7920. 引戏——引逗；引诱。

你不要引戏他，他可是当真的了。

7921. 忽戏——引逗。

要给就给他，你这样，一会儿就把他忽戏哭了。

7922. 忽逗——引逗；挑逗。

你硬忽逗得两个娃娃打起来了，你也高兴了？

7923. 撩戏——戏逗。

你不要撩戏那个小狗，小心它咬你的！

7924. 撩拔——招惹；戏弄。

你不要去撩拔人家的闺女。

7925. 撩逗——逗引，招惹。

你不要撩逗娃娃啦，给撩逗哭呀！

7926. 撩——理睬；招惹。

跟他玩儿？我才不撩他呢！

7927. 撩涮——挑逗；调戏。

那后生抖蹄露手的可爱撩涮人家那闺女们了，经常叫人家臭骂。

7928. 干撩乱——徒劳无功的挑逗、干扰。（干：徒然，白白地）

人之初，性本善，先生吃，徒弟看，气得小花狗干撩乱。

炉子里没火添上炭，再不要这么价干撩乱。

7929. 瞎撩乱——枉费心机的行为。同“干撩乱”。

你不要瞎撩乱了，人家根本没有那个意思。

7930. 撩猫戏狗——撩逗别人（多指儿童）。

你这么大了，撩猫戏狗的，硬把孩子给逗哭了。

7931. 猫捣狗戏——动作琐碎；相互戏逗玩耍。

两个孩子一见面就猫捣狗戏地玩儿开了，可是不大一会儿就闹翻脸了。

7932. 招巴——（用言语、行动）招惹，逗引。

那个娃娃爱打架，你不要招巴他。

7933. 惹逗——（用言语、行动）招惹，逗引。

你不要惹逗他，惹逗哭了，我可哄不住。

7934. 惹——①逗引，招惹。

这都是你惹下的麻烦，你自己处理哇！

②传染。

那种病惹人了，你离他远点儿。

7935. 惹下——得罪下。

他第一次上门就把老外父惹下了。

单手手满茶双手手递，咋惹下哥哥咋劝济。（满茶：倒茶水。劝济：好言劝慰，安抚）

7936. 恶——得罪。

维的没维下，恶的恶下了。

7937. 不依——不让。

你就是不依他哇，你能把他咋？

7938. 满顶——顶：最；极。指到最差的程度。

事情已经弄坏了，你也不要过分着急，满顶不领这个月的奖金都有了。

7939. 满泼——泼，方言音 pe。豁出去了，哪怕到最坏的结果。

这个官司，我要和他打到底，满泼被开除的了。

7940. 牛踢马战——经常打架，闹矛盾。

那小两口牛踢马战的，最终也没过在一起。

7941. 打红闹黑——无休止地打打闹闹。

因为老人们留下的几间旧房，他们妯娌弟兄们打红闹黑地争分不倒。

7942. 红打黑闹——经常打架闹饥荒。

他们两口子就因为点儿鸡毛蒜皮的事，经常红打黑闹的，谁也劝说不了。

7943. 鬼打挠扒——经常打架、嚷吵。

他们两口子每天鬼打挠扒的，恐怕终究也过不下去。

7944. 上气——帮别人出气。

别人一欺负他哥哥，老二总要替他哥哥上气。

7945. 劈头盖脸——原指用拳或掌照着人的头部、脸部猛烈击打。多用来比喻不问青红皂白就强烈谴责或批评人。

你劈头盖脸地打娃娃，操心打着的哇！

7946. 劈头盖脑——原指照着人的头部猛烈击打。多用来比喻不问青红皂白就强烈谴责或批评人。

他进来黄不说黑不道，劈头盖脑就把我骂了一顿。

7947. 劈脸带腮——用手朝着脸部猛烈抽打。

就因为一句话没说对，她就被男人劈脸带腮地打了一顿。

7948. 拦头闷棍——不说明原因就照着人的头部、脸部猛烈击打。也比喻不问青红皂白就强烈谴责或责骂。

他一进门，不问青红皂白，揪住李二子，拦头闷棍就是一顿打，把众人也打了个大瞪眼。

7949. 抬手动脚——指动手动脚地打人。

你这个后生，一咋些就抬手动脚地打媳妇儿，这可是个坏毛病。

7950. 耍刀弄杖——指用刀子、棍棒等械斗。

你们俩先把你们手里的东西放下，这样耍刀弄杖的，根本不是解决问题的办法！

7951. 四马攒蹄——一种惩治人的方法，把人的双手和双脚都捆绑起在一起。

他们几个年轻人把那个小偷摁在那儿，一个四马攒蹄就捆起来了。

7952. 抄家——损坏家里的家具、物品。

为了解恨，他去给人家抄家，结果，打坏的东西全部由他赔人家。

7953. 灰拾翻——胡闹；乱翻东西。

你不要灰拾翻了，这么点儿事情，不值得打官司，对双方的影响也不好。

你不要在家里灰拾翻了，我记得是你们同学借走了。

7954. 得财伤主——抢劫财物，杀害物主。

旧社会可乱了，经常有得财伤主的事情发生。

7955. 擩（rǔ）——用拳头撞击、直打。

他冲我肚子擩了一拳。

7956. 擩拳摸胳膊——摩拳擦掌；想动武的样子。

你这擩拳摸胳膊的，咋呀，是不是

想打架了？

7957. 掇（duō别字）——摔（东西）；打（人）。

他把书“啪”的一声掇在桌子上，扭身就走。

7958. 捶——用拳头打。

豆腐跌在灰堆号儿了——捶（吹），捶不得，打，打不得（号儿：里）

7959. 扇——打（耳光、嘴巴）。

他让人家扇了个嘴巴子，牙都打出血来了。

7960. 比兜——耳光。

吃了五谷想陆谷，挨了比兜想圪乱。

7961. 掇（duō别字）比兜——用手掌打脸。

他叫人家掇了两个比兜。

7962. 兜嘴——打嘴巴。

他一个兜嘴就把人家的嘴打出了血。

7963. 掴（guo）刷——用手打脸或用手背打脸。

他比兜掴刷地可把人家打灰了。

膀肩一圪缩，就像挨了一掴刷。

7964. 一掴（guo）——（打了）一巴掌。

他一掴就把他的眼镜儿打飞了。

7965. 盖——用东西的平面从上往下打、砸。

那人气不过，朝他头上盖了一砖。

7966. 里比兜外掴刷——用右手先打对方左脸，顺势返回来用手背又打右脸。

他让人家里比兜外掴刷的，可打灰了。

7967. 左右开弓，里外比兜——用右手先打对方左脸，紧接着又用左手打对方右脸。

他扑上去，左右开弓，里外比兜，把那个人打得蒙头转向，满嘴鲜血。

7968. 补砸（回语）——打人，收拾人。

你再敢胡言乱语，小心我补砸你！

7969. 出袭（xi）——殴打。

那种贼忽拉，就得出袭狗的，跟他没有理讲。

7970. 修整——严厉训教或武力管教。

今儿个我非修整你不行！

7971. 编整——用刑整治人；打人。

他被敌人编整得死去活来，最终也没有出卖自己的同志。

7972. 整点——整治；收拾（用于人）。

太不像话了，看来不整点他一回不行。

7973. 揳（xie）——（狠狠地）打。

我切待一卜榔就揳死你了！

7974. 揳作——打。

他让我揳作了一顿，现在老实啦。

7975. 敲——打（人）。

再不听话，看我敲你的啊！

7976. 敲作——打（人）。

再不听话，看我敲作你的！

7977. 屠喋（Tú die）——杀害。

你好大的胆子，敢招惹那种人，你就不怕人家把你们全家都屠喋了？

第六十九节 其他描述

7978. 一把神拿——在行；占绝对优势或有绝对把握。

别看他做甚也没一下，跟人对缝子一把神拿！（对缝子：木工用胶水把两块儿木板粘合在一起。比喻人无所专长，专门会耍嘴皮子对付别人）

7979. 配伴——摆样子，不起实际作用。

聋子的耳朵——配伴。

7980. 大腾的人了——与小孩相对的大人。

你大腾的人了，跟个娃娃斗什么气？

7981. 供书念字——供读书；泛指受过教育。

你供书念字的，怎么连这么点道理也不懂呢？

7982. 识文断字——指受过教育，有文化。

人家识文断字的，说出话来也和咱们不一样。

7983. 刁门儿——门儿。常常与“也没”合用，表示不同意，一点儿可能也没有；绝对不可能。

刁门儿也没，你说下个天花乱坠，我也不同意！

不想受苦，又想多挣钱，刁门儿也没！

7984. 影信——人或物的消息。

山野草地刮黄风，一刮高日走了个没影信。

7985. 露白——指人带的钱或贵重物品被人发觉。

出门在外，千万不能露白，不然，太危险了。

7986. 有戏——有希望。

这次看来有戏，甚不甚人家先把钱收下了。

7987. 带——含有，呈现。

你带傻的了哇，怎么三十块钱就把个电视机给卖了！

7988. 带劲儿——特别有劲儿。

这个酒真带劲儿，喝得我浑身发热。

7989. 带点儿——有点儿。

那个人说话带点儿结噎。

7990. 寻长道短——形容为人取物传话，服侍周到。

她孙子每天跟她在，给她寻长道短的，可亲了。

7991. 习染——习惯上的互相感染、影响。

现在村里的习染越发不好，不管农忙农闲，人们都耍钱。

7992. 现蒸热卖——原指馒头类食品，刚刚蒸出，又趁热卖出去。比喻刚刚学习了某种知识或技艺，紧接着又传授给别人。

他凭关系让媳妇儿当了个社办老师，每天晚上，他帮她备好课，并把她不会的知识教给她，第二天，她又照着本本给学生讲，这真是现蒸热卖呀。

7993. 另家——分家另住；另立门户。

直到给老二娶过媳妇儿，弟兄俩才

另了家，各过各的。

7994. 分门另住——指同一家族的人成家后分开居住。

他们几个小子成家了，现在都分门另住，各过各的。

7995. 下户——落户，迁入户口。

7996. 扎老营——比喻长期居住。

你这东西带得这么全，是不是准备在这儿扎老营了？

7997. 瞎熗儿了——事情不成了。

别死等了，看来这个事又瞎熗儿了。

7998. 得诀——得法。

你这样做还不得诀，你得再去问问老张师傅。

7999. 背工——不按正常方法干活儿，浪费工时。

8000. 窝工——因为计划安排不好，人多做的活儿少，效率很低。认阵——到场。

你不要担心，你只要认阵，事情就可能有转机。

8001. 酒腥滥气——指人喝酒后散发出来的难闻的酒饭味。

8002. 赛如——胜如；胜过。

饭后一袋烟，赛如活神仙。

8003. 顶如——就算；等于；相当于。

顶如我没说，你千万不要生气。

人家干一天顶如你三天挣的钱多。

8004. 圪卷儿——卷样儿赃物。

身上搓下点黑圪卷儿。

8005. 坏了菜了——比喻事情弄糟了，弄坏了。

8006. 换肚子——比喻改善生活。

8007. 靶子——指代人的瞄准能力。

他打弹弓子的靶子可准呢。

他爱打牲，就是靶子不准。

8008. 翻老账——老账：旧账。比喻重提往事，追究以前的责任或过错。

8009. 生泪——因为疼痛或眼睛受到其他刺激而流出的眼泪。

8010. 尿水子——比喻眼泪。含讥讽意。

你该冷静下来想想办法，不要一咋些儿就尿水子常流，哭能解决甚问题？

第七章　方言熟语赏析

（按首字音序排列）

1. **爱吃屎的闻见屁也香**——比喻人遇到与自己爱好相类似的事情也会特别感兴趣。
2. **爱多说不爱少说，给给个比兜面不改色**——讥讽人多嘴多舌，话长。
3. **爱多说不肯少说，吃头子面不改色**——吃头子：碰钉子。
4. **爱喝酒的不入茶房。**
5. **爱狼吃羊了，还是羊吃狼了**——比喻对斗争的双方袖手旁观，任凭事态发展。
6. **按倒葫芦抬起瓢**——抬起：飘起。瓢：葫芦成熟后分成两半做成的器物。比喻问题一个接一个，这个还未解决那个又出现了。
7. **八成熟，十成收；十成熟，八成收。**
8. **八抬大轿也请不张圪**——比喻身价高，架子大，不容易请动。八抬大轿：旧时高官显贵之人乘用的由八个人抬的大轿子；清制，三品以上文官在京乘四人大轿，出京则乘八抬大轿。
9. **八月儿初一洒一阵，旱到来年五月尽。**
10. **八月儿十五云遮月，来年一定肯收麦。**
11. **巴豆救人无功，人参伤人无过**——人们常常只注意到巴豆泻肚的危险，而不重视其排毒救人的功用；人们总是注意到人参的补益作用，而不注意它的副作用。
12. **拔根汗毛也比腰粗。**
13. **把老婆当成娘，光景一天比一天强；把老婆当成鬼，光景一天比一天灰**——灰：不好。
14. **把戏无真，武艺无假。**
15. **把制钱看得比碾盘大**——制钱：铜钱。形容人贪财，把微小的利益也看得很重，含讥讽意。
16. **白吃的果子还嫌酸了**——比喻对别人赠送的东西或不花钱得来的东西不但不领情，反而再三挑剔。
17. **白丑黑袭人，紫膛色色爱死人**——袭人：人长得美丽、漂亮。紫膛色色：较浅的紫红色，指白中泛紫红色。
18. **白刀子进，红刀子出**——指要杀人见血、动手拼命。红刀子：带血的刀子。
19. **白烩豆腐不捏盐，人对缘法丑不嫌。**
20. **白酒红人面，黄金黑人心。**
21. **白披了一张人皮。**
22. **白酦（po）盐汤恶酸醋，一揭笼镜红火箸，筷子欢了敧（ji）不住，吃得多了憋渎住**——描述过去每天吃二菠面的情况。白酦，恶酦：指食品变质发霉。笼镜：笼，笼屉。火箸：火筷子，用以比喻二莜面的红颜色。敧（ji）：以箸取物也，即用筷子夹菜、饭。欢：快。憋渎住：拉不下去。渎：别字，屁股，臀部。

23. **白天不做亏心事，半夜不怕鬼叫门。**

24. **白天穿，黑夜盖，天阴下雨毛迎外**——迎：朝，向。描述内蒙古大皮袄的用途。

25. **白天说人话，黑夜说鬼话**——形容人不说老实话，当面一套，背后一套。

26. **白天游游走四方，黑夜熬油补裤裆**——熬油：耗油，过去用油点灯。本指人白天到处闲逛，晚上紧张地在油灯下缝补裤裆；比喻人不会合理安排时间。

27. **白纸黑道道**——代指写下的凭据。

28. **百里不捎书。**

29. **百姓，百性，一人一性**——指人的性格各不相同。

30. **搬家不吃糕，一年搬三遭。**

31. **办大事了小事**——能办理或调解各种事情，形容人有能力、有威望。

32. **半大小子，吃死老子**——半大小子：十几岁的小男孩儿。形容十几岁的男孩活动量大，饭量大。

33. **半路地儿出家。**

34. **半夜想起个朝南睡**——形容人心血来潮，中途改变计划，突然想起做某事。

35. **傍大路三年盖不起房。**

36. **傍红染红，傍黑染黑**——傍：近；临近。类“近朱者赤近墨者黑”。

37. **傍山吃山，傍水吃水。**

38. **饱了不忘带干粮，热了不忘带衣裳。**

39. **抱住香炉打嚏喷，灰到眉毛脚后跟**——嚏喷：喷嚏。

40. **背的抱的一般沉。**

41. **背地儿捏窝窝**——背地里捏造。

42. **背上圪针玄走了**——圪针：荆棘。玄走：横行。比喻人横行霸道。

43. **笨雀儿先飞**——即笨鸟先飞。

44. **比死人多出的一口气**——形容人非常懒惰，什么事情也不干；也指人很无能，什么也干不了。

45. **鞭打的快马，事找的忙人。**

46. **鞭打快牛，斧剁大树，事找忙人。**

47. **便宜没好货，好货不便宜。**

48. **嫑**（biao）**在人前夸海口，强中还有强中手**——夸海口：吹牛；说大话。

49. **病急乱投医，逢庙就烧香。**

50. **病来如山倒，病去如抽丝。**

51. **病人心多，忙人事多。**

52. **不抱油篓，不沾油手。**

53. **不比不知道，一比吓一跳**——通过比较，才明显地反映出差距来。

54. **不瞠**（cheng）**脑袋迎喜神**——瞠：看，考虑。比喻人没有自知之明，不考虑自己的条件去做某事或去争取某种利益。迎喜神：汉族岁时节日习俗。汉族民间认为新春初始，喜神必降，迎接喜神后，全年万事如意，喜事频来。迎喜神的日子，一般都在正月初五日以前。这天，大人小孩赶着马牛驴骡等家畜或驾驶农用运输车，朝着喜神所在的方位前进。进入旷野以后，老年人要举行礼仪。一般程序为：领头人先从木盘内取出各种祭物，呈品字形在地上摆供。然后用手垒三个小土堆，中间代表天神，左边代表地神，右边代表喜神。土堆上各插香三炷，烧纸三张。大家三跪九拜，祈祷喜神保佑、出门顺利等等。小孩子则要鸣放鞭炮，家畜要任其自由撒欢奔跑。所有人还要放开嗓子呐喊几声，爱唱的则尽情高歌。真是人欢马叫、歌舞升平。迎喜神，若能惊起一只野兔或山鸡，则被看作最大的吉祥喜庆。就是看见喜鹊、麻雀等小鸟，也是一种好的兆头。回家的时候，老人们习惯捡根柴，取谐音财，意喻招财进宝。

55. **不吃不喝也穷了，公鸡不叫也明了**——明，天明。指人赚不下钱，舍不得吃喝也是贫穷的。

56. **不吃这一套**——指不理睬、不害怕别人的威势或做法。

57. **不打不闹，不知道张王李赵。**

58. **不打脸子甚戏也唱**——打脸子：演员画脸谱。指人不画脸谱，什么角色也充当或扮演。比喻人不要脸，什么事情都能干得出来，含讥骂意。

59. **不当家，不知柴米贵；不生子，不知父母恩。**

60. **不掏油葫芦油不了手**——比喻如果不参与某事，就不会受牵连。掏：用手抓、摸。油葫芦：打油的工具。

61. **不到黄河心不死。**

62. **不懂事还不省事**——不省事：不能自尊自爱；不省心。指人既不懂得人情事理，又不能自尊自爱。

63. **不读哪家书，不识哪家字。**

64. **不该死的有一百个救命疙瘩**——救命疙瘩：本指用绳、线等拴牲畜或鸟类的时候，在绳、线上打的免使其勒伤或勒死的一种结。转以比喻得救的机遇或办法。

65. **不干不净，吃上没病；干干净净，吃上唏唏哼哼**——不干不净：指饮食不干净。

66. **不圪里偷笑了**——圪里：挠人痒处。指乐不可支，压抑不住的喜悦。

67. **不会赶车嫌路窄，不会划船嫌河弯**——比喻人找借口遮掩自己的缺失或不足。

68. **不会割桌子，就会对缝子**——割：木工制作。对缝子：木工用胶水把两块儿木板粘合在一起。比喻人无所专长，专门会耍嘴皮子对付别人。含讥讽意。

69. **不会烧香得罪神，不会说话得罪人。**

70. **不见兔子不撒鹰。**

71. **不结亲是两家，结了亲是一家。**

72. **不紧不慢，正赶上吃饭**——来的不迟也不早，正赶上吃饭的时候。

73. **不看僧面看佛面**——比喻人做事要考虑到各方面的关系，照顾有关人的情面。

74. **不抹油自转**——比喻人在某种诱惑或强制下，积极地去做某事。

75. **不谋自己发财，就盼别人比低**——比（bǐ）低：倒霉。

76. **不能不信，也不能全信。**

77. **不怕不卖钱，就怕货不全。**

78. **不怕不识货，就怕货比货**——指通过比较，才能知道好坏。

79. **不怕穿得迟，就怕脱得早。**

80. **不怕房漏，就怕锅漏。**

81. **不怕风大闪了舌头**——讥讽人说大话无所顾忌，不怕被人揭穿。

82. **不怕红脸关公，就怕抿嘴菩萨**——抿（mǐn）：收敛嘴唇；闭着嘴。

83. **不怕家里穷，就怕出懒汉。**

84. **不怕慢，单怕站；站一站，二里半**

——不怕速度慢，就怕中途停下来或站着不动。站一站，二里半：步行走路时，只要稍一歇息，同行的其他人就已超过二里半的路程了。意为前进中不能随便停步。

85. **不怕没好事，就怕没好人。**

86. **不怕年老，就怕躺倒。**

87. **不怕怒目金刚，就怕眯眼菩萨。**

88. **不怕少年苦，就怕老来穷。**

89. **不怕一万就怕万一。**

90. **不怕贼偷，就怕贼谋。**

91. **不怕挣得少，就怕死得早。**

92. **不喷米不撒面**——指节俭，不浪费。

93. **不骑马，不骑牛，骑上毛驴走中游。**

94. **不起瞠（cheng），不动怒**——起瞠：发怒，发火。形容人有涵养，不轻易发火。

95. **不入无人之室，不进无人之门。**

96. **不是省油的灯盏**——灯盏：旧时供神用的一种油灯，用陶瓷制成，黑色，圆形，直径约一到二寸，以麻油作燃料。本指灯盏不省油，比喻经常惹是生非或不好招惹的人。

97. **不是一家人，不进一家门。**

98. **不说好，不说赖，谁也不见怪。**

99. **不说你意不过，一说你比脸圪抽过**——意不过：过意不去，非做不可。比脸：脸的蔑称。圪抽：这里指表现出异样的神情。

100. **不死也活脱一层皮。**

101. **不听老人话，手背迎了下（hà）**——手背迎了下：手背向下，指伸手向人讨要。形容如果不听老人的好言劝导，就会落到讨吃要饭的地步。

102. **不听老人言，吃亏在眼前。**

103. **不听老人言，日后受可怜。**

104. **不显山不露水。**

105. **不笑补，不笑破，就怕日子不会过。**

106. **不信羊不吃麦子**——麦子：此处指麦苗。本指羊爱吃麦苗，比喻不相信某事办不成，或对某种情况深信不疑。

107. **不知道各人能吃几颗麦子的面**——各人：自己。自不量力，没有自知之明。

108. **不知道各人有几斤几两**——比喻人不能正确地看待自己，或没有自知之明。各人：自己。

109. **不知道关口将名还爱道（dǎo）个书**——道书：说书。关口将名：指书中的基本情况。比喻连基本情况都不了解，却要向人述说某事。含讥讽意。

110. **不知道马王爷有几只眼**——马王爷：神话传说中真武帝手下的三十六天将之一，据说有三只眼，玉帝曾封他为“火部兵马大元帅”。比喻不知道某人的厉害。

111. **不知者不怪罪**——因事先不知道而有所冒犯，就不加怪罪。

112. **不种芝麻吃香油，不种高粱喝烧酒。**

113. **不走的路走三遭**——不准备走的路，也有可能走三次。指人做事要留有后路，留有余地。

114. **才吃三天素，就想上西天。**

115. **财大气粗，力大欺人。**

116. **财迷转向，走路也算账**——财迷转向：犹言财迷心窍。

117. **踩脚后跟**——比喻故意跟人作对，寻找人的短处，抓小辫子。

118. **菜能吃，糠能吃，气不能吃；吃能让，穿能让，理不能让。**

119. **槽里无食猪拱猪，分脏不均狗咬狗。**

120. **草庵的毛驴，肯吃没人喂。**

121. **草料里头换骨头了。**

122. **草死苗活(hua)，黄绵杏跌钵(ba)**——黄绵杏：熟透了的杏。跌钵：这里是掉到嘴里的意思。这是过去人们希望不用锄地就草死而苗活，躺在树下黄绵杏就会掉在嘴里的理想。自从有了杀草剂，草死苗活早已成了现实，黄绵杏也并不是人们最理想的果品。

123. **茶不思，饭不想**——比喻情绪低落，不思饮食。

124. **茶无色，不如水；人无钱，不如鬼。**

125. **茶无颜色不如水，人无缘法不如鬼**——缘法：脾性相投，合得来，能相处。

126. **拆了东墙补西墙**——比喻临时救急，没有从根本上解决问题。多指借新债还旧债。

127. **拆了东墙垒西墙，拆了帽子补裤裆**——拆上东墙的土坯修补西墙，拆上帽子上的布补在裤裆上。比喻临时采取某种措施以解急难。

128. **柴不来水不去**——指什么家务营生也不做。

129. **柴贩子、草贩子，挣了钱就是好汉子。**

130. **柴上垛，不肯坐。**

131. **馋咬舌头饿咬嘴。**

132. **常说嘴里顺，常做手不笨。**

133. **常有理没不是**——自己总觉得自己有理而永远没有过错。

134. **唱戏没嗓子，钉鞋（hai）没掌子**——掌子：钉鞋匠用来钉鞋的皮革。比喻人没有赖以谋生的基本条件或什么专长也没有。

135. **朝里有人好做官。**

136. **炒下豆豆众人吃，炸了砂锅一个人赔**——比喻做某事时大家得利，责任或损失由一人承担。

137. **车到山前必有路，水到滩头自有沟。**

138. **撑死胆大的，饿死胆小的。**

139. **成名每在穷困时，败事多在得意间。**

140. **成人不自在，自在不成人。**

141. **城里没榜，乡下乱嚷。**

142. **秤不离砣，砣不离秤**——砣：秤锤。比喻两人关系很密切。

143. **秤砣虽小压千斤，尿脬再大不上秤**——尿脬（pao）：膀胱。

144. **吃饱不想家。**

145. **吃不吃留肚的，走不走留路的**——不能吃得太饱，不能把路堵死。比喻做事要留有余地，留有后路。

146. **吃不穷，穿不穷，盘算不到一世穷**——盘算：计划。不到：不周到。一世：一辈子。

147. **吃不上瓜搂蔓子，打不上老婆摔罐子。**

148. **吃不住个比兜好打个架**——吃不住：经受不住。比兜：嘴巴。指自己本来软弱还常惹是生非，结果总是吃亏，含讥讽意。

149. **吃吃不上，喝喝不上，做营生刚赶上**——刚：正好。指人往往到哪里也正好赶上做营生。

150. **吃大豆一替一颗，喝冷水不分你我**——替：轮替，轮流。一替一颗：即你一颗，我一颗，两个人轮着吃。形容两人关系密切，不分彼此。

151. **吃得饱，歇得到，营生全凭阳婆落**（lào）——全凭：全靠。意思是晚一点出工，或者是为了让大家休息好，或者是为了偷懒，都可以这样说。

152. **吃得清，咬得脆**——形容在某件事上讲得清楚明白，互不欺瞒。咬：方言音读 niǎo。

153. **吃得血刺了牙了**——吃：此指贪污受贿。刺：填塞。本指某动物吃另一动物时血塞满了牙齿，比喻人大肆贪污受贿。含斥责憎恶的色彩。

154. **吃的官饭，放的死骆驼**——比喻吃着公家的饭，却不干活儿。

155. **吃的和气饭，受的摈对苦**——摈（bin）对：挤兑。指做营生时互相监督，挤兑，谁也不让谁。

156. **吃东西一吃七八碗，做营生一做稀流软。**

157. **吃东西专心觅旮旯，做营生钻在瓮旮旯**——专心觅旮旯：钻急，四处钻营，无孔不入。

158. **吃独食**——指自己独占好处或利益。

159. **吃饭不要过量，说话不要过头。**

160. **吃饭尝的吃，做事想的做。**

161. **吃饭没工钱**——给人干活儿，只挣口饭吃，没有工钱。

162. **吃饭省（xǐng）不得饥和饱，睡觉省（xǐng）不得颠和倒**——形容人脑袋糊涂，不能按常规生活起居，多指老年人。

163. **吃饭是个狠劲儿，做营生是个撑劲儿，睡觉是个缠劲儿。**

164. **吃干馍馍赔不起沫唾**——沫唾：唾沫。想吃干馍馍还嫌费唾沫。比喻即使有利可赚也付不起本钱。

165. **吃各人，穿自己，零花体身**——各人：自己。体身：大家庭中的个人另外存的私房钱。

166. **吃过黄连苦中苦，方知甘草甜上甜。**

167. **吃喝嫖赌抽，坑蒙拐骗偷**——抽：吸毒。指人坏事做绝。

168. **吃回头草**——比喻重新做以前放弃过的事情，或再回到以前曾经待过的地方去生活、工作。

169. **吃了寒露饭，不见单衣汉**——指深秋寒露时节，北方气候已经很冷。

170. **吃了上顿没下顿**——形容生活贫困，经常没有饭吃。

171. **吃了五谷想陆谷，挨了比兜想圪丟**——陆：六。比兜：嘴巴子，耳光。圪丟：拳头，此处指挨拳打。形容人十分贪婪，总不满足。

172. **吃了猪肝想猪心，花了黄金想白银。**

173. **吃粮不管闲事**——光吃饭，不干活儿或工作不认真。

174. **吃毛还要拿大锯解**——解：双关。本指用锯子把木料锯成板子，此处指把毛发锯成薄片。比喻人非常吝啬小气，含讥讽、夸张的色彩。

175. **吃米不如吃面，打尖不如住店**——打尖：旅途中歇息饮食。

176. **吃米不如吃面，投亲不如住店**——亲：亲戚。出门在外，投亲住宿，既妨碍亲戚，又欠人情；而住店只需支付住宿费，再无别的麻烦。

177. **吃哪家的饭，捞哪家的毛**——捞毛，也作“烙毛”：干活儿没工钱。

178. **吃奶的力气**——形容一个人所能有的最大的力气。

179. **吃人不吐骨头。**

180. **吃人饭不屙人屎**——斥责人不干人事，尽干坏事。

181. **吃人家的饭，看人家的脸；端人家**

的碗，受人家的管。

182. **吃人家一碗，受人家束管。**

183. **吃软不吃硬**——能接受温和的态度和手段，不能接受强硬的态度和手段。

184. **吃上的不饿，穿上的不冷。**

185. **吃上枪药啦**——枪药：火药。比喻脾气大，说粗鲁难听的话。

186. **吃上生铁也能化成水**——形容身体健壮，消化功能很强，含幽默、夸张意。

187. **吃少屙多受使唤**——受：适合；适宜。使唤：使用。形容牲畜好饲养，驯服好使。也比喻人饭量小却老实肯干。

188. **吃土穿土指土过，死了还拿土打摞**—— 打摞：这里是打发、安葬的意思。

189. **吃现成饭**——比喻自己不出力，只享受现成的利益。

190. **吃药不忌嘴，跑断先生的腿。**

191. **吃硬不吃软**——好言好语不听从，态度一强硬，反倒屈从了。形容人外强中干，欺软怕硬。

192. **吃莜面一尽一斤，拔麦子一扑一根**——尽：这里当“吃”讲。扑：抓。指人一顿饭能吃一斤莜面，拔麦子时却一次只能拔一根。形容人饭量很大，干活儿效率却很低，含讥讽意。

193. **吃张口饭**——指以说唱或教书为职业。

194. **吃着碗里的，看着锅里的**——受着这个好处，还想得到那个好处。形容贪心不足。

195. **宠狗上灶，宠子不孝。**

196. **丑不丑，一合手**——行不行，关键是看大家能不能协力同心，相互协调配合。合手：协力；协调，和谐。

197. **丑话是正话的根子，不娶老婆就抱不上孙子**——丑话：听起来不太好听但却是中肯实在的话。

198. **丑妻近地家中宝，娇妻快马杀人刀。**

199. **丑人难打扮，拙人难伺候**——拙人：笨拙之人。

200. **丑事出富家，孝子出寒门。**

201. **丑是家中宝，袅人惹烦恼**——袅人：美丽、漂亮。

202. **丑媳妇儿早晚也得见公婆。**

203. **出的门多，受的罪多。**

204. **出汗不迎风，走路不洼胸**——洼：凹。

205. **出家三天，佛在面前；出家三年，佛在西天。**

206. **出门不施礼，多走二十里**——强调出门如果不行礼问路或问路而不讲礼貌，就会走弯路、绕路。

207. **出门不弯腰，回家没柴烧。**

208. **出门看天色，炒菜看火色，说话看脸色。**

209. **出门怕顶风，进门怕吵嘴。**

210. **出门三辈儿低**——离家出门在外，孤立无援，办任何事必须自降身价，低声下气地求人。

211. **出门三辈儿小，见了闺女叫大嫂。**

212. **出门问路，入乡问俗。**

213. **除了死难，就数说话难。**

214. **锄糜糜，摸皮皮**（应浅锄）。

215. **锄头上有三分露水。**

216. **锄头有水，杈头有火。**

217. **锄头自带三分水，锄过三遍顶场雨。**

218. **处暑不出头**（指糜谷穗），**割上喂**

老牛。

219. **穿绸摆缎子，喝茶扇扇子**——形容人经济宽裕，生活安逸舒适。

220. **穿得红鞋(hai)早了**——“红鞋”，是女子出嫁时才穿的，表面上是说女子出嫁得早了，其实是在迂回地表达“出生得早了”这个意思。

221. **穿得烂，走得慢，扁食圪蛋家常饭**——扁食圪蛋：饺子。

222. **穿衣不沉拿衣沉。**

223. **穿衣吃饭量家当，搽油抹粉配衣裳。**

224. **穿衣的架子，馕饭的圪筒**——骂人无用。馕（nǎng）饭圪筒：比喻只能吃饭，什么也不能干的人，犹言“饭桶”。

225. **疮怕有名，病怕没名。**

226. **吹牛不贴印花**——印花：由有关部门发售并规定贴在凭证上的一种特制印刷品，是税款凭证，全称叫印花税票。讥讽人非常爱吹牛。

227. **吹塌苫面纸**——苫面纸：人死后苫在其脸上及身上的白麻纸。讥讽人吹牛过度以致暴露真相。

228. **春不减衣，秋不加帽。**

229. **春不露脐，冬不蒙头。**

230. **春打五九尾，来年顾不上嘴；春打六九头，吃穿都不愁。**

231. **春冻圪梁秋冻洼**——圪梁：地势较高的地方。洼：指低洼处。

232. **春风不刮地不消，秋风不刮穗不饱。**

233. **春风吹破琉璃瓦。**

234. **春旱不算旱，秋旱连根烂。**

235. **春瞌睡，夏丢盹，一年四季睡不醒。**

236. **春天比粪堆，秋天比粮堆。**

237. **春雨贵如油，下得多了连籽丢。**

238. **粗灯捻，大灯头，反正都是公伙儿的油**——公伙儿：集体。过去专指没有另家（分家）的大家庭，每个小家庭及个人的生活费用都由大家庭统一支出，所以，大家都没有节俭的意识，甚至故意挥霍浪费。

239. **村看村，户看户，社员看的村干部。**

240. **村里的姑姑，不识招逗**——比喻人不自觉，只要能得上好处，就没完没了地搅扰别人。

241. **寸草铡三刀，肯吃肯上膘。**

242. **寸草铡三刀，没料也上膘。**

243. **蹉脱这村，再没有这店**——蹉脱（方言音为 cuo tua）：走的超过目的地。

244. **打彩碰运气**——打彩：对彩票号码。比喻人做某种事情一点把握也没有，只是像中彩一样去碰运气。

245. **打柴的不能跟放羊的走。**

246. **打柴的不能和放羊的耍。**

247. **打错了小九九**——小九九：一种珠算运算方法。比喻人打错了主意。

248. **打短儿天长，守椓夜长**——打短儿：打短工。

249. **打断街骂断巷**——街，巷：指邻里街坊。指经常打架骂街，寻衅闹事，无人敢惹。

250. **打发上王八下枯井**——比喻怂使别人做傻事。

251. **打高墙，喂恶狗，不如处处为朋友。**

252. **打狗还得看主人。**

253. **打架不在脱腰子。**

254. **打架盼人拉，告状盼人留。**

255. **打架忘了拳了**——拳：拳法，套路。比喻人有本领没有用上或在关键时刻忘记了制胜的办法。含讥讽意。

256. **打开窗子说亮话**——比喻把话说在明处；挑明了说。

257. **打来回**——到目的地后又返回。

258. **打老汉不打陶洪，打娃娃不打罗成，打病人不打秦琼。**——罗成、秦琼，均为众所周知的隋唐名将。“陶洪”句，典出戏曲《打瓜园》：郑子明卖油，路经陶洪庄园，摘食其瓜，为丫环所见，陶女三春与之斗，不胜，陶洪出，他长得鸡胸、驼背、瘸腿、左手掌卷曲成鸡爪状，可说是丑陋不堪，郑对老残的陶洪心存轻视，但发现自己怎么也打不过陶洪时，也就心服口服。陶洪喜其勇，将郑子明招赘为婿。

259. **打了半工子了**——指做某事或营生半途而废。

260. **打了盆说盆，打了碗说碗**——比喻就事论事，问题出在哪儿就从哪儿着手解决，不涉及他事。

261. **打了牙往肚里咽**——比喻吃了亏或受了辱却默默忍受，不敢声张。

262. **打破头楔子**——破头楔子：在凖头上钉的楔子，使凖头不来回摇动，因能把凖头撑开而得名。常常用来比喻从中作梗，阻止人做某事或打消其某种念头。

263. **打人不打脸，骂人不掐短**——掐短：揭短，攻击别人的短处或揭发别人的隐私。

264. **打上灯篓也找不见**——灯篓：灯笼。找不见：找不着。

265. **打上鸭子上架**——比喻硬逼着人去做根本做不到的事情。

266. **打死胡汉要胡汉**——比喻人十分蛮横，非要对方赔偿原物。

267. **打讨吃子骂穷人，死见不得没钱人。**

268. **打下手**——指从旁帮忙，干辅助性工作。

269. **打圆场**——指出面调解纠纷，打破僵局，缓和矛盾。

270. **打在手腕子号儿了**——比喻正遇上自己擅长做的事。号儿：里。

271. **打早起遇上夜行的了。**

272. **打着骂着，牵着挂着；不打不骂，不牵不挂。**

273. **大鳖捉怕了，小鳖长大了**——鳖，比喻被捉弄欺骗的人。捉：捉弄；蒙骗。

274. **大吵三六九，小吵天天有。**

275. **大地方的娃娃小村村的狗**——大地方：指城市里。城市里的娃娃见的人多，较胆大，不怯场；小村村的狗，因为见的人少，所以一见生人就咬得特别厉害。

276. **大发大富凭命，小打小闹凭挣。**

277. **大棍打了手扑挲**（suó）——扑挲：用手轻轻抚摸。比喻严厉惩处后又给点小甜头安抚或好言安慰。

278. **大寒不寒，人马不安**（多疫病）。

279. **大寒小寒，冻死老汉。**

280. **大红花儿老来红，牵牛牛花儿一早晨。**

281. **大懒指小懒，一指个不动弹**——动弹（tān）：活动；干活儿。懒惰的人互相指使，结果谁也不干活儿。

282. **大理通天下，事在人为。**

283. **大路朝天，各走半边。**

284. **大门不出，二门不迈**——指整天待在家里，从来不出家门与外人接触。迈，抬起腿来跨步。

285. **大门关住狗放开，夜壶捎的提回来**——指男子晚上睡觉前的准备工作。含诙谐意。

286. **大年三十没月亮，明年还是这**(zǎi)**滩帐**——滩帐：规模；状态。

287. **大人打烂个瓮，正好做烟筒；娃娃打烂个碗，惹得众人管。**

288. **大暑小暑，灌死老鼠。**

289. **大田里不收，碾子上圪抠。**

290. **大囤（dùn）子圪堆小囤子满，吃一看二眼观三**——囤子：粮囤。圪堆：堆放得很高。形容粮食很多，吃不完。

291. **大爷唾二爷，二爷唾三爷，三爷唾露明柱**——露明柱：房屋或其他大型建筑物独立于墙体外起支撑作用的柱子。这里指戏台上台口两侧的柱子。比喻一级压一级，最底层的三爷只能拿露明柱出气。

292. **大鱼吃小鱼，小鱼吃虾米**——虾米：小虾。

293. **逮住蚂蚍蜉（pi fu）儿当黑叫驴使唤**——蚂蚍蜉儿：蚂蚁。当：当作。使唤：使用。比喻把小孩或低能者当作成年人或有才能的人来使用；也比喻把人当作牲畜般地使用，使其超负荷地劳作。

294. **待说活的哇，每天讨吃绕滩转；待说死了哇，又怕是贵人遭磨难**——待说：表示假设关系，相当于“如果”，“要是”。绕滩：到处，四处。

295. **戴帽子不知道头大小，吃饭不知道肚大小**——比喻人做事不能把握分寸。

296. **担过八股绳，吆过鬼噔噔**——八股绳：指过去货郎的担子，两头各用四根绳子担货箩。吆：赶，驱赶（牲畜）。鬼噔噔：驮货物的毛驴。这两句话都是借指做过小买卖的人太精、太奸，不好共事。

297. **担上大粪不偷吃**——讥讽人过分老实，死板教条。

298. **胆大吃的胆大的亏。**

299. **胆大的吃肉，胆小的跑路。**

300. **胆大的发财胆小的穷，受紧绑的是老实人。**

301. **胆大的骑龙骑虎，胆小的骑猫屁股。**

302. **胆大骑龙骑虎，胆小骑猫骑兔。**

303. **当不当，正不正**——物体放得位置不当，妨碍别人。

304. **当家不主事，开柜没钥匙**——指人虽在某职，没有实权。

305. **当家三年狗也嫌**——比喻当家人总是难以满足每个家庭成员的种种需求，惹得家庭成员总是不满意。

306. **当了一年队长，盖起一溜正房；当了一年会计，割起两支躺柜；当了一年保管，吃成个肥油圪蛋。**

307. **当面点钱，不为薄情。**

308. **当面是人，背后是鬼。**

309. **当面说人话，背后说鬼话**——当面说的一套，背后说的是另一套。

310. **当乡不养当乡人**——当乡：本地，本村。

311. **当乡人挣不了当乡人的钱。**

312. **刀枪药虽好，不破手为高。**

313. **刀子不快脖子粗**——快：刀刃锋利。比喻事情复杂难办。

314. **刀子嘴，豆腐心**——比喻人嘴上厉害，心里却能让人，并不狠毒。

315. **得过且过，阳婆圪佬佬暖和。**

316. **得了便宜卖乖。**

317. **得了金鸡夸伶俐**——占了便宜卖乖。

318. **灯不拨不亮，话不说不明。**

319. **灯芯绒一身，八角帽一顶，球鞋一蹬，到区政府结婚**——灯芯绒：面上有绒条的棉织品，因绒条像灯芯而得名，即条绒的别称。全句描述五十年代年轻人结婚的条件。

320. **灯盏底下是黑的，人背后都是鬼的。**

321. **等到猴年马月**——形容期盼的时间太漫长，不知道何时才能实现。

322. **低标准，瓜菜代，谁不偷，谁待害**——待害：吃亏。指困难时期因生活所逼，人人都偷摸集体的东西，不偷就意味着吃亏。

323. **低借高还，再借不难。**

324. **低头不见抬头见**——经常能碰面。

325. **嘀嘀咕咕没好话，鬼鬼祟祟没好人。**

326. **地不冻，尽的种。**

327. **地冻车响，山药萝背贪长**——萝背：萝卜。深秋天凉了，山药萝卜还能继续生长。

328. **地远不如地近，地近不如上粪。**

329. **地在人种，事在人为。**

330. **弟兄不和都为钱**——为:因为。

331. **店大欺客，客大欺店。**

332. **刁刁抢抢不够吃，尽尽让让吃不了**——尽尽让让：谦让，形容相互谦让的样子。

333. **爹死娘嫁人，各人顾各人**——各人：自己。

334. **跌死圪狲窝死蛇，吃水还得毛驴驮**——圪狲：松鼠。形容山区山路非常陡峭狭窄，能把松鼠摔死，能把蛇窝死，人们吃水还得从沟底用毛驴驮。

335. **顶在头上怕跌了，含在嘴里怕化了**——跌：掉。化：融化。

336. **钉盘碗儿的揽住火车头了**——钉盘碗的工匠揽住了修理火车头的活儿。比喻力所不能及。

337. **丢了讨吃棍，见不得要饭的。**

338. **东沟一犁西沟一洼**——东一句西一句，不切正题。

339. **东家门进，西家门出**——指无事可做，在别人家进进出出，闲游乱串。

340. **东家长西家短**——指街坊邻里的是是非非。

341. **东窟窟倒西眼眼**——比喻临时采取某种措施以解急难。

342. **东西是死宝，人是活宝。**

343. **东西是新的好，人是旧的好。**

344. **东阴凉倒西阴凉**——悠闲至极，每天就找阴凉地儿乘凉。

345. **冬不拿镢子夏不拿锹，一年四季不弯腰。**

346. **冬穿皮袄毛迎里，夏穿皮袄毛迎外，黑夜又当盖窝盖**——迎：朝，向。盖窝：被子。

347. **冬下不冷腊下冷，腊下不冷年下冷**——下，可理解为同位语，用在时令词语后，表示时间，相当于“……的时候”。冬下、腊下、年下即冬天、腊月、过大年的时候。

348. **冬至后十天，阳历过大年**——冬至一般在阳历 12 月 22 日，因此冬至后的第十天是阳历新年元旦。

349. **冻死不可怜**——比喻衣服华丽好看而不能御寒。

350. **斗大的字不识一升。**

351. **斗大的字没识下五升**——指人不认识字。

352. **豆打长秸麦打齐。**

353. **豆芽生下一丈，戚**(qi **说成** qia)**人叫下一炕**——指办婚事按照预先约定，一切准备就绪，就等花轿进门。多用来比喻准备工作早已就绪，却迟迟没有进展或突然有变。

354. **逗小孩儿骂，逗小狗咬**——逗：戏逗。咬：狗叫；狗边叫边咬人。

355. **独柴难着**（za），**独人难活**（hua）。

356. **肚疼点眼药**——比喻人做事的方法不当、不对路，起不到应有的效果。

357. **肚疼屎憋的了，头疼鬼捏的了**——头疼病种类多，病因复杂，难以诊断治疗，就好像是被鬼捏住了。

358. **端人家碗，受人家管。**

359. **短把儿锹**——比喻说话简洁而且直截了当。

360. **对人不对事**——因人而异，办事不公。

361. **对上长人不说短话。**

362. **对事不对人**——就事论事，不讲人情。

363. **兑路不兑店**——兑：这里指错开。指行途中错开了路程却错不过旅店。比喻办事延误了时间，却不会影响结果。

364. **多经广见，不如亲手做上一遍**——多经广见：形容人经历多，见识广。

365. **多了多花，少了少花，没了不花**——指花钱没有穷尽，没有止境。

366. **多年的媳妇熬成婆**——旧时媳妇受婆婆严格管制，在家中地位很低。比喻由以前听人吩咐到自己做主，地位发生了很大转变。

367. **多下及时雨，少放马后炮。**

368. **多一个朋友多一条路，多一个冤家多一堵墙。**

369. **多一个爷爷多一柱香**——爷爷：神神，即神仙。

370. **多做营生少说话，社会主义走不差。**

371. **躲过初一，躲不过十五。**

372. **躲了和尚，躲不了寺（事）。**

373. **屙出来还能再吸回圪？**——斥责食言或反悔。

374. **屙麻绳尿醋糟**——比喻遇事高度紧张害怕，不知所措，甚至失态。

375. **恶人自有恶人磨**——凶恶的人自然会遇到更凶恶的人使他吃尽苦头。

376. **饿了发软的，吃饱发瘆**（tan）**的**——发瘆：感觉疲乏无力、萎靡不振。指人很懒惰，不想干活的一种托词。

377. **饿了糠也甜，饱了肉也嫌。**

378. **饿虱子扒下一直背**——直背：脊背。比喻求助的穷人很多或需要接济的穷亲戚很多。含诙谐意。

379. **恩多了怨深。**

380. **儿不嫌母丑，狗不嫌家穷。**

381. **儿大不由爹，女大不由娘。**

382. **儿大另，女大娉**——另：另家，分门另过。娉：出嫁。

383. **儿多了母饿，绝圪榄子好过**——绝圪榄子：单身汉。

384. **儿跟老婆女跟汉，留下老鬼没人看**——儿女都已成家，没人管照老人。

385. **儿没娘，受恓惶。**

386. **儿女不记父母仇。**

387. **儿女银钱，强求不得。**

388. **儿亲**（qìng）**家女对门**——指儿女都已经成家。

389. **儿有不如娘有，娘有不如自有。**

390. **儿走千里母担忧，母走千里儿不愁。**

391. **耳不聋，眼不花**——形容老年人身体健康，没有一点衰老迹象。

392. **耳不听，心不恼。**

393. **耳不听不烦，眼不见不馋。**

394. **耳不治不聋，眼不治不瞎。**

395. **二八小子过大年，又吃好的又挣钱**——二八：指十六岁。挣钱：指挣压岁钱。

396. **二八月儿昼夜相停**——相停：相等。

397. **二八月乱穿衣**——二月、八月天气变化不定，气温忽高忽低，人们穿衣得随时加减。

398. **二寸深，一寸浅，种上寸半最保险**——指种小麦。

399. **二脚（jia）板子高搁（ga）起**——即高高地翘起二郎腿。形容人神态悠闲或傲慢的样子。

400. **二斤半**——比喻事情正处于关键时刻。

401. **二龙相斗，蛇狮子遭殃**——蛇狮子：蜥蜴。

402. **二球坯多打的个定心**——二球坯：智商、能力低下的人。打定心：暂时停止行动，略加慎重思考。自诩为智商低下的人，但只要多想一想，就能搞清楚。意思是指这种把戏并不能骗过一般人。

403. **二十来岁正年轻，谁人能不刮黄风?**

404. **二十年后又是一条好汉**——迷信认为，人死后可以投胎转世，二十年后又长大成人。常用于面临死亡威胁的场合，表示不怕死。

405. **二十三，天明月正南。**

406. **二十三，洗灯盏**——二十三，指农历腊月二十三日；洗灯盏，指清洗过春节供神用的灯盏。

407. **二十四五，月出鸡吼。**

408. **二五核十万**——形容数量很大。

409. **二月清明一片青，三月清明不见青。**

410. **二月清明早下秧，三月清明不用慌。**

411. **二月重河冻，米面懋破瓮。**

412. **发在天上也是讨吃相**——讥讽人吝啬成性，即使有了很多钱，也不会改变穷酸相。

413. **翻过来调过圪**——指翻来覆去。

414. **翻葫芦倒马**——比喻人说话、做事错乱，没有次序，颠三倒四。

415. **翻葫芦倒水罐**——重复啰嗦，颠三倒四。

416. **翻也说了，折也说了**——指还应该从另一方面去分析，一分为二地去对待人或事。

417. **凡人不开口，神仙难下手。**

418. **凡事留一线，日后好见面。**

419. **反说反有理，正说正有理**——指人无理狡辩。反说：从反面说。正说：正面说，与反面说、侧面说相对。

420. **反胃的不吃，犯法的不做。**

421. **饭饱生余事。**

422. **饭给饥人用。**

423. **饭后躺一躺，赛如神仙他娘娘**——娘娘：奶奶。

424. **饭后一袋烟，赛如活神仙**——形容饭后抽一袋烟的那种悠闲自在的感觉。

425. **饭要热吃，事要早办。**

426. **贩猪羊快，贩羊猪快，猪羊都贩，遇了个断屠**——断屠：禁止屠宰牲畜。

427. **方的不滚，圆的不稳。**

428. **妨老子害娘**——迷信指某人命里妨害父母，多用来骂人。

429. **房尽邻，地尽畔**——畔，说成 bàn。指卖房子的时候，优先卖给邻居；卖地的时候，优先卖给跟自己的地相连的人。

430. **房漏、灶火烟，炕上躺的个病骨殓**——这段串话叫“三大糟心”，表现了旧社会穷苦人民的苦难生活和不幸遭遇。房子漏了糟心，烧火冒烟糟心，炕上躺个病秧子更糟心，所以叫“三大糟心”。

431. **房漏偏遇连阴雨**——比喻人本来就很穷苦，又连遭灾难或不幸。

432. **房无一间，地无一垄**——形容人非常贫困，一无所有。

433. **放了个扭身儿屁**——比喻干了一件不同寻常的、得意的事。含诙谐意。

434. **放了一辈子羊，还认不得狗和狼?**

435. **飞鸽快，永久耐，红旗车子也不赖，白山车子一礼拜**——耐：经久耐用。赖：不好，差。

436. **飞起要个落，张开要个合**——无论什么事总要有起有落，总要有个结果。

437. **飞起一群，落**（lao）**下一片**——本指鸟群的起落，喻指家庭人口多、负担重。

438. **非钱不过瘾**——指人只看重钱财，不讲情面。

439. **非笑不说话**——形容人待人礼貌，态度和蔼。

440. **费缰绳的驴**——比喻费衣服的小孩子；斥责难于管理的人。

441. **费手脚**——指事情做起来费事。

442. **粉往自己脸上搽，屎往别人头上抹。**

443. **粪巴牛遇见了拉稀鬼，滚不住个蛋蛋白跑腿**——粪巴牛：屎壳郎。拉稀鬼：这里指拉稀的牲畜。

444. **风催人，雨留人，下雪不走糊涂人。**

445. **风风雨雨几十年，光长胡子没攒下钱。**

446. **风刮倒怨天**——比喻埋怨、责怪本没有责任的人。

447. **风搅雪**——比喻两样东西掺和在一起。

448. **逢桥要下马，过渡莫争船。**

449. **凤凰落架不如鸡，君子没钱把头低。**

450. **佛有千只手，捂不住众人的口。**

451. **夫妻没有夹夜仇**——夹：隔。

452. **夫妻同床睡，人心隔肚皮。**

453. **伏天耕地一碗油，秋天耕地一碗水，开年耕地胡日鬼。**

454. **伏天有雨，锅号儿有米。**

455. **福无双进，祸不单行。**

456. **父一辈子一辈，父辈之交辈辈交**——父辈之交：指非同一家族的两代人的交往。指把父辈的友谊延续下去。

457. **父子爱财子不孝；兄弟爱财失同胞；亲戚爱财休来往；妯娌爱财家分了。**

458. **妇大自巧，狗大自咬。**

459. **富不离书，穷不离猪。**

460. **该冷不冷，不成年景。**

461. **该热不热，五谷不结。**

462. **该热不热人生病，该冷不冷地生虫。**

463. **盖蓝天铺大地，头枕胳膊睡**——比喻极度贫穷。

464. **赶早不赶晚。**

465. **感情深一口闷，感情浅舔一舔。**

466. **干锄湿耧，赛如上油**——耧：第二遍或第三遍锄地。

467. **干打雷不下雨**——干：光，只。虚张声势，不见实际行动；也比喻只有哭声，没有眼泪。

468. **干大没瓤子，一肚屎肠子**——干：光，只。比喻某人尽管身材高大，却什么也干不了。

469. **干呼啦锁子不开柜**——干：光，只。

470. **干牛粪上地，不如母羊放屁。**

471. **干人多不唱戏**——干：光。光人多却什么事情也不干或干不成。

472. **干榆湿柳，木匠见了就走。**

473. **干榆湿柳死气杨**——表示用锯难锯或难伐。死气：不干不湿。

474. **干种湿出，湿种不出。**

475. **高不成低不就**——高者无力得到，低者又不屑迁就。形容婚姻或求职上的两难处境。

476. **高估物价低估寿**——对别人的东西要多称赞；对别人的年龄要尽量往年轻说。

477. **高叫一声哥，少走十里坡。**

478. **高门不进低门不入**——高门攀不上，一般条件不理想的人家又不想凑乎的婚姻上的两难处境，多指女子眼儿高、挑剔的择偶态度。

479. **圪丢大个村子，谁不知道谁圪根子。**

480. **圪几住眼睛说瞎话**——圪几（别字）：闭眼。

481. **胳膊拗**（ao）**不过大腿**——胳膊：比喻弱势群体。大腿：指有权势的人。

482. **胳膊肘往外屈**——屈：弯。比喻故意偏向外人。

483. **割了头才碗大的个疤**——指死亡没有什么好惧怕的。

484. **隔行不取利。**

485. **隔行如隔山。**

486. **隔日种，同日收。**

487. **个儿大腿长，正好喂狼**——喂狼：让狼吃。指人身材虽然大，却什么也干不了，或没有什么用处。

488. **各家门，另家户**——指各人有各人的门户和事情，互不干涉；已经分门另住，各自独立。

489. **各人不夺已，叫别人几夺地夺**——各人：自已。夺己：掂量自己。自己没有自知之明，不自觉，让别人为难或难为情。

490. **各人的胡子也不由各人拔拉了**——各人：自已。胡子：双关，本指胡须，转指事情。拔拉：拔动。比喻自已的事情也由不得自已主宰。

491. **各人的梦各人圆。**

492. **各人的秃也挠不过来了，哪顾上挠别人的大马疥了**——各人：自已。秃：秃疮。大马疥：疥疮。比喻自已的事情还忙不过来呢，根本顾不上帮助别人或干涉别人的事。

493. **各人点儿背，不要怨社会**——各人：自已。点儿背：时运不好。

494. **各人看不见各人脸上的黑**——各人：自已。黑：双关，本指黑色的污点，转指缺点或短处。比喻人认识不到自已的短处或缺点。

495. **各人头上的虱子往别人头上捏**——各人：自已。比喻故意把灾祸转嫁给别人，含讥骂意。

496. **给脸不要脸。**

497. **给你吃，走在天边；不给你吃，守在锅前。**

498. **给求愣**（lěn）**壮胆子**——求愣：呆傻之人。指某人、某话或某物本来什么作用也不能起，而求愣却依赖他给自已壮胆去做某事。

499. **给上二分半颜色就想开染坊了**——颜色：染布的颜料。比喻对某人稍微放纵一点就狂妄起来；或别人给点好态度，就得意忘形，张狂起来。

500. **跟上好人学好人，跟上王八跳枯井。**

501. **耕三耙四，锄搂八遍，八米二糠。**

502. **弓硬逼弦。**

503. **公道不公道，只有天知道。**

504. **公鸡的冠冠倒了，草鸡**（母鸡）**也撵上鹐**(qian)——鹐：鸡、鸟用嘴啄。

505. **公鸡头草鸡头，不在这头在那头**——草鸡：母鸡。

506. **公说公有理，婆说婆有理，就是没嘞媳妇儿的理**——公说公有理，婆说婆有理：比喻每个人都有自己的道理，谁也说服不了谁；也指是非难辨。

507. **供嘴磨泼鞋**（hai）——供嘴：干活儿赚饭吃。泼鞋：烂鞋。比喻付出的劳动所得仅仅够糊口。

508. **勾狐皮盖窝**——勾：制作。盖窝：被子。本指人现处穷困境地还想着制作珍贵的狐皮被子；转喻人为渺茫的事情讨论或操心。

509. **狗朝屁走，人朝势走。**

510. **狗戴帽子充好人**——比喻坏人做出某种假象来欺骗人。

511. **狗急了跳墙，人急了骂娘。**

512. **狗急了跳墙，兔儿急了咬人**——比喻人到了不得已的情况下总会采取行动应对。

513. **狗记路，猫记家。**

514. **狗头上长起角角**（jia jia）——比喻某种情况不可能发生。

515. **狗眼看人低**——讥骂看不起别人的人。

516. **狗咬穿烂的，人爱有钱的。**

517. **狗咬狗，两嘴毛**——比喻坏人和坏人互相争斗。

518. **狗咬吕洞宾，认不得好赖人。**

519. **狗占八堆屎**——比喻人十分贪婪。

520. **狗长角角牛打滚儿**——角角（方言说成 jiā jiā）：动物头上长的角。打滚儿：驴、马、骡干完活儿后躺在地上滚过来滚过去。狗长不出角来，牛不会在地上打滚儿。比喻不切实际的幻想永远不会实现；也比喻某种情况不可能发生。

521. **够一壶壶喝**——比喻对方很厉害，难以招架；或事情棘手、难办。

522. **估下的做的做不了，估下的吃的不够吃**——估下的：计划好的。做的：营生；事情。吃的：食物。

523. **孤灯一盏，冷水一碗**——形容人孤独、凄凉、寂寞。

524. **孤鸡儿呀似的**——比喻人孤独、孤单或不轧群。

525. **姑不娶，姨不送，妗妗送到黑风洞，嫂嫂送进莲花洞，姐姐送了妹子的命**——有关娉闺女送戚人选的迷信说法。

526. **姑姑亲，骨头亲；姨姨亲，皮皮亲。**

527. **姑舅亲，几辈亲，打断骨头连着筋。**

528. **鸪鸪鸠挨住鸬鸬睡，一样样儿那灰直背**——比喻彼此彼此。鸪鸪鸠：斑鸠。鸬鸬：鸽子。直背：脊背。

529. **鸪鸪鸠灰，灰到底；鸬鸬灰，还有两条红腿腿**——鸪鸪鸠：斑鸠。鸬鸬：鸽子。灰：坏。斑鸠全身都是灰色，鸽子毛是灰色，两条腿是红的，比斑鸠好看些。比喻两相比较，一个比另一个稍好一些。

530. **谷锄一寸，等于上粪（应早锄）**——一寸：指苗高一寸的时候。

531. **鼓不敲不响，话不说不明。**

532. **鼓没有个偷打的。**

533. **瓜菜半年粮**——荒年粮食不足，便多吃瓜菜，顶替半年的口粮。

534. **瓜挑瓜，挑眼花。**

535. **瓜无滚圆，人无十全。**

536. **刮出风圪，才能下回雨来**——指人际交往，礼尚往来；你把好做出去，自然会换回别人对你的好。

537. **刮风扬场，下雨叠墙。**

538. **寡妇门前是非多。**

539. **拐子见钱跳得快，瞎子见钱眼睁开。**

540. **怪人不能怪老，劝人不能劝恼。**

541. **关住门吃，开开门屙**——比喻从不与人交往，含讥讽意。

542. **观棋不语真君子，饮酒多言是小人。**

543. **官不打送礼的，狗不咬屙屎的。**

544. **官打民不羞，父打子不羞。**

545. **官断十条路，九条人不知。**

546. **官高脾气涨，位高架子大。**

547. **官高一品忘夫子，病好离床不谢医。**

548. **官攀官，宦攀宦，讨吃子攀的叫街汉**——叫街：在街头呼喊求乞。

549. **官凭印，虎凭山，女人凭的男子汉。**

550. **官向官，民向民，和尚向的是出家人。**

551. **官字两个口，是非凭舌头。**

552. **管吃不管拿**——负责供应饭食，随便吃，但是不能带走。

553. **管饭不饱还不如杀了**——负责供应饭食或让人吃饭却不让吃饱，那样还不如把人杀掉。

554. **管饭没工钱**——负责供应饭食，但是干活儿没有工钱。

555. **管前不顾后**——做事不周，不料后果；只顾自己，不顾别人。

556. **管事管事，管得多了就管下不是。**

557. **管挑、管抄、不对了管换。**

558. **灌猫儿尿**——比喻人酗酒。含讥讽意味。

559. **光棍不吃眼前亏**——比喻聪明人暂时躲开眼前的不利处境，待以后有机会再采取行动。

560. **光棍回头饿死狗，浪子回头金不换。**

561. **光景过下日月了**——形容十分贫穷，日子难熬。

562. **鬼捉的运低的。**

563. **贵人遭魔难，灰人绕滩转。**

564. **棍棍越撅越短**——撅 jue：撅，断物也。也作“撧”。比喻债务越还越少。

565. **棍磕棍，硬磕硬，碰在一垯儿遭人命**——磕：碰。一垯儿：一块儿，一起。遭：遭遇，闹出。

566. **过光景不得不仔细，请人不得不淌憨**——淌憨：大气；出手大方慷慨。

567. **过河拆桥，卸磨杀驴。**

568. **过了芒种，不可强种。**

569. **过了夏至节，锄头不能歇。**

570. **过了这村，没有这店，再有卖的也没有这贱。**

571. **过哪道河，脱哪只鞋**——比喻屡走屡看，根据实际情况酌情应对。

572. **过一冬，长一针；过个腊八，长个镢把。**

573. **蛤蟆蹦三蹦还得歇一歇**——比喻应张弛有度，劳逸结合。

574. **孩子不哭娘不奶**——奶：用作动词，喂奶。

575. **海船烂了还有三千钉。**

576. **憨吃人的东西愣花人的钱，圪托儿在亲家家里过大年，天阴下雨趿拉**

别人的鞋——圪托儿：躲；赖。趿（tā）拉：穿鞋不抽后跟，把鞋后帮踩在脚后跟下。

577. **含在嘴里怕化了，攥在手里怕碎了**——形容对人或物痛爱之至，不知该如何对待。

578. **寒不择衣，贫不择妻，饥不择食，慌不择路。**

579. **寒从脚起，病从口入。**

580. **寒从脚下起，火从头上生。**

581. **寒门出贵子，贫富没有根。**

582. **行行出状元，事事在人为。**

583. **行家不说戾**（lì）**把话**——戾把：外行。

584. **好吃难消化**——比喻做某事虽然目前有利，但后果却让人难以承受。

585. **好出门不如歹在家**——强调出门在外的艰难。

586. **好的吃个死，赖的死不吃**——形容人很挑食，好食物吃饱了还要吃，不好的食物总是不吃，多指小孩儿。

587. **好儿不在多，一个顶十个。**

588. **好饭吃个合适，好衣穿个得体。**

589. **好狗不挡道。**

590. **好狗不往当门卧。**

591. **好狗不咬上门的亲**——比喻亲戚之间平时互相有意见，一旦他登上你的门，就已经表示知错认错，你就不该再指责他的过错。

592. **好狗护三邻，好汉护三村。**

593. **好汉不吃眼前亏。**

594. **好汉不打妻，好狗不咬鸡。**

595. **好汉不花净手钱**——精明的人，任何时候都不能把自己手里的钱都花光。净手：使手中空（没有剩余的钱）。

596. **好汉不提当年勇。**

597. **好汉访好汉，孟良访焦赞。**

598. **好汉问酒，孬偢问狗**——孬偢（song）：软弱窝囊的人。

599. **好汉眼里火星多，偢汉眼里尿水多。**

600. **好汉一言，快马一鞭。**

601. **好喝酒的不入茶房**——人的志趣和爱好对行为的趋向起决定性作用。

602. **好话不瞒人，瞒人没好话。**

603. **好话说尽，坏事做绝。**

604. **好话永也不听，赖话入耳中听**——讥讽人好话听不进去，坏话一听就记住了，多指小孩儿或年轻人。

605. **好活难活各人寻，瞌睡丢盹不由人**——各人：自己。寻：找。

606. **好记性不如烂笔头。**

607. **好将出自嘴，好马出自腿。**

608. **好借好还，再借不难**——借了人的东西或钱，有了要及时还，这样，以后再去借就不难。

609. **好客的朋友多，好说的废话多。**

610. **好夸己长便是短，自知己短便是长。**

611. **好了不跟，灰了宿根**——好的方面没有像了（上辈），缺点或毛病却遗传上了。宿根：原指某些二年或多年生草本植物的根，茎叶枯萎后可以继续生存，次年春季重新发芽，所以叫宿根。这里用来比喻遗传。

612. **好马不备双鞍，好女不嫁二男。**

613. **好马不吃回头草。**

614. **好女儿脸上一片疤**——比喻美中不足。

615. **好朋友不怕勤算帐，亲弟兄也应高打墙。**

616. **好朋友勤算账，免得后来抬闲杠。**

617. **好请难打发**——让来容易，让走却很难。

618. **好雀儿垒个好窝，歹雀儿垒个歹窝。**

619. **好人不长寿，害货一千年。**

620. **好人睡下个病人，病人睡下个死人。**

621. **好事不背人，背人没好事。**

622. **好事不出门，丑事一溜风。**

623. **好事不出门，灰事传千里。**

624. **好事多磨。**

625. **好死不如赖活的。**

626. **好兔儿不吃窝边草。**

627. **好心不得好报，烧香惹得鬼叫。**

628. **好心当作驴肝肺**——驴肝肺：比喻坏心肠。指把别人的好意误解为恶意。

629. **好心做了喂猫儿食。**

630. **耗子不吃给猫攒的了**——比喻自己舍不得吃而被别人吃掉了。

631. **耗子舔猫儿蛋**——胆大妄为，自讨灾祸。

632. **喝泔水碰断桶梁子**——讥讽在权势人面前争抢着极力讨好，不知廉耻的人。

633. **喝酒不吃菜，必定醉得快。**

634. **喝酒不吃菜，肯定做得赖。**

635. **喝酒不醉是没喝好，忍气饶人是吃不倒**——吃不倒：打不过；没有人家厉害。

636. **喝了迷魂汤**——迷魂汤：迷信指地狱中使人的灵魂迷失本性的药汤。比喻被花言巧语所迷惑而失去思维、判断能力。

637. **喝冷水，睡凉炕，全凭火力壮。**

638. **喝冷水也刺牙**——刺牙：食物塞进牙缝里。比喻人运气不好，干什么都不顺利。

639. **喝冷水也没人往回担**——比喻没有亲人，无人照顾。

640. **喝上糊糊屙山药，自己寻的拉圪蛋**——糊糊：糊状食品。拉圪蛋：惹麻烦，招祸。比喻人自找麻烦，或自讨苦吃。

641. **喝水遇上空壶，尿尿遇上满壶**——空壶：指空水壶。满壶：指夜壶里的尿满了。比喻人运气不好，干什么都不顺利或有阻拦。含幽默或诙谐意。

642. **河有九曲八弯，人有三回六转。**

643. **黑不言且不语**——即“食不言寝不语。”

644. **黑地儿擩（rù）暗柴**——黑地儿：暗地里。擩：手进物也。比喻人暗中行贿，或背地里送给人东西，却没有起任何作用，又无凭无证不好说。

645. **黑老哇嫌猪黑**——比喻嫌弃与自己有同类毛病的人；也比喻人不知道自己丑，反而讥笑别人。

646. **黑夜千条计，临明磨豆腐**——指晚上想了很多办法，第二天该干啥还干啥。

647. **黑夜输了一条牛，早起挎了个粪箩头**——晚上赌博输了一条牛，第二天早晨忙着出去拾粪。比喻人遭受了大的损失后忙着干小的事情予以补救，含讥讽意。

648. **黑夜想下千条计，到了白天没主意。**

649. **恨铁不成钢**——比喻对某人要求严格，迫切希望他有更好的发展。

650. **红火不过个人看人。**

651. **红鸡儿一窝，黑鸡儿一窝。**

652. **红尽黑尽，板眼儿使尽**——各种手段，各种办法全都用过了，已经尽心尽力了。

653. **红口白牙，说话算话**——说话算数，信守诺言。

654. **红口白牙说瞎话**——斥责人不顾事实，随意胡编乱造诬蔑人。

655. **哄死人不偿命。**

656. **猴儿也拴不住**——比喻室内非常冷，不宜住人。

657. **后悔在心儿了**——指人做了一件事，特别后悔，却又不能告人。心儿：心里。

658. **后路是黑的。**

659. **后山的莜面前川的米，一个地方一个礼**——后山：指大青山后面的武川县。前川：即土默川平原。

660. **后山一声雷，有水又有肥。**

661. **忽咙口儿打坝**——忽咙：喉咙。打坝：筑坝。比喻截断饮食或生活来源。

662. **忽沓子风箱烂锅盖，熬熟一锅糊糊没咸菜**——忽沓子：物体因破旧而松动的样子。

663. **胡姑姑假姨姨**——关系很远、硬套上的亲戚。

664. **胡贵有甚我有甚，我和胡贵不差甚**——胡贵：相传为一富人。甚：什么。古时有个人见胡贵穿着袍子，他也穿出了袍子；胡贵换穿了褂子，他便将袍子改做成褂子；胡贵再换穿上坎肩的时候，他又将褂子的两条袖子剪去，穿出了坎肩，并说，胡贵有甚我有甚，我和胡贵不差甚。后来，当胡贵再次穿出袍子的时候，他傻眼了。

665. **胡搅汉，汉搅胡**——胡：胡人，古代北方和西方的民族，也指来自古代北方和西方民族的东西。汉：汉族；汉族人的东西。比喻不同的人或东西搅混在一起。

666. **胡燕儿低飞蛇过道，蚂蚁搬家山戴帽，水瓮出汗蛤蟆叫，不过三天大雨到**——山戴帽：气压低，空中水汽多，在山顶形成云层，好像山戴上帽子。

667. **壶壶虽小，通缸坊的了**——壶壶：酒壶。缸坊：酿酒的作坊。本指酒壶虽然小，却通着酿酒的作坊。比喻东西虽少，却能源源不断地供应。

668. **虎肚号儿剥不出狼儿子来**——号儿：里。

669. **虎在袖圪筒儿褪的了**——虎：指制服的绝招。袖圪筒儿：袖筒里。褪tùn：藏，藏在袖筒里。指制服的绝招或拿手的本领藏而不露。

670. **花不花四十八**——花：眼睛老花。指人到四十八岁，一般会发生眼睛老花的现象。

671. **花后老子的钱了**——后老子：继父。形容人花钱大手大脚，毫不吝惜。

672. **花椒树上结圪桃，不待要听你鬼圪嚼**——圪桃：核桃。不待要：不想；不愿意。鬼圪嚼：胡说。花椒树上不可能结下圪桃，比喻不愿意听某人胡说。

673. **花轿到了门前，还得一个牛钱。**

674. **花配花，柳配柳，烂簸箕配笤帚。**

675. **花钱不数数儿**——不数数儿：不计数。形容人花钱大手大脚。

676. **花钱买的，不是刮风逮的**——指某物来之不易，应该珍惜。

677. **花钱买罪受。**

678. **花香引蜜蜂，屎臭招苍蝇。**

679. **话不要说死，路不要走绝。**

680. **话过三人口，白羊变黑狗。**

681. **话过三张嘴，毛驴八条腿。**

682. **话是个礼，礼是个话，话到礼周惹不下。**

683. **话是开心的钥匙**——强调具有启发性的规劝之言能打开心灵的锈锁。

684. **话说来回，事打颠倒**——指思考问题和说话不能主观片面，要换位思考，主客观兼顾。

685. **话说三遍淡如水，再说一遍不如屁。**

686. **话说三遍淡如水，再说一遍没人理。**

687. **话在前事在后**——现在说下的话，很快就会得到印证。形容预言准确。

688. **怀揣不如袖褪，袖褪不如手拿**——袖褪（tùn）：在袖筒里藏东西。

689. **患难见真心。**

690. **黄八成，收十成；十成开镰丢三成。**

691. **黄不说黑不道**——不说任何原因或情况。

692. **黄泉路上没老少。**

693. **黄土有恩，水火无情。**

694. **灰拜灰，还有两条红腿腿**——拜：虽然。本义是描述鸽子，鸽子毛是灰色的，两条腿却是红的。比喻虽然整体不怎么样，但是还有赖以支撑的东西。

695. **灰得没棱子**——灰：坏。形容人坏得无法形容。

696. **灰说就亥唵麻子了**——亥：像。唵（ǎn）：以掌进食为唵。比喻说话极其随便。

697. **灰头滴连连儿，就亥霜打了**——滴连连儿：头耷拉着。亥：像。

698. **回头拐弯儿**——本指回头转弯儿处，比喻关键时刻或关键的地方。

699. **会打比兜，不会算账**——打比兜：原指打耳光，这里比喻为人办事时趁机私吞一部分钱财。

700. **会过不会过，少养张口货。**

701. **会看的看个门头脚道，不会看的看个红火热闹**——门头脚（jia）道：门道；方法，程序。

702. **会说的不如会听的，会听的不如会做的**——指做的重要性。

703. **会说的想着说，不会说的抢着说。**

704. **会说话的两头瞒，不会说话的两头传。**

705. **会挑的挑当人，不会挑的挑光景**——光景：日子；生活。指女孩挑女婿。

706. **会者不难，难者不会。**

707. **浑身上下一张皮。**

708. **混了，混了，海混了，跟上汽车拾粪了**——海：毫无节制地。形容人混日子，无所事事，干一些徒劳无益的事情。

709. **活不到八十八，不要笑人家拐和瞎。**

710. **活人不能叫尿憋死。**

711. **活人叫尿憋死**——讥讽人笨拙无能，面对困难，束手无策。

712. **活人眼里擩指头儿**——擩（rù）：塞；插。（把东西放进或塞进某物体中）比喻明目张胆地偷、抢、骗，欺人太甚。

713. **火烧眉毛急眼下。**

714. **火烧一大片，水刮一道线。**

715. **货到地头死**——货物一旦运输到目的地，便成死货，价钱由不得自己做主。

716. **货见本主会说话。**

717. **货卖堆山，买不了吹干**——指货物摆放得多，顾客挑选的余地大，买卖才可能好做。

718. **货卖给用家。**

719. **货卖一张皮，马看四只蹄**——一张皮，指包装。强调货物的包装在销售中的重要作用。

720. **祸从口出，病从口入。**

721. **饥寒生盗心。**

722. **饥荒雪片呀似的**——饥荒：债务。比喻债务极多。

723. **饥忍不得，苦受不得**——指人一点也经不起或不愿意经受苦难的折磨。

724. **饥时给一口，强如饱时给一斗。**

725. **饥一顿，饱一顿。**

726. **鸡儿大飞不过墙，炉灰打不成墙。**

727. **鸡儿叫也天亮，鸡儿不叫也天亮**——鸡儿：鸡。鸡打鸣不打鸣，太阳照样出来。比喻事情的出现，并非受某事或某人的影响。

728. **鸡一嘴，鹅一嘴**——比喻七嘴八舌或众人谴责一个人的样子。

729. **积财千万，不如薄技在身。**

730. **急生急养，养下不长。**

731. **计划赶不上变化。**

732. **记性不大，忘性不小**——指人记忆力差。

733. **技术总比样数强。**

734. **家不露家是好家，村不露村是好村。**

735. **家丑不可外敞扬**——敞扬：宣扬；随意传播一些不必公开的事。

736. **家传就比学艺高。**

737. **家倒累家，户倒累户**——累：拖累，使受害；牵涉连累。一人有事，会累害全家；一家有事，会牵涉连累其他亲戚本家。

738. **家家不做官，做官都一般。**

739. **家家有一本难念的经。**

740. **家里人说话耳旁风，外头人说话侧耳听。**

741. **家怕三分**——家产怕分三份儿，那样每一份就很少了。

742. **家贫出孝子。**

743. **家穷不算穷，路穷穷死人。**

744. **家人说话耳旁风，外人说话金字经。**

745. **家有二斗粮，不当小孩儿王。**

746. **家有光棍招棍光，家有梧桐招凤凰。**

747. **家有黄金万两，不如手艺随身。**

748. **家有千口，主事一人。**

749. **家有千口吃饱饭，饿死的都是独身汉。**

750. **家有千万，有个触手不及**——触手不及：不在身边，急用时拿不到。

751. **家有千万，长毛的不算。**

752. **家有三杆袋**（烟袋），**发财来得快**——杆：量词，支；管。

753. **家有三件事，先接紧上来**——接：从。紧：要紧，当紧。先接紧上来：先从最当紧的事情做起。

754. **家有十五口，七嘴八舌头；你要吃鸡蛋，他要喝烧酒。**——形容人多嘴杂，意见难以统一。

755. **家有一老，犹如一宝。**

756. **夹山买犁牛**——隔着山买耕牛，比喻不了解实际情况盲目做事。夹：隔。

757. **嫁出去的女，泼出去的水**——嫁出去的女，泼出去的水都是不能收回的，比喻事情已成定局，不可挽回。

758. **嫁汉嫁汉，穿衣吃饭。**

759. **嫁鸡随鸡，嫁狗随狗。**

760. **间架不大入间深**——本指房子结构不算大，但有深度。比喻人个子不大而饭量大。

761. **肩不能担担，手不能提篮**——形容人很娇嫩，什么活儿也不能干。

762. **见饭饥，见水渴，见了枕头就眼涩，见了营生忙躲脱**——眼涩：困倦，瞌睡，眼皮重，想睡觉。形容人十分懒惰，贪图安逸享受。

763. **见官莫向前，做客莫在后。**

764. **见过侠客剑客，没见过你这吊客**——吊客：该上吊死亡的人。以第一人称责骂品行很坏或不通情理的人。

765. **见婚姻说合，见官司说散。**

766. **见了富人摇尾巴，见了穷人嘴龇牙**——嘴龇牙：双关，本指狗张开嘴咬人，转指人态度凶狠。比喻人巴结有权有钱的人，欺压穷人，含讥骂的意思。

767. **见钱眼开，见色起意**——指人既贪钱财又好色。

768. **见人就施礼，少走二十里。**

769. **见人攉腿腿**——是个人就算一份，人人都参与。

770. **见人说人话，见鬼说鬼话，人鬼一起来，说的是活络子话**——活络子话：模棱两可的话。形容人很圆滑，见什么人说什么话，善于逢迎，说话不可信。

771. **见人说小，见物说大**——小，指年龄小；大，指价钱大。

772. **箭头不快，怒折**（she）**箭腰也不顶事。**

773. **将从草地儿捉回来**——将：刚刚。草地儿：草原里。比喻人没有教养，言行十分粗野。

774. **将从奶头上拉下来**——将：刚刚。奶头：乳头。形容人年龄小，没有办事经验和能力。

775. **匠人外头转，精人不给干，队长叫人绕村转，每个工分儿二毛半。**

776. **茭子稠了不翻米，谷子稠了尽白皮。**

777. **胶多不粘，蜜多不甜。**

778. **脚踩坷垃口喊牛，眼盯籽眼手摇耧**——籽眼：耧内滴籽种的小口。（描述种地的技巧口诀）

779. **脚踩坷垃手摇耧，两个眼睛定稀稠。**

780. **脚踩两只船**——比喻和对立的双方都有约定或保持联系，看情势行动；三心二意。

781. **脚大怨孤拐，孤拐怨腿粗**——孤拐：踝骨。脚大穿不上鞋却埋怨踝骨影响着，比喻不从自身找原因却埋怨别人。

782. **脚对风，请郎中。**

783. **脚手不失闲儿**——形容人手脚总不闲着，十分忙乱。

784. **脚正不怕鞋歪，身正不怕影斜。**

785. **脚正不怕鞋歪，心正不怕雷抓**——雷抓：雷击。

786. **叫朝东不敢朝西**——形容人十分软弱，任人摆布；或因害怕而顺从、听话。叫：让。朝：介词，向。

787. **叫人家哄得卖了还替人家数钱了**——讥讽人糊涂，受了愚弄或被人出卖了还不知晓。叫：让；被。

788. **叫人卖了还替人家数钱了**——叫：被。

789. **叫天天不应，叫地地不灵**——形容有冤仇无处诉说，有困难无人帮助，走投无路。

790. **教的不会看的会**——好的东西教给也学不会，不好的东西一看就学会了。

791. **阶得圪柳种得歪，胡迷日鬼也上来**

——阶：耕。圪柳：歪。胡迷日鬼：随意乱来，胡闹。不认真耕种，禾苗照样长上来了。比喻虽然过程不认真，但结果是一样的。

792. **揭得锅盖早了**——比喻条件还不成熟就急于开始办某事。

793. **节令不饶人，种地赶时分**——节令不饶人：指人到一定年龄，该老则老，该衰则衰，这是自然规律，谁也逃不掉。这与每到秋冬季节，草木庄稼自然都得枯萎或自然死亡是一样的。

794. **结嗑子笑话咬（niao）舌子**——结嗑子：结巴的人。咬舌子：说话时感觉舌头大而长，吐字不清的人。比喻两人都有毛病，无须耻笑对方。

795. **蚧蛤蟆躲单五，躲过单五躲不过单六。**——单五：端午，五月初五。单六：五月初六。疥黑蟆：癞蛤蟆。旧俗人们在端午早晨抓癞蛤蟆做药。躲单五，比喻人逃避追究或债务。

796. **借给是人情，不借给是本分。**

797. **借米看谷窖**——借给你米的时候要看看你的谷窖里是否有谷子。比喻借给你钱的时候要考虑你的还款能力。

798. **借钱还债，窟窿还在。**

799. **借钱讲朋友，讨债结冤仇。**

800. **今儿不如夜儿，比明儿强**——今儿：今天。夜儿：昨天。明儿：明天。指境况一天不如一天好。

801. **今天撂（liào）了讨吃棍，明天就把穷人恨**——穷人境况改变后就忘了本，欺负穷人。

802. **今天青苗在地（或“亲哥热弟”），明天就不知道有谁没谁**——比喻人生无常、世事难料。

803. **金手银胳膊，能闹能踢搭**——既有挣钱的能力，又花钱挥霍。踢搭：挥霍钱财。

804. **金簪配玉簪，炉渣配撂炭**——撂炭：煤渣，煤核儿。

805. **金砖配玉瓦，土块儿配坷垃。**

806. **金砖配玉瓦，王八配蛤蟆。**

807. **紧赶紧，慢赶慢**——指时间抓得很紧，一点儿也没有拖延。

808. **紧火捞饭慢火粥，不紧不慢熬稀粥。**

809. **紧收拾忙打扮**——抓紧时间收拾打扮。比喻时间紧迫，快速匆忙地收拾整理。

810. **紧走不照牢拴绊**——紧走：快走。不照：不如。

811. **尽处尽，罢处罢**——最后的、关键的、没有退路、没有余地的时候。

812. **进门休问荣枯事，观看容颜便得知。**

813. **近处的菩萨远处灵，外来的和尚好念经。**

814. **精兵呀似的**——比喻人精明强干，体格健壮。

815. **精打细算，细水长流。**

816. **精的怕愣的，愣的怕不要命的。**

817. **精急伶俐使七分，留下三分给儿孙；精急伶俐都使尽，后辈儿孙不如人。**——精急伶俐：聪明伶俐。指聪明伶俐过了头也不好，要适可而止。

818. **精明一世，糊涂一时。**

819. **精说白道，炕上屙尿。**

820. **井水不犯河水。**

821. **井越掏，水越清；事越摆，理越明。**

822. **九九又一九，种麦上了手。**

823. 久病床前没孝子。

824. 久病床前显孝子。

825. **久赌无胜家。**

826. **久在河边站，哪能不湿鞋？**

827. **久住衙门，不愁挨个香赢板子**——香赢：便宜。

828. **久走冰桥，难免滑到。**

829. **久坐令人厌，常来亲也疏。**

830. **酒多伤身，气大伤人。**

831. **酒逢知己千杯少，话不投机半句恼**——恼：翻脸，恼怒。

832. **酒过三巡，菜过五味。**

833. **酒坏君子水坏路。**

834. **酒色财气四堵墙，十个撞上九个亡。**

835. **酒是高粱水，醉人先醉腿。**

836. **酒越喝越厚，钱越要越薄。**

837. **酒醉心里明，说话不由人。**

838. **旧的不去，新的不来。**

839. **就说就拉钩**——拉钩：反悔。就……就……：一边……一边……。指刚刚应许，接着就反悔了。

840. **就一个香赢叫王华瞅了**——就：仅，只。瞅香赢：侍机占便宜、得好处。叫：让。王华买老子，结果，买回去的竟是八贤王，便宜之大，空前绝后。

841. **君子爱财，取之有道；小人爱财，抓住就要。**

842. **君子得一步退一步，小人得一步进一步。**

843. **开店的不怕大肚汉。**

844. **开弓没有回头箭。**

845. **开了眼**——见识到从来没有见到过的美好事物。

846. **开门风，闭门雨**——指都会持续较长时间。

847. **开水不响，响水不开。**

848. **砍一斧子震百林**——比喻惩罚一个人来威慑其他人。

849. **看佛敬僧，看父敬子。**

850. **看景不如听景，见面不如闻名。**

851. **看了《水浒》爱打架，看了《三国》会害人。**

852. **看了男人衣，便知家中妻**——从前，男人们穿的衣服都是家中女人做的、洗的。男人穿的整洁、合身、亮丽，缝制精良，针线均称，便知男人家有贤妻；男人穿的松夸、破旧、肮脏，针线粗疏，就说明家中的媳妇懒、拙、邋遢。

853. **看人头儿下菜碟子**——根据人的身份地位的高低不同而采取不同的态度，给予不同的待遇。

854. **看天也不蓝了**——人遇到危险，由于情绪紧张，看什么也不是本色了。

855. **看戏不识戏，不如在家坐一气。**

856. **看自己一朵花，看别人豆腐渣。**

857. **炕上没有拉屎的，灵里没有烧纸的。**

858. **炕上有病人，地上有愁人。**

859. **炕头上拾小剪子**——比喻从别人的家里或地盘上拿东西却说是捡到的。拾：捡。

860. **炕小先跌倒，饭少先吃饱，打架往后褪，狗咬往前跑**——褪（tùn）：往后退。

861. **靠屁吹火，指猫念经**——比喻不能靠小孩或无能之人办事。

862. **靠人终是假，跌倒自己爬。**

863. **靠山吃山，靠水吃水。**

864. **靠小姨子养娃娃，多会儿也是叫姨夫了**——养娃娃：生孩子。比喻盲目依靠别人做事，含诙谐意。

865. **磕头赛如鸡儿鹐(qián)米**——鹐：鸡、鸟用嘴啄。鹐米：啄米。形容人磕头次数多，而且速度很快的样子，常用于苦苦央求的场合，含有形象色彩。

866. **瞌睡给了个枕头**——比喻客观条件正顺应了主观需求，迫切需要时恰好得到了满足。正中下怀，求之不得。

867. **可肚儿一根肠子**——可：满；全。肚儿：肚子里。本指肚里只有一根肠子，转喻人性格直爽，有啥说啥。

868. **可怜之人必有可恨之处。**

869. **可脑袋尽嘴，满嘴尽理**——可：满。形容人油嘴滑舌，善于狡辩。

870. **客走主人安。**

871. **空口说白话**——指人无凭无据说空话。

872. **空手套白狼**——徒手抓住白狼。多指无本买卖或空口骗人。

873. **哭，哭不得；笑，笑不得。**

874. **哭皇天也没泪了**——比喻事情到了无可挽回的境地，一点办法也没有了。

875. **苦难受，屎难吃。**

876. **苦亲家，害朋友。**

877. **亏是福，人人不；利是害，人人爱。**

878. **亏众不亏一。**

879. **捆绑的不是夫妻。**

880. **垃动跑不在耧前头**——垃动：播种后用来镇压地垄的一种石制农具。比喻事情有个先来后到，做事需有个先后次序，也比喻论资排辈。

881. **拉不下脸来**——不好意思或不愿意把关系搞僵了。

882. **拉弓的射箭的**——比喻众人怂恿、蛊惑或激将别人去做某事。

883. **拉弓凭膀子，钉鞋凭掌子，唱戏凭嗓子。**

884. **拉起笸箩斗动弹**——动弹：动。比喻采取某种行为会影响到其他方面。

885. **腊月的穷汉赛如马。**

886. **腊月的水也贵三分。**

887. **来得容易去得快**——指易得之外财，花的也快。

888. **来得早不如来得巧。**

889. **来也五八，不来也四十**——来不来都一样，或来不来都无所谓。

890. **赖地怕好汉，好地怕懒汉。**

891. **赖儿要死了，赖地要尔了**——尔：扔掉，丢弃。再不好的儿子也不要死了，再不好的地也不要扔掉不种了。

892. **揽事揽事，多有不是。**

893. **懒汉急在嘴上，好汉急在腿上。**

894. **懒驴上磨屎尿多**——讥讽人不能马上进入到正事。

895. **狼多肉少，成天饿吵。**

896. **狼见了抹奔子，鬼见了转村子**——抹奔子：快速奔跑。狼见了吓得飞奔而离，鬼见了吓得不敢进村，只在村外围转圈。比喻人相貌极其丑陋，含夸张谐谑意。

897. **狼借小猪子了**——比喻根本没有还的可能性，借只是个名，说得好听罢了。

898. **狼怕掏刀，狗怕弯腰。**

899. **狼碰开门，狗也进来了**——比喻强人欺负弱小，一些人也趁机跟着起哄；也比喻借着别人的势力欺负人。含责骂意。

900. **狼掏了肚子了**——比喻人非常饥饿，肚里像被狼掏空了似的。

901. **狼寻狼，鬼寻鬼，沙蓬寻了个八条腿。**

902. **狼走千里吃肉，狗走千里吃屎。**

903. **老不看《三国》，少不看《水浒》**——说的是年少时不要看《水浒传》，梁山好汉的那些打打杀杀，容易让人意气用事、惹是生非；到了老年，再看《三国演义》那些勾心斗角的描述，会让人心不安，不利于颐养天年。

904. **老不离家是贵人，少不离家是废人。**

905. **老得连豆腐也咬不动了**——形容人年龄太大。

906. **老虎不吃人，在山也有名。**

907. **老虎下山兔子欺，凤凰落架不如鸡**——老虎下山兔子欺：老虎在山为王，一旦离开山林，兔子也敢欺负它。比喻人一旦失去权势或倒运，任何人都敢欺负你。

908. **老虎下山一张皮**——老虎离开山林，就会被人打死。比喻人离开了自己的领地就会失去威势；一旦失去权势或倒运，就会面临厄运甚至生命危险。

909. **老虎也有丢盹的时候**——丢盹：打盹儿。

910. **老年丧子，半路地儿丢妻。**

911. **老牛烂车疙瘩绳**——疙瘩：绳结。疙瘩绳：磨断后又打结接在一起的绳子。比喻设备或思想陈旧、落后，效率低下。

912. **老牛力尽刀尖死，伺候君王不到头**——老牛力尽刀尖死：比喻人劳苦一生，最后不得善终。

913. **老牛尿官道**——官道：旧指交通大道。本指老牛拉着车在官道上边走边不停地撒尿。比喻文章冗长而平淡或说起话来没完没了，没有重点。含讥讽厌恶意。

914. **老婆打汉子，金银满罐子。**

915. **老婆是别人的好，娃娃是自个儿的亲**——自个儿：自己。

916. **老人活着要行孝，老人死了少胡闹**——意为提倡“厚养薄葬”。

917. **老实人干，奸头看，懒汉盼吃大锅饭**——奸头：奸猾、算计别人、久占香赢不吃亏、削尖了脑袋钻钱眼的人。

918. **老手旧胳膊，一个能顶两**——老手旧胳膊：比喻干活儿熟练有经验的人。

919. **老鼠攻墙，家贼难防。**

920. **老爷好见，舅舅难见**——比喻当家的主人好说话，管事的奴才却很难打交道。

921. **老油条**——油条炸好后放得久了就不脆不香难咀嚼，成为老油条。比喻社会阅历很深，处世经验多，又很油滑的人。

922. **老子偷瓜儿偷果，老子杀人儿放火。**

923. **老子英雄儿好汉，老子贩葱儿卖蒜。**

924. **姥**

925. **雷声大，雨点子小**——比喻做事声势很大，实际行动却很少。

926. **雷声雨，三后晌。**

927. **擂死猪**——本指给已经宰杀的猪吹气时狠狠地打死猪的各个部位，使气流传遍全身，便于煺毛。转指用拳头狠狠地打人。

928. **冷尿热瞌睡，吃得多了肯放屁。**

929. **冷粥冷饭好吃，冷言冷语难受。**

930. **愣汉群里没精人，强将手下无弱兵。**

931. **愣小子睡冷炕，全凭火力壮。**

932. **离伏十天晒死狗。**

933. **礼多人不怪，油多不坏菜。**

934. **礼下于人，必有所求**——礼：礼物；求：请求。送礼物给人，一定是对人有所求助。

935. **力是压大的，胆子是吓大的。**

936. **立冬不死牛，还有十天犟圪揉。**

937. **立冬不死牛，犟阶十垧地。**

938. **立了秋，挂锄勾。**

939. **立木顶千斤。**

940. **立夏不起尘，起尘活埋人**——起尘：大风刮起尘土。（内蒙天气谚语）

941. **戾(lì)把鸡儿下蛋**——戾把：外行。比喻外行做某事。

942. **连吃奶的劲儿也使上了**——形容人使出了全部力气。

943. **连大气儿也不敢出**——形容人过于胆小或害怕。

944. **连各人姓甚也不知道了**——各人：自己。

945. **连人家个脚后跟也拾不上**——拾不上：跟不上。比喻没法跟别人相比，差距很大。

946. **脸儿壮吃得胖，取心犯事吃不上**——脸儿壮：脸皮厚。取心犯事：事事在意，过分多心。

947. **脸黑愤愤儿**——形容人面色恼怒的样子。

948. **脸面值千金**——比喻人的脸面、情面很重要，应该珍重，应该自尊自重。

949. **良心背在直背上了**——直背：脊背。责骂人没有良心，忘恩负义。

950. **良心叫狗吃了**——比喻人忘恩负义，没有良心。

951. **凉头儿暖肚**——指头部凉快一点好，肚子却需要经常保暖。

952. **两个肩肩担的个嘴**——肩肩：肩膀。形容非常贫困，一无所有，或出门在外，什么也没带。也指只吃饭，什么活儿也不干。

953. **两好轧一好**——轧 ga，合。指双方都好，都能容让对方，才能在一起相处得好。

954. **两砍一磨腰**——磨腰：猫腰。形容人说话直爽而绝对，使人难以接受。

955. **两头不见阳婆**——指起早贪黑，早出晚归。

956. **两碗一大碟子**——事情弄糟，局面不可收拾的样子。

957. **两眼一抹黑**——比喻新到一个地方，不了解情况或不认识人。

958. **两眼一睁，忙到熄灯**——形容人十分忙碌。

959. **临黑早歇店，鸡叫早看天。**

960. **临阵磨枪，不快也亮。**

961. **伶俐人一拨三转，糊涂人棒打不回。**

962. **溜沟子溜在胯沿骨上了**——溜沟子：巴结有权有势的人。比喻巴结有权有势的人因为方法不妥而起了反作用或使对方反感。

963. **溜沟子走遍天下，直脖头寸步难行**——直脖头：性情耿直的人。把两类性质截然相反的人进行对比，反映了一种社会现象。

964. **溜人为己，己为各人**——溜：行贿；讨好。各人：自己。

965. **溜舔有钱的，欺负没钱的，死见不得要钱的。**

966. **溜有的，敬富的，死见不得穷人**——见不得：讨厌；容不得。巴结有钱有势的人，一点也容不得穷人。

967. **流烟炉子塌底锅，炕上坐的个病老婆**——塌：漏，即物体穿孔。

968. **流烟灶火漏水锅，炕上躺的个病老婆，戚（qia）人来了揭不开锅。**

969. **六六八八的席也坐过，三顿两顿也饿过**——六六八八：形容餐桌上饭菜丰盛。比喻人什么事情都经历过。

970. **六七月龙口夺食，八九月风口夺食。**

971. **六十不交钱，七十不交言**——旧指人到六十多岁时，人们就不会再与你共银钱事；人到七十多岁时，人们就不愿意与你交谈。

972. **六十三，不死鬼来搀。**

973. **六月六看谷秀。**

974. **龙生龙，凤生凤，老鼠生儿会打洞。**

975. **龙生一子定乾坤，猪生一窝拱墙根。**

976. **聋子好打岔，结嗑子爱说话**——结嗑子：说话结巴的人。

977. **聋子接的好下音儿**——聋子因为听不清别人的话，只能附和着别人的话音说话，却又总是说不准。

978. **卤水点豆腐，一物降一物**——指某些人或事物能降伏另外的人或事物。

979. **萝背快了不洗泥**——萝背：萝卜。

980. **驴粪蛋儿面面光**——驴粪呈球状，表面很光滑，里面很肮脏。比喻表面上看起来富裕，实际很贫穷；做表面文章糊弄人。

981. **驴骑后，马骑前，骡子骑在腰中间。**

982. **麻绳草绳能割断，肉绳割不断**——比喻亲情难舍。

983. **麻绳绳从细处断**——比喻薄弱环节容易出问题。

984. **马不吃夜草不肥，人不得外财不发。**

985. **马踩车**——马、车（ju）：象棋棋子。比喻遇到紧急的事情。

986. **马粪也有一发**——比喻人总有走运的时候。

987. **马好不在鞍架，人好不在衣裳。**

988. **马老牙黄，驴老牙长。**

989. **马上好维人**——维人，结交人。

990. **马瘦毛长沟子深，穷人说话没人听。**

991. **马王爷不管驴的事。**

992. **马有膘鬼大，人有钱走爹（zhà）。**

993. **蚂蚁搬家蛇过道，旱哈蟆叫咟（huo）比神仙妙**——非下雨不可。叫咟：叫唤。

994. **骂人没好口，打人没好手。**

995. **买房要看梁，娶媳妇儿要看娘。**

996. **买卖不成仁义在，这次不买下次来**——虽然买卖没有谈成，但双方的情义不能因此而破裂。

997. **买卖好做，伙计难朋**——朋：合伙；寻找合伙人。

998. **买卖人种不了地，凉胡子领不得戏**——凉胡子：外行；生手。领戏：领导剧团。

999. **买卖小了没规矩。**

1000. **买卖也没**——比喻一点希望或可能也没有。

1001. **买起马备不起鞍子**——买主要的东西已经竭尽所能，再无力搞相应的配套的东西。比喻后续不济。

1002. **麦黄豆黄，绣女下床。**

1003. **麦收花红蛋，不收是乜汉**——乜汉：反应迟钝，死板教条的人。（乜 nié：痴呆貌）

1004. **麦种深，谷种浅，糜子只盖半边脸。**

1005. **麦子不受中伏的气。**

1006. **卖白涂子的见不得卖粉土子的**——白涂子、粉土子都是刷墙的涂料。

比喻人总是嫉妒或不喜欢比自己强的人；也指同行相互嫉妒。

1007. **卖不了的干草，就那儿戳的哇**——干草：谷子的秸秆。戳（cua）：立，站。

1008. **卖甚的吆咟甚**——吆咟 huo：吆喝。甚：什么。

1009. **卖鞋（hai）老婆湿脚跑**——湿脚：赤脚。

1010. **瞒得了天，瞒得了地，瞒不住隔壁和邻居。**

1011. **满堂儿女，不如半路夫妻。**

1012. **满嘴牙打在肚号儿了。**

1013. **慢工出细货儿**——缓慢的操作会产生出精巧的产品来。引申指做事不急于求成会产生良好的效果。

1014. **猫大捉鼠，汉大作主。**

1015. **猫儿不急不上树，兔儿不急不咬人。**

1016. **猫儿不在，耗子反了**——比喻主要人或主管不在，一般人就狂放起来了，含幽默的色彩。

1017. **猫儿狗七个命**——指猫和狗生命力都很顽强。

1018. **猫儿嚼烂搌（zhǎn）布**——搌布：灶台上的抹布。比喻人说话翻来覆去，没完没了，使人讨厌。

1019. **猫儿老不逼鼠，马老能识途。**

1020. **猫儿念经**——本指猫儿打鼾，比喻人诵读或说话声音低，使人听不清，含讥讽意。

1021. **猫养的猫亲，狗养的狗亲**——比喻孩子总是谁家养的谁家亲。养：生育。

1022. **毛驴生的怪，骑上倒比拉上快。**

1023. **毛毛雨湿透衣衫，盅盅酒喝倒江山。**

1024. **没不是的老人**——不是：错误。

1025. **没吃过怀中奶，也吃过手中饭**——谓心怀感激之情，多指对继母（或继父）养育之恩的感激。

1026. **没吃过猪肉，也见过小猪子跑**——比喻虽然没有亲自干过某事，却也亲眼见过并且有所了解。

1027. **没吃三天素，就想上西天**——素：指当和尚吃素饭。比喻人好高骛远，急于求成；也讥讽人本来能力很低，却想干力所不能及的事情。

1028. **没穿过个新鞋（hai），没发过个愣财。**

1029. **没儿孙的夸干净，无爷娘的夸孝敬。**

1030. **没个三下两下，不敢到戏场儿打架**——下：方言音说成 ha，量词，表示本领、技能。戏场儿：看戏的露天场地，借指人多的地方。比喻如果没有一定的本事或把握，就不去做某事。含幽默意味。

1031. **没经验也有品验**——品验：体验。指对某种事情虽然缺少经验，却也亲身体验或尝试过。

1032. **没窟窟想下蛆**——比喻人想方设法谋取私利。窟窟：小孔。

1033. **没你少一个，有你少俩。**

1034. **没娘的孩儿天照应**——照应：照顾，护佑。

1035. **没人尿的个烂夜壶**——比喻不识抬举，没人理睬的人。

1036. **没甚也嫑没了钱，有甚也嫑有了病。**

1037. **没事不惹事，有事不怕事。**

1038. **没事没事的**——假装什么事也没干过或什么事也没有发生的样子；好像无事人一样。

1039. **没眼的狼瞎嚎**——比喻人没有根据而随意瞎说，含讥骂意。

1040. **没有不吃荤的猫儿。**

1041. **没有过不去的河。**

1042. **没有过不去的火焰山。**

1043. **没有家贼，引不进外鬼。**

1044. **没有金钢钻儿，甭揽瓷器活儿。**

1045. **没周弓**——没问题；人老实可靠，用之不会出错。

1046. **没嘴的葫芦**——指代不善言辞的人。

1047. **没做的，寻做的，铁匠炉上烧窟日**——寻：读 xīng, 找。窟日：窟窿。比喻闲着没事，自找倒霉。

1048. **没做官，说千般；做了官，也一般。**

1049. **眉不秃，眼不瞎**——秃：眉毛稀短。指人没有生理缺陷，身体没有残疾。

1050. **眉毛胡子一把抓**——比喻做事不分大小，不分主次一起进行。

1051. **眉毛生得早，没有胡子长。**

1052. **美中不足是常态，万事如意天下无。**

1053. **门前车马非为贵，家有书生不算贫。**

1054. **门神老了不捉鬼**——比喻人老无用。

1055. **梦是心中想。**

1056. **迷糊蛋**——迷糊：瞌睡。指常打瞌睡的人，也指头脑糊涂的人。

1057. **糜锄点点谷锄针，高粱锄的两耳一管心。**

1058. **糜锄双耳谷锄针，庄户长得黑洞洞。**

1059. **米面夫妻，酒肉朋友。**

1060. **苗好一半谷，妻好一半福。**

1061. **妙药难治冤孽病，好话难劝糊涂虫。**

1062. **民错了，官打了；官错了，打民了。**

1063. **明白人点头即知，傻瓜蛋棒打不晓。**

1064. **明人不做暗事，真人不说假话。**

1065. **明知不是伴，事急且相随。**

1066. **磨道儿还愁寻(xing)个驴脚踪(zen)了**——磨道儿：磨盘周围人、畜拉磨走的道。脚踪：脚印。在磨道找个驴脚印，那是很容易的事情。比喻只要想找毛病或把柄，那是很容易的事。

1067. **磨道寻（xing）驴脚踪(zen)**——磨道儿：磨盘周围人、畜拉磨走的道。脚踪：脚印。在磨道寻找驴的脚印。比喻寻找极易发现的问题、毛病等寻衅闹事。

1068. **磨盘虽大由驴转，秤砣虽小压千斤。**

1069. **磨下的不亮，装下的不像，满天星宿顶不住半个月亮**——装：假装，装扮。星宿（xiu）：星星。

1070. **抹串串钱**——指花钱如流水，不停地往出花钱。

1071. **抹钱串子**——比喻人坐吃老本。钱串子：串钱的绳子。

1072. **谋得心狠，折了老本**——想挣得更多，结果反倒赔了本钱。

1073. **母猪子引儿，在的算数儿**——母猪产下小猪，待满月后逐渐被人买走，身边留下几个算几个。比喻在眼前的算数儿，已离开的不计。

1074. **母壮儿肥**——指只有母体的健壮，才有子体的结实。

1075. **母子下母子，三年下五个**——母子：这里指母羊。

1076. **拿不要脸当有本事。**

1077. **拿得起，放得下。**

1078. **拿糕不熟再搅，买卖不成再搞**——搞：相互谈判，商定规则或讨价还价。

1079. **拿糕省，窟垒费，吃一顿烙饼子卖一疙瘩地**——一疙瘩：一块儿。

1080. **拿轻扛重没力，零来碎圪不做，一吃好的没禄。**

1081. **拿人的手短，吃人的嘴软**——比喻接受了别人的好处，就得给人家留情面。

1082. **拿人钱财，替人消灾。**

1083. **拿上鸡蛋碰碌碡**(lìuzhou)——比喻人不自量力，自讨苦吃或自取灭亡。

1084. **拿上银碗讨饭吃**——比喻自己有好的条件不利用，反而去乞求别人。

1085. **哪的黄土不埋人?**

1086. **哪个墓子儿都有屈死鬼**——墓子儿：墓子里。

1087. **哪壶不开提哪壶**——比喻哪一句不该说就说哪一句；故意揭对方的短处或说起地方避讳的事。

1088. **哪说哪落**——在哪说话就在哪落音。指对所说的话要保密，谁也不得传播或走漏风声。

1089. **哪阵风把你给吹来了?**

1090. **奶奶看见孙子亲，孙子不如儿孝顺。**

1091. **男不和女斗，鸡不和狗斗。**

1092. **男怕穿靴，女怕带帽**——穿靴，指脚肿；带帽，指眉头浮肿。男人的脚如果肿了，女人的眉头如果肿了，说明其肾脏或其他脏器出了大问题。

1093. **男人是个耙耙，女人是个匣匣，不怕耙耙没齿子，就怕匣匣没底子。**

1094. **男人是搂钱的耙耙，女人是捆钱的腰子。**

1095. **男人四十一朵花，女人四十老人家。**

1096. **男人四十一枝花，女人四十豆腐渣。**

1097. **男人无刚，不如粗糠。**

1098. **男人忧愁唱曲子，女人忧愁哭鼻子。**

1099. **男要俏，一身皂；女要俏，三分孝**——男儿俊美要穿一身全黑的服装，女孩子娇俏要穿素白色的衣裳。

1100. **难家不会，会家不难**——会家：行家或精通某种技艺的人。

1101. **脑袋别在裤腰带上了。**

1102. **脑袋水斗子呀似的**——比喻满头大汗。

1103. **脑子号儿掖铜的了**——脑子有问题（类似脑子进水了）。犯傻，不机敏，一根筋，呆头愣脑，砍七楞八，说话做事欠考虑。（号儿：里面。掖：塞）

1104. **内行看门道，外行看热闹。**

1105. **能把死人说活**——对花言巧语者的憎恶之辞。

1106. **能吃不能受，长得个胶皮肚**——受：劳动；干活儿。讽刺人饭量大，却力气小，不能多干活儿。

1107. **能耕巧种，不如愣小子上粪。**

1108. **能人背后有能人。**

1109. **能推不得一揽**——指做事过程中，能推卸的就不承揽。

1110. **你打死卖咸盐的了**(lan)？——指菜咸了。

1111. **你好我好，大家都好**——形容没有是非观念，一团和气。

1112. **你会两头拧，我会垄子儿歇**——两头拧：强迫人早出工，晚收工。垄子儿歇：地垄里歇，指中途怠工。

1113. **你见过天见过地，见过黑蟆放过屁，见过虱子耕过地?**——黑蟆：蛤蟆。采用反问语气，比喻某人没见过大世面，含讥讽、幽默意。

1114. **你敬人一尺，人敬你一丈。**

1115. **你看钱重，人看你轻。**

1116. **你丘东我趔西**——丘：歪；倾斜。趔：向一边倾斜。形容做事互不协调。

1117. **你说东，我道西**——形容各说各的，意见不统一。也指故意发表与别人相反的意见，使别人生气。

1118. **你要是和谁有仇，你就打帮他盖房哇**——说明过去农村盖房是一件又劳心又费力特别折磨人的事。打帮：劝说；有目的地劝人做某事。

1119. **你有初一，我有十五**——比喻对方以什么态度待我，我也以什么态度待对方。

1120. **你有来言，我有去语；你有唢呐，我有咪咪**——你有来言，我有去语：你提什么问题，我就能应答什么话，指善于应对。咪咪（mì）：用树枝皮、麦秸或薄铁皮等自制的哨子。

1121. **你有你的关门计，我有我的跳墙法。**

1122. **你有千般计，我有老主意。**

1123. **你走你的阳关道，我走我的独木桥**——比喻各走各的路，互不相干。

1124. **年好过月好过，日子难过。**

1125. **年年防旱，夜夜防贼。**

1126. **年怕中秋，月怕十五。**

1127. **年怕中秋月怕半，一日怕的午时饭。**

1128. **年轻人劈柴胡抡了，老汉劈柴寻纹了**——寻：找。

1129. **年轻时想给人当爷爷，年老了想给人当孙子。**

1130. **念下书，学下艺，不怕贼偷耗子盗，给了别人自己也不少。**

1131. **娘家的家住不老，亲戚的饭吃不饱。**

1132. **娘夸闺女不算夸，婆夸媳妇才是花。**

1133. **娘生子女不嫌多，子女养娘嫌啰嗦。**

1134. **娘有爹有，不如己有；哥有嫂有，等于没有。**

1135. **尿不在一个夜壶里头**——比喻意见不同或性格合不来。

1136. **尿上一泡尿照一照自己**——比喻要认得自己，正确认识自己的能力或身份，含讥讽意。

1137. **乜汉挑大瓜**——乜（nie）汉：傻男人。乜：痴呆貌。比喻人买东西只知道挑大的，不懂其实质。

1138. **乜老婆等汉子**——乜（nie）：痴呆貌。汉子：丈夫。傻妻一直呆在某处等丈夫。比喻某人已经不来，还要一直死等。含讥讽意。

1139. **宁拆十座庙，不破一门亲。**

1140. **宁吃老实亏，不取欺人利。**

1141. **宁吃鲜桃一口，不吃烂杏儿一堆。**

1142. **宁得罪十个君子，不惹一个小人。**

1143. **宁给好汉拉马，不给懒汉作爷。**

1144. **宁给好汉拉马拽镫，不给倯囊子出力掌政**——倯囊子：无能，怯懦的人。（《广韵》倯：倯恭，怯貌）

1145. **宁给君子看门，不给小人当家。**

1146. **宁给君子提鞋**（hai），**不和小人同财。**

1147. **宁给一斗，不养一口**——宁可一次给别人一斗粮，不可多养一口人。

1148. **宁和灵人打一架，不和糊涂蛋说一句话。**

1149. **宁叫锅里剩，不要吃下病。**

1150. **宁叫碰了，嫑**（biao）**叫误了。**

1151. **宁叫气破肚，嫑**（biao）**叫哭瞎眼**——宁叫不孝之子气破肚皮，也不因为丧子而哭瞎眼睛。

1152. **宁叫心受苦，不叫脸受热。**

1153. **宁叫眼号儿流脓，嫑**（biao）**叫嘴里受穷**——号儿：里。

1154. **宁叫一百一，不叫九十九。**

1155. **宁叫嘴受穷，不叫病缠身。**

1156. **宁教身受苦，不叫脸受制**——受制：受辱。

1157. **宁可饿死爷娘，不可吃断籽赏**——籽赏：种子。

1158. **宁领千军，不管一社。**

1159. **宁灭远亲，不灭近邻。**

1160. **宁娶大家奴，不娶小家女。**

1161. **宁娶个抬柴割草的，不找个药罐子不倒的。**

1162. **宁娶个有福的，不娶个肯做的。**

1163. **宁润天，不润地**——润：比喻得到利益或好处。宁肯润泽天，也不肯润泽地；比喻宁肯让外人得到好处或坏掉、浪费掉，也不肯让自己人得到好处。

1164. **宁伸扶人手，莫开害人口。**

1165. **宁输十亩地，不输一口气。**

1166. **宁死坐官的老子，不死叫街的娘**——叫街：在街头呼喊求乞。

1167. **宁折（shé）不圪柳**——折 she：折断。圪柳：弯曲。本指物体非常坚硬，受力后，只会折断，不会弯曲；转喻人很有骨气，宁折不弯。

1168. **宁走十里远，不走一步险。**

1169. **宁做鸡头，不做凤尾**——宁做小者之首，不做大者之后。比喻宁在局面小的地方自主，不愿在局面大的地方听人支配。

1170. **牛逼不是个吹的，火车不是个推的。**

1171. **牛不喝水强按头。**

1172. **牛吃了赶车的了**——赶车的：赶车的人。比喻客人欺压主人或地位低的人欺压地位高的人。

1173. **牛驾辕马拉套，女人当家闹不好。**

1174. **牛交三年角对角，人交三年刀对刀。**

1175. **牛老怕惊蛰，人老怕大寒**——牛老了怕干重活儿（惊蛰一过，便是耕地种田之时），人老了怕天冷（大寒一到，天气渐冷）。

1176. **牛头不烂，多费点儿柴炭。**

1177. **牛眼看人高，狗眼看人低。**

1178. **女怕嫁错郎，男怕投错行。**

1179. **女人难活漾大气，男人难活唱大戏**——漾大气：放声大哭。

1180. **女人坐月子，男人拔麦子。**

1181. **女婿子花了外父的钱，毛驴吃了过道的田**——外父：岳父。

1182. **爬坡上山老骡子，知心合意老婆子。**

1183. **怕处有鬼，痒处有虱**——怕处有鬼：越是害怕的地方越是有鬼出现。比喻越是担心的事情越会发生。

1184. **怕事、躲事、不生事，安然无事。**

1185. **跑了和尚跑不了寺**——比喻只要抓住了责任人的赖以生存的依据，就不怕责任人逃避责任。

1186. **赔钱赚吆喕，就图了个急活**——吆喕（huō）：吆喝，这里指叫卖。急活：盘算周到，处事灵活，这里含讥讽意。

1187. **朋友好不到头，亲戚恼不到头**

1188. **劈柴劈小头，问路问老头。**

1189. **皮裤套棉裤，必定有缘故：不是皮裤没毛，就是棉裤悉薄**——悉：越发。

1190. **皮皮不叫熰（ou）了，瓤瓤不叫生了**——叫：让。熰：焦，糊。比喻做事考虑周全，各方面都能兼顾到，哪一方面也不得罪。

1191. **皮子不亲肉不亲**——比喻因为没有血缘关系而不亲密。

1192. **脾气不好性体赖，头上不叫磕烟袋**——性体：性情。不叫：不让。指人性情不好，容易发怒。

1193. **屁股大把心屙了**——旧时人们误以为人是靠心脏来思考和记忆的，把心脏便下去就失去了记忆力。讥讽人记忆力非常不好；斥责人不长记性。

1194. **屁是屎的头儿，风是雨的头儿**——强调了凡事都有预兆。

1195. **骗子手尽说的良心话**——骗子手：骗子。

1196. **平地儿起了个墓圪堆**——圪堆：高出地面的土丘。比喻无中生有的事情，多指造谣或诬蔑性的。

1197. **平时不烧香，急了巴到供桌上**——巴：爬。

1198. **婆婆嘴碎，媳妇儿耳顽。**

1199. **破鼓担了个响名声**——本来不好或一般而被传作好，指空有其名。

1200. **破罐子破摔**——自暴自弃。有缺点的人不向好的看齐，而朝更坏的方向发展。

1201. **破家值万贯。**

1202. **破了财，免了灾**——花费了钱财，就会免除了灾祸；虽然破费了钱财，却躲过了人生灾祸。

1203. **七勾连八勾四**——相互勾连，乱七八糟的样子。

1204. **七九子万有子**——泛指乱七八糟的人或狐朋狗友很多。

1205. **七十不留宿，八十不留饭。**

1206. **七十二行，大师傅难当。**

1207. **七十二行，赶驴的最忙。**

1208. **七十二行，庄户人难当。**

1209. **七十二行，庄稼为强。**

1210. **七岁八岁狗也嫌。**

1211. **七月儿不缺雨，五谷不打虚。**

1212. **欺人不欺帽，欺帽害天暴**——天暴：天暴疮，毒疮。

1213. **骑黄土骡子**——黄土骡子：指代土路及扬起的尘土。比喻在土路上步行，含戏谑的意味。

1214. **骑了个骆驼吆了个猪，可把那事情扎了个苦**——吆：赶，驱赶（牲畜）。扎：干，做。比喻把事情做绝了。

1215. **骑驴不管车道**——比喻不关心与己无关的事情。

1216. **骑上毛驴寻毛驴**——比喻东西本来就在自己手里，却要到处去找它。

1217. **千锤打锣，一锤定音。**

1218. **千家饭难吃**——比喻工匠干活儿之不易。

1219. **千军万马吃饱饭，饿死的都是光棍汉。**

1220. **千里做官，为了个吃穿。**

1221. **千两银子一句话**——比喻说话算数，一言为定。

1222. **千年草，难断根，几时不锄几时生。**

1223. **千年的水道流成河，三十年的媳妇儿熬成婆。**

1224. **千人千品，万人万象。**

1225. **千日胡胡百日笙，一辈子捉不住梅的音**——胡胡：胡琴。梅：笛子。

1226. **千事万事，吃饭是大事。**

1227. **千中有头，万中有尾。**

1228. **前半辈子有个好老子，后半辈子有个好小子。**

1229. **前不着村，后不着店**——着 zhao，说成 za。指行路困在中途。

1230. **前肠子后肚子**——比喻再婚妇女与前后两个丈夫所生的孩子。肚：胃。

1231. **前后晌看人**——前后晌：上午和下午。对同一个人，上午和下午的态度不同。形容人十分势利，对某人落魄的时候是一个态度，得势以后是另一种态度。

1232. **前婚老婆后婚汉，睡到半夜蹬了蛋**

——蛋：睾丸。蹬蛋：比喻因关系恶化而分离，多指夫妻。

1233. **前人栽树，后人歇凉。**

1234. **前三十年看父敬子，后三十年看子敬父。**

1235. **前三十年人寻病，后三十年病寻人。**

1236. **前三十年睡不醒，后三十年睡不着。**

1237. **前晌栽树，后晌就想歇凉**——比喻人做事急于求成。

1238. **钱够花，觉够睡**——形容人经济宽裕，悠闲自在，生活幸福。

1239. **钱通神路**——本指用钱可以买通神，转指有钱什么事情也可以办成。

1240. **钱也没挣下，人也没认下**——所做的事情既没有赚到钱，也没有与人搞好关系。

1241. **钱在手头，饭在口头**——比喻手头有钱，花起来方便，难以留存。

1242. **钳子夹住，斧子也捣不出来**——钳子把东西夹住，用斧子打也不会松开。比喻人非常吝啬，到手的钱或物绝不会轻易拿出来。

1243. **强龙压不倒地头蛇。**

1244. **墙倒众人推，鼓破乱人捶。**

1245. **墙倒众人推，马倒鞍子转**——比喻人倒霉的时候，别人就会趁势欺负你或远离你。

1246. **墙圪佬佬打狗，回过头来一口**——比喻穷寇莫追，不要把对方逼得没有退路。

1247. **墙里跌在墙外了**——墙与强同音，意为墙里墙外一个样，谁比谁也强不了多少。

1248. **墙里说话墙外听，两个人说话走了风。**

1249. **墙上的草，随风倒。**

1250. **抢收急打场，收进仓里才算粮。**

1251. **荞麦皮号儿榨油**——号儿：里。形容人非常贪婪，一点小利都不肯放过，含讥骂意。

1252. **切了头的苍蝇**——比喻人没有方向，没有目标，四处乱跑。

1253. **且不明，盼不黑**——且不明：等不到天明。黑：天黑。形容时间过得漫长；时间难熬。

1254. **亲（qīn）家远离想，夹壁子高打墙**——亲家：亲戚。夹壁子：隔壁，左邻右舍。

1255. **亲（qìng）家对亲（qìng）家，一笑两呲牙。**

1256. **亲不过的姑舅，香不过的猪肉。**

1257. **亲家远离想，弟兄高打墙。**

1258. **亲妈抱的个亲娃娃**——本指母亲抱着自己亲生的孩子。比喻自己的事情自己会负责，用不着别人操心。

1259. **亲娘后老子，一辈子吃好的。**

1260. **亲戚不共财，共财断往来。**

1261. **亲戚朋友顿唤顿，夹壁两邻碗换碗**——夹壁：隔壁。

1262. **亲戚若要好，银钱少打搅。**

1263. **亲孙子，正根子。**

1264. **亲套亲，亲摞亲**——本来就有亲戚关系的人又结婚。

1265. **亲兄弟，明算账。**

1266. **勤借勤还，再借不难。**

1267. **勤是搂钱的耙子，俭是攒钱的匣子。**

1268. **清官难断家务事，衙门难见公证人。**

1269. **清明不在家，入伏不在地。**（蒜）

1270. **清汤灌大肚**——指人饿急了以后，没有其他食物，只能喝很稀的汤饭充饥。

1271. **请人不安人，等于欺负人**——请人：

请客人吃饭。安人：提前邀请、约定让人来家吃饭。

1272. **请神容易送神难。**

1273. **穷不与富斗，富不与势斗。**

1274. **穷干净，富邋遢。**

1275. **穷根扎不下**——比喻贫穷不会遗传，只要人勤快，肯奋斗，贫穷的面貌是完全可以改变的。

1276. **穷工人，饿市民，肥油圪蛋庄户人。**（困难时期民谣）

1277. **穷汉肯说来年话**——穷人总把希望寄托在未来。

1278. **穷汉盼来年，盼了一年又一年**——把希望寄予将来而不作实际的努力与奋斗，永远活在空想中。

1279. **穷家难舍，故土难离。**

1280. **穷乐活，富忧愁。**

1281. **穷怕客来，富怕贼来。**

1282. **穷人家洗头洗脚，富汉家打针吃药。**

1283. **穷人盼个来年富，年年穿的烂裆裤。**

1284. **穷人有个穷心了。**

1285. **穷舍命，富抽筋**——指虽然贫穷，招待人却毫不吝啬，富有的人花钱，却是很不痛快。

1286. **穷习讥，饿习吵**——因为贫穷饥饿而相互争吵闹意见。

1287. **穷嫌富不爱**——穷人嫌弃，富人不要。形容某物没有适用价值，没有用处，谁也不喜欢。

1288. **秋风儿凉，想亲娘**——秋天天凉了，需要加衣，自然想起了自己的亲娘。

1289. **秋圪嘟子日哄老公鸡**——秋圪嘟子：秋天才孵化出来的小鸡。日哄：哄骗。

1290. **秋天弯弯腰，强似冬天转一遭。**

1291. **秋雨淋淋不湿衣。**

1292. **求人躬腰，施舍挺肚。**

1293. **求爷爷告奶奶**——比喻央求人，希望得到帮助。

1294. **球也不蛋，就指老婆吃饭，老婆一死，比个甚也黑紫。**

1295. **娶了媳妇是美事，养下娃娃是喜事，要吃要喝是难事。**

1296. **娶媳妇儿搭婆**——搭：随，像。

1297. **去了咳嗽添上喘**——治好了一种病又患上另一种病。比喻解决了一件麻烦事，紧接着又来了一件麻烦事，含幽默意味。

1298. **劝赌不劝嫖，劝嫖两无交。**

1299. **劝架不能劝一边，看人不能看一面。**

1300. **缺胳膊少腿**——比喻物品部件残缺不全。

1301. **让人三尺，自高一丈。**

1302. **让人是个礼，锅里头没下上米**——让人：口头上留人吃饭。本指口头上留人吃饭，食物上不做准备；比喻待人虚伪，没有诚意。

1303. **惹不起还躲不起？**

1304. **热饭烧不住嘴**——讥讽在吃饭的时候不停地说话。

1305. **热脸贴了个冷屁股**——比喻自己满怀热情，却换得对方冷漠的态度。

1306. **人爱富的，狗咬穷的。**

1307. **人搬人，滚动天地。**

1308. **人比人比死人，毛驴比马骑不成**——比喻人不能与不同级别、不同类型的人攀比，与人攀比，必然自卑。

1309. **人比人得死，货比货得扔。**

1310. **人比人气死了，鸡儿比鸭子淹死了。**

1311. **人不得全，月不得圆。**

1312. **人不可相貌，海水不可瓢舀。**

1313. **人不利己，谁还早起？**

1314. **人不能十全，瓜不能滚圆。**
1315. **人不求人一般大。**
1316. **人不死，账不烂。**
1317. **人不要脸，百事可为。**
1318. **人吃土一世，土吃人一回。**
1319. **人串门子惹是非，狗串门子挨棒槌。**
1320. **人大憨，狗大愣。**
1321. **人到四十五，正是出山虎。**
1322. **人得喜气精神爽，家到穷时忧愁多。**
1323. **人的肚子，杂货铺子。**
1324. **人的名头，树的荫凉。**
1325. **人的命，天注定，胡思乱想不顶用。**
1326. **人地两生**——对新环境和人都不熟悉。
1327. **人对缘法，地对茬巴**——指男女择偶婚配，双方是不是对缘法很重要。就像种庄稼要讲究对茬，只有两人相识相知，才能长此以往地走下去。
1328. **人多乱，龙多旱，母鸡多了不下蛋，媳妇多了不做饭。**
1329. **人多没好饭，猪多没好泔**——泔：猪食。
1330. **人多没好饭，猪多没好食。**
1331. **人多势众，理直话硬。**
1332. **人多习靠龙多旱，媳妇儿多了不做饭**——习靠：互相依靠。
1333. **人多习靠龙多旱，妯娌多了不做饭。**
1334. **人逢喜事精神爽，饭到饿时分外香。**
1335. **人逢喜事精神爽，闷上心头瞌睡多。**
1336. **人各有心，物各有主。**
1337. **人跟种种，麦跟垄垄**——人的一些行为习惯跟遗传因素有关。
1338. **人跟种子，地跟垄子**——垄子：地垄。
1339. **人过留名，雁过留声。**
1340. **人过四十天过午。**
1341. **人过五十五，半截子入了土**——过去人们生活困苦，缺乏营养，加之没有医疗条件，挣扎到花甲，已算高龄，故言。
1342. **人过五十五，庄户到了暑**——庄户：庄稼。指人到五十五岁以后就没多大出息了。
1343. **人好不如命好，人算不如天算。**
1344. **人和人是共心，萝背白菜是论斤。**
1345. **人黄有病，天黄有风。**
1346. **人灰了闯乱子，天灰了下蛋子；老婆灰了嫁汉子，孩子灰了打伴子**——蛋子：冰雹。打伴子：当小羊倌儿或小牛倌儿。
1347. **人活脸面树活皮，墙头活的一把圪渣泥**——圪渣泥：大苒泥，即拌了麦滑子（麦秸）和成的泥，耐雨淋。比喻人要有自尊，要维护自己的脸面。
1348. **人活年轻，货卖时兴。**
1349. **人活一百岁，阎王爷也不拿轿请。**
1350. **人家安，自家安，让人一步自然宽。**
1351. **人家滚油浇心了，你才是东吴招亲了**——比喻人做事不合时宜，招来别人怨恨或不满。（滚油：煮沸的油。东吴招亲：《三国演义》第五十四回描写，孙权和刘备在赤壁之战中战胜曹操后，刘备借东吴荆州暂住。周瑜设计让刘备东吴招亲欲扣为人质以索荆州。未料吴国太颇赏刘备英姿，遂将孙权妹嫁给刘备，促成喜事）
1352. **人家骑马我骑驴，比上不足下有余；步行的人儿回头看，后头来了个推车汉。**
1353. **人家是春秋四季，你是死求一计**—

——春秋四季：双关语，本指春夏秋冬四个季节，借指人灵活通达。死求一计：比喻死板教条。指人死板教条，不知变通，含讥讽意。

1354. **人家送粪了，你是海混呢；人家混种了，你才送粪呢**——海混：稀里糊涂地，尽情地混日子。

1355. **人家偷牛，你拔穈橛**——穈（mì）橛：钉在地上的拴牲畜的小木桩。本指别人偷了牛，自己却拔了拴牛的木桩，被认为是偷牛者。比喻别人干了坏事，自己背上了罪名。

1356. **人家坐轿咱骑驴，心上好比刀子孷（lí）；回头再看推车挑担的，比上不足下有余**——孷（lí）：用刀慢慢地划。

1357. **人见愁，鬼见怕**——比喻蛮不讲理，难以招惹的人；也比喻相貌奇丑的人。

1358. **人看人，敬衣衫，瘦狗敬的是拉屎汉。**

1359. **人靠饭养，地靠粪长。**

1360. **人靠人帮，花靠叶扶。**

1361. **人靠衣裳马靠鞍。**

1362. **人老败了，墙老踹了，牲口老卖了**——踹：物体滑落，倒塌下来。

1363. **人老成精。**

1364. **人老骨头硬，越受越有劲。**

1365. **人老疾病多，树老虫害多。**

1366. **人老了，腰蜷头低；树老了，皮厚叶稀。**

1367. **人老了丑，树老了朽。**

1368. **人老了没坐处，皮袄烂了没放处。**

1369. **人老三般不贵气，贪财怕死不瞌睡。**

1370. **人老惜子，猫儿老吃子。**

1371. **人老先老腿，树老先老根。**

1372. **人老先老腿，树老叶子稀。**

1373. **人冷腿，狗冷嘴。**

1374. **人留后世草留根。**

1375. **人留名，草留根。**

1376. **人没钱就灰了，灯没油就黑了。**

1377. **人没尾巴比毛驴难认。**

1378. **人命事出自奸情。**

1379. **人挪活，树挪死。**

1380. **人怕不要脸，驴怕卧磨道。**

1381. **人怕常搬家，牛怕三倒槽。**

1382. **人怕出名猪怕壮。**

1383. **人怕老来穷，谷怕秋后虫。**

1384. **人怕没理，狗怕夹尾。**

1385. **人怕没脸，树怕没皮。**

1386. **人怕起外号，地怕走斜道**——外号：绰号。

1387. **人怕三不理。**

1388. **人怕伤心，树怕剥皮。**

1389. **人怕伤心，树怕挖根。**

1390. **人凭人帮，菜凭油香。**

1391. **人前不数钱，人后不传言。**

1392. **人前教子，背后夸妻。**

1393. **人前教子，背后劝妻**

1394. **人前一面，人后一面；白天是人，黑夜是鬼**——形容人两面三刀，阴险狡诈。

1395. **人亲财不亲，钱财各自分**——亲归亲，但钱物要分清。

1396. **人勤地不懒，大囤子圪堆小囤子满**——圪堆：堆放。

1397. **人勤地不懒，地听人使唤。**

1398. **人勤地生宝，人懒地长草。**

1399. **人勤肚饱，人懒饿倒。**

1400. **人情顶如债，拔上锅也得卖**——顶如：好像。

1401. **人情是把锯，你有来，我有去。**

1402. **人情一匹马，买卖争分毫**——讲人情时，即使最昂贵的东西，也不讲价；但做买卖时，就要争分毫之利。

1403. **人穷不如鬼，酒淡不如水。**

1404. **人穷精神短，马瘦脊梁高。**

1405. **人穷理短，财大气粗。**

1406. **人穷莫夸祖先富，好汉何怕出身低。**

1407. **人穷朋友少，衣烂虱子多。**

1408. **人穷心多，马瘦筋多。**

1409. **人人都有帝王相，人稠地窄轮不上。**

1410. **人日哄地皮，地皮日哄肚皮**——日哄：哄骗，糊弄。比喻不好好种地就会挨饿。

1411. **人善被人欺，马善被人骑。**

1412. **人上百口，贼鬼都有。**

1413. **人生地不熟**——指对新环境的情况不了解，不熟悉。

1414. **人生在世，“吃穿”二字。**

1415. **人是房楦子**——楦子：制作鞋帽所用的模型，多用木制。

1416. **人是个百样图**——指人的个性各不相同。

1417. **人是铁，饭是钢，一顿不吃饿得慌。**

1418. **人是衣架，马是鞍架**——指用衣物装饰的重要。

1419. **人死如灯灭。**

1420. **人抬人高，人灭人低**——是说相互支持、相互帮助，能够促进人的不断进步；相互拆台、相互诋毁则会使人处境艰难、颓废落魄。

1421. **人往高处走，水往低处流。**

1422. **人为财死，鸟为食亡。**

1423. **人无横财不富，马无夜草不肥。**

1424. **人无笑脸休开店，会打圆场自落台。**

1425. **人误地一时，地误人一年。**

1426. **人闲了吃烟，驴闲了啃碱。**

1427. **人闲心不闲**——人虽然很清闲，心里却总盘算着事情。

1428. **人小骨头大**——骨头，比喻辈分。比喻人的年龄虽小，辈分却大。

1429. **人小帽子低，说话没人理**——比喻人轻言微，说出话来没人听。

1430. **人心都是肉长的。**

1431. **人心高过天，当上皇帝想成仙。**

1432. **人心隔肚皮，里外不相通。**

1433. **人心换人心，八两换半斤**——旧秤为十六两制，八两等于半斤。此语意思即人和人交心，要平等相待。

1434. **人心没尽，紧地圪趁**——紧地：不断地。圪趁：得寸进尺，步步相逼。

1435. **人心难防，海水难量。**

1436. **人心疼下不疼上，娶了媳妇儿忘了娘。**

1437. **人性实，火性虚。**

1438. **人养地，地养人。**

1439. **人要对眼，货要对路。**

1440. **人要是见不得人，看见翳耀子也是黑的**——翳(yi)耀子：人或物体遮蔽光线而投下的暗影。（翳：遮蔽，障蔽）

1441. **人要长交，帐要短算。**

1442. **人引的不走，鬼拉得直跑**——好人相劝拒不接受，坏人引诱立即上钩。

1443. **人用钱试，金用火试。**

1444. **人有不如自有，怀揣不如袖褪**——（褪 tùn：把手或物品藏在袖子里）

1445. **人有几等几样，话有三说三解。**

1446. **人有脸面，地有边堰。**

1447. **人有上中下，货有三等价。**

1448. **人有十年旺，神鬼不敢傍。**

1449. **人在难中见知己。**

1450. **人在人情在**——指人在某处，某处的人就会给以情面。此语是对复杂的人际关系的一种无奈情绪的流露，也是对人情冷漠的一种感慨。

1451. **人在事中迷，就怕没人提。**

1452. **人争一口气，佛争一炉香。**

1453. **人走了断住了，话走了断不住**——话传出去就难以收回，即“话出口驷马难追”。

1454. **人走时气马走膘，倒霉人走的背佗佬。**

1455. **人走运气马走膘，穷汉走得尿旮旯。**

1456. **人嘴两张皮，咋说咋有理。**

1457. **忍忍让让吃些亏，亲戚朋友坐一堆。**

1458. **认钱不认人**——只根据利益的多少来办事，不考虑关系与情分。

1459. **日粗道大，不和他老子商量**——日粗：吹牛。道大：说大话。指人爱吹牛说大话。

1460. **日粗道大，偷跑步大**——日粗道大：爱吹牛，说大话。

1461. **日粗怕遇当乡人。**

1462. **日的粗，屙的细，圪漏起来把把味**——日粗：吹牛。圪漏：打嗝儿。把把：人粪便。比喻人嘴上爱自吹，实际上什么事也办不了，说出话来让人讨厌。含讥讽责骂意。

1463. **日有所思，夜有所梦。**

1464. **肉拜肉，带膖的了；瘦拜瘦，镶钢的了**——肉：身体胖。拜：虽然。膖 páng：浮肿。镶：把物体嵌入另一物体或加在另一物体的周边。

1465. **肉架子底下的狗**——肉架子：卖肉者挂肉的木制的架子。狗在肉架子底下想吃肉，往往挨打。比喻人找打或自找苦吃。

1466. **肉烂了在锅号儿了**——号儿：里。

1467. **撋出十个指头儿也不一般齐**——撋（rí）:伸。指头儿：手指。喻指人的能力有不同。

1468. **撋拳抹胳膊**——撋拳：伸手。形容人揎拳捋袖，准备打架的样子。

1469. **入伏不热，数九不冷。**

1470. **软处欺，硬处怕**——讽人欺软怕硬。

1471. **软过关口硬过渡口。**

1472. **软磨硬，不用圪甚。**

1473. **软怕硬，硬怕愣，愣的就怕不要命**——说人性的不同。

1474. **闰年闰月不种瓜，腾出地来种胡麻。**

1475. **若要不怕人，不做怕人事。**

1476. **若要公道，打过颠倒**——若要做到公平公正，那就得遇事来回想，换位理解。

1477. **若要小儿安，多受饥和寒。**

1478. **撒手不由人**——多指财物一旦脱手（借出），便不由自己操控。

1479. **三杯和万事，一气惹千愁。**

1480. **三卜榔也打不出个响屁来**——卜榔：粗棍子。响屁：响声大的屁，转指话。形容人窝囊，不爱说话或不善言辞。

1481. **三曹对案**——原指诉讼过程中原告、被告和证人三方当堂对质。比喻多方对证，弄清是非或真相。

1482. **三春不如一秋忙，打到囤子儿才算粮**——囤子儿：囤子里。

1483. **三打一忽搅，稠的往哪儿跑？**——指用勺舀饭。忽搅：搅动。

1484. 三大难听：**磨锅，发锯，叫驴吼**——发锯：磨锯，即用钢锉锉锯齿，使其锋。

1485. **三单顶一棉。**

1486. **三等买卖十一做。**

1487. **三翻六坐九爬挚，十个月上叫喳喳**——指婴儿成长过程。翻：身体翻动。爬挚：爬行。三、六、九：三个月、六个月、九个月。

1488. **三分吃药七分养。**

1489. **三分匠人，七分主人**——房屋的修建、家俱的打造等，七分由主人的意见决定，剩余三分才是匠人的努力和创造。

1490. **三分像人不是人，七分像鬼活像鬼。**

1491. **三分长相，七分打扮。**

1492. **三伏不旱，多打一石。**

1493. **三伏不热，一冬没雪。**

1494. **三伏闷热，一冬多雪。**

1495. **三伏有雨秋苗旺，三九有雪春苗壮。**

1496. **三个臭皮匠，气死诸葛亮。**

1497. **三个女人一面锣。**

1498. **三个人出门苦小小**——小小：年龄最小的。

1499. **三更天生下四更天死，连个咕咕鸣也没听过**——咕咕鸣：鸡打鸣的声音。比喻人经历少，见识浅，含讥讽意。

1500. **三九的雪，杀虫的药。**

1501. **三九三，冻得野狐子没处钻。**

1502. **三句话不离本行。**

1503. **三盔子十八碗**——形容人饭量很大，吃了很多碗。

1504. **三年不喝酒，油盐火烛样样有**——油盐火烛：泛指一切生活用品。

1505. **三年不上门，当亲也不亲。**

1506. **三年还愁等个闰月年了**——比喻机会有的是，总能等得住。

1507. **三日东南风，不用问天公**——预兆下雨。

1508. **三日无粮不聚兵，一顿不吃大年馑**——年馑：饥荒。

1509. **三十不红，四十不绿**——指女子不同年龄段的穿着。不红：不穿红；不绿：不穿绿。

1510. **三十里的莜面四十里的糕，二十里的荞面饿断腰。**

1511. **三十亩土地一条牛，老婆娃娃热炕头。**

1512. **三十年河东，三十年河西。**

1513. **三十年也等不住个闰腊月**——比喻对毫无希望的事就不要等待。闰腊月在农历中几乎是不存在的。

1514. **三岁看大，七岁至老。**

1515. **三天不打，上房揭瓦。**

1516. **三天不开市，开市调三天**——调：顶。

1517. **三天不练手生，三天不念口生。**

1518. **三天六夜九后晌，七十二个半前晌**——形容时间很长。

1519. **三天学个买卖人，一辈子学不会个庄户人**——庄户人：农民。旧指靠天种地，任何人都没有把握。

1520. **三心打二心，五心不定。**

1521. **三月儿的娃娃腊月儿生。**

1522. **三只猫儿，六只眼**——比喻多方在一起核实或对质，弄清是非或真相。

1523. **杀鸡儿问客**——原指招待人的时候，主人问客人用不用杀只鸡。比喻人小气或待人不诚心。

1524. **杀人不过头点地，得饶人处且饶人**——杀人不过头点地：谓没有什么了不起，不必太认真。也指责罚人不可太过分，差不多就行了。

1525. **纱帽底下没穷汉。**

1526. **山不离（移）性不改**——比喻人的性质或性格很难改变。

1527. **山场大了有绿骡子**——比喻规模大了什么样的东西都会有。

1528. **山狍野鹿，打住伙吃**——山狍野鹿：泛指各种野生动物，借指各种外财。比喻获取外财，大家共同分享。

1529. **山狍野鹿，谁打住谁吃**——山狍野鹿：泛指各种野生动物，借指各种外财。比喻各种外财，谁弄到手是谁的。

1530. **山水越大越好看**——山水：山洪。比喻居心不良的人，事态越扩大越是幸灾乐祸。

1531. **山药夹钢，越吃越香**——夹钢：特指山药（马铃薯）半熟时外软里硬的状态。

1532. **山药开花儿结圪蛋，玉茭子开花儿长毛毛**——山药：马铃薯。圪蛋：块根。玉茭子：玉米。

1533. **山药重茬没圪蛋，胡麻连种死一半**——山药：马铃薯。圪蛋：块根。

1534. **山野草地路难寻，人不箍人事箍人**——箍（gu）：强迫；胁迫；逼迫或被事情所逼。

1535. **山珍海味少不了盐，花言巧语顶不了钱。**

1536. **善眉善眼吃人了**——形容人面容和善，心地狠毒。

1537. **伤筋动骨一百天。**

1538. **上不着天下不着地，夹在当中受洋罪。**

1539. **上坟寻不见墓圪堆**——墓圪堆：坟头。本指人上坟祭奠祖先时找不到坟墓。比喻人做事时不知道从何处下手；也比喻办事时找不到关键人。

1540. **上赶子不是买卖。**

1541. **上轿呀才扎耳朵眼子**——耳朵眼子：耳垂上供戴耳环的孔。本指女子上轿出嫁时才穿耳孔，比喻事到临头了才做准备。

1542. **上炕夫妻，下炕君子。**

1543. **上了赌博场，不认爹和娘。**

1544. **上了望乡台**——望乡台：迷信认为，人活着是在阳间，死后要到阴间去，阴间有望乡台，鬼魂可以登台眺望阳间家里的情况。隐指人死亡。

1545. **上梁不正下梁歪，中梁不正倒下来**——上梁：指长辈或上级。中梁：比喻能撑起一个家庭的主要人或户主。比喻长辈或在上的人品行不好，晚辈或下面的人也仿效而学坏；如果一个家庭的主要人行为不正，这个家庭也就会随之衰败。

1546. **上门的买卖好做。**

1547. **上山骡子平川马，下山毛驴不用打。**

1548. **上山容易下山难。**

1549. **上天言好事**——本指旧俗过大年时给灶神贴的上联，意指请灶神到天宫后多给老百姓美言几句。比喻到领导面前替某人多说好话。

1550. **烧不熟煮不烂**——既没有多大出息，也没有什么风险，勉强维持一般水平。

1551. **烧得纸多，惹得鬼多。**

1552. **烧滚擢(huō)出，擢出烧滚**——滚，开。擢：用瓢、勺等将水舀出去。比喻反反复复做无用功，重复干一件事。

1553. **烧火剥葱，作甚也是一功。**

1554. **烧酒本是高粱水，先软胳膊后软腿。**

1555. **烧着手的脚不疼**——祸及他人，自己没有感觉，或不理解别人的苦痛与难处。讥讽人冷漠自私。

1556. **少本没事，抽的绿叶勇士**——上世纪五六十年代，国家经济困难，绿叶、勇士是两种廉价的香烟。

1557. **少不惜力，老不歇心。**

1558. **少收没圪拉**——形容人没事干，显得很无聊的样子；尴尬的样子。

1559. **少腿没胳膊**——比喻物体的部件不全。

1560. **少走三步丈五远。**

1561. **舌是利害根，口是祸福门。**

1562. **舌头不是宝，好坏由它搅。**

1563. **舌头底下压死人**——指人言可畏。意同"诋毁销骨"、"众口铄金"。

1564. **舌头没脊梁，里外由人说**——指人不顾事实真相，信口胡说；或人说话不算数，经常变来变去。

1565. **舌头擩在人家嘴号儿了**——擩：伸。号儿：里。比喻让人抓住了把柄。

1566. **舌长事多，夜长梦多。**

1567. **蛇走兔窜，各有各的盘算**——盘算：打算。比喻各有各的目的和打算。

1568. **舍脸不舍苦**——苦：辛苦；苦力。指人干活儿时宁受指责，也不肯卖力。

1569. **舍命陪君子。**

1570. **伸手不打笑脸人。**

1571. **身不动膀不摇**——比喻人虽然遭受了一定的损失或花了很多钱，却并没有造成多大影响，比喻家境殷实。

1572. **身在福中不知福**——指人过着幸福的生活自己却不满足。

1573. **深了不对，浅了也不对**——深：深度。比喻人说话说得重了不行，说得轻了无济于事；或对某事太认真了不行，不认真也不行，使人难以应对或适从。

1574. **深山出贵鸟，平地出瞎老。**

1575. **什么风把你吹来了**——用以对某人的到来表示惊讶。

1576. **神鬼怕恶人**——指凶恶的人惧怕更凶恶者。

1577. **甚人访甚人，秤砣访流星；天上的织女访牛郎，地上的灰堆访恶煞**(sa)——访：查访寻找。秤砣：也叫秤锤。称物品时用来使秤平衡的金属锤。流星：系着绳或铁链的铁锤。恶煞：方言中指垃圾堆。比喻人以群分物以类聚。

1578. **甚是个甚，穿上毛鞋（hai）脚不冻**——毛鞋：用毛毡做成的鞋。全句比喻实话实说，实事求是。

1579. **甚是个甚，坷垃是坷垃粪是粪**——甚：什么。坷垃：土块儿。比喻两者应该分清，不能混为一谈；也比喻说话要实事求是。

1580. **甚心也有，就是没死的心**——心：想法。形容人的想法脱离实际或有非分之想。

1581. **生处好赚钱，熟处好过年。**

1582. **生儿满月，两家费。**

1583. **生瓜籽多，穷汉儿多。**

1584. **生嚼的吃人了。**

1585. **生就已的骨头长就已的肉**——就已：成熟；已经定型。比喻人已经成型定性，不可改变。

1586. **生米做成熟饭**——比喻已经变成现实的事情，没有办法改变。

1587. **绳打细处断，鞋从尖尖上烂。**

1588. **绳捆三道紧，账算三遍稳。**

1589. **省下的就是挣下的。**

1590. **省油吃素糕**——素糕：未经油炸的年糕。形容生活节俭，也比喻为省劲儿而从简办事。

1591. **师傅领进门，学艺在各人**——各人：自己。

1592. **虱多不咬，债多不愁**——虱多不咬：本指虱子太多，咬人也就没有知觉了。比喻借债太多的人索性也就不愁了。

1593. **虱子不咬忙人。**

1594. **狮子大开口**——比喻漫天要价或所提条件很高。

1595. **施恩图报非君子，知恩不报是小人。**

1596. **十大应承九不做**——口头上答应却不采取行动。

1597. **十分伶俐使七分，留下三分给儿孙；十分伶俐都使尽，后辈儿孙不如人。**

1598. **十个厨子九个甜，剩下一个没捏盐**——甜：淡。捏：搁。

1599. **十个儿女能养活，两个老人轮饭吃。**

1600. **十个会说的，说不过一个胡说的。**

1601. **十里没准信。**

1602. **十里香坛不一般**——香坛：旧指礼拜神佛的台。指各个地方的风俗不同，虽然相距不远但礼仪也会有所不同。

1603. **十六个人才舁的一个死人**——过去舁一个戴棺罩的棺材需要十六个人，比喻人不自觉就什么也不好办。舁：抬。

1604. **十亩地号儿一苗谷**——常常用来比喻人"独苗"或"单传"，极言其珍贵，来之不易。

1605. **十亩田，不如一亩园。**

1606. **十年九不遇**——形容某种现象极其少见。

1607. **十七、十八，人定月发；十九、二十，月亮上来睡着（za）**——十七、十八，十九、二十：指农历每月十七、十八日，十九、二十日。

1608. **十问九不应**——问十句九句不啃声。形容人恼怒或不满意时的情态。

1609. **十五的月亮十六圆。**

1610. **十五好过，十六难过**——难过：生病。因过十五吃得好，吃得多，到十六就生病了。

1611. **十戏九不投。**

1612. **十月的雪，赛如铁。**

1613. **十指连心，骨头连筋**——比喻具有极密切的关系。

1614. **石鸡子撂（liào）了蛋了**——石鸡子：斑鸠。撂：丢。石鸡子丢了自己下的蛋就气得大叫。比喻人乱喊怪叫，使人心烦。

1615. **石人眼儿下泪**——眼儿：眼里。比喻情状十分凄惨，催人泪下，即使是石头人也会掉眼泪。

1616. **石头往山号儿背**——山号儿：山里；山上。比喻费力做某事是多余的举动；把东西送给本来不缺这种东西的人。

1617. **时来了，运来了，娶媳妇儿带张肚来了**——带张来：带来。肚：指腹内的婴儿。形容人运气很好，干什么都很顺利，含幽默诙谐意。

1618. **时来运通，坐在井底也有风；时不来，运不通，坐在山头上也没风。**

1619. **时气不高运气低，骑的骆驼狗咬了腿**——指人运气不好，干什么事都不顺利。

1620. **拾金拾银了，还拾气了？**——指不应该生不值当的气或自找气受。

1621. **拾鞋不拾帽**——旧时人们认为别人丢弃的帽子是"愁帽"，不该拾。

1622. **世上没有卖后悔药的。**

1623. **事不过三。**

1624. **事不三思终有悔，人逢得意早回头。**

1625. **事怕合计，人怕客气。**

1626. **事是死的，人是活的。**

1627. **事有商量错不了，人有拐棍跌不倒。**

1628. **是非终日有，不听自然无。**

1629. **是福不是祸，是祸躲不过。**

1630. **是话就有因，是草就有根。**

1631. **是火就比灰热**——比喻人大凡有关系的就比没关系的亲近或大凡是亲戚，就比外人亲近。

1632. **是匠不是匠，全凭个好捉杖**——捉杖：家伙；工具；用具。

1633. **是骡子是马，拉出来遛遛。**

1634. **是媒不是媒，全拿饺子擂**——不管媒人行不行，首先得用饺子好好地款待。

1635. **是媒不是媒，先请三两回。**

1636. **是嘴的不可贪揽**——是嘴的：家养的猪羊鸡狗等。泛指家禽家畜每天都要吃东西，而且饲养也很辛苦，不可多养。

1637. **手把呼不老儿**——比喻紧紧地把握和控制，不能松懈，不能有半点麻痹大意。（呼不老儿：伯劳鸟，一种比较凶悍，难于驯服的鸟）

1638. **手大不攒钱**——手大：花钱大手大脚。指人大手大脚，不存钱。

1639. **手冷了要（biào）烤灯，人穷了要攀亲。**

1640. **手闲长指甲，心闲长头发。**

1641. **手心也是肉，手背也是肉**——手心、手背：比喻与自己有至亲关系的人。比喻都是至亲关系，不愿意使任何一方受到伤害或不能偏向任何一方。

1642. **手在胳膊头**——本指手在胳膊的前端，转指做某事具备便利的条件。

1643. **受得头上也没毛了**——受：劳动，干苦力活。毛：头发。指人因为过度劳累而头顶脱发。

1644. **受恩深处宜先退，得意浓时便可休。**

1645. **受苦的不挣钱，挣钱的不受苦**——受苦：干体力活儿，吃苦。

1646. **瘦牛瘦不了角角**——角角 jiajia：动物的角。牛即使再瘦，角是不会瘦的。讥讽老百姓穷，当官的不会穷。

1647. **瘦死的骆驼比马大。**

1648. **属蛤蟆的，丟一丟，蹦一蹦。**

1649. **属鸡的，吃一爪子刨一爪子。**

1650. **属教不属管**——比喻人放荡不羁，很难管理。

1651. **属猪的，会咬不会放**——本指猪一旦咬住人就不肯撒口，形容人性格固执，抓住一点，纠缠不休，含讥讽意。

1652. **属猪的，记吃不记打**——斥责人只顾当下得好处，忘记了曾经吃亏的教训。

1653. **树大招风，钱多招祸。**

1654. **树大招风风摆树，人为名高名伤人。**

1655. **树老根多，人老话多。**

1656. **树叶子跌下来也怕打着了**——形容人非常胆小怕事，含讥讽意。打着（za）：打伤。

1657. **数不见窗眼子**——指人不识数，傻。

1658. **耍了个外摆手**——外摆手：间接的办法，手段。指采用间接的手段做某事，使对方难以察觉。

1659. **耍鸬鸬喂兔儿，梳平头照镜儿，月亮地儿打的个电棒儿**——鸬鸬：鸽子。平头：男子的一种发型。镜儿：镜子。电棒儿：手电筒。形容男子注重衣着打扮，不务正业，多指年轻人。

1660. **要钱的不算赖子孙，长得一片爱财心**——要钱：赌博。

1661. **谁出下的糊糊谁喝**——糊糊：糊状食品，指惹下的麻烦。比喻谁惹下的麻烦谁承担或解决。

1662. **谁的皮袄不过冬？**——穿上谁的皮袄也能御寒。比喻只要能为我所用，并不在意物主是谁。

1663. **谁的钱不上串子？**——钱：指旧时的铜钱。串子：串钱的绳子。指谁的钱也是钱，只要能挣到手就行。

1664. **谁家的娃娃不哭，谁家的锅底没黑？**——比喻家家都免不了难看的事。

1665. **谁家锅底没一把黑？**

1666. **谁死了埋谁**——指谁闹出乱子或谁惹下麻烦处理谁，不牵连别人。

1667. **谁有粉不往脸上搽？**

1668. **谁有了谁好，谁吃了谁饱。**

1669. **水过地皮湿**——做事敷衍，不认真，走过场。

1670. **水火无情**——指水火肆虐之时，并不以人的意志为转移，会给人造成灾难。

1671. **水漫来年富，火烧当日贫。**

1672. **水米没打牙**——指人没有吃任何东西。

1673. **水退石头在，好人说不坏。**

1674. **水性杨花**——像流水那样易变，像杨花那样轻飘。比喻妇女在感情上不专一。

1675. **睡不着怨枕头**——比喻自己无能，还找理由埋怨。

1676. **睡前烫烫脚，胜吃催眠药。**

1677. **睡下青苗在地，醒来场户了利**——场户了利：庄稼碾打、粮食入库等等农活儿结束，指全年农活儿结束。

1678. **顺毛毛扑娑**（suó）——扑娑：抚摸。本指在动物身上顺着毛生长的方向用手抚摸，比喻顺着别人性子说话或言行顺从对方。

1679. **顺气丸好吃**——比喻合乎情理的话或言和语顺的话，才容易让人接受。

1680. **说不清道不明**——对一个事情无论如何也说不明白。

1681. **说的比唱的还好听**——讥讽人爱说冠冕堂皇的话。

1682. **说的馍馍端上糕来了**——原来说的是吃馍馍，结果端来了年糕。比喻人言行不一。

1683. **说个不会，落一觉好睡。**

1684. **说话不费力，损的也是德**——损德：办缺德事，损坏德行。

1685. **说话想的说，不要抢的说。**

1686. **说节比过节还多**——比喻繁文缛节或过分的要求、挑剔的说法太多。说节：繁文缛节或挑剔的说法。过节：所过的节日。

1687. **说你个肉，你就喘起来了**——肉：胖。别人赞扬某人胖了，此人就趁势以喘气来显示自己胖得厉害。比喻别人越赞扬某人，某人便越发得意并自吹，不知道自己有多大本事。

1688. **说人道人，不觉色各人**——总说别人怎么样，没有自知之明。（各人：自己）

1689. **说人道人不如人**——经常评论别人，自己的所作所为却比不上别人。

1690. **说人话，不屙人屎**——指人丧失人性，尽干坏事。

1691. **说书的嘴快，演戏的腿快。**

1692. **说一不道二，跌倒不翻身**——形容人说话守信，决不反悔。

1693. **说一千道一万**——指无论怎么说，归根到底。

1694. **说在纸上，说不在纸下**——一切都以书面的东西为准，嘴说无效。

1695. **死狗扶不上墙，沙子打不成墙。**

1696. **死狗扶不上墙，死猫扶不上树。**

1697. **死鸡儿熬白菜**——比喻磨洋工，不注重效率。

1698. **死烂没出息**——一点儿出息也没有。

1699. **死了穿青的，还有种蓝的**——青：靛青，深蓝色。蓝：可作染料的草。青是从蓝草里提炼出来的。

1700. **死要面子活受罪。**

1701. **死鹞子吓死个活雀儿**——鹞子：本指雀鹰，此处指五代时后周名将高行周，字尚质，曾率军灭梁，威名大震，绰号叫“鹞子”。雀儿：此处指后周太祖郭威，字文仲，相传身上刺有一个飞雀，人称“郭雀儿”。本指高鹞子的人头吓死郭雀儿的传说，比喻被别人的威名震慑。

1702. **死也要拉个垫背的**——比喻自己即使后果很不好，也要敌对的一方付出相应的代价。

1703. **死猪不怕滚水烫，死树不怕天火烧。**

1704. **四大没样儿：板凳上圪蹴，铺盖上坐，人前头放屁，大街上唱。**

1705. **嗾上憨狗子咬狼**——嗾（sòu）：人发出的怂使狗的声音。比喻怂恿人去干不该干的事情。

1706. **随牛打垃动**——垃动：播种后用来镇压地垄的一种石制农具。比喻一边赚钱一边花，没有积蓄。

1707. **随人说话省三分。**

1708. **碎刀刀割切**——割切：用刀割。比喻一点一点地折磨或伤害人。

1709. **孙猴子保唐僧，惹下乱子是孙悟空，取回真经是唐僧的功。**

1710. **锁子是锁君子了。**

1711. **他脚后跟一圪拧，我就知道他又捣的什么鬼**——圪拧：拧，动。

1712. **他一撅尾巴我就知道他放什么屁呀**——撅：翘。比喻不等他说话，就知道他要说什么意思。

1713. **他有他的千条计，我有我的老主意。**

1714. **踏黑拉拉儿**——形容容积大，放上某物很宽松；也指办事非常顺利。

1715. **抬阁脑阁担阁**（耽搁）。

1716. **抬头老婆低头汉，红皮萝背紫皮蒜**——萝背：萝卜。

1717. **太岁头上动土。**

1718. **贪多嚼不烂**——形容人同时做几件事而一件也做不好。

1719. **掏出真红血，也是苏木水**——苏木：木材中心部呈红色，煎汁可作红色染料。比喻已经失信于人，即使说的全是真话，别人也不会再信；掏出真心，别人也不相信。

1720. **掏了个雀儿，喂了个猫儿**——雀儿：鸟。比喻获取后又原原本本地送给别人，自己什么也没有得到。

1721. **桃养人，杏儿伤人，李子树底下活埋人**——养人：对人有保养作用。

1722. **讨吃棍难拿难放。**

1723. **讨吃连个狗也打不住**——讥讽人窝囊无能。

1724. **讨吃要饭，走到哪哪算**——本指乞丐讨饭时没有一定的目标，走到哪里讨到哪里；比喻人做事没有明确的目的，到什么地步算什么地步。

1725. **讨吃也赶不上一口热饭**——讥讽人懒惰到了极点或能力极差。

1726. **讨吃也没个立棍处。**

1727. **讨吃子不留夹夜食**——夹夜：隔夜。

1728. **踢不离打不散**——经常搅扰，赖着不走；黏糊，紧守不离，驱赶不走。

1729. **踢寡妇的门，挖绝户的坟**——绝户：已死而没有后代的人家。形容人品十分恶劣，什么坏事都能干得出来。

1730. **提茶壶，倒夜壶**——夜壶：夜间男子用的便壶。指伺候有身份、有地位的人，脏活儿累活儿都得干。

1731. **提上猪头还愁寻个庙门？**——比喻只要有闺女就不愁找个婆家。

1732. **提上猪头寻不见庙门**——古祭祀多用猪头。比喻女子找不下婆家；也比喻人有能力，却没有发挥的地方。

1733. **替瞎毛驴拔草**——比喻为别人做不值当或没有回报的事情。

1734. **天变一时，人变万难。**

1735. **天打五雷轰**——遭五雷轰，用于诅咒人。（五雷：金雷、木雷、水雷、火雷、土雷）

1736. **天对葫芦地对瓢，人对缘法狗对毛。**

1737. **天高任鸟飞，遇了个鹞子追；海阔由鱼窜，碰上捞鱼鹳**（guàn）——鹞子：鹞鹰。捞鱼鹳：一种专门在浅水中捕食小鱼的鸟。比喻人事事都不顺意。

1738. **天寒日短，不刮风就暖**——天寒日短：指冬天天气寒冷，昼短夜长。

1739. **天旱不忘锄田，雨涝不忘浇园。**

1740. **天旱不望疙瘩云，人穷不上亲戚门。**

1741. **天旱雨涝不均匀，世上的事情说不清**——天旱雨涝不均匀：比喻不均匀或不公平。

1742. **天上无云不下雨，地下无媒不成亲。**

1743. **天上下雨地上滑，哪里跌倒哪里爬。**

1744. **天上下雨地上滑，自己跌倒自己爬。**

1745. **天上下雨地下流，两口子吵架不计仇。**

1746. **天上一句，地下一句**——形容人说话东拉西扯，不着边际。

1747. **天上云多日不明，地上山多路不平，河里鱼多水不清，世上人多心不公。**

1748. **天上云多月不明，地上坑多路不平。**

1749. **天塌大家死。**

1750. **天天吵闹，不是好兆。**

1751. **天天待客不穷，夜夜做贼不富。**

1752. **天要下，娘要嫁，十人五马留不下**——十人五马：众人；很多人。

1753. **天长事多，夜长梦多。**

1754. **挑渠遇泊子，跳墙遇豁子**——挑渠：挖渠。泊子：洼陷处。豁子：墙上的缺口。形容人运气好，每干一件事都很顺利。

1755. **挑在篮子儿就是菜**——挑：挖。篮子儿：篮子里。比喻不管用什么方法，把东西弄到手就是自己的。

1756. **调**（diào）**茬巧种，强如上粪。**

1757. **笤帚熬成锅刷子了**——锅刷子：洗锅碗用的刷子。原指笤帚磨秃了，又当锅刷子使用。喻指人一辈子熬到头，还得继续受苦。

1758. **跳在黄河里头也洗不清**——比喻蒙了冤却无法解释或解释不清。

1759. **铁打的衙门流水的官。**

1760. **铁打的营盘流水的兵。**

1761. **铁匠炉旁少站，赌搏场中少转。**

1762. **铁猫儿过来也得拧个耳朵**——比喻

人贪得无厌，哪怕是极小的利益也不放过。

1763. **铁树开花，哑巴说话。**

1764. **听风就是雨**——听见刮风就认为要下雨。比喻听到一些传言，就信以为真，胡乱推测或盲目行动。

1765. **听话听音，扬场听风**——扬场：用木锨把粮食扬在空中，借助风力，把其中较轻的杂质吹出去。同“听话听音，锣鼓听声”。

1766. **听见蝲蛄叫就不种地了？**（蝲蛄 la gu:蝼蛄）

1767. **听三不听四，死了张三哭李四**——比喻人听错了话，曲解了语意。

1768. **挺肉房子**——挺肉：使肉冷冻，变硬。能把肉都冷冻的房子。形容室内温度太低，能使人感到寒冷。

1769. **同行是冤家。**

1770. **头遍锄浅二遍深，三遍把土壅到根。**

1771. **头不梳，脸不洗，三根黄毛圪奓起**——当地人对一些人生活邋遢、不修边幅的讽刺。黄毛圪奓（zhà）：形容头发黄而稀少。奓：伸开；张开。

1772. **头等人一看就会，二等人一教就会，三等人打死也不会。**

1773. **头伏萝背末伏菜。**

1774. **头回上当，二回心亮。**

1775. **头上一把，渎上一把**——渎（别字）：屁股。形容抚养子女十分辛苦。

1776. **头上一句，脚（jiā）上一句**——比喻说话没有头绪，前言不搭后语。

1777. **头条好汉不要命，二条好汉不要脸。**

1778. **头痛医头，脚痛医脚。**

1779. **图贱买老牛**——为了价格便宜而买了一条老牛。比喻为省钱而买了次品。

1780. **图情不领倒谢了**——图：连词，不但；不仅。倒谢：感谢的反面，责骂或抱怨。指接受了对方的礼物或好意不但不能心怀感激，反而责骂或抱怨。

1781. **土埋着脖子的人**——比喻已到年老的人，或即将去世的人。也叫“土淹着脖子的人”。

1782. **土深地肥，山药长得摞起。**

1783. **土旺种胡麻，七股八圪杈，立夏种胡麻，秋后乱开花**——土旺：土旺为二十四节气的补充，四季中每季专划出十八日属土，全年为七十二天，这些日子称为土旺。春季三月含清明节，谷雨气，所以谷雨前九日与后九日共十八日为春季土旺之时。详见第六章第二节词条“土旺”。

1784. **兔儿过了八道梁**——兔子已经跑过了八道山梁。比喻事情早已经过去很久或事情已经无法挽回。

1785. **推不前，攮（nǎng）不后**——无能；没出息；前顶不住，后扛不住，什么也干不了。（《说文》攮：推也）

1786. **推出嘴来就算话**——形容人说话不动脑子，太随便，没有分寸。

1787. **推土入窨**——只要把土推在窨里就了事。比喻办事不负责任，不管后果。

1788. **腿迟脚慢，正赶上吃饭**——腿迟脚慢：形容人走起路来慢慢腾腾。

1789. **腿长打露水，嘴长惹是非。**

1790. **吞糠咽菜转戏楼，铺麦滑子枕砖头，无家可归睡街头**——麦滑子：靠近麦穗的经过碾打变平变碎的麦秸 。

1791. **吞吞吐吐没好话，鬼鬼祟祟没好人。**

1792. **唾沫星子能淹死人**——喻流言可畏。

1793. **娃娃不哭娘不奶。**

1794. **娃娃们一天一个本事，老人们一天一个不是**——不是：不对，错误。

1795. **娃娃勤，爱死人。**

1796. **娃娃省心娘省心。**

1797. **歪戴帽子趿拉鞋，想当老财没那个钱。**

1798. **歪嘴和尚**——比喻把话传得走了样的人。含讥讽意。

1799. **外财不扶命穷人**——命里穷的人往往得不到外财。

1800. **外甥子是狗，吃了就走。**

1801. **外头大下，家里小下，外头不下，家里还下**——房屋漏雨。

1802. **外头捡了一疙瘩板，家里丢了两扇门。**

1803. **晚不梳头，早不说梦**——旧时的迷信说法与忌讳。

1804. **王宝钏，薛平贵，走的坐的瞎嘎对**——嘎对：互相斗嘴、抬杠。

1805. **往黑豆地儿引了**——地儿：地里。比喻故意把人引向歧途。

1806. **往前一步赶上穷，往后一步穷赶上**——形容人境遇不好，一直处于贫困状态。

1807. **忘在黑风洞儿了**——比喻把事情忘在脑后。

1808. **为儿为女，下了地狱。**

1809. **为穷拾下穷**——指人为了摆脱穷困而做某事，反而更穷困了。

1810. **为人活的个穿吃受，牲口活的个豌黑豆。**

1811. **为人寻不下个好汉子，不如放羊打伴子**——寻 xīng：找。寻汉子，指找男人。打伴子：当小羊倌或小牛倌。

1812. **为争一口气，卖了二亩地**——比喻人为争得公平或尊严，宁愿舍弃钱财或承受损失。

1813. **维的没维下，恶的恶下了**——维：结交，讨好。恶：得罪。该讨好的没有讨好，不该得罪的得罪了。

1814. **维人要维真君子，惹人不要惹小人**——维：结交。

1815. **维人一条路，惹人一堵墙**——维人，结交人。

1816. **喂不饱的狼**——比喻贪得无厌，很难满足的人，含责骂意。

1817. **喂不熟的猫儿**——比喻常常给予好处却不给办事或关系拉不近的人。

1818. **喂上狗还摇一摇尾（yi）巴了**——责骂人忘恩负义。

1819. **喂上就吃，调过就踢**——调过：转过身。本指牲畜喂上草料就吃，转过身就踢主人。比喻人不讲情义，刚接受了别人的恩惠，就伤害别人，含斥责意。

1820. **喂下的猫儿不逼鼠**——比喻自己的人不为自己出力办事。

1821. **魏虎上阵，家具一堺**——一堺：一堆。

1822. **文不成武不就**——比喻不成材，什么本事也没有。

1823. **蚊子飞过来也能认得公母**——对某些过分精明之人的夸张之辞。

1824. **问遍千家成行家。**

1825. **窝窝是先从里头死气的**——窝头的发霉变质是先从里面开始的。比喻事情的败露是由内部人说出来的。

1826. **无风不起浪，有烟必有火。**

1827. **无事人睡的安然觉。**

1828. **无事无非的二品官**——比喻人不管事，也不招惹是非。二品官，也可以理解为现在的二把手。

1829. **五九六九消井口**——消：冰雪融化。

1830. **五味滋全离不了盐，能说会道离不了钱**——五味滋全：饭菜里的调味品齐全。

1831. **物离乡贵，人离乡贱。**

1832. **误了四月八**——本指旧俗每年四月初八，欲怀孕的妇女要到奶奶庙内求神，一旦误期，深表遗憾；转指误了大事。

1833. **西洋镜是空的，命是真的**——西洋镜：一种民间的游戏器具，匣子里面装着画片儿，匣子上有几个小孔，孔内设有放大镜，根据光学原理要暗箱操作可以看放大的画面。小孩们围着一个大箱子，把眼睛凑上去看。因为最初画片多是西洋画，所以叫西洋镜。

1834. **稀狗屎上不了粪杈子。**

1835. **习惯成了自然了。**

1836. **媳妇儿是神家是庙，婆婆公公当老道**——老道：看庙人；服侍神仙的人。指婆婆公公服侍媳妇。

1837. **洗头洗脚，顶上看病吃药。**

1838. **喜鹊鹊叫咟猫洗脸，显应多了不应验**——叫咟（huò）：动物吼；叫；鸣。（咟：叫呼）

1839. **戏法儿变得再好也是假的。**

1840. **细水长流，吃穿不愁。**

1841. **瞎狗看星宿**——星宿（xìu）：星星。比喻文盲看书，一个字也不识。

1842. **瞎狗碰屎堆**——比喻偶然，巧合，正好碰上。

1843. **瞎狼瞎虎瞎跌打**——喻指盲目瞎闯，没有任何保障。

1844. **瞎马吃在崖头上**——崖：说成 nāi，山边陡峭处。原指瞎马只顾贪吃，却不知已经走到了悬崖边。比喻人贪得无厌，以致身逢绝境。

1845. **瞎猫儿逮住个死耗子**——比喻事情凑巧获得成功，含诣谑意。

1846. **瞎养活瘦马**——比喻为别人白抚养子女或白白供养别人而不可能有回报。

1847. **下颏子底下求酣水**——下颏子：下巴。酣水：涎水，口水。比喻低声下气地求乞人。

1848. **下棋挖手背，做事好（hào）后悔**——挖手背：游戏一方反悔。形容人做事常常反悔或做完就后悔。

1849. **下雪不冷消雪冷**——消：冰雪融化。

1850. **下雪没风不算冷，人穷没债不为紧。**

1851. **下籽不怕深，就怕坷垃顶。**

1852. **夏不睡石，秋不睡板。**

1853. **夏天黑将来砍一背柴，冬天黑将来穿不伴鞋**（hai）——谓夏天傍晚长，冬天傍晚短。黑将来：傍晚。

1854. **先下手为强，后下手遭殃。**

1855. **先小人后君子**——意为把丑话说在前头。

1856. **先责其里，后责其外**——责 ze，说成 za，责罚。指先对自己人或内部从严要求或责罚。

1857. **闲人长指甲，忙人长头发。**

1858. **咸吃萝背淡操心**——指责人好管闲事，爱操闲心。萝背：萝卜。

1859. **县官不如现管。**

1860. **现卡现过，没钱的隔过**——指赌博场上要当时结清赌帐，不赊欠，不带钱的不得参赌。过，给钱。

1861. **香花不一定好看，会说不一定能干。**

1862. **香花惹来蜜蜂，臭屎惹来苍蝇。**

1863. **香火请回来，旺火也送不出去**——迷信者本意是烧香引神却引来了鬼，情急中烧上很旺的火送鬼，却怎么也送不走。形容人不好招惹，一旦引进来，很难打发走。

1864. **响鼓不用重槌，灵人不用细提。**

1865. **响鼓不用重槌，明人不用细提。**

1866. **想金盼银，一辈子受穷。**

1867. **想两没一个**——想两个都要却一个也没有得到。

1868. **想起一出是一出。**

1869. **向人向不过理**——向：偏向；偏袒。

1870. **小本生意，将本求利。**

1871. **小虫夜扑灯，不雨定是阴。**

1872. **小洞不补，大了尺五。**

1873. **小儿子，大孙子，老太太的命根子。**

1874. **小姐的身子丫环的命**——本指人长得小姐身材，命运却像丫环一样卑微。比喻人出身豪门，却被当作下人看待。也形容人身材苗条容貌娇好却命运不济，犹“红颜薄命”。

1875. **小满前后，点瓜种豆。**

1876. **小满有雨收麦子，芒种有雨收糜子。**

1877. **小贫不算贫，老贫贫死人。**

1878. **小时不管教，到大走邪道。**

1879. **小时放羊，到大吃粮，老来住庙，一辈子不用纳粮。**

1880. **小时偷针不教，大时偷金戴镣。**

1881. **小腿子拗不过大腿。**

1882. **小小儿不读书，到大瞎问人**——小小儿：小的时候。

1883. **小小儿没娘，到大话长**——小小儿：小的时候。

1884. **小小儿偷针，大了偷金。**

1885. **小心风大闪了舌头**——比喻人吹牛过了头，便会招来祸端或嘲笑。含讥讽意。

1886. **小心些儿狗咬不着**——比喻做事小心为好。

1887. **小雪冻小河，大雪冻大河。**

1888. **小雪流凌一月冬，四十五天定打春。**

1889. **小雪杀羊，大雪宰猪。**

1890. **小雪雪满天，来年是丰年。**

1891. **小子不吃十年闲饭。**

1892. **小自七岁，老至出气**——实指所有的人。

1893. **孝敬父母天降福。**

1894. **笑脏不笑补**——犹如“笑懒不笑穷”。

1895. **笑脏不笑旧，笑破不笑补。**

1896. **斅（xiāo）会下棋，不嫌饭迟**——斅：学；效法。

1897. **鞋（hái）大鞋（hái）小不能走了样儿。**

1898. **心跌在肚号儿了**——号儿：里。比喻人因为事情办妥而放下心来。

1899. **心号儿揣上狼儿子了**——号儿：里。狼儿子：狼崽。比喻人做了坏事后心虚害怕，忐忑不安。

1900. **心里头打的个小九九**——小九九：一种珠算运算的方法。指人心里谋划着某事；对某事有自己的想法或主意。

1901. **心强命不强**——指人内心要强却命运不济。

1902. **心软不治事，面软难治家。**

1903. **心有多老，人有多老。**

1904. **心直口快，遭人责怪。**

1905. **新来乍到，找不到厨房锅灶。**

1906. **新三年，旧三年，缝缝补补又三年。**

1907. **信嘴吃倒泰山。**

1908. **星宿（xìu）稠，晒死牛，星宿稀，淋死鸡。**

1909. **休在人前夸海口，强中自有强中手。**

1910. **修桥补路，行好积德。**

1911. **秀才学阴阳，三天两后晌**——这是说秀才有文化知识，学做阴阳，很短时间就可学会。喻示人们无论做什么，首先要打好基础，就很容易办成事情。

1912. **秀才遇上兵，有理说不清。**

1913. **许下人，人等的；许下神，神等的。**

1914. **悬说悬有理，顺说顺有理**——形容人不讲理，无论怎样都有理。

1915. **旋割的肉不疼**——旋：分期地，一点一点地，零星地。

1916. **削尖脑袋往里钻**——形容人很钻营，只要有利可图，就不择手段，不肯放过，含讥讽意。

1917. **学好三年，学坏三天。**

1918. **雪地儿埋不住孩子。**

1919. **雪中送炭真君子，锦上添花是小人。**

1920. **寻了坐官的当娘娘，寻下杀猪的翻肠肠。**

1921. **牙疼不算病，疼起来真要命。**

1922. **牙疼长，腿疼短。**

1923. **牙痛长，腿痛短。**

1924. **亚巧日夺了凤凰的窝**——亚巧日：喜鹊。夺：抢占。比喻强占了别人的职位或位置；也比喻利用各种手段使别人的对象与自己成婚。

1925. **烟酒不分家。**

1926. **淹死的都是会水的。**

1927. **言和意不和**——指人表面上和好而实际上互有意见。

1928. **盐打哪咸，醋打哪酸。**

1929. **阎王爷不嫌鬼瘦。**

1930. **眼不见调一面。**

1931. **眼不见为净水为净。**

1932. **眼大眉稀，一人一个脾气。**

1933. **眼过千遍，不如手过一遍。**

1934. **眼号儿灌上风了**——比喻人在外面经见了新鲜的东西，见了世面，开了眼界，改变了观念，思想开放。

1935. **眼号儿没水**——比喻人没有眼力或识别力不强。

1936. **眼号儿揉不得沙子。**

1937. **眼饥肚子饱，舀在碗里吃不了。**

1938. **眼疾手快腿连利**——疾：快速。连利：迅速；利索。形容人反应灵敏，动作迅速而利索。

1939. **眼睛里有水**——比喻有眼力，看人看事很准。

1940. **眼睛瞎下一胳膊深**——讥骂人尽管睁着眼睛却视而不见；分不清是非好坏。

1941. **眼睛长在后脑勺上了**——讥讽人东西就在眼前却看不见，好像眼睛在后脑勺上长着。

1942. **羊毛出在羊身上**——比喻表面上看是得到了一些好处，其实他已经为这些好处付出了代价（常指劳动或钱财等），只不过他可能没有意识到。

1943. **羊群儿没了羊群儿寻**——羊群儿：羊群里。比喻在哪里吃了亏再从哪里补起来。

1944. **羊群儿拾出个骆驼来**——拾：跑。比喻在众多人中出了个优秀人才，含戏谑意。

1945. **羊肉锉成沫沫，白面捏成八八，小手手包成夹夹**——锉：用刀细切。八八：这里指小碗状的面皮。夹夹：

饺子。这是当地人民普遍喜欢食用的羊肉馅饺子原来的制作过程。

1946. **羊走十里饱，牛走十里倒。**

1947. **阳婆朝西上来了**——朝：介词，从。比喻情况反常，出人意料。

1948. **阳婆出宫，冻死求愣**——出宫：刚刚出来。求愣：呆子。

1949. **阳婆上墙，小孩儿寻娘**——阳婆上墙：指太阳快要落山的时候。寻：找。

1950. **养儿也得济，养女也得济**——得济：得到子女或晚辈的赡养或接济。指养儿养女同样都会或应该得济。

1951. **养女搭家姑，养儿搭外舅**——养：生。搭：随；像。

1952. **漾起甚来说甚**——说话放肆，不过大脑，随口胡说。

1953. **腰缠万贯，不如一艺在身。**

1954. **窑窑认下钵钵**——窑窑：墙上砌的用来放东西的小洞。钵钵 baba：小坑。比喻错看或低估了事情。

1955. **摇耧不会，帮楼瞌睡，打垃动打的四个垄背**——摇耧：人摇着耧种地。帮楼：赶着拉耧的牲畜种地。垃动：播种后用来镇压地垄的石制农具。垄背：种地时培成的一行一行的土埂。形容人什么农活儿也不会干。

1956. **摇钱树底下丢盹了。**

1957. **药治不死人，佛度有缘人。**

1958. **要不不说，要说就说彻**——比喻说话直截了当，一语中的。

1959. **要不是怕坏了尸首，连气也不想出了**——尸首：尸体，这里把身体比作尸体。责骂人太懒惰。

1960. **要吃肉，肥中瘦。**

1961. **要打当面鼓，不敲背后锣。**

1962. **要看男人的妻，先看男人的衣；要看娃娃的娘，先看娃娃的裳。**

1963. **要钱没有，要命一条。**

1964. **要甚有甚不缺甚**——形容家境富有，应有尽有，什么也不缺；物品齐全，想要什么就有什么。

1965. **要想人前显贵，必须背后受罪。**

1966. **要想日子甜，家无一人闲。**

1967. **要想事合理，拿人比自己。**

1968. **要星星不给月亮**——形容对人十分溺爱或畏惧，什么要求都满足。

1969. **要眼睛出气呀**——比喻所找的东西就在眼前却看不见，含讥骂意。

1970. **要一下没一下**——指人没有任何能力、本事。下：方言音说成 hà，量词，表示本领、技能。

1971. **要知何时足，知足便是足。**

1972. **要知世上理，先拿自己比。**

1973. **爷爷引孙子**——比喻物体大小不均匀，含幽默意。

1974. **野花不种年年有，烦恼无根日日生。**

1975. **夜饭少吃口，活到九十九；夜饭多一勺，半夜睡不着**——夜饭：晚饭。

1976. **夜饭少吃睡得安然，闲话少说活得心闲**——夜饭：晚饭。

1977. **夜里磨牙，肚里虫爬。**

1978. **一包袱子兜起来了**——比喻一个人将责任全部承担起来。

1979. **一报还一报。**

1980. **一辈子不管两辈子的事**——指儿女既已成家立业，他们的事情就应该由他们去主张或安排，老人不应再去干预。

1981. **一不偷，二不刁**——刁：抢。指没有干过任何坏事。

1982. **一不偷二不抢**——比喻人品正道，

钱财取之有道。

1983. **一不向杨二不向潘**——比喻办事绝对公平。（杨，杨继业；潘，潘仁美）

1984. **一不向张三，二不向李四**——比喻办事绝对公平。

1985. **一不做二不休，扳倒葫芦洒了油**——即一不做二不休。

1986. **一步近，两步远，三步绕个大圐圙**——指人与人个关系有远近亲疏之分。

1987. **一场春雨一场暖，一场秋雨一场寒。**

1988. **一朝天子一朝臣，这朝不用那朝人。**

1989. **一吃就吃个生食烂气，一喝就喝个吐天哇地。**

1990. **一吃一喝一睡觉，问起甚来也不知道**——形容人对身外之事，与己无关之事都不闻不问，无所用心。

1991. **一吃一喝一吸溜，阳婆圪崂崂一圪蹴**——吸溜：这里指抽烟。形容悠闲自在的生活。

1992. **一锤子买卖**——比喻只做一次的事情。

1993. **一戳一道核廊子**——戳 chuo，变音为 cuā。核廊子：巷子。比喻行为勇猛，无可阻挡；也比喻人有能力，有威信，什么事情也能办成。

1994. **一代偷人三代丑，一代亏人三代仇。**

1995. **一堵墙挡不住四面风。**

1996. **一顿白面一顿糕，吃一顿焖饭拿油炒。**

1997. **一顿吃伤，十顿喝汤。**

1998. **一顿少一口，能活九十九。**

1999. **一朵鲜花插在牛粪上了**——貌美女子嫁给了极不般配的男子。

2000. **一放两拿**——指人对人有绝对控制的把握和能力。敢把他放开，又能随时捉拿或控制。

2001. **一斧子揳个牢，终究不忽摇**——揳：用锤子打。忽摇：摇动。本指把钉子钉死，器具的部件不会摇动。比喻一次性把事情办妥，再不让出现麻烦。

2002. **一疙瘩臭肉坏了满锅汤**——一疙瘩：一块儿。比喻个别不好而影响了整体。

2003. **一个鼻孔子儿出气**——子儿：里。比喻几个人相互串通一起干坏事。也比喻彼此观点、态度一致，如同一人。

2004. **一个槽子上拴不住两叫驴**——叫驴：公毛驴。常常用来讽喻两个强势的人不能在一起和平共处。

2005. **一个唱红脸，一个唱白脸。**

2006. **一个儿女一份儿心，养儿方知父母恩。**

2007. **一个锅号儿费水，两个锅号儿费米。**

2008. **一个锅号儿搅稀稠**——锅号儿：锅里。原指在一个锅里做饭，同吃一锅饭。比喻共同生活或工作在一起，关系密切。

2009. **一个老子能养活十个儿子，十个儿子养活不了一个老子。**

2010. **一个萝背一个坑**——比喻一人一岗或一人一个位置，没有空位。萝背：萝卜。

2011. **一个模子里倒出来的**——比喻两个人的模样、性格、脾气或行为极其相像。

2012. **一个女儿许两家**——许：许配。本指把女儿同时许配给两个男子，转喻人办事时向两方作同样的许诺。

2013. **一个女婿半个儿。**

2014. **一个朋友一条路，一个冤家一堵墙。**

2015. **一个人吃饱都饱了。**

2016. **一个人吃饱全家不饿**——指人孤身一人，无牵无挂。

2017. **一个人说话常有理，两个人说话见高低。**

2018. **一个神神一柱香。**

2019. **一个手拍不响，两个巴掌都有过**——比喻矛盾、纠纷不是单方面引起的。

2020. **一个死老鼠，坏了一锅汤。**

2021. **一个土地爷好烧香，两个土地爷难磕头。**

2022. **一个羊身上剥两张皮**——本指人试图从一个羊身上剥下两张皮，常常比喻多重获利或挣两茬钱。

2023. **一个羊也是个放，两个羊也是个赶。**

2024. **一个羊一忽圞儿草，到了黑张来都吃饱**——一忽圞儿：一片，一块儿。（圞，圆形；环绕貌）黑张来：傍晚。羊虽然多，但总是各有一片草可吃，到了傍晚都会吃饱。比喻各有各的生活及其生活来源，最终都会过好。

2025. **一个指嘴的，顶如十个跑腿的**——指嘴的：指挥他人干事的人。顶如：相当于。

2026. **一根鸡毛扔不过墙，一根椽子盖不成房。**

2027. **一好遮百丑。**

2028. **一好遮不了百丑，百好难遮一丑。**

2029. **一回叫蛇咬，三年怕井绳。**

2030. **一家不知一家，和尚不知道家。**

2031. **一家人不说两家话。**

2032. **一家养女百家求。**

2033. **一家有事，四邻不安。**

2034. **一脚门里一脚门外**——喻指妇女出轨。

2035. **一进门，笑嘻嘻，不是借钱就是要东西。**

2036. **一九东至一阳生，二九天寒冷气生，三九滴水冻成冰，四九天气正寒冷，五九正在九九中，六九头上正打春，七九河开水流冰，八九雁来又回春，九九犁牛遍地走，九完天长人送粪。**

2037. **一九九有风，一伏伏有雨**——预兆丰年。一九九：指冬至后的每一个九天。一伏伏：指夏季三伏那些天。

2038. **一酒待百客**——比喻一次性把同类问题都解决了。

2039. **一句话能把人说笑，一句话也能把人说恼。**

2040. **一句话说走嘴，快马追也追不回**——说走嘴：说了不该说的话。

2041. **一句话提醒个懵懂人。**

2042. **一口吃了个李子，谁不知道谁的个底子。**

2043. **一口饭吃不成个胖子。**

2044. **一拉老弟兄**——不分长幼，平等对待。

2045. **一路的儿女，不如半路地儿的夫妻。**

2046. **一卯顶一楔**——比喻各有分工，一人一岗，不能缺席。

2047. **一面子官司难打，昧良心的账难算**——一面子官司：指偏袒一方的做法。

2048. **一明一黑又一天，一春一秋又一年。**

2049. **一年打二春，黄草贵如金。**

2050. **一年算得三次命，没病也要变有病。**

2051. **一年辛苦在于秋，粮不进仓不算收。**

2052. **一娘生九子**——同为一母所生的九个亲兄弟，他们的性格也是各不相同。

2053. **一牛生九犊，共拉五张犁，老牛回头看，谁也顾不下谁。**

2054. **一瓶子不满，半瓶子忽咚。**

2055. **一锹就想剜（wan）个井**——比喻人做事急于求成。

2056. **一青一黄是一年，一白一黑是一天。**

2057. **一人不喝酒，二人不划拳**——划拳：猜拳。

2058. **一人不贪二意**——指做事必须专一，不能分心。

2059. **一人做事一人当。**

2060. **一刃斧子砍**——一刃斧子，木匠用的只在一面磨的斧子。比喻处理事情时把责任或过错都加到一方头上。

2061. **一日为师，终生为父。**

2062. **一声喝到底**——比喻人威信很高，说话威力大，从上到下人人都听从。（喝：方音 ha 大声喊叫）

2063. **一是一，二是二。**

2064. **一天带上两天的干粮，夏天拿上冬天的衣裳。**

2065. **一天咳（hái）三声，比低各人寻**——咳：即“唉”，叹气。比低：倒霉。各人：自己。寻（xíng）：找。

2066. **一天省一把，十年买匹马。**

2067. **一天省一口，一年省几斗。**

2068. **一头风刮，一头鬼摸**——东西被众人以各种方式偷偷拿走。

2069. **一头也磕了，一揖还不奉？**——奉揖：作揖。

2070. **一推个六二五**——原是珠算斤两法口诀“一退个六二五”，用谐音来比喻推卸得干干净净。旧时使用十六两为一斤的秤，与十两秤换算时常用“斤称歌”，“一退六二五”，意思是一两等于十两秤的 0.625 两。

2071. **一碗水端平**——比喻处理事情公正。

2072. **一文价钱一文货，价钱低了没好货。**

2073. **一文钱逼倒英雄汉。**

2074. **一问三不知，神仙没法治**——一问三不知：原意是对某一事情的开始、发展、结果都不知道。现在用来表示对实际情况一点也不知道。

2075. **一窝狐子不嫌臭**——比喻臭味相投，谁也不嫌谁。

2076. **一下没一下**——指人什么本事也没有。下，方言音说成 hà，量词，表示本领、技能。

2077. **一言能惹塌天祸，话不三思休开口。**

2078. **一眼高，一眼低**——指对同一事物，有人认为好，有人认为不好。

2079. **一样样儿的戚**（qi 说成 qia）**人两看待**——不能一视同仁或形容人很势利，对待一般人与有权势的人不一样。

2080. **一也是个打墙，二也是个动土**——打墙：用土筑墙。比喻既然已经动手干了，就索性干到底。

2081. **一阴配一阳，麻猴子配个狼**——多指夫妻俩相辅相成的互补性。麻猴子：狼的俗称。

2082. **一圆棍不挨，挨了两扁担**——比喻不想吃小亏，结果吃了大亏。

2083. **一早三不忙。**

2084. **一争两丑，一让两有。**

2085. **一正压百邪。**

2086. **一只手捂不住两耳朵。**

2087. **一只眼儿的耗子，不敢离墙根**——耗子：老鼠。比喻人没出息，不敢出去打拼。

2088. **一字两头平，戥秤不亏人**——戥：戥子，一种小型的秤，用来称金、银、药品等分量小的东西。最大单位是两，小到分、厘。

2089. **一做营生躲边撒沿，一吃饭就守在锅边**——躲边撒沿：拈轻怕重，遇事躲避。

2090. **衣不加寸，鞋不加分。**

2091. **衣来伸手，饭来张口**——指人不事劳动，却坐享清福，过着衣食无忧的生活。

2092. **医无价，药无价，医生讹人没招架。**

2093. **依葫芦画瓢。**

2094. **疑心生暗鬼**——因为多疑而产生各种幻觉和错误判断。

2095. **艺不压身**——有技艺或多学一门技术，只有好处没有害处。

2096. **艺多不养家。**

2097. **阴不阴，阳不阳**——形容言语或表情让人难以捉摸。

2098. **阴阳会擒坟，他家也死人；阴阳会安镇，他家也受穷。**

2099. **银钱如粪土，脸面值千金。**

2100. **银钱是黑的**——指银钱的多少不公开告人，属于个人隐私。

2101. **银子不够添上钱，没有不下雨的老天爷**——比喻只要多花钱，事情总会办成的。

2102. **营生在身儿了，哪在那虚比扑儿了。**

2103. **营生做遍，穷死没怨。**

2104. **蝇子不能触着鼻尖子**——触：触碰。比喻人容量小，别人稍有触犯，便会大发脾气，不依不饶。

2105. **赢来的钱财不养家。**

2106. **用着你是灵芝草，用不着你是臭禾蒿**——形容人只看眼前利益，用得着时热情、珍重，用不着时冷酷、抛弃，含讥骂意。

2107. **油篓跌倒也不扶。**

2108. **油瓶子跌倒也不扶**——比喻人十分懒惰，不顾家，什么事情也不管。

2109. **油瓶子跌倒也没人扶**——比喻出了问题没人管。

2110. **莜面吃个半饱饱，一吞滚水正好好**——是说莜面耐饥、难消化，净吃一肚子莜面会不舒服。因此，告诫和提醒人们：吃莜面要适量，不可吃得过多过饱。

2111. **有把门的，没把嘴的。**

2112. **有百年的邻居，无百年的亲戚。**

2113. **有病的哼哼，没病的也哼哼**——哼哼：因病痛或难受而发出的呻吟声。比喻吃亏的人有怨言，不吃亏的人也有怨言。

2114. **有仇拿恩解。**

2115. **有的说没的道**——说话随便，胡说八道。

2116. **有福不用忙，没福跑断肠。**

2117. **有福的生在初一日，无福的死在月尽日。**

2118. **有福还得自动弹。**

2119. **有个三长两短**——指发生意外的事故或灾祸。

2120. **有好戏看**——比喻有热闹、好笑的事情出现。

2121. **有酒没菜，不算慢待。**

2122. **有拉弓的，有射箭的**——比喻串通一气，有的充当反面人物，有的充当正面人物，共同干坏事。

2123. **有了后妈就有后老子了**——后妈：继母。老子：爸。

2124. **有了亲娘好，没了后娘好，再没了婶子大娘也好。**

2125. **有了甚也不要有了病，没了甚也不要没了钱。**

2126. **有两把牙刷子**——有点儿真本事。

2127. **有两下子**——指有本事或有办法。

2128. **有没见面的朋友，没有没见面的冤家。**

2129. **有米有面好夫妻，没米没面圪嘟起。**

2130. **有面子的没面子，没面子的尽面子**——面子：情面，脸面；物体的碎面儿。讽刺单位分炭的潜规则。

2131. **有奶便是娘。**

2132. **有你的麸子了，还是有你的面了？**——指什么也没有某人的，含不满意。

2133. **有赔本的贩子，没有贴面的厨子。**

2134. **有前手没后手**——做事不能善始善终或只管使用东西，不管收拾。

2135. **有钱不置半年闲。**

2136. **有钱的吃药，没钱的泡脚。**

2137. **有钱的埋钱，没钱的埋人**——安葬老人随家当，量力而行。

2138. **有钱的娃娃会说话，没钱的老汉力气大。**

2139. **有钱登时转，没钱干撩乱**——登时：当时。干撩乱：枉费心机的行为。

2140. **有钱没钱，剃头过年。**

2141. **有钱没钱不连毛过年。**

2142. **有钱难买回头看，自不小心笑死贼。**

2143. **有钱难买老来瘦。**

2144. **有钱难买五月旱，六月连阴吃饱饭。**

2145. **有钱难买愿意。**

2146. **有钱难买早知道。**

2147. **有钱能使鬼推磨，没钱你是推磨鬼。**

2148. **有钱亲哥热弟，没钱个个远离**——亲哥热弟：兄弟之间关系亲热；也比喻朋友之间关系亲蜜如兄弟。

2149. **有钱人是穿绸摆缎吃包子，没钱人是撵牛放马割蒿子。**

2150. **有钱是老婆汉子，没钱是鬼和判子**——判子：判官。

2151. **有穷人家没有穷村子。**

2152. **有人养没人教**——指责人不懂规矩，没有教养。养：生育。

2153. **有三家穷亲戚不富，有三家富亲戚不穷。**

2154. **有上不去的天，没过不去的关。**

2155. **有他也五八，没他也四十**——比喻有他没他都一样，都无关紧要。

2156. **有秃的避秃，有瞎的避瞎。**

2157. **有小不愁大，就怕养不下**——小：小的，指初生小孩儿。大：长大。就怕：单怕，只怕。只要能生下，就不愁长不大。

2158. **有心拜年，过了寒节也不迟**——寒节：寒食节，详见“第六章第二节节日节气”词条“寒节”。

2159. **有心下蛋，无心垒窝**——比喻想做某事，却不去努力实现。

2160. **有眼不识金镶玉**——比喻见识浅陋，缺乏识别事物的能力。

2161. **有也五八，没也四十**——比喻有没有某物都一样。

2162. **有再一再二，没圪再三再四**——指偶犯错误还可以原谅，但不能累犯。

2163. **有嘴的打的没嘴的。**

2164. **又想吃荤，又嫌圪膻气**——圪膻气：腥臭味。比喻人想做某事，却又有所顾虑。

2165. **又想吃荤，又嫌圪腥**——圪腥：荤腥味。比喻想做某事，却又有顾虑。

2166. 幼年贪玩，老了提篮（讨饭）。
2167. 鱼怕离水，草怕见霜。
2168. 鱼找鱼，虾找虾，乌龟找的是王八。
2169. 与其仰面求人，不如低头求土。
2170. 予人方便，自己方便。
2171. 欲知世上理，将人比自己。
2172. 遇上灵神好讨卦，遇上灵人好说话。
2173. 遇事三分木，开口半分傻——木：木讷。
2174. 原汤化原食——原食，指淀粉类食物；原汤，煮这些食物的水。吃面条或饺子等后，喝原汤有助于消化。
2175. 远来的和尚会念经。
2176. 远亲不如近邻，近邻不如对门。
2177. 远水不解近渴，远亲不如近邻。
2178. 远在天边近在眼前——形容距离很近，就在身边。
2179. 愿隔千里远，不隔一层板——板：指棺材板。
2180. 月头不算账，月底闹饥荒——闹饥荒：闹意见。
2181. 越吃越馋，越睡越懒。
2182. 越热越出汗，越冷越打战。
2183. 越捂越盖，病得越快。
2184. 越坐越懒，越吃越馋。
2185. 云里的阳婆，洞里的风，蝎子的尾巴后娘的心。
2186. 再耐的皮绳总有个断，再好的席面总有个散——耐：结实；牢固。
2187. 在行思行，出行想行——在这一行干，觉得另一行好，一旦离开这一行，又思念这一行的好处。
2188. 在家敬爷娘，何必远烧香。
2189. 在家靠爹娘，出门靠墙墙。
2190. 在家靠父母，出门靠朋友。
2191. 在哪摔倒，就在哪爬起来。
2192. 在外的金子，不如在手的铜。
2193. 攒钱好比针挑土，用钱犹如水推沙。
2194. 早起一时一天松，早起一辰顶一工。
2195. 早娶媳妇儿早撩气，早生儿子早得济。
2196. 早上不知晚上的事。
2197. 早死早转生，辈辈活年轻。
2198. 早雨不多，下湿耳朵。
2199. 早知老婆死，卖了活人妻——活人妻：离了婚的妇女。
2200. 早知三天，富贵一千年。
2201. 造个蚂蚱还有三分露水了——指各种生物及人都各有天然的生存条件或优势。
2202. 贼不打三年自招。
2203. 贼不空过——指盗贼一旦进屋，总得拿点东西才走。
2204. 贼来不怕客来怕——极言其贫困。
2205. 贼绺有钱的，狗咬可怜的——绺 liu：动词，偷。原指系荷包的丝带，“纬十缕为一绺”（《说文》）扒手常常剪断此绺以行窃。故也叫“剪绺”。
2206. 贼人自底虚——指人因做了坏事而心虚。
2207. 贼是小人，智过君子。
2208. 贼无底细，寸步难行。
2209. 贼无冤家，只偷便家——便家：疏于防范之家，便于贼偷盗。
2210. 贼无脏，嘴如钢。
2211. 贼心铁胆子——形容贼人胆子大或胆大妄为，屡教不改。
2212. 贼咬一口，入骨三分。
2213. 贼在当门坐，无赃没奈何。
2214. 贼走啦，才脑出刀子来了——脑（别字）：用肩膀扛或用手臂举起。
2215. 缯住个扎口子，谁能供见你是甚意思——缯 zèng：扎住。扎口子：原指口袋的口子，这里指嘴。缯住个扎口子：原指扎住口袋的口子，这里比喻不说话。供：猜。不说话，谁也猜不出你的意思。

2216. **扎针拔罐，病好一半。**

2217. **铡草繟（chǎn）腰子，饮马打哨子，凉房断（追）耗子，收钱数票子**——繟（chǎn）：解开。打哨子：吹口哨。比喻干的都是最清闲的活儿。

2218. **站没个站相，坐没个坐相**——形容人没有教养，不懂规矩。

2219. **站着说话不嫌腰疼**——比喻说话主观片面，不能体会、理解对方或当事人的感受；不做事不知道其中的难处。

2220. **长蔓菁，板芋头，要吃萝背小屁股**——萝背：萝卜。这是挑选三种蔬菜的标准，萝背的屁股，指萝背长茎叶的部位。

2221. **长木匠，短铁匠，不长不短是石匠。**

2222. **长木匠，短铁匠，糊糊抹抹泥瓦匠。**

2223. **长上十双手，按不住众人口。**

2224. **长五月，短十月，不长不短二八月。**

2225. **长兄如父，老嫂比母。**

2226. **这儿省的，那儿等的**——此处节省，彼处浪费。

2227. **这山望见那山高，到了那山没柴烧。**

2228. **针尖大的窟窿，椽头粗的风。**

2229. **针尖大的窟窿，斗大的风。**

2230. **针尖上削铁**（有也没多少）——在针尖上削下铁来卖钱。形容人十分贪婪，极小的利益也不肯放过。

2231. **真的假不了，假的真不了。**

2232. **真人不露相，露相不真人。**

2233. **睁半眼儿合半眼儿**——类“睁一只眼闭一只眼”。

2234. **只编笸篮不收沿**——笸篮：用柳条等编成的筐。沿：边儿。编好笸篮的主体部分后没有把边儿编好。比喻人做事没有做收尾工作；或做事不考虑自己的实力，一味地贪多求大。

2235. **只借不还，再借万难。**

2236. **只看贼吃肉，不看贼挨打。**

2237. **只可救苦，不可救赌。**

2238. **只可劝人家圆，不可劝人家离。**

2239. **只说过五关，不说走麦城**——比喻人爱炫耀自己光彩的事，不说自己那丑陋或倒霉的事。

2240. **只说过五关斩六将，不说喝米汤拉一炕。**

2241. **只往里糊涂，不往外糊涂。**

2242. **只嫌肚小牙不快**——本指人很贪吃，埋怨自己吃得慢吃得少，转喻人十分贪婪，总觉得自己得到的少，含讥讽意。

2243. **只有出的气，没有进的气**——形容人呼吸微弱，生命垂危。

2244. **只有个九十九，没有个一百一**——卖出的东西只会少，不会多。

2245. **只有享不了的福，没有受不了的罪。**

2246. **知大识小，人恭礼法**——形容人很懂礼义，尊老爱幼。

2247. **智养千口，力养一人。**

2248. **忠臣也挨刀，奸臣也挨刀，只有顺臣不挨刀。**

2249. **种得深了窖啦，种得浅了漂啦**——指种地下种深度的难以把握。种下得深了，种子即使发了芽也难以顶出地面；下种浅了，种子就会干死甚至被风吹走。

2250. **种地不上粪，等于瞎胡混。**

2251. **种在时节不怨人，养过秋分不怨天**——时节：节令；季节。

2252. **众人的老子没人哭**——指责人们不关心公益事业。

2253. **众人朋柴火焰高。**

2254. **众人拾柴火焰高，一人拾柴燎牛毛。**

2255. **众人是圣人**——指群众的智慧是无穷的。

2256. **重打锣鼓重唱戏**——重新打击锣鼓重新开始演唱。常常用来比喻重新开始做事或从头再来。

2257. **重阳没雨看十三，十三没雨一冬干；重阳有雨看十三，十三有雨冻冰山。**

2258. **朱尔沟的烟叶子毕克齐的蒜，北什轴的闺女不用看**——朱尔沟、毕克齐、北什轴均为土默川地名。

2259. **猪吃百样草。**

2260. **猪猫儿狗不是**——形容人看着什么也不顺眼，乱发脾气的样子。

2261. **猪皮贴不在羊身上**——比喻因为没有血缘关系而不能和谐相处。

2262. **猪肉烩菜，生活不赖；有米有面，生活挺惬**——赖：不好，差。惬：qiè，心里满足，感觉舒服。

2263. **猪肉烩菜山药蛋，糜米酸粥家常饭。**

2264. **猪心食窟子**——比喻人脑袋不开窍；也比喻人就记得一个“吃”字。

2265. **竹筒倒豆子**——比喻说话直爽，痛快，有啥说啥。

2266. **主帅无能，累死三军。**

2267. **拄棍棍拄长的，交朋友交强的。**

2268. **煮熟的鸭子还能叫飞了？**——比喻到手的东西不能又失去。叫：让。

2269. **抓起耙儿抡扫帚**——原指在场院打粮时紧张干活儿的情景，用来形容人十分勤快或忙碌，一会儿干这，一会儿干那。

2270. **庄户看见别人的好，娃娃看见各人的亲**——庄户：庄稼。各人：自己。

2271. **庄户人不用问，人家做甚你做甚。**

2272. **锥尖子遇上枣骨子**——枣骨子：枣核。比喻强者相遇，互不退让。

2273. **拙匠人，巧主人。**

2274. **捉鳖不在水深浅，只要遇到手跟前**——不在：不在于。遇：碰。手跟前：手边。比喻只要有机会就能蒙骗人；也指受蒙骗者自找上门。

2275. **自搬石头自打锅**——自己搬起石头砸烂自己的锅。比喻本想害人，反而害了自己。

2276. **自称三齐王**——三齐王：秦朝灭亡后，项羽在齐国故地立故齐王族人田都为齐王，田市为胶东王，田安为济北王，合称为三齐王。比喻某人在群体中自称领导者，含讥讽意。

2277. **自从讨了吃，再没往下穷**——讨了吃：当了乞丐。形容人穷到了极点，含诙谐意。

2278. **自打锣鼓自唱戏**——比喻需要几个人协作的事情均由自己一个人来做。

2279. **自戴笼嘴**——笼嘴：为防止牲畜吃庄稼而给其嘴上戴的孔状的罩。比喻人因为自身原因而吃不开。

2280. **字是出马枪**——指做学问先要写好字，写字能从一个侧面上反映出人的个性和修养，给人以第一印象。

2281. **字是个黑狗，越描越丑。**

2282. **走胡地，随胡礼**——到什么地方就随什么地方的礼俗。

2283. **走了个拍马没回头**——拍马没回头：有去无回；一去不复返。

2284. **走了个一挂面儿**——一挂面儿：有去无回，一去再没有见面。

2285. **走马看花红**——同“走马观花”。

2286. **走时气不在那打早起**——指人运气好，虽然起得迟，却能得到意外的好处。走时气：有运气。

2287. **走一处不如守一处。**

2288. **走一时看一时。**

2289. **走阴司说鬼话**——阴司：阴间，阴曹地府。比喻人说谎成性。

2290. **走在甚路上说甚话。**

2291. **钻头不顾身子**——比喻人为了谋取利益，不管前不顾后，不考虑自己的名声，更不考虑别人的利益。

2292. **攥住捶头叫人供**——捶头：拳头。供：猜。

2293. **嘴叉窝儿深**——说明开口大,用来比喻受贿者胃口大,贪得无厌。

2294. **嘴短角角长，槽子垒得靠了墙**——角角（jia jia）：动物的角，这里指牛角。牛的嘴短角长，槽子又离墙太近，牛吃不上槽内的草料。比喻人受多种主、客观条件的限制，得不到某种利益或好处。

2295. **嘴就和割脚刀子呀似的**——比喻说话快而尖刻。和:说成“hài”,像。

2296. **嘴里蜜八八，心里辣夹夹**——话说得像蜜一样甜，心里却十分狠毒。辣夹夹：辣椒。

2297. **嘴里压不住个麻壳日**——爱翻舌，嘴不牢。

2298. **嘴勤渎子懒，吃饭挑大碗**——渎子（别字）：屁股；臀部。讥讽人爱说，爱指使人，自己却坐着不动，吃饭的时候挑大碗盛饭。

2299. **嘴上没毛，说话不牢**——没毛：指没有胡须。不牢：不可靠。讥讽年轻人信口开河，说话可信度差。

2300. **嘴上没有把门的**——讥骂人说话没有分寸，低俗粗野，该说和不该说的话全往外说。

2301. **嘴一份儿，手一份儿**——又能说，又能干事情。

2302. **左耳朵进，右耳朵出**——从左耳朵进来，马上又从右耳朵出去。形容不愿意听取别人的话或意见。

2303. **左手不如右手，娘有不如自有。**

2304. **左右忙，遇了个鬼断狼**——断：追；赶。比喻人本来已经很忙碌，却又遇上了麻烦事情的搅扰。

2305. **作中作保，自寻烦恼**——作中作保：作中介，作保人。

2306. **坐得渎子歪了又扭正**——渎（别字）子：臀部。形容人很清闲，没事干。

2307. **坐十一号汽车**——十一号：指代人的两条腿。比喻人步行，含戏谑的色彩。

2308. **坐下出气匀，动弹嫌肉疼**——出气匀：呼吸均匀舒畅。动弹：劳动，干活儿。指人很懒惰，经常坐着不干活，含讥讽意。

2309. **做买卖不懂行，等于瞎子撞南墙。**

2310. **做甚的务甚，讨吃子务棍**——做什么都要精心。

2311. **做营生挪挪对对，吃东西滋滋味味**——挪挪对对：借故拖延，推诿。滋滋味味：味道很香。讥讽人好吃懒做。

2312. **做营生疹（tǎn）眉混眼，吃东西没眉虎眼**——没眉虎眼：做事不管前，不顾后，钻头不顾身子。疹：疲乏喘息貌。

2313. **做在人前，吃在人后——**指厨师做好饭以后，等别人吃完了自己再吃。形容人吃苦在前，享受在后。

2314. **做贼心虚，放屁脸红。**

2315. **白萝背扎刀子——不出血。**

2316. **包文正的儿——傲门儿。**

2317. **抱上元宝跳井——舍命不舍财。**

2318. **抱着娃娃进当铺——各人当人，人家不当人。**（各人：自己）

2319. **抱住香炉打嚏喷——灰到眉毛脚后跟。**（嚏喷：喷嚏。比喻灰到底了）

2320. **抱住香炉打嚏喷——专寻灰了。**（嚏喷：喷嚏。专：故意。寻：找）

2321. **背抄手进鸡窝——不捡一颗蛋（不简单）。**（背抄手：把手放在背后）

2322. **鼻梁凹儿栽海娜——进眼货。**（海娜：凤仙花）

2323. **鼻梁凹儿栽海娜——眼前花。**（海娜：凤仙花）

2324. **玻璃锅盖——明受气。**

2325. **不出芽的谷子——坏种。**

2326. **茶壶里头煮饺子——肚肚里头有货，嘴嘴号儿倒（道）不出来。**（号儿：里）

2327. **车渠号儿的稀狗屎——轧不住，离不开。**（轧 ga：结交，合）

2328. **城隍庙里头着了火了——烧得鬼抽筋了。**（城隍：迷信传说中守护城邑的神，起源于古代的水（隍）庸（城）的祭祀，“城”原指挖土筑的高墙，“隍”原指没有水的护城壕，后来演变为城池的守护神。城隍，有的地方又称城隍爷，是汉族宗教文化中普遍崇祀的重要神祇之一，为儒教《周宫》八神之一，也是汉族民间和道教信奉的守护城池之神。他不但护佑一方水土的安宁，而且世上官员善恶都归他管，他是剪除凶恶、保国护邦之神，并管领阴间的亡魂，是负责阴间司法的第一关卡，职权相当于阳界的市长）

2329. **吃上柳条屙箩头——肚里编的。**

2330. **搐（chū）鼻骡子卖了个驴价钱——不镶钱在嘴头子上了。**（搐鼻骡子：鼻子长得异样的骡子。不镶钱：不值钱）

2331. **穿青的骑了个黑叫驴——一样样儿的毛片。**

2332. **穿上皮袄喝烧酒——里外发烧。**

2333. **槌板石打耗子——击（急）溜出眼珠子了。**（槌板石：洗衣服时捶打衣服用的平石头。急溜，指人机灵。全句讽刺人机灵的过分了）

2334. **大肚女人进产房——人里头有人了。**

2335. **大肚女人看戏——里外尽人。**

2336. **大肚女人骑骣（chǎn）驴——靠前也不对，靠后也不对。**（骣驴：没有加鞍子的毛驴）

2337. **大闺女纳屎布——闲时做下忙时用。**

2338. **大闺女讨吃——死心眼儿。**

2339. **大闺女坐轿——头一回。**

2340. **大年下吃烧山药——灰心入肚。**

2341. **大年下的馍馍——年（乜）货。**（乜 nié货：呆傻、一根筋，不知变通，一条路走到黑的人。）

2342. **大水刮了龙王庙——各人家也不认**

各人家了。（刮：水淹。各人家：同一家族，自家）

2343. **大瓮里头捉鳖——稳拿。**

2344. **大雁回家——咯咕咯。**（咯咕咯：各顾各，谐音。各：各人，自己）

2345. **大衣柜没拉手——抠门儿。**（扣门儿：吝啬）

2346. **大召前头的百灵子——耐惊耐吓。**

2347. **地皮菜碰上濛生生雨——舒（输）展了**（舒展了：谐音，赌博"输展啦"，即输光了。濛生生雨：毛毛雨，纷纷细雨）

2348. **吊死鬼抹粉——死不要脸。**（吊死鬼：上吊自杀的人）

2349. **吊死鬼耍大刀——死的不凶闹的凶。**

2350. **豆腐跌在灰堆号儿了——捶（吹），捶不得，打，打不得。**（跌：掉。号儿：里。捶：用拳头打）

2351. **豆腐装枕头——心（芯）太软。**

2352. **对上穿衣镜儿奉揖——自己恭维自己。**（奉揖：作揖）

2353. **二圪蛋压骡子——颤也不颤。**（颤：理）

2354. **二股杈打老婆——一下顶两下。**（二股杈：顶端分开两个叉的长棍）

2355. **房檐上的冰溜(柱)子——根子在上头。**

2356. **坟园里头的柿饼子——多会儿也是给鬼留的了。**（柿饼子：这里泛指给死者的供品）

2357. **粪巴牛打嚏喷——满嘴臭气。**（粪巴牛：屎壳郎。嚏喷：喷嚏）

2358. **粪巴牛进了羊圈了——搔（zǎo）毛没毛，杀肉没肉。**（搔 sǎo，方言读 zǎo：用小型耙类工具把牛、羊等动物身上脱落的毛梳下来。粪巴牛：屎壳郎）

2359. **父子俩吃饺子——没肉嚰，有肉哇咱们借上点儿面就能吃一顿饺子。**（哇：语气词，表示假设语气。"有肉哇"相当于"如果有肉的话"）

2360. **父子俩拉车——个别人不发力。**（发力：用力，出力）

2361. **高粱地里耍大刀——诈唬哪个割草草的了？**（诈唬：吓唬）

2362. **高粱叶子烧纸——日哄鬼了。**（日哄：哄骗）

2363. **高射炮打蚊子——大材小用。**

2364. **圪丑擦屁股——两捯手**（圪丑：拳头。比喻简单事情复杂办）

2365. **圪料眼儿喝拌汤——瞅不准大疙瘩。**（圪料眼儿：斜眼儿。大疙瘩：大块儿）

2366. **圪柳棍儿打平地——着一头，不着一头。**（圪柳棍儿：弯曲的棍子）

2367. **圪桃虫挖奔子——微微不动。**（圪桃虫：蛴螬。挖奔子：急跑）

2368. **圪桃换柿子——吃软不吃硬。**（圪桃：核桃）

2369. **圪膝盖上钉掌——离蹄（题）有点远。**（圪膝盖：膝盖）

2370. **割上圪针喂老牛——心尽了。**（圪针：一种带刺的植物。比喻只从形式上应付，并不管实际上是否妥当或需要）

2371. **隔着玻璃说话——夹音了。**（夹音：隔音。比喻因为没有听清楚话而产生了误会）

2372. **各人的捶头捣各人的眼窝子——自作自受**（各人：自己。捶头：拳头。眼窝子：眼睛）

2373. **公鸡带咚铃——假装大牲口了。**（咚

铃：骆驼脖子上挂的大铃铛）

2374. **公鸡带嚼子——兜不住了。**（比喻人得势轻狂。）

2375. **狗吃刺猬——没法下口。**

2376. **狗扑耗子——多管闲事。**

2377. **棺材里搞出头来了——死不要脸。**

2378. **裹脚条条号儿的虱子——吃不上个香东西。**（裹脚条条：裹脚布条。号儿：里）

2379. **喝酒吐在酒桌上——原拿原放。**

2380. **蛤蟆顶锅盖——装鳖。**

2381. **蛤蟆跳井——不懂（卜咚）。**

2382. **耗子跌在白面瓮号儿了——翻白瞪眼儿了。**（比喻人耍赖，不认账）

2383. **耗子给猫儿舔脸——泼上命的溜舔。**

2384. **耗子拉木锨——大头头在后头了。**

2385. **耗子舔猫蛋——圪谄得不要命了。**（圪谄 chǎn：得寸进尺的娇媚状）

2386. **耗子钻在风匣号儿了——两头受气。**（风匣：风箱；号儿：里）

2387. **和尚的帽子——平卜塌。**

2388. **黑地儿切谷子——有两岁（穗）了。**（黑地儿：暗地里）

2389. **黑老哇落在猪身上了——谁也不要笑话谁。**（黑老哇：乌鸦。落，lao）

2390. **红了烤旺火，黑了抄摞炭——红黑死挨。**（抄 shà：挑选、挑拣。摞炭：煤渣，煤核儿）

2391. **花椒煮猪头——肉麻。**

2392. **黄瓜打毛驴——绝了。**

2393. **豁牙牙啃西瓜——有个道道就行了。**（豁牙牙：指个别门牙脱落的人。本句指办事应付，意思意思就行了）

2394. **火烧纸货铺——迟早的事。**

2395. **货箩子担出他妈来了——货尽了。**（货箩子：过去指担着箩柜子卖货的小商贩）

2396. **虮日放屁——小气。**（虮日：虱子的卵。小气：比喻人气量小，吝啬）

2397. **结嗑子嚷架——我也是那（nai）**（嚷架：吵架）

2398. **疥蛤蟆跳门限——又敦渎子又伤脸。**（疥蛤蟆：癞蛤蟆。门限：门槛。敦：从高处急速下落而被地面撞击。渎子：臀部）

2399. **借上娃娃过满月——要排场。**

2400. **揪住胡才过河——牵须（谦虚）。**（胡才：胡须）

2401. **看三国掉眼泪——替古人担忧。**

2402. **裤裆里放屁——两岔儿。**

2403. **拉圪不走，推圪倒退——犟驴脾气。**

2404. **狼吃鬼了——没影儿的事。**

2405. **狼跳捞捞——日哄人了。**

2406. **老毛驴跌在卤汤锅号儿了——好活得脱了骨了。**（卤汤：煮肉的汤。号儿：里。好活：身不受累，心不受苦，日子过得舒心乐活。脱骨：骨肉分离。讥讽人身不受累，心不受苦，活得过于舒服）

2407. **老娘娘的裹脚——又臭又长。**

2408. **老娘娘过年——一年不如一年。**（老娘娘：老太婆。）

2409. **老牛吃山药——脔（luán）圪蛋。**（脔圪蛋：嘴里含着块状或较坚硬的食物嚼来嚼去的样子。脔：小块儿肉，这里当动词用）

2410. **老寿星骑了个狗——有福没禄（鹿）。**

2411. **姥姥生了个小儿子——有救（舅）了。**

2412. **两个和尚打架——谁也抓不住谁的辫子。**

2413. **刘备哭荆州——要香赢。**（香赢：

便宜；好处）

2414. 聋子的耳朵——配伴。

2415. 笼镜馏驴——蒸（真）牲口。（笼镜：笼，笼屉）

2416. 炉坑号儿的蛤蟆——灰爬。（号儿：里，里边。灰爬：代指不争气，不求上进的人）

2417. 炉渣灰稳根脚（jia）——打下灰底子了。

2418. 卤水点豆腐——一物降一物。

2419. 络腮胡吃麻糖——撕撅（jué）不开。（撅：撕，拉，揪）

2420. 骆驼撒欢儿——大没样儿。

2421. 麦秸秸里头睡觉——细人。（麦秸秸：麦子的秸秆）

2422. 卖布不拿尺子——瞎扯。

2423. 卖瓦盆不论个儿——一来就是一套。

2424. 满家人嚎丧——就红火你一个人了。

2425. 猫道里头擩擀杖——直来直去。（擀杖：擀面杖。擩 rù:塞，把较长的东西放进或塞进某物体中）

2426. 猫儿吃了菜了——日了怪了。（日了怪了：奇了怪了）

2427. 毛鬼神坐轿——押轻不押重。（比喻人轻浮）

2428. 毛毽儿上的鸡毛——钻到钱眼里去了。（毛毽儿：毽子。过去的毽子，底部用铜钱，鸡毛插在铜钱的钱眼里制作而成）

2429. 没笼头的马——野惯了。

2430. 门缝缝号儿看人——把人瞧扁了。

2431. 梦梦娶媳妇儿——想得美或尽想好事了。

2432. 面儿沟，哈拉哈少——两头照应不到。（面儿沟和哈拉哈少是土默川大青山山区的两个地名，一个在山前，一个在山后。比喻两件事情难以同时兼顾）

2433. 木匠吊线——睁一只眼闭一只眼。

2434. 牛皮灯篓——里明外不亮。

2435. 拍一下肩膀屁股疼——浑身是病。

2436. 潘仁美的脚（jia）板子——里勾外连。（脚板子：脚）

2437. 判官吃大豆——鬼嚼牙杈骨。（大豆：蚕豆）

2438. 屁股上的记——黑记（计）。（记：胎记。黑记：谐音为“黑计”。比喻行不通的计谋）

2439. 屁股上滴溜的个死耗子——假装打牲的了。

2440. 脯胸上挂笊篱——捞（劳）心捞（劳）肺。（脯胸：胸脯，胸部）

2441. 七虎子聘女儿——干忙没做的。

2442. 骑个毛驴拄根棍儿——好活了一阵儿是一阵儿。（好活：身不受累，心不受苦，日子过得舒心乐活）

2443. 掐住现大洋吹了一口气——不想（响）是假的。

2444. 钱到手头，饭到口头——存不住。

2445. 墙号儿的柱子——暗地儿发力。（号儿：里。发力：出力。比喻暗地里为某人帮忙或出力）

2446. 墙上挂门帘——没门儿。

2447. 荞麦皮打浆子——谁也不粘谁。

2448. 清脓带打人——软糟塌人了。（脓带：鼻涕）

2449. 曲灯子点电灯——其实不然（燃）（曲灯子：火柴）

2450. 雀儿头包饺子——尽嘴。

2451. 三疙瘩砖盖了个庙——能住下几个老道。（三疙瘩：三块儿）

2452. 三九天打雷——圪才才地兜了个没

的。（圪才才：声音响亮。兜：说。比喻人胡说八道）

2453. **三十黑夜没月亮——对下那个圪点儿了。**

2454. **三十晚上看月亮——没指望。**

2455. **三张纸糊了个毛驴头——好大的脸面。**

2456. **筛子做锅盖——走气处不在一忽圞儿。**（比喻问题和漏洞特别多。一忽圞儿：一处。）

2457. **山老大进城——四七麻营。**（四七麻营：感觉乱糟糟的，没有头绪的样子）

2458. **山老大赀鱼——津水湿卜榔。**（赀zì：用秤称，即测定重量，指买称量的东西。津水湿卜榔：指含水量大的物体）

2459. **上坟烧报纸——哄鬼了。**（哄：哄骗）

2460. **绱鞋不用锥子——真（针）好。**（绱鞋：把鞋帮和鞋底缝在一起）

2461. **烧香抠屁眼儿——惯下的手法子。**

2462. **湿脚板子戴礼帽——顾上不顾下**（湿脚板子：光脚）

2463. **石狮子的屁股——没门儿。**

2464. **石头捣磨扇——石捣石（实捯实）。**（实捯实：实实在在，实事求是）

2465. **属公鸡的——光叫唔，不下蛋。**（叫唔：叫；唔 huo，方言说成 hua）

2466. **耍把戏的割头——都是假的。**（耍把戏的：表演魔术的人）

2467. **死了老婆哭妈——急抓。**

2468. **讨吃子打算盘——穷有穷的打算。**

2469. **讨吃子流鼻血——人穷火大。**

2470. **讨吃子起五更——穷忙。**

2471. **讨吃子娶他妈——穷将就。**（将就：凑乎）

2472. **讨吃子晒阳阳——享天福。**（晒阳阳：晒太阳）

2473. **讨吃子要糕——正等甚的了。**（正中下怀，求之不得）

2474. **剃头洗渎子——大错一圪截。**（渎子：臀部。一圪截：一大段儿）

2475. **跳腿子下山——前（钱）短。**

2476. **童养媳妇拿钥匙——当家不主事。**

2477. **头上害疮儿，脚底流脓——坏透了。**

2478. **秃死怪吃它妈——丑名在外。**（指坏的名声张扬在外，尽人皆知。）

2479. **秃子跟上月亮走——沾光。**

2480. **秃子头上的虱子——明摆的了。**

2481. **秃子头上的虱子——有吃处没住处。**

2482. **脱了裤儿放屁——多加一道手续。**（裤儿：裤子。喻简单事情复杂办）

2483. **瓦兹兹劐（huō，划）屁股——越劐（获）越深。**（劐（huō）：用刀、剪等利器插入物体然后顺势把物体的外皮刺开）

2484. **外甥子打灯篓——照旧（舅）。**

2485. **五明头的鸡儿——乱叫。**（比喻人乱讲话）

2486. **戏场儿的媳妇儿——都有主儿了。**（戏场儿：看戏的露天场地）

2487. **戏子的胡子——假的。**（戏子：旧时对专业的戏剧演员的称呼。含轻视意）

2488. **瞎三拉胡胡——咯儿咕咯儿。**（胡胡：二胡或四胡。各儿：自己。咯儿咕咯儿：各儿顾各儿，自己顾自己）

2489. **瞎子点灯——白熬油。**

2490. **瞎子拉毛驴——不松手。**

2491. **瞎子磨刀——快了。**

2492. **馅儿饼抹油——白捎。**（意为白搭）

2493. **小葱儿拌豆腐——一清(青)二白。**

2494. **小猫儿喝烧酒——够呛!**

2495. **哑巴拜外父——多磕头，少说话。**（外父：岳父，丈人）

2496. **哑巴吃黄连——有苦难言。**

2497. **哑巴吃饺子——心中有数。**

2498. **阎王爷请客——来的都不是人。**

2499. **窑黑子打断腿了——浅擦擦。**（窑黑子：煤黑子。旧时对煤炭工人的蔑称）

2500. **一根绳绳上拴的两个蚂蚱——谁也跑不了。**

2501. **一根线上拴的两蚂蚱——跑不了我也飞不了你。**

2502. **一天三刮络腮胡——你不让我出头，我不让你露面。**

2503. **油锅里头炸麻花——越拨拉越硬。**

2504. **月亮进了家了——越圪此你越来了。**（圪此：娇惯。比喻人不识抬举，得寸进尺）

2505. **月子儿的娃娃啃冻糕——狠食。**（月子儿：月子里。狠：竭力；全力以赴。狠食：过分地贪求）

2506. **蒸包子揭出馅儿饼来了——噗板了。**（噗：讽刺，讥讽人。板：扁）

2507. **正月十五贴门神——迟了半个月。**

2508. **纸糊的棺材——哄鬼。**

2509. **纸糊的锅盖——受不得气。**

2510. **种上荞麦上来豌豆了——灰得连棱子也没啦。**（连棱子也没：没棱子。比喻人不成器，没志气，穷得什么也不讲究了，灰得不像样儿了）

2511. **猪八戒的直背——无能(悟能)之辈(背)。**（直背：脊背）

2512. **猪往前拱，鸡往后刨——各是各的门道。**

附录：土默川民间故事——

老鼠告狸猫

郝万慧整理改编

1989年

题记：

在此之前，猫吃耗子是吃肉、喝血、退皮、剩骨，自此之后，猫吃耗子连毛齐吞；自此之后，民间有了正月初十过“十子”的习俗，这天晚上人们在瓮旮旯点灯祭鼠神，祈祷鼠神不要糟害自家的庄稼、粮食、物品，同时，也为娶亲的老鼠照明；自此之后，“狗扑耗子，多管闲事”的歇后语也在民间流传开来。

一、娶　亲

话说有这么一家，家住土地省墙角县窟窿村，姓老名鼠字耗子，独生一子，名唤灰窜。在小瓮城结定一门亲事。这一天，老耗子坐前堂，请出母鼠来商量。

老鼠开言道：

瓮城咱媳妇，俊秀又温良，

咱家小灰窜，年龄也相当。

有心早早娶过门，只因路途不平稳，

生怕半路遇仇人，娶亲碰上猫弟兄。

母鼠听罢开言道：

树有枝叶草有根，胎卵温化辈辈生，

自古一辈传一辈，辈辈公鸡会叫鸣，

养儿不给娶媳妇，怎能怀中抱孙孙？

咱择下吉日良辰，挑上些精干后生，

单等那夜至三更，悄悄地前往瓮城，

一路上锣鼓不鸣，怎么会遇上仇人？

老鼠闻听笑哈哈，由不住地把妻夸：

我妻说话真爱听，好比周朝姜太公；

虽非孔明又重生，胜过明朝刘伯温！

好好好，就依我妻高见。

于是，打开万年历，先把日子选：

看利月，躲黑道，三六九，都不妙，

顶数正月初十好。

吉日良辰已择好，老鼠突然又叹道：

唉——

咱家老人死得早，留下咱们岁数小，

红白喜事没经验，怕糟害银钱也闹不好！

母鼠听罢生了气，责怪老头子没出息：

你小事不敢，大事不断，

呆头呆脑，心眼儿死搬，

动不动就长唉短叹，

一遇事就眉头缩个圪蛋。

东庄他圪令大爷，专门会办事宴。

请他来代东应酬，这也用你犯愁？

一句话提醒个懵懂人，

老鼠听罢展眉心。

取来文房四宝，先把喜帖写好，

母鼠磨墨真手巧，老鼠挥笔似文豪。

上写道：

“今择良辰正月初十晚，给小儿完婚，敬备菲酌，恭请眷亲光临。

老鼠带子鞠躬

某年正月”

老耗子唤来侄儿尖郎，嘱咐道：

初十给你哥哥办喜，你带上喜帖，发送咱鼠家亲朋；再去东庄请你圪令大爷前来代东。咱家数你伶俐，你要注意礼仪，沿途小心，快去快回。

闲言不叙，且说小尖郎请得老圪令，进鼠府，先茶后酒，酒罢用饭，饭后商谈。

老鼠道：

只因小儿完婚，烦请老兄代东，

我对办喜一窍不通，不知如何安顿？

圪令道：

老弟不必太客气，咱们快把大事议，

眼看吉日就来到，应把鼓轿先定好。

尖郎闻听插嘴道：

要定鼓轿，我可知道：

圪针沟，虽然小，瞎老师傅名声高，

人有千言说得好，不如盲鼠吹得好，

又吹唢呐又吹号，吹罢小曲走大调，

羊皮鼓咚咚敲，铜锣当当节奏巧。

铙钹拍得真入调，二胡四胡吱牛牛叫，

八个轿夫走得好，备有四乘玻璃轿。

好好好，妙妙妙，你就快去写鼓轿。

尖郎前往圪针沟，圪令接着又吩咐：

庭院内外要整治，焕然一新办喜事。

依我看，

门前土堆要推平，洒上清水压黄尘。

事宴以前别打洞，要把庭院扫干净。

大门上，贴双喜，喜房门上挂彩红；

天地堂前设香斗，红毡铺地一崭新。

拜罢天地入洞房，洞房更要用心整：

炕桌一张烛两根，准备新人守喜灯，

梳妆台前乌木凳，梳妆台上摆铜镜，

墙角再放洗脸盆，早晚梳洗讲卫生。

母鼠听罢很满意，吩咐马上去准备，

老鼠敬上一杯茶，接着再把席面议。

圪令道：

依老兄，如此安排最阔气：

八仙桌，四角方，乌木筷子配成双，

银酒壶，金酒杯，玉液琼浆饮杜康。

三盘六碟一起上，冷热荤素各飘香。

红烧鹅，火烤鸭，整鸡完鱼鲜熊掌，

油炸虾，清蒸羊，银耳玉兰火腿肠，

海参鱿鱼营养大，红枣点心燕窝汤，

山珍海味都尝尝，定叫亲朋喜洋洋。

这正是——

一口酒，一口肉，放下筷子啃骨头，

亲朋饭饱酒也足，谁不夸咱多豪富？

老鼠乐得翘尾巴，漫捋胡须嘴难合：

人间有啥咱有啥，咱比富人不差啥，

尽管吩咐别犯愁，缺短什么连夜偷！

圪令又道：

“至于娶亲人等，迎亲用友，我可不能擅做主张，还得东家定酌。”

母鼠主意早打定，她给圪令数得清：

金眼黄鼠当大戚，仓鼠来了伴新人。

二戚用个好媳妇，黄土梁上请吉兔，

小吉兔，真精明，颧骨高高眼带神，

嘴上巧生豁从从，百里挑一好貌容，

只是耳朵有点大，戴上凤冠遮住它。

迎亲礼仪很讲究，需到南庄请田鼠，

人家出生大门户，保证话到礼又周。

话音刚落尖郎回：

娶亲时我也去！

圪令含笑开言道：

小尖郎你生得俏，大事小事全能了，

娶亲引路代响炮，只是不许瞎胡闹！

光阴似箭吉日临，正月初十喜盈门，

日落西山黑洞洞，家家户户点上灯。

看鼠俯：

掌灯结彩合家皆忙，穿红挂绿十分热闹；堂上堂下熙熙攘攘，老老少少喜上眉梢。

三更人定良辰临，咚咚铁炮响三声，

锣鼓齐鸣起大营，鼠家娶亲要登程。

老鼠快步跑出门，连忙喊住娶亲人：

慢行，慢行！

要到瓮城，路子难走得要紧，

带上这路程单子，再嘱咐你们几声：

出了洞门鼓号停，一路不许有响声，

尖郎带路需仔细，按单行路要小心：

出大门，粪堆宽，拉成一溜走畔畔，

顺墙走，拐弯看，快步穿过乱柴滩，

老黄狗，觉正酣，不要惊它瞎旦旦。

粮房门，不准进，谁误大事罪不轻，

小心翻过门槛坝，悄悄绕过灶门村，

远望瓮城细留心，提防周围伏仇人。

过了十里黑风洞，对正就是亲家门，

不用盯不用问，娉闺女门上挂彩红，

今日不同平素比，各个行事要谨慎，

好吃好喝不准看，羊油美味不许闻，

平安到达亲家门，自有美餐等贵宾。

二、遭　难

再说猫家弟兄，老大狸猫，坐守炕州城，统领黄黑灰白花众位弟兄，威镇四邻八院。这狸猫——

圆眼似明灯，胡子象钢针，

虎背熊腰力无穷，利爪尖牙实威风。

当晚，老狸猫肚饱身闲，正在炕州城屈腿蜷身，双目紧闭，呼噜呼噜念起太平经。

老二名叫虎斑，黄皮黑爪，腰粗体壮，勇猛异常。这天晚上，腹中饥饿，懒洋洋正由屋檐经过。猛然间——

虎斑竖耳又定睛，发现地上有鼠情：

尖嘴小耗捧纸条，嘴里低声念叨叨，

红红绿绿一大哨，当中拥着四顶轿。

老二一看便知晓，定是娶亲鼠家到！

轻落窗台钻猫道，速奔炕州来禀报：

“大哥、大哥，大喜、大喜！”

吵得狸猫伸懒腰，责怪虎斑惊了觉：

“半夜三更，喜从何来？”

虎斑赔礼详禀告：

“刚才小弟已探明，来了鼠家娶亲人！”

“当真如此？”

“小弟亲眼所见！”

狸猫大喜发命令：

鼠家自己送上门，我等又得一顿荤！

快去请咱众弟兄，速到炕州听命令：

粮房仓州请老黑，厨房灶州唤小白，

东院柜州寻花弟，西院柴山找灰怪，

四邻八院众弟兄，统统一起召集来！

一霎时——

猫家众英雄，聚会炕州城，

狸猫指挥显神功，马上布成口袋阵，

众弟兄，各得令，四处埋伏不稍动，

单等鼠众跨进门，猛然下手不留情！

且说尖郎领着娶亲队伍，按单行路，沿途谨慎，此时已登上七级台阶，聚集门槛坝前。尖郎吩咐不许乱动，待它打探清楚再进。看尖郎——

提前腿，伸脖颈，两眼滴溜溜乱滚动，

从炕州，到瓮城，反复盯，仔细听。

“里边无事，快快一起进门，

前边不远就到瓮城！”

那边瓮城看得清，这边乐坏猫弟兄。

狸猫躬身是命令，众将一起往下冲，

远路风尘娶亲众，刚刚进门大难临。

吉兔见势大不妙，丢下凤冠扭头跑；

尖郎机警又灵巧，一看不好转身逃。

可怜其余娶亲众，东奔西躲难脱身；

吱吱哇哇叫得惨，一时三刻全送命。

看猫家，

咬得猛，吃得稳：

利爪钢牙先要命，回头又把皮剥尽，

连血并肉一起吞，最后还将骨头剩。

三、报　仇

不说娶亲众鼠遭了难，

单表鼠府迎亲等得烦：

亲朋从晚到夜半，没吃没喝只是盼，

肚里饿得咕咕响，仍然不见花轿还。

跳鼠叫上沙鼠兄，去找代东老圪令：

从早做到三更鼓，我们帮忙实在苦，

水米半点没进肚，浑身软来腿发抖。

求圪令大爷开恩：

把那刀前刀后，切下的烂肉，

滴上几点香油，倒上几盅烧酒，

让我们吃喝几口，也好长长劲头。

圪令听罢大怒：

常言道，事要多办，酒要少贪，

娶亲的未见回还，怎能把饭来早餐？

嘴谗身懒，成何体统？

不行不行，快做营生！

话音刚落尖郎还，惊魂未定满头汗，

亲朋搀扶见老鼠，尖郎哭诉娶亲难：

我们刚刚跨进门，从天降下大仇人，

可怜咱家娶亲众，胆破魂飞陷绝境，

不是尖郎跑得快，死绝也没个报信人。

老鼠一听，又痛又恨，气往上冲，痰堵喉咙，两眼一瞪，四蹄一挺，口吐白沫，死了个硬棍。

众位亲朋着了急，又屈身子又蜷腿，

高声呼来连声叫，老鼠方才换上气。

痛定思痛更加痛，痛哭一场便生恨，

老鼠突然止哭声，咬牙切齿跺脚跟：

要想撩大气，不能拖脓拉鼻涕！

尖郎黄鼠来听令，给我四路去搬兵，

唤咱远亲与近邻，不报此仇不复生！

东庄请你圪令兄，引上他家老少兵，

打虎需是亲弟兄，上阵就得父子兵。

西庄去把白鼠叫，打上他家白旗号，
白盔白甲白战袍，个个胜过小白袍。
南庄再把田鼠请，让他全家都出洞，
好汉不敌人手多，强敌难挡鼠家众。
北山搬我黄耀兄，利爪钢牙火眼睛，
好似当年老黄忠，有他出战定取胜。
各路兵将先后到，“鼠”字旗下杀气腾。
看老鼠——
皂袍素带刚强威武，
怀中抱定三尺青锋，
历数千仇与万恨，
发出动员出师令：
猫家仇敌，欺我太甚，
灭我远亲，诛我近邻，
向来欺我五代三宗，
如今又吃我娶亲人等，
不杀冤家猫弟兄， 我等实在难生存！
此次出征报大恨，个个向前要奋勇，
哪个大胆不听令，三尺宝剑不留情！
鼠家儿郎气加恨，互相壮胆又鼓劲，
浩浩荡荡吱哇哇，大军直奔炕州城。

再说猫家解了馋，都回炕州把身安，
个个念起呼噜经，心足肚饱觉也酣。
忽听一阵喊杀声，吵醒猫家众弟兄，
睁眼看时吃一惊，满地都是鼠家兵。
冤家见面无话语，猫家一齐往下冲，
就在当地摆战场，将对将来兵对兵。
老鼠指挥真英明，分散包围猫弟兄，
猫强怎耐鼠家众，杀退一路又一军。
鼠家报仇气势凶，猫家逞能个个勇，
吱哇呼嗤毛血飞，难舍难分招势狠。
黄耀独把狸猫斗，两强双双滚出门，
黄耀攻逼步步紧，猛咬狸猫后脖颈，
老狸猫，就地滚，挣脱黄耀忙逃生，
纵身上墙咪咪叫，输招败阵伤口疼。
黄耀又把虎斑攻，黑猫急忙来帮阵，
三强混战巧又狠，众鼠围攻死拼命。
眼看猫家又吃紧，忽听汪汪叫声凶，
猫鼠两军全震惊，原来黄狗看不愤：
自古猫家吃鼠家，
哪能鼠郎反把猫儿伤！
如今它要抱不平，奋不顾身往前冲，
脖里拴着粗铁绳，身后拉着半扇门，
冲上前来只一口，可怜黄耀丧了命。
这边鼠将丧了身，那边猫儿吓丢魂。
黄狗直捣鼠家军，连伤鼠家几将领，
鼠兵慌神乱了阵，黄狗方才转回身。
墙上狸猫看得清，咪咪连声谢黄兄：
常言说猫狗有仇恨，
如今之事是非明，
不是狗哥哥来帮忙，
猫家势单难取胜。
狸猫下墙重指挥，猫家得势大反攻，
可怜鼠家各路兵，大仇未报又送命。

四、告　状

且说老鼠实精明，急中生智灵机动，
眼看众将全阵亡，装死躺在院当中。
猫家收兵回城转，老鼠方才把身翻，
吓酥骨头惊破胆，强打精神往回窜。
仇加恨，恨加冤，满腹仇怨无法解，
鼠儿死得真可怜，老夫独完有何颜？
舍命去闯阎罗殿，地府阴曹把理辩。

堂鼓咚咚敲得紧，逼得阎君把堂升，
老鼠叫屈又喊冤，状告猫家乱杀生，
灭我远亲与近邻，断我老鼠独苗根，
老鼠声颤热泪涌，阎君顿起同情心，
马上发出勾魂令，勾拿猫家众弟兄。
二鬼得令带锁绳，来到炕州勾猫魂，
狸猫上前回二鬼，乞求赦免众弟兄：
好汉做事一人顶，不要勾我猫家众。
二位带我见阎君，我与老鼠将理评。

昏沉沉，一阵风，地府阴曹见阎君，
阎罗殿，阴森森，鬼火闪闪乌烟腾，
小鬼把门横兵刃，五鬼两立助威风，
阎王怒，气势凶，当堂要把狸猫审。
老狸猫，跪大堂，老耗子，诉苦衷：
阎君在上仔细听，听鼠生，禀冤情：
可恨猫家弟兄，向来力大欺人，
欺我五代三宗，灭我远亲近邻，
猫家肆意横行，鼠家辈辈短命，
白日不敢出门，夜晚偷偷谋生；
常常粗粮剩饭，很少美味荤腥，
天天忍饥挨饿，顿顿没有余剩。
战惊惊出洞门，胆怯怯防仇人，
大意一步遇冤家，骨软三分难逃身。
有时想死难快刑，它们还要玩一顿，
重蹄踏，利爪翻，惊破胆来吓飞魂，
海底捞月抛半空，跌在地上浑身疼，
眼冒金星头发晕，东南西北辨不清，
强打精神忙逃奔，利爪钢牙就要命。
哎呀呀，我的阎君：
鼠家何时得罪它，猫家为啥这般狠？
让我鼠家怎生存，阎君做主把理评。
最难忍，更可恨，不该吃我娶亲众，
杀我鼠家各路亲，妄想灭我一满门！
更可气那老黄狗，本与猫家有仇恨，
为啥多管闲事情，也来杀我鼠家军！
求阎君，救鼠生，可怜鼠家众冤魂，
严惩猫家众弟兄，管教黄狗守本分。
听罢老鼠诉冤情，阎王震怒似雷霆：
好一大胆猫弟兄，不辨青红乱杀生。
叫二鬼，重听令，全部勾回猫家魂！
狸猫上前重叩首，请求阎君慢传令：
阎君大人止雷霆，且慢勾拿猫弟兄，
听狸猫，诉鼠行，求阎君，细剖分，
再论它是不是好生灵，
猫家该不该灭鼠门。
你看它：
耳立嘴尖，贼眉贼眼，
白日隐蔽在洞中，夜晚出来专害人：
衣箱大柜，木器家具，
文书卷宗，珍贵物品，
绫罗绸缎，皮毛衣衫，
一旦得空，咬些窟窿。
粮房仓库，随意扎腾，
糟蹋粮食，毁坏物品；
卧室餐厅，也敢胡行，
咬碎衣物，弄脏器皿；
金米白面，美味山珍，
随便吞食，盗窃偷运，
临走拉些尿粪，人若粗心食用，
轻则霍乱肚痛，重则害病丧命。
……
阎君听得心烦怒，喝令狸猫且住口：
只把鼠家过错数，不将猫家罪行认，
鼠家不曾侵犯你，为何灭它娶亲众？
杀死鼠家多少命，又断老鼠独苗根，
猫家罪行实不轻，害命须得以命顶！

老鼠一听，官司打赢，
得意忘形，随意走动。
阎君怒斥，怪罪狸猫，

狸猫委屈，低头思忖：
宁可舍身顶鼠命，绝不连累众弟兄，
狡鼠罪恶要清算，冒死再禀阎罗君：
十恶不赦贼鼠生，大罪弥天不能容，
猫家吃鼠本为民，并非妄杀好生灵，
看它好似冤情重，其实本性更残忍，
它搬鼠家各路兵，要灭猫家报仇恨，
前世冤家老黄狗，它见此情也不平，
多管闲事来帮阵，才救我家众弟兄。
求阎君，开圣恩：
若要偿命狸猫顶，赦我猫家众弟兄；
不要怪我黄狗兄，可怜天下众黎民。
阎君听罢也思忖：
这狸猫，倒嘴硬，一半凶来一半忠；
那老鼠，怪可怜，相貌虽滑冤情重。
猫鼠各说各有理，此案让我难为情，
暂且先传一道令，待我三思细剖分：
叫二鬼，传我令，传于黄狗听分明，
念它看家护院勤，不记前仇行事公，
免它此次杀生罪，不许再管闲事情！
狸猫叩首谢阎君，回头不见老鼠影，
竖耳定睛仔细寻，发现阎君桌帷动，
若平素，哪能忍？如今阎君怒未平，
狸猫忍气又吞声，细听阎君把理评：
老狸猫，你听清，
老鼠偷食为谋生，不能一见就要命，
毁坏衣物是不该，也怪人儿不谨慎，
纵然扰害众黎民，地府自有公平论，
猫家随意乱杀生，欺凌鼠家太过分！
阎君桌帷乱抖动，已是一个大窟窿，
狸猫还是不敢动，再听阎君把理评：
自古杀生要偿命，你等妄杀众鼠生，
一个顶命理不通，定要全勾猫弟兄！
叫二鬼，再听令……
狸猫再也不能忍，上前叩首止阎君：
容老生，禀阎君，
先看你桌帷再传令。
阎君不知哪般情，低头看时吃一惊，
桌帷碗大两窟窿，老鼠又把桌腿啃。
不是眼见不肯信，这可气刹阎罗君，
喝令二鬼拿鼠生，当堂重把官司评：
好个大胆小畜牲，阎罗殿上敢胡行！
果然不是好生灵，差点错怪猫弟兄。
老狸猫，快平身，赦你猫家众弟兄，
如今功过是非明，鼠家该死无冤情！
向你猫家传我令，辈辈擒鼠为本分，
不论何处遇贼鼠，连毛带骨一起吞！
杀灭鼠家安黎民，五谷丰登年太平。

（本文曾发表于北京中国民间文艺家协会主办的《民间文学》杂志 *1989* 年第一期，略有改动。*1994* 年 *9* 月获呼市民族民间文学艺术作品大赛二等奖）